한국 최초의 개신교 (의료) 선교사

호러스 N. 알렌 자료집 III.
1886

박형우 편역

한국 최초의 개신교 (의료) 선교사

호러스 N. 알렌 자료집 III. 1886

초판 1쇄 발행 2022년 1월 25일

편역자 | 박형우
발행인 | 윤관백
발행처 | 도서출판 선인

등록 | 제5-77호(1998.11.4)
주소 | 서울시 마포구 마포대로 4다길 4 곶마루빌딩 1층
전화 | 02)718-6252 / 6257 팩스 | 02)718-6253
E-mail | sunin72@chol.com

정가 80,000원

ISBN 979-11-6068-671-5 94900
979-11-6068-296-0 (세트)

· 잘못된 책은 바꿔 드립니다.

A Source Book of Dr. Horace N. Allen III.
1886

Edited & Translated by Hyoung W. Park, M. D., Ph. D.

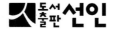

    한국에 처음으로 정주(定住)하였던 개신교 선교사는 미국 북장로교회가 파송한 호러스 N. 알렌이었습니다. 당초 미국 북장로교회가 1884년 4월 한국 선교사로 처음 임명하였던 존 W. 헤론은 그해 가을 일본으로 가서 한국말을 배우며 한국으로 들어갈 준비를 할 예정이었습니다. 1883년 9월 중국으로 파송되었던 알렌은 부인의 건강 문제 때문에 임지인 지난푸로 가지 못하고 난징과 상하이에 머물게 되었습니다. 게다가 지난푸의 의료 선교사가 선교사직 사임 의사를 번복함으로써 알렌은 어떻게 해야 할 지 곤란한 입장에 놓이게 되었습니다. 상하이의 동료 의사들로부터 한국에서 장래를 개척하라는 권유를 받은 알렌은 1884년 6월 한국행을 요청하였고, 미국 북장로교회 선교본부는 이를 허락함으로서 그해 9월 미국 북장로교회의 한국 선교부가 설립되었습니다. 알렌은 9월 20일 제물포에 도착하였고, 미국 공사 루셔스 H. 푸트의 도움으로 무사히 서울에 정착하였습니다.

    알렌은 1884년 12월 4일 일어난 갑신정변 당시 칼에 찔려 사경을 헤매던 민비의 조카 민영익을 서양 의술로 치료하여 그의 생명을 구하였습니다. 그는 모든 외국인이 제물포로 피난하였지만 서울을 떠나지 않았고, 정변이 실패로 끝난 후 서양식 병원의 설치를 조선 정부에 건의하여 1885년 4월 10일 한국 최초의 서양식 병원인 광혜원(제중원)이 탄생하게 되었습니다. 일종의 합작 병원으로 운영된 제중원의 진료 책임을 맡은 알렌은 병원이 성공적으로 운영되자 한국 최초의 서양 의학교육을 시작하였습니다. 제중원은 알렌에 이어 한국에 온 호러스 G. 언더우드 목사(1885년 4월)와 헤론 박사(1885년 6월) 등의 선교사들이 선교 준비를 할 수 있었던 일종의 선교 기지이었습니다.

    알렌은 제중원의 책임 뿐 아니라 고종의 시의, 외국인 진료, 세관 의사, 의학 교육 등 다양한 일을 하였습니다. 하지만 제중원과 관련된 일 등에서 조선 정부의 전폭적인 신임을 받고 있던 알렌은 언더우드 및 헤론과 심한 갈등을 빚었습니다. 마침 조선 정부가 워싱턴에 공사관을 개설하면서 알렌에게 동행하여 일을 도와달라고 부탁하였습니다. 여러 상황을 심사숙고한 알렌은 이를 수락하고 1887년 9월 미국으로 갔습니다. 선교사로 한국에 온 지 3년 후의 일입니다. 1년 반 후에 한국에 다시 온 알렌은 부산, 제물포 등지에서 정착하려고 노력하였으나 여러 여건이 여의치 않았습니다. 결국 그는 1890년 주한 미국 공사관 서기로 임명되었으며, 1897년 공사로 임명된 후 러일전쟁에서 미국의 중재에 대한 의견 차이로 1905년 미국 정부로부터 소환되어 귀국하였습니다. 그의 소환과 함께 일본은 을사늑약으로 한국의 외교권을 박탈하였습니다.

이와 같이 알렌은 1884년부터 1905년까지 21년 동안 크게 의료 선교사와 외교관으로 한국에서 활동하였습니다. 이 기간은 한국이 외국에 문호를 개방하고 서양 문물을 활발하게 받아 들였던 개화기이자 격동기와 일치합니다. 이 기간 동안 의료 선교사로서 또 외교관으로서 한 알렌의 활동에 대한 평가는 학자에 따라 긍정적이기도 하고 부정적이기도 합니다.

알렌과 관련하여 몇몇 논문과 단행본이 출판되었지만, 알렌의 행적과 관련된 자료를 담은 단행본은 거의 없었습니다. 알렌과 관련된 자료집은 '김인수, 알렌 의사의 선교·외교편지: 1884~1905(서울: 장로회신학대학교 부설 한국교회사연구원: 쿰란, 2007)'이 거의 유일합니다. 하지만 이 자료집은 알렌이 미국 북장로교회로 보낸 편지 중 일부만을 담고 있을 뿐입니다. 미국 북장로교회의 기록보관소에는 이 책에 담겨 있는 편지 이외에도 그의 선교사 임명, 중국에서의 활동 등과 관련된 많은 자료, 그리고 앞의 책에서 누락된 자료들이 소장되어 있습니다. 알렌은 생전에 자신이 소장하고 있던 자료들을 미국 뉴욕 공립도서관에 기증한 바 있습니다. 외교 문서에도 알렌과 관련된 것이 많이 있습니다.

본 연구자는 알렌과 관련된 방대한 자료들을 가능한 대로 모두 모아 연대순으로 정리한 자료집을 발간하고자 합니다. 다만 본 편역자의 교육 배경을 고려하여 (의료) 선교사로서의 알렌에 대해서만 정리할 것입니다. 외교관 시기의 자료는 한국의 여러 기독교 교파와 관련된 내용만을 추릴 것입니다.

본 연구자는 최근 10년 동안 초기 의료 선교사들과 관련된 자료집 발간에 주력하여, 존 W. 헤론(2권), 호러스 G. 언더우드(1권), 올리버 R. 에비슨(4권), 윌리엄 B. 스크랜턴(2권), 에스터 L. 쉴즈(2권)와 관련된 자료집을 발간하였습니다. 최초의 (의료) 선교사이었던 알렌도 당연히 포함되었어야 하지만 이제야 발간하게 되었습니다.

2015년 연세대학교 창립 130주년 사업의 하나로 알렌 자료집의 발간을 결정되었고, 당시 알렌 자료집을 준비하기 위해 미국 오하이오 주 델라웨어, 컬럼버스, 톨레도 등지를 방문하여 알렌이 다녔던 오하이오 웨슬리언 대학교, 교회, 묘지 등도 둘러보았습니다. 이때 박규 동창(1968년 연세대학교 의과대학 졸업)의 큰 도움과 격려를 받았습니다. 하지만 여러 사정으로 자료집을 발간하지 못하여 마음속에 큰 빚으로 남아있었습니다. 이후 여러 자료집이 간행된 끝에 이제 알렌 자료집을 발간하게 되어 그 빚을 일부나마 해소할 수 있게 되어 대단히 기쁩니다.

이 자료집 발간은 2018년 9월 남대문 교회가 본 연구자에게 수여했던 제1회 알렌 기념상이 큰 자극이 되었습니다. 기념상 수상을 계기로 알렌 자료집을 발간하기로 하고 준비에 들어갔습니다. 2019년 9월 알렌의 집안 배경, 교육 배경, 선교사 임명과 중국 파송, 그리고 한국으로의 이적 및 정착을 담은 제1권이 간행되었습니다.

제1권의 출판과 이은 자료집의 연구 및 출판에는 이경률 동창(1985년 연세대학교 의과대학 졸업, SCL 헬스케어그룹 회장)의 귀중한 지원이 있었습니다. 이경률 회장께 특별히 감사를 드립니다.

2020년 9월에는 1884년 12월에 일어난 갑신정변부터 1885년까지를 다룬 제2권이 간행되었습니다. 불과 1년 1개월의 짧은 기간이지만, 본문 쪽수가 750쪽 정도로 적지 않은 분량입니다. 이 자료집에는 조선 정부의 자료, 미국의 한국 관련 각종 외교문서, 미국 북장로교회 해외선교본부의 자료 등 공적 자료들과 함께, 알렌의 일기 등이 주로 수록되어 있습니다.

제3권은 당초 2021년 9월 출간 예정이었지만, 편역자가 8월 말 현직에서 은퇴하면서 지연되어 이번에 출간하게 되었습니다. 제3권은 1886년 1년의 기간만을 다루고 있지만 본문 쪽수가 780쪽이나 됩니다. 1886년은 알렌이 선교사로서 가장 활발하게 활동하였을 뿐 아니라 한국 서양 의학사에서도 중요했던 해이었습니다. 알렌은 의학교의 설립을 제안하고 3월 29일 한국 최초의 서양식 의학 교육기관인 제중원의학교를 열었습니다. 이외에도 여병원 설립을 제안하였고 7월 4일 애니 J. 엘러스의 내한으로 제중원 부녀과가 설치되었으며, 제중원의 확장 이전을 제안하였습니다. 그리고 여름에는 일본에 콜레라가 유행하자 즉시 이를 경고하는 회람을 돌리기도 하였습니다. 또한 엘러스와 함께 고종과 민비의 시의로도 활동하면서 갖게 된 왕실과의 친분으로 고종이 개인적으로 요청한 난로와 침대 등의 구매를 돕기도 하였습니다. 이외에도 서울에 거주하는 외국인들의 주치의로서 여러 건의 진단서를 작성하기도 하였습니다.

하지만 미국 북장로교회 한국 선교부 내에 갈등이 생겨 헤론과 언더우드가 사임 의사를 밝혔고, 알렌도 1887년 10월 미국으로 귀국하겠다고 선언하는 등 선교부가 와해될 위치에 처하게 되었습니다. 이러한 상황은 고종의 요청으로 주미 한국 공사관 개설을 돕기 위하여 알렌이 1887년 9월 미국으로 귀국하면서 해소되었습니다.

끝으로 이 책을 기꺼이 출판해 주신 도서출판 선인의 윤관백 대표님, 그리고 편집실의 임현지 님께도 감사를 드립니다.

2022년 1월

안산(鞍山) 자락에서

상우(尙友) 박형우 씀

The very first resident protestant missionary in Korea was Dr. Horace N. Allen, who was sent by the Board of Foreign Missions, Presbyterian Church in the U. S. A. Dr. John W. Heron, who was appointed as the first missionary to Korea on April, 1884, was expecting to go to Japan that fall to prepare for his work in Korea while learning language. Allen, who was sent to China in September 1883, was unable to go to his destination, Chinanfu,, due to Mrs. Allen's health problems, and stayed in Nanjing and Shanghai instead. Moreover, withdrawing the intention to resign of the medical missionary at Chinanfu put Dr. Allen in a rather awkward position. Dr. Allen's colleagues advised him to think about prospering future at Korea instead. Dr. Allen asked the Board of Foreign Missions to send him to Korea on June 1884, and his request was accepted, and the Korean Mission was established officially on September of that year. Dr. Allen arrived safely in Chemulpo (Inchun) on September 20, and settled in Seoul with the help of U. S. Minister Lucius H. Foote.

Kapsin emeute occurred on December 4, 1884, and among many victims, Yong Ik Min, cousin of Queen Min, was one of them. He was stabbed during the coup and in a serious condition, however, was lucky enough to meet Dr. Allen who performed Western-style surgery and saved his life. While most foreigners escaped to Chemulpo, Dr. Allen stayed in Seoul with his family, and when the coup ended in a three days, he proposed to the Korean (Chosen) government to establish a western-style hospital in Korea. His proposal was accepted and the first western Hospital in Korea, Kwanghyewon (Jejoongwon), was opened on April 10, 1885. The hospital was operated as a kind of joint venture. When it ran successfully, smoothly, Dr. Allen started the first medical education in Korea. Jejoongwon held a symbolic significance to other missionaries such as Rev. Horace G. Underwood (entered on Apr., 1885) and Dr. Heron (entered on June, 1885), as a base for preparing their missionary work in Korea.

Dr. Allen devoted himself not only in general hospital work, but also worked as a physician to King Gojong and as a physician to many Legations, Customs, and foreigners, and also had a class of medical education. However, Dr. Allen was in conflict with Mr. Underwood and Dr. Heron because the Korean government had its full trust in Dr. Allen in his work including Jejoongwon.

In the meantime, the Korean Government asked for Dr. Allen's assistance in establishing a Legation in Washington, D. C. Dr. Allen, taking various situations into consideration, decided to head to Washington to assist Korean Government work and left Korea on September, 1887. This happened three years after Dr. Allen's coming to Korea as a missionary. After a year and a half, Dr. Allen returned to Korea and while he tried to settle in areas such as Busan and Chemulpo, it was not an easy job. He was then nominated as the Secretary of U. S. Legation in Korea in 1890, and appointed as a Minister in 1897. While having conflict with the U. S. Government in regard to different opinions in terms of U. S. intervention in Russo-Japanese War, he was recalled by the U. S. Government in 1905. With Dr. Allen's return, Japan deprived Korea's diplomatic sovereignty in the Protectorate Treaty between Korea and Japan concluded in 1905.

As stated above, Dr. Allen dedicated himself as a medical missionary and a diplomat for 21 years in Korea (1884~1905). This period marks an important time in the history of Korea, as a time of enlightenment and turbulence, opening up to foreign countries and accepting various cultures and economy from western countries. Scholars hold both positive and negative views on the role of Dr. Allen as a missionary and a diplomat.

Several articles and books were published regarding Dr. Allen, but most of them did not include original sources. 'In Soo Kim, Horace N. Allen, M. D.'s Missionary and Diplomatic Letters: 1884~1905 (Seoul: Institute of Studies of the Korean Church History, Presbyterian College and Theological Seminary, 2007)' is probably the only source book published in Korea. However, this book only includes segments of letters which was sent by Dr. Allen to the Presbyterian Church in the U. S. A. At the Presbyterian Historical Society (Philadelphia), various resources can be found including his appointment as a missionary, his letters from China, and other valuable materials that were not included in the prior book mentioned. Dr. Allen donated papers and materials he kept to the New York Public Library. Also information regarding Dr. Allen can also be found in the Diplomatic documents.

My goal is to publish a chronical source book regarding Dr. Allen. However, considering my education background, I will only concentrate to collect sources regarding medical missionary. During his time as a diplomat, data regarding various christian denominations will be included.

Focusing on publishing source books regarding early medical missionaries for the last decade, I have published source books regarding Dr. John W. Heron (2 volumes), Rev. Dr. Horace G. Underwood (1 volume), Dr. Oliver R. Avison (4 volumes), Dr. William B. Scranton (2 volumes), and Miss Esther L. Shields, R. N. (2 volumes). Dr. Allen's work should have been included earlier and I am happy to include his work into the collection today.

On 130th anniversary of Yonsei University in 2015, a project for publication of the source book of Dr. Allen was made and I visited various locations such as Delaware, Columbus, Toledo, Ohio Wesleyan University, Delaware Presbyterian Church, Cemetery, and others to collect data on Dr. Allen. Dr. Kyle Park (1968 Class of Yonsei University Medical School) provided me with huge help during that time, however, due to some difficulties, the data collected never made it to a complete publication and it remained as a personal debt to me, considering what Dr. Kyle Park had provided and supported me all along. Now that I am able to publish a fully completed source book on Dr. Allen, I am very happy and honoured to make his effort into a successful piece of work.

On September 2018, South Gate Church, Seoul awarded me with the 1st Allen

Commemoration Award and this event triggered my passion towards completing a source book on Dr. Allen. The Volume I was published in Sept., 2019, covering Dr. Allen's familial and educational backgrounds, appointment as a missionary, his work in China, and his settlement in Korea.

With the generous and valuable support from Dr. Kyoung Ryul Lee (1985 Class of Yonsei University Medical School, Chairman of SCL Healthcare Group), the first volume was able to make its way to final publication. Dr. Lee also helped with the research and publication of the successive source books. I am especially grateful to Dr. Lee.

In Sept., 2020 the Volume II was published, covering the period from Gapsin coup in December 1884 to 1885. It is a short period of only one year and one month, but the number of pages in the main text is not so small, about 750 pages. This book contains public data such as data from the Chosen government, various diplomatic documents related to Korea in the United States, and data from the Board of Foreign Missions, Presbyterian Church in the U. S. A., as well as Allen's diary.

Volume III was originally scheduled to be published in September 2021, but was delayed as the translator's retirement at the end of August. Volume III covers only the year of 1886, but the text has 780 pages. The year of 1886 was not only the year Dr. Allen was most active as a missionary, but also an important year in the history of Western medicine in Korea. Dr. Allen proposed the establishment of a medical school and opened Jejoongwon Medical School, Korea's first Western-style medical college, on March 29. In addition, he proposed the establishment of a women's hospital, and on July 4, Miss Annie J. Ellers' coming to Korea led to the establishment of the Women's Department, at Jejoongwon and proposed expansion and relocation of the Jejoongwon. And in the summer, when there was an outbreak of cholera in Japan, he immediately circulated a warning about it. He also helped King Gojong personally purchase a stove and bed, etc. requested by King through his close relationship with the royal family while working as a physician for King and Queen together with Miss Ellers. In addition, as the attending physician for foreigners living in Seoul, he wrote several medical certificates.

However, conflicts arose within the Korean Mission of the Presbyterian Church in the United States, and Dr. Heron and Mr. Underwood resigned, and Dr. Allen announced that he would return to the United States in October 1887, putting the Mission in a position to collapse. This situation was resolved when Dr. Allen returned to the United States in September 1887 to help open the Korean Legation in the United States at the request of King Gojong.

Finally, I would like to express my gratitude to Kwan-Baik Yoon, C. E. O. of Sunin Publishing Co., and Miss Hyunji Lim, from the editing office.

Jan., 2022
At the Foot of Mt. Ansan(鞍山)
Sangwoo(尙友) Hyoung Woo Park

1. 이 책은 호러스 N. 알렌에 대한 자료집 III으로, 1886년을 다루었다.

2. 다수의 자료에서는 영어 원문은 가능한 한 그대로 수록하였지만, 필요한 부분만 번역한 경우가 있다. 한글 번역만으로 이해가 잘 되지 않는 경우 영어 원문을 참고하기 바란다.

3. 번역은 가능한 한 원문에 충실하게 하였다.

4. 원문에서 철자가 해독되지 않는 부분은 빈칸에 밑줄을 그어 표시하였다.

5. 고유명사는 가능한 한 원 발음을 살리도록 노력하였다.

6. 필요한 경우 각주를 달아 독자의 이해를 도왔다.

제7부 최초의 서양 의학 교육과 여병원

Contents

Preface / 5

Explanatory notes / 13

제7부 한국 최초의 서양 의학 교육과 여병원

(Part 7. The First Western Medical Education and Woman's Hospital in Korea)

18860100

편집자의 서랍. *The Abbot Courant* (매사추세츠 주 앤도버) 12(1) (1886년 1월호), 36~37쪽[1)]

(중략)

선교부 주택은 아름답고 안락한데, 약간의 수리를 한 한옥입니다. (이곳) 여자들은 수줍음이 많으며, 알렌 부인의 아기를 이용하여 선교부 주택으로 이 들을 이끌어야 합니다. 그들은 현재 이 암흑의 나라 한국 전체에서 처음이자 유일한 알렌 박사의 기독교 가정에 상당한 관심을 보입니다.

(중략)

Editor's Drawer.
The Abbot Courant (Andover, Mass.) 12(1) (Jan., 1886), pp. 36~37

(Omitted)

The mission houses are pretty and comfortable they are native houses, with some repairs. The women are shy, and have to be enticed into the mission house with Mrs. Allen's baby. They show much interest in Dr. Allen's Christian home; the first, and now the only Christian home in all this dark land of Corea.

(Omitted)

---

1) 이것은 헤론의 부인인 해리엇 G. 헤론(Harriett G. Heron)이 자신의 모교인 애벗 아카데미로 보낸 편지의 일부분이다.

1886년 한국 인명부.
1886년 일본 인명부 (요코하마, 1886년 1월), 119쪽

1886년 한국 인명부

서울
왕립 한국 정부

(......)

병원

후원: 한국 국왕 폐하

H. N. 알렌, 의학박사, 책임 의사[2]

J. W. 헤론, 의학박사, 부(보조) 의사

H. 언더우드, 조제사

성내응, 한국인 조제사

성, 의학생

김,   "

채,   "

(중략)

---

2) 원문에 알렌과 헤론의 영어 이름이 잘못되어 있어 바르게 고쳤다.

Corean Directory for 1886.

The Japan Directory for the Year 1886 (Yokohama, Jan., 1886), p. 119

Corean Directory for 1886

Seoul

Royal Corean Government

(......)

Hospital

Patron: His Majesty the King of Corea

H. R. Allen, M. D., Physician in charge

M. Herron, M. D., Assistant Surgeon

H. Underwood, Dispenser

Sung Nai Yung, Corean Dispenser

Sung, Medical student

Kim   "

Chay   "

(Omitted)

회의록, 한국 선교부 (미국 북장로교회) (1886년 1월 11일)

1886년 1월 11일 (월)　　　　　　　[HGU, DLG]3)

회의는 의장의 지시로 소집되었다.

회의의 목적을 밝혔다. 알렌 박사가 선교본부의 엘린우드 박사로부터 받은 편지4)에는 이 선교지(한국)로 E. S. 스터지 박사를 임명하였으며,5) 부산과 제물포중에서 어느 곳이 그가 가기에 더 좋은지 조언을 요청하는 내용이 들어 있었다. 그는 [1886년] 봄에 가능하면 조속히 파송될 예정이며, 토론 끝에 다음과 같은 결의가 채택되었고, 서기는 그렇게 선교본부로 편지를 보내도록 지시받았다.6)

한국에 파송된 우리 장로교회 선교부 회원들은 부산에 지부를 개설하기 위하여 선교본부가 스터지 박사를 임명한 결정을 진심으로 환영하며, 그가 가능하면 조속히 임지로 갈 수 있도록 노력할 것이고, 또한 우리는 선교본부가 이 선교지에서 의료 사업에 박차를 가하는 가운데, 동시에 머지않아 이곳에서 보다 직접적인 전도 사역이 수행되고, 번역, 전도 및 교육의 업무가 목회자들로 채워질 것을 잊지 않기를 정중하게 촉구하기로 결의하였다. 우리는 언어 학습을 시작하여 더 직접적인 방도가 열렸을 때 우리 교회가 인력 부족으로 중단하지 않고 즉시 수확을 거둘 수 있게 되도록 선교본부가 더 이상은 아니더라도 두 명의 목회자를 즉시 파송할 필요가 있음을 강하게 촉구한다.

제출된 다른 안건이 없어 회의가 폐회되었다.

J. W. 헤론
서기

---

3) 회의록 본문의 필체와 다른데, 이후 회의에서 전 회의록을 낭독한 후 인증되었다는 의미로 호러스 G. 언더우드와 대니얼 L. 기포드의 이름의 첫 글자를 적었다.

4) Frank F. Ellinwood (Sec., BFM, PCUSA), Letter to Horace N. Allen (Seoul) (Dec. 19th, 1885)

5) 알렌은 선교본부로 보낸 8월 12일자 편지에서 장래 선교를 위하여 두 명의 의료 선교사를 파송해 줄 것을 요청한 바 있으며, 선교본부 실행 위원회는 11월 16일 회의에서 스터지 박사를 한국으로 파송할 의료 선교사로 임명하였다.

6) John W. Heron (Seoul), Letter to Frank F. Ellinwood (Sec., BFM, PCUSA) (Jan. 20th, 1886)

Secretary's Book, Korea Mission (PCUSA) (Jan 11th, 1886)

Jan 11, 86 (Mon.)   [HGU, DLG]

The meeting was called to order by the Chairman.

The object of the meeting was stated. A letter from Dr. Ellinwood of the Board had been received by Dr. Allen, telling of the appointment of Dr. E. S. Sturge to this field and asking advice as to whether Fusan or Chemulpho was the better place for him to come. He was to be sent on the Spring as early as possible, after discussion the following resolution was adopted & the Sec. was instructed to write so to the Board.

Resolved, that we the members of the Presbyterian Mission to Korea do most heartily endorse the action of the Board in appointing Dr. Sturge to open a Station at Fusan, and that we doings his being sent to his post as soon as possible, also that we respectfully urge the Board that while pushing the Medical Work in this land they at same time do not lose sight of the more direct evangelical work to be soon carried forward here and the place in translating, preaching & teaching to be filled by ministers. We strongly urge upon them the necessity of at once sending two, if not more, ministers who shall begin the work of studying the language so that when the way for more direct work is open the Church not being obliged to halt for lack of forces, may be ready to heap the harvest that will then be up.

No other business being presented the meeting adjourned.

J. W. Heron
Sec.

주간 소식.
The Medical Record (뉴욕) 29(1) (1886년 1월 15일), 16쪽

동양의 의료 선교사. - (1885년) 12월 12일자에 실린 이 주제에 대한 알렌 박사의 편지는 여러 사람들의 많은 문의를 불러 일으켰다.[7] 우리는 편지에 포함된 것보다 더 많은 정보를 제공할 수 없다. 더 많은 것을 원하는 우리의 의료계 동료들은 각자가 속한 종교 교파의 선교본부와 연락을 취해야 한다.

News of the Week.
The Medical Record (New York) 29(1) (Jan. 15th, 1886), p. 16

Missionary Physicians in the East. - Dr. Allen's letter on this subject in our December 12th issue has called forth many inquiries from correspondents. We are unable to give any further information than that contained in the communication referred to. Such of our medical friends as desire more should communicate with the missionary boards of their respective religious denominations.

---

7) Horace N. Allen, A New Field for Young Doctors. *The Medical Record* 28(24) (Dec. 12th, 1885), p. 669

메모, 왕을 위하여 주문한 물품들 (1886년 1월 15일)

왕을 위하여 주문한 물품들, 1886년 1월 15일
메모

테가 있는 클라이맥스 난로 1호	32.00 달러	
" " " " 2호	37.00	
" " " " 3호	42.00	
슈프림 난로 1호	38.00	
웨이벌리 " 20호	30.00	
수리 부품 8벌, 4벌 2묶음	32.25	
타원형 웨이건 및 아이언 4벌	30.00	241.25
할인 30%	72.47	
		168.78
제물포까지의 화물비	75.00	
250달러 환전 @17%	42.50	
난로 총계		286.28 달러
학생용 2구 램프 10개	60.00	
학생용 1구 램프 6개	24.00	
등피(鐙皮) 5다스	3.00	
장갑 3다스	10.00	
심지	3.00	
100달러 환전 @17%	17.00	
램프 가격	117.00	
		403.28
장식이 많은 램프 10개 @ 10/00	100.00	
117달러 환전	17.00	
		520.28

지불을 위하여 은화 575달러를 받음, 575.00달러
H. N. 알렌

Memoranda, Goods Ordered for the Majesty (Jan. 15th, 1886)

Goods Ordered for His Majesty, Jan 15/ 86

Memoranda

Climax Stove No. 1 with rail	32.00	
" " " 2 " "	37.00	
" " " 3 " "	42.00	
Supreme " " 1	38.00	
Waverly " " 20	30.00	
8 sets repairs, 2 ea pckt, four	32.25	
4 sets oval Wagons & irons	30.00	241.25
Less 30%	72.47	
		168.78
Freight to Chemulpo	75.00	
Exchange on $250.00 @17%	42.50	
Total for stoves		$286.28
10 Double student lamp	60.00	
6 Single " "	24.00	
5 Dz. Chimneys	3.00	
3 " Gloves	10.00	
Wicks	3.00	
Exchange on $100.00, @17%	17.00	
Cost of Lamp	117.00	
		403.28
10 fancy lamps @ 10/00 ea	100.00	
Exchange on same $117.00	17.00	
		520.28

Received for payment five hundred and seventy five mexican dollars. $575.00

H. N. Allen

알렌 박사의 일기 제1권(1883~1886년) (1886년 1월 17일)

1886년 1월 17일 (일)

포크 씨는 학교 교사(教師)와 관련된 일을 해결하기 위하여 노력하며 바쁘게 보내고 있다. 조선 정부는 미국 정부에 세 명의 교사와 1명의 농업 전문가를 (파견해 주도록) 요청하였다. 그들은 선정되어, 거의 1년간 대기하고 있는 중이다. 일전에 베이야드8) 국무장관으로부터 파송 비용과 급여가 보장 된다면 그 교사들이 떠날 준비가 되어 있다고 언급하는 내용의 전보가 공사관으로 왔다. 포크는 외아문에 (전보를) 전달하였는데, (외아문으로부터) 그들이 무엇을 할 예정이고, 언제 오며, 우리가 어떻게 그들에게 지불할 것인가 하는 질문을 받았다. 그[포크]는 그것이 나의 업무가 아니라 당신의 업무이며, 당신이 그들을 위한 (요청을) 보냈고, 당신이 그렇게 하였던 이유가 있을 것으로 생각한다고 말하였다. 이 문제는 왕에게 올려 졌고, 그는 즉시 전보를 보내도록 요청하였다. 그러나 중국 공사9)는 포크에게 자신은 그것에 대해 반대하였다고 말하였으며, 아마도 그는 그들의 파견을 방해하려 노력하고 있는 것 같다. 외아문이 서명한 계약서대로 그들에게는 파견 비용, 주택 임대료 및 매달 은화 160달러(멕시코 달러)가 지불된다. 우리 선교부 건너편의 주택들이 (그들을 위해) 확보되었다.

왕은 난로 5개와 램프 26개를 사기 위해 575달러를 나에게 보냈다.10) 그는 또한 완전한 가구(家具) 한 벌을 사기 위해 나를 통해 흥정하고 있다. 지난 주 나는 오한(惡寒)으로 아팠었다. 어느 날 관리가 나를 만날 수 없게 되자, 왕에게 그 사실을 보고하였다. 그는 "폐하가 당신을 매우 걱정하며 당신이 회복되기를 바라고 있다."는 내용이 담긴 편지 한 통을 보냈다.

---

8) 토머스 F. 베이야드(Thomas F. Bayard, 1828~1898)

9) 위안스카이

10) 1월 19일에 보냈다. Memoranda, Goods Ordered for the Majesty (Jan. 15th, 1886)

Dr. Allen's Diary No. 1 (1883~1886) (Jan. 17th, 1886)

Sunday Jan. 17/ (18)86

Mr. Foulk has been busy trying to settle the school teacher business. The Korean Government asked the Gov'nt of the U. S. for three school teachers and one farmer. They were selected, and have been in waiting for near a year. The other day a telegram came to the Legation from Secretary Bayard stating that the teachers were all ready to start if pay was guaranteed with expenses. Foulk took it to the Foreign Office where he was asked, well what are they going to do, when they come and how will we pay them. He said that is your business not mine, you have sent for them and it is presumed you have your reasons for so doing. It was referred to the King who asked that they be telegraphed for at once. But the Chinese Minister told Foulk he was opposed to it and he is presumably trying to head them off. The agreement as signed by the Foreign Office gives them their expenses out, house rent and $160 (Mexicans) per month. Houses opposite our place have been secured.

The King has sent me $575.00 with which to buy 5 stoves and 26 lamps. He is also negotiating through me for complete set of house furniture. I was sick with chills last week. His officer could not see me one day & reported same to King. He sent back a letter saying, "His Majesty is very anxious for you and hopes you are better."

호러스 N. 알렌(서울)이 메저스 태플린, 라이스 앤드 컴퍼니
(오하이오 주 애크런)로 보낸 편지 (1886년 1월 19일)

한국 서울,
1886년 1월 19일

메저스 태플린, 라이스 앤드 컴퍼니,
 오하이오 주 애크런

안녕하십니까,

1885년 7월 4일 주문하여 8월 17일에 선적된 수리 부품이 포함된 4개의 클라이맥스 난로는 양호한 상태로 10월 23일에 도착하였습니다.

9월에 선적된 다른 주문은 이제 막 받았습니다. 대금을 미리 보내지 않았음에도 보내 주셔서 감사드립니다. 나는 이제 9월 청구서 금액 97.68달러에 대한 뉴욕 센터가(街) 23의 윌리엄 랜킨 님의 환어음을 귀하께 보내드립니다.

한국의 왕은 관리들을 통하여 내가 갖고 있는 난로에 대하여 듣고 비슷한 것을 사달라고 나에게 사람을 보냈습니다. 바로 그때 귀 회사의 삽화가 담긴 가격표가 배달되었고, 나는 그가 보도록 보냈습니다. 그는 나에게 그의 신축 외국식 주택을 위한 가구와 함께 그를 위하여 다음과 같은 것들을 주문해 달라고 요청하였습니다.

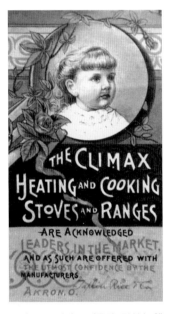

그림 7-1. 메저스 태플린, 라이스 앤드 컴퍼니의 클라이맥스 난로 선전지 (1880년대)

나는 인쇄된 가격으로 상품을 계산하고 귀 회사가 나에게 허용한 것과 동일한 45%를 할인하였습니다. 뉴욕까지의 화물 운송비 및 짐마차 삯으로 10달러를 허용합니다. 귀 회사는 이전과 같이 센터 가 23의 C. 커터 씨에게 위탁할 수 있으며, 그에게 짐마차 삯을 지불할 수 있습니다. 내가 너무 낮게 계산한 경우, 나는 부족한 액수를 귀 회사에 보충할 것입니다.

다음의 상품을 보내주세요.

테가 있는 클라이맥스 난로 1호	32.00 달러
" " " " 2호	37.00
" " " " 3호	42.00
슈프림 난로 1호	38.00
웨이벌리 " 20호	30.00
클라이맥스 난로 각각의 수리 부품 1벌	
(갖고 있다면)	16.00
	195.00 달러
할인 45%	87.75
	107.25
뉴욕까지의 화물비 및 짐마차 삯	10.00
	117.25 달러

위의 청구서 액수(117.25달러)에 대한 감리교회 선교부 재무의 환어음을 동봉하였으니 확인 바랍니다.

안녕히 계세요.
H. N. 알렌, 의학박사,
한국 서울

Horace N. Allen (Seoul),
Letter to Messrs Taplin, Rice & Co. (Akron, Ohio) (Jan. 19th, 1886)

Seoul, Korea,
Jan. 19/ 86

Messrs Taplin, Rice & Co.,
    Akron, Ohio

Gentlemen,

The four Climax stoves with repair, ordered in July 4th and shipped Aug. 17th, 85, came Oct. 23rd in good condition.

The duplicate order shipped in Sept. is just at hand. Thanks for your sending them without cash in advances. I now send you a draft on Wm. Rankin Esq, 23 Centre St., New York, for ninety seven 68/100 dollars, the amount of the Sept. bill $97.68.

His Korean Majesty having heard of my stove through his officers, sent for me to buy him one like it. Just at that time your illustrated price list came and I sent him that to look at. He asked me to order the following things for him together with complete set of household furniture for his new foreign house.

I have figured the goods at the printed prices and deducted 45% the same that you allowed me. Allowing $10.00 for freight to New York and cartage. You may consign to C. Cutter, 23 Centre St. as before, and pay him for cartage. In case I have figured too low, I will make up to you any deficit.

Please send the following goods.

1	Climax Stove No.	1	with rail			32.00
1	"	"	"	2	" "	37.00
1	"	"	"	3	" "	42.00
1	Supreme	"	"	1	" "	38.00
1	Waverly	"	"	20	" "	30.00

1 set repairs each for Climax stoves
      and Supreme stove (if at hand) _____   16.00
                                          $195.00
                  Less   45%   87.75
                                          107.25
        Fgt to N. Y. &   10.00
                                        $117.25

Please find enclosed draft on M. E. Church Mission Treasurer for amt of above bill ($117.25).

Yours truly,
H. N. Allen, M. D.,
Seoul, Korea

호러스 N. 알렌(서울)이 C. 커터(미국 북장로교회 해외선교본부 재무)에게 보낸 편지 (1886년 1월 19일)

한국 서울,
1886년 1월 19일

C. 커터 님,
센터 가 23

안녕하십니까,

클라이맥스 난로 8개를 보내주신 친절에 진심으로 감사드립니다. 선교사 공동체에는 이제 잘 공급되어 있습니다. 그러나 다행스럽게도 한국의 폐하께서 저의 난로에 대하여 들으신 후 자신을 위하여 5개를 사달라고 요청하였습니다. 저는 이런 식으로 귀하를 귀찮게 하고 싶지는 않지만 그런 요청을 잘 거절할 수 없으며 귀하의 도움이 없이는 할 수 없습니다. 하지만 최대한 귀찮게 하지 않도록 노력하였습니다.

따라서 저는 감리교회 재무로부터 난로의 가격과 뉴욕까지의 화물 운송비 및 짐마차 삯 10달러의 환어음을 받았습니다. 저는 그것을 오하이오 주 애크런에 있는 태플린, 라이스 앤드 컴퍼니로 직접 발송하여 귀하께 물품을 위탁하며, 뉴욕까지의 화물 운송비 및 짐마차 삯 등을 지불하도록 하였습니다. 따라서 _____ __ 추가 비용이 다른 경우 _____에 알려주십시오. 또한 만약 귀하가 상하이로 화물을 선불로 지불하는 것이 매우 _____라면 그렇게 하고 저에게 요금을 청구하지만 제가 바로 이곳에서 그것을 해결할 수 있도록 즉시 알려주십시오. 물품에 한국 서울, H. N. 알렌 박사라고 표시하고, 상하이의 파넘 박사, 혹은 일본 나가사키의 G. 서튼 씨[11]에게 위탁하십시오.

저는 태플린, 라이스 앤드 컴퍼니에 대한 97.68달러의 주문을 랜킨 씨에게 보내었으며, 재무 언더우드는 4개 난로의 대금을 지불하였고 저는 이 이상 지불할 것으로 예상하고 있지 않습니다.

---

11) 그는 당시 나가사키에 있는 M. 애덤스 앤드 컴퍼니(M. Adams & Co.)의 조수이었다. 알렌은 그의 이름을 'C. Sutton'으로 썼지만 'G. Sutton'으로 판단되어 이 책에서는 이렇게 통일하였다.

안녕히 계세요.

H. N. 알렌

Horace N. Allen (Seoul),
Letter to C. Cutter (Treas., BFM, PCUSA) (Jan. 19th, 1886)

Seoul, Korea,

Jan. 19/ 86

C. Cutter Esq.,

23 Cenre St.

My dear Sir,

Very many thanks to you for your kindness in sending me the lots of eight Climax stoves. The missionary community is now well supplied. But fortunately or otherwise, His Korean Majesty having heard of my stove has requested me to buy five for him. I do not wish to trouble you in this way, but I can't well refuse such a request, nor can I do without your help. I have tried to make it if as little bother to you as possible however.

Hence I have boughten a draft from the Methodist treasurer ____ ___ the ____ of the price of the stoves and ten dollars additional for the freight to N. Y and cartage. I have sent it direct to Messrs Taplin, Rice & Co., Akron, Ohio, and instructed them to consign the goods to you, pay the freight to N. Y. and also pay you for cartage etc. if thus _____ __ vary extra expense let me know ___. Also if you ____ it very _____ to prepay the freight to Shanghai do so and charge to me but let me know promptly that I may make it right here. Mark the good, Dr. H. N. Allen, Seoul, Korea, and consign to Dr. Farnham, Shanghai, or G. Sutton, Nagasaki, Japan.

I have sent Taplin, Rice and Co., an order for $97.68 on Mr. Rankin, which I bought of Treasurer Underwood for the payment of the ____ lot of four stoves I don't expect to pay any more.

Yours truly,
H. N. Allen

18860119

호러스 N. 알렌(서울)이 상하이 앤드 홍콩 은행(상하이)으로 보낸 편지
(1886년 1월 19일)

한국 서울,
1886년 1월 19일

안녕하십니까,

200달러 수표를 동봉합니다. 런던 퀸 빅토리아 가(街) 79에 있는 메저스 바이워터 페리 앤드 컴퍼니를 위하여 가능한 최상의 환율로 환어음을 저에게 발급해 주십시오.[12]

우리는 동시에 귀 은행이 그 회사로 보내는 편지에 첫 번째 환어음을 동봉하고, 그것을 출발하는 우편으로 보내고, 이곳의 저에게 보내주실 것을 주문합니다. 환전 기록을 위하여 나는 우표가 붙어 있는 봉투를 보냅니다.

귀 회사는 기꺼이 바이워터 페리 앤드 컴퍼니로 보내는 편지를 등록하고 날인해주시겠습니까? 그 목적을 위하여 이곳에서 유일하게 구할 수 있는 액면이 20센트인 일본 우표를 동봉하였습니다.

번거롭게 해서 죄송하며, 감사드립니다.

안녕히 계십시오.
H. N. 알렌, 의학박사

---

12) 다른 관련 자료들을 검토한 결과 이것은 상하이 앤드 홍콩은행으로 보낸 편지로 판단하였다.

Horace N. Allen (Seoul), Letter to the Shanghai & Hongkong Bank Co. (Shanghai) (Jan. 19th, 1886)

Seoul, Korea,

Jan. 19/ 86

Dear Sir,

Herewith Cheque in your favor for two hundred dollars. Kindly grant me a right draft on London, at the best possible rate of exchange in favor of Messrs Bywater Perry & Co., 79 Queen Victoria Street, London.

We order to same time you will greatly oblige by enclosing this first of exchange in the accompanying letter to that firm, sending it forward by outgoing _____ mail, and remitting to me here. The record of exchange for which purpose I send you stamped envelope.

Will you kindly register and stamp the letter to Bywater Perry & Co. for which purpose please find enclosed 20 cents in Jap. stamps the only kind procurable here.

Excuse my troubling you thanks and oblige.

Your very truly,

H. N. Allen, M. D.

18860119

호러스 N. 알렌(서울)이 메저스 바이워터 페리 앤드 컴퍼니(런던)로 보낸 편지 (1886년 1월 19일)

한국 서울,
1886년 1월 19일

메저스 바이워터 페리 앤드 컴퍼니,
　　런던 퀸 빅토리아 가(街) 79

안녕하십니까,

　　얼마 전 형제 선교사인 언더우드 목사를 통하여 귀 회사로부터 난로를 주문하였습니다. 한국의 폐하는 나에게 그를 위하여 장식이 많은 것들을 주문하도록 하였습니다. 자신의 외아문(外衙門)과 다양한 상인들로부터 크게 ＿＿를 하였던 그는 귀 회사에게 동봉한 주문을 보내도록 하였는데, 그것은 귀 회사의 목록과 육군 및 해군 조합회사의 목록에서 추린 것입니다. 물품의 경우 귀 회사 목록의 하나를 ＿＿하고, ＿＿은 빌려준 상태이기에 우편으로 하나를 나에게 보내 주십시오.

　　미국에서의 가격과 비교할 때 이 램프는 다소 비싸지만 나는 수표를 보내며, 목록의 가격은 귀 회사가 가능한 한 훨씬 더 좋게 해 줄 것으로 믿습니다. 귀 회사는 나에게 물품과 함께 청구서를 보낼 것입니다(하지만 우편으로). 그리고 나는 단순히 호의로 이 일을 하고 있고, 선교사들이 ＿＿임을 보여주기 위하여 귀 회사는 저렴한 가격의 혜택을 완전하게 받을 것입니다.

　　귀 회사의 수수료를 다른 항목으로 청구하세요. 왕의 통역은 수수료가 무엇인지 이해하며, 그 말을 좋아하지 않습니다.

　　물품에 한국 서울 H. N. 알렌 박사라고 표시하고, 일본 나가사키의 G. 서튼 씨에게 위탁하세요.

　　그것들은 청구서를 지불한 후 나가사키로 화물을 선불로 더 지불하기에 충분한 잉여가 있어야 합니다. 그렇지 않으면, 어떤 잉여가 있는 경우, 그것을 나의 신용 거래로 주문해 주세요. 내가 귀 회사의 난로를 주문할 것으로 예상하기 때문입니다. 이 상자들은 궁궐에 도착할 때까지 열리지 않을 가능성이 높습니다. 나는 ＿＿에게 아무것도 동봉하지 않지만, ＿＿된 가격 목록을 얼마

든지 보내면 좋은 일을 할 수 있을 것입니다. 왕세자는 그런 것들에 대하여 호기심이 많다고 말하며 그는 무엇이든 자신을 위하여 샀을 것입니다.

내가 귀 회사로 주문한 청구서 금액은 35.17달러입니다. 이곳에 은행이 없으므로 나의 유일한 기회는 상하이에 수표를 보내어 환어음을 사서 이 편지에 동봉하여 귀 회사로 보내는 것뿐입니다. 현재의 환율로 멕시코 은화 200달러는 35.17달러의 8센트 이내이므로 나는 그 액수를 보냅니다. 부족한 액수가 있다면 기꺼이 보충할 것입니다. 나는 왕가의 주치의이자 왕립 병원의 책임자 이외에 이 공사관 및 영사관의 의료 담당관으로서 귀 나라 정부 및 다른 나라 정부의 외교관들과 계약을 맺고 있습니다. 나는 선교사이기도 합니다. 나는 나의 환어음이 [정확히 알기 곤란한] 모든 액수에 모자라더라도 주문할 것을 귀 회사가 주저하지 않고 보낼 수 있도록 이렇게 길게 편지를 씁니다.

저를 믿으세요, 여러분

안녕히 계세요.
H. N. 알렌, 의학박사

퀸즈 독서등(讀書燈). 육군 및 해군 목록.

5호. 니켈 판, 흰색 갓, 광유(鑛油)
    6개 @ 11/6   69/
5호. 복식 버너, 니켈 판, 흰색 갓, 광유
    수평형을 선호함. 이런 형태.
    10개 @ 18   180/

심지, 굴뚝과 장갑을 바꾸어서 사용할 수 있도록 퀸즈 제품을 선호함
흰색 장갑 3다스 - 다스 당 12   36/
일반 굴뚝, 광유 5다스 - 다스 당 약 3   15/
심지 100개 @ /3   20/

특허 시계 등, 바이워터 앤드 페리, 76쪽
_____ 시계와 함께 최상의 연소기 2개
    10개 @ 22/   220

같은 용도의 최상의 장갑,   1다스에 약 2달러
알맞은 등피   2 〃   〃 1 〃
금액에 알맞은 심지   12

삽이 달린 멋진 석탄 운반기
1달러에 최상의 마음에 드는 5종류.   5.
                                            35.17/0

H. N. 알렌 박사,
      한국 서울   로 표시하세요.
G. 서튼, 일본 나가사키   로 위탁하세요.
      안전하게 포장하세요.

  한국의 왕은 다음 상품을 원하시지만 예시로 정확한 가격을 알려드릴 수
없기 때문에 추가 정보를 위하여 내가 글을 쓰는 데 동의하였습니다. 하실 의
향이 있으시면 다음 가구의 그림을 가격과 함께 적어 나에게 우편으로 보내주
십시오. 그가 원하는 것입니다.

  업무를 위한 멋진 걸개 등(燈) (광물성 기름) 4개
  스프링, 매트리스, 베개, 시트, 담요, 케이스 및 [모기장], 옷걸이를 포함한
침대 2개 - 하나는 1인용, 하나는 2인용
  그가 선택할 수 있는 삽화가 몇 개만 있다면 나는 이것들을 지금 주문할
수 있습니다.
  그는 또한 영국 신사의 집에서 사용되는 가구의 전체 목록(가능한 한 삽화
와 함께)에서 현관의 넓은 공간으로부터 시작하여, 식당 설비는 생략하고 가능
한 한 가격을 원합니다. 그는 외국식 집을 지을 예정인데, 아마도 귀 회사가
그것을 제공할 수 있을 것입니다. 아직 방의 수와 크기는 알지 못합니다.

Horace N. Allen (Seoul),
Letter to Messrs Bywater Perry & Co. (London) (Jan. 19th, 1886)

Seoul, Korea,

Jan. 19/ 86

Messrs Bywater Perry & Co.,

    79 Queen Victoria St., London

Gentleman,

Some time since I ordered a stock of stoves from you through the Rev. Underwood a brother missionary. Acting physician to the Royal Family, His Korean Majesty has been getting me to order numerous fancy things for him. He having been greatly ___ated by his own Foreign Office and various traders out here propose to send you the enclosed order, which gladly taken from your Catalogue and that of the Army & Navy Cooperative Co. Please _____ one of your catalogue in the case of goods, and send me one by mail as the ___ ___ is borrowed.

Compared with American prices these lamps are rather expensive. I send however a cheque ___ _____ the list price trusting you will do us much better as is possible. You will send your bill to me with the goods (by mail however) and as I am simply doing this as a favor and to show that missionaries are ____ you will get the full benefit of your low prices.

Charge your commission in as forwarding, _____ some other item, the King's interpreter understands what commission is and doesn't like the word.

Mark the goods Dr. H. N. Allen, Seoul, Korea, and consign to G. Sutton, Nagasaki, Japan.

___ ____ their should be sufficient surplus after paying the bill, to prepay the freight to Nagasaki more do so. Otherwise, is in case of any surplus ____, please place the same to my credit as I expect to order _____ of you. These cases will in all probability not be opened till they reach the Palace. I don't enclose anything

to me, though you will do yourself a good thing by sending any number of
____trated price lists. For the Crown Prince has all says curiosity for such things
and whatever ____, he is apt to have bought for him.

I see the amount of the bill I have ordered from you is $35.17. We have no
bank here so my only opportunity is to send a cheque to Shanghai with which to
buy a draft and have it enclosed in this letter to you. At the present rate $200.00
Mexican is ___ within eight cents of $35.17 hence I send that am't. Should their
be any deficit I will be glad to make it up. Besides being physician to the Royal
Family and in Charge of the Royal Hospital, I ___ also contracts with your
government and the other governments represented here, as medical officer at this
Legation and Consulate. I am also a missionary. I write at length in this way that
you may not hesitate to send what I order even if my draft fails to cover all
which is hardly possible.

Believe me Gentlemen

Yours truly,

H. N. Allen, M. D.

Queen's Reading Lamps. Army & Navy Catalogue.

No 5. Nickel plate, White shade, Mineral Oil
      6 pieces @ 11/6   69/
No. 5. Double burner, Nickel plate, White shade, Mineral Oil
      horizontal preferred. after this style.
      10 pieces @ 18   180/

Queen's __ appliances preferred so that wicks chimneys & gloves
      may be used interchangeably
3 dz white gloves at about 12/ per dz   36/
5 " common chimneys, mineral oil, at about 3 per dz.   15/
100 plate wicks @ /3   20/

Patent clock lamp. Bywater & Perry, Page 76.

With __ 30 __ clock, 2 best burner

    10 pieces @ 22   220

Best glasses for same 1 dz to cost about $2

Suitable Chimneys   2 ″ ″ ″   ″ ″ 1

Appropriate wicks to amount of   12

Fancy coal wagons with shovels.

5 assorted. best and fancyest to be ___ for $1 each. 5.

                                        35.17/0

Mark Dr. H. N. Allen,

    Seoul, Korea.

Consign to

    G. Sutton, Nagasaki, Japan

    Pack securely.

His Majesty also wishes the following goods but as I could give him no definite prices as illustration, he consented for me to write for further information. Please send to me by mail if you will, some note of illustrations of the following furniture with prices. He wishes,

4 handsome hanging lamps for business (mineral oil)

2 beds. one single, one double. with springs, mattresses, pillows, sheets, blankets, cases & mor_____ nets, and hangings.

These things I could order of you now if I only had some illustrations from which he could select.

He also wishes a full list (with illustrations as far as possible) of the furniture used in an English gentlemans house, commencing at the front hall and leaving out the cooking arrangement with prices as far as is possible. He is about to build a foreign house and possibly you may furnish it. As yet the number and size of rooms is not known.

존 W. 헤론(서울)이 프랭크 F. 엘린우드(미국 북장로교회 해외선교본부 총무)에게 보낸 편지 (1886년 1월 20일)

(중략)

제가 편지를 쓴지 오래되었지만, 아마도 알렌 박사가 이 나라의 정치적 상황에 대하여 잘 알려드렸을 것이며, 그가 가진 외국인 인맥으로 인하여 제가 할 수 있는 것보다 더 나을 것입니다. 지금은 모든 것이 조용해 보입니다. (......)

지금 병원 업무는 알렌 박사와 제가 대단히 바쁠 만큼(많은 것)은 아니며, 그래서 공부할 시간이 더 많습니다. (......)

(중략)

John W. Heron (Seoul),
Letter to Frank F. Ellinwood (Sec., BFM, PCUSA) (Jan. 20th, 1886)

(Omitted)

It is long since I have written but Dr. Allen has probably kept you well posted as to the political state of the country, his connection with foreigners enabling him to keep better posted than I can. Just now every thing seems quiet. (......)

Our work in the hospital now is not such as to keep Dr. Allen and myself very busy, which gives us all the more time for study. (......)

(Omitted)

호러스 G. 언더우드(서울)가 프랭크 F. 엘린우드(미국 북장로교회 해외선교본부 총무)에게 보낸 편지(1886년 1월 20일)

(중략)

저는 한동안 이것13)에 대하여 생각해 왔으며 우리가 어떻게 사업을 시작할까 궁리해 왔는데, 한 친구로부터 한국 선교를 위하여 사용해달라며 100달러를 받았을 때 지금이 바로 그 때라고 생각하였습니다. 이 금액으로 적절한 크기의 부지를 구입하고 건물을 상당히 잘 수리할 수 있지만, 운영비는 (별도로) 고려해야 합니다. 하지만 이곳은 우리가 거주하는 곳에서 그리 가깝지 않으며, 그러한 사업은 계속적인 관심이 필요하기 때문에 알렌 및 헤론 박사는 구입하지 않는 것이 최상이라고 생각하였습니다. 이곳 주변은 어떤 곳이라도 상당히 더 비싸므로, 현재 우리는 어떻게 해야 할지 심사숙고하고 있습니다. 고아원의 연간 운영비는 현재와 같은 피복비와 식비를 감안하여 20명 내지 25명을 수용할 경우, 500달러 보다 적은 비용으로 가능하며, 이곳으로 파송될 모든 선교사들이 모든 면에서 최적이라고 생각되는 가옥을 구입하는 비용이 400달러에서 500달러 정도일 것입니다.

(......)

어제 밤 알렌 박사는 서울의 천주교 사제로부터 병에 걸린 한 여자 신도를 진료해 달라고 요청하는 편지를 받았습니다.14) 당연히 그는 즉시 그렇게 하였지만, 동통을 완화시켜주는 약간의 약을 주는 것 외에 어떤 조치도 취할 수 없었습니다. 그는 천주교 측에 환자에 대하여 설명하며, 만일 그들이 원한다면 계속 진료할 용의가 있다는 내용의 편지를 보냈습니다.

(중략)

---

13) 고아원 사업을 말한다.
14) *Dr. Allen's Diary No. 1* (1883~1886) (Jan. 22nd, 1886)

Horace G. Underwood (Seoul),
Letter to Frank F. Ellinwood (Sec., BFM, PCUSA) (Jan. 20th, 1886)

(Omitted)

I have been thinking about this for some time and wondering how we were to go to work, as now would be the time when I received from a friend the sum of $100.00 to used for missions in Korea. A place of the right size and in tolerably good repair could with this amount be obtained and put in order, but then there were the running expenses to be thought of. This place, however, is not very near to us and as such a work would require continued watching, it was thought best by both Drs. Allen and Heron not to purchase. Any place in this neighborhood would cost a great deal more, and we are just now considering what ought to be done. The cost of running such a home per year, reckoning on the price of clothing and food as they are now, with say from twenty to twenty five inmates, would amount to less than $500.00, and the cost of getting the house that is considered the best in every way by all who are out here would be between $400.00 and $500.00.

(......)

Last night Dr. Allen received a letter from the Catholic priest in this city asking him to attend a sick Christian woman. Of course they did so at once, but were unable to do anything for her besides giving her a little medicine to ease the pain. They wrote explaining the case to the Romanists and offering to attend her further if they so desired.

(Omitted)

호러스 N. 알렌(서울)이 프랭크 F. 엘린우드(미국 북장로교회 해외선교본부 총무)에게 보낸 편지 (1886년 1월 20일)

한국 서울,
1886년 1월 20일

F. F. 엘린우드 박사,
　　뉴욕 시 센터 가(街) 23

친애하는 박사님,

우리는 스터지 박사가 한국에 임명되었다는 소식을 듣고 기뻤으며, 그것과 관련하여 선교부로서 결정을 내렸습니다. 서기인 헤론 박사도 같은 내용의 편지를 보낼 것입니다. 부산은 가장 먼 ＿＿＿ 곳입니다. 한때 총세무사 로바트 씨는 저를 그곳으로 데려가려고 노력하였고, 한국에서 선교부를 개설하기에 가장 좋은 곳이라고 주장하였습니다. 지난 여름 그의 아내는 병이 나서 귀국하였습니다. 그는 곧 따라갈 것입니다. 그는 이곳에서 자신의 집으로 가는 길에 일본의 루미스 씨를 만났으며, 루미스 씨는 로바트 씨와의 대화에서 부산이 선교부 개설을 위해 좋은 곳이 아니라는 것을 알게 되었다고 저에게 편지를 보냈으며, 저는 그가 박사님께도 같은 편지를 썼을 것이라고 생각합니다. 그것은 크게 틀린 것입니다. 부산은 남부의 항구인데, 한국의 남쪽 지방은 가장 생산적이며 인구 밀도가 가장 높습니다. 부산에서 [다른 곳으로] 변경될 것으로 걱정되었지만, 현재 조만간 서울에서 부산까지 전신선을 설치하기로 결정되었고, 일본의 전신선이 그곳에서 끝나기에 그곳이 적합한 항구입니다. 저는 모든 계획을 살펴보지 않을 것이지만, 감리교회 사람들은 지난 가을에 그런 것처럼 강력하게 존재하고 있으며, 그들이 이 문제에 관하여 선교본부에 이미 편지를 보냈고 아무도 (부산을) 차지하지 않고 있는 시간이 그리 길지 않을 것이라는 것을 박사님께 확실하게 말씀드릴 수 있습니다.

저는 스터지 박사가 부산의 외국인 거주지에 살면서 그가 할 수 있는 외국인 진료를 하되, 언어를 습득할 때까지 현지인에 대한 사업을 시작하려는 조치를 취하지 말 것이며, 그 이후에는 순회 여행을 하면서 마을과 도시의 ＿＿에 쉽게 접근할 수 있게 되거나 그때가 되면 그가 선호하는 인접한 큰 도시 중 한 곳에 살 수 있게 될 것이라고 조언 드리고 싶습니다. 만일 우리가 이곳에서 영향력을 유지한다면, 우리가 이곳에서 누리는 특전을 그를 위해 확보해 주는 것이 불가능한 것은 아닐 것입니다. 왕은 대단히 친절합니다. 저는 지난 주에 병이 나서 왕의 전령(傳令)을 만날 수 없었습니다. 곧 왕궁으로부터 "왕은 귀하를 대단히 염려하고 있으며, 귀하가 곧 회복될 것이라고 믿는다."는 내용의 편지를 받았습니다. 현재 국왕은 조언을 얻기 위하여 사람을 보내거나 여러 물건들을 보내지 않는 날이 거의 없습니다. 그는 저의 난로에 대하여 들었고, 자신을 위하여 5개를 사달라고 저에게 요청하였습니다. 그는 돈을 보내었고 저는 거절할 수 없었습니다. 저는 커터 씨에게 그것들을 보내는데 신경을 써 주도록 요청하였으며, 더 이상 그를 괴롭히지 않도록 노력할 것입니다. 그는 또한 26개의 멋진 등(燈)을 위하여 돈을 보냈는데, 저는 런던에 주문할 것입니다. 저는 또한 그의 신축 외국식 왕궁을 위한 가구 일체를 입찰하기 위하여 런던에 편지를 썼습니다. 저는 중개업에 종사할 것으로 예상하지는 않지만 이런 요청들을 거절할 수 없을 뿐입니다. 그리고 그들은 회계인 언더우드 씨에게 돈의 사용 권한을 주고, 이곳 상인들보다 더 싸게 물건들을 구입할 수 있도록 편의를 제공하기 때문에 저는 선교사들이 신뢰할 수 있다는 것을 보여 줄 수 있습니다. 그래서 저는 그것을 하고 있습니다. 만일 포크 씨가 이것을 알았다면 질투하였을 것이고, 만약 프레지어 씨가 알았다면 아마도 외아문에 보고하였을 것이며, 그렇게 되면 왕이 곤란해 질 것이기에, 이것은 단지 ___ 이어야만 합니다. (왕은 외아문을 신뢰하지 않습니다. 그곳은 중국 공사에 의해 통제되고 있습니다.) 또한 저는 이 일을 이곳 상인들에게 비밀로 해야만 하는데, 그렇지 않으면 그들의 후원을 잃게 될 것입니다.

지금 정세는 조용합니다. 김옥균 사건은 중국군의 도움을 요청하도록 하여 한국을 확보하려는 중국이 일으킨 단순한 협박이었습니다.

우리는 데니 판사를 이곳에서 모실 전망에 매우 기뻐하고 있습니다. 그는 한 달 이상 전에 왔어야만 했습니다. 중국은 어느 누구보다 그에게 더 호의적이지만, 그들은 고문(顧問)을 전혀 원하지 않고 있습니다. 그래서 우리는 그가 올 수 있을지 아직 확신하고 있지 않습니다. 그는 박사님께서 말씀하신 대로 총세무사가 되지 않을 것입니다. 그는 정부의 고문이 될 것이며, 고문의 자격 이외에 세관과 아무런 관계가 없을 것입니다. 미국인 메릴 씨는 세관에서 뛰어난 실력을 발휘하고 있으며, 한국인들을 매우 기쁘게 해 주고 있습니다. 그는 올해 100,000달러 이상의 수입을 올릴 것이지만, 친애하는 묄렌도르프는 항상 빚을 지게 만들었습니다.

포크 씨는 교사 문제로 큰 어려움을 겪었습니다. 베이야드 국무장관은 만약 경비와 급여가 보장된다면, 그들이 올 준비가 되었다고 전보를 보냈습니다. 이에 따라 포크는 그들이 박사님에 의해 파견되고 있다는 자신의 이전 추측이 옳았다고 생각하였습니다. 그는 그에게 우리가 그것에 대하여 아무것도 모른다고 대답하였습니다. 그러고 나서 그는 외아문에 전보를 가져갔는데, 외아문 독판은 "글쎄, 우리가 이 선생님들로부터 무엇을 원하지!"라고 물어 보았습니다. 그[포크]는 그[외아문]들이 그[교사]들을 _____ 하였기 때문에 그것은 그들의 업무라고 알고 있었습니다. 박사님이 아시는 것처럼 중국은 그들을 원하지 않으며, 그[외아문 독판]는 전적으로 중국의 영향 하에 있습니다. 다소의 갈등과 중국 공사의 공공연한 반대가 있은 후에, 이 문제는 포크 씨의 통역관을 통하여 왕에게 넘어 갔습니다. 왕은 격노하였고 독판을 심하게 문책하였으며, 그에게 전보를 칠 것을 명령하였습니다. 왕의 명령은 아직도 실행되지 않고 있습니다. 그[독판]는 매우 진보적이지만, 그의 부서가 중국에 지배되고 있어 그가 무엇을 할 수 있겠습니까. 새로운 전신선 공사는 중국 자본으로 시행하기로 결정되었습니다.

저는 포크 씨가 외아문과 교사들이 서울에 올 경비를 지불하기로 동의하는 서명을 하였다는 사실을 언급하지 못하였습니다. 그들에게는 매달 160달러가 지불되며, 왕은 우리 [선교부] 부지의 반대편에 그들을 위한 집을 구입하였습니다.

안녕히 계십시오.
H. N. 알렌

Horace N. Allen (Seoul),
Letter to Frank F. Ellinwood (Sec., BFM, PCUSA) (Jan. 20th, 1886)

Seoul, Korea,

Jan. 20/ 86

Dr. F. F. Ellinwood,

23 Center St, N. Y.

My dear Doctor,

We are pleased to hear of the appointment of Dr. Sturge to Korea, and have taken action as a Mission concerning it. The same will be sent by Secretary Dr. Heron. Fusan is uttermost _____ place. Commissioner of Customs Lovatt tried to get me there at one time and argued well that it was the best place in Korea for opening a Mission. Last summer his wife was taken sick and sent home. He will soon follow. Now after he was seen by Mr. Loomis of Japan on his way home from here, Mr. Loomis wrote me that talking with Mr. Lovatt he had found that Fusan was not a good place for a Mission and I presume he has written you the same. It is a great mistake. Fusan is the southern port, the southern portion of Korea is by far the most productive and the most densely populated. It was feared Fusan would be moved but now it is decided that the telegraph line is to be built soon from Seoul to Fusan, this will fit the port at that place as the Japanese cable terminates there. I won't go over all of the plans but they pertain as forcibly as they did last autumn and I can assure you that the Methodists here have already written home about the matter and the future will not long be unoccupied.

I would advise that Dr. Sturge live in the foreign settlement at Fusan, do what foreign work he can, but take no active steps to open up a native work till he should have acquired the language, after which time he will have _____ _____ of villages and towns in easy reach most itinerating tours, or perhaps by that time he can live in one of the large adjoining cities he prefers. If we retain our influence here it is not improbable that we may secure for him some such privileges as we here enjoy. His Majesty is very kind. I was taken sick last week and couldn't see his messenger. Soon after I received a letter from the Palace, saying "His Majesty is very anxious for you and trust you will soon recover." There is seldom a day now that he dose not send for advice or various things. He heard of my stove and asked me to buy five of them for him. He sent the money and I couldn't refuse. I have asked Mr. Cutter to attend to shipping them and I will try not to trouble him further. He also sent the money for 26 handsome lamps which I will order from London. I have also written to London for bids for a complete outfit of furniture for his new foreign house. I don't expect to go into a commission business but I can't mere refuse these requests and as they accomodate Treasurer Underwood by giving him the use of the money, and also by getting things so vastly much cheaper than these traders here, I can show that missionaries can be trusted. Hence I do it. It must be in the only _____ for if Foulk knew it, he would be jealous, if Frazier knew it he would perhaps report it to the Foreign Office, and the King would be in trouble. (He do[es]n't trust his Foreign Office. It is controlled by the Chinese Minister.) Also I must keep it from these traders here or I will lose their patronage.

Things are quiet now. That Kim Ok Khun affair was simply a scare gotten up by the Chinese to ensure Korea to ask for Chinese military help.

We are greatly rejoiced at the prospect of having Judge Denny here. He should have come more than a month ago. The Chinese are more in favor of him than of any other man but they do not want an adviser at all. So we are not certain of getting him yet. He will not be at the head of the Custom as you say. He will be adviser to the government and will have nothing to do with the Customs except in the capacity as adviser. The American, Mr. Merrill, is doing wonders with the Customs, and is greatly pleasing the Koreans. He will turn into the Govn't over $100,000 this year, while dear Mullendorf always came out in debt. Mr. Foulk has been greatly troubled about teachers. Secretary Bayard telegraphed that they were ready to come if expenses and salary were guaranteed. This led Foulk to suppose that his former supposition was right, that they were being sent by you. He answered him we knew nothing of it. He then took the telegram to the Foreign Office and the President <u>enably</u> asked "Well, what do we want of these teachers!" He was informed that that was their own business since they had _____nd them. You see, the Chinese do not want them and he is completely under Chinese influence. After some trouble and open opposition from the Chinese Minister, it went to the King through Foulk's interpreter. The King was wroth and reprimanded the President severely, ordering him also to have them telegraphed for. His orders have not yet been carried out. He is very progressive but with his department governed by Chinese, what can he do. It is now decided that the new telegraph line is to be built with Chinese capital.

I neglected to mention that Foulk got a paper with Foreign Office signature agreeing to pay the expenses of teachers to Seoul, give them $160. per month and the King has had houses bought for them opposite our own.

Yours very truly,
H. N. Allen

호러스 N. 알렌(서울)이 프랭크 F. 엘린우드(미국 북장로교회 해외선교본부 총무)에게 보낸 편지 (1886년 1월 21일)[15]

추신

1월 21일

고아원을 시작하는 것과 관련하여, 이 계획은 언더우드 씨가 매우 관심을 보이고 있으며 아마도 박사님께 편지를 보낼 것입니다. 그는 이 목적을 위하여 100달러를 가지고 있으며, 더 많이 모금할 수 있다고 생각하고 있습니다. 그는 100달러로 좀 떨어진 곳의 부지를 사려고 하였지만, 저는 그것이 너무 작고 초라하며, 그가 개인적으로 감독할 수 있는 곳에 있어야 한다고 설득하였습니다. 저는 정부의 도움을 받을 것을 제안하였고, 이 일에 호의적인 왕에게 알렸습니다.

저의 외국인 환자들이 종종 병원을 돕겠다고 요청하였지만, 한국인들은 자신들이 자선을 구걸하지 않는다고 당당하게 말을 합니다. 하지만 병원 앞의 인접 부지에 병원과 연관된 고아원을 만들고, 언더우드 씨와 우리의 여자들이 돌본다면 기꺼이 약 500달러를 기부할 것이라고 저는 느낍니다. 저는 그 계획을 제안하였고 고아원의 원장 직을 맡지 않을 것이라고 선언하였지만, 그러한 지원은 거절되었습니다. 제가 고아원 경영에 관여하는 것을 거절한 이유는 헤론 박사가 제가 너무 많은 일을 맡고 있다고 생각하고 있으며, 언더우드 씨에게 제가 박사님께 편지 드린 학교 계획을 시작하였기 때문에 제가 합의한 대로 하지 않았다고 말하였기 때문입니다. 현재 저는 학생들에게 강의를 해야 할지도 모르는데, 그가 관련이 없기 때문입니다. 저는 그 계획이 추진하기에 너무 컸기 때문에 때로 조금 벗어나기도 하였지만, 그들은 훌륭한 계획을 추진하였으며 자금도 경감되었습니다.

만약 박사님께서 고아원이나 다른 사역자들을 위한 부지의 구입을 희망하신다면 가격이 빠르게 오르기 때문에 바로 구입하시는 것이 좋을 것입니다. 만약 박사님께서 새로운 가족을, 주택을 위한 2,000~3,000달러와 함께 서울로

---

15) 아래 편지의 추신이다. Horace N. Allen (Seoul), Letter to Frank F. Ellinwood (Sec., BFM, PCUSA) (Jan. 20th, 1886)

보내신다면, 훌륭한 외국식 건물을 우리 부지에 건축할 수 있습니다.

안녕히 계십시오.
H. N. 알렌

Horace N. Allen (Seoul),
Letter to Frank F. Ellinwood (Sec., BFM, PCUSA) (Jan. 21st, 1886)

P. S.

Jan. 21st. In regard to starting an orphanage, which scheme Mr. Underwood is much interested in and of which he will probably write you. He has $100 for the purpose and thinks he can raise some more. He was about to buy a property some distance away with his $100, but I persuaded him that it was too small and poor and that such an institution be where he could oversee it personally. I proposed getting Govn't aid and sent the thing to the King who is favorable to it.

My foreign patients have often asked to help the Hospital but the Koreans proudly say they do not ask charity. They would however, I feel, be willing to give about $500. for the founding of an orphanage in connection with the Hospital, the same to be located in a compound in front of and adjoining with the institution, to be under the care of Mr. Underwood and our ladies. I proposed the scheme and declared that I would not expect to be at the head of it, but such assistance has been declined. My reason for declined to have anything to do with the administration of the affair is that Dr. Heron has gotten an idea that I take too much upon myself and told Mr. Underwood that as I started the school scheme of which I wrote you, and did not do as I had agreed to. I might now teach the scholars as he would have nothing to do with it. I had to depart a little from the scheme sometimes because it was too big to go through, they got a good plan carried through however, and money down.

If you wish to buy property for an orphanage or other workers, you had better do it soon as property is fast rising. If you send out a new family to Seoul, with between $2,000~$3,000 for a house, a good foreign building may be built in our lot.

Allen

호러스 N. 알렌(서울)이 아링(나가사키)에게 보낸 편지 (1886년 1월 21일)

한국 서울,
1886년 1월 21일

아링 님,
  나가사키

안녕하십니까,

　귀하의 영수증과 견본을 받았습니다.
　견본처럼 바지를 한 벌 만들어 제물포의 C. 쿠퍼 씨에게 소포로 보내주세요.16) 송장은 나에게 보내주세요.
　반신 우편으로 동봉한 샘플의 너비 또는 그 정도인 5야드 길이의 검은 실크 벨벳 리본을 보내 주세요. 이번에는 실수하지 마세요.

　안녕히 계세요.
　H. N. 알렌, 의학박사

---

16) 찰스 H. 쿠퍼(Charles. H. Cooper)는 인천에서 활동하던 미국인 상인이다.

Horace N. Allen (Seoul),
Letter to Ah Ling (Nagasaki) (Jan. 21st, 1886)

Seoul, Korea,

Jan. 21/ 86

Ah Ling Esq.,

Nagasaki

Dear Sir,

Your receipt and samples to hand.

Please make me up one pair of pants like sample and send them by parcel ticket to C. Cooper, Chemulpoo. Send the invoice to me.

Please send me by return mail, five yards (5yd) of black silk velvet ribbon the width of enclosed sample of ribbon, or there-abouts. Don't fail now,

Yours truly,

H. N. Allen, M. D.

알렌 박사의 일기 제1권(1883~1886년) (1886년 1월 22일)

1886년 1월 22일 (금)

한성부(漢城府)는 시(市)의 업무를 다음과 같이 배치하는 새 법령을 반포하였다.

서울을 5부(部) 또는 구(區)로 나눈다.[17] 각 부(部)는 동(洞)이라 부르는 지역으로 나눈다. 각 동들은 다시 5 주택 혹은 가구(家口)로 이루어진 집단으로 나눈다.[18] 시에는 한 명의 시장(市長)인 판윤(判尹)이 있으며, 그가 관할하는 지역을 한성부(漢城府)라 한다. 5개의 부(部)는 각각 도사(都事)라 부르는 관리가 관장한다. 각 동(洞) 혹은 지역에는 만일 그가 양반 계층인 경우 존위(尊位)라 부르는 수장이 있다. 이러한 경우 그는 자신의 하인 중에서 자신의 일을 할 한 명을 임명하는데, 그 하인은 동장(洞長)이라 부르며 대리 존위의 역할을 한다. 5 주택 혹은 가구(家口) 집단[즉 통(統)]에는 통수(統首)라 부르는 수장이 있다. 그는 이웃 주민들이 선출하며, 그 위의 다른 관리들은 정부가 임명한다. 통수는 동네에서 일어난 일에 대하여 한 달에 두 번 도사에게 보고한다. 도사는 자주 판윤에게 보고하며, 판윤은 매년 2번 내무부(內務府)를 통해 왕에게 보고하는데, 6월과 12월 초에 보고한다.

각 동에는 집 주름[19]이라 부르는 부동산 중개인이 있는데, 이들은 팔리는 모든 부동산의 기록을 보관하고, 그 부동산의 판매에 참여하며, 판매자로부터 10%(의 중개료)를 받는데 구입자로부터는 받지 않는다. 토지의 매매와 관련하여 정부는 어떠한 문서도 발급하여 주지 않고 어떠한 기록도 보관하지 않는다. 만약 어떤 사람이 부동산 한 필지를 산다면, 그는 매도인으로부터 토지 명세서와 돈에 대한 영수증, 그리고 기꺼이 매도한다는 자필 확인서를 받는다. 만일 화재나 다른 이유로 이 영수증들이 훼손되는 경우, 토지 주인은 한성부에 신청서를 제출하는데 자신이 합법적인 소유주라는 충분한 증거를 대면, 판

---

17) 이성계는 1394년 개경에서 한양부로 수도를 옮기고, 5부(五部) 52방(坊)의 행정구역을 설정하였다. 5부에는 동부, 서부, 남부, 북구 빛 중부가 있었다.

18) 다섯 집을 한 통(統)으로 묶는 조직인 오가작통(五家作統)을 말한다. 강도와 절도의 방지를 위해 1344년 다섯 집을 한 통으로 조직하는 법이 처음 만들어졌다. 이외에도 풍속의 교화와 유민 방지, 호적 작성에 있어 탈루자 방지 등의 기능이 있었다.

19) 집을 사고팔거나 빌리는 흥정을 전문으로 하는 사람을 말한다.

윤의 직인이 찍힌 새로운 영수증을 받게 된다.

일종의 경찰 제도가 있어 왔지만, 대개 야경꾼들이었던 이들이 사람들에게 돈과 음식을 가혹하게 강요하여 폐지되었으며, 최근 반포된 새로운 규칙에서는 5가구 집단을 일종의 경찰 제도로 조직하였다. 만일 행실이 좋지 않은 어떤 사람이 이 집단의 한 집에 숨어 있다면, 통수는 도사에게 보고할 수 있고 그는 판윤에게 다시 보고하며, 그는 엄하게 처벌을 받는다. 만일 강도, 방화, 또는 다른 소란이 일어나는 경우 한 가구는 종을 쳐 다른 4가구를 모을 수 있는데, 만일 한 사람 혹은 가구가 도와주러 오는 것을 거절한다면 통수는 그에게 매를 때리거나 도사에게 보고할 수 있다. 만일 통수나 동장이 그들의 의무를 잘 이행하지 않는다면, 주민들은 도사를 통하여 판윤에게 보고하여 심하게 처벌을 받게 할 수 있다.

그들의 임무 중의 하나는 관할 구역 내에서 음주와 도박을 금하는 것이다. 만일 어떤 사람이 계속 이런 버릇을 갖고 있다면, 통수는 도사를 통해 한성부로 보낼 수도 있으며, 그는 심하게 처벌을 받게 될 수도 있는데, 아마도 죽을 수도 있다. 부(部)에서는 모든 범죄자의 기록을 반드시 보관해야 하며, 한성부로 보낸다. 만일 통수가 죽거나 다른 이유로 해임되었다면, 주민들이 모여 새로운 사람을 뽑고 그 결과를 한성부에 보고한다.

15세 이상의 모든 주민은 이름, 나이, 주소를 등록해야 한다. 이 기록은 한성부에서 보관하며, 그 관공서에서 각 개인에게 호패(號牌)를 준다.[20] 요구가 있으면 동수에게 반드시 보여 주어야 하며, 호패가 없으면 누구든 도둑으로 처벌받을 수 있다. 보신각종이 울린 이후에는 어떤 남자도 거리에 나올 수 없다는 옛 규칙은 폐지되었고,[21] 지금은 여자뿐만 아니라 남자들도 나갈 수 있다. 하지만 밤에 거리를 다니는 모든 사람들은 반드시 제등(提燈)을 가져야 하며, 그렇지 않을 경우 도둑으로 처벌될 것이다.

통수는 반드시 자신의 구역에 있는 집들의 배치도, 그리고 소유자와 거주자의 이름을 비치해야 한다.

1886년 1월 22일

---

20) 조선시대 16세 이상의 남자에게 발급한 패를 말하며, 현재의 주민등록증과 같은 것이다. 고려 말인 1354년부터 일부 실시되다가 조선 시대에 들어 전국으로 확대되어 호적법의 보조적인 역할을 하였다. 호구 파악, 유민 방지, 역(役)의 조달, 신분 질서의 확립, 향촌의 안정 유지 등을 통한 중앙 집권의 강화를 위한 제도이었다.

21) 조선시대에는 보통 밤 10시경 보신각종을 28번 쳐서 통행금지를 알렸는데, 이를 인정(人定)이라 하였다. 반면 새벽 4시경 종을 33번 쳐서 통행금지의 해제를 알렸는데 이를 파루(罷漏)라 하였다.

오늘 청나라의 주차 조선 총리[위안스카이(후의 중국 황제)]가 방문하였다. 그는 모피와 비단을 걸친 화려한 사람이며, 많은 수행원들을 거느리고 있다. 그는 황제의 권한을 가지고 있어 막강한 힘을 행사하며, 생사여탈권을 가지고 있다. 프랑스 인 신부인 코스트[22]는 진통(鎭痛) 중인 여자의 생명을 구해달라며 나를 방문하였다. 나는 성공적으로 진료하였으며, 신부는 대단히 감사해 하고 있다.

Dr. Allen's Diary No. 1 (1883~1886) (Jan. 22nd, 1886)

Jan. 22/ (18)86 [(Fri.)]

A new law has been propagated by the Seoul Authorities arranging municipal affairs as follows.

Seoul 5 Poo (부) or wards. Each Poo is divided into districts called Tong (동). These are in turn divided into blocks of five houses or families. The city has a mayor the Pan Yun (판윤) whose court is called the Han Sung Poo (한성부). The five wards of the city are each presided over by a magistrate called the Toh Sah (도사). Each Dong or District has a head man called a Chon We (존위) in case he is of the noble class. In which case he appoints one of his servants to do his work, this servant is then called the Tong Jang (동장), deputy Chon We. Each block of five houses has also a head man called the Tong Su (동슈). He is elected by the residents of his neighborhood while the other officers above him are appointed by the Government. The Tong Su reports twice a month to the Toh Sah, giving him an account of affairs in his neighborhood. The Toh Sah reports as often to the Pan Yun, and he reports twice yearly to his Majesty through the Home Office, at the beginning of the 6th and 12th Moons.

---

22) 코스트(Eugene Jean George Coste, 1842~1896)는 파리 외방전교회 소속으로 1868년 사제 서품을 받았다. 서품으로 홍콩에 부임하였다가 조선 교구로 파견을 요청하였다. 만주에서 활동하던 리델 주교의 성서 번역과 한불사전 편찬을 도왔고, 일본에서 인쇄소를 운영하다가 1885년 민간인으로 변장하여 한국에 왔다. 코스트는 일본의 인쇄 시설을 한국으로 들여왔고, 여러 건물의 건축을 담당하였다.

Each Tong has a real estate broker called Chip Chu Room (집쥬룸) who keeps a record of all salable real estate, attends to the selling of the same and is paid 10% by the seller, none by the purchaser. No deeds are given nor are any records kept by the Gov'nt concerning the sale of property. If a man buys a piece of real estate he is given a receipt for the money with a description of the property and the man's written assertion of his willingness to sell. In case of destruction, by fire or otherwise, of these receipts, the owner of the property applies to the Han Sung Poo and on furnishing sufficient proof that he is the rightful owner, he is given a new receipt with the Mayor's stamp upon it.

A sort of police force has been in existence but these men, usually night watchmen, so imposed upon the people by exacting money and food that they have been abolished and the new rule just promulgated organizes the five families of each block, as a sort of police service. In case a man of bad character is harbored in one of these blocks, the Tong Su may be reported to the Toh Sah, who reports him to the Pan Yun and he is severely punished by that worthy. In case of a robbery, fire or other disturbance, one of the families may strike a gong and summon the other four, if one man or family refuse to come to the assistance, the Tong Su may either beat him or report him to the Toh Sah. If the Tong Su or Tong Jang do not attend to their duties well the residents may report them to the Pan Yun through the Toh Sah and have them severely punished.

One of their duties is to suppress drinking and gambling in their district. If a man persists in these habits the Tong Su may send him up to the Han Sung Poo through the Toh Sah and he will be severely punished, perhaps killed. A record must be kept of all criminals from a ward and sent to Han Sung Poo. If the Tong Su dies or is otherwise removed the residents may meet and elect a new one, reporting the same to the Han Sung Poo.

Every person over 15 yrs must register, giving his name, age, and residence. This is kept at the Han Sung Poo and a ticket given from that office to the individual. These must be shown to the Tong Su on demand and any one without such may be punished as a robber. The old rule that no men could go out in the streets after the ringing of the "big bell" has been abolished and men may now go as well as the women. Every person however, found on the street at night must have a light or he will be punished as a robber.

The Tong Su must furnish a diagram of the houses in his district and the names of the owners and occupants.

Jan. 22nd, '86

Today the Imperial Chinese Minister, *Yuan Shi Kai (Later Chinese Emperor)* called. He is a gorgeous man in his furs and silks, and has a large retinue of followers He has an imperial commission, uses an enormous card, and has the power of life and death. I was called by _____ Coste, a French priest to save the life of a woman in labor. I was successful and the priest is very thankful.

18860126

호러스 N. 알렌(서울)이 유키 테루히코(서울 일본 영사관)에게 보낸
편지 (1886년 1월 26일)[23]

한국 서울,
1886년 1월 26일

안녕하십니까,

현재 이 도시의 천연두 유행에 대한 귀하의 정보 요청에 따라 한국인들 사이에서 의료 보고가 매우 적기 때문에 철저하고 요약된 보고가 불가능하다고 말씀드립니다.

이 질병은 이제 전염병이 아니라 풍토병으로 만연하고 있습니다. 그것은 늘 그렇듯이 모든 연령대를 공격하지만 성인은 거의 모든 경우에 어린 시절에 이 질병을 경험하였다는 명백한 이유 때문에 어린이들 사이에서 가장 많은 수가 발생합니다.

100명 중 60~70명의 어린이가 천연두를 접종하고, 나머지 어린이는 자연적으로 천연두에 걸리게 됩니다. 100명 중 1명 이하의 어린이가 예방 접종이나 일반적인 전염으로 천연두에 걸리지 않고 성인이 될 때까지 성장하였습니다.

접종의 보편적인 방법은 천연두 환자의 고름으로 접종하는 것입니다. 농포 주위에 끈을 만들어 농포가 빠지도록 합니다. 그 후 끈과 고름을 콧구멍에 넣습니다. 왼쪽 콧구멍은 소년, 오른쪽 콧구멍은 소녀를 위하여 사용합니다.

예방 접종이나 일반 노출에 의해 천연두에 걸린 100명의 어린이 중 약 20명이 2년 이내에 사망하고, 40~50명은 4년 이내에 사망할 것으로 예상됩니다.

한국의 의학계에서는 한국인의 약 50%가 천연두로 사망하는 것으로 추산하고 있습니다.

병의 원인에 대해서는 알려진 바가 거의 없는 것 같습니다. '역신'이라 부르는 '수두의 마음' 또는 '영(靈)'이 원인이라 합니다. 사망 원인은 피로와 공격을 견디지 못하기 때문인 것으로 말해지고 있습니다.

치료는 똑같이 모호한 것 같습니다. 예방 조치가 취해지고 있지 않습니다.

---

23) 유키 데루히코[結城顯彦]는 1885년 6월 23일부터 1887년 5월 30일까지 주한 서울 대리 영사로 근무하였다.

대부분 어린이인 환자는 질병이 유행하는 동안 보모의 등에 업혀 항상 거리에서 볼 수 있으며, 일본 영사관 및 공사관의 한 의료 관계자가 소개한 예방 접종은 호의를 얻고 있습니다. 우리는 외아문 독판에게 건의된 사항에 대하여 답합니다. 그는 판윤에게 질병에 걸리지 않은 자녀를 가진 모든 부모에게 정부 병원으로 가서 예방 접종을 받도록 명령하는 포고령을 발표하게 할 것이라고 말하였습니다.

중국에서 전래한 해열용 발한약인 승갈탕(升葛湯)은 병이 처음에 열이 누그러지고 즉시 발진을 일으키기 시작할 때 사용합니다. 그 후 증상은 단지 중국식 방법에 따라 치료됩니다.

천연두 환자는 치료를 위하여 병원에 가는 경우가 매우 드물기 때문에 우리는 코나 입술의 일부 소실, 코와 뺨 사이의 반흔 다리[橋], 눈꺼풀의 뒤틀림 같은 특징적인 추악한 기형을 나타내는 후유증을 주로 봅니다. 또한 고막의 파괴와 각막의 혼탁으로 인한 실명 및 난청의 경우도 많습니다. 다른 내부 문제의 원인을 천연두라고 하지만 대부분의 경우 이것은 상상에 불과합니다.

한국인들은 현재의 발병이 특별히 심하지 않다고 합니다. 그러나 내가 외국인들 사이에서 관찰한 세 예는 매우 심하여 융합형이며, 각각의 경우 사망하였습니다. (한 일본인 여자, 중국인 여자 및 아이). 이러한 사례들은 처음 진료를 요청받았을 때 마지막 단계에 있었습니다. 일본인 여자는 내가 도착하였을 때 이미 죽어 있었습니다.

의료 보고가 매우 적어 보고서가 너무도 빈약하게 되어 유감스럽습니다.

안녕히 계세요.
H. N. 알렌, 의학박사
해관 의사
일본 공사관
미국 공사관
영국 영사관

유키 님께,
서울 주재 일본 영사

Horace N. Allen (Seoul),
Letter to Yuki Teruhiko (Japanese Consul at Seoul) (Jan. 26th, 1886)

Seoul, Korea,

Jan. 26/ 86

Sir,

In accordance with your request for information concerning the prevalence of Small-pox in this city at present, I must say that as medical returns are very meagre among the Koreans an exhaustive and tabulated report is impossible.

The disease is now prevailing here rather as an endemic than as an epidemics. It attacks all ages, as usual, but the greatest numbers of cares occurs among children for the evident reason, that adults have in nearly every case experienced the disease in childhood.

Of one hundred children sixty to seventy will be inoculated, the others will take small pox naturally. Not more than one child out of one hundred, grown up to adult life without having hd small pox, either from innoculation or by the ordinary contagion.

The universal method of innoculation is by the pus from a small pox patient. A string is constructed around the pustule, so that it comes off. String and pus is then placed in the nostril. The left nostril is used for a boy, the right for a girl.

Of one hundred children who have taken small-pox either from innoculation or ordinary exposure about twenty are expected to die under two years, and from forty to fifty under four years.

It is estimated by the Korean medical faculty, that about fifty percent of the people of Korea die from Small pox.

Little seems to be known about the etiology of the disease. It is said to be caused bu the "small pox mind" or "spirit", called "Yuk Shin (역신)." The cause of death is said to be exhaustion and inability to endure the attack.

The treatment seems to be equally vague. No preventive measures are taken. Patients, mostly children, may be seen in the streets, at all times, during the prevalence of the disease, borne in the backs of their nurses, vaccination, as introduced by one medical members of the Japanese Consular and Diplomatic service is meeting with favor. We reply to a suggestion made to H. E. The President of the Foreign Office. He says he will have the mayor issue a proclamation ordering all parents who have children that have not had the disease to king them to the Government Hospital to be vaccinated.

A febrifuge diaphoretic medicine - obtained from China, called "Sung Kahl Tang" (승갈탕, 升葛湯) is used when the disease first appears to mitigate the fever and bring the eruption out promptly. After this the symptoms merely are treated according to Chinese methods.

As Small pox patients are very seldom brought to the hospital for treatment, we see mostly the sequellae which are ugly deformities of the features, as loss of a part of the nose or lips, bridges of cicatrix between nose and cheeks, and contortions of the eye lids. There are also many cases of blindness and deafness caused by destruction of the tympanum, and opacities of the Cornea. Other internal troubles are referred to small pox as a cause, but most probably this is but imagination in most cases.

The present attack of the disease is said to be not especially severe, by the Koreans. But in the three cases I have observed among foreigners, it was very severe, being of the confluent variety and producing death in each case. (A Japanese Woman, a chinese woman and child). These cases were in the last stages when assistance was first called. The Japanese woman was already dead when I reached her.

Regretting that the meagre medical returns most making report of a necessity so incomplete.

I remain

Dear Sir.
Your humble Servant,
H. N. Allen, M. D.
Surgeon to H. E. M. Customs & Hospital
H. I. J. M. Legation
Legation of U. S. A.
J. B. M. Consulate Gem'l

To

The Hon. Mr. Yuki

H. I. J. M. Consul at Seoul

18860128

한국과 한국인들. *Herald and Tribune* (테네시 주 존스보로)
(1886년 1월 28일 목요일), 1쪽[24]

(중략)

한국 왕립병원이 대단한 성공이고, 왕비가 총애하는 것 중의 하나라는 것을 알게 되면 여러분들은 기뻐할 것입니다. 사실 그녀는 조카 민영익이 반란 중에 받은 부상으로부터 회복한 것을 기념하여 병원을 설립하였습니다. 알렌 및 헤론 박사는 매달 1,000명이 넘는 환자를 진료할 수 있으며, 대단한 성공을 거두어 왕과 왕비가 매우 기뻐하고 있습니다.

(중략)

Korea and Koreans. *Herald and Tribune* (Jonesborough, TN.)
(Thr. Jan. 28th, 1886), p. 1

(Omitted)

You will be pleased to know that the Korean Royal Hospital is a grand success and is one of the queen's pets. In fact she established it in honor of her cousin, Min-Yong-Ick's recovery from the wounds he received during the riot. The two Drs. Allen and Heron are able to visit over one thousand sick people every month and have had great success, which greatly pleases the king and queen.

(Omitted)

---

24) 헤론의 부인 해티 G. 헤론이 1885년 11월 10일 보낸 편지의 일부이다.

18860130

회의록, 한국 선교부(미국 북장로교회) (1886년 1월 30일)

1886년 1월 30일 (토)

의장의 지시로 회의가 소집되었다.

전 회의록들이 낭독되었고 승인되었다.25)

회의의 목적은 8월부터 시작하는 다음 연도를 위한 예산이 1월에 준비되어야 한다는 장로교회 선교본부의 규칙에 따라26) 1886~87년도의 예산을 고국에 보낼 준비를 하는 것으로 정해졌다.

예산은 다음과 같다.

급여	알렌 박사	1,200달러
	헤론 박사	1,200달러
	언더우드 씨	800달러
화물비 및 관세		
	알렌 박사	300달러
	헤론 박사	300달러
	언더우드 씨	200달러
육아 수당	해리 알렌	100달러
어학 교사		225달러
세금		75달러
수리		300달러
선교부에 의해 승인을 받을 여행 경비		300달러
	요청 총액	5,000달러

이것들은 이곳 선교부에 의해 승인되었으며, 서기는 그것을 고국으로 보내고, 공사의 증명 사본을 보관할 것을 지시받았다.27) 또한 그것들과 함께 보낸

---

25) 1885년 12월 3일 및 1886년 1월 11일에 개최된 회의의 회의록을 의미한다.

26) '선교지에 도착한 후'의 규정 중 '제3조 제5항 예산안'에 '익년도의 사역에 필요한 예산을 구체적으로 적어 1월 첫 주에 선교본부로 제출해야 한다.'고 되어 있다. *A Manual for the Use of Missionary Candidates and Missionaries in Connection with the Board of Foreign Missions of the Presbyterian Church*. Fourth Edition (Mission House: New York), 1882

편지의 사본을 보관하도록 지시받았다.

이어 고아원 문제가 토의되었으며, 언더우드 씨는 만일 선교부에 의해 인증을 받는다면 선교본부로 보낼 다음의 결의를 제출하였다.

고아원을 개원할 방도가 분명한 것 같고 즉시 개원하면 훌륭한 일을 할 수 있으며, 지금 자산을 구입함으로써 많은 돈을 절약할 수 있으므로,

우리는 선교부가 가장 적절한 것으로 생각하는 자산의 구입에 동의하며, 현재 구입이 가능하며 가능한 한 조기에 그 고아원을 시작하는 것에 동의한다. 만일 선교본부가 이러한 움직임을 승인하지 않는 경우, 사용된 모든 경비를 갚을 것이며, 또한 우리가 선교본부에 그런 목적으로 예산을 요청한다는 것을 보장하는 헤론 박사와 언더우드 씨의 제안 조건에 따라 건물의 구입 및 수리에 500달러, 85~86 회계연도의 남은 달수에 비례해 1년에 600달러의 운영비, 그리고 86~87 회계연도 중 그 기관의 지원에 같은 액수 (600달러)를 선교부 기금에서 사용하기로 결의하였다.

결의는 만장일치로 통과되었으며, 서기는 그것을 선교본부에 보내기를 희망하였다.28)

더 이상의 안건이 없어 회의를 폐회되었다.

J. W. 헤론
서기

---

27) John W. Heron (Seoul), Letter to Frank F. Ellinwood (Sec., BFM, PCUSA) (Feb. 1st, 1886)
28) Horace G. Underwood (Seoul), Letter to Frank F. Ellinwood (Sec., BFM, PCUSA) (Jan. 31st, 1886)

Secretary's Book, Korea Mission (PCUSA) (Jan 30th, 1886)

Jan 30, 86 (Sat.)

The meeting was called to order by the Chairman.

Minutes of previous meeting read and approved.

The object of the meeting was stated to be the preparing of estimates to send home for the year 1886~87, according to the rule of the Pres. Board this must be done in Jan. for the year beginning in Aug. following.

The following are the estimates

Salaries.	Dr. Allen	$1200.00
	Dr. Heron	1200.00
	Mr. Underwood	800.00
Allowance for Freights & Duties		
	Dr. Allen	300.00
	Dr. Heron	300.00
	Mr. Underwood	200.00
Allowance for Harry Allen		100.00
Teachers		225.00
Taxes		75.00
Repairs		300.00
Travelling expenses		
to be sanctioned by the Mission		300.00
	Total asked	$5000.00

These were approved by the Mission here and the Secretary was instructed to send them home, keeping a certified copy in the Minister. He was also asked to keep a copy of the letter send with them.

The subject of an Orphanage was then discussed and Mr. Underwood presented the following resolution to be sent to the Board if it were approved by the Mission.

Whereas, the way for the opening of an Orphanage seems to be clear and much good can be done by its opening at once, and whereas by the buying of property now much can be saved.

Resolved, that we consent to the purchase of the property thought most suitable by the Mission and now open to purchase and to the starting of said Orphanage at the earliest date. Mission funds being used on the condition offered by Dr. Heron & Mr. Underwood that they guarantee to return all monies expended should the Board fail to approve of this movement, also that we ask the Board to appropriate for this purpose. Five Hundred dollars for the purchase of and fitting up of the building and the proportion of the yearly amount of Six Hundred for the months remaining of 85~86 and the same sum ($600) for the support of the institution during the year 86~87.

The resolution being put was unanimously carried, and the Secretary was desired to send it to the Board.

No further business being on hand the meeting adjourned.

J. W. Heron
Sec.

호러스 N. 알렌(서울)이 프랭크 F. 엘린우드(미국 북장로교회 해외선교본부 총무)에게 보낸 편지 (1886년 1월 31일)

한국 서울,
1886년 1월 31일

F. F. 엘린우드 박사,
   뉴욕 시 센터 가(街) 23

친애하는 박사님,

주한 미국 대리 공사인 포크 중위는 이 편지에서 캘리포니아 주(州)나 다른 주에 있는 박사님의 동료들에게 귀족인 민주호(閔周鎬)와 아무런 관계를 갖고 있지 않다는 것을 알려달라는 요청을 써 달라고 저에게 부탁하였습니다. 그는 풍채가 좋고 씩씩한 18세의 젊은 청년이며, 영어를 상당히 잘 합니다. 그는 외국 술과 일본인 매춘부를 좋아합니다. (저는 취미와 열정 때문에 곤경에 빠졌을 때 그를 여러 번 도와주었습니다.) 그는 왕비의 조카이자, 민영익의 사촌입니다. 그는 상하이의 민영익과 합류하였고, 그들이 홍콩을 거쳐 영국으로 떠나기 직전에 저에게 편지를 보냈습니다. 그는 민영익의 통역과 학생으로서 동행하고 있었습니다. 홍콩에서 그는 민영익의 이름을 도용하였고, 그런 방법으로 38,000달러 이상을 확보하였습니다. 그 사실은 전보로 이곳에 전해졌고 요코하마에 도착하였지만, 체포되기 전에 미국으로 떠났습니다. 특단의 조취가 취해지는 중이며, 포크 씨는 우리 사람들[교인]이 그를 돕는 것을 바라지 않는다고 말하였습니다. 그는 저에게 제가 때로 기고하였던 *San Francisco Bulletin*에 그것에 대하여 써줄 것을 요청하였습니다.

지난 주 제물포에서 대단히 중요한 사건이 일어났습니다. 한 중국 관리가 중국 영사의 도움을 받아 6,000달러어치의 홍삼을 중국 군함에 실어 밀수를 하려 시도하였습니다. 세관원이 그들을 제지하였고, 싸움이 벌어져 대단히 존경받고 있는 미국인 세관원이 거의 죽을 뻔하였고 세관 건물도 거의 파괴되었습니다. 중국 상인들은 모든 외국인들을 대상으로 불매 운동을 벌였고, 그들의 생활이 위험해졌습니다. 영국의 해병대는 영사관을 보호하기 위하여 상륙해야만 하였습니다. 영사는 편파적인 선언문을 발표하였습니다. 재판에서 중국 공사는 모든 것을 모른 체하였으며, 범죄를 저지르지 않은 4명에게 유명무실한 벌만 주었을 뿐입니다. 중국과의 관계가 깨진 메릴 세관장은 자신의 직을 걸고서라도 정의가 집행되는 것을 볼 것이라고 말하고 있습니다. 저는 외아문 독판이 왕에게 알렸으며, (중국의 영향으로) 모든 것이 해결되었다고 들었습니다. 저는 요청에 의하여 왕의 통역관과 거의 죽을 뻔 하였던 미국인을 저의 집으로 초대하였으며, 한국인이 어떠한지 알지 못하는 미국인에게 주저 없이 모든 것을 이야기를 해주었습니다. 이 일은 직접 왕에게 전달되었습니다. 다음 날 아침 왕은 독판을 질책하였고, 즉시 리홍장에게 보고하라고 명령하였습니다. 각국의 사절들은 자신들의 정부에 이 사건의 내용을 상세하게 보고하고 중국과 조선의 관계에 대한 이해를 촉구하기로 결정하였기 때문에 포크 씨는 이 모든 것이 잘 된 것으로 생각하고 있습니다. 일단 이것들이 결정되면, 저는 포크 씨와 왕에 의해 종교적 자유가 주어질 것이라고 확신합니다. 중국은 예전처럼 유지하고 있습니다. 일본은 이를 촉구하고 있습니다.

이 대목에서 포크 씨는 여러 번 저에게 제물포로 선교사(의사를 의미합니다.)를 보낼만하다고 강조하였다는 점을 말씀드리고 싶습니다. 그가 갖고 있는 근거는 이곳이 매우 빠르게 성장하고 있으며, 조선의 두 번째 도시가 될 것이기 때문입니다. 의사는 자립할 수 있고, 제물포 당국은 그가 원할지도 모르는 모든 권리를 제공할 수 있습니다. 또한 적절한 사람은, 만일 그가 바란다면, 그 항구에서 미국 영사가 될 수도 있다고 저는 상당히 확신하고 있습니다. 저는 부산을 반대한다는 주장을 하는 것이 아닙니다. 스터지 박사를 꼭 그곳으로 보내셔야 하지만, 만약 박사님이 하고 싶으시면 다른 사람을 제물포로 보내시되, 만일 그렇게 하실 의향이 있으시면 조속히 하셔야 합니다.

이 우편으로 고국으로 보내는 예산안 혹은 예산 신청서와 관련하여, 저는 할 수 있는 한 모든 항목에서 비용을 줄였고, 5,000달러의 예산에 대하여 자부심을 갖고 있다고 말씀드리고 싶습니다. 우리는 의료 사업에 대해서는 아무것도 언급하지 않았는데, 그것은 자체적으로 유지되고 잉여금은 넘길 것이며, 모든 지출은 선교부의 승인을 받을 것입니다. 계약이 올해 끝날 것인데, 떨어져 나갈 것으로 예상하고 있지 않지만 저는 미리 약속드리고 싶지 않습니다.

저는 언더우드 및 헤론 씨에게 정규적으로 고아원을 위한 그들의 요청을 포함시키도록 하였지만 투표에서 기각되었습니다. 저는 의장으로서 지금 고아원을 개원하자는 그들의 의결에 투표하지 않았으며, 이에 박사님의 승인을 위하여 글을 씁니다. 그 반대로 저는 불화를 피하기 위해 중단해야 하였습니다.

안녕히 계십시오.
H. N. 알렌

Horace N. Allen (Seoul),
Letter to Frank F. Ellinwood (Sec., BFM, PCUSA) (Jan. 31st, 1886)

Seoul, Korea,
Jan. 31st, 86

Dr. F. F. Ellinwood,
23 Center St, N. Y.

My dear Doctor,

Lieut. Foulk, U. S. Charge d'Affairs to Korea, has requested me to write you by this mail, to ask you to instruct your people in California, or other States, to have nothing to do with the young Prince, Min Chu Hi. He is a handsome dashing young fellow of eighteen, knows considerable English. Has a passion for foreign liquors and Japanese harlots. (I have helped him out of several scrapes caused by his appetite and passions.) He is the Queen's nephew and a cousin of Min Yong Ik. He joined Min Yong Ik in Shanghai and wrote me just before they left for England via Hong Kong. He was going along as a student and interpreter for Min Yong Ik. At Hong Kong he forged Min Yong Ik's name and secured in that way over $38,000. It was telegraph here but he got to Yokohama and before they could intercept him, he had sailed for America. Extraordinary measures are being taken and Foulk does not wish it said that our people are befriending him. He has asked me to write it up for the San Francisco Bulletin for which I occasionally write.

An affair of great gravity took place at Chemulpo last week. A Chinese official, by the aid of the Chinese Consul, attempted to smuggle $6,000 worth of red ginseng on board a Chinese gun boat. The Customs officer stopped them, a fight ensued in which a highly respectable American Customs officer was nearly killed, the Customs house nearly destroyed. All foreigners were boycotted by the Chinese merchants and in danger of their lives. An English force of marines had to be landed to protect the Consulate. The Consul issued partisan proclamations. At the trial the Chinese Minister ignored the whole thing, only giving a nominal punishment to four non-offenders. Commissioner Merrill has broken from the Chinese, says he will see justice done to his service or leave. I was informed that the President of the Foreign Office had told the King that it was all settled (Chinese influence), I invited, by request, the King's interpreter and the American who had been so nearly killed, to my house, where the whole story was given without hesitation as the American didn't know who the Korean was. It was then taken direct to the King. The next morning he reprimanded the President and ordered him to report at once to Li Hung Chang. Mr. Foulk thinks it a good thing after all, as all of the representatives are determined to report it in full to their governments & insist on an understanding as to Chinese relations to Korea. Once those are determined I am assured by Foulk and the King that religious liberty will be granted. It is China that is keeping it back. Japan is urging it.

Right here let me say that Foulk has many times urged upon me the advisability of sending a missionary to Chemulpo (a Dr. I mean). His reasons are that it is growing very fast and is destined to be the second city of Korea. A Dr. could support himself and the municipality could grant all rights he might wish. Also I am quite sure that the proper man, could, if desired, be made U. S. Consul at that port. I am not arguing against Fusan. Send Sturge there by all means, but if you feel disposed, send another to Chemulpo, only if you intend doing it, it must be done soon.

In regard to the appropriations to be sent home this mail, or rather the applications for appropriations, I wish to say that I did all I could to cut down on all sides and am rather proud of the figure $5,000.00. We have said nothing about medical, we prefer to let it support itself and hand over the surplus, all expenditures to be only at the sanction of the Mission. The contracts may expire this year and I don't wish to promise ahead, though I don't expect any falling off.

I did my best to have Messrs. Underwood & Heron put in their request for an orphanage in the regular way, but was voted down. I, as Chairman, did not vote in their resolution to open an orphanage now and then write for your permission. On the contrary I objected to such an extent that I had to cease to avoid unpleasantness.

Yours Truly,
H. N. Allen

호러스 G. 언더우드(서울)가 프랭크 F. 엘린우드(미국 북장로교회 해외선교본부 총무)에게 보낸 편지 (1886년 1월 31일)

(중략)

알렌 박사는 며칠 전만해도 우리가 반드시 박사님께 편지를 드려 상황을 알리고, 만일 선교본부가 머지않아 이 지부로 다른 선교사를 파송하려 한다면, 우리가 그들이 살 집을 지금 구입하는 것이 좋은 것이라는 것을 제안해야 한다고 말하였습니다. 박사님은 이번 우편으로 1886년 8월부터 1887년까지의 회계연도 예산서를 받으실 것입니다. 박사님은 그것이 모두 개인적인 것이며, 심지어 의료비마저 청구하지 않았다는 것을 아실 것입니다. 알렌 박사는 병원을 현 상태로 운영하는 것이 더 낫다고 생각하였습니다. 이렇게 한 것은 향후 모든 경비를 예상하는 것이 불가능함을 알게 되었기 때문입니다.

하지만 회의가 끝날 때까지 아무도 예상하지 못한 일이 생겼습니다. 그것은 헤론 박사를 매우 어색하고 불쾌한 입장에 처하게 하였습니다. 모든 돈은 알렌 박사가 갖고 있으며, 헤론 박사가 의료 사업을 위해서 얼마를 사용하려면 항상 먼저 알렌 박사의 허락을 받아야 하는데, 알렌 박사는 자신의 뜻대로 이를 주거나 주지 않을 수 있습니다.

지출 문제와 관련하여, 헤론 박사가 알렌 박사에게 반드시 허락을 요청해야 하고, 알렌 박사가 이것을 자신의 뜻대로 하는 것은 옳지 않습니다. 헤론 박사는 어쨌건 자신이 알렌 박사를 믿지 못하는 것처럼 보이지 않도록 회의에서 이것에 대해 아무 것도 말하지 않았으며, 저는 회의가 끝날 때까지 생각을 하지 않았다가 이후에 알게 된 것은 헤론 박사가 아무 것도 이야기하지 않았음을 알게 되었습니다. 물론 알렌 박사는 헤론 박사가 처하게 될 입장을 알지 못하였으며, 알았다면 그렇게 제안하지 않았을 것입니다. 그것은 또 다른 효과를 가져왔습니다. 의료 사업에서 무엇인가 일을 하기 위하여 선교부 전체가 힘을 합해야 하는데, 알렌 박사에게 만족스럽게 진행되지 않으면 선교부 예산이 없게 되기에 그는 모든 것을 막을 수 있으며, 그는 회계 연도 말이 되어서야 기금을 넘깁니다. 알렌 박사 같은 사람이 그런 일을 할 확률은 조금도 없으며, 그가 다수의 결정을 따르고 동시에 그런 행동이 일어나지 않도록 하리라 확신합니다.

(중략)

Horace G. Underwood (Seoul),
Letter to Frank F. Ellinwood (Sec., BFM, PCUSA) (Jan. 31st, 1886)

(Omitted)

Dr. Allen was saying only a few days ago that we ought to write and acquaint you with the situation, and suggest that if the Board are going to send any others to this station in the near future, it would be well for us to buy the places for them to live in now. You will receive by this mail our estimates for the year from Aug. 1886 to 1887. You will notice that it is entirely personal, and that even for medical nothing has been asked. Dr. Allen thought that the better plan would be to run the medical on what was left. This was done because it has been found impossible to foresee all the expenses that were coming up.

It, however, does something which no one noticed till after the meeting adjourned. It puts Dr. Heron in a very awkward and unpleasant position. All the money is taken in by Dr. Allen, and should Dr. Heron want at any time to spend anything for medical work, he would first have to ask Dr. Allen's permission, while the latter can give or withhold at his pleasure.

It is not right that Dr. Heron should have to ask permission of Dr. Allen as far as a the spending is concerned, and for the latter to do as he pleases. Dr. Heron said nothing of this in the meeting, not wishing in any way to seem as though he were distrusting Dr. Allen, and I did not think of till after and then found that Dr. Heron had seen it but had refrained from saying anything. Of course Dr. Allen did not see the position in which it placed Dr. Heron, or he would not have proposed it. It has a still further effect. It leaves matters so that should the whole mission be united in its desire to do something in the medical line, and yet do it in a way not quite satisfactory to Dr. Allen, he could block everything as there is no mission appropriation, and he is only to turn over the funds at the end of the year. while there is not the slightest chance of any such a case arising, and with a man like Dr. Allen, we are sure that he would abide the decision of the majority, at the same time the opportunity for any such actions should not exist.

(Omitted)

호러스 N. 알렌(서울)이 민영익(상하이)에게 보낸 편지
(1886년 1월 31일)

한국 서울,
1886년 1월 31일

민영익 공(公) 각하

친애하는 친구여,

나는 상하이에서 보낸 공의 편지를 받았으며, 그 편지에 답하는 영광을 가질 것이라고 기대하고 있었습니다.

나는 공이 건강하고 여행을 할 수 있으며, 공이 나의 겸손한 진료에 감사하는 것이 기쁩니다.

어제 나는 공이 존경하는 어머니로부터 비단, 바느질한 돗자리, 손난로와 과일 등 아주 좋은 선물을 받았으며, 그것에 대하여 아무런 이야기를 하지 말 것을 요청받았습니다.

이번 기회에 이런 친절에 대하여 공께 검사를 표합니다.

민주호의 배은망덕한 행위에 대한 소식에 우리 모두 큰 충격을 받았습니다. 범죄인 인도 조치를 취하고 있으며, 그는 곧 돌아올 것입니다.

지난 주 중국인 밀수업자들이 제물포에서 세관을 공격한 사건에 의하여 큰 흥분이 야기되었습니다. 이곳 중국 공사가 재판을 열었고, 리훙장에게 보고된 것으로 알고 있습니다.

공의 최근의 불행을 안타까워하며 즐거운 휴가와 영국으로의 적절한 항해를 기원합니다.

안녕히 계세요.
H. N. 알렌

Horace N. Allen (Seoul),
Letter to Min Youg Ik (Shanghai) (Jan. 31st, 1886)

Seoul, Korea,

Jan. 31st, 86

H. E. Prince,

Min Yong Ik

My dear friend,

I received a letter from you dated Shanghai, and have been expecting to do myself the honor of answering it.

I am glad you are well and able to travel, and that you appreciate my humble service.

On yesterday I received soon very fine presents of silks, sewing mats, stove boxes, and fruits, from your honored mother, with the request that say nothing about it here. I should as she says but nothing.

Able to address had I take this opportunity of thanking you for this kindness.

We were all greatly shocked at the news concerning Min Chu Ho's ungrateful conduct. Extraditionary measures are being taken and he will soon be returned.

Great excitement prevailed over the attack on the Customs at Chemulpo, last week by Chinese smugglers. A trial was held at the Minister here (Chinese) and I understand it has been reported to Li Hung Chang.

Regretting your recent misfortunes with best wishes for a pleasant vacation and proper voyage to England,

remains, Dear Sir,

Yours sincerely,

H. N. Allen

설제중원.
한성주보 제2호 (1886년 2월 1일, 음력 1885년 12월 28일)
Founding of Jejooungwon. *Hansung Joobo* No. 2 (Feb. 1st, 1886)

제중원 설립

금년 1월 25일에 통리아문에서 임금의 말씀을 받들어 병원을 재동 서쪽 부근에 창건하고 병원의 이름은 제중(濟衆)이라 하고 관원을 갖추며 학도를 모아 병원에 두고 미국 교사 알렌과 헤론 양인을 청하여 받아들이며 서양 나라의 각종 약수를 많이 구입하여 병원에 두고 민간의 각양 병인을 자세히 중상을 관찰하여 극진이 치료하니 와서 문병하고 가는 사람이 혹 20인 혹 30인도 되고 병원에 항상 체류하여 치료하는 사람이 혹 10여 인 혹 20여 인이 되는데 의사의 치병하는 법은 기계로도 다스리고 약수도 먹이는데 대체로 뼈가 어긋남, 종기 등에는 효험이 신통하니 이는 곳 국가에 발정시인(發政施仁)하는 일이요, 또한 박시제중(博施濟衆)하는 공덕이니 그 병원의 규칙을 아래에 기재하노라.

공립의원 규칙

제1조는 생도 약간 명이 매일 배우는 시간은 오전 7시부터 오후 4시까지이며, 휴일을 제외하고는 마음대로 놀 수 없고, (학업에) 정통하고 탁월하여 중망(衆望)을 얻은 자는 공천하여 표양한다.

제2조는 생도는 약의 배합과 제조, 기계 등을 담당하며, 한결같이 의사의 지휘를 따라야 한다.

제3조는 서기 2명은 각 항의 문서와 계산을 담당하며, 하나하나 상세하게 하여 6개월마다 통계를 낸 후 의원의 각 관서에 고감(考鑑)하게 한다.

제4조는 식당 직원 2명은 각 방을 정결하게 하고 의약의 여러 도구와 원내의 물품을 관리하되, 만일 분실되면 처벌을 받는다.

제5조는 문지기 2명 가운데 한 명은 외문에서 환자의 성명을 먼저 기록하고 차례대로 패(牌)를 지급한 후 들어가도록 하며, 한 명은 중문에서 갑·을 등등의 패를 거두어 살핀 후 의사를 만나도록 한다. 빈자패(貧字牌)를 가진 사람은 원패(元牌)가 모두 들어간 다음에 들어가도록 한다.

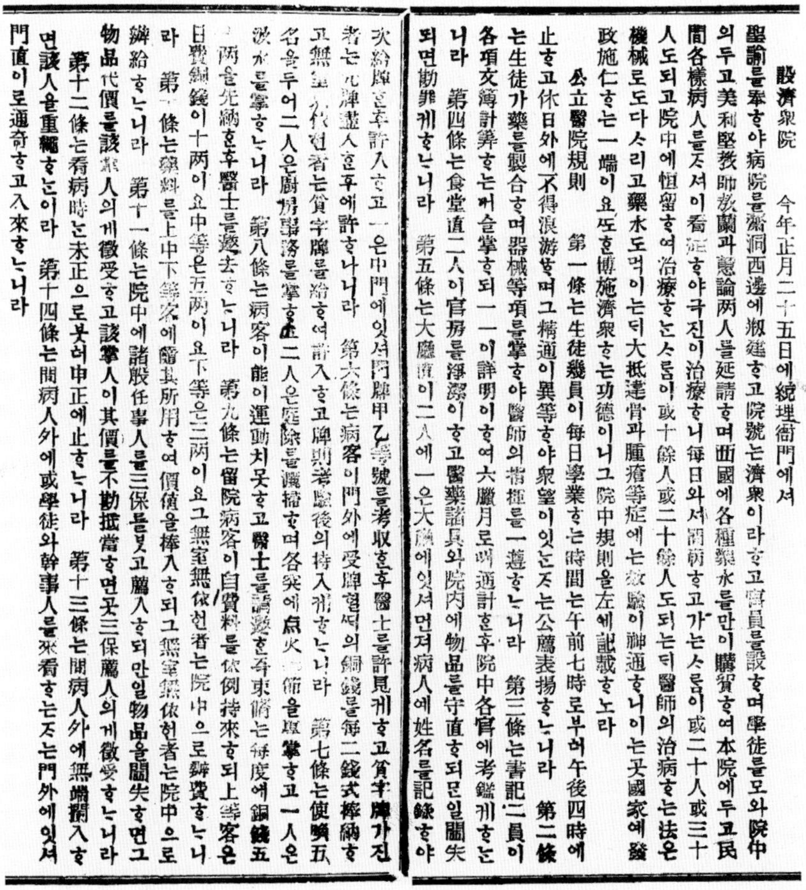

그림 7-2. 한성주보에 실린 공립의원 규칙. 한성주보 제2호. 1886년 2월 1일자(음력 1885년 12월 28일), 설제중원, 공립의원 규칙.

제6조는 환자가 외문에서 패를 받을 때 동전 2전을 납부하며, 가족이나 의탁할 자가 없는 경우에는 빈자패(貧字牌)를 지급하여 들어가게 하고 패를 살핀 후에야 가지고 들어가게 한다.

제7조는 사환은 5명을 두어 2명은 주방의 일을 담당하고 2명은 뜰을 청소하고 아궁이에 불을 지피는 일을 맡으며, 1명은 물을 긷는다.

제8조는 환자가 몸을 움직이지 못하여 의사를 요청하는 경우 비용은 한 번에 동전 50냥을 선납한 후에야 의사를 만날 수 있다.

제9조는 병원에 입원한 환자는 예와 같이 자신의 치료비를 가져와야
　　　하는데, 상등 환자는 1일 동전이 10냥, 중등 환자는 5냥, 하등
　　　환자는 3냥이다. 가족이나 의탁할 자가 없는 사람에게는 의원
　　　에서 그 비용을 보전한다.
제10조는 약값은 상·중·하등의 환자가 사용한 가치를 따지되, 가족이나
　　　의탁할 자가 없는 사람에게는 의원에서 그 비용을 지급한다.
제11조는 의원에 임용된 모든 사람에게는 세 사람의 보증을 받아 추천을
　　　통해 임명한다. 만약 물품이 없어졌을 때는 그 물품의 값을 해
　　　당인에게 정수하고 해당인이 감당하지 못할 때에는 곧 세 사
　　　람의 보증인에게 징수한다.
제12조는 간병하는 시간은 오후 2시부터 4시까지이다
제13조는 문병인 외에 무단으로 들어왔을 경우에는 그 사람을 중징계
　　　한다.
제14조는 문병인 외에 학도와 간사인을 보러 오는 자는 외문에서 문지
　　　기를 통해 연락한 후 들어온다.

존 W. 헤론(서울)이 프랭크 F. 엘린우드(미국 북장로교회 해외선교본부 총무)에게 보낸 편지 (1886년 2월 1일)

(중략)

의료 사역을 위해서는 어떤 것도 요청하지 않았는데, 알렌 박사는 현장에서 충분히 충당할 수 있다고 여기고 있으며, 만약 남는 것이 있다면 연말에 (선교부 회계에게) 넘길 것입니다.

(중략)

John W. Heron (Seoul),
Letter to Frank F. Ellinwood (Sec., BFM, PCUSA) (Feb. 1st, 1886)

(Omitted)

Nothing has been asked for medical work, Dr. Allen considering that enough would be taken in on the field and the surplus, if any, he would turn over at the end of the year.

(Omitted)

호러스 N. 알렌(서울), 한국의 정세 (1886년 2월 1일)

지난주 동안 두 가지 중요한 일이 일어나 수도의 조용함을 휘저어 놓았다. 영국으로 가는 길에 홍콩에 체류하고 있는 민영익 공으로부터 그의 사촌이자 왕비의 조카인 민주호가 그의 이름을 위조하여 3만 8,000달러 이상을 훔쳤다는 내용의 전보를 받았다. 두 번째 전보에는 그가 다른 두 명의 한국인과 함께 일본에 있었고 그들 일행은 교육을 받기 위하여 미국으로 가야 한다고 언급되어 있었다. 그는 요코하마에서 붙잡히기 전에 샌프란시스코로 출항하였다. 범죄인 인도 조치가 취해지고 있으며, 젊은이들은 아마도 큰 타격을 입을 것이다.

어린 공(公)은 단지 18세 밖에 안 된 소년이기에 자신이 무엇을 하였는지 거의 알지 못하고 있다. 그는 잘 생기고 대담한 젊은 친구이며, 영어를 상당히 이해하고 있다. 교육에 대한 그의 열망은 분명히 용서받을 만하며, 그가 더 성숙하였다면 그는 이러한 독립적인 방식으로 명예를 드높이기보다는 사촌과 함께 영국으로 가는 것에 만족하였을 것이다. 그는 자신의 모든 ___와 마찬가지로 미국에서의 사업에 대하여 강한 선호를 가지고 있으며, 민영익이 미국보다 영국을 선택한 유일한 이유는 1년 전 자신의 목숨을 앗아갔을 뻔 한 민영익에 반대하는 일당의 망명자들이 후자의 나라에 존재하였기 때문이다.

또 하나의 더 큰 흥분의 원인은 제물포항에서 일어난 싸움이었다.

중국 영사로부터 군함을 타고 중국에 갈 수 있는 허가를 받은 중국인 관리 한 명이 6,000달러 정도의 정품 인삼을 밀수하려던 것이 확인되었다. 이 특별한 농산물은 왕의 독점적인 재산으로 개인이 사고 팔 수 없으며, 그것을 소지하는 것은 절도의 증거이다. 세관원은 이 남자의 짐을 수색하기 시작하였고, 그는 그 중 하나를 쓰러트렸다. 매우 존경할 만한 미국 세관원이 거의 죽을 뻔한 싸움이 벌어졌고, 그의 힘과 용기가 있었기에 가능하였을 것이다. 그는 그는 자신의 손으로 12명의 중국인을 혼내주었다. 나중에 중국인 상인들은 중국인이 운영하는 호텔에 살고 있던 외국인들에 대하여 상점을 폐쇄하였다. 상점을 닫은 후 이 상인들은 다른 중국인들과 함께 대열에 합류하여 세관으로 행진하였으며, 건물의 문과 창문을 파괴하고 안으로 진입하여 책과 가구를 부수었다. 그런 다음 그들은 외국인 세관원들을 추적하였는데, 목숨이 위태로워진 세관원들은 중국 군함 5척의 사령관에게 보호를 요청하였다. 이 보호 조치가 너무 느리게 진행되자 그들은 자신이 위험에 처해 있는 영국 영사에게 요청하였다. 그는 즉시 스위프트 함(艦)에 요청하였으며, 영사관을 경호하기 위하여 영국 해병대 경비대가 해안으로 파견되었다. 이는 당분간 소란을 진정시키는 효과가 있었다.

그러나 이튿날(1월 26일) 중국 영사는 그의 백성이 정부 관리들에 의하여 어떻게 학대를 받았는지 설명하고 모든 외국인에 대하여 경고하는 격한 포고를 발표하였다.

이 문제는 재판을 위하여 서울의 중국 공사에게 회부되었다. 이 신사는 부하인 제물포 영사와 인척 관계로 매우 자의적으로 행동하였다. 그는 세관 공무원의 진술을 듣기를 거부하였고, 그가 공무원이라는 이유로 밀수를 시도한 최고 책임자의 처벌을 거부하였다. 그들이 죽이려 하였던 한 미국인에 의하여 몇 명이 부상을 입었다. 이 공사는 외국인에게 맞았다며 이 사람들에 대한 처벌을 거부하였다. 그는 이 형벌이 충분하다고 여겼다. 하지만 그는 범죄자가 아닌 4명을 매질하도록 명령을 내렸지만, 그의 명령이 실행되기 전에 사면이 이루어졌다.

총세무사는 미국인이다. 그는 조용하지만 결단력이 있는 신사로 중국 세관에서 파견되었으며, 그는 자연스럽게 그의 후원자들과 공감하였다. 하지만 그는 자신의 백성에 대한 이 공격에 대하여 크게 화를 내었고, 휴가 중에 자신의 봉사가 정당한지 확인하기로 결정하였다. 중국 공사가 이 문제에 대하여 더 이상의 조치를 취하지 않을 것이라고 확신하자 그는 공사에게 '쓸 카드가 한 장 더 있다.'라고 경고하였다. 따라서 그는 암호로 중국에 세 통의 전보를 보냈으며, 그가 이 문제에 대하여 리훙장에게 전한 것으로 알려져 있다.

이 문제는 아마도 여러 정부가 이 나라에 대한 중국의 종주권에 관한 ___ 문제를 결정하기 위한 조치를 취하도록 이끌 것이기 때문에 매우 중요하다. 그리고 비진보적이지만 매우 억압적인 이웃의 발아래에서 커지고 있는 이 힘을 잡고 있는 은밀하지만 강력한 결속이 깨질 수도 있다.

한국 서울,
1886년 2월 1일

Horace N. Allen (Seoul), Affairs in Korea (Feb. 1st, 1886)

During the past week two important things have happened to disturb the quiet of the capital. A telegram was received from Prince Min Yong Ik, who is at Hong Kong on his way to England, to the effect that Min Chu Ho, his cousin and a nephew to the Queen, had forged his name and stolen over $38,000. A second telegram stated that he was in Japan in company with two other Koreans and that the party were bound for America to get an education. Before he could be intercepted at Yokohama, he had sailed for San Francisco. Extraditionary measures are being taken and the young men will probably fare badly.

The young Prince scarcely knows what he has done as he is but a boy of eighteen years. He is a handsome dashing young fellow and understands considerable English. His desire for an education is certainly pardonable and had he been more mature he would probably have been content to go on to England with his cousin, rather than to honor off in this independent fashion. He has a strong preference for America business, as have all of his _____ and it is said that the only reason Min Yong Ik chose England rather than America was because of the presence in the latter country the Korean exiles who are of a party antagonistic to Min Yong Ik and at whose hands he so nearly lost his life a year ago.

The other and graver cause of excitement was a row which occurred at the port Chemulpo.

It was ascertained that a Chinese official who had been given a pass, by the Chinese Consul, to go to China on a man-of-war, was about to smuggle on board some $6,000 of reg ginseng. This peculiar produce is the exclusive property of His Korean Majesty and cannot be bought and sold by private individuals, its possession is evidence of theft. The customs officials undertook to search this man's baggage and he knocked one of them down. A fight ensued in which a very respectable American customs officer was nearly killed and would have been but for his strength and courage. He held his own and worsted twelve Chinamen. Later on the Chinese merchants closed their shops against all foreigners, many of whom lived at a hotel run by a Chinaman. After closing their shops these merchants with other Chinaman formed in rank <u>as</u> file and marched to the Customs house where they destroyed the doors and windows of the building, went inside and demolished books and furniture. They then hunted down the foreign customs officials, who seeing their lives were in danger applied to the Senior Commander of the Chinese fleet of five war vessels, for a guard. This protection was so slow in coming that they applied to the English Consul, who was himself in danger. He at once applied to H. B. M. S. Swift and a guard of English mariner was sent ashore to guard the Consulate. This had the effect of quieting the disturbance for the time being.

On the morrow however (Jan 26th) the Chinese Consul issued a fiery proclamation setting forth how his people had been maltreated by the Gov't officials and warning them against all foreigners.

The matter was brought before the Chinese Minister at Seoul for trial. This gentleman is related to his subordinate the Consul at Chemulpo, and acted in a very arbitrary manner. He refused to hear the depositions of the Customs officials, refused to punish the Chief officer who had tried to do the smuggling on the ground that he was an official. A couple of the men who made the attack were injured by the one American whom they attempted to kill. These persons the minister refused to punish because as they had been struck by a foreigner. He regarded this punishment as sufficient. He however ordered four non-offenders to be beaten, but ere his order could be executed a pardon was brought in for them.

The Chief Commissioner of Customs is an American. He is a quiet but determined gentleman and being sent here from the Chinese Customs service, his sympathies were naturally with his patrons. He however became greatly exercised over this attack on his people and determined to see justice done to his service on leave. On being assured by the Chinese minister that no further action would be taken on the matter he warned His Excellency that he had "one more card to play". He therefore sent three telegrams to China in cipher, and it is generally known that he has addressed Li Hung Chang on the subject.

The matter is of great importance as it will probably lead the various Governments to take some action towards determining the ____d question as to the suzerainty of China over this country. And may lead to the breaking of secret but powerful bonds which hold this rising power beneath the heel of her non-progressive but very oppressive neighbor.

Seoul, Korea,
Feb. 1st, 86

호러스 N. 알렌(서울)이 샌프란시스코 뷸레틴의 편집장에게 보낸 편지 (1886년 2월 1일)

[보내지 않음]

한국 서울,
1886년 2월 1일

뷸레틴 편집장,
    샌프란시스코

안녕하십니까,

저는 귀하의 주간지를 아주 좋아함에도 귀하는 저의 서신을 차례대로 귀하의 일간지에 보내는 것을 마음에 내켜하지 않는 것 같습니다. 제가 귀하께 저의 글이 실린 호(號)를 저에게 보내주시거나 그것들을 주간지에도 게재해 주실 것을 제안해도 될까요? 이런 이유로 저는 중복을 피하기 위하여 그것들을 철해두고 싶습니다. 또한 외교사절들에게 보여주면 여러 구독 요청을 받을 수 있습니다.

저는 주한 미국 대리 공사로부터 공(公)에 대하여 ___에게 ____, 그에 관하여 ___ 샌프란시스코 사람들에게 ___할 것을 요청하였습니다.

안녕히 계세요.
H. N. 알렌, 의학박사

추신. 제가 보낸 기사는 이번이 네 번째, 아마 다섯 번째인 것 같습니다. 현재로서는 저의 서신이 수신되었는지 여부를 알 수 있는 방법이 없습니다.

Horace N. Allen (Seoul),
Letter to the Editor, *San Francisco Bulletin* (Feb. 1st, 1886)

[Not Sent]

Seoul, Korea,

Feb. 1st, 86

Ed Bulletin,

San Francisco

My dear Sir,

I like your *Weekly* very much, and as you seem reluctant to send me your daily in turn for my correspondence. May I suggest that you either send me the numbers containing my articles, or publish them also in the *Weekly*. For these reasons, I wish to keep them on file to avoid repetitions. Also if I might show them to the representatives you would probably receive several subscription.

I was asked by the U. S. *Charge d'Affair*, to __ concerning the Prince - _____, to ____ San Francisco people concerning him.

Yours truly,

H. N. Allen, M. D.

P. S. I think this is the fourth article I was sent it may be the fifth. I have no way at present knowing whether my communications are received or not.

호러스 N. 알렌, 존 W. 헤론, 호러스 G. 언더우드(서울)가
조지 C. 포크(주한 미국 대리 공사)에게 보낸 편지
(1886년 2월 10일)

포크 중위,
　　미국 공사관,
　　대리 공사

　　　　　　　　　　　　　　　　　　　　　1886년 2월 10일

안녕하십니까,

　　우리들은 이 도시의 고아와 노숙자들을 위하여 무엇인가 해야 한다고 생각하였습니다. 우리는 모든 큰 도시들처럼 서울에서도 이런 계층의 사람들이 많이 있다고 느끼며, 그 수를 줄이고자 하는 것이 우리의 바람입니다.

　　우리는 이를 위하여 외국의 대도시에서 흔히 있는 일종의 고아원이나 작업장을 열 것을 제안합니다. 그들은 그곳에서 언문과 한자를 읽고 쓰는 것을 배울 수 있으며, 나이가 들면 자립할 수 있도록 거래에 관해서도 배울 수 있습니다. 이 아이들에게는 한국식의 음식과 옷이 제공될 것이며, 깨끗하고 편안한 방이 제공될 것입니다. 한글을 가르치기 위하여 한국인 교사를 고용할 것이며, 우리의 계획인데, 만약 가능하다면 영어를 가르칠 것입니다.

　　우리는 원하는 만큼 크게 만들 수는 없다고 느끼고 있으며, 아마도 처음에는 기금의 부족으로 30명 이상을 수용할 수는 없을 것 같습니다. 이 기관의 관리는 알렌과 헤론 박사가 병원 일로 바쁘기 때문에 주로 언더우드 씨가 맡을 것입니다. 이 목적을 위하여 사용할 집을 구입하였으며, 고아원이 개원하면 언제든 조선 정부의 대표를 만나 그에게 이 기관의 모든 일을 보여줄 것입니다.

　　이런 사업을 통하여 자칫 부도덕과 사악함에 빠질 수 있는 사람들을 교육시켜 이웃과 국가 모두에 유용한 올바른 시민이 되기를 바랍니다. 우리는 어떤 일이라도 은밀히 진행하고 싶지 않으므로, 귀하께서 친절히 이 문제를 한국 정부에 제출하여 승인을 받아주시면 감사하겠습니다.

안녕히 계십시오.
의학박사 H. N. 알렌
의학박사 J. W. 헤론
목사 H. G. 언더우드

Horace N. Allen, John W. Heron, Horace G. Underwood (Seoul), Letter to George C. Foulk (U. S. *Charge d'Affaires* to Korea) (Feb. 10th, 1886)

To H. E. Lieut. G. C. Foulk,
  Charge d'Affaires,
  U. S. Legation

February 10th, 1886

Dear Sir: -

It has occurred to us to do something for the orphans and homeless of this city. We feel that there are in Seoul as in all large cities many of this class and it is our desire to in some way lessen the number.

To do this we propose to open and carry on a sort of orphanage or industrial home, such as is so common in most large Foreign cities, where they can be taught to read and write Eunmun and Chinese and when old enough, some trade which shall render them capable of self support. These children will be fed and clothed after the Korean style and provided with clean and comfortable apartments. A Korean teacher will be employed to instruct them in Korean and it is our intention also, if possible, to teach them English.

We feel that we cannot make it as large as we would like and will probably, at the beginning, not be able to provide for more than about thirty inmates on account of lack of funds. The management of the institution will fall largely upon Mr. Underwood as both Drs. Allen and Heron have much of their time taken up at the Hospital. A house has been purchased which can be used for this purpose and when the home is opened we shall be glad at any time to see the Representative of his Korean Majesty's Government and show him the whole workings of the institution.

By these means it is hoped the men who would otherwise be trained in vice and wickedness will become upright citizens useful both to their neighbors and their country. Not desiring to do anything that may in any way seem underhand we would esteem it a favor if you would kindly present this subject to His Korean Majesty's Government for approval.

We remain Dear Sir,

Yours very Respectfully,
Dr. H. N. Allen
Dr. J. W. Heron
Rev. H. G. Underwood

호러스 N. 알렌(서울), 한국의 정세 (1886년 2월 10일)

한국의 정세

2월 3일 밤 온갖 종류의 포화 소리가 외국인들을 놀라게 하는 데 충분하였지만, 사전 준비 통고를 보낸 왕의 통상적인 사려 깊음과 함께 묵은해가 지나갔다. 이 소음은 묵은해의 악령을 몰아내는 데 필수적인 것으로 간주된다.

이러한 것들이 뒤늦게 수도(首都)의 감추어진 고요함을 어지럽혔다는 비난을 받고 있다. 하나는 민주호 공이 예고 없이 갑자기 홍콩을 떠났는데, 그 청년과 함께 영국으로 가려하였던 민영익 공의 것으로 추정되는 돈의 일부를 가지고 갔다는 내용의 전보를 여러 통 받은 것이다. 막내 공(公)은 미국을 더 좋아했던 것 같다. 그는 영어를 어느 정도 할 줄 아고 더 배우고 싶어 하는 잘생긴 대담한 젊은 친구이다.

두 번째 소동의 원인은 1월 26~27일 일부 중국인 밀수업자들이 제물포항 한국 세관을 습격한 것이었다.

이 나라에서 장사를 하던 하찮은 중국 관리가 중국에 가고 싶었는데 군함을 탈 수 있는 허가를 받은 것 같다. 세관원은 그가 6천 달러 어치의 홍삼을 가져갈 작정임을 알게 되었다. 이 독특한 제품은 왕의 독점 자산이며, 개인이 사고 팔 수 없다. 그것을 가지고 있고 그것을 적절하게 설명할 수 없는 사람은 절도로 처벌을 받으며, 이는 일반적으로 참수형이다.

세관원은 이 남자의 짐을 수색하였고, 그 중 하나를 쓰러뜨렸다. 그러자 곧바로 청찬이 돌아왔다. 상인들은 상점을 닫고 싸움에 가담하였다. 한 미국인 세관 직원은 자신을 죽이려는 12명의 중국인과 함께 혼자 있는 자신을 발견하였다. 그들은 아마도 그렇게 하였을 것이지만, 그의 큰 힘과 용기로 인하여 그는 나중에 그가 나쁜 사람이라는 말을 듣게 되었다. 그들은 그를 다른 사람으로 착각하였다. 저녁이 되자 중국인들은 대열을 이루어 세관으로 행진하였고 그곳의 창문, 문, 가구 일부를 파괴하였다. 그런 다음 그들은 세관 직원을 찾기 시작하였는데, 세관 직원은 그들도 심하게 구타를 당할 것을 두려워하여 거리를 두고 멀리 있었다. 목숨이 두려운 그들은 5척으로 구성된 중국 함대의 사령관에게 경비를 요청하였지만, 이 보호가 더디게 오자 영국 영사에게도 요청하였고 스위프트 함(艦)에서 해병대 경비대가 즉시 해안으로 파견되었다. 이것은 소란을 어느 정도 진정시켰다. 그러나 중국인 상인들과 호텔 직원들은 외국인들에 대하여 불매 배척 운동을 벌였고, 많은 사람들이 음식과 숙박을 거절당하였다.

다음 날 중국 영사는 포고령을 내렸지만, 그는 상당히 흥분되었기에 당사자들을 착각하여 외국인들이 자신들의 사람들을 공격하고 잔인하게 대우하였다는 이유로 자신들의 백성에게 외국에 대항하라고 경고하였다. 당연히 이것은 거의 효과가 없었고 철회해야 했다. 이 문제는 재판을 위하여 중국 공사에게 넘겨졌다. 예치금이 준비되었지만 사용되지 않았다. 주범 중 한 명은 공격하는 중국인 중 한 명의 손아귀에서 그의 추력을 풀려고 하는 동안 미국인들에 의해 얼굴을 걷어차였다. 이 사람은 이미 형벌이 충분하다고 생각했기 때문에 형벌을 받지 않았다. 주범은 관리이었기 때문에 처벌할 수 없었다. 하지만 사건에 관여한 것으로 인정되지 않은 4명의 남자에게 태형을 명령하였고, 문제는 여기서 끝날 것으로 예상되었다. 하지만 세관 직원이 해당 문제에 대하여 리훙장에게 암호 공문을 보낸 것으로 알려졌다. 그들은 중국 공사에게 더 나은 처벌을 내리라는 명령으로 응답하였다. 그 결과 주범을 대리하여 중국인 거주자들이 제물포 세관에 가한 손해를 배상하라는 명령을 받았다.

불만의 다른 원인은 마지막보다 사람들의 감성에 더 영향을 미치는 성격을 가졌다. 왕가(王家)를 제외한 모든 사람이 궁궐의 대문에서 내려 응접실로 걸어 들어가는 것이 고대의 풍습이다. 새해 첫날 외국 사절들은 중국 공사를 제외하고는 평소와 같이 이 관습을 지켰다. 그는 모피로 만든 두꺼운 옷을 입고 있었기 때문에 자신의 가마에 앉아 궁궐을 통과하고 싶다는 전언을 당국에 보냈다. 이 특권은 즉시 거부되었다. 그 결과 그는 어떤 식으로든 갔는데, 그의 노무자들과 궁궐의 심부름꾼 사이에 약간의 문제가 생겼다. 예절의 위반에 관한 일반적인 이야기에서 그것은 사람들을 매우 크게 불쾌하게 한 것 같다.

새로운 조폐국의 관리와 기계가 독일로부터 도착하였다. 이미 그 화학자는 금, 은 구리 광석을 조사하였고, 수율(收率)에 만족함을 표현하였다. 관리는 날씨가 충분히 풀리는 대로 지방으로 가서 광산을 조사할 예정이다.

서울, 1886년 2월 10일

Horace N. Allen (Seoul), Affairs in Korea (Feb. 10th, 1886)

Affairs in Korea

The old year went out on the night of Feb 3rd in the booming of artillery of all kinds, enough to be alarmed the foreigners but for the usual thoughtfulness of His Majesty, in sending around preparatory notice. This noise is deemed essential in driving away the evil spirits of the old year.

These things have accused of late to disturb the masked quiet of the Capital. One was the receipt of several telegrams to the effect that Prince Min Chu Ho had suddenly left Hongkong without announcement, and had carried with him some of the money supposed to belong to Prince Min Ying Ik with whom the young man was going to England. The youngest Prince seems to have preferred America. He is a handsome dashing young fellow who knows some English and is anxious to learn more.

The second cause of excitement was an attack on the Korean Customs at the Port Chemulpo, the 26~27 of Jan. by some Chinese smugglers.

It seems that a petty Chinese official who has been doing business in this country, wishing go China was given a pass to go ___ ___ the gunboats. The customs officials learned that he was intending to take with him some six thousand dollars worth of red ginseng. This peculiar product is the exclusive property of the King and can be bought and sold by no private individuals. A person having it in possession and being unable to account for it properly is punished for theft, which is usually decapitation.

The Customs Officials undertook to search the baggage of this man and he knocked one of them down. Whereupon the compliment was promptly returned. The merchants closed their shops and joined in the affray. One American Customs officer found himself alone with twelve Chinamen apparently bent on killing him. They would probably have done so but for his great strength and courage, he was notified afterwards however by being told that he was the wrong man. They had mistaken him for another. Later in the evening the Chinese people formed in rank and file, marched to the Customs house, and demolished the windows, doors, and some of the furniture of the place. They then began looking about for the Customs people, who, fearing they might also be considerably battered, kept themselves at a distance. Fearing for their lives they applied to the senior commander of the Chinese fleet of five vessels for a guard, but as this protection was slow in coming they also applied to the British Consul and a guard of marines was at once sent ashore from H. B. M. S. Swift. This quieted the disturbances somewhat. But the Chinese merchants and hotel men boycotted the foreigners, many of whom where thus deprived of food and lodging.

The next day the Chinese Consul issued a proclamation but as he was rather excited he seems to have mistaken the parties, and warned his people against the foreigners on the grounds that the latter had attacked and brutally treated them. Naturally this did little good and had to be withdrawn. The matter was brought to the Chinese minister for trial. Depositions had been prepared but were not used. One of the Chief offenders had been kicked in the face by the Americans while trying to loose his thrust from the grasp of one of the _____ attacking Chinamen. This man was not punished as his punishment was already considered sufficient already. The chief offender could not be punished because he was an official. Four men not recognized as being in the trouble were however ordered to be beaten and it was supposed the matter would end there. It was known however that ____ cipher dispatches were sent to Li Hung Chang on the subject, by the customs people. They were answered by an order to the Chinese Minister to meet out better punishment. The result was that the chief offender was deputed and the Chinese residents were ordered to pay for the damages done to the Custom house at Chemulfoo.

The other cause for complaint is of a nature to effect the sensibilities of the people more than the last. It is an ancient custom for all persons aside from the Royal Family, to dismount at the great outer gate of the Palace and walk through to the Reception Hall. On New Years day, the foreign representatives observed this custom as usual, with the exception of the Chinese Minister. He sent word to the authorities that as he was heavily dressed with furs he would like to ride through the courts in his Chair. This privilege was promptly refused. Whereupon he went in any way and some trouble arose between his coolies and the runners of the Palace. From the general talk concerning this breach of etiquette it seems to have offended the people very greatly.

The officers and machinery for the new mint have arrived from Germany. Already the Chemist has made examination of the gold, silver, and copper ore and expresses himself as pleased with the yield. The officer will go into the country and examine the mines as soon as the weather becomes sufficiently mild.

Seoul, Feb. 10/ 86

호러스 N. 알렌(서울)이 김윤식(외아문 독판)에게 보낸 편지
(1886년 2월 11일)[29]

한국 서울,
1886년 2월 11일

안녕하십니까,

　　이 나라에 외국 방식으로 교육을 받은 의사가 있어야 하며, 그들은 국가의 위생 문제를 담당하고 해군이 시작될 때 군함에서 근무하며, 국제적 관심이 있는 의료 문제에 대하여 다른 나라의 의료진과 소통할 필요가 상당히 있을 것입니다.

　　정부 병원에서 우리는 이 사람들을 준비시키려고 노력하고 있으며 과학 학교를 열려고 하고 있습니다. 하지만 우리는 계속되는 인력과 관리들의 교체에 크게 곤란을 격고 있는데, 우리의 일은 반복적으로 [새롭게] 시작하게 되어 좋은 결과를 얻지 못하게 됩니다.

　　나는 다른 나라의 공립학교와 마찬가지로 앞으로 학생들을 신중하게 선발하여 교육이 끝날 때까지 남아있을 것을 겸허하게 제안합니다. 그렇지 않으면 학교에서의 노력이 헛될 것입니다.

　　이 편지가 각하의 호의를 받을 수 있을 것으로 믿습니다.

안녕히 계십시오.
H. N. 알렌, 의학박사

김윤식 각하,
한국 외아문 독판

---

29) 알렌이 제중원에서 의학 과학 학교를 열려고 하고 있다는 것을 김윤식 외아문 독판에게 알리며 도움을 기대하고 있다는 내용이다. 일종의 의학교 설립 취지서라 볼 수 있다.

Horace N. Allen (Seoul),
Letter to Yong Sik Kim (Pres., Korean For. Office) (Feb. 11th, 1886)

Seoul, Korea,

Feb. 11th, 1886

Sir,

It will be quite necessary that this country have physicians educated in Foreign methods, that they may take charge of the sanitary matters of the country, serve as your men-of-war when your Navy is started and correspond with the medical men of other countries as medical matters of international interest.

At the Government Hospital we are trying to prepare these men and are about to open a scientific school. We are greatly troubled however by the constant changing of men and officers, making our work a mere continuation of beginnings and preventing our attaining any good results.

I humbly suggest that hereafter the pupils be carefully selected, as for Government schools in other countries, and be compelled to remain till their education is finished. Otherwise the efforts in the school will be but in vain.

Trusting this may meet with your excellencies favor.

I remain, Dear Sir

Your humble servant,

H. N. Allen, M. D

To

His Excellency

Kim Yung Sik

President of the Korean Foreign Office

77

Seoul Korea Feb 11th 1886

Sir.

It will be quite necessary that this country have Physicians educated in Foreign Methods, that they may take charge of the sanitary matters of the country. serve on your men-of-war when your Navy is started and correspond with the medical men of other countries on medical matters of international interest.

At the Government Hospital we are trying to prepare these men and are about to open a scientific school. We are greatly troubled however by the constant changing of men and officers. making our work a mere continuation & beginning and preventing our attaining any good results.

I humbly suggest that here-

after

after the pupils be carefully selected as in Government schools in other countries. and be compelled to remain till this education is finished. Otherwise the efforts in the school will be but in vain.

Trusting this may meet with your excellencies favor.

I remain, Dear Sir
your humble servant
H. N. Allen. M.D.

To
His Excellency
Kim yong sik
President of the Korean Foreign Office

18860212

존 W. 헤론(서울)이 프랭크 F. 엘린우드(미국 북장로교회 해외선교본부 총무)에게 보낸 편지 (1886년 2월 12일)

한국 서울,
1886년 2월 12일

친애하는 엘린우드 박사님,

(중략)

그 다음날 저는 병원에서 일을 시작하였습니다. 그곳에서 두 달 동안 병원에서 거의 단 하루도 쉬지 않고 일하였습니다. 알렌 박사가 우리 집을 부분적으로 수리하였지만, 아직도 수리해야 할 부분이 많습니다. 결과적으로 저는 고용된 일꾼들을 감독하는데 꽤나 많은 일을 하였습니다. 이런 일들이 때로는 규칙적인 공부를 방해하였습니다. 처음 두 달 동안 꼭 알아야 할 철자와 음절들만 배웠습니다.

(중략)

우리는 돌아오자마자, 즉시 병원에 가서 다시 공부를 시작하였습니다. 비록 저의 한국어 교사의 _____는 좋지 않지만, 제가 전혀 모르는 한국어를 통역할 수 있을 정도의 영어 실력은 됩니다. 또한 그가 일본 말을 할 수 있기 때문에, 알렌 박사는 그가 보조원과 통역관으로 사무실에서 일하기를 원하였습니다. 저는 알렌 박사가 그를 고용하는 것에 동의하였습니다. 그 무렵 저는 병원에서 관리 중 한 명을 [확보]하는데 성공하였습니다. 그는 매일 두 시간씩 옵니다. 언더우드 씨의 한국어 교사나, 저희 집에서 일하는 소년과 한국어를 쓰고, 또 이야기하는 데 저녁 시간의 일부분을 사용합니다.

(중략)

언더우드 씨는 한국어 공부에 장족의 발전을 보이고 있습니다. 지금은 한국말을 꽤 잘합니다. 언더우드 씨가 한국말 하는 것을 들은 모든 사람들은 그의 탁월한 한국어 실력을 칭찬합니다. 잘 분별하는 사람들은 이곳에서 2, 3년 공부한 다른 외국인보다 언더우드 씨가 훨씬 더 말을 잘한다고 합니다. 많은 경우 우리는 언더우드 씨에게 통역을 부탁합니다. 언더우드 씨는 말을 이해하고, 이해시키는 데 전혀 어려움이 없습니다. 저희가 익숙하지 않은 사람들을 만날 때, 알렌 박사나 제가 잘 이해할 수 없는 경우에 언더우드 씨가 있어 다행입니다.

(중략)

제 일에 관해서는 말씀드릴 것이 별로 없습니다. 박사님께서는 아마도 제가 집도하였거나 도왔던 수술의 건수에 대해 특별한 관심이 없으실 것입니다. 위중한 수술을 해야 하는 사람들이 몇 명이 내원하였지만, 아직까지 하지 않았습니다. 이 사람들이 생각하는 것처럼 우리는 확신하지 않는 시술에 의해 서양 의술에 대한 불신이 생기지 않도록 노력하였지만, 우리는 거의 수백 건의 간단한 수술들을 시행하였습니다. 전국 각지에서 몰려온 사람들 때문에 진료소에는 일이 많습니다. 우리는 집에서는 진료하지 않고, 5,000푼(약 3달러)의 비용을 받고 환자를 진찰하기 위하여 집으로 왕진을 갑니다. 알렌 박사는 제가 오기 전에 이런 제도를 만들어 놓았습니다. 저는 이 같은 제도에 익숙해졌습니다. 언제가 될지는 알 수 없지만, 때가 되면 이 같은 엄격한 규칙은 사라져야 한다고 생각합니다. 어쩔 수 없는 상황 하에서는 이것이 최선일 수밖에 없습니다.

(중략)

John W. Heron (Seoul),
Letter to Frank F. Ellinwood (Sec., BFM, PCUSA) (Feb. 12th, 1886)

(Omitted)

The next day I began my work in the hospital and for two months scarcely lost a day there. Dr. Allen had our house partially fitted up but there was still much to do, so that I was necessarily occupied a good deal in seeing after the workmen who were employed. These things kept me from regular study for some time, and during the first two months I only learned the characters and the syllables which must be learned.

(Omitted)

When we returned I went at once again into the hospital and began to study once more. I found my teacher was not s good one, though his knowledge of English had done me good service in interpreting when I did not know any

Korean at all, so when Dr. Allen wanted to have him to stay in the office as an assistant and interpreter for he also speaks Japanese. I agreed to let him have him. I then succeeded in _____ing one of the Chusahs from the hospital. He comes two hours daily and I also spend apart of the evening in writing and speaking Korean either to Mr. Underwood's teacher or our own house boy.

(Omitted)

Mr. Underwood has been exceedingly successful in his study and now speaks Korean so well that all who hear him speak congratulate him on his success. Those who are good judges say that he speaks better than any foreigner here though there are some who have been studying for two or three years. We have asked him to interpret for us a number of times and he has no difficulty in understanding or making himself understood at all. This is very fortunate since neither Dr. Allen nor myself can understand very well those to whom we are not accustomed.

(Omitted)

Of my own work there is little to be said. You would not perhaps be especially interested in the number of operations I have performed or assisted in performing. We have so far not done any very grave procedures?, though a few such have presented themselves. We have tried not to cast discredit, as these people would think it, on western medical science by something we were not sure of, but minor operations we have done by scores and almost by hundreds. Our dispensary work is large and the number is made up of people from all parts of the country. We do no work at our houses and only go to see patients at their own homes on payment of 5000 cash (about $3.00). Dr. Allen had made this arrangement before I came so I have fallen into it for the present, in time, I do not know how soon, I think it will be best to have this rigid rule done away with and indeed we have already stepped over whenever circumstances seemed to indicate that it was best so to do.

(Omitted)

프랭크 F. 엘린우드 (미국 북장로교회 해외선교본부 총무)가
드리스바흐 스미스(캘리포니아 주 샌프란시스코)에게 보낸 편지
(1886년 2월 12일)

(중략)

한국에 있는 우리 선교사인 알렌 박사는 선교 사업에 헌신하는 훌륭한 의사는 동시에 외국인을 위한 많은 진료도 할 수 있을 것이며, 진료비는 선교부 재무에게 넘겨지고 선교사는 선교본부로부터 급여를 받는 것으로 생각하고 있습니다. 이것은 알렌 박사가 추구하는 방식입니다. 선교본부는 새로운 선교지에서 이것을 허용하고 있지만, 원칙적으로 선교 사업과 외부 진료를 섞는 것은 권장하지 않습니다.

(중략)

Frank F. Ellinwood (Sec., BFM, PCUSA),
Letter to Driesbach Smith (San Francisco, Ca) (Feb. 12th, 1886)

(Omitted)

Dr. Allen, our missionary in Korea, thinks that a good physician devoted to the mission work would at the same time be called upon to do much for foreigners, the medical fees being turned over to the mission treasury, and the missionary depending on the Board for his salary. This is the course pursued by Dr. Allen. In a new country the Board allows this, but as a rule it discourages the mingling of mission work with outside practice.

(Omitted)

한국 여행.

The Japan Weekly Mail (요코하마) (1886년 2월 13일), 157, 158쪽

이 항구에서 한국으로 여행하였던 한 신사의 기행문이 입수되었다.

나는 [1885년] 9월 13일 아침 요코하마를 떠났으며, 20일 나가사키에 도착하였다.

(......)

나룻배를 타고 한강을 건넌 후 우리는 약 6시에 서울의 남대문에 도착하였다. 나는 한국어를 할 수 없었고, 소년은 일본어나 영어를 이해할 수 없었으며, 우리 모두는 어찌해야 할지 몰랐다. 마침내 그들은 나를 중국 공사관으로 데려갔으며, 나는 알렌 박사 댁으로 가는 방향을 확인할 수 있었다.

(......)

158쪽

다음 날30) 나는 알렌 박사와 함께 제중원으로 갔다. 그의 건물에는 약 30명의 환자가 있었으며, 외부에서 약 40명이 더 왔다. 질병의 많은 부분은 모든 이교도 땅에서 너무도 흔한 악습에 의해 발생하며, 그것에 대하여 죄책감이나 창피함이 없었다. 나는 볼 수 없는 한 남자의 눈에서 수정체를 적출하는 것을 목격하였으며, 이 수술에 의해 그의 시력은 회복되었다. 그러한 외과적 기술과 지식은 이 사람들 중에 커다란 놀라움을 불러일으켰다. 그들에게 외과는 알려지지 않은 기술이며, 그것이 없으면 피할 수 없었던 상당한 고통과 죽음이 발생한다. 알렌 박사의 명성은 전국 방방곡곡에 도달하였으며, 치료를 받기 위해 가장 먼 지방에서 사람들이 온다.

왕비는 병을 어떻게 치료하는지 배우기 위하여 두 명의 어린 소녀를 병원으로 보냈다. 낯선 사람들은 여자 거처로 들어가는 것이 허용되지 않기 때문에 많은 여자들이 적절한 치료를 받지 못해 죽어야 한다. 이 소녀들이 교육을 받게 되면 자신들의 성별에서 병든 사람들을 돌볼 수 있게 될 것이다.

왕은 필요한 모든 자금을 제공하며, 알렌 박사의 업무에 대단히 만족해 하

---

30) [1885년] 9월 30일이다.

고 있다. 궁궐에는 한 무리의 한의사들이 상주해 있지만, 왕 혹은 왕족이 치료가 필요할 때 그들은 알렌 박사에게 보낸다. 왕의 생일에 그는 의사에게 4마리의 돼지, 200개의 달걀, 20마리의 닭, 배 한 바구니, 사과 한 바구니, 건어물, 버섯 등의 선물을 왕실의 품격으로 풍성하게 보냈다.

나는 병원의 관리자가 일본에서 알았던 한국인임을 알고 기뻤다.[31] 그는 도쿄의 대학교에서 교사이었으며, 그가 귀국하였을 때 의료 사업에 참여하는 것이 그의 바람이었다.

(......)

다음 수요일,[32] 알렌 박사의 선생은 두 명이 처형되었으며, 시신이 근처 대로에 버려져 있다고 보고하였다. 그 사람들은 3년 전의 반란에 참여하였으며, 뒤늦게 발견되어 체포되었다. 한 사람이 고문을 받아 죽었거나 감옥에서 자살한 것으로 알려졌다.

(......)

같은 날[33] 알렌 박사는 대원군을 방문하였으며, 대단히 우호적으로 접대를 받았다. 의사가 미국인임을 알게 되었을 때 그는 "모든 미국인들은 좋다."라고 언급하였다. 그는 특별히 병원과 관련하여 물었으며, 그것은 좋은 일이라고 말하였다. 그는 외국인에 대한 자신의 마음을 바꾸었으며, 이제 그들을 자신의 친구이자 조국의 친구로 여기고 있다고 말하였다. 그는 의사에게 자신이 얼마나 살 수 있는지 물어보았으며, 류머티스 질환에 대한 약간의 약을 요청하였다. 의사가 떠나자 그는 금시계를 꺼내어 오후 2시를 가르키며, "나는 내일 그 시간에 귀하를 방문하겠소."라고 말하였다.

(중략)

---

31) 손붕구를 말한다.
32) 10월 7일이다.
33) 10월 8일이다.

A Trip to Korea.

The Japan Weekly Mail (Yokohama) (Feb. 13th, 1886), pp. 157, 158

The following account of a trip to Korea, by a gentleman from this port, has been placed at our disposal: -

I left Yokohama on the morning of September 13th, and reached Nagasaki on the 20th.

(......)

After crossing the Han River by a ferry we reached the South Gate of Soul about 6 o'clock. I could not speak Korean, and the boys did not understand Japanese or English, and we were both at a loss what to do. At length they took me to the Chinese Legation, and I was able to ascertain the direction to Dr. Allen's.

(......)

p. 158

The next day I went with Dr. Allen to the Royal Hospital. There were about 30 patients in the building and about 40 more came from outside. A large part of the sickness arises from the prevalence of vices that are so common in all heathen lands and to which is attached no sense of guilt or shame. I witnessed the removed of the crystalline lens from the eye of a man who was unable to see, and by this operation his vision was restored. Such manifestations of surgical skill and knowledge created great surprise and wonder among these people. Surgery with them is an unknown art, and much suffering and death occurs that could otherwise be avoided. Dr. Allen's reputation has reached all parts of the country, and men have come from the most distant provinces to receive treatment.

Two young girls were sent to the hospital by the Queen in order to learn how to treat diseases. As strangers are not allowed to enter the female apartments, large numbers of the women must die for the want of proper medical treatment. When these girls are educated they will be able to attend the sick among their own sex.

The King supplies all needed funds, and is much pleased with Dr. Allen's work. A corps of Chinese physicians is stationed at the palace, but when the King, or any of the Royal Household, are in want of treatment they send to Dr. Allen. On the King's birthday he sent to the doctor a present of 4 pigs, 200 eggs, 20 chickens, a basket of pears, a basket of apples, dried fish, mushrooms, &c., in royal style and profusion.

I was pleased to find the overseer of the Hospital was a Korean whom I had known in Japan. He had been a teacher in the University at Tokyo, and it was his desire while here to engage in medical work when he returned to his country.

(......)

On Wednesday following, Dr. Allen's teacher reported that two men had been executed and their bodies were lying in the street near by. The men had been engaged in a riot three years before, and were only just then discovered and arrested. It was reported that one more was either tortured to death, or had committed suicide in prison.

(......)

The same day Dr. Allen called upon the Taiwon-kun, and was very kindly received. When he learned that the doctor was an American he remarked "All Americans are good." He inquired particularly in regard to the Hospital, and said it was a good thing. He said he had changed his mind in respect to foreigners, and now regarded them as his friends and the friends of his country. He asked the doctor how long he would probably live, and requested some medicine for rheumatic troubles. As the doctor left, he took out a gold watch and pointing to the hour of 2 p. m., said "I will call upon you to-morrow at that time."

(Omitted)

호러스 G. 언더우드(서울)가 프랭크 F. 엘린우드(미국 북장로 교회 해외선교본부 총무)에게 보낸 편지 (1886년 2월 13일)

(중략)

알렌 박사는 고아원이 병원과 정확하게 동일한 기반 위에서, 정부가 집을 제공하도록 하고 이를 그들이 하였으면 최상이었을 것이라고 생각하였습니다만 혜론 박사와 저는 고아원이 좀 더 우리 수중에 있어야 하며, 순수한 정부 기관이 아니라 선교 기관이 되는 것이 최선이라고 생각하였습니다.

(중략)

Horace G. Underwood (Seoul),
Letter to Frank F. Ellinwood (Sec., BFM, PCUSA) (Feb. 13th, 1886)

(Omitted)

Dr. Allen thought that it would have been best to have this on exactly the same footing as the hospital, and get the government to provide a house and this they would have done, but it seemed best to both Dr. Heron and myself that this should be more in our own hands, and that it should be a mission and not purely a government institution.

(Omitted)

18860200

[서울의 고아 및 노숙아 구제.] 조지 C. 포크(주한 미국 대리공사)가 김윤식(독판교섭통상사무)에게 보낸 외교문서 (1886년 2월)

1886년 2월[34]

미국 공사관에서 온 편지

[On the Relief for Orphans and Homeless of Seoul]. George C. Foulk (U. S. *Charge d'Affaires* to Korea), Diplomatic Document to Yun Sik Kim (Minister, Department of Foreign Affairs) (Feb., 1886)

1886年 2月 日

美館來函

---

34) 이 문건이 언제 발송되었는지는 확실하지 않지만, 알렌, 헤론 및 언더우드가 포크에게 편지를 보낸 날짜가 2월 10일이었기에. 이후 답장을 받은 2월 14일 사이에 발송한 것으로 추정된다. 원문은 분실되었지만, 다음 편지의 내용이 포함되어 있었다. Horace N. Allen, John W. Heron, Horace G. Underwood (Seoul), Letter to George C. Foulk (*Charge d'Affaires*, U. S. Legation, Seoul) (Feb. 10th, 1886)

18860214

[회답.] 김윤식(독판교섭통상사무)이
조지 C. 포크(주한 미국 대리공사)에게 보낸 외교문서
(1886년 2월 14일, 고종 23년 1월 11일)

미국 공사관의 회신

　　간단히 회답합니다. 귀 나라의 의사 알렌, 혜론, 언더우드 세 명이 우리나라 정부와 백성을 위하여 부모가 없는 아이와 집이 없는 아이를 구제하려고 집을 정하여 먹여 살리고, 교장을 두어 한문과 한글과 공예를 가르쳐 나라에 쓰이게 한다고 하니, 이는 세상에서 으뜸가는 선정(善政)입니다. 우리 정부에서 생각하지 못한 일을 이처럼 실시하려 하니, 누가 듣고 좋아하지 않겠습니까. 본 독판도 감사함을 견디지 못하며, 이 말씀을 우리 대군주와 정부에 여쭙고, 인민에게도 알려서 귀 나라 의사의 후의를 칭송하게 할 것이며, 무슨 도울 일이 있든지 주선할 일이 있거든, 서로 의논하여 그대로 하겠습니다. 날마다 복 받으시길 축원합니다.

　　병술 1월 11일　김윤식 드립니다.

[Reply.] Yun Sik Kim (Minister, Department of Foreign Affairs), Diplomatic Document to George C. Foulk (U. S. *Charge d'Affaires* to Korea) (Feb. 14th, 1886)

函覆美館

逕覆者,

　　貴國 醫士 安連·惠蘭·元德愚 三人이, 我國 政府와 百姓을 위ᄒᆞ야, 父母
읍ᄂᆞᆫ 아히와 家舍 읍는 아히를 救濟ᄒᆞ랴ᄒᆞ고, 집을 졍ᄒᆞ야 먹여 슬니고, 敎長
을 두어 漢文과 國文과 工藝之業을 가르쳐 나라의 씌이게 ᄒᆞ신다 ᄒᆞ오니, 이
ᄂᆞᆫ 世界上의 읏듬가ᄂᆞᆫ 善政이라, 우리 政府의셔 싁각지 못ᄒᆞᆫ 닐을 이쳐럼 셜
시ᄒᆞ랴ᄒᆞ시니, 뉘가 듯고 조화ᄒᆞ지 아니 ᄒᆞ게ᄊᆞᆸ, 本 督辦도 不勝 感謝ᄒᆞ오며,
이 말솜을 우리 大君主게와 政府의 옛줍고, 人民의게도 일너셔 貴國 醫士의
厚意를 충송ᄒᆞ게 ᄒᆞ게ᄊᆞᆸ고, 무산 조역ᄒᆞᆯ 닐이 잇든지 周旋ᄒᆞᆯ 닐이 잇거든, 서
로 議論듸로 ᄒᆞ게ᄉᆞᆸᄂᆡ다.

　　此頌日社.

　　金允植 頓 丙戌 正月 十一日

호러스 N. 알렌(서울)이 상하이 앤드 홍콩 은행(상하이)으로 보낸 편지 (1886년 2월 15일)

한국 서울,
1886년 2월 15일

상하이 앤드 홍콩 은행

안녕하십니까,

지난 우편으로 나는 런던 퀸 빅토리아 가(街) 79의 바이워터 페리 앤드 컴퍼니를 위한 200달러의 수표를 귀 은행으로 보냈습니다.

그 금액(200달러)의 수표를 함께 동봉하였으니 그들 바이워터 페리 앤드 컴퍼니에게 유리한 환율로 올바른 환어음을 보내주십시오.

귀 은행은 바이워터 페리 앤드 컴퍼니로 보내는 동봉한 편지에 같은 내용을 동봉하여 다음 발송 우편으로 전달해 주시면 저에게 큰 도움이 될 것입니다. 이를 위하여 10세트 우표를 동봉합니다.

안녕히 계세요.
H. N. 알렌, 의학박사

Horace N. Allen (Seoul), Letter to the Shanghai & Hongkong Bank Co. (Shanghai) (Feb. 15th, 1886)

Seoul, Korea,
Feb. 15/ 86

Shanghai & Hongkong Bank Co.

Gentlemen,

By last mail I sent you cheque for $200.00 for a draft on London favor Bywater Perry & Co., 79 Queen Victoria St., London.

Herewith please find enclosed cheque for same am't. ($200.00) for which please grant me right draft at best rate of exchange in favor of same parties: Bywater Perry & Co.

You will greatly favor me by enclosing same in the accompanying letter to Bywater Perry & Co. and forwarding it by next outgoing mail. For which purpose I enclose a ten cent stamp.

Yours very truly,
H. N. Allen, M. D.

호러스 N. 알렌(서울)이
메저스 매켄지 앤드 컴퍼니로 보낸 편지 (1886년 2월 16일)

한국 서울,
1886년 2월 16일

메저스 매켄지 앤드 컴퍼니,

귀 회사의 명세서를 막 받았습니다. 내가 지금 갖고 있는 몇 가지 물품을 나에게 보낸 후 나는 귀 회사에 약 75달러 정도의 빚을 지게 될 것입니다. 적어도 내가 귀 회사로 그 액수(75달러)의 수표를 보내고 그것이 귀 회사에 아무런 문제를 일으키지 않을 것이라고 믿습니다. 나는 하나를 상하이에서 구할 수 없었으므로 이것을 귀 회사로 보냅니다. 귀 회사의 마지막 두 개 물품의 견적서가 현재 제물포에 있습니다.

속[아래]에 언급된 몇 물품을 저에게 보내주세요.

안녕히 계세요.
H. N. 알렌

____ 음식을 위한 취분기(吹粉器) 반 다스
견본 같은 5야드 리본
____ 2개 (화장실)
인도 ____ 옷감 2야드

Horace N. Allen (Seoul),
Letter to Messrs Mackenzie & Co. (Feb. 16th, 1886)

Seoul, Korea,

Feb. 16/ 86

Messrs Mackenzie & Co.,

Your statement just to hand. After sending me the few articles I now own I presume I will owe you about $75. At least I send you a cheque for that am't ($75) and trust it will give you no trouble. I could not get one in Shanghai therefore send you this. The last two invoices of goods from you are at Chemulpo now.

Please send me the few articles mentioned inside and oblige.

Yours truly,

H. N. Allen

½ dz Insufflator as for _____ foods

5 yd ribbon like sample

2 ____ balls (toilet)

2 yd India ___bu cloth

조지 C. 포크(주한 미국 대리 공사)가 호러스 N. 알렌, 존 W. 헤 론, 호러스 G. 언더우드(서울)에게 보낸 편지 (1886년 2월 16일)

미국 공사관,
한국 서울,
1886년 2월 16일

H. N. 알렌 박사
  J. W. 헤론 박사 및
  H. G. 언더우드 목사 귀중,
  서울

안녕하십니까,

여러분들의 요청에 따라 나는 서울의 고아와 노숙자 아이들을 위하여 고아원과 직업학교를 설립하겠다는 지난 12일자 여러분들의 편지에서 제안한 계획을 고려해 주도록 한국 정부에 제출하였습니다. 여러분들의 편지는 번역, 그리고 저의 짧은 의견과 함께 외아문 독판에게 보냈습니다. 또한 다른 경로를 통하여 이 문제를 국왕 폐하가 알 수 있도록 조처를 취하였습니다. 어제 외아문 독판으로부터 정부의 답변이 담긴 편지를 받았으며, 번역하면 다음과 같습니다.35)

"포크 씨, 등등,
귀국의 시민인 알렌 박사, 헤론 박사 및 언더우드 씨가 서울의 고아 및 집이 없는 아이들을 위하여 숙소를 설립해 그들을 먹고 입히며, 한문과 언문, 그리고 결국 자립하는 방법을 가르침으로써 우리 백성들에게 자선을 베풀고자 하는 바람은 이전에 생각하지 못하였던 것으로, 이 제안[을 한 사람들] 보다 우리 정부가 더욱 고려해야 할 사안입니다. 이런 내용을 들은 사람은 이미 군주와 정부에 그 계획을 알렸고, 백성들에게도 알릴 것입니다.

---

35) 다음의 문서와 같은 내용이다. [동상 치사(致辭).] 김윤식(독판교섭통상사무)이 조지 C. 폴크(미국 대리공사, 서울)에게 보낸 외교문서 (1886년 2월 14일, 고종 23년 1월 11일)

이 신사들의 제안은 칭송 받을 가치가 있습니다. 정부의 지원이 필요한 지는 협의를 통해 결정될 것입니다.

(서명) 등등 -
김윤식
외아문 독판
1886년 2월 14일.

안녕히 계십시오.
조지 C. 포크
대리 공사

George C. Foulk (U. S. *Charge d'Affaires* to Korea), Letter to Horace N. Allen, John W. Heron, Horace G. Underwood (Seoul) (Feb. 16th, 1886)

Legation of the United States,
Seoul, Korea,
February 16, 1886

To Dr. H. H. Allen,
Dr. J. W. Heron &
Rev. H. G. Underwood, Seoul

Gentlemen,

In compliance with your request, I have submitted for the consideration of the government of Korea the plan proposed in your joint letter of the 12th instant for establishing a home and industrial school for orphans and homeless children of Seoul. A translation of your letter was furnished the President of the Foreign Office with a letter and brief comment from myself. Steps were also taken to bring the matter to the notice of His Majesty and the Government by other channels. The reply of the government (is embodied) in a letter from the President of the Foreign Office received yesterday, of which the translation is as follows,

To Mr. Foulk, etc. etc. etc.,

In their desire to benefit our people, your countrymen, Dr. Allen, Dr. Heron and Mr. Underwood, propose to establish a home for orphans and homeless children in Seoul, at which they may be fed and clothed, taught Chinese and Unmun, and ways of supporting themselves to the end, what on this earth, is more worthy of the consideration of this government than this proposition - a plan which has not been thought of before. Who, hearing of it would having already made known the plan to our sovereign and the Government, will make it known to the people.

The proposition of these gentlemen is all praise worthy. Should the advice of assistance of the government be desired, it will be determined by consultation.

(Signed) etc. etc. -
Kim Yun Sik
President of the Foreign Office
February 14th, 1886.

I am Gentlemen,

Very respectfully yours
George C. Foulk
Charge d'affairs ad interim.

제중원 주사(1886년)
Chusas (Governmental Officer) at Jejoongwon (1886)

번호	이름	직책	근무일	비고
1	성익영(成翊永)	전 사사	1885년 4월 21일~1886년 6월 12일	내무부 부주사로

* 신낙균, 김규희와 함께 동문학 영어학숙의 우등 출신이었다. 1886년 6월 14일 6품으로 승진하였다.

| 2 | 김규희(金奎熙) | 유학(幼學) | 1885년 4월 21일~1889년 10월 15일 | 동지돈녕부사 |

* 김규희(1857 - ?)는 본관이 경주이며, 1886년 6월 14일 6품으로 승진하였다.

| 3 | 양묵(全良黙) | 유학 | 1885년 4월 21일~1886년? | 관찰감 |

* 김양묵으로 잘못 기재된 경우가 있다. 1886년 6월 14일 6품으로 승진하였다.

| 4 | 서상석(徐相奭) | 유학 | 1885년 8월 5일~1887년 7월 10일 | 외아문 주사 |

* 1886년 6월 14일 6품으로 승진하였다. [전임은 조택희, 후임은 김홍태이다.]

| 5 | 손붕구(孫鵬九) | 유학 | 1885년 8월 24일~1886년 2월 13일 | 외아문 주사 |

* 손붕구(1852- ?)는 원래 의학을 연구하고자 동경대에 입학하려 하였으나 어학 부족으로 입학이 허락되지 않았으며, 1885년 귀국하였다. 1886년 6월 14일 6품으로 승진하였다. 전임은 신낙균, 후임은 김의환이다.

| 6 | 박영배(朴永培) | 유학 | 1885년 9월 17일~1888년 4월 21일 | |

* 1886년 6월 14일 6품으로 승진되었으며, 탈이 있어 교체되었다. 전임은 박준우, 후임은 이용선이다.

| 7 | 윤동우(尹東禹) | | 1885년 12월 28일~1886년? | |

* 윤병우(尹秉禹)로 표기된 문건도 있으며, 1886년 7월 28일 인제 현감으로 임명되었다.

| 8 | 김의환(金宜煥) | 별제 | 1886년 2월 13일~1890년 4월 22일 | |

* 1886년 6월 14일 학도로 서임되었다. 전임은 손붕구, 후임은 한성진이다.

| 9 | 이승우(李承雨) | 유학 | 1886년 2월 19일~1892년? | |

* 1886년 6월 14일 6품으로 승진하였다. 1892년 1월 27일 당시 중부 영으로 임명되었다.

| 10 | 진학명(秦學明) | 유학 | 1886년 2월 19일~1891년? | |

* 1886년 6월 14일 6품으로 승진되었다. 1891년 5월 16일 당시 상서원 주부로 임명되었다.

| 11 | 김두혁(金斗爀) | 유학 | 1886년 4월 29일 ~ 1886년 9월 27일 | |

* 후임이 김경하이다.

| 12 | 이채연(李采淵) | 유학 | 1886년 6월 2일~1886년 9월 28일 | |

* 유탈이 났다. 후임이 이남두이다.

13 이교석(李敎奭)   전 학관   1886년 6월 13일~1887년?
   * 전임이 성익영이다. 1887년 1월 24일 당시 상의원 주부이었다.

14 이의식(李宜植)   학도(學徒)   1886년 6월 15일~1888년 10월 21일   원산항 서기관
   * 1886년 6월 14일 주사로 승차되었으며, 1888년 10월 17일 근무 30개월이 지나 6품 승진하였다.

15 이규하(李圭夏)   유학   1886년 8월 31일~1887년?
   * 1886년 10월 14일 이규하는 이하영(李夏榮)으로 개명하였다. 제중원 주사로 근무하던 1886년 11
   월 22일 6품으로 승진되었다. 전환국 위원이던 1887년 9월 23일 미국 주재 서기관으로 임명되
   었다.

16 이태직(李台稙)   유학   1886년 8월 31일~1888년 1월 12일

17 김경하(金經夏)   유학   1886년 9월 28일~1891년 9월 14일   상서 주부
   * 1889년 2월 4일 근무 30개월이 지나 6품으로 승서되었다. 전임이 김두혁이다.

18 이남두(李南斗)   1886년 9월 28일~1889년?
   * 1889년 1월 25일 근무 30개월이 지나 6품 승서하였다. 전임이 이채연이다.

호러스 G. 언더우드(서울)가 프랭크 F. 엘린우드(미국 북장로 교회 해외선교본부 총무)에게 보낸 편지 (1886년 2월 17일)

(중략)

저는 알렌 박사가 이 지부의 여의사와 관련하여 박사님께 편지를 썼다고 생각합니다. 만일 선교본부가 한 명을 파송하려 한다면 즉시 보내는 것이 더 좋을 것입니다. 그렇지 않으면 매 우편으로 이 지부에 한 명을 임명하였다는 소식을 듣기를 기대하고 있는 자매 선교부36)가 우리를 앞지를 것입니다. 저는 약간의 경쟁은 잘못된 것이 아니라고 생각하며, 우리 선교부가 앞서기를 진심으로 바라고 있습니다. 다른 선교부는 스크랜턴 박사 사택에 진료소를 개설한 것 이외에 아직 아무 일도 하지 못하였지만, 그들은 지금 집 한 채를 구입하여 즉시 병원으로 개조하고 있습니다.

(중략)

Horace G. Underwood (Seoul), Letter to Frank F. Ellinwood (Sec., BFM, PCUSA) (Feb. 17th, 1886)

(Omitted)

I think that Dr. Allen wrote to you some time since, with reference to a female physician on this station. If the Board are going to send one, they had better do so at once, or they will be forestalled by a sister mission who are expecting to hear of the appointment of one to this station by every mail. I think that a little rivalry is not out of place, and I do want our mission to keep ahead. The others have as yet done nothing with the exception of opening a dispensary at Dr. Scranton's house, but they have now bought a house and are going to fit it up as a hospital at once.

(Omitted)

---

36) 미국 북감리교회 한국 선교부를 말한다.

호러스 N. 알렌(서울)이 프랭크 F. 엘린우드(미국 북장로교회 해외선교본부 총무)에게 보낸 편지 (1886년 2월 18일)

한국 서울,
1886년 2월 18일

F. F. 엘린우드 박사,
  뉴욕 시 센터 가(街) 23

친애하는 박사님,

　이 고아원 사업은 상당한 규모일 것으로 추정되기에 저는 그것과 관련하여 박사님께 편지를 써야만 한다고 느끼고 있습니다.

　우선 언더우드 씨에게 가톨릭 신자인 교사가 있는데, 그는 실제로 나쁜 사람은 아니더라도 적어도 대단히 경박한 사람입니다. 그는 버나도우 해군 소위가 이곳에 체류하는 동안 함께 있었으며, 우리는 그가 나쁜 사람이라고 알고 있었습니다. 그는 좋은 교사이었지만, 적절한 균형이 부족합니다. 그는 우리가 마구간을 지을 때 자신의 계획을 따르도록 언더우드 씨를 설득하였으며, 그 비용은 30,000푼이 될 것이라고 보증하였습니다. 그 경비는 300,000푼(300달러)이 넘습니다. 이것은 하나의 예입니다. 그 사람은 언더우드 씨를 완전히 통제하였습니다. 그는 수백 명의 사람들이 굶어 죽어가고 있다고 그를 설득하였고, 자극하여 그[언더우드]와 감리교회 사람들이 65달러를 기부하여 그가 고통을 받고 있다고 보고한 사람들에게 나누어 주도록 하였습니다. 포크 씨와 저는 그것을 살펴보았고, 다른 해보다 더 나쁘지 않았음을 알게 되었습니다. 고아원 계획은 '기아 구호' 계획의 부산물이며, 진심으로 승인되어야 하는 일입니다. 당연히 저는 항상 선교본부가 허가해야 한다는 조건으로 [시작하여야 한다고] 권하였지만, 언더우드 씨는 당장 그것을 원하였고 기다릴 수 없었습니다. 그런 다음 저는 정부의 지원과 저의 외국인 환자들로부터 기부금을 얻을 수 있도록 해 달라고 그를 설득하려 노력하였습니다. 저와 그것으로써 그 기관과의 연결이 끊어질 것이라고 그에게 확인시켰지만, 그는 거절하였습니다. 이 일은 왕에게 알려졌으며, 그는 매우 칭찬하면서 외아문 독판에게 필요한 것들을 제공해 주라고 명령하였습니다. 저는 이 일을 공식화할 의도는 없었으며, 단지 왕의 통역관에게 말하였을 뿐이었습니다. 저는 그 진행을 막아야만 하였습니다. 저는 선교부 회의에서 할 수 있는 모든 것을 다하여 다른 요청들과 함께 정상적인 방법으로 그 사업의 예산 요청을 제출하자고 하였습니다. 저의 제안은 투표로 부결되었고, 언더우드 및 헤론 씨는 선교부 자금으로 시작하는 것에 동의하였으며, 그런 내용의 각서를 주었고(모두 부지를 갖고 있지 않습니다) 박사님께 알렸습니다. 그것으로써 이 사업과 저의 관계가 끝났습니다. 그들은 약 550달러에 널따란 부지를 구입하였고, 자신들의 요구를 보내려 하고 있습니다. 그들은 포크 씨의 허가를 받았지만, 그는 어떤 일을 수락하기 전에 반드시 저의 서명이 있어야만 한다고 그들에게 알렸습니다. 저는 포크 씨에게 그 일에 대하여 설명하지 않고 거절할 수 없었으며, 저는 그 요청에 대하여 반대하지 않았습니다. 고아원은 좋은 사업이지만 개원 방식을 좋아하지 않습니다. 결국 저는 그 용지에 서명하였고, 어떤 공식적인 답변도 받지 못하였지만 진행되었습니다. 포크 씨는 개인 편지 한 통을 받았습니다. 다음 날 그는 저에게 보냈고, 그것에 대하여 어떻게 생각하는지 물어 보았습니다. 그는 언더우드 씨가 너무 경솔하며, 그것에 저의 이름이 없어 그 서류를 보내지 않으려 했다고 말하였습니다. 그는 그 일의 책임을 저에게 맡기려고 시도하였고, 만약 제가 분명한 방도를 알 수 없다면 더 이상 진행하지 말라고 요구하였습니다. 저는 그에게 솔직하게 그것은 언더우드와 헤론의 공동 계획이며, 저는 어떠한 방식으로든 일을 할 수 없다고 말하였습니다. 그의 주장은 언더우드보다 나이가 많은 사람이 필요한데, 헤론은 나이는 많지만 행동은 어리다는 점에 동의하였습니다. [병원에] 개교하려는 학교(대학)에 정부는 큰 관심을 보이고 있습니다. 저는 다른 일을 할 시간이 없을 것입니다. 외아문은 경쟁시험을 통해 학생들을 뽑을 것이며, 학기 중에 그들에게 저녁을 주며, 졸업을 하면 일반의(관리) 자격을 주기로 약속하였습니다. 그들은 또한 전일제로 근무해야 합니다. 저는 정부가 스스로 일하는 것을 보고 싶으며, 고아원과 관련하여 정부의 도움을 받아들여야 한다고 생각합니다. 저는 현대 문명의 이 기관에서 (우리가) 전체 사업을 수행하는 것보다 그들이 받아들이도록 정부가 알게 하는 것이 더 낫다고 생각합니다. 규정이 되어 있지 않았을 때 기관에서 일을 하더라도 기독교 정신은 항상 선교사와 함께 하였으며, 다소 비밀스럽게 그것을 가르쳤습니다.

왕은 노비 제도를 철폐하였습니다. 이후 노비의 아이들이 자유롭게 될 것입니다. 일전에 헤론은 한 여자와 아이를 샀습니다.

왕은 우리가 사용하는 1주일 단위의 외국식 달력을 만들었으며, 신하들에게 선물하였습니다. 저는 여전히 수고료 없이 그를 위해 몇 가지 일을 하고 있습니다.

　최근에 몸이 좋지 않아 지방 여행을 하고 싶다고 관리에게 요청하였는데, 저는 곧 왕으로부터 날씨가 온화해지자마자 관리와 군사의 호위를 받으며 강과 평양으로 가라는 대단히 친절한 제안을 받았습니다. 저는 떠날 수만 있다면 그렇게 할 것이라고 생각합니다. 평양은 북쪽의 도시이며, 만약 도시를 둘러싸고 있는 풍부한 석탄 광산이 개발된다면, 해양의 선박까지 항해할 수 있는 강에 위치해 있어 대단히 큰 중심지가 될 것이며, 우리는 즉시 들어가기를 바라는 곳이 될 것입니다.

　여자가 남자에게 선물을 준 것은 비밀로 해야 하지만, 민영익의 모친은 저를 좋게 기억하여 새해 선물을 매년 주셨습니다.

　스크랜턴 박사는 병원과 진료실로 사용하려는 부지를 구입하였습니다. 그는 고아원을 지원하려 제안한 것처럼 정부가 다소 도와 줄 것을 요청하였습니다. 그들은 여의사가 곧 올 것을 기대하고 있으며, 그렇게 되면 우리의 영광이 떠날 것입니다. 저는 지금 만일 이 일이 실패한다면 우리와 미국인들 전체에게 나쁜 일이 될 것이기에 박사님이 고아원을 유지하고, 그것을 위하여 할 수 있는 모든 것을 하시라고 말씀 드리는 것 외에 다른 방도가 없다는 것을 알고 있습니다.

　안녕히 계십시오.
　H. N. 알렌

Horace N. Allen (Seoul),
Letter to Frank F. Ellinwood (Sec., BFM, PCUSA) (Feb. 18th, 1886)

Seoul, Korea,

Feb. 18th, 1886

Dr. F. F. Ellinwood,

    23 Centre St., New York

My dear Doctor,

This orphanage business is assuming such proportions that I feel I must write you concerning it.

In the first place, Mr. Underwood has a Catholic teacher that if not actually a bad man, is at least a very flighty man. He was with Ensign Bernadou during his years stay here and we knew him for bad. Although he is a good teacher he lacks proper balance. He induced Underwood to follow his plan in building our stables, assuring him that it would cost but 30,000 cash. It cost over 300,000 ($300). This is one instance. The man has complete control over Underwood. He persuaded him that hundreds of people were starving to death about us, and got Mr. U. so worked up that he and the Methodists contributed $65.00 to be distributed by this man to his reported sufferers. Mr. Foulk and myself looked it up and found that it was no worse than at other years. The orphanage scheme was the outgrowth of the "famine relief" plans and it is a thing most heartily to be approved of. I advised it, always of course, provided the Board should sanction it, but Underwood wanted it now and couldn't wait. I then tried to persuade him to let me obtain Government aid and a subscription from my foreign patients. This he declined though I assured him my connections with the institution would cease therewith. It became known to the King and he praised it greatly and was about to order the President of the Foreign Office to give the necessary order. I had not intended to present it formally and had only talked it over with the King's interpreter. I had to stop the proceedings. At our Mission meeting I did all I could to have a request for the appropriation for such an institution handed in the regular way with the other requests. I was voted down and Messrs Underwood and Heron agreed to start the concern with Mission money, give their notes for the same (neither have property), and then notify you. My connection with the thing ceased therewith. They bought a large property for some $550. and they were about to send in their request. They had Mr. Foulk's sanction but before accepting anything he informed them it must have my signature. I could not refuse without explaining matters to Foulk and I had no objection to the request. The orphanage is a good thing but I don't like the manner of opening it. I put my name to the sheet at last, and it went through, though no formal answer has been received. Mr. Foulk received one in a private letter. He sent for me next day and asked me what I thought about it. He said Underwood was too flighty and that had my name not been there he would not have sent the paper in. He tried to lay the responsibility of the thing upon me and urged me if I didn't see the way clear, not to go any further. I plainly told him then that it was Underwood's & Heron's scheme altogether and that I could do nothing one way or other. His argument is that the concern needs an older man than Underwood and while Heron is older in years he is younger in actions. With the Govn't school (college) about to open, in which the Govn't is displaying great interest. I won't have time for other work. The foreign office have promised to appoint the scholars by competitive examination and give them their supper during the school period, making them General physicians (Officers) on graduation. They will also be compelled to stay their full time. I'd like to see the Government work for itself and I think in regard to the orphanage that Govn't help should be accepted. It is better in my mind to instruct a Govn't in these institutions of modern civilization and secure their adoption than to carry on a full proselyting concern. Christianity always goes with the missionary even if he be serving an institution when if not prescribed, it is taught with more or less secrecy.

The King has abolished slavery. That is hereafter the children of slaves will be free. Heron bought a woman and child the other day.

The King made a foreign calendar with our division into days of the week and presented one to borne of his officers. I am still doing some commission work for him without a commission.

Being sick recently and expressing a desire to an officer to take a trip to the

country, I soon received a very kind offer from His Majesty to go to the river &
city Peng Yang, as soon as the weather grows mild, with an escort of officers
and soldiers. I think I shall go if I can get off. Peng Yan is the city of the north
and if the rich coal mines which surround it are opened up, it will, by being on
a river navigable to ocean vessels, become a great center and one that we may
wish to occupy promptly.

Min Yong Ik's mother remembered me finely in the annual distribution of
gifts at New Years Day, though it had to be secret as a woman should not make
presents to a man.

Dr. Scranton has bought a place for a hospital and dispensary. He speaks of
asking the Govn't to help some as they offered to help the orphanage so p___ly
why shouldn't they help him. They expect a lady Dr. soon and then may be our
glory will depart. I see no other way now for you than to take hold of the
orphanage and do all you can for it, since if it collapses it will be a bad thing
on us and Americans generally.

With kindest regards, I remain,

Yours Sincerely,
H. N. Allen

한국의 화폐 단위(Currency Unit of Korea)

당시 한국에서 사용된 화폐 단위는 1냥(兩)=10전(錢)=100푼[文]이었다. 당시
기록에 의하면 1달러는 1883년에 350푼이었다가 1891년에는 3,400푼으로 되었
다. '제중원 일차년도 보고서'에는 '1,800 cash'가 '$1'이라고 되어있는데, 이는
1,800푼이 1 멕시코 달러(Mexican dollar), 즉 은화 1달러라는 뜻이다.

18860218

호러스 N. 알렌(서울)이 메저스 태플린, 라이스 앤드 컴퍼니
(오하이오 주 애크런)로 보낸 편지 (1886년 2월 18일)

한국 서울,
1886년 2월 18일

메저스 태플린, 라이스 앤드 컴퍼니,
　미국 오하이오 주 애크런

안녕하십니까,

　지난 번 우편에서 나는 장로교회 및 감리교회 선교부의 재무에 대하여 각각 47.68달러 및 117.25달러인 두 개의 주문을 보냈습니다.

　나는 또한 한국 왕을 위하여 5개의 난로를 주문하였습니다.

　이제 나는 가질 수 없었던 난로를 나를 위해 있어야 한다는 것을 알게 되었으며, 이전과 같이 센터 가(街) 23의 C. 커터 방(方)으로 보내주실 것을 요청드립니다. 나는 그에게 운임과 요금을 지불해 달라고 요청하였고, 나는 이전에 귀 회사에 주문한 난로에 청구된 가격의 액수인 24.20달러에 대한 선교부 재무인 뉴욕 시 센터 가(街) 23의 윌리엄 랜킨 씨의 부탁을 귀 회사로 보냅니다.

　안녕히 계세요.
　H. N. 알렌, 의학박사

Horace N. Allen (Seoul),
Letter to Messrs Taplin, Rice & Co. (Akron, Ohio) (Feb. 18th, 1886)

Seoul, Korea,

Feb. 18, 86

Messrs Taplin, Rice & Co.,

Akron, Ohio, U. S. A.

Gentlemen,

My last mail I sent you two orders on Mission Treasurers, Presbyterian & Methodist, for $47.68 & $117.25 respectively.

I also ordered five stoves for his Korean Majesty.

I now find that I must have a stove for myself, a thing that I could not have _____, and request that you send it to me care C. Cutter, 23 Centre St. as before. I have ordered him to pay freights and charges and I send you an order on Mission Treasurer Wm. Rankin, 23 Center St., N. Y. for the am't of the price as charged for the stoves previously ordered. Twenty four dollars 20, $24.20.

Trusting it will be alright.

I remain, Dear Sir

Yours truly,

H. N. Allen, M. D.

18860218

호러스 N. 알렌(서울), 한국의 정세에 대한 추신,
샌프란시스코 뷸레틴 (1886년 2월 18일)

한국의 정세에 대한 추신, 샌프란시스코 뷸레틴[37]

　　왕은 어느 정도 노비 제도를 폐지하는 칙령을 내리라는 명령을 내렸다. 현재 가난한 사람들은 몸을 팔아 증서나 영수증을 주고 노비가 된다. 그들의 자녀들은 노비가 되어 노비들과만 결혼하는 것이 허용된다. 이 사람들은 종종 주인을 부양하지만, 어떤 경우에는 주인의 운세가 좋지 않아 주인을 부양할 수 없어 자유를 얻게 된 경우도 있다. 이들 중 일부는 지방으로 가서 농경사회를 조직하고 잘 살게 되었고, 그들의 전 주인의 후손들에게 붙잡혀 그들의 자유에 대하여 다소간 무거운 조공을 바쳤다. 일부 계급의 사람들은 그들이 소유하고 스스로 떨어져 살도록 허용하는 이러한 노비 공동체의 지원을 받는다. 왕의 칙령은 이제부터 노비의 모든 자녀가 자유로워질 것이라고 선언하지만 그것이 이미 태어난 자녀를 의미하는지 아니면 미래에 태어날 자녀를 의미하는지에 대한 언급을 간과하고 있다.

　　왕은 또한 시간을 일(日)과 주(週)로 나누는 달력을 만들었다. 그는 새해 선물로 고위 관료 각자에게 하나씩 주었으며, 이는 곧 국가 달력이 될 것이다.

　　서울, 1886년 2월 18일

---

37) 미국 북감리교회 한국 선교부를 말한다.

Horace N. Allen (Seoul),
P. S. to Affairs in Korea, San F. Bulletin (Feb. 18th, 1886)

P. S. to affairs in Korea, San. F. Bulletin

The King has given orders for the issuing of a Royal Decree abolishing slavery, that is to a certain extent. At present poor people sell themselves, give a deed or receipt, and become slaves. Their children being slaves after them and only allowed to intermarry with slaves. These persons support their masters often, but in some cases they have been allowed to go free by the failure of their masters fortunes and inability to support them. In some of these cases they have gone to the country organized farming communities and became prosperous, only to be seized by the descendants of their former master and made to pay a more or less heavy tribute for their freedom. Some people of rank are supported by these slave communities whom they own and allow to live apart by themselves. The decree of the King proclaims that all children of slaves shall henceforth be free, but neglects to state whether it means the children already born or those born in the future.

His Majesty has also made a calendar with the division of time into days and weeks. He has presented one to each of his high officers as a New Years gift and it may become the national calendar in long.

Seoul, Feb. 18/ 86

18860220

조지 C. 포크 (주한 미국 임시 대리 공사)가 토머스 F. 베이야드(미국 국무부 장관)에게 보내는 공문 (1886년 2월 20일)

제280호   미국 공사관,
                                    한국 서울, 1886년 2월 20일
                                            (수신 4월 7일)

안녕하십니까,

    저는 한국 문제와 관련하여 다음과 같은 정보를 제출하게 된 것을 영광으로 생각합니다.

                              (중략)

    [조선] 정부는 장로교회 선교본부의 미국인 H. N. 알렌 박사와 J. W. 헤론 박사가 책임을 맡는 병원(제중원)과 연계하여 의학 및 화학 학교를 설립하는 데 필요한 자금과 기타 측면에서의 지원을 제공하였습니다. 이 학교는 곧 개교할 예정입니다. 이들과 H. G. 언더우드 목사의 요청으로 저는 왕과 정부가 서울에 고아원과 실업학교를 개교하는 것에 대하여 전적인 동의와 감사의 승인을 얻었습니다.

                          * * * * *

    안녕히 계십시오.

    조지 C. 포크,
    미국 해군 소위, 임시 대리 공사

George C. Foulk (U. S. *Charge d'Affaires ad interim* to Korea), Despatch to Thomas F. Bayard (Sec., Dept. of State, Washington, D. C.) (Feb. 20th, 1886)

No. 280

Legation of the United States,
Seoul, Corea, February 20, 1886

(Received April 7)

Sir,

I have the honor to submit the following information relative to Corean affairs.

(Omitted)

The Government has supplied the necessary funds, and assistance in other respects, to establish a school of medicine and chemistry in connection with the hospital in charge of Drs. H. N. Allen and J. W. Heron, Americans, of the Presbyterian Mission Board. This school will shortly be opened. At the request of these gentlemen and of the Rev. H. G. Underwood I have secured the full assent and thankful approval of the King and Government of Corea to their opening an orphan's home and industrial school in Seoul.

* * * * *

I am, &c.,

George C. Foulk,
Ensign U. S. Navy, *Charge d'Affaires ad interim.*

18860220

호러스 N. 알렌(서울)이 메저스 바이워터 페리 앤드 컴퍼니 (런던)로 보낸 편지 (1886년 2월 20일)

한국 서울,

1886년 2월 20일

메저스 바이워터 페리 앤드 컴퍼니,

　런던 퀸 빅토리아 가(街) 79

안녕하십니까,

　지난 우편으로 귀 회사로 35파운드(200달러)에 대한 홍콩 및 상하이 은행의 수표를 보냈습니다. 그것은 한국의 왕을 위하여 내가 주문하였던 많은 양의 등(燈)과 물품을 위한 것입니다.[38] 나는 귀 회사가 적절한 시간과 조건에 그것을 받았다고 믿습니다.

　이제 나는 개인적으로 사용할 상품의 견적서를 내게 보내주실 것을 귀 회사에 요청합니다. 나는 출판된 목록에서 주문함으로써 가능한 한 문제를 최소화하기 위하여 노력하였습니다. 귀 회사가 어떤 물품의 가격을 약간 변경할 수도 있을 것입니다. 나는 상품들을 합산하였고 가격표에서 총액이 약 200달러임을 알고 있습니다. 나는 귀 회사로 그 액수에 대한 홍콩 및 상하이 은행의 수표를 보냅니다. 나는 잉여금이 있을 수 있다고 믿고 있으며, 그렇다면 화물비와 보험료를 미리 지불하고, 그렇지 않으면 잉여금이나 부족액을 내 계정에 넣어두면 나중에 정산하겠습니다.

　한국 서울, H. N. 알렌 박사라고 표시하여 주시고, 일본 나가사키, G. 서튼에게 위탁하여 주십시오.

　안녕히 계세요.

　H. N. 알렌

　(주문 목록은 해독이 어려워 번역은 생략하였지만 영어에 원문을 실었다.)

---

38) Memoranda, Goods Ordered for the Majesty (Jan. 15th, 1886)

Horace N. Allen (Seoul),
Letter to the Messrs Bywater Perry & Co. (London) (Feb. 20th, 1886)

Seoul, Korea,

Feb. 20th, 86

Messrs Bywater Perry & Co.,

    79 Queen Victoria St., London

Gentlemen,

By last mail I sent you for favor Hong Kong & Shanghai Bank Co. a cheque for some £35. ($200.00) for which I ordered a lot of lamps & goods for His Korean Majesty.[39] I trust you received the communication in due time & condition.

I now ask you to forward to me the enclosed invoice of goods for my personal use. I have endeavored to give you as little trouble as possible by ordering from published lists. You will perhaps be compelled to make slight changes in certain articles. I have figured the goods up and find they am't to some $200.00 at list prices. I send you for favor Hong Kong & Shanghai's bank, a cheque for that am't. I trust there may be a surplus if so pay the freight & insurance in advance if sufficient, otherwise place any surplus or deficit to my account and I will settle later.

Mark Dr. H. N. Allen, Seoul, Korea. Consign to G. Sutton, Nagasaki, Japan and oblige

Yours truly,

H. N. Allen

---

39) Memoranda, Goods Ordered for the Majesty (Jan. 15th, 1886)

Bywater & Perry List

White wool blankets medium, 56~104 in. @ 1_/_ ____	46/
__ __ ___ __ 50~70 in __ ____	12/
___ Ivory Spring knife _____	_/
___ ___ Scissors ___ ___ ___	_/
__ Adams desert spoons, full size, best, 1 dz.	_/
___ ___ spoons, " ", ", 1 "	34/
1 Simplex pump & fire extinguisher (Army & Navy list) _____	_/

Civil Service list

_____ half hose ____ Orders. No 12. 1 dz	20/
Children's socks 6 in., ½ dz.. assd colors	4/
" long hose 6 " , ½ " " "	/
Ladies cotton hose, blk. & navy colors, 9 in 1 dz., assd.	10/
" silk & thread - pink, ___ and cardinal, 1 ea	/
Neckties, blk. and colored _____ 1 dz. assd.	12/
____ white shirts, open _____, ____size collar 15½, arms ____	
long ___ 1 dz.	/
1 ____ (46~50 yd) best _____ed muslin (Calico) about /5	20/
1 " " " undelivered " " " /	16/
4 fine Victoria lawn	/
Ready made boys clothing for boy 8 years old	
__ Norfork suit in Blk diagonal, with ____ ___ ___	
__ Jersey suit, complete, best quality (__ _____)	11/6
Ladies gloves - silk Jersey, black No. 6½, 5 pr., 1/6	/
" " " " Tan " " " "	/
" " " " Navy blue " "_" "	/
" ____ ____ White 1 "	/
Wools, Red ___ ____ 1 lb. ┐	
" white " " 2 " │	
__ ____ " " 1 " │ Say about	/
__ ___, Navy blue 1 " │	
" " _____ brown 1 " ┘	

Ribbon, light blue satin 1½ & 2½ in wide ⌐ 5 yd each. @ /5   /

   "   Cardinal   "   "   "   "   "   " ⌐

Lace Blk. Spanish real   5 yd 3½ in wide ⌐ 13 @4   /4

   "   __   "   "   8   "   "   "   " ⌐

_____ sent edgings   1½ in wd 12 yd. ___   /

  "   invitation insertion 1 in wd 12   "   "   /

H. S. Kings List

½ dz. vulcanized coarse combs, large	3/
Handkerchiefs, ladies Irish linen 2 dz. @3/3	/
" Gents " " 2 " "5/3	13/6
" ladies Lace trimmed ½ "	3/_
" ladies. Silk ½	3/0
" ladies reel lace, 2 piece	8/0
Plain ribbon 1½ in., light blue, 1 piece ½	5/0
Embroidered edgings on cotton to amt. of	12/
Stout terchive lace for children clothes to amt. of	32/
Agate buttons for children under clothes, small and large ____	8/
Pearl shirt buttons large size, 3 dz.	2/
Drab plain cotton elastic web. 2 dz. yd.	2/10
Fasteners for baby stockings, 1 dz. or 1 ___	1/
10 dz., 50 yd. reels and colors _____ silk __ ___	17/
1 reel black silk _____	2/6
Cotton machine to end thread, 110 yd __, ___ __, 60.76. 1 dz __	3/
Masking cotton, white blue, red, 3 dz. plate ea.	3/
Standing " Nos 14, 16, 18. 1 plate ea.	4/
Needles in plate No 1~9 1 thousand	1/8
Safety pins small black & white. 6 box ea.	4/
_____ ___ glass or _____. _____ top.	3/
Best family filter. say 2 gal. (one that can be cleaned)	_/
Crystal table glassware. Fern pattern. ___ & ___	
Glasses. Beer ½ pint 1 dz, 5/2 champagne 1 dz 5/0	10/3

" jelly 1 dz	_/9
_araffs & glass	1/_
Water jug & 2 goblets	4/5
Pickle jar & cover	2/4
Button dish plate & cover	2/6
Honey pot & cover	/10
Sugar _____ & cover 1/_ Cream jug _/_	/
Flower tubes 4 piece	1/_
Flannel Scarlet Sa____ 12 yd @ 2/0 (or best for price)	25/
" White " " " " 3/6 " " " "	/
Brown ballard dressed 40 yd @ /5	11/4
Table cover _____ yds morone embroidered	_/6
Denmark table linens 2 of 3½ 2 piece	9/6
" " " 2½ of 2 2 "	_/0
" " " 2½ of 4 1 "	12/0
Napkins to _____ large size. 2 dz	12/
Page 294. Best lot containing 14 glasses table request etc	12/6
" 295 Pine case " 10 "	/0

Paper

No. _. Straw paper cream ___ 7-____ 4 ream	6/
" 17. Antique parchment ____ __ ___ 2 "	10/_
" 52 " ____ __ ___ 2 "	18/0
" 35 _____ paper. __ -___ 2 "	7/6

" 7 (Army & Navy list) Foolscap plain blue ___. 12¾x8. 1 ream	6/3	
No. _ Envelopes. Straw cream for No. 0 paper. Sq. 754½ _3000	5/0	
" 17 Antique parchment " " 17 " 5¾ 1000	7/0	
" 52 " " " " 52 " 8x5 1000	4/6	
" 35 Overland. Am. Bank " " 35 1000	5/6	

Cream laid envelope 8½ x 5½	100	1/10
Blue foolscap size 8½ x 3¾ 1000 14/6		

```
"   draft        " 11 x 4__                          100                    2/0
Carterize deed    " 11__ x ___                        100                     /0
Books for copying from foolscap size. 500 ___ __ 2 piece                 5/4
Elastic bands                                      1 lot                  1/0
Labels to tie, 100 1/6. Adhesive 2 dz boxes ¼                            2/10
Damping _____ 1 ordinary 0/11 1 India rubber 0/10                      1/8
Paper fasteners   3 boxes                                                1/0
Waverly pens    2    "                                                   1/0
Lead pencils drawing (soft)          ·    2dz                            2/0
Manuscript books. Morocco 8¾ x 7½            2 pieces                    6/0
Wax. 1lb boxes.          Red.              2 box                         3/6
Army & Navy list        Queens Reading lamp single
No. 8 brass. White shade, Mineral oil, 8 piece 8/6                       17/
      2 extra globes for same. 1dz extra chimneys. 50 pkts wicks.
16yd dark green, Ladies dress goods like sample
 5 "   "  blue      "      "      "      "      "
Enough blk silk helmet to make a ladies dress waist
(about 2 ___) White waisted trimmings ____ Width of sample.
1 boys white ____ _____   16/                                          20/
```

18860225

회의록, 한국 선교부 (미국 북장로교회) (1886년 2월 25일)

1886년 2월 25일 (목)

의장의 요청에 따라 선교부 회의가 열렸다.
전 회의록이 낭독되고 승인되었다.[40]
의장은 [이 회의의] 목적이 알렌 박사가 휴가로 지방에 가도록 허락하기 위한 것이라고 정하였다. 다음과 같이 발의되었고, 만장일치로 통과되었다.

　　알렌 박사에게 지방을 여행할 수 있는 휴가를 주며, 경비를 위하여 허용된 예산에서 충분한 돈을 지불하도록 결의한다.

재무가 다음의 결의를 제안했는데 역시 통과되었다.

　　이제부터 급여는 매달 미리 지불한다고 결의한다.

더 이상 안건이 없어 폐회하자는 발의가 통과되었다.

J. W. 해론
서기

---

40) 1886년 1월 30일에 개최된 회의의 회의록을 의미한다.

Secretary's Book, Korea Mission (PCUSA) (Feb 25th, 1886)

Feb 25, 86 (Thr.)

On request of the Chairman the Mission meet.

Minutes of previous meeting read and approved.

The Chairman stated that the object was to permit Dr. Allen to take a vacation and go into the country. The following motion was made & unanimously carried.

> Resolved that Dr. Allen be given leave of absence to take a trip into the country and given sufficient money from the appropriation allowed to pay expense.

Treas. offered the following resolution which was also carried.

> Resolved that henceforth the salaries be paid monthly in advance.

No further business being before the meeting a motion to adjourn was carried.

J. W. Heron
Sec.

18860300
편집자 단신. *The Foreign Missionary* 44(10) (1886년 3월호), 438쪽

현재의 서울 주재 중국 공사는 샌프란시스코에서 예배에 참석하였으며, 기독교에 우호적이다. 따라서 만일 중국이 계속 통제를 한다면 그것은 선교사의 활동을 방해하지 않을 것이라는 것이 분명해 보인다.

전에 중국으로 유배되었던 대원군은 이 나라의 역사에서 중요한 요인이었다. 그는 대단한 활기를 갖고 있는 사람이며, 적에게는 모질게 대하지만 친구들에게는 신중하고 친절하다. 그는 한국의 어떤 사람보다 더 큰 영향력과 많은 추종자를 갖고 있다. 그는 기독교에 가장 냉혹한 반대자이었으며, 10,000명 이상의 개종자를 죽인 박해와 관계가 있다. 중국으로 압송될 때까지 그는 외국인에 대하여 적개심에 불타 있으며, 나라의 문호를 개방하는 것에 반대하는 것으로 여겨졌다. 그는 최근 수도로 되돌아 왔으며, 지금 대단히 진심으로 외국인, 특별히 미국인들에 대한 우호를 선언하고 있다. 그는 제중원에 대하여 만족해하고 있고, 또한 박사의 (방문) 요청에 대하여 즉시 답례함으로써 알렌 박사에 대한 선의와 신뢰를 보여주었으며, 그 다음날 배, 감 및 버섯 등의 선물을 보내었다. 그가 말한 모든 것, 그리고 외국인을 향한 대단히 우호적인 태도에서 그는 선교부의 사업에 대해 더 이상 반대를 하지 않을 것 같다.

약 2년 전에 도쿄 대학교의 한국어 교사(한국 이름은 손붕구)는 기독교에 대한 믿음을 고백하였으며, 장로교회에 합류하였다. 이후 그는 의료 선교사로서 귀국하겠다는 진실한 바람과 목적을 표명하였다. 그는 고국에서 진료를 한 바와 같이 약간의 의학 지식을 갖고 있었으며, 외국인 의사들의 뛰어난 기술을 대단히 호의적으로 평가하였다. 그는 약 1년 전에 귀국하였지만, 자신의 거주나 직업에 대한 아무런 소식을 보내지 않았다. 한국을 방문하였을 때 나는 그가 제중원의 관리 직책에 있음을 알게 되었다. 그는 그리스도에 대한 믿음을 대중적으로 고백하지 않았지만 방도가 열렸을 때 그가 그렇게 할 것 같다. 그는 자신이 바라던 상황에 있으며, 그곳에서 그는 대단히 선한 일을 할 수 있다. 다른 한국인 신자가 현재 서울의 일본 공사관과 관계되어 있다. - H. 루미스 목사

Editorial Notes. *The Foreign Missionary* 44(10)(Mar. 1886), p. 438

The present Chinese Minister at Seoul has been an attendant at the Christian services in San Francisco, and is in favor of Christianity. It seems evident, therefore, that if the Chinese should continue their control it would not interfere with the work of missionaries.

The Tai Wan Kun, formerly in China in exile, has been, and may possibly be, an important factor in the history of his country. He is a man of great energy, and while he is severe upon enemies, is thoughtful and kind to his friends. He has a larger influence and following than any man in Korea. He has been a most bitter opponent of Christianity, and was concerned in the persecution in which more than ten thousand converts were put to death. Until he was carried away to China, he was regarded as hostile to foreigners and opposed to the opening of the country. He has recently been brought back to the capital, and is now very earnest in his declarations of friendship toward foreigners, and especially the Americans. He has spoken approvingly of the Royal Hospital, and has also shown his good-will toward and confidence in Dr. Allen by returning the doctor's call at once; and on the next day he sent a present of pears, persimmons and mushrooms. From all that he has said, and his most friendly bearing toward foreigners, it seems there is not likely to be any further opposition to the work of Missions on his part.

About two years ago the teacher of the Korean language in the University of Tokio (a Korean named Son Bun Ku) professed his faith in the doctrines of Christianity, and united with the Presbyterian Church. He afterward expressed an earnest desire and purpose to go back to his country as a medical missionary. He had some knowledge of medicine as practiced in his own country, and regarded with great favor the superior skill of foreign physicians. He returned to Korea about one year ago, but sent no word as to his residence or occupation. On my visit to Seoul, I found him in the place of overseer of the Royal Hospital. He has not publicly professed his faith in Christ; but when the way is opened it is probable that he will do so. He is spoken of very highly, and is evidently in the situation that he had hoped for, and where he can do great good. Another Christian Korean is now connected with the Japanese Legation at Seoul. - Rev. H. Loomis.

런던의 알렌 핸버리 앤드 컴퍼니에서 한국 왕립병원을 위하여 구입한 의약품 (1886년 3월)

런던의 알렌 핸버리 앤드 컴퍼니에서 한국 왕립병원을 위하여 구입한 의약품

2파운드		탄산암모늄	3/ 4	
5	"	인산칼슘	4 7	
5	"	페리 카보나스 사카라투스	4 7	
4	"	요오드	3.98	
2	"	아편 분말	1.185	
5	"	아세트산 납	3.9	
2	"	포도필린 수지 분말	2.25	
5	"	염화칼륨	4.2	
2	"	초산아연	3 8	
3	"	질산에틸	9 1	
3	"	부자(附子)	10 6	
3	"	" 벨라돈나	7	
3	"	" 벤조인	10	
3	"	" 부쿠	10 6	
2	"	" 카테큐	4 8	
2	"	" 쿠베브	8	
2	"	" 디기탈리스	5	
2	"	" 키노	7	
2	"	" 아편	14	
2	"	비스머스 차질산염	17 7	
6	"	감홍	19 3	
4	"	요오드 포름	2.8.3	
1	"	과망간산 칼륨	1 7	
1	"	산토닌	10 3	
10	"	보린산	7 3	12 16 11

15	"	황산 제이철.	6	10
8	"	과염소산	8	2
20	"	탄산수소칼륨	11	16
20	"	브로민화 칼륨	2.0	2
20	"	요오드화 "	13.1	0
14	"	산화아연	18	8
20	"	차아황선나트륨	6	10
1다스		희석 사이안화 수소산 1그램 병	3	
16파운드		순수 클로로포름	27	
8	"	_____	5	
1	"	아비산	1	2
10	"	구연산	19	4
2	"	타닌산	7	2
2 덩어리		요오드화 암모늄	3	2
1	"	요화비소	1.0	4
10파운드		붕사	5	7
5	"	고수 분말	4	0
3	"	_____	3	8
5	"	탄산마그네슘	4	2
10	"	중크롬산칼륨	6	10
10	"	탄산칼륨	6	10
10	"	황화나트륨	6	
¾ 다스		_____	30	
3파운드		_____	2	
3	"	_____	10	6
			38.15/8	33.16/8
1	"	아비산 나트륨	1	1
2	"	_____	4	6
1	"	_____	1	4
10	"	장뇌	14	4
1	"	인도 대마		10
5	"	경납(鯨蠟)	5	
2	"	_____	1	8

10	"	_____	6 8
1	"	_____	2 3
10	"	_____	2 6
2	"	만나나무액	12 9
2	"	파레이라 뿌리	5
15	"	_____	5.
1	"	_____	1.1
1	"	_____	3.4
2	"	스피겔리아	3 8
3	"	살리실산	1 4
56	"	_____	6
1	"	_____	5 6
1온스		리트머스, 청색	2 6
1	"	" 적색	1 3
5파운드		_____	3 4
1	"	_____	4 6
10	"	부크나무	12
1	"	콜로신스	1 9
			39.3 10
4	"	_____	9 6
5	"	_____	6 8
5	"	_____	2 1
10	"	용담 뿌리	5
1	"	_____	1 6
2	"	파라핀 왁스	4
8	"	_____	18
4	"	스틸링지아	10
5	"	가시독말풀 씨앗	4 2
20	"	우바우르시 잎	10
5	"	올레산 ____	9
2	"	칼슘인산	9 8
2	"	황화칼슘	5 8
1	"	_____	9 4

4 "	빙초산		5 4	
3 "	염산		2 9	
4 "	질산		6 8	
4그램	인도 대마 추출액		4 2	
9파운드	과염소산제이철		13 0	
6 "	페놀 결정체		18	
1 "	_____		1 9	
2그램	염산코카인		13	
14온스	피로칼롤		9 3	
8 "	퀴닌		1 10	
4파운드	테레빈 유(油) ___		4	
6 "	토근(吐根) ___		12	
		50 18 4		45 18 4
1병	하이포 아린산칼륨		9 8	
2파운드	하이포 아린산철		1 7 10	
3 "	힐초(纈草) _		5 3	
2 "	콜키쿰 _		4 8	
4그램	_____		7 2	
4파운드	_____		4 7	
4 "	마전(馬錢) 추출액		3.12 6	
4 "	아편 "		5.12 7	
10 "	글리세린		7 3	
2갤런	올리브 유(油)		1.00	
10파운드	하이포 아린산나트륨		1.16	
6 "	황산을 위한 반 갤론들이 병		12	
40 "	에테르		11.12	
4병	28파운드 염화칼슘		1.18	
1통	승화황(昇華黃)		18	
1 "	포화 황산나트륨 염		4.6	
1 "	_____		8	
1 "	중탄산나트륨		1.80	
1무더기	일본산 의약품		1.2	

4	"	_____ 4.00	
1	"	_____ 9.25	
5	"	_____ 50	
4롤		_____ 12.00	7.00
			85.13.4
			10 1 0
_____			95.14.4
8파운드	병원용 아마	1.00	
8	"	_____	105
5	"	_____	15
5	"	_____	10
101야드	샬균 거즈		1.53
5	"	_____	126
1온스	장선봉합		9
1	"	비단봉합사	9
1	"	〃	12
1	"	_____	10.6
1롤	깁스		15
1	__	_____	14
1	__	_____	14
	합계		£102.12/1

Medicines Bought of Allen Hanburys & Co., London, for Royal Korean Hospital (Mar., 1886)

Medicines bought of Allen Hanburys & Co., London for Royal Korean Hospital

2 lb	Carbonate Ammonia	3/ 4	
5 "	Calcium Phosphas	4 7	
5 "	Ferri Carb. Sacch.	4 7	
4 "	Iodine	3.9 8	
2 "	Opium Pulv.	1.18 5	
5 "	Acetate Lead	3. 9	
2 "	Podophylin Resin Pulv.	2.25	
5 "	Pot. Chlor.	4.2	
2 "	Zinc Acetas	3.8	
3 "	Spr. Ether Nit.	9.1	
3 "	F. Aconite	10.6	
3 〃 〃	Belladonna	7	
3 〃 〃	Benzoin	10	
3 〃 〃	Buchu	10.6	
2 〃 〃	Catechu	4.8	
2 〃 〃	Cubebs	8.	
2 〃 〃	Digitalis	5.	
2 〃 〃	Kino	7.	
2 〃 〃	Opii	14.	
2 "	Bismuth Subnit.	17.7	
6 "	Calomel	19.3	
4 "	Iodoform	2.8.3	
1 "	Pot. Permanganate	1.7	
1 "	Santonin	10.3	
10 "	Acid Boracic	7.3	12.16.11
15 lb	Ferri Sulph.	6.10	

8	"	Hyd. perchlor.	8.2
20	"	Pot. Bicarb.	11.16
20	"	" Bromide	2.02
20	"	" Iodide	13.10
14	"	Zn Oxide	18.8
20	"	Sodii Hyposulphite	6.10
1oz 1g vials		Acid Hydrocyanic dil.	3.
16 lb		Chloroform pure	27
8	"	big arn patios	5
1	"	Acid Arseniosum	1.2
10	"	" Citric	19.4
2	"	" Tanic	7.2
2 lot		Arn Iodide	3.2
1	"	Arsenic "	1.04
10 lb		Borax Xatals	5.7
5	"	Coriander Pulv.	4.0
3	"	Cupsi Sulph	3.8
5	"	Mag. Carb.	4.2
10	"	Pot. bichromas	6.10
10	"	" Carb.	6.10
10	"	Sodii Solphis	6
¾ dz		Urinshirts qts Cadlin	30
3 lb		Anthom per exact	2
3	″	Cert cinchon. Pal.	10.6

38.162/8	33.16/8

		Ford	33.16.8
1 lb		Arsenite Sod.	1 1
2	"	Alvis B. cub	4 6
1	"	Arvica Sod	1 4
10	"	Camphor	14 4
1	"	Cannabis Ind.	10
5	"	Cetaceum	5

2	"	Colchicum Corm	1 8
10	"	Ductrumara	6 8
1	"	Hyos. Pal. Exat.	2 3
10	"	Ball pernip	2 6
2	"	Manna	12 9
2	"	Pareira Rad.	5
15	"	Quasia Lig	5
1	"	Scilla Elect	1 1
1	"	Sinega Sod.	3 4
2	"	Spigelia	3 8
3	"	Acid Salicylic	1 4
56	"	Critas Prep	6
1	"	Geniae Resin	5 6
1	oz	Litmus books blue	2 6
1	"	" " red	1 3
5	lb	Tussacum Sod	3 4
1	"	Yuba Santa	4 6
10	"	Bushu Pal	12
1	"	Colocynth	1 9
			39.3.10
4	lb	Fal Digitalis elect	9 6
5	"	Felix mas Sod	6 8
5	"	Forniculi Furst	2 1
10	"	Gentian Rad	5
1	"	Granati certix Rod	1 6
2	"	Paraffin wax	4
8	"	Senna fol. Alex. Sifted.	18
4	"	Stillingia	10
5	"	Stramonium Sem.	4 2
20	"	Uva Ursi fol.	10
5	"	Acid Oleic fur	9
2	"	Calc. Phos.	9 8
2	"	" Sulphide	5 8

1 "	Canthar. Pulv.	9 4	
4 "	Acid Acetic glacial	5 4	
3 "	" Hydrochlor.		2 9
4 "	" Nitric	6 8	
4 g	Ext. Cannabis Ind.	4 2	
9 lb	Ferri. Perchlor.	1 3 0	
6 "	Ac. Carb. Chryst.	18	
1 "	" Hydrochrom. dil.	1 9	
2 gram	Cocaine hychochlor.	13	
14 oz	Acid Pyrogallic	9 3	
8 "	Quinine	110	
4 lb	Ol. Terebinth ____	4	
6 "	____ Ipecac	12	
	50.18/4	45.18.4	
1 bottle	Calc. Hypophos.	9 8	
2 lb	Ferri "	1 7 10	
3 "	F. Valerian	5 3	
2 "	" Colchicum	4 8	
4 g	Ergotine - _____	7 2	
4 lb	Bals Tubes	4 7	
4 "	Ext. Nux Vomica	3 12 6	
4 "	" Opii	5 12 7	
10 "	Glycerine	7 3	
2 gal	Olive oil	1 00	
10 lb	Sodi hypophosphite	1 16	
6 "	Winchester qt. for ac. sulph.	12	
40 "	Aether	11.12	
4 jar	28 lb Calc. Chlor.	1.18	
1 cask	Sulphur sublimed	18	
1 "	Sodii Sulph. Salts	4.6	
1 "	Soda X ____	8	
1 "	" bicarb.	1.80	

1 lot Japanese medicine 1.2

4 hot chalk " 〃 5 ac carb 2.50 1 lot oil pip4.00

1 lot oil cin 1.80 7 lot turpentine 70. 1 lot rod 9.25

5 lot rum 2.00 1 lot sfa nitris 35 2 lot cinsh50

4 roll thin rus 1.88 2 tins alcoval 8 gal 12.00   7.00

                                                  85.13.4

Error P.2. f5. 1   P.4. f5.   10 1 0

                                                  95.14.4

	Ford	95.14.4
8 lb	Hospital lint	1.00
8 〃	Cotton wool (___)	105
5 〃	B nic 〃	15
5 〃	〃 lint	10
101 yd	Antiseptic Gauze	1.53
5 〃	Mackintorn	126
1 oz	Gut ligatum cath	9
1 〃	Silk 〃	9
1 〃	〃	12
1 〃	Arrad rubber cath	10.6
1 roll	Plaster	15
1 baths	Stand	14
1 cork	Presser	14
	Total	£ 102.12/1

[제중원 수입약재 값 우송 관련 보고.] 헨리 F. 메릴(해관 세무사)이 통리교섭통상사무아문으로 보낸 총관래신(總關來申) (1886년 3월 6일, 광서 12년 2월 1일)
Henry F. Merrill (Chief Commissioner of Customs), Report to President of Foreign Office (Mar. 6th, 1886)

통정대부 호조참의전관리 해관사무 총세무사 메릴이 보고하는 일입니다. 광서 12년[1886년] 1월 30일 내려온 관칙의 내용을 살펴보니, "제중원에서 사들인 약값이 750원이므로 이로써 공문을 보내니 삼가 총세무사는 이에 의거하여 행한 후에 위의 숫자에 맞는 은표(銀票)를 만들어 보내라."는 내용이기에, 총세무사는 이를 받들어 즉시 내려온 문서의 내용에 따라 750원의 회표(滙票) 1장과 문서를 갖추어 보고합니다. 귀 아문에서는 사실대로 거두도록 인천항에 은표를 넘겨주어 수납하면 이로써 편리하게 약값을 은으로 지급할 수 있습니다. 이에 귀 독판께서는 750원을 갖추어 내어 주시길 바라오며 거두어들인 단자(單子)에는 수결과 압인을 하여 이로써 증빙문서로 보존하고자 합니다. 그 연유를 문서를 갖추어 답서를 보내니 귀 아문에서는 살펴 결정해 주시길 바랍니다. 모쪼록 올린 보고가 잘 도착하기를 바랍니다.

통정대부 호조참의함관 해관총세무사 묵현리
통리교섭통상사무아문
광서 12년 2월 초1일
세자 제29호

通政大夫 戶曹參議銜管理 海關事務 總稅務司 墨賢理爲申呈事 奉到光緒十二年 正月 三十日鈞飭內開 照得 濟衆院 貿來藥料價 爲七百五十元矣 玆以關飭 仰貴總稅務司遵憑後 右數銀票成送可也等因 奉此總稅務司 當卽遵照來文 開具七百五十元滙票一張 備文申呈 貴衙門查收 轉付仁港銀票收取 以便支藥料價銀 仍望貴督辦出具七百五十元 收單畫押蓋印 以便存案 所有收單緣由 合行備文申覆

貴衙門核奪可也 須至申呈者.
　　右申呈

　　通政大夫戶曹參議銜管海關總稅務司 墨賢理
　　統理交涉通商事務衙門
　　光緒 十二年 二月 初一日
　　稅字 第三十九號

호러스 N. 알렌(서울),
김규희(제중원 주사)에게 보낸 영수증 (1886년 3월 7일)

1886년 3월 7일

김 주사[41]는 외아문 독판 김윤식으로부터 제중원 약품 및 기구 구입비로 750달러를 받았다. 의약품은 500달러, 기구는 200달러, 합계 750달러.

H. N. 알렌, 의학박사

Horace N. Allen (Seoul),
Receipt to Kyu Hui Kim (Chusa, Jejoongwon) (Mar. 7th, 1886)

Mch 7/86

Received of Kim Chusah., for Kim Yong Sik, President of the Korean Foreign Office, Seven hundred fifty dollars ($750.00) for the purchase of medicines and instruments for the Government Hospital. Medicines to the amount of $500.00. Instruments to the amount of $250.00. $750.00

H. N. Allen, M. D.

---

41) '김 주사'는 김규희로 판단된다.' 제중원 1차 년도 보고서'에 의하면 재무 담당관이었기 때문이다.

호러스 N. 알렌(서울), 3월 7일 의식이 있는 동안 M. 토블스 님이 남긴 진술 (1886년 3월 7일)

3월 7일 의식이 있는 동안 M. 토블스 님이 남긴 진술

회색 가방 속의 은화 100달러는 일본 도쿄의 페놀로사[42] 교수를 위하여 맡김.

은화 580달러는 알렉산더 G. 홈즈를 위하여 맡김, ___ 사용함

책상 위의 빨간 규칙 철. 나는 봉인되기를 원하며, 어느 누구도 보지 않기를 원한다.

서신 사본 철은 같은 방식으로 맡길 것이며, 둘은 모두 봉인하여 미국 캘리포니아 주 샌프란시스코의 샌섬 가(街)의 알렉산더 G. 홈즈에게 보낸다.

내가 사망할 경우 내 물건을 남기지 말고 팔아 그 대금으로 빚을 갚고 싶다. 모든 수표는 반환한다.

나는 이것의 의식 있는 사람의 진술임을 증명하며, 증언과 함께 봉인한다.

H. N. 알렌, 의학박사

---

42) 어니스트 F. 페놀로사(Ernest F. Fenollosa, 1853. 2. 16~1908. 9. 21)는 당시 도쿄 대학교의 철학 교수이었다. 매사추세츠 주 세일럼에서 태어나 철학과 사회학을 공부하고 1874년 하버드 대학을 졸업하였다. 그는 보스턴 미술관의 예술학교에서 더 공부하였고, 1878년 일본에서 활동하고 있던 동물학자이자 동양학자인 에드워드 S. 모스에 의하여 일본으로 초청되었다.

Horace N. Allen (Seoul), Statement of M. Taubles Esq., Mch. 7th While Conscious (Mar. 7th, 1886)

Statement of M. Taubles Esq., Mach 7th While Conscious

$100.00 Mexicans in grey trunk in trust for Prof. Fenilose, Tokio, Japan.

580 Mexicans in trust for Alexander G. Homes, _____ spent

A red code book on the table. I wish to be sealed and not inspected by anyone.

A letter copy book to be trusted in the same way and both sent sealed to Alex. G. Homes, Sansome St., San Francisco, Cal., U. S. A.

In case of death I wish my effects to be sold without reserve and my debts to be paid with the proceeds. All cheques returned.

I certify that this is the statement of a conscious man and herewith witness my hand and seal.

H. N. Allen, M. D.

18860313

호러스 N. 알렌(서울), 한국의 정세 (1886년 3월 13일)

한국의 정세

(3월) 13일에는 수도(首都)가 또 다른 내부적인 곤란을 목격하게 될 것이라는 우려와 큰 불안이 만연하였다. 궁궐의 문들은 닫혀 있었고 경비가 있었으며, 외국인들은 어떤 경우에 경계하라는 통보를 받았다. 불안한 이유는 왕과 왕실의 시아버지 사이의 또 다른 오해가 생겼기 때문이다. 노신사의 신하 두 명이 위조 혐의로 체포되어 투옥되었다. 그는 그것이 왕의 명령에 의한 것이 아니라는 것을 발견하고 그것이 왕비에게 기인한 것임에 틀림없다고 추론하였고, 그래서 그는 그의 추종자들이 감옥의 문을 열고 그의 하인들을 석방시키며, 간수(看守)들을 자신의 사무실로 데려오도록 하여 구타하였다. 그 노신사가 한 말에 대한 소문들이 많았지만 그것들은 단지 소문일 뿐이고, 자신의 행동에 만족하고 조용히 있을 가능성이 크다.

이것을 명확하게 하기 위하여 일반적으로 대원군으로 알려진 왕의 아버지이자 전 섭정은 왕비의 많은 사람들을 죽이고 왕의 생명이 큰 위험을 받은 지 약 4년 후에 그에 대한 책임을 지고 기소되었다. 이러한 이유로 그는 중국에 초청되어 약 2년 동안 머물렀다. 그는 강력한 통치자이었으며, ___한 사람이다. 그는 외국인들에게 자신의 권위를 많이 잃었고 오히려 자신의 __에 안주하고 상황이 진행되도록 내버려 두는 경향이 있는 것 같다. 그러나 잠자는 사자처럼 그를 깨우는 것은 위험하다. 지난 가을 그가 서울로 돌아왔을 때 많은 사람들이 여러 범죄로 살해당하였지만, 일반적으로 이는 귀국하는 망명자를 위협하는 행위로 여겨졌다. 사람들이 그를 크게 존경하고 집착하는 것은 확실하며, 그와 현 정부 사이에 심각한 차이가 있으면 상당한 문제가 발생할 수 있다.

샌프란시스코에서 온 예술가인 M. 토블스 님은 지난 우편선으로 이곳에 도착하였는데, 곧 천연두에 걸렸고 지금은 죽어가는 상태에 있다고 한다.

이번 봄에는 쌀 기근이 닥쳤다. 가격은 작년보다 3배나 올랐다. 그런데도 국민들이 견딜 수 있을 정도로 나라의 여건이 많이 좋아졌다.

베베르 부인은 남편인 러시아 공사를 만나러 왔다. [외국인] 사회도 한 여자를 데리고 온 전환국 직원, 그리고 세관 관리 가족의 도착으로 증가하였다.

서울, 1886년 3월 13일

Horace N. Allen (Seoul), Affairs in Korea (Mar. 13th, 1886)

Affairs in Korea

On the 13th it was feared that the Capital of Korea would witness another intestine trouble and great anxiety prevailed. The Palace gates were closed and were guarded and the foreigners were in some cases informed to be on their guard. The reason for this anxiety was that another misunderstanding had occurred between His Majesty and the Royal Father-in-law. Two of the retainers of the old gentleman had been arrested, on the charge of counterfeiting, and thrown into prison. He found that it was not by order of the King and inferred that it must be due to the Queen, whereupon he had a band of his people beak open the prison, release his servants, and bring the jailors to his office, where he had them beaten. Many reports are current as to what the old gentleman said but they are only reports and it is probable that he was content with his action and will remain quiet if let alone.

To make this clear it must be stated that the Royal Father and Ex Regent, generally known as the Tai Yin Khun, was charged with fair a large part in the menace some four year since, when many of the Queens people were killed and the life of His Majesty was in great danger. For this reason he was invited to China where he was afterwards left for some two years. He was a powerful ruler and is a ___ ____ ____ man. He has lost much of his authority to foreigners and seems rather inclined to rest on his _____ and let things take their course. Like a sleeping lion, however, it is dangerous to arouse him. On his return to Seoul last fall a number of his people were killed, in various crimes attributed to them, but it was generally believed to be an act of intimidation toward the returning exile.

Be there things as they may it is certain that the people respect and cling to him to a great degree and any serious difference between he and the present government might result in considerable trouble.

An artist from San Francisco M. Taubles, Esq. arrived here by the last mail and was soon taken down with the small-pox from which he is now said to be in a dying condition.

There has been almost a famine of rice this spring. The price has risen to three times what it was last year. And yet the condition of the country is so much improved that the people can stand it tolerably well.

Madame Waeber has come to join her husband, the Russian Minister. Society has also been increased by the arrival of the mint people with one lady and the family of the customs officials.

Seoul, Mch. 13/ 86

호러스 N. 알렌(서울)이 프랭크 F. 엘린우드(미국 북장로교회 해외선교본부 총무)에게 보낸 편지 (1886년 3월 14일)

한국 서울,
1886년 3월 14일

F. F. 엘린우드 박사,
뉴욕 시 센터 가(街) 23

친애하는 박사님,

여의사에 대한 박사님의 편지가 우편으로 도착하였습니다. 저는 이곳에 파송되어 있는 우리 선교사들 사이의 불화에서 저를 꾸짖으실 것으로 여겼는데, 박사님의 친절한 편지에 대하여 진심으로 감사드립니다. 한국 선교부가 채비를 갖추고 일을 잘 해 나가는 데에 9개월이 걸렸습니다. 우리는 여러 일을 하며 발버둥 쳤지만 결코 궤도를 벗어나지 않았습니다. 결국 우리는 일반적인 틀을 짰고 진지한 기도회를 만들었습니다. 그래서 저는 일반적이며, 우리의 삶과 서로의 관계에서 분리될 이 문제들을 박사님께서 더 이상 처리해야 할 것으로 생각하지 않기 때문에 박사님은 이제 안심하셔도 될 것입니다.

고아원 사업에 대한 전망은 이제 더 나아졌습니다. 언더우드 씨와 헤론 박사가 '박사님'의 승인을 받지 않고 처음 시작하였을 때 지나치게 열성적이었습니다. 저는 그들이 진정되었다고 생각하며, 박사님으로부터 (지시를) 듣기 전에는 더 이상 나아지지 않을 것입니다. 그들이 구입한 대지는 지불한 그만큼의 가치가 있으며, 만약 필요하지 않다면 좋은 조건으로 팔 수 있습니다. 저는 (고아원이) 정부 산하의 기관이 되는 것을 지지합니다.

여의사에 관하여 말씀드리겠습니다. 만약 박사님이 조만간 하실 수 있다면, 파송하시는 것이 안전할 것이라고 저는 생각합니다. 만약 한 사람이 조만간 파송될 수 있고 언더우드 씨와 결혼한다면, 이곳에서 우리 [사역]의 전망은 실로 찬란해질 것입니다. 그(언더우드 씨)는 미국에 있는 여성에 대해 확신을 갖고 있지 않은 것 같습니다. 감리교회 사람들은 한 사람이 오는 중에 있다고 이야기하였는데, 첫 기도의 절반도 하지 않았기 때문에 그것은 우리의 진로를 방해할 수 있을 계획이라 생각하고 있습니다. 저는 연장자인 스크랜턴 여사를 방문하여 서울에서 여의사를 보게 된다면 매우 행복할 것이라고 말하며 여의사가 오는 것에 대하여 축하해 주었습니다. (하지만 저는 교파를 언급하지 않았습니다.) 그런 다음 저는 그녀에게 의과대학을 다닐 때 알았던 매우 훌륭한 자질을 가졌으며, 감리교회 신자이었던 여의사에 대하여 말하였습니다(저는 그녀가 죽었다는 사실은 언급하지 않았습니다.) 스크랜턴 부인은 즉시 반응을 보였고, 자신들은 한 사람도 뽑지 못하였고 어디에서 구할 수 있는지 모르지만 일 년 안에 구할 수 있기를 희망한다고 말하면서 그녀의 주소를 물어보았습니다. 지금 만약 박사님께서 서두르신다면 우리는 사악한 조선의 왕비를 개종시킬 수 있을 것이며, 그렇지 않으면 감리교회 사람들이 그 기쁨을 누릴 것입니다.

저는 최근에 뉴욕에서 발행되는 잡지인 *Medical Record*에 "젊은 의사들을 위한 새로운 분야"라는 글을 보냈습니다.[43] 그와 관련하여 저에게 답장이 쇄도하였습니다. 시간이 나면 박사님께 그 중 가장 괜찮은 몇 명의 이름을 보내겠습니다. 저는 언어 학습과 관련하여 낙심해 있습니다. 저는 두 달 전 한가할 때 언어 교사를 채용하였는데, 주로 밤에 공부를 하면서 각각 5~20개의 단어로 이루어진 200개의 문장을 완전히 암기하였고, 1,000개가 넘는 새로운 단어들도 함께 암기하였습니다. 그런 다음 아이가 딸린 여자들과 한 남자가 새로 도착하였는데, 여자들과 아이들이 즉시 병에 걸렸고, 그들이 회복하자 샌프란시스코에서 온 예술가인 남자는 천연두에 걸려 저는 12일 동안 밤낮으로 그를 돌보았습니다.[44] 만약 언더우드 씨와 메릴 씨의 기독교적 자애심이 없었다면, 도움을 받지 못하였을 것입니다. 박사님은 제가 긴 편지를 쓰기 보다는 공부를 하라고 제안하실 것이지만, 저는 평소처럼 말을 타고 길을 가는 동안 그 문제에 대해 심사숙고하였으며 종이에 쓰기까지 10분이 걸렸다는 변명의 말씀을 드리고 싶습니다. 박사님은 시간이 더 걸릴 수 있습니다. 일전에 왕비와 대원군 사이에 약간의 소동이 있었는데, 왕비가 앙심을 품고 대원군의 하인 2명을 투옥시켰습니다. 늙은 양반은 부하 두 명을 보내어 그들을 풀어주고 간수

---

43) Horace N. Allen, A New Field for Young Doctors. *The Medical Record* 28(24) (Dec. 12th, 1885), p. 669

44) 맥시밀리언 토블스(Maximilian Taubles, 1845. 4. 17~1886. 3. 15)이다. 프라하에서 태어났으며, 1866년 미국으로 이주하였다. 1875년 3월 31일 캘리포니아 주 새크라멘토에 도착하여 광산 관련 일을 하였다. 이후 미국에 귀화하고 1870년대 말 독일 출신의 캐롤라인 바우어(Caroline Bauer, 1857. 7~1927)와 결혼하였으며, 회계로 활동하였다. 하지만 예술은 그에게 흥미를 주었고, 나중에 그를 지원하고 특성을 나타내었다. 샌프란시스코의 보헤미안 클럽의 회원이자 예술 협회에서 활동하던 1886년 2월 서울로 왔으며, 천연두에 걸려 3월 15일 사망하였고, 제물포의 외국인 묘지에 묻혔다. 당시 그는 동양 관련 신문의 특파원 신분이었다.

를 구타하였습니다. 백성들이 전 섭정자에게 충성스러웠기 때문에 문제가 발생할 수 있었지만 왕비는 조용해졌습니다.

조선 정부는 포크 씨를 놓칠지도 모른다는 전망에 기분이 좋지 않습니다. 파커 씨는 기독교 신자이기를 바랍니다.

학교 교사들을 위하여 주택이 준비되어 있습니다. 우리의 새로운 학교 건물은 거의 완공되었습니다. 며칠 전에 정부는 저에게 의약품과 기구 구입을 위하여 750달러를 주었습니다. 그것을 요청해야 할 필요는 거의 없었습니다. 여전히 왕을 위하여 사적인 업무를 조금 하고 있습니다.

혜론 박사와 저는 6월에 가족이 많아질 것으로 예상하고 있습니다. 예산과 기도에서 그 사실을 기억해 주십시오.

안녕히 계십시오.
H. N. 알렌

Horace N. Allen (Seoul),
Letter to Frank F. Ellinwood (Sec., BFM, PCUSA) (Mar. 14th, 1886)

Seoul, Korea,
March 14th, (18)86

Dr. F. F. Ellinwood,
    23 Centre St., N. Y.

My dear Doctor,

Your letter concerning female physician came by this mail. I had rather expected you might find fault with me for our missionary differences out here and I sincerely thank you for the kindness of your letter. It has taken the Korean Mission nine months to get to working well in a common harness. We have kicked a good deal but never goes out of the traces. We wound up at last with a general setting down and followed with an earnest prayer meeting, so you may rest easy now for I don' think you will be arranged by any more of these difficulties which I find are common and are to be separated from the nature of our life and relations to each other.

The prospects for an orphanage are better now. Mr. Underwood and Dr. Heron were rather over zealous at first in starting it without "your" sanction. I think they have quieted down and will not do much before hearing from you. The property they bought is worth the money and can be sold to good advantage if not needed. I am in favor of a Government institution.

In regard to the lady Dr. I think you will be safe in sending one if you can do so soon. If one could come out soon and marry Mr. Underwood, our prospects here would be grand indeed. He (Mr. U.) seems rather uncertain regarding his lady live in America. The Methodists reported that they had one on the way and thinking it might be a scheme to head us off as they have not done one half the things the first prayers. I called on the Elder Mrs. Scranton, and congratulated her on the prospect of having a lady Dr., saying that I would be very happy to see one in Seoul. (I didn't mention denomination however.) I then told her of a very finely qualified lady Dr. whom I knew at Med[ical] School, who was a Methodist. (I didn't state that she was dead now.) The old lady 'bit' at once and asked for her address, saying that they hadn't one picked out and didn't know where to get one but they hoped to get one in a year. Now, if you are quick, we may convert the Wicked Queen of Korea, otherwise the Methodists may have that pleasure.

I recently sent an article to the *Medical Record* of N. Y. on "A New Field for Young Drs." In reply I am besieged with correspondence relative to the same. When I get time I will send you the names of some of the best of them. I am discouraged concerning the language. I had a teacher two months ago during a slack time and by working mostly at night, fully memorized 200 sentences of 5~20 words each and am over 1,000 new words altogether. Then these new ladies with the babies arrived and one new man, the ladies and babies promptly got sick and upon pulling them through, the man, an artist from San Francisco, got the smallpox and for 12 days I have been with him night and day. Had it not been for the Christian Charity of Mr. Underwood and Mr. Merrill, it would have been impossible to have obtained help. You might suggest that I study instead of writing you such long letters, but let me say in self vindication that I thought over the matter further while riding through the street, as usual, and it has taken ten minutes to put it on paper. It may take longer for you to get it off. The Queen and Tywan Khun had a little rumpus the other day, the former imprisoned two servants of the latter through spite. The old gentleman sent two of his people and had them released and the jailor beaten. It would have created a trouble as the people are loyal to the Ex-Regent, but the Queen quieted down.

The Government are not pleased at the prospect of losing Mr. Foulk. Hope Mr. Parker is a Christian.

The houses are ready for the school teachers. Our new school building is nearly finished. Govn't gave me $750.00 the other day for medicines and instruments. Hardly had to ask for it. Still do a little private commission business for the King.

Dr. Heron and I expect to have our families increase in June. Remember it in the appropriations & prayer.

Yours Truly,
H. N. Allen

호러스 N. 알렌(서울)이 조지 C. 포크(주한 미국 대리 공사)에게 보낸 편지 (1886년 3월 15일)

한국 서울,
1886년 3월 15일

안녕하십니까,

미국 캘리포니아 주 샌프란시스코에서 온 맥시밀리언 토블스 님이 오늘 오후 3시 30분 발병 12일 만에 천연두 합병증으로 사망하였음을 알려드립니다.

안녕히 계십시오.
H. N. 알렌, 의학박사

조지 C. 포크 중위 각하 귀중,
주한 미국 대리 공사

Horace N. Allen (Seoul), Letter to George C. Foulk
(U. S. *Charge d'Affaires* to Korea) (Mar. 15th, 1886)

Seoul, Korea,

Mch. 15/ 86

Sir,

I have to inform you that at 3. 30 p. m. today, Maximillian Taubles Esq. of San Francisco, Cal., U. S. A., died of complicated small-pox in the twelfth day of the disease.

I remain Dear Sir,

Your humble servant

H. N. Allen, M. D.

To H. E.

Leut. Geo C. Foulk,

U. S. *Charge d'Affaires* to Korea

호러스 N. 알렌(서울)이 상하이 앤드 홍콩 은행(상하이)에 보낸 편지 (1886년 3월 16일)

한국 서울,
1886년 3월 16일

안녕하십니까,

귀 은행 앞으로 발행된 250달러 수표입니다. 나에게 현재 환율로 런던 퀸 빅토리아 가(街) 79의 바이워터 페리 앤드 컴퍼니 앞으로 올바른 환어음을 발행해 주세요.

이 경우 이전의 두 번과 마찬가지로 나는 해당 회사로 보내는 편지에 첫 번째 환어음을 동봉하고 그것을 최대한 빨리 보내겠습니다. 귀 회사는 두 번째 환어음을 나에게 보낼 수 있는데, 그 목적으로 나는 귀 회사에 우표가 붙은 봉투를 보냅니다. 나는 1월 19일의 유사한 편지에 대한 회신을 받았고, 유사한 설명과 함께 귀 회사로 200달러 수표를 보내도록 하였습니다.

나는 우편을 위하여 우표로 2센트를 동봉합니다.

안녕히 계세요.
H. N. 알렌, 의학박사

Horace N. Allen (Seoul), Letter to Shanghai & Hongkong Bank Co. (Shanghai) (Mar. 16th, 1886)

Seoul, Korea,

Mch. 16/ 86

Dear Sir,

Herewith cheque in your favor for two hundred fifty dollars. Kindly grant me a right draft on London to this am't, at the current rate, in favor of Bywater Perry & Co., 79 Queen Victoria St., London.

I must ask you to oblige me in this case, as I did in the two previous cases, by enclosing the first of exchange in the accompanying letter to that firm and sending it on as soon as possible. You may remit to me the second of exchange for which purpose I send you stamped envelope. I have received a reply to a similar communication of Jan 19th and have him send you a cheque for $200.00 with similar instruction.

I enclose two cents in stamps for postage.

Yours truly,

H. N. Allen, M. D.

호러스 N. 알렌(서울)이 메저스 바이워터 페리 앤드 컴퍼니(런던)에 보낸 편지 (1886년 3월 16일)

한국 서울,
1886년 3월 16일

안녕하십니까,

최근 우편으로 나는 귀 회사에 나를 위한 200달러 상당의 ____를 주문하였습니다. 이제 나는 동봉한 장로교회 선교부가 책임을 맡고 있는 정부 병원을 위한 수술 기구의 목록을 주문합니다.

나는 평범한 상자에 들어 있는 화려하지도 않고 가치도 없는 것이 아닌 좋은 물품을 원합니다. 그 무더기는 미국에서 가격이 거의 400달러입니다. 나는 귀 회사에 가장 좋은 환율로 250달러를 파운드로 주문을 보냅니다.

귀 회사가 그 액수로 주문을 받을 수 없는 경우를 대비하여 일부 품목에 X로 표시하였으니 필요한 경우 뺄 수 있지만 ____가 먼저이고 산과(産科) 상자는 마지막입니다.

'____ 겸자는 허용함'은 단순히 납작한 날이 있는 길고 강한 집게인데, 포피를 조인 후 절단하기 전에 음낭을 ____할 수 있습니다. 저는 이것이 매우 필요합니다.

미국 목록을 이용하여 선택하다보면 귀 회사가 구할 수 없는 상품에 대하여 '토머스', '에밋' 등의 이름이 많이 있습니다. 귀 회사의 재량에 따라 가능한 한 이와 같은 상품을 준비하세요.

나는 첫 번째 주문에 대한 두 번째 환어음을 동봉합니다. 나는 아직 주문하지 않았지만 다음 두 번째 환어음을 보냅니다.

안녕히 계세요.
H. N. 알렌, 의학박사

(주문 목록은 해독이 어려워 번역은 생략하였지만 영어에 원문을 실었다.)

Horace N. Allen (Seoul),
Letter to Messrs Bywater Perry & Co. (London) (Mar. 16th, 1886)

Seoul, Korea,

Mch. 16, 86

Messrs Bywater Perry & Co.,

   79 Queen Victoria St., London

Gentlemen,

By last mail I sent you an order for $200.00 worth of _____ etc. for self. I now order the enclosed list of surgical instruments for the government hospital under care of Pres. Mission.

I want good goods in plain cases, nothing fancy nor nothing worthless. The lot would cost in America near $400. I send you an order for $250 in £ at the best rate of exchange.

In case you cannot file the order for that amount, I have marked some goods with X, which if necessary you may omit, ____ but the _____ first, and obstetric case last.

The "_____ clamps permitted" are simply a long strong pair of forceps, with flat blades. The same designated, so that after clamping the prepuce the scrotum may be _____ through before cutting. This I need badly.

Having used an American catalogue in making selections, there are many names as "Thomas" and "Emmet" when goods you may not be able to get. You will use your own discretion and get goods as ready like these as possible.

I enclose second of exchange for the first order. I sent you the next second not yet ordered.

Yours truly,

H. N. Allen, M. D.

Throat and ear case.

1 mouth gag	1 _____ edqe staphylo___ ___
2 Furgursons ____ _____	1 Pr reiping _____ _____
3 " " " needles	1 adjuster for wire sutures
2 fine tenaculums	3 spiral needles
1 pr. curved scissors	1 pr serrated uvular scissors
1 tonsilotome	1 " wire twisting knife
1 Oral saw	2 polypus snares
2 Tracheostomy canulas	1 clamp for hare lip
1 Tenotomy knife	6 Hare lip pins
2 Hair probangs for oesophagus.	
1 Set ear spunderms	6 sene fines
1 Ear snare & tympanum perforator	1 Politzer bag and tube
1 Curette	1 " polypus forceps
1 Cotton carrier	1 meatus knife
1 head mirror	1 Laryngoscope
1 Littler Hare lip scissors	1dz needles 3~15
1 " " " scalpel	Silk and silver sutures

Pocket Case

1 tortoise shell knife containing	1 head scalpel 1 long slender __
1 " " " "	1 sharp 1 probe cursed _____
1 " " " "	1 probe1 sharp _____ knife
1 " " " "	1 cutlery needle 1 tenaculum
1 dressing forceps	1 pr. scissors
1 ____ ___ . "	1 grove director
1 string catch " artery	1 silver probe
1 angular ____ "	1 Exploring needle
1 male & female catheter comb'd (8)	1 metal caustic _____
1 Hydrocele tracker	

General Case

1 long amputating knife	1 medium amputating knife

1 long ___in   "   1 small short _____   "

1 circular   "   4 ass'd scalpels

1 _____ & periosteotome comb'd   1 Butchers saw two blades

1 moveable back metacarpal saw   2 Tenaculums

2 Pr. Bulldog artery forceps   2 Spring catch artery forceps

1 " Listons bone   "   1 Screw Tourniquet

1 " American bullet   "   1 Galts conical terpine. _____

1 Trephining scalpel & rarpathy   1 Trephining elevator

1 Heys saw   2 Pr. straight scissors, long & ____

1 Curved probe point bistomy   1 Aneurism needle

1   "   sharp   "   "   1 Groove director

1 pr. silver probes   4 Steel sounds, 8 sizes

1 silver plate catheter No 8   1 Pr. skin grafting scissors

½ dz. acupuncture needles   1 ___cite trochar

2 Incisor extraction forceps   1 Herniotome & director

1 Right & left molar " (upper)   1 Rectal speculum bivalve

1 universal   "   " (lower)   1 Pr Hernorrhoidal forceps

1 root   "   1 "   "   clamps

1 elevator and hook   1 Lithotomy _____

1 lithotute   1 Rigelous evacuating apparatus

1 Furgurson's staff   1 Blunt gorget

1   "   knife   1 Withrotoms (Gross)

1 Phimosis clamp with perforations   1 Sequestrotomy chisel

1 Bone gauge & scraper   1   "   hammer

1 Chain saw   1 Esma____ bandage

1 Needle holder   1 pr. retractors

1 dz bag curve needles 1~12   Silk catgut _____, sutures

1 " full "   "   1~12

½ " straight assd "

Obstetrics

1 Furgusson's glass speculum   1 pr. vaginal retractors

1 Sims   "   1 Thomas wire curette-uterus

1 dz Sponge _____   1 ___ capping syringe   "
2 Tenaculums   1 Ovariectomy _____
1 Thomas ____ _____ forceps   1 Elliotts delivery forceps
1   "   "   scissors   1 Smitter's perforator
1 Curved sharp fistula scissors   1 Crochet & blunt hook
1 _____ for _____ __   1 Straight craniotomy forceps
1 Trident for holding sides of fistula 1 needle holder - ___rnet
1 dz sharp sponge holder wire   1 Elliott dressing forceps
1 Fulorum for holding wire ____ing 1 Dz Perineal needles, Smith.
1 Wire twisting forceps _____   1 " vesiso-vaginal needles
1   " removing   "   6 half curved needles 1~6
Silk, Wire, Catgut, _____ fines   6 full   "   "   1~6

Miscellaneous

1 _____ aspirator   2 Pill tubes good size
1 _____ thermo-cautery   2 Pr accurate _____ - _____
3 Goodyear Union. Rubber syringes 1 Dz Catheters _____
1 dz band rubber. Penis   "   conical web 1~12
1 Good Hypodermic syringe   1 " Soft rubber do
1   "   thermometer   3 Bulbous _____ _____
2 dz medicine droppers   Sponges
1 Urinometer   Spectacles
1 dz test tubes
2 rubber ice caps
1 bed fan
4 Roser adhesive plaster
2 Pill machines 20 pills

Eye Case

2 Steadiman hooks   1 Beers knife
2 _____ _____   2 Stop needles

2 Aq___s canalicular knives   5 Iridectomy knives

5 Grafes ____ "	1 Spud and scoop comb'd
1 Broad needles	1 crystotome " curette "
1 Iris hook	2 Specula (1 screw arrangement)
1 Cataract shell scoop	1 set Burmans probes
1 ____ Drum	1 Horn spatula
1 pr. fixation forceps	1 pr. straight eye scissors
1 " Iris "	1 " curved " "
1 " Cilia "	1 " small blunt " " (Squi_)
1 " Needle "	1 " Iris "
1 H____ lid clamp (or other)	1 " long enucleation "
1 _____ _____ Scissors	1 Hook "
1 & ½ in. lens	1 Hollow, safe cataract needle
1 canthoplasty scalpel	1 tattooing "
1 dz needles half curved 4~15	1 Paracentesis "
1 " " full " 4~15	Fine silk sutures

Pack so as not to be damaged by dampness.

Mark Dr. H. N. Allen, Seoul, Korea.

Consign to G. Sutton. Nagasaki, Japan.

18860318

프랭크 F. 엘린우드(미국 북장로교회 해외선교본부 총무)가
호러스 N. 알렌(서울)에게 보낸 편지 (1886년 3월 18일)

(188)6년 3월 18일

H. N. 알렌, 의학박사,
한국 서울

친애하는 형제께,

나는 에쿼터블 생명 보험회사로부터 받은 편지를 동봉하는데, 보면 알 것입니다. 나는 이 계약 조건이 그들로부터 얻을 수 있는 최상의 것이었다고 확신하며, 이런 상황에서 무엇을 해야 할지 귀하에게 맡깁니다.

귀하는 세 명의 젊은이가 5월에 정부 학교[육영공원]의 교사로 임용되기 위하여 파견될 것이라는 것을 알고 있을 것입니다. 귀하는 우리 선교본부가 한 젊은 남성을 파송하여 그들과 함께 임용되어 우리를 위해 활동을 하며, 귀하가 제안하였던 다소 대학교 [설립과] 같은 일을 수행하게 하는 것에 대하여 어떻게 생각하십니까. 이 사람들은 모두 유니언 신학교 출신입니다. 귀하는 이 편지를 널리 공표하지 않는 것이 나을 것입니다. 그러나 그 일은 기독교 신앙 및 일반적인 교육을 개발하려는 노력과 동일한 영향을 기대할 수 있는 근거를 우리에게 주기 때문에 깊이 감사하며, 매우 희망적인 일입니다. 만일 우리 선교부와 직접 연결되어 있는 한 사람을 통하여 그 기관에 참여할 수 있다면, 그것은 우리를 상당히 도울 수 있는 유대 관계가 될 것입니다. 이것은 ____ ____ 실행되었습니다. 교육에 참여하였던 여러 명이 ____하며, ___ 선교와 연관이 있었습니다. 나는 그것이 매우 중요한 _____ ___ 예라고 생각합니다.

유감스럽게도 스터지 박사는 아내의 계속되는 건강 악화로 인하여 한국으로의 파송이 이루어지지 못하였지만, 우리는 또 다른 젊은이인 샌프란시스코의 드리스바흐 박사를 임명하였는데 그가 기꺼이 갈 것이라고 나는 믿고 있습니다.

나는 *Illustrated Christian Weekly*의 스티븐슨 박사에게 루미스 씨 편지와 관련한 위험에 대하여 통고하였으며, 그가 장래에 부적절한 일을 예방할 것으로 생각합니다.

우리는 여의사를 기대해 왔으며 한 명을 파송할 기금을 갖고 있지만 아직 적임자를 찾지 못하였습니다. 우리는 길이 열려 있지 않다고 귀하가 통고하지 않는 한, 몇 달이 지나지 않아 동성(同性)을 위한 사역을 위하여 한국에 상륙한 여의사를 보게 될 것을 기대합니다.

그건 그렇고 귀하는 현재 소녀들을 위한 여교사에 대한 방도가 있다고 생각합니까? 나는 왜 우리가 감리교회처럼 우리의 사역이 교육에 박차를 가하고 있지 않은지 모르겠습니다. 조심스럽지만 우리의 신임 선교사가 언어를 배우기 전에 방도가 열릴 것이라고 믿고 있습니다.

나는 헤론 박사로부터 매우 훌륭한 편지를 받았으며, 그가 한국에서 유능한 선교사가 될 것으로 기대하고 있습니다.

나는 귀하의 건강이 지난 여름보다 호전되었다고 판단하고 있습니다. 자멸적이 아니라 오랫동안 훌륭하게 유용한 경력을 쌓을 수 있도록 자신에 대해 신경을 써서 위대한 결과를 갖도록 하세요.

나는 보고서를 기대하고 있습니다.

알렌 부인과 선교부 사람들에게 매우 친절한 안부를 전합니다.

안녕히 계세요.
F. F. 엘린우드

Frank F. Ellinwood (Sec., BFM, PCUSA), Letter to Horace N. Allen (Seoul) (Mar. 18th, 1886)

Mar. 18th, (188)6

H. N. Allen, M. D.
Seoul, Korea.

My dear Brother:

I enclose a letter which I have received from the Equitable Assurance Society, and which will explain itself. These terms are the best that can be had from them, I am sure, I leave it for you to say what shall be done in the circumstances.

You may have learned are this that three young men are to go out in May to engage as teachers in the government school. What think you of our sending out a young man to engage with them acting for us and carrying out the idea some what, which you advanced, of a university. These men are all from the Union Theological Seminary. This you had better not publish abroad in Korea very, but it is a very much, but it is a very hopeful thing as it gives us reason to expect that their influence will be identical with our in trying to build up the Christian faith as well as general education. If we were to be represented by one directly connected with our Board in that same institution it mi[ght be] vinculum which would hwlp us very much. This was done _____ _____. Several of those who has been engaged in teaching had been _____ and were _____ _____ connected with the mission. I deem it a very important _____ _____ cases.

Dr. Sturge, I am sorry to say, has failed us for Korea on account of the continued ill-health of his wife, but we have appointed another young man who I trust will be willing to go there Dr. Driesbach Smith, of San Francisco. If he fails, we have two or three others who are making application, all good men, I believe.

I notified Dr. Stephenson, of the *Illustrated Christian Weekly* of the danger in regard to Mr. Loomis' letters, and I think that he will guard in the future against any inopportune things being said.

We have been looking for a female physician, we have the money to send one, but the person has not been found. We are still looking, and unless we are warned by you that the way is not open, you many expect, ere may months to see one landed in Korea with the idea of laboring for her sex.

By the way, do you believe that the way is now open for a female teacher for girls? I do not know why we should not press our work in educational directions as well as the Methodists, if caution is used I believe that the way will be open before the language could be learned by our new missionaries.

I had a very good letter from Dr. Heron, and I am hoping that he will be found an efficient missionary in Korea.

I judge that your health is better than it was last summer. Try to care for yourself in such a way as to put in a good long career of usefulness and not a merely suicidal and has great effort.

I am looking for the reports.

With very kind regards to Mrs. Allen, and to the mission circle, I remain,

Sincerely yours,

F. F. Ellinwood

호러스 N. 알렌(서울)이
존 M. W. 파넘(상하이)에게 보낸 편지 (1886년 3월 20일)

한국 서울,
1886년 3월 20일

친애하는 파넘 박사님,

박사님이 나보다 나이가 많기 때문에, 그것이 쓰여진 정신으로 박사님의 8일자 편지에 대하여 답을 하지 않을 것입니다. 나는 두 번째로 설명하는데 필요한 시간 과 노력을 기울일 것입니다.

1885년 3월 31일 박사님은 저에게 출판사에 51.61달러의 빚을 지고 있다는 명세서를 보냈습니다. 저는 이것을 선교부 주문 제16호로 4월 27일에 지불하였습니다. 박사님은 당연히 저에게 그것을 인정

그림 7-3. 존 M. W. 파넘

하셨고, 저의 다음 명세서에는 '계정에 갚아야 할 금액'이 없었습니다. 하지만 저의 거래 증빙이 보여주듯이 제가 지불한 다음의 항목으로 청구되었다는 점에서 몇 가지 오류가 있었습니다.

4월 30일 유모　5.00달러　선교부 주문 13호에 의하여 지불됨
　　〃 〃　수표 10.65　　　〃 　〃　12호에 　〃　 　〃
5월 31일 유모　5.00　　　　〃 　〃　16호에 　〃 　　〃
6월 30일 〃　5.00　　　　　〃 　〃　18호에 　〃 　　〃　계 25.65

명세서의 금액은 35.81달러이었습니다. 뺄셈에서 ＿＿의 오류가 발생하여 저는 언더우드 씨로부터 구입한 주문 28호로 잔액 9.16달러에 대한 주문을 박사님께 보냈습니다.

저는 설명을 보냈지만 박사님은 그것에 주의를 기울이지 않고 26.65달러가

추가된 다른 명세서를 보냈습니다. 그것은 또한 유모를 위한 또 다른 5달러를 포함하고 있었습니다. 제가 올바르게 31.65달러를 만들었다고 기억하지만 박사님이 약 6달러의 사무적인 실수를 저질렀기에 저는 수정을 위하여 명세서를 돌려보냈지만 저에게 돌아오지 않았습니다.

저는 이전에 주문하지 않고 유모 또는 다른 청구서를 지불하지 말라고 박사님께 말하였고, 이 31.65달러를 거부하였습니다.

1885년 9월 2일 청구서인 4.80달러를 저는 1885년 9월 21일자 주문 30호로 지불하였습니다. 저는 재무 언더우드의 증명서를 동봉합니다.45)

박사님을 괴롭히는 것으로 저를 비난하지 마십시오. 저는 박사님을 가능한 한 분명하고 정중하게 대하려고 노력하였으며, 이제 수수료의 문제에 홀트 씨의 관대함이 이용되는 것을 알고 저는 저의 모든 수수료를 그 업무를 하는 사람들에게 보냈고, 따라서 박사님께 상당한 문제가 일어나는 것을 방지하였습니다. 우리는 서로 계정이 있어야 하지만 저의 것은 언더우드 씨를 통하여 지불되었고, 저는 박사님의 실수에 대하여 책임을 질 수 없습니다.

안녕히 계십시오.
H. N. 알렌

Horace N. Allen (Seoul),
Letter to John M. W. Farnham (Shanghai) (Mar. 20th, 1886)

Seoul, Korea,
Mch. 20/ 1886

Dear Dr. Farnham,

As you are my senior in years, I will not answer yours of the 8th in the spirit in which it was written. I will for the second time take the time and trouble necessary to explain.

---

45) Horace G. Underwood (Sec., Korea Mission, PCUSA), [Certificate] (Mar. 20th, 1886)

Mch. 31/ 85 you sent me a statement showing me to be in debt to the Press to the am't of $51.61. This I paid Apl. 27 by mission order No. 16. You duly gave me credit for the same and my next statement had no "am't of account rendered". It had however some errors in that I was charged with the following items which I had paid as my vouchers show.

Apl. 30 Amah $ 5.00   Paid by mission order No. 13
  ″   ″   Check   10.65   ″   ″   ″   ″   ″   12
May 31 Amah   5.00   ″   ″   ″   ″   ″   16
June 30   ″   5.00   ″   ″   ″   ″   ″   18 Total 25.65

The amt. of the statement was $35.81. Making an error of $___ in my subtraction I sent you an order for the Bal. $9.16, which I bought of Mr. Underwood - No 28.

I sent explanation but you paid no attention to them and sent me another statement with this amt. 26.65 added in. It also included another $5.00 for Amah. If I remember rightly making the whole $31.65, but as you had made a clerical error of some $6.00, I sent the statement back for correction and it was not returned to me.

I had previously told you not to pay for our Amah or other bills without an order and repudiated this list $31.65.

The bill for Sept. 2/ 85 - $4.80, I paid by order No 30, Sept. 21/ 85. I enclose Treasurer Underwood's certification.

Please do not charge me with troubling you. I have striven to be as plain and courteous as possible in my dealings with you, and knowing now Mr. Holt's generosity was imposed upon in the matter of commissions, I have sent all of my commission to persons who make a business of it and have thus prevented giving you considerable trouble. We must have accounts with each other but mine came through Mr. Underwood and I cannot be responsible for either of your errors.

Yours truly,
H. N. Allen

호러스 G. 언더우드(미국 북장로교회 한국 선교부 서기),
[증명서] (1886년 3월 20일)

한국 서울,
1886년 3월 20일

이것은 내가 파넘 박사의 출판사 계정에서 알렌 박사에 대한 분쟁 항목을 검토하였으며, 다음과 같이 지불되었음을 보여주는 선교부 거래 증명을 가지고 있음을 확인하기 위한 것이다.

4월 30일 유모	5.00달러, 선교부 주문 13호	
〃 〃 수표	10.65 , 〃 〃 12호	
5월 31일 유모	5.00 , 〃 〃 16호	
6월 30일 〃	5.00 , 〃 〃 18호	
8월 8일 청구 금액	9.16 , 〃 〃 28호	
9월 21일 9월 2일 청구서	4.80 , 〃 〃 30호	
또한		
8월 23일 유모	5.00 , 선교부 주문 25호	
8월 28일 〃	5.00 , 선교부 주문 26호	

H. G. 언더우드,
한국 선교부 서기

Horace G. Underwood (Sec., Korea Mission, PCUSA), [Certificate] (Mar. 20th, 1886)

Seoul, Korea,

Mch. 20/ 86

This is to certify that I have gone over the disputed items in Dr. Farnham's Press accounts against Dr. Allen, and have found that he has mission vouchers for them showing them to have been paid, as follows.

Apl. 30 Amah $ 5.00, Mission order No. 13

  〃   〃 Check $10.65,   〃   〃   〃   12

May 31 Amah   5.00,   〃   〃   〃   16

June 30   〃   5.00,   〃   〃   〃   18

Aug. 8 Am't. of bill   9.16,   〃   〃   〃   28

Sept. 21 Bill of Sept. 2 $ 4.80,   〃   〃   〃   30

Also

Aug. 23rd Amah   5.00, Mission order No. 25

Aug. 28th   〃   5.00, Mission order No. 26

H. G. Underwood.

Sec., Korean Mission

18860322

호러스 N. 알렌(서울)이
존 M. W. 파넘(상하이)에게 보낸 편지 (1886년 3월 22일)

서울,
1886년 3월 22일

친애하는 파넘 박사님,

저의 20일자 편지[46]로 우리 계정에 대하여 길게 설명 드렸음으로 저는 더이상의 어려움은 없을 것이라고 생각합니다. 따라서 저는 2월 1일 68.33달러의 명세서 금액에서 논쟁이 되고 있는 31.65달러를 공제하여 박사님께 지불해야 할 잔액이 36.68달러가 됩니다. 언더우드 씨가 구입한 그 액수의 선교부 주문을 확인 바랍니다.

저의 명세서 중 하나에 1달러가 더 많다고 생각하는데, 그것은 박사님이 저에게 돌려주지 않은 것입니다. 그렇다면 저는 기꺼이 해결해 드리겠습니다.

안녕히 계십시오.
H. N. 알렌

---

46) Horace N. Allen (Seoul), Letter to John M. W. Farnham (Shanghai) (Mar. 20th, 1886)

Horace N. Allen (Seoul),
Letter to John M. W. Farnham (Shanghai) (Mar. 22nd, 1886)

Seoul, Mch. 22/ 86

Dear Dr. Farnham,

Having explained at length the work in our acc'ts by my letter of the 20th, I think there will be no further difficulty. I therefore take the liberty of deducting the disputed amount, $31.65 from the am't of the statement rendered Feb 1st $68.33, which leaves a bal. due you of $36.68. Enclosed please find mission order for the same, bought of Mr. Underwood.

I think there is an over of $1.00 in one of my statements - the one you failed to return to me. If this is so I will be glad to make it up to you.

Yours truly,
H. N. Allen

드리스바흐 스미스 - 임명이 승인되다. 미국 북장로교회 해외선교본부 실행이사회 회의록, 1837~1919 (1886년 3월 22일)

드리스바흐 스미스 - 임명이 승인되다. 3월 1일 개최된 선교본부의 회의에서 지원서가 낭독된 드리스바흐 스미스 박사의 경우 다음의 인사들로부터 추천서가 제출되었다. 1886년 2월 13일자 R. 매켄지 목사, 3월 12일자 V. A. 레위스 목사, 3월 10일자 스튜어트 클로스 박사, 2월 8일자 H. 깁슨스 박사, 2월 6일자 찰스 H. 스틸 교수, 2월 12일자 W. F. 존스 신학박사, 2월 9일자 A. J. 커 목사.

스미스 씨는 선교본부의 선교사로 임명되었고, 한국이 그의 선교지로 배정되었다.

Driesbach Smith - Appointment Confirmed.
Minutes [of Executive Committee, PCUSA], 1837~1919
(Mar. 22nd, 1886)

Driesbach Smith - Appointment Confirmed. In the case of Dr. Driesbach Smith, whose application was read at a Meeting of the Board held March 1st, testimonials were presented from the following persons - Rev. R. Mackenzie, Feb. 13, '86, Rev. V. A. Leivis, March 12, '86, Stuart Close, M. D., March 10, '86, H. Gibbons, M. D., Feb. 8, '86, Prof. Chas. H. Steele, Feb. 6, '86, W. F. Jones, D. D., Feb. 12, '86, Rev. A. J. Kerr, Feb. 9, '86.

Mr. Smith was appointed as a missionary of the Board and Korea designated as his field.

18860322

데이비드 W. 맥윌리엄스(뉴욕 시)가 프랭크 F. 엘린우드(미국 북장로교회 해외선교본부 총무)에게 보낸 편지 (1886년 3월 22일)

(중략)

저는 알렌 박사가 여전히 그곳에 있고 의료 부서에 그러한 힘을 줄 수 있기 때문에 목회 부서를 돕는 것을 훨씬 더 선호한다는 것이 저의 확신입니다.

(중략)

D. W. McWilliams (New York),
Letter to Frank F. Ellinwood (Sec., BFM, PCUSA) (Mar. 22nd, 1886)

(Omitted)

My conviction still is that I would greatly prefer to aid a clerical one, since Dr. Allen is there and has been enabled to give such strength to the medical department.

(Omitted)

프랭크 F. 엘린우드(미국 북장로교회 해외선교본부 총무)가
드리스바흐 스미스(캘리포니아 주 샌프란시스코)에게 보낸 편지
(1886년 3월 23일)

(중략)

알렌 박사는 주로 그가 관계를 갖고 있는 모든 사람들의 호의를 만들어냈던 다정한 정신에 의해 성공하였습니다.

(중략)

Frank F. Ellinwood (Sec., BFM, PCUSA),
Letter to Driesbach Smith (San Francisco, Ca) (Mar. 23rd, 1886)

(Omitted)

Dr. Allen has won success largely by a genial spirit that has made him a favorite among all with whom he has had to do.

(Omitted)

알렌 박사의 일기 제1권(1883~1886년) (1886년 3월 29일)

1886년 3월 29일 (월)

지난 두 달 동안 많은 일들이 일어났지만, 나는 대부분을 편지 복사철에 기록하였기에 여기에 언급할 필요는 없다.

지난 주 나는 여태껏 서울에서 개최된 연회 중 가장 큰 규모의 연회에 참석하였다. 그 만찬회는 중국 공사관에서 개최되었다. 나는 어제 베베르 씨와 차를 마시기 위해 [영국] 총영사 베버와 함께 러시아 공사관을 방문하였다. 베베르 공사 부부는 오늘 우리 집을 방문하였다. 나는 내일 제물포로 갈 예정인데, [영국] 총영사 베버와 함께 며칠 동안 머무를 예정이다. 나는 업무 때문에 시골 여행을 포기해야만 하였다.

제중원의 새로운 의학교(Medical and Scientific School)가 언더우드 목사, 헤론 박사와 내가 교수로서 오늘 시작하였다.

그 계획은 내가 구상하여 실행하였다. 내 동료들의 반대에 부딪혀 일전에 회의를 가졌는데, 동료들은 나를 몰아세웠지만, 나는 그들에게 언더우드는 위선자이고 수다쟁이이며, 헤론은 토라지며 시기하는 사람이라고 말할 기회를 가졌다. 그들은 뒤로 주춤하며 나의 정확한 비난에 부인하지 못하였다. 우리는 기도로 회의를 끝냈으며, 지난 달은 상당히 즐거웠다.

Dr. Allen's Diary No. 1 (1883~1886) (Mar. 29th, 1886)

Mar. 29[th, 1886 (Mon.)]

Many things have happened during the past two months but I have most of them written in my letter copy book, so need not mention them here.

Last week I attended the biggest dinner ever given in Seoul. It was at the

Chinese Legation. I went with Consul Baber to take tea with Mr. Waeber at the Russian Legation yesterday. Mr. and Mrs. Waeber called today. I expect to go to Chemulpoo tomorrow for a few days with the Consul Baber. I have had to give up the trip to the country because of business.

The new Medical and Scientific School of the Royal Korean Hospital commences today with Rev. Underwood, Dr. Heron and myself as professors.

The scheme originated with me and I put it through. Had the antagonism of my co-workers to deal with, we had a meeting the other day, in which these gentlemen worked to use me up, but it gave me an opportunity to tell them that Underwood was a hypocrite & a tattler, that Heron was a pouting envious man. They were taken back couldn't deny my special charge. We ended with a prayer meeting and the past month has been quite pleasant.

제중원 의학교(Jejoongwon Medical School)

제중원에 부속된 의학교의 설립은 제중원 설립에서와 같이 알렌이 주도하는 방식으로 진행되었다. 알렌은 제중원 개원 직후 이미 한국인 조수를 고용하여 이들에게 약 조제 등을 위한 초보적인 교육을 한 바 있었다. 이후 알렌은 대학 설립 계획을 짰는데, 포크 임시 대리공사의 반대로 제중원에 부속된 의학교의 설립으로 축소되어 진행되었다. 이 소식을 전해들은 고종은 250달러를 하사하여 해부, 화학 및 물리 기구를 구입하도록 하였고, 제중원에 인접한 부지 250평을 구매하여 한옥으로 된 의학교 건물을 마련해 주었다. 이런 준비가 진행되던 1886년 2월 11일 알렌은 김윤식 외아문 독판에게 의학교의 설립을 제안하는 편지를 보내 이를 공식화하였다. 이를 바탕으로 3월 29일 첫 강의가 시작되면서 한국 최초의 서양 의학 교육 기관인 제중원 의학교가 개교하였다. 개교 당시 교수진은 알렌, 헤론 그리고 언더우드이었다.

이 기관의 명칭은 여러 가지로 기록되어 있다. 우선 조선 정부의 기록에서 학생을 모집하기 시작할 때 '학당'이란 명칭이 나온다. 당시 학생을 가르치는 기관을 흔히 학당으로 불렀던 것을 감안하면 '제중원 의학당'으로 부르는 것은 당연하다고 볼 수 있다. 알렌은 'Scientific School', 'Medical and Scientific School(or College) of Royal Korean Hospital', 'School of Medicine under the Hospital Management' 혹은 'School Department', 'A Government medical school'

등으로 다양하게 지칭하였다. 언더우드는 'Hospital School'로, 스크랜턴과 대니얼 기포드는 'A Medical School'로 불렀다. 'Medico-scientific School'이라 되어 있는 기록도 있다. 당시 주한 대리 공사이었던 포크는 미국 국무부에 보낸 보고서에서 'A School of Chemistry and Medicine'라고 표현하였다. 당시 일본에서 발행된 초야[朝野] 신문에는 '제중원 의학당'으로 되어 있다. 이를 종합해 보면 특별한 명칭은 없이 '제중원에 부속되어 있는 학교(학당)'라는 정도로 불렸던 것 같다.

알렌에 의하면 이 학교의 최종 목적은 '의학 박사'의 학위를 취득하는 것이었으며, 이들은 외국 방식으로 교육을 받아 국가의 위생 문제를 담당하고, 장차 취역할 한국 해군 군함에서 근무하며, 의료 문제에 대하여 다른 나라의 의료진과 소통하는 것이었다.

의학 교육을 위하여 미국에 주문한 기구와 물품의 도착이 늦어지자 임시로 학생들에게 영어를 가르쳤다. 이들에게는 의학 및 관련 과학을 가르치고, 의학 실습을 받도록 계획을 짰으며, 학생들은 점수와 진척도에 따라 병원의 여러 부서에서 조수의 역할을 맡을 예정이었다.

18860400

편집자 단신. *The Foreign Missionary* 44(11) (1886년 4월호), 483쪽

한국은 계속 특별한 선교의 관심 대상이다. 최근의 편지는 왕이 현재 알렌이 책임을 맡고 있는 병원과 연관된 정부 학교를 기꺼이 설립하려는 것을 알리고 있다. 이미 감리교회 선교사들에게 학교 설립의 허가가 내려졌다. 당연히 정치적 변동과 반작용이 있을 수 있지만, 선교 역사가 그런 중단 속에서도 즉시 복음의 대의가 다른 어떠한 중단도 움직일 것임을 보여 주었다.

Editorial Notes. *The Foreign Missionary* 44(11)(Apr. 1886), p. 483

Korea continues to be an object of special missionary interest. A late letter announces a willingness on the part of the King to establish a Government college in connection with the hospital now under the care of Dr. Allen. Already permission has been given to the Methodist missionaries to establish a school. There is, of course, a liability to political changes and reactions, but the history of missions has shown that amid all such interruptions the cause of the Gospel once started moves on whatever else delays.

장로교회 여자 해외선교회의 제16회 연례 보고서
(필라델피아: 헨리 B. 애쉬메드 출판, 1886년), 32쪽

한국은 올해 사역의 보고를 마감하였다. 이 선교지는 장대한 가능성으로 가득 차 있다. 우리는 보고서에 지난 해에 파송된 우리의 대표인 알렌 부인과 헤론 부인을 포함시켰다. 편지들은 그들이 안전하게 도착하였다고 우리에게 알려주었고 한국식의 특성을 칭찬하고 있으며, 그녀의 가사를 돕는 소년이 일을 하면서 '나는 하늘에 계신 아버지가 기뻐하시네'라고 노래를 부르고 있기에 이 새로운 나라에서 이미 진리의 씨앗이 뿌려졌다.

(중략)

Sixteenth Annual Report of the Woman's Foreign Missionary Society of the Presbyterian Church
(Philadelphia: Press of Henry B. Ashmead, 1886), p. 32

Korea closes the report of the work for the year. It is a field full of the grandest possibilities. We have entered it in our representatives, Mrs. Allen and Mrs. John Herron, who went out last year. Letters inform of her safe arrival, and are enthusiastic in praise of the Korean type of character, and already the seed of truth has been sown even in this new country, for while he works the lad who assists in her housekeeping sings, "I am so glad that my Father in heaven."

(Omitted)

18860400

[제중원 의학교의] 임시 규칙 (1886년 4월)

임시 규칙

(1) 미국에서 기구와 물품의 도착을 기다리는 동안 학생들에게 영어를 가르칠 것이다.

(2) 매일 2시간씩 영어를 가르치고, 그동안 학생들도 4시간 동안 스스로 공부하게 될 것이다.

(3) 의사들보다 한국어를 더 잘 이해하는 언더우드 씨는 칠판을 사용하여 읽기와 철자를 가르칠 것이다. 학생들은 수업 시간 외에 공부해야 하는 공책을 소지한다. 이 공부는 매일 오전 10시 30분부터 11시 30분까지가 될 것이다.

(4) 11시 30분부터 12시 30분까지 의사들은 차례로 어휘를 가르칠 것이다. 전문적인 학습 시간은 항상 우선적이다.

(5) 진전을 확인하기 위하여 기록을 보관하고 시험을 실시한다. 시험 시간은 학교가 시작될 때 결정될 것이다.

(6) 미국에서 기구가 도착하면 새로운 임시 규칙이 정해지고 새로운 시간이 정해질 것이다.

Temporary Rules [of Jejoongwon Medical School] (Apr., 1886)

Temporary Rules.

(1) While waiting for the arrival of apparatus & supplies from America, the students will be taught English.

(2) Two hours daily will be devoted to the teaching of English and the students will also in the meantime study four hours by themselves.

(3) Mr. Underwood understanding Korean better than the Drs. will teach reading and spelling by means of the blackboard. The students keeping notes which they must study out of school hours. This exercise will be a daily one from 10-30 to 11-30 a. m.

(4) From 11-30 to 12-30 a. m. the Drs. will in turn teach vocabulary. Professional work always have the preference as to time.

(5) A record will be kept and examination held to determine progress. Time of examinations will be determined when the school proper starts.

(6) On the arrival of the apparatus from America a new set of temporary rules will be formed and new hour set aside for work.

18860400

호러스 N. 알렌(서울), 학교를 위한 일반적인 계획 (1886년 4월)

학교를 위한 일반적인 계획

(1) 한국 왕립병원 의학 및 과학대학으로 불릴 것이다.

(2) 목적은 의학 및 관련 과학을 가르치고, 의학 실습을 위하여 젊은이들을 준비하는 것이다.

(3) 매년 15세 이상인 학생 12명을 경쟁시험으로 임명한다.

(4) 학생들의 기숙, 의복, 숙박, 책 등은 정부에서 제공할 것이다.

(5) 학생들은 외아문 독판의 직속 하에 있으며, 교사의 동의를 받은 독판의 조치에 의해서만 떠날 수 있다.

(6) 학생들은 교사와 병원 주사가 최선이라고 결정하는 주제에 대하여 매일 많은 시간을 공부해야 한다.

(7) 위의 교사와 주사는 학교의 진도, 사유의 변경 등 필요한 규칙을 정할 것이다.

(8) 공휴일과 일요일은 학업을 중단한다.

(9) 여름 방학은 2개월 정도 허용되며, 계절에 따라 다소 조정될 것이다.

(10) 모든 중요한 변경은 외아문 독판과 교사들과의 협의로 이루어질 것이다.

(11) 학생들은 상점과 진척도에 따라 병원의 여러 부서에서 조수가 될 수 있다.

(12) 의학박사의 학위를 받으면 주사의 직급을 주며 관직에 들어간다.

Horace N. Allen (Seoul), Plans for School, General (Apr., 1886)

Plans for School, General

(1) To be called Medical & Scientific College of Royal Korean Hospital

(2) Its object to be the teaching of medicine and the kindred sciences, and the preparation of young men for the practice of medicine.

(3) 12 students over 15 yrs. of age to be appointed by competitive examination, annually.

(4) Students board, clothes, lodging, books, etc. to be furnished by the government.

(5) Students to be directly under the care of the President of the Foreign Office, and only allowed to leave upon his action with the consent of the teachers.

(6) Students will be compelled to study as many hours daily upon such subjects as the teachers and Hospital Chusah may decide to be best.

(7) Said teachers and Chusah will make such rules as the progress of the school, the change of reasons etc. may make necessary.

(8) National holidays, and Sunday will be observed by the cessation of school work.

(9) A summer vacation will be allowed of about two months, to be determined somewhat by the season.

(10) All important changes will be made on consultation with the President of the Foreign Office & Instructors.

(11) Students will be permitted to assistants in the various departments of the Hospital according to merit and progress in studies.

(12) On receiving a diploma as Doctor of Medicine to be given the rank of Chusah and enter the government service.

호러스 N. 알렌(서울), [한국의 정세] (1886년 4월)[47]

　　한국을 방문한 방문객은 공사관 위에 휘날리는 여러 조약 열강의 국기를 보고 자연스럽게 자신이 독립된 땅에 있다고 생각하며, 이상하다고 생각하는 여러 가지를 물어보면 처음에는 그것을 자신이 미리 갖고 있던 생각과 일치시키기 어렵다.

　　일본에서 일본이 한국에서 독점적인 전신 독점권을 갖고 있다는 소식을 듣고, 이 새로운 나라에서 전신의 이익을 찾기를 바라는 그는 일본인들에 의하여 중국 정부가 이곳으로 보낸 중국 전신 위원회에 회부된다. 그는 또한 서울에서 베이징까지의 기존 노선이 중국의 통제 하에 있음을 발견하였고 같은 기관이 위에 언급한 독점권을 일본에 부여해야 한다는 점을 고려한 이전에 통보받은 부산에서 일본 전신선과 연결하기 위한 전신선을 설치하려 한다는 사실을 알게 되었다. 그 문제에 관하여 한국인 지식인들과 대화를 나누면서 그들은 사건의 사실 관계를 밝히는 것을 다소 꺼려하지만, 마침내 기존의 베이징 노선이 자신들의 동의 없이 설치되었으며, 일단 비용을 지불하라는 요청을 받았다는 사실을 인정하고 있다. "당연히 하고 싶은 대로 하면 되겠죠?"라는 질문에 대한 대답이다. 그들은 "어쩔 수 없다"고만 대답한다.

　　10만 달러 이상의 비용이 드는 독일의 기계와 그것을 운영하기 위하여 독일에서 기술자를 데려오고 지원하는 비용으로 만드는 정부 전환국에 대한 모든 사람들의 이야기를 듣고, 일본이 이 별도의 기관을 운영하는 비용보다 적은 비용으로 화폐를 주조할 준비가 되어 있는 동안 그러한 젊고 약한 세력이 그러한 사업에 착수한다는 것은 당연히 이상하게 여겨진다. 한국인들은 후자가 더 현명하다는 것을 즉시 인정하고, 다소 무례한 질문에 대한 대답으로 놀라움을 금치 못하였다. "그럼 왜 받았어?" "오! 그것은 중국의 생각이야." "그런데 중국은 어떻지. 중국은 그런 걱정을 하지 않아." "글쎄, 중국은 우리에게 세관 및 기타 기관을 시작하도록 한 사람을 보냈고 그는 성냥 공장 및 견사 공장과 함께 우리를 위하여 이 전환국을 얻었어."

　　성냥과 비단이 팔릴 것이고, 그런 새로운 분야에서 그러한 제품이 나온다는 사실에 기뻐하며, 첫 번째 기회는 그것들을 찾는 것이다. 그러나 동양에 관

---

47) 원래 제목은 없지만 다른 자료들과 비교 검토하여 '한국의 정세(Affairs in Korea)'라는 제목을 붙였다.

한 많은 일들이 그러하듯이 자세히 들여다보면 실망이 크다. 성냥을 만들기 위한 목재가 풍부하고 공장에는 비용이 많이 들지만 열악한 건물에 독일 기계가 있다. 일일 생산량에 대한 문의에 대하여 유능한 감독은 의기소침한 어조로 '머리가 없는' 경우가 너무 많다고 대답한다. "하지만 머리가 없는 성냥이 무슨 소용이지?"

견사 공장을 감독하는 독일인은 한국 정부를 희생시키면서 상하이에 살고 있고 그의 뽕나무는 비를 맞으며 목적에 전혀 적합하지 않는 토양에서 좋은 ___을 만들기 위하여 노력한다.

"글쎄, 그런 사람이 당신을 그렇게 비싼 문제에 빠뜨린다면 왜 당신은 그런 사람을 유지합니까?"

"중국이 그를 보냈기 때문에 우리는 그를 유지해야 하였지만, 그는 중국으로 돌아가서 단지 해관을 담당하는 새로운 사람을 보냈습니다."

해관 무역 보고서를 살펴보니 보고서 자체가 중국 해관의 감독이 발행한 것이기 때문에 이 부서는 중국에서 관리하는 것이 분명하다. 그리고 한국의 업무 책임자는 자신을 감독이 아닌 장(長)이라고 한다. 하지만 모두가 그에게 만족하는 것처럼 보이며, 업무는 이전보다 더 잘 되고 있다고 한다. 최근 6개월 동안의 수입이 15만 달러를 초과한다. 이것은 이전 기간에 비하여 크게 증가한 것으로 알려져 있다. 기록은 이전 관리 업무와 관련하여 부족한 것 같다. 세관이 화재로 소실되었기 때문이다. 검토 중인 조사가 보류 중이다.

"글쎄요, 지금 정부에 조언을 해주는 외국인이 없는데 어떻게 잘 지내요?"

"우리는 미국 정부가 한 명을 보내기로 약속하였지만 그가 예상한 대로 리훙장이 자신이 선택한 사람을 우리에게 보냈습니다."

"그가 당신과 상의하거나 동의하지 않았습니까?"

"우리는 다른 정보가 제공될 때까지 이 사람이 우리사람이라고 생각하였습니다."

이 새로운 사람은 데니 판사이며, 우리는 그가 외국인들에게 매우 호의적으로 받아들여지는 것을 발견하였다. 한국인들이 그의 가치를 인식하기 시작하였지만, 중국인들에게 이상하게도 그가 이곳에 있는 지금 그에게 잘 어울리지 않는 것처럼 보이며 그를 낮은 직위로 격하시키려는 경향이 있으며, 그 직위로 그는 주로 그들의 명령을 받게 될 것이다.

과거의 역사가 현재의 사실에 비추어 조사될 때까지 모든 것이 매우 이상하다. 중국은 항상 한국을 자기 나라의 반(半) 종속국으로 간주해 왔다고 주장하지만, 미국 선박 '셔먼' 호의 파괴와 프랑스 신부의 살해에 과한 요청을 받앞을 때 한국에 대한 어떠한 권한도 갖고 있지 않았다. 이러한 이해로 조약이 체결되었다. 중국이 러시아 합병에 대한 가장 확실한 보장이 없었다면 의심할 여지없이 그것을 허용하지 않았을 것이다. 자신들의 주장을 포기한 중국은 여전히 주장을 유지하려 한다(대단히 애매한 입장) 사용된 수단은 국가에 대한 무거운 부채에 짊어지우는 것 같다. 그들은 지불할 수 없기 때문에 채권자에게 권한을 부여해야 하며, 자신들의 사람들을 외교 업무를 담당하게 함으로써 중국의 이익에 부합하도록 만든다.

서울에 있는 중국인 외교관은 인도에 있는 영국인 외교관이 거주자라는 의미에서 스스로를 '총독'이라 부르며, 그 자격으로 왕은 그의 권력 아래에 있게 된다. 불행하게도 한국인들은 이것을 그런 관점에서 보지 않지만, 중국의 영향력이 많은 고위 관리들을 통제하고 있기 때문에 정부의 조치는 대부분 중국에 의하여 지시될 수 있다. 한국인들은 프랑스 사절단을 받기를 열망하는 것 같으며, 그 열강의 공사가 중국의 침략에 대하여 경계를 낮추지 않기를 바라는 것이다.

Horace N. Allen (Seoul), [Affairs in Korea] (Apr., 1886)

The visitor to Korea seeing the flags of the various treaty powers, floating over their legations, naturally thinks that he is on independent soil, and as he inquires into various things which strike him as being odd, it is difficult at first to reconcile them to his preconceived ideas.

Being informed in Japan that the Japanese have an exclusive telegraph franchise in Korea, and wishing to look up the telegraph interests in this new country, he is referred from the Japanese to a Chinese commission of telegraph sent here by the Chinese Government. He also finds that the existing line from Seoul to Pekin is under Chinese control and is informed that the same authorities are about to build a line to connect with the Japanese cable at Fusan, which he had previously been informed was laid in consideration of the fact that the above mentioned franchise should be granted to Japan. On conversing with intelligent Koreans concerning the matter a certain reluctance is shown towards stating any facts in the case but they finally admit that in the existing line to Pekin was constructed without their consent and that once up they were asked to pay for it. The answer to the question "well of course you will do as you like about it, will you not?" They only answer "it can't be helped."

Hearing every one talk of a government mint, with machinery from Germany which cost upwards of $100,000, in addition to the expense of bringing out and supporting scientific men from Germany, to carry on the concern; it naturally strikes one as odd that such a young and weak power should embark upon such an undertaking while Japan stands ready at hand to coin for them a currency at perhaps a less expense than would be the cost of running this separate institution. The Koreans admit at once that the latter course is the wiser one, and in answer to the somewhat impertinent inquiry, prompted by astonishment. "Well why then did you get it?" comes the answer "Oh! It is a Chinese idea." "But how is it Chinese, China has no such concern of its own." "Well China sent us a man to start our customs and other institutions and he got this mint for us together with a match factory and silk cotton establishment."

Matches and silk will sell, and delighted at finding such products being turned out in such a new field, the first opportunity is seized of looking them up. But as is the case with many matters pertaining to the orient, the close inspection brings disappointment. There is a plenty of timber for making matches, and the factory contains a lot of expenses but badly housed, Germany machinery. While to the inquiry as to the daily output, the worthy superintendent in a despondent tone replies that he can turn out so many cases "without headts." "But what the deuce is the use of matches with no heads?"

The German who superintends the silk establishment lives in Shanghai at the expense of the Korean government while his motherly ties endeavor in vain to make good _____ on sail totally unfit for the purpose.

"Well why do you keep such a man if he gets you into such expensive troubles?"

"We had to keep him because China sent him, but he is now gone back to China and they have sent a new man who has simply charge of the customs."

I'm in looking over the customs trade report, it becomes evident that this Department is managed by China since the report itself is issued by the inspector of Chinese customs. And the head of the Korean service styles himself Chief instead of Inspector. Every one seems pleased with him however and the service is said to be doing better than previously. The receipts for the last six months being in excess of $150,000. Which is said to be a great increase on previous periods. Records seem deficient in regard to the workings of the previous administration. Since the Customs house was destroyed by fire. Pending a contemplated investigation.

"Well how do you get along now with no foreigner to advise the government?"

"We had the promise of one from the U. S. Govrn't, but just as he was expected, Li Hung Chang, sent us a man whom he had selected."

"Didn't he consult you or get your assent?"

"We supposed this was our man till informed differently."

This new man is Judge Denny and we find he is very favorably received by the foreigners. While the Koreans are beginning to recognize his worth, but strange to say the Chinese, now that he is here, seem not well disposed to him, and are inclined to relegate him to an inferior office, where he will be largely under their bidding.

The whole thing is very strange, till the past history is looked into in the light of the present facts. While China claims to have always regarded Korea as a semi-dependency of hers, when asked to make some settlement concerning the destruction of the American vessel "Sherman" as well as concerning the killing of the French Priests, she declined having any power over Korea and stated in writing that Korea was an independent power. With this understanding treaties were made. A thing which China would doubtless not have permitted had it not seemed to be the surest guarantee against Russian annexation. Having given up her claim, she still seeks to hold it. (a very equivocal position). The means used seem to be the saddling of heavy debts upon the country. Which as they cannot be paid must give the creditor power, and by placing her own employees in charge of the foreign affairs, the very treaty conditions are made to serve China's interests.

The Chinese representative at Seoul styles himself "Resident" in the sense that the British representative in India is the Resident and in that capacity the King comes under his power. Unfortunately the Koreans do not see it in this light, but as Chinese influence controls many high officials, the government measures may be largely dictated by China. The Koreans seem anxious to receive the French embassy, in the hopes that a minster of that power will be vigilant in sling against the encroachments of China.

헨리 G. 아펜젤러(서울)가 로버트 S. 매클레이(감리사, 한국 감리교회 선교부, 요코하마)에게 보낸 편지 (1886년 4월 2일)

(중략)

여자 선교본부가 여의사 한 명을 즉각 임명해 달라는 요청이 담긴, 스크랜턴 박사가 리드 박사에게 보내는 동봉하는 편지는 제가 찬성한 것이며, 진심으로 승인하였습니다. 가능한 첫 증기선 편으로 여의사가 파송되어야 할 이유가 있습니다. 우리는 자매 선교부의 당당한 성공에 기뻐하며 그들이 자신들의 사역에서 성공하도록 노력하고 있지만, 그럼에도 불구하고 우리는 그것과 비교할 때 크게 불리한 상황에 있습니다. 알렌 박사는 왕과 왕비를 치료하고 있고 고위 관리들과 친밀한 관계를 갖고 있는데, 그가 보고 듣는 것을 면밀하게 검토하고 적시(適時)의 신호를 정확하게 분별하며, 교묘하게 '제안'을 하는데 그것의 힘은 한국인들이 보고 즉시 따라한다는 것입니다. 이 모든 것은 그가 착실한 선교사가 해야 하는 것에 지나지 않습니다. 그들은 제중원과 관련된 "의학교"를 개교하였으며, 고아원을 개원하는데 정부의 승인을 받았습니다. 외아문 독판은 그 계획이 자신에게 제출되었을 때 "무엇이 이보다 더 칭찬받을 만한 것이란 말인가"라고 답변하였습니다.

(중략)

Henry G. Appenzeller (Seoul), Report to Robert S. Maclay (Supt., Korea Mission, Yokohama) (Apr. 2nd, 1886)

(Omitted)

The enclosed letter from Dr. Scranton to Dr. Reid recommending the immediate appointment of a lady Doctor under the Woman's Board meets my approval and has my hearty endorsement. There is even reason why a lady should come by the very first steamer possible. While we rejoice in the grand success of our sister society and bid them God-speed in their work, we are never the less working at great disadvantages as compared with them. Dr. Allen treats the king and queen, is on intimate relations with high officials, carefully weights what he sees and hears, correctly discerns the signs of the times, and adroitly makes a suggestion, the force of which the Koreans see and follow it at once. In all this he does nothing more than an earnest missionary ought to do. They opened the "School of Medicine" in connection with the Government Hospital, have the endorsement of the Government in starting their Orphanage. "What could be more laudable," was the answer of the President of the Foreign Office when the plan was presented to him.

(Omitted)

알렌 박사의 일기 제1권(1883~1886년) (1886년 4월 4일)

1886년 4월 4일 (일)

지난 주 나는 영국 총영사와 함께 단기 휴가차 제물포를 방문하였다.48) 이틀간 체류하였는데, 우리는 즐거운 시간을 가졌다. 중국, 일본, 그리고 유럽의 고위 인사들 모두가 나를 방문하였다. 우리는 미국 군함 팔로스 호(號)에서 넬슨 함장으로부터 점심을 대접받았으며, 저녁에는 사관실의 사관들과 함께 만찬을 가졌다. 데니 판사는 정부의 고문(顧問) 예정자로 지난 월요일인 3월 29일 이곳에 도착하였다.

신 씨49)가 그의 통역으로 임명되었다. 스코틀랜드 성서공회의 책임자인 텐진의 브라이언트 씨50)가 최근 증기선으로 제물포에 도착하였으며, 나는 그를 이곳으로 데리고 올라왔다.

Dr. Allen's Diary No. 1 (1883~1886) (Apr. 4th, 1886)

Apr. 4th[, 1886 (Sun.)]

Last week I went to Chemulpoo with the British Consul General for a little vacation. Stayed two days had a pleasant time. All of the dignitaries Chinese, Jap, & European called on me. We were entertained on the U. S. S. Palos at tiffin with Capt. Nelson, at dinner with the ward room officers. Judge Denny arrived here on last Monday, Mch. 29 to be Advisor to the Gov'nt.

Shin has been appointed as his interpreter. Mr. Bryant of Tientsin, Sup't of

---

48) E; 콜번 바버(E. Colbourne Baber, 1843. 4. 30~1890. 6. 16)

49) 신낙균으로 추정된다.

50) 에반 브라이언트(Evan Bryant, 1839. 4. 22~1918. 3. 28)는 회중교회의 선교사로서 중국에 파송되었으며, 처음에는 런던 선교회와 함께 활동하였지만 1884년부터 1892년까지는 영국 성서공회와 함께 활동하였다.

Scotch Bible Society came to Chemulpoo by last steamer & I brought him up here.

팔로스 호(USS Palos)

팔로스 호는 19세기 후반 미국 해군의 예인선이었다. 이 배는 1865년 매사추세츠 주에서 건조되었다가 1869년 군함으로 개조되어 1870년 6월 11일 취역하였다. 이 배는 아시아 함대에 배속되었는데, 대서양과 지중해를 거쳐 미국 전함으로서는 최초로 수에즈 운하를 지나 9월 싱가포르에 도착하였다. 이후 22년 동안 중국과 일본 연안에서 임무를 수행하였다.

1871년 5월 팔로스 호는 상하이에서 나가사키, 이어 한국으로 항해하였다. 강화해협을 탐색하던 중 6월 1일 한국 요새로부터 공격을 받았고 2명이 부상당하였다. 아시아 함대의 로저스 제독은 공식적인 사과를 기다렸다가 6월 10일 팔로스 호와 모노카시 호에게 공격을 명하였고 650명의 상륙군이 한국의 주요 요새를 점령하였다. 함대는 사과를 받지 못한 채 7월 3일 한국 연안을 떠났다.

팔로스 호는 1892년까지 아시아 함대에 배속되어 있었으며, 더 이상의 임무 수행에 적합하지 않은 것으로 판단되어 취역이 해제됨과 동시에 1893년 1월 경매에 의해 매각되었다.

팔로스 호의 장교 명단과 계급 (1886년)

토머스 넬슨 (1862년 입대)	소령 (함장)
모지스 L. 우드 (1875년 해사 졸업)	대위
토머스 H. 스티븐스 (1868년 해사 졸업)	대위
J. E. 롤러 (1871년 해사 졸업)	대위
프랭크 M. 보스트윅 (1879년 해사 졸업)	소위
존 R. 에드워즈 (1871년 기관사 생도로 입대)	기관장

회의록, 한국 선교부 (미국 북장로교회) (1886년 4월 4일)

1886년 4월 4일 (일)

서기와 재무의 요청으로 의장이 자신의 집에서 선교부 회의를 소집하였다.

[회의의] 목적은 알렌 박사가 언더우드 씨와 헤론 박사에게 언제 그들이 제중원의 학교에서 강의를 할 수 있는지 문의하는 쪽지를 보낸 것에 대하여 해명해야 하는 것으로 정해졌다.51) 그들은 정확한 사정을 알지 못하고는 학교에서 강의를 하는 것에 반대하면서 알렌 박사에게 그것과 관련하여 설명하도록 요청하였으며, 발의에 의해 정부 및 그가 편지를 썼던 다른 사람들과의 모든 서신을 제시하도록 요청하였다. 그러자 알렌 박사는 정부로 보낸 편지와 학교 비품 청구서 사본을 낭독하였다. 이것과 다른 문제들에 대한 추가적인 설명이 있은 후에 언더우드 씨와 헤론 박사는 이제 그들이 학교의 계획에 대하여 이해하였으므로 그곳에서 강의하는 것에 반대하지 않는다고 언급하였다.

회의는 참석한 회원들의 기도가 있은 후에 폐회되었다.

J. W. 헤론   승인됨52)
서기

---

51) 한국 최초의 서양 의학 교육기관인 제중원 의학교는 1886년 3월 29일 개교하였다.
52) 회의록 본문의 필체와 다른데, 이후 회의에서 전 회의록 낭독 후에 승인되었다는 의미로 적은 것으로 추정된다.

Secretary's Book, Korea Mission (PCUSA) (Apr. 4th, 1886)

April 4, 86 (Sun.)

At request of the Sec. & Treasurer the Mission was called to meet by the Chairman at his home. The object has stated that Dr. Allen should explain the note he had sent to Mr. Underwood & Dr. Heron asking when they would be ready to begin teaching in the school, at the Gov't Hospital as they objected to teaching in the school without knowing it exact basis. Dr. Allen was called upon to explain concerning it, and on motion was asked to produce his entire correspondence both with the Government & any others to whom he had written. Dr. Allen then read copies of his letters to the Government and also an ordering supplies for the school. After further explanations had been made concerning this and other matters Mr. Underwood and Dr. Heron stated that since they now understood the plans of the school the had no objection to teaching in it.

The meeting adjourned after prayer by the members present.

J. W. Heron   Approved.
Sec.

호러스 N. 알렌(서울)이
헨리 루미스(요코하마)에게 보낸 편지 (1886년 4월 5일)

한국 서울,
1886년 4월 5일

친애하는 루미스 씨,

가능하시다면 저에게 아래의 여러 물품을 보내주세요.
윌슨의 ___ _____ 1다스
싸다면 크레용 박스 1다스, 그렇지 않으면 반 다스만
싼 연필 5다스
싼 펜대 2 〃
펜 2 __
학교용 병에 든 잉크 2다스
큰 빈 공책 1다스. 괘선이 촘촘하고, 표지가 ___인 것
적절하게 괘선이 있는 학교 기록부 3권

안녕히 계세요.
H. N. 알렌

Horace N. Allen (Seoul),
Letter to Henry Loomis (Yokohama) (Apr. 5th, 1886)

Seoul, Korea,

Apl. 5/ 86

Dear Mr. Loomis,

Please send me for the govrn't several the following goods if you can.

1 dz Wilson's ____ _____

1 " boxes crayon if cheap, if not only send ½ dz

5 " cheap pencils

2 " " pen holders

2 ___ pens

2 dz bottles ink, school size

1 " Blank books, rather large, for notes. Closely ruled, _____ covers

3 Properly ruled school record books

Yours truly,

H. N. Allen

호러스 N. 알렌(서울)이 프랭크 F. 엘린우드(미국 북장로교회 해외선교본부 총무)에게 보낸 편지 (1886년 4월 8일)

[보내지 않음]

한국 서울,
1886년 4월 8일

F. F. 엘린우드 박사,
뉴욕 시 센터 가(街) 23

친애하는 박사님,

박사님께서 대단히 서두르지 않으시면 이곳에서 여자 의료 업무를 잃을 입장에 있게 될 것입니다. 감리교회 사람들은 그것(여병원)을 가지기로 결정하고 그들의 여의사 한 명을 일본으로 파송하였습니다. 스크랜턴 부인은 포크 씨의 도움을 받을 수 없었습니다. 그래서 그녀는 저에게 왔습니다. 그녀는 상대적인 입장과 그들을 돕는 저의 의무에 대하여 자세하게 설명하였습니다. 저는 가능한 지속적으로 그것들을 유지하기로 동의하였고, 현재의 병원이 그 일에 적합하며 저의 고용인들이 여의사를 기꺼이 파송할 것이라는 제안과 함께 왕의 통역에게 이 문제를 제기하였습니다. 물론 그들은 그것을 ___하는 것을 선호하였습니다. 그러나! 데니 판사는 그것을 유지하고 싶을 수도 있습니다. 그렇다면 그들은 원하는 것을 얻거나 확보된 여의사는 그녀가 원하는 것을 얻을 것입니다. 지금 우리에게 이곳에 여의사가 있었다면 즉시 여병원을 가질 수 있었을 것입니다. 저는 관리와 함께 우리 집을 방문하는 습관을 갖게 된 왕비의 시녀들에게 크게 짜증이 납니다. 모든 것이 목적에 부합해야 합니다. 남자들은 모두 내 보내었습니다. 저는 제 일에 방해를 받으며, 연약한 상태에 있는 아내는 그들을 접대하는데 대단히 힘들어 합니다. 어제 저는 그들 중 ___를 가지고 있었고 그것은 제가 늦은 밤까지 끝내지 못하도록 저의 정규 업무를 미루어 버렸습니다.

불쌍한 데니 판사는 형편이 좋지 않습니다. 제 생각에 그는 한국에 오지 않았다면 오히려 기뻐하였을 것입니다. 처음에 그는 리훙장이 말할 때까지 그가 어떤 일을 할지 몰랐습니다. 그(리훙장)는 그(데니)에게 자신의 지위가 정부 고문의 지위가 될 것이라고 말하였고, 그에게 그런 취지의 내용이 담긴 서한을 왕에게 건넸습니다. 그가 이곳에 왔고 중국 공사는 그 자신이 고문이고 그(데니)는 외아문의 법률가일 뿐이라고 말하였습니다.

물론 그는 이것을 참지 않고 중국에서 온 그의 지시에 불쾌감을 느꼈지만 리훙장이 외교적으로 그에게 거짓말을 하고 편지의 가짜 사본을 주었다는 것을 알고 역겨워하였습니다. 중국인들은 한국인들을 위협하였고 아무도 그에게 접근하지 않을 것입니다. 그는 통역사를 거의 볼 수 없습니다. 중국이 그의 ____를 성취하였다는 것은 아주 분명합니다. 중국은 미국 정부를 막고자 우리 고문을 보내 왕의 요청에 응하였습니다. 따라서 리훙장은 몇 년 전 처음에 그의 적이었지만 한국의 친구이었던 슈펠트 제독에게 하였던 것처럼 데니 판사를 내보냈습니다. 이제 그들은 데니 판사를 이곳으로 오게 하였습니다. 그들이 그를 이런 식으로 내보낼 수 있다면 그는 ____가 그런 장소에 오는 것보다 더 적절한 조치가 없다고 주장할 것입니다. 그들이 그가 나오는 것을 본다면 그를 중요하지 않은 자리에 배정할 것입니다.

우리 판사는 중국에서의 그의 삶이 그에게 줄 수 없었던 중국인의 경멸에 대하여 한두 가지 생각을 얻고 있습니다. 그리고 그는 확실하게 그 문제에 맞서 싸울 것이고 중국인의 행동은 그를 한국의 확고한 친구로 만들 것이기 때문에 그것은 한국에 좋은 일이 될 것입니다. 메릴 씨는 제가 여태껏 본 중에서 중국의 가장 따뜻한 친구 중의 한 명이었습니다. 그러나 한국에서의 그의 삶은 그를 거의 완전히 바꾸어 놓았습니다. 저는 이곳에 있는 다른 모든 외국인들(그 아래에 데니 판사가 있습니다)과 함께 우리 정부가 가장 강력한 반중국 조치를 취하기를 진심으로 바라고 있습니다.

한국 정부는 데니 판사에게 우리 지역 북쪽에 있는 높은 지대의 땅과 건물을 주었고, 그래서 우리는 사방에서 보호됩니다. 제가 우리 셋 모두의 부지에 지불한 것보다 지금 하나의 부지에 대하여 훨씬 더 많은 돈을 지불하고 있으며, 우리는 가장 중심에 위치하며 값이 나가는 땅을 가지고 있습니다.

정부 학교는 지난 월요일인 3월 29일에 개교하였습니다. 12명의 학생은 경쟁시험을 통하여 임명되었습니다. 재학 중 정부의 지원을 받으며 졸업하게 되면 관직에 들어가 주사 계급을 부여 받고 의학박사의 학위를 받게 됩니다.

스코틀랜드 성서공회의 브라이언트 씨가 우리와 함께 있습니다. 언더우드 씨와 헤론 박사는 그들의 고아원을 향한 ____이 많이 식었습니다.

데니 판사에 관한 문제는 포크에게서 비밀리에 알게 되었습니다.

안녕히 계십시오.
H. N. 알렌

Horace N. Allen (Seoul),
Letter to Frank F. Ellinwood (Sec., BFM, PCUSA) (Apr. 8th, 1886)
[Not Sent]

Seoul, Korea,
Apl. 8/ 86

Dr. F. F. Ellinwood,
   23 Centre St., New York

My dear Doctor,

Unless you are very quick you will stand in a good chance of losing the female medical work here. The Methodists are determined to have it and have sent to Japan for one of their lady Dr. Mrs. Scranton could not get help from Mr. Foulk. So she came to me. She presented at length over relative positions and my duty in helping them. I agreed to keep them so far as I consistently could, and laid the matter before the King's interpreter with the suggestion that the present hospital was adequate for the work and my employees would be willing to send a lady Dr. out. Of course they preferred to ___ it. But! Judge Denny may ____ a fancy to keep them. If so they will get what they want, or gotten the first lady Dr. will get what she wants. Had we a lady Dr. here now we could have a hospital for women at once. I am greatly rushed and annoyed by the Queen's ladies who have getting the habit of coming to my houses with an officer. Everything must subs____ their purpose. The men all sent away. I am interfered in my work and Mrs. Allen, who is in a delicate condition, finds the entertaining of them very hard. Yesterday I had _____ of them and it put my regular work back so that I didn't get through till late night.

Poor Judge Denny is in a bad way. He would be rather glad, I think, had he never come to Korea. In the first place he didn't know till he said Li Hung Chang what he was to be. He told him his position would be that of governmental adviser, and gave him a letter to his Korean Majesty purportly to be to that effect. He came here and the Chinese Minister has said him that he himself was the adviser and that he (Denny) was simply a lawyer in the Foreign Office.

Of course he would not stand this and offended to his instructions from China, but found to his disgust that Li Hung Chang had diplomatically lied to him and given him a false copy of the letter. The Chinese have intimidated the Koreans and no one will come near him. He can hardly get a glimpse of his interpreter. It is quite evident that China has accomplished his _____. She wished to prevent the U. S. Govrn't, replying to the King's request by sending our advisers. Hence Li Hung Chang got Judge Denny out, first as he did a couple of years ago to head of Commodore Shufeldt who was his enemy, but the friend of Korea. Now that they have gotten Judge Denny here and headed of the U. S. Govrn't. If they could have him out this way would he claim for no action suitable than would _____ to come to such a place. If they _____ seen him out they will assign him to some insignificant position.

Our Judge is getting an idea or two about the contemptibility of the Chinese that his life in China failed to give him. And it is going to be a good thing for Korea, for he will certainly fight the thing down and the action of the Chinese will make him a firm friend to Korea. Mr. Merrill was one of the warmest friend of China I ever saw, but his life in Korea has almost completely turned him about. I sincerely hope with all other foreigners here (under it is Judge Denny) that the strongest anti-Chinese measures will be taken by our Government.

The Korean Govern't have given Judge Denny a high piles of ground and buildings north of our place so that now we are protected on all sides. Much more is paid for one compound now than I paid for all three of ours (one have ground for a fourth) and we have the most central and valuable of any of the piece of ground.

The Government School was opened on last Monday Mch. 29th. 12 students are appointed by competitive examination. Supported by Govern't during their course and given the ranks of Chusah and enter the government service on graduation and receiving the degree of doctor of medicine.

Mr. Bryant of the Scotch Bible Society is with us. Both Mr. Underwood and Dr. Heron have cooled very much in their order towards the Orphanage.

The matter concerning Judge Denny came privately from Foulk.

Yours truly,
H. N. Allen

호러스 N. 알렌(서울)이 메리 F. 스크랜턴(감리교회 선교부, 서울)에게 보낸 편지 (1886년 4월 8일)

친애하는 스크랜턴 부인,

　　[왕실과 저 사이의] 중개인이 지금 이곳에 있습니다. 그는 자신이 스크랜턴 박사의 어머니를 위하여 여병원에 대한 나의 요청을 제출하였다고 말하였습니다. 왕은 매우 기뻐하면서 좋은 일이며 즉시 명령을 내리겠다고 말하였습니다. 틀림없이 포크 씨를 통하여 곧 소식을 들을 것입니다. 어제 왕비의 시녀들이 온다는 것에 대하여 중개인에게 불평을 하였고, 그것은 그를 서둘게 하였습니다.
　　부인께서는 이제 시작하고 있습니다.

　　안녕히 계세요.
　　H. N. 알렌
　　1886년 4월 8일

Horace N. Allen (Seoul),
Letter to Mary F. Scranton (Methodist Mission, Seoul) (Apr. 8th, 1886)

Dear Mrs Scranton,

The "go between" is here now. He said he presented my request for a woman hospital for Dr. Scranton's mother. The King is very pleased and said it would be a good thing, and that he would issue order at once. You will doubtless be informed soon through Mr. Foulk. I was complaining to the go-between about the Queen's maids coming yesterday and it hurried him up.

You are start now.

Yours truly,
H. N. Allen.
Apl. 8/ 86

호러스 N. 알렌(서울), 한국 (1886년 4월 8일)

[보내지 않음]

한국 (140, 141쪽을 볼 것)[53]

수도(首都)에서 일부 변화가 일어나고 있다. 독일 총영사는 떠나려 하고 있다. 그는 마닐라의 켐퍼만 씨로 교체될 것이다.[54] 독일어로 'Commission'이라 불리는 현직자는 매우 상냥한 사람이며, 많은 유감이 따를 것이다.

한 달에 한 번, 대개 우리에게 세 통의 우편물을 배달해주는 기선 대신, 우리는 이제 매주 한 척 이상의 기선을 가지고 있으며, 게다가 매우 친절한 포함과 계속해서 들락날락하며 우편물을 운반하는데 거의 실패하지 않는 더 큰 군함이 있다. 우리는 이제 나가사키에서 부산과 제물포를 경유하여 즈푸까지 운항하는 일본 증기선 노선과, 가장 까다로운 '세계 관광 여행가'가 이제 편안하게 우리를 방문할 수 있는 크고 멋진 증기선이 있는 고베에서 제물포까지의 또 다른 노선을 갖고 있다. 다른 일본 노선은 공물 쌀을 가져오기 위하여 해안을 오가며 운항한다. 상하이에서 나가사키를 거쳐 제물포까지 운항하는 독일, 중국 노선도 있다. 그들은 한 달에 두 번 운항하는 작은 기선 한 척만 가지고 있다. 이것은 곧 독일과 한국 사이에서 개통될 증기선 노선과 연결되어 결국 사용될 예정이다. 아마도 신규 및 계획된 노선 중 가장 유용한 것 중 하나는 제물포에서 서울까지 운항하는 것이다. 수도는 항구에서 약 30마일 떨어져 있다. 이 거리는 의자나 말을 타고 가야 했는데, 그것은 하루를 길고 힘들게 만들며, 게다가 이런 상품 운송 방식은 파멸적이다. 수도가 위치해 있는 큰 강은 스쿠너와 같은 선박으로 이동하며, 거리는 약 30마일이다. 일본 ____는 매일 이 거리를 작은 기선으로 운항한다. 철도는 더 좋을 것이고 좁은 규격이 처음부터 수지가 맞을 것이다. 석탄 이익이 우리에게 약속한대로 발전한다면 철도는 계속 바쁘게 움직일 것이다.

데니 판사가 오랜 기다림 끝에 마침내 도착하였다. 그는 요코하마의 호텔에서 급히 나와 대부분의 짐을 잃어 버렸다. 중국인들은 그에 대하여 매우 이상

---

53) 알렌의 편지 복사철의 쪽수인데, 4월 11일 수정한 부분이며 아래에 첨가하였다.
54) 페테르 켐퍼만(Peter Kempermann)은 5월 17일 총영사로 임명되었으며, 1887년 5월 22일까지 근무하였다.

하게 행동한다. 그를 그곳에 오게 하였고 한국인들은 그가 정부 고문이 되어야 한다고 생각하였다. 그들은 그런 사람을 걱정하면서 중국에서 보낸 사람이 자신을 ＿＿ 할 것인지, 아니면 그의 ＿＿를 적절하게 할 것인지 의심하는 것 같았다. 마지막에 그들은 그를 영접하게 된 것을 기뻐하는 것처럼 보였지만 그는 이곳에 있고 그들은 대단히 조용하고 불확실해 보인다. 중국인은 그(데니 판사)가 정부 고문이 아니라 외아문과 연관된 변호사일 뿐이라고 말한다.

약 2년 전 슈펠트 제독은 정부 고문이 되라는 초청에 응하여 한국으로 가던 중, 데니 판사가 즉시 중국으로 온다는 전보를 받았을 때 갑자기 멈추어 섰다. 이 변화에 모두들 조용하였다. 한국 정부는 모두 미국 정부에 고문(顧問)을 압박하였고, 그들은 한 명을 받을 것 같았다. 그런 다음 판사가 다시 파견되었다. 그는 이곳에 있고 이제 다른 아무도 올 수 없다. 그러나 그는 현명하고 총명한 사람이기 때문에 고문(顧問)으로서 한국에 너무 잘 봉사할 수 있으므로 외아문의 법무관이 되라는 요청을 받고 있다.

이 나라의 세관은 중국 해관의 감독인 로버트 하트 경의 지휘를 받고 있으며, 중국에서 달성한 높은 수준까지 끌어올리기 위하여 몇 가지 변경이 이루어지고 있다. 제물포, 부산 및 원산의 세무사는 해고되고 이곳에는 중국어를 사용하는 ＿＿로 채워졌다. 해관은 새로운 효율적인 관리 아래 계속해서 번영하고 있다.

서울, 1886년 4월 8일

(음영으로 표시된 부분은 4월 11일 알렌에 의하여 다음과 같이 수정되었다.)

아마도 현행 혹은 계획된 노선 중 가장 유용한 것 중 하나는 제물포에서 서울까지 운항하는 것이다. 수도는 항구에서 약 30마일 떨어져 있다. 이 거리는 의자나 말을 타고 가야 했는데, 그것은 하루를 길고 힘들게 만들며, 게다가 이런 상품 운송 방식은 파멸적이다. 수도가 위치해 있는 큰 강은 스쿠너와 같은 선박으로 이동하며, 거리는 약 30마일이다. 일본인 회사 중 하나는 매일 이 거리를 운항하기 위하여 작은 증기선을 투입하려 하고 있다. 철도는 더 좋을 것이고 좁은 규격이 처음부터 수지가 맞을 것이다. 석탄 이익이 우리에게 약속한대로 발전한다면 철도는 계속 바쁘게 움직일 것이다.

거의 1년 동안 일반적인 질문은 "데니 판사는 언제 오나요?"이었다. 지금 그는 오랜 지연 끝에 이곳에 있다. 그는 요코하마의 윈저 하우스 화재로 화상을 입었고 대부분의 물품이 불에 타버렸다. 그가 중국의 요청으로 왔기에 한국인들은 그가 누구의 이익을 위하여 업무를 할 것인지 의심스러워했다. 하지만 그들은 그를 영접하기를 매우 열망하는 것처럼 보였고, 이제 그를 내아문 협판 및 외아문 법률 고문으로 임명하였다. 그들은 또한 그에게 좋은 주거지와 건물을 주었다.

세관은 새로운 관리 아래 계속 번영하고 있다. 무역도 증가하고 있다. 제물포항, 부산항, 원산항의 세무사 3명은 해임되었다. 그 자리를 채우기 위하여 중국 세관에서 사람들이 파견될 것이라는 주장에 이의가 제기되었다. 중국어를 이해하는 것이 필요하다.

서울, 1886년 4월 11일

Horace N. Allen (Seoul), [Korea] (Apr. 8th, 1886)
[Not Sent]

Korea. See Page 140, 141

Some changes are taking place in the capital. The German Consul General is about to leave. He will be relieved by Mr Kempperrmyer (sic) of Manila. The present incumbent of the post, which is called in German a "Cormission" is a very genial man and many regrets will follow him.

Instead of a probable steamer once a month, with usually three mails for us, we now have one or more steamers every week, besides the very obliging gun-boats and larger war craft which keep flitting in and out and seldom failing to bring some mail. We now have a Japanese line of steamer from Nagasaki to Chefoo via Fusan and Chemulfoo. Another line from Kobe to Chemulfoo with such nice & large steamers that the most fastidious "globe trotter" may now visit us in comfort. Another Japanese line works up and down the coast bringing the tribute rice. There is also a German, Chinese line from Shanghai to Chemulfoo via Nagasaki. They have but one small steamer which makes two trips monthly. This will eventually be used in connection with the S. S. line soon to be opened between Germany and Korea directly. Perhaps one of the most useful of all of the new and projected lines is one from Chemulfoo to Seoul. The capital is some thirty miles from the Port. This distance was sent to be gone over in a chair or on horseback and it makes a long hard day, besides this mode of transportation of goods is ruinous. The large river upon which the Capital is located is navigated to Schooners and such craft. The distance is about 30 miles. The Japanese _____ is put on a small steamer to do this distance daily. A railroad would be a better thing and a narrow gauge would pay from the first. While if the coal interests develop as they promise to us, a railroad would be kept busy.

Judge Denny has arrived at last after so long delay. He was hurried out in a hotel in Yokohama and lost the most of his baggage. The Chinese act very strangely about him. Got him to come there, and Koreans supposed he was to be governmental advisor. While they were anxious for such a person they seemed in doubt as to whether a man sent by China would ____ them or his ____ proper. Toward the last they seemed glad to receive him but seems ___ he is here they seem very quiet and uncertain. While the Chinese say that he (Judge Denny) is not governmental advisor but simply a lawyer _____ connected with the Foreign Office at the Chinese Minister to Govrn't adviser.

Some two years ago when Commodore Shufeldt was on his way to Korea in answer to ____ invitation to become governmental advisor, he stopped suddenly, when he found that Judge Denny had received a telegram to come to China at once. This changes having been averted all was quiet. All the Korean Govrn't got to pressing the U. S. Govrn't for an advisor and it seemed likely they would get one. Then Judge was again sent for. He is here and no one else could come now. But as he is a wise and bright man he might serve Korea too well as an adviser hence he is asked to become ___ legal attache to the Foreign Office.

The Customs of this country being under Sir Robert Hart, inspector of Chinese Customs, some changes are being made in order to bring the force up to the high standard attained in China. The three commissioners of the Ports, Chemulpo, Fusan & Gensan are to be removed and these places filled by ___ who speak Chinese. The Customs continues to prosper under its new efficient management.

Seoul, Apr 8/ 86

(The shaded area was corrected as follows on April 11th by Dr. Allen.)

of any of the existent or projected lines is one from Chemulpo to Seoul. The capital is some thirty miles from the Port. This distance has now to be gone over in a chair or on horseback and it makes a long hard days travel, besides this manner of transportation of goods is ruinous. The large river upon which the Capital is located is navigable to Schooners and such craft. The distance between Seoul & Chemulfoo by water is 80 (sic) miles. One of the Japanese companies is about to put on a small steamer to do this distance daily. A railroad would be a better thing and a narrow gauge would pay from the first. While if the coal interests develop as they promise to us, a railroad would be kept busy.

For near a year the common question has been "When is Judge Denny coming?" He is now here after a long delay. He was burned out in a hotel in the fire at the Windsor House, Yokohama, and lost the most of his outfit. Coming as he did at request from China, the Koreans were at first in doubt as to whose interests he would serve. They seemed very anxious to receive him however and have now appointed him Vice President of the Home Office and Legal Adviser to the Foreign Office. They have also given him a good compound and buildings for a dwelling.

The customs continues to prosper under the new management. Trade is also increasing. The three commissioners at the ports, Chemulpo, Fusan, and Gensan, have been removed. It is refuted that men will be sent from the Chinese Customs Service, to fill the places. It being necessary to understand the Chinese language.

Seoul, Apl. 11/ 86

호러스 N. 알렌(서울), 추신 (1886년 4월 9일)[55]

추신, 4월 9일

친애하는 박사님,

이제 여의사를 보낼 필요가 없습니다. 그저께 저는 왕비의 궁녀들(공립 병원으로 가지 않을 것입니다)과 함께 집에 있어야 하였기 때문에 오후 3시까지 병원에 가지 못하였습니다(2시간 늦음). 그것은 제가 근무하는 주(週)이었고, 헤론 박사는 기다리지 않았습니다. 저는 '중개인'에게 이것에 대하여 불평하였고, 그는 즉시 왕께 알렸습니다. 왕은 저를 도우려 하였고, 저와 같은 사람이 즉시 여병원을 개원하자는 제안을 받았다고 생각하였습니다. 저는 그에게 어떤 말을 할 것으로 예상하지 않았지만, 일이 어떻게 돌아가는지 보니 포크 씨가 호의적인 말을 하게 되면 데니 판사가 문제를 해결할 것입니다. 저는 스크랜턴이 독자적으로 하는 것보다는 우리를 통하여 병원을 얻는 것이 더 낫다고 결정하였습니다. 그 경우 저는 그 일에서 우두머리로 여겨질 것이고 그들은 우리를 그렇게 볼 것입니다. 또한 제가 두려워하는 상황이 일어나는 것보다 더 나을 것입니다. 박사님은 제가 작년 여름에 첫 여의사가 직접 왕비에게 갈 것이라고 언급한 것을 알고 계시며, 현재 감리교회는 일본에서 한 명이 오고 있기 때문에 그들이 거의 완전히 우리를 대체할 것입니다. 그것이 그가 확인한 의지이며, 저는 계속해서 상석(上席)에 있을 것입니다. 그것은 또한 그들이 이미 근거를 갖고 있는, 외국 병원을 건설하기 위한 모든 구실을 없애고, 그들을 경계 내에서 지킬 것입니다. 제가 그랬던 것처럼 그들은 항상 저를 탈취자처럼 취급하였으며, 지난 가을 여의사 포터 박사를 얻는 데 성공하였더라면 스크랜턴 박사가 병원에 있을 때 그랬던 것처럼 섞이지 않고 일종의 단일성을 우리에게 줄 것으로 기대하고 있습니다. 루미스 씨는 대단히 열심히 일을 하였고, 모든 것이 ___하였을 것입니다. 박사님이 여자에 대한 저의 요청에 응답을 하였다면 (저는 불평하는 것이 아닙니다. 박사님은 박사님 자신의 자원을 알고 있습니다) ___ 일단 그들이 저에게 여병원에 대한 계획을 ___ ___ 그

---

55) 보내지 않은 4월 8일자 편지의 추신이다. Horace N. Allen (Seoul), Letter to Frank F. Ellinwood (Sec., BFM, PCUSA) (Apr. 8th, 1886)

들에게 반대하는 것이 ___하며, 현재의 ___ 그것은 좋은 것이 될 것입니다.

알렌 드립니다.

Horace N. Allen (Seoul), P. S. (Apr. 9th, 1886)

P. S., Apl. 9

Dear Dr.,

It will not now be necessary to send a lady physician. Day before yesterday I was kept home with the Queens maids (who will not go to the Public Hospital) so long that I didn't get to the hospital till 3 p. m. (2 hrs. late). It chanced to be my week and Dr. H. didn't wait. I complained of being rushed to the "go between," who carried it at once to the King. His majesty was anxious to help me, and supposing me were all the same proposed to start the Woman's Hospital at once. I hadn't expected anything would be said to him, but seeing how things lay and that a favorable word from Mr. Foulk is Judge Denny would settle the matter. I decided it would be better for the Scranton to get the hospital through us than independently. As in that case I would be looked upon as the head of it and they would be behold on to us. It would also be better than the condition of things I feared would happen. You know I mentioned last summer that the first lady Dr. would go direct to the Queen, and as the M. E's have one now coming from Japan, they would almost completely supplant us. As it is the will he identified and I will continue to be on top. It will also remove all excuse for building the foreign hospital, for which they have the ground ready, and will keep them within bounds. Coming as I did they have always evoked upon me somewhat as supplanter and I hope this will give us a sort of unity without mixing as we did when Dr. S. was in the hospital had we succeeded in getting Mrs Dr. Porter over last fall, __ ___ ___. Mr. Loomis worked in very hard, all would have been __ted. So would it, had you answered my requests for a lady (I am not complaining, you know your own resources but) _____ Once they laid out their plan for a woman hospital to me ___ ___ ____ to have give against them, and think the present ___ it will be a good one.

Yours Allen

18860409

호러스 N. 알렌(서울)이 김윤식(외아문 독판)에게 보낸 편지
(1886년 4월 9일)[56]

한국 서울,
1886년 4월 9일

안녕하십니까,

여자가 남자와 자유롭게 교제하는 것을 금지하는 한국의 분명한 관습 때문에 여자를 위한 전문 병원이 필요하다는 것이 오래 전부터 명백해졌습니다.

미국에는 의학 교육을 받고 남자 의사가 하는 일과 같은 일을 하는 똑똑한 여자가 있습니다. 서울에서 의료 업무를 보조할 수 있는 사람이 한 명 이상이 있으면 좋을 것입니다.

서울에 거주하는 나이가 많은 미국인 여자인 M. F. 스크랜턴 부인은 그녀가 미국에 요청할 두 명의 여의사의 도움으로 이 도시에서 여자를 위한 병원에 지출을 하고 운영할 용의를 가지고 있습니다.

스크랜턴 부인과 이 의사들은 선교사이며, 급여를 필요로 하지 않습니다. 그녀가 선택할 수 있는 좋은 집을 제공하고, 한국인 관리와 조수들을 임명하며, 집을 수리하고 환자를 먹이고 따뜻하게 하는데 충분한 자금과 의약품과 도구를 위하여 500달러의 예산을 책정하기만 하면 될 것입니다.

이것이 폐하 정부의 은혜로운 승인을 받게 된다면, 저는 기관의 성공을 촉진하기 위하여 제가 할 수 있는 일을 기꺼이 할 것입니다.

이것이 각하의 친절한 관심을 받을 것으로 믿습니다.

안녕히 계십시오.
H. N. 알렌, 의학박사

김윤식 각하,
외아문 독판

---

56) 알렌의 제중원 여병원 설립 건의서다.

Horace N. Allen (Seoul),
Letter to Yong Sik Kim (Pres., Korean For. Office) (Apr. 9th, 1886)

Seoul, Korea,

Apl. 9th, 86

Sir,

Owing to the evident custom in Korea which prevents women from mingling freely with men, it has been evident for some time that an especial hospital for women was necessary.

In America we have smart women who are educated in medicine and do the same work as is done by the male physicians. It would be well to have one or more of them to assist in the medical work in Seoul.

Mrs. M. F. Scranton, an elderly American lady resident in Seoul, is willing to spend and conduct a hospital for women in this city, with the aid of two female physicians whom she will send for to America.

Mrs. Scranton and these physicians are missionaries and will require no salary. It will be simply necessary to grant her a good house, which she may select, appoint a staff of Korean officers and assistants, and appropriate sufficient money to repair the house, feed and warm the patients, and $500 for medicines and instruments.

Should this meet with the gracious approval of His Majesty's government, I shall be glad to do what I can towards promoting the success of the institution.

Trusting this may relieve your excellencies kind attention,

I remain

Your honorable servant,

H. N. Allen, M. D

To His Excellency

Kim Yong Sik

President of the Korean Foreign Office

제중원 여병원(Women's Hospital at Jejoongwon)

알렌은 제중원에 여자, 특히 궁궐의 상궁(尙宮)이 환자로 내원할 때 가장 곤혹스러웠다. 이들이 병원에 온다는 통보가 오면 병원 내의 모든 남자들을 미리 내보내는 등 병원 업무에 막대한 지장이 초래되었기 때문이었다. 그래서 여의사의 필요성을 절감하여 선교본부에 여의사의 파송을 요청한 바 있었다. 하지만 당시 구하기가 쉽지 않아 언제 파송될지 모르는 상황이었다.

그런데 감리교회의 메리 F. 스크랜턴 부인이 알렌에게 자신의 교회가 미국에 두 명의 여의사 파송을 요청하였다면서 자신들이 여병원 사업을 할 수 있도록 조선 정부의 승인을 받아 줄 것을 요청하였다. 이에 알렌은 1886년 4월 9일 김윤식 외아문 독판에게 여병원 설립을 제안하는 편지를 보냈다.

하지만 이 소식을 알게 된 헤론과 언더우드의 강한 반대로 이 계획은 중단되었고, 미국 북장로교회가 파송한 애니 J. 엘러스가 7월 4일 한국에 도착하면서 제중원 여병원(부녀과)이 설치되었다.

회의록, 한국 선교부 (미국 북장로교회) (1886년 4월 10일)

1886년 4월 10일 (토)

선교부 회의를 소집한 의장은 이 회의의 목적을 정하였다. 그것은 감리교회 선교부의 여병원 설립과 관련하여 자신이 취하였던 조치에 대하여 이 선교부의 회원 일부가 반대하고 있으므로, 스크랜턴 부인과 가졌던 일부 교신에 대해 선교부가 결정을 해야 한다는 것이었다. 그는 모든 문제를 그들에게 제시하고, 그가 더 이상 스크랜턴 부인과의 협상을 요청 받지 않도록 그들이 결정을 내려주기를 바랐다.

다음의 전문(前文)과 결의가 발의되었고 채택되었으며, 서기는 사본을 스크랜턴 부인에게 발송하라는 지시를 받았다.

H. N. 알렌 박사가 정부 여병원과 관련하여 M. F. 스크랜턴 부인과 연락을 취하여 왔고, 제출하려는 계획이 우리 전체의 승인을 받고 있지 못하며, 지금 1년 동안 여의사와 관련하여 우리는 선교본부와 연락을 취해 왔음으로,

우리는 대의와 동시에 장로교회 선교부에 최상의 이득이 될 것으로 생각하고 있는 다음의 제안을 하기로 결의하였다.

첫째, 그 병원은 조직적으로, 사실상 그리고 실제적으로 제중원과 연계되어야 한다.

둘째, 우리 선교본부가 여의사의 파송을 결정하면, 그 직책은 그녀를 위해 유지되어야 한다.

셋째, 우리는 이 문제와 관련한 이후의 모든 결정을 선교부의 결정으로 할 것을 요청한다.

이어 회의는 폐회되었다.

J. W. 헤론   승인됨
서기

Secretary's Book, Korea Mission (PCUSA) (Apr. 10th, 1886)

April 10, 86 (Sat.)

The Mission was called to order by the chairman, who stated the object of the meeting. This was that the Mission should take action on some correspondence he had had with Mrs. Scranton concerning the foundation of a Womens Hospital in connection with the Methodist Mission, as some of the members of this Mission objected to this step he has taken. He desired to lay the whole matter before them and that they should take such action as would prevent him being asked to further negotiate on behalf of Mrs. Scranton.

The follow preamble & resolutions were moved & adopted & the Sec. was instructed to transmit a copy to Mrs. Scranton.

Whereas, Dr. H. N. Allen has been in communication with Mrs. M. F. Scranton with reference to the Government Hospital for women and whereas as the plan about to be presented does not meet with our entire approval and whereas we have been in communication with our own Board for now a whole year with reference to a lady physician

Resolved that we give the following suggestions of what we think will be for the best interest of the cause & at the same time of the Presbyterian Mission

1st. that said Hospital should be organically, practically & really connected with the Royal Korean Hospital

2nd. that should our own Board have decide to send out a lady physician the place be kept open for her &

3rd. that we request that all further action on this matter be made the action of the Mission.

The meeting then adjourned.

J. W. Heron   Approved.
Sec.

18860410

존 W. 헤론(서울)이 프랭크 F. 엘린우드(미국 북장로교회 해외선교본부 총무)에게 보낸 편지 (1886년 4월 10일)

한국 서울,
1886년 4월 10일

친애하는 엘린우드 박사님께,

(중략)

제중원에서 일하는 것에 대한 보수는 정부에서 받지 않으며, 미국 공사관의 의사일 뿐 아니라 세관의 의사로서 활동하는 알렌 박사는 [그 비용에서] 우리들의 급여를 지급하며 나머지는 선교부의 재무에게 넘기므로 마찬가지입니다.

(중략)

박사님께서 여의사 한 명을 보내주신다니 우리 모두는 정말 기쁩니다. 바로 지난 주에도 알렌 박사는 궁궐에서 20명을 진료하였는데, 모두 여자이었습니다. 여의사는 궁궐로 가서 여성들을 진료하고 처방해주면, 그녀들의 마음과 몸 모두에 접근할 수 있습니다. 우리는 이런 부분에서 감리교회 선교부와 어려움이 있었습니다. 우리가 여의사를 보낼 수 있을지 말하기 어려운데, 그들은 한 명을 확실히 갖고 있기 때문에 알렌 박사에게 정부로부터 그들을 위한 여병원을 확보하여 주도록 요청하였습니다. 알렌 박사는 바로 그날 그것을 하겠다고 약속하였으며, 쓴 편지가 발송되기 전에 언더우드 씨와 제가 그것에 대하여 알게 되었습니다. 이에 우리는 알렌 박사에게 선교본부의 결정이 무엇이었는지 분명히 알 수 있을 때까지 현재로서는 협상을 포기할 것을 요청하였습니다. 이러한 조치는 감리교회 선교부의 노회가 우리에게 씌웠던 '불필요한 간섭'이라는 비난을 없애주었습니다. 우리는 장로교회 선교부로서 (조선) 정부의 도움 없이도 사역을 할 수 있지만, 만일 우리의 여의사를 통해 궁궐의 사람들에게 접근할 수 있다면 우리에게 굉장히 넓은 사역지가 열리는 것입니다. 왕비의 마음에 접근할 수 있다면, 기독교 전도에 큰 영향을 줄 것입니다. 왕비는 오랫동안 정부에 영향력을 행사하고 항상 새로운 것이나 백성들에게 이로운 것을 도입하는 것을 반대해왔던 민 씨 집안에서 가장 강력한 영향력을 가진 사람의 한 명입니다. 그녀는 때로 '왕 배후의 실력자'로 알려졌으며, 만일 백성들을 돕기 위한 왕의 시도들이 방해를 받는다면, 그것은 그녀 및 외척들의 영향 때문일 것입니다. 왕비는 조카뻘 되는 민영익의 예에서 그 결과를 확인한 바 있었기에 의료 사업에 대해 호의적입니다. 그녀는 반복해서 알렌 박사에게 의약품을 달라고 [사람을] 보내었고, 저희들에게도 그녀가 진료를 받을 필요가 있을 때 자신을 진료할 수 있고, 궁궐의 여성들도 진료할 수 있는 여의사를 갖고 있을 것을 [요청하였으며], 궁궐에서 기다리는 동안 여의사는 이곳에서 복음 선교를 몇 년 앞당길 것입니다.

(중략)

박사님이 여의사를 파송할 가능성에 비추어, 우리는 조선 왕실 병원을 확실하게 확장하기 위한 조치를 취해야 하는데, 그것은 여자 전용의 독립된 건물일 것입니다. 이 건물은 아마도 제중원에 인접하여 위치할 것이기에 필요할지도 모를 저의 도움을 줄 수 있을 것입니다. 이것은 감리교회 선교부 서기의 요청으로 알렌 박사가 취하였던 이전의 조치에서도 필요한 것이었으며, 그래서 그녀가 일을 맡기 전에 기다려야 할 일입니다.

(중략)

알렌 박사와 저는 지난 1년 동안에 하였던 우리의 사역에 대한 보고서의 준비가 되어 있으며, 몇 권이 출판되기를 기대하고 있습니다. 거의 11,000명의 환자를 치료하였습니다. 전체적인 결과가 어떻든 간에 고통 받는 수많은 사람들이 편안하게 되었고, 기형으로 고통 받는 수많은 사람들은 치료되거나 개선되었으며, 편견이 깨어져 선교 사역을 위한 문이 열렸습니다. 저는 박사님이 우리의 첫 해 사역의 기록을 선교본부나 세상에 보여 주는 것과 이것이 장로교회 선교부에 이루어졌다고 말하시는 것이 부끄럽지 않다고 느끼실 것이라고 생각합니다.

(중략)

추 신: 편지 발송이 지연되어 이 편지를 보내기 전에 몇 줄을 더 적을 기회가 생겼습니다.

감리교회 형제들과 우리 사이의 어려움이 부분적으로 평화스럽게 회복되었습니다. 그들은 알렌 박사가 언더우드 씨와 저 자신에 의해 압도되었다고 생각하며, 언더우드 씨가 저보다 더 그들과 친밀하기에 그들은 알렌 박사에 대해 나쁜 감정을 갖고 있지 않습니다. 그들은 그(언더우드)를 크게 비난할 수 없다고 결론지었지만, 저는 완전히 친절한 관계를 유지하기 위하여 필요한 것 이상으로 그곳에 가지 않았기 때문에, 그들은 제가 모든 문제의 원인이라고 판단하며, 지금은 지난 여름 스크랜턴 박사가 병원에서 [소환]되었을 때 초래된 어려움에 대하여 비난 받아야 할 사람이 저라고 말하고 있습니다. 박사님이 아시는 것처럼 후자의 문제는 전적으로 근거가 없는데, 당시 말하고 하였던 모든 것을 알렌 박사가 하였기 때문입니다. 감리교회 목사인 아펜젤러 씨는 우리의 행동이 옳았다고 생각하며, 만약 교회의 이익이 위태로워진 것을 알았더라면 의심할 여지없이 그는 이러한 것들을 취하였을 것입니다.

(중략)

John W. Heron (Seoul),
Letter to Frank F. Ellinwood (Sec., BFM, PCUSA) (Apr. 10th, 1886)

April 10, 86,
Seoul, Korea

My dear Dr. Ellinwood,

(Omitted)

I do not receive anything from the government for my work in the government for my work in the government hospital, nor does Dr. Allen, he being as your Korean physicians to the Legations here as well as to his Customs service here, draws a salary for us them, which is also turned over to the treasury of the mission.

(Omitted)

We all rejoice very greatly that you are sending out a lady physician. Only last week Dr. Allen had twenty patients in the palace, all women. A lady can go there, see them and prescribe, reaching both their hearts and their bodies. We have had a difficulty about this with the Methodist mission. We were unable to say whether we were to have a lady sent out and so they being sure of one, asked Dr. Allen to secure from the Government a hospital for women for them. This he had promised to do and it was only on the very day and after the letter had been written, though before it was sent, that Mr. Underwood and I learned about it. We then asked him to give up for the present the negotiations, until we knew definitely what the board's decision was. This relieves us of the blame which our Presbyteries of the Methodist mission had laid upon us for what they deemed "unnecessary interference." While we can do without Government aid in our work as a presbyterian mission, if we can reach the inmates of the palace through our lady physician what an immense field is opened up to us. What an influence for the cause of Christ if the heart of the queen can be reached. She is very powerful one of the Min's family who for years have exercised such an influence over the government and always against the introduction of anything which is new or which would in any way benefit the people. She has often been declared to be the "power behind the throne" and if the king is thwarted in any of his attempts to help the people, it will be by the influence of her and her family. She is favorable to medical work since she sees its results in the case of her cousin, Min Yon Ik. She has repeatedly sent to Dr. Allen for medicines and for us to have a lady physician who can go to see her when she needs medical attendance, who can visit her ladies, in waiting in the palace, will advance many years the cause of Christianity in this land.

(Omitted)

In view of the possibility of your sending out a lady doctor, we have taken steps to secure an extension of the royal Korean hospital, which will be in a separate building to be entirely devoted to women. This will probably be located adjoining the hospital, so that we may be able to give any assistance which may be necessary. This was necessary too by the previous action Dr. Allen had taken at the request of the secretary of the Methodist missions so that these will be a work waiting for her to do, before she is ready to undertake it.

(Omitted)

Dr. Allen & I have been getting ready a report of our work for the past year, a few copies of which we hope to have published. Nearly 11,000 patients have been treated. Whatever the result of that work may be as a whole, we know of many cases of much suffering alleviated, of many people suffering from deformities either cured or improved, of prejudices broken down and of openings made for mission work. You will, I trust, not feel ashamed to show the record of our first year's work to the board or to the world and say that it was done by

Presbyterian mission.

(Omitted)

P. S. The going out of mail has been deferred and I have an opportunity to add a few lines before this mail is made up.

In reference to the difficulty between the Methodist brethren and ourselves, peace is partially restored. They think Dr. Allen was overruled by Mr. Underwood and myself so they have no ill feeling against him, as Mr. Underwood has been more intimate with them than I have. They conclude he can't be very much to blame, but as I have never gone there more than was needful to keep up perfectly friendly relations, they judge I am at the bottom of the whole affair, and also say now that I was the one who was to blame last summer in the difficulty which occurred when Dr. S. was <u>summoned</u> from the hospital. As you know, this latter part is totally unfounded, for Dr. Allen said and did all that was said and done at that time. It is only fair to state that Mr. Appenzeller, the Methodist minister, thinks that our action was right, and such as he would have taken if he had found that the interests of the church were imperiled, as ___ undoubtedly were.

(Omitted)

18860410

호러스 N. 알렌(서울)이 메리 F. 스크랜턴(감리교회 선교부, 서울)에게 보낸 편지 (1886년 4월 10일)

서울,
1886년 4월 10일

친애하는 스크랜턴 부인,

어제 저의 동료 언더우드와 헤론이 제가 제안하였던 일에 대하여 들었고, 오늘 아침 선교부 모임에서 제가 고용주들과 상의하지 않고 이 조치를 취하는 것이 적절하지 않다는 것을 보여주면서 저를 기다렸습니다. 그리고 선교사로서 저는 선교부와 선교본부의 승인 없이는 선교의 이익을 위태롭게 하는 일을 하지 않을 의무가 있습니다.

그들은 제가 준수하기로 동의한 결의안을 채택하였으며, 서기가 이에 관하여 부인과 상의할 것입니다.

저는 또한 병원 관리들에게 현재 병원(제중원)의 부녀과와 관련된 준비를 중단해 달라고 요청하였습니다. 저는 그것을 계속하기로 동의하였습니다. 저는 우리 선교본부에 여의사를 파송하지 말라고 요청하는 편지를 썼습니다. 저는 그것을 보내지 않기로 동의하였습니다.[57]

저는 부인께 실망을 줄 것이 두렵지만, 또한 아내에게도 제가 가장 폭 넓고 진실한 바람으로 행동하였다는 것을 보증하며, 제가 너무 서둘러 문제가 발생하였다면 죄송합니다.

안녕히 계세요.
H. N. 알렌

---

57) 보내지 않은 4월 8일자 편지와 4월 9일자 추신을 말한다. Horace N. Allen (Seoul), Letter to Frank F. Ellinwood (Sec., BFM, PCUSA) (Apr. 8th, 1886); Horace N. Allen (Seoul), P. S. (Apr. 9th, 1886)

Horace N. Allen (Seoul),
Letter to Mary F. Scranton (Methodist Mission, Seoul) (Apr. 10th, 1886)

Seoul,

Apl. 10/ 86

Dear Mrs. Scranton,

My colleagues Messrs Underwood and Heron heard on yesterday of my proposed work for you. And waited on me in mission meeting this morning showing me that I was not acting properly to my employers in taking this action without consulting them. And as a missionary I was bound to do nothing that would jeopardize the missions interests without the sanction of the station and Board.

They took a resolution which I agreed to abide by and the secretary will confer with you concerning it.

I had also asked the Hospital officers to stop preparations they were making in regard to a Woman's department in the present hospital. I have agreed to have that continued! I had a letter written asking our Board not to send out a lady Dr. I have agreed not to send that.

I am afraid I will give you a deal of disappointment but I assure you as well also Mrs. Allen that I acted from the broadest and sincerest desires, and am sorry if my prematureness has caused trouble.

Yours Sincerely,

H. N. Allen

호러스 N. 알렌(서울)이 프랭크 F. 엘린우드(미국 북장로교회 해외선교본부 총무)에게 보낸 편지 (1886년 4월 12일)

한국 서울,
1886년 4월 12일

F. F. 엘린우드 박사,
뉴욕 시 센터 가(街) 23

친애하는 박사님,

감리교회 선교부 소속의 스크랜턴 여사는 최근 저에게 찾아와서 자기 집 앞에 있는 건물들을 여병원 용도로 구입하려는데, 가격이 너무 비싸기 때문에 정부의 도움을 받아 터무니없는 가격을 좀 낮추어 줄 수 없는지 상의하였습니다. 그녀는 자신들이 이곳으로 조만간 올 여의사를 위하여 사람을 일본으로 보냈다고 말하였습니다. 이런 상황에서 어쨌든 그들은 병원을 가질 것이기 때문에 아무것도 하지 않는 것보다 돕는 것이 더 우호적이고 기독교적이라고 생각하였기에 저는 왕궁의 '중개인'에게 그것에 대해 말하였습니다. 그러나 바로 그때 데니 판사가 왔고 모든 것이 중단되었습니다. 약 2주일 후에 저는 스크랜턴 여사에게 제가 그것에 대해 아무것도 할 수 없었다고 말하였는데, 지금은 데니 판사가 여기에 있기 때문에 그녀는 저의 도움을 필요로 하지 않을 것입니다.

며칠 동안 저는 궁궐의 여자들이 치료를 받기 위하여 저의 집을 비밀리에 방문하였기 때문에 매우 바빴습니다. 위의 대화가 있은 다음 날, 신분이 매우 높은 2명을 포함하여 12명의 여자들이 저의 집으로 왔습니다. 그날 우연히 병원에서 근무하는 주간(週間)이었고, 학교에서 소년들에게 막 가르치려고 하고 있었기에, 저는 헤론 박사에게 쪽지를 보내 (대신) 일을 부탁하였지만, 그는 그것을 할 수 없다고 말하였습니다. 그렇기 때문에 오후 3시에 저는 약 30명의 환자들이 병원에서 기다리고 있다는 전갈을 받았습니다. 저는 처음으로 진료에 늦었고, 깊이 후회하였습니다. 또한 저는 그날 진료해야 할 중요한 외국인들이 많아서 밤이 될 때까지 갈 수 없었습니다. 우연히 그 '중개인'을 만나서 이렇게 일을 계속할 수 없으며, 그들은 궁궐의 이 여성들을 위하여 진찰할 장소를 준비하던가 아니면 여성 병원을 시작해야만 할 것이라고 불평을 하였습니다.

저는 더 이상 그것에 대하여 생각하지 않았으며, 이는 단순한 사적인 대화이었기 때문에 더 진행될 것이라 여기지 않았습니다. 하지만 그는 두 가지 일을 엮어 그날 밤에 왕과 이야기를 하였습니다. 제가 요구하는 모든 것을 저를 위해 도와줄 준비가 되어 있는 왕은 즉시 그 일이 이루어지도록 명령하였습니다. 이전에도 제가 요청한 모든 것을 즉시 도왔던 왕은 즉시 그렇게 하겠다고 말하였습니다. '스크랜턴 부인에게 여병원을 주고, 의사의 부담을 덜어 주어라.' '중개인'이 다음 날 와서 그것은 이미 준비되었으며, 왕이 제가 요청서를 작성하여 외아문으로 보낼 것을 바란다고 이야기하였을 때 저는 매우 놀랐습니다. 그는 그것을 바로 처리할 것입니다.

저는 우리가 할 수 있는 최상의 방식은 최선을 다하여 그들이 이렇게 기관을 얻게 함으로써, 우리는 반감의 모든 원인을 제거하고 특정 영역 안에 그들이 있게 하며, 정부는 의료 사업의 책임자로서 저를 여전히 인식할 것이기 때문에 어떤 의미로 우리는 양 선교부의 사역을 조절할 수 있을 것으로 생각하였던 것입니다. 저는 그들에게 적합한 제안서를 써냈지만58) 언더우드와 헤론은 좋아하지 않았습니다. 그들은 이 특권을 그들에게 주는 것은 옳지 않다고 생각하였으며, 우리 자신들을 위하여 이것을 확보하는 것을 선호하였습니다. 그래서 저는 거의 감지하지 못하는 사이에 다소 미묘한 위치에 놓이게 되었습니다.

우리(저)는 선교부 모임을 소집하여 선교사인 저는 선교본부의 대표로 그 권한을 가진 선교사로 발언하였으며, 만일 그들이 나의 행동을 좋아하지 않는다면 그들이 제가 준수할 영향력 있는 해결책을 제시하여야만 한다고 언급하였습니다. 그들은 그렇게 하였으며 또한 우리 위원회를 위하여 제가 이러한 특권을 받아들일 것을 요청하였습니다. 우리는 이에 대해 스크랜턴 부인에게 이것을 통보하였고,59) 그 후 논의를 위해 그녀를 만났습니다. 물론 그녀는 실망하였고, 가장 큰 힘을 가진 우리가 가능한 한 모든 것을 다 차지하려 한다고 넌지시 표현하였습니다. 이는 반감을 더 야기할 것이지만 스크랜턴 박사가 병원에서 일에서 면직되었던 지난 봄보다 더하지는 않을 것입니다. 그 비난은 저에게 쏟아지고 있고, 저는 그것을 참을 수 있습니다.

저는 중개인에게 우리는 제중원과 연관시키는 것이 여병원에 더 좋을 것

---

58) Horace N. Allen (Seoul), Letter to Yong Sik Kim (Pres., Korean For. Office) (Apr. 9th, 1886)
59) Horace N. Allen (Seoul), Letter to Mary F. Scranton (Methodist Mission, Seoul) (Apr. 10th, 1886)

으로 평가한다고 설명하였습니다. 그는 이것을 이해하고 전적으로 동의하였습니다. 그는 그것을 왕에게 설명하였고, 저는 제안서를 보냈습니다. 제안서의 사본을 이 편지에 동봉합니다. 즉시 이곳으로 여의사를 보내시거나 혹은 그렇게 하지 않을 것임을 우리에게 알리시는 것이 박사님께서 지금 하셔야 할 일입니다. 이전에 제가 종종 말씀드렸듯이, 만약 감리교회 사람들이 먼저 한 명을 확보한다며 그들은 그녀를 궁궐에 소개하고 우리를 몰아낼 수도 있습니다. 데니 판사가 이곳에 있고 선교부에 호의적이기 때문에, 더욱 이것이 사실입니다. 데니 판사의 말 한 마디면 상황이 쉽게 끝날 수 있습니다. 우리는 지난해 너무나도 절실하게 그 필요성을 느꼈고, 그래서 루미스 씨는 우리와 함께 일본의 포터 여의사[60]를 즉시 확보하려고 열심히 노력하였지만, 실행 불가능해 보였습니다. 헤론 박사는 박사님으로부터 여의사에 대한 편지를 어제 받았는데, 그는 박사님께 그녀를 즉시 보내달라고 전보를 칠 것이라고 생각합니다.

정부(제중원) (의)학교는 3월 29일 개교하였으며, 2주 동안 매우 성공적으로 운영되고 있습니다. 학생들은 명석하고 매우 빠르게 배우고 있습니다. 병원은 두 번째 해를 시작하였으며, 연례보고서를 펴내느라 바쁩니다.

데니 판사는 한참 지난 뒤에야 내아문의 협판 겸 외아문의 법률고문의 직책이 주어졌습니다. 그는 매우 의기소침한 시간을 보냈으며, 중국에서 살며 결코 느끼지 못하였던 중국의 비열한 이중성 몇 가지를 알게 되었습니다. 그가 임명될 직책에 대하여 처음 알게 된 것은 정부의 고문이 될 것이라고 말하였던 리홍장(정직한 중국인?)을 통해서였는데, 그가 왕 앞으로 써준 소개장은 그가 말한 바와 같은 내용이었습니다. 판사가 여기에 도착하였을 때, 중국 공사는 그 자신이 정부 고문이 될 것이라고 언급하였으며, 판사는 단지 외아문의 변호사가 될 것이라고 하였습니다. 판사는 그가 왕에게 보냈던 편지를 요구하였습니다. 이것은 제공되지 않았지만 포크 씨는 그것의 사본을 구하였으며, 원본 편지에는 단순히 외아문의 변호사가 될 것이라고 언급되었기 때문에 리홍장이 판사에게 위조된 사본을 주었다는 것이 증명되었습니다.

한국인들은 일의 상황을 파악하고 포크 씨에게 사의를 표하였으며, 그 판사에게 적절한 직책을 주었습니다. 그러나 중국과 그의 싸움은 이제 막 시작된 것에 불과하였으며, 이 일로 인해 그는 의심할 여지없이 한국의 더 좋은 친구가 될 것입니다.

---

60) 오사카 선교부의 가나자와에서 활동하던 제임스 B. 포터(James B. Porter, 1854. 10. 16~1904. 9. 30)의 부인인 새러 K. 커밍스 포터(Sarah K. Cummings, 1847. 7. 27~1925. 6. 4)를 말한다. 1883년 시카고 여자의과대학을 졸업하였다.

하지만 그의 급여는 너무나도 터무니없었으며 한국인들은 연간 7,500달러를 예상하였습니다. 그는 두 배를 요구하였습니다(12,000테일[61]). 왕은 '중개인'을 저에게 보내어 너무 많은 것은 아닌지 물었습니다. 이런 일은 다루기 가장 까다로운 것이며, 저는 아마도 미국에서 개업하면 그 정도 벌었을 것이라는 언급만 할 수 밖에 없었습니다. 그는 현재 10,000달러를 받으려 이야기하고 있지만 아직 결정되지 않았습니다.

정세를 요약하면 이렇습니다. 중국은 이 나라를 지배하기로 결정하였습니다. 중국 세관의 로버트 하트 경은 한국 세관을 운영하고 있으며, 심지어 저의 보고서도 그에게 제출해야 했습니다. 한국은 슈펠트 제독을 알고, 그가 고문으로 활동해 주기를 원하였습니다. 그들은 그를 부르러 사람을 보냈고 그는 출발하였는데, 그 일이 거의 2년 전의 일입니다. 제독과 리홍장은 적대 관계에 있습니다. 리홍장은 데니 판사를 그 자리에 앉히기 위해 그가 (한국으로) 오도록 전보를 보냈습니다. 두 사람은 샌프란시스코에서 만났으며, 제독은 정세를 이해하고 더 이상 오지 않았습니다. 데니 판사는 상하이로 왔습니다. 조선을 좌절시킨 리홍장은 데니가 돌아가는 것을 허락하였습니다. 그러나 한국은 프릴링하이젠 (국무장관)이 약속한 고문 문제로 미국 대표와 정부를 괴롭혔으며, 그들이 고문을 확보할 수 없을 것처럼 보이기 시작하였습니다. 그 무렵 리홍장은 다시 데니를 위해 사람을 보냈으며, 마침내 그는 여기에 있습니다. 비록 그가 중국에 호의적이긴 하였지만 그들은 그를 원하지 않았는데, 중국이 감당하지 못할 정도로 지나치게 정직하였기 때문입니다. 그를 내쫓을 수도 없어 그를 통제할 수 있는 자리에 배치하기를 원하였습니다. 이것이 포크 씨가 이해하는 것이며, 그는 전체 상황을 아는 유일한 사람입니다. 저는 이곳에서 중국과 너무 많은 관계를 맺고 있기 때문에 발표할 수 없습니다. 하지만 저는 박사님께서 이 일을 알고 계셨으면 합니다.

제 아내가 박사님께 안부를 전합니다.

안녕히 계십시오.
H. N. 알렌

---

61) 중국의 옛 통화 단위인 테일(tael)은 보통 은(銀) 37.7그램을 의미한다.

Horace N. Allen (Seoul),
Letter to Frank F. Ellinwood (Sec., BFM, PCUSA) (Apr. 12th, 1886)

Seoul, Korea,
April 12th, 86

Dr. F. F. Ellinwood,
23 Centre St., N. Y.

My dear Doctor,

Mrs. Scranton of the Methodist Mission came to me recently concerning some buildings in front of her place which she wished to get for a woman's hospital, but the price was too high and she wanted me to get government aid in making the man reduce his exorbitant charges. She said they had sent to Japan for a lady physician who would be here soon. Under the circumstances I thought it would be more friendly and Christian to help than not to, especially as they will have the hospital anyway, I therefore spoke to the Palace "go-between" about it, but just then Judge Denny came, everything was dropped and after some two weeks I told Mrs. Scranton I had not been able to do anything about it, and now, as Judge Denny was here, she would not need my assistance.

I had been greatly rushed for some days previous by Palace ladies coming privately to my house for treatment. The next day, after the above conversation, twelve of these ladies, two of whom were very high in rank, came to my house. It chanced to be my hospital week and I was just starting also to teach my boys in the school, I sent Dr. Heron a note asking him to do the work but he says he couldn't read it. Therefore at 3 P. M. I got word that the patients, some 30, were waiting for me at the hospital. It was the first time I was ever late at the work and I regretted it deeply. Having a lot of important foreign cases to attend to that day also, I didn't get around till after night. Happening to see the "go-between" I complained that I couldn't keep this up, either they would have to arrange a place for examination of these women in the Palace or they must start a woman's hospital.

I thought no more of it and as it was simply a private conversation I didn't suppose it would go farther. He put the two things together, however, and talked it over with the King that night. His Majesty ever ready to help me in all I ask, at once said it shall be done. Give the Mrs. Scranton a hospital for women and relieve the Dr. It was a great surprise when the "go-between" came next day and told me that it was already and the King wished me to make out the request in writing and send it to the Foreign Office. He would put it right through.

Well, I thought the best thing we could do was to make the best of it and get the institution for them as in this way we would lay them under obligation to us, remove all cause of ill feeling, keep them within bounds, and as the Government would still recognize me as at the head of the medical work we could in a sense regulate the work of both missions. I wrote off a proposal which suited them, but Messrs. Underwood and Heron didn't like it. They thought it was not right to give them this privilege and preferred keeping it for ourselves. I was then placed in a rather delicate position to which I had been led up almost inperceptively. We (I) called a Mission Meeting in which I stated that as a missionary I was under their jurisdiction as representatives of the Board, and if they did not like my actions they must make a resolution to that effect, by which I would abide. They did so, and also made another one requesting me to receive these privileges for our own Board. We communicated this to Mrs. Scranton and afterward met her in consultation. She was disappointed, of course, and implied that we having the longest arms were anxious to take in all we could. It will cause more ill feeling but not more than the ones last spring when Dr. S. was relieved of work in the Hospital. The blame comes on me and I can bear it.

I explained to the "go-between" that we considered it better to have the woman's hospital connected with the General Hospital. He saw it and agreed fully. He explained it to the King and I sent in the proposal, a copy of which I herein enclose. It will now be incumbent upon you to get a lady Dr. here at once, or let us know that you will not do so. As I have often said before, if the Methodists get one in first, they may get her to the Palace and cut us out. This is especially the case since Judge Denny is here and favorable to missions. A word from him could easily settle the case. We felt the necessity so keenly last year that Mr. Loomis tried hard with the rest of us to get Mrs. Dr. Porter over at once from

Japan, but it seemed impracticable. Dr. Heron received a letter from you, concerning a lady Dr., by the mail yesterday, I presume he will cable you to send her at once.

The government school opened March 29th and has been running very successfully for two weeks. The students are bright and learning very fast. The Hospital has commenced its second year and I am busy getting out an annual report.

Judge Denny has, after quite a delay, been given the rank of Vice President in the Home Office and Legal Adviser to the Foreign Office. He has been having a most disheartening time and has gotten an idea or two of the contemptible duplicity of the Chinese that his life in China failed to give him. The first knowledge he had of the position he was to occupy came from Li Hung Chang (the honest Chinaman?) who told him he was to be Adviser to the Government, and gave him a letter to the King, the copy of which agreed with his statements. When the Judge got here, the Chinese Minister stated that he himself was to be the Governmental Adviser and the Judge was to be simply a lawyer in the Foreign Office. The Judge asked for the letter he had sent the King. It was not produced but Foulk got a copy of it and it was proved that Li Hung Chang had given the Judge a false copy, since the original letter stated that the Judge was to be simply a lawyer for the Foreign Office.

The Koreans were shown the state of things, thanks to Mr. Foulk and have now settled the Judge properly, but his fight with the Chinese was only just begun, and it will doubtless make him a better friend to Korea. He was very exhorbitant in his charges, however, the Koreans expected him for $7,500 per year. He demands twice that (Taels 12,000). The King sent the "go-between" to me to ask if that was not too high: it was a most delicate thing to handle and I could only say that perhaps his practice in America amounted to that. He talks now of taking ($10,000) but it has not yet been decided.

The position in short is this. China is determined to rule this country. Sir Robert Hart of the Chinese Customs runs the Korean Customs and even my report had to go to him. The Koreans knew Commodore Shufeldt and wanted him for Adviser. They sent for him and he started, that was near two years since. The Commodore and Li Hung Chang are enemies. The latter cabled Judge Denny to come, intending to put him in the place. The two met in San Francisco and the Commodore, seeing how the land lay did not come further. The Judge came on the Shanghai. Having thwarted the Koreans Li Hung Chang allowed Denny to return. But the Koreans kept pestering the U. S. Representative and our Govn't for the Adviser, which Frelinghuysen had promised and it began to look as though they would never get him. Then Li Hung Chang again sent for Denny and he is at last here. They don't want him, though, for though in sympathy with the Chinese, he is too honest for them and as they can't run but they wish to place him where they can control him. This is exactly as Mr. Foulk understands it, and he is the only one that knows the whole affair. This I cannot publish as I have too much at stake with the Chinese here. But I wish you to know it.

With kind regards from Mrs. Allen,

I remain Yours Sincerely,
H. N. Allen,

호러스 G. 언더우드(서울)가 프랭크 F. 엘린우드(미국 북장로교회 해외선교본부 총무)에게 보낸 편지 (1886년 4월 16일)

한국 서울,
1886년 4월 16일

엘린우드 박사님께,

　박사님께서 알렌 박사와 헤론 박사로부터 '여병원' 문제에 대하여 충분히 설명을 들으셨으리라 생각합니다. 그것은 다소 유감스러운 일로써 처음에는 두 선교부 사이의 우호적인 관계가 파괴될 정도로 위협적이었습니다. 하지만 현재에는 모든 것이 순조롭게 해결되었으며, 사실 아펜젤러 씨는 그 일에 대한 우리 측의 견해를 들은 후, 자신의 선교부도 유사한 상황이었다면 그렇게 했었을 일에 불과하다고 결론을 내렸습니다. 현재 스크랜턴 박사는 아직도 그 일에 대하여 다소 감정이 상해 있지만, 혼자만 그렇습니다. 헤론 박사는 다소 불행한데, 그[스크랜턴 박사]가 이번 일과 제중원에서 일어난 이전 일의 배경에 헤론이 있으며, 알렌 박사나 제가 그를 설득할 수 없을 것이라고 결론을 내렸기 때문입니다.

　저는 요즘 매일 제중원 의학교에 나가며, 소년들은 대단히 잘 하고 있습니다. 그들은 두뇌가 명석하며, 한국을 위하여 유용한 사람이 될 것이라고 저는 믿고 있습니다.

(중략)

Horace G. Underwood (Seoul),
Letter to Frank F. Ellinwood (Sec., BFM, PCUSA) (Apr. 16th, 1886)

Dear Dr. Ellinwood:

I suppose that you have had a full account of the matter of the "Woman's Hospital" from both Drs. Allen and Heron. It was a rather unfortunate affair and at first threatened to destroy the friendly relations between the two missions It has however all been smoothed over now, and in fact Mr. Appenzeller, as soon as he had heard our version of the affair, decided that it was nothing more than their mission would have done under similar circumstances. Dr. Scranton is at present still rather put out about the matter but he is the only one. It is rather unfortunate for Dr. Heron as he has decided that Dr. Heron has been at the bottom of this affair and also the former affair in the present hospital and nothing that either Dr. Allen or I can say to the country will dissuade him.

I am now going everyday to the hospital school and the boys are doing very well. They are a bright set and will I trust make some useful man for Korea.

(Omitted)

호러스 N. 알렌(서울)이 메저스 홀 앤드 홀츠(상하이)로 보낸 편지
(1886년 4월 18일)

한국 서울,
1886년 4월 18일

메저스 홀 앤드 홀츠

저에게 [다음 물품을] 보내 주세요.

동봉한 의복 크기의 아기용 낮고 편평한 신발 두 짝
같은 크기의 면양말 반 다스
2세 아이를 위한 밀짚 선원 모자
크기 4½인 여자용 아담한 실내화 1벌
끈이 있는 남자용 보행화 ___호 1벌
남자용 검은색의 뻣뻣한 중산모자 1개 - 대단히 높지 않은 춤, 원뿔형이
    아닌 것, 양태가 잘 말려 있는 것
같은 크기의 멋진 밀짚모자 1개 - 양태가 편평하지 않은 것, 손질하지 않
    은 끈을 선호함, 검은 색 끈

안녕히 계세요.
H. N. 알렌, 의학박사

켈리 앤드 월시가 동봉하도록 약 8권의 책을 곧 보낼 것입니다.

Horace N. Allen (Seoul),
Letter to Messrs Hall & Holtz (Shanghai) (Apr. 18th, 1886)

Seoul, Korea,

Apl. 18/ 86

Messrs Hall & Holtz

Please send me

Two pair baby's low plain shoes size of enclosed dressing.

½ dz cotton socks same size.

1 straw sailor hat for child 2 yrs

1 Pr. ladies cosy slippers, size 4½

1 ″ Mens laced walking shoes No. ___

1 Mans black stiff derby hat - Not very high crown, Not conical, Well rolled
   brim. No.

1 good straw hat same size. - Not a flat brim, Rough braid preferred. - black
   band.

Yours truly,

H. N. Allen, M. D,

Kelly & Walsh will send some eight books to enclose

호러스 N. 알렌(서울)이 메저스 켈리 앤드 월시(상하이)로 보낸 편지
(1886년 4월 18일)

한국 서울,
1886년 4월 18일

메저스 켈리 앤드 월시,
상하이

안녕하십니까,

'華英字典'이라는 중한사전 한 다스, 그리고 또한 오페라 페이션스, 페리언스의 해적, 졸란테와 마키도의 대사(臺詞)를 나에게 보내주세요

나는 그것들이 각각 50센트의 비용이 들것이라고 생각합니다. 만일 그 액수의 약 두 배로 음악이 제공될 수 있다면 나는 음악을 선호할 것입니다.

내가 주문하고 있는 일부 상품과 함께 선적되도록 홀 앤드 홀츠로 보내주세요.

안녕히 계세요.
H. N. 알렌, 의학박사

Horace N. Allen (Seoul),
Letter to Messrs Kelly & Walsh (Shanghai) (Apr. 18th, 1886)

Seoul, Korea,

Apl. 18/ 86

Messrs Kelly & Walsh,

    Shanghai

Gentlemen

Please send me one dozen of the Chinese into English dictionarys called 華英字典, also the words of the Operas Patience, The Pirates of Perryance, Jolanthe and Mikado.

I suppose they will cost about 50c each. If the music can be furnished for about twice that am't I would prefer the music.

Send to Hall & Holtz to be shipped with some goods I am ordering.

Yours truly,

H. N. Allen, M. D.

18860420

호러스 N. 알렌(서울)이 프랭크 F. 엘린우드(미국 북장로교회
해외선교본부 총무)에게 보낸 편지 (1886년 4월 20일)

추신

4월 20일

    왕은 (여)병원 계획에 대하여 전적인 동의를 해주었으며, 이를 위해 현재 병원과 외아문 사이에 넓고 괜찮은 집을 마련할 것입니다. 그 장소는 데니 판사를 위하여 준비된 곳이었는데, 그는 다른 외국인들로부터 멀리 떨어져 사는 것에 신경 쓰지 않았습니다. 아마 현재 병원보다 더 나은 건물입니다.

    왕은 알렌 및 혜론 부인에게 궁궐에 방문하여 알현하도록 공식 초대장을 오늘 보냈는데, 저는 그들이 곧 그렇게 할 것으로 알고 있었습니다. (하지만) 두 여성은 예민한 상태에 있기 때문에 그 초대를 거절해야만 하였습니다.

    저는 우리가 잘 정착되기 위하여 실행되기를 바라는 몇 가지 조치들이 있습니다. 프랑스 인들에게 매일 기대하고 있으며, 그들은 종교적 자유를 위하여 싸울 것입니다. 지금까지는 좋습니다. 그러나 저는 이곳의 사제들과 매우 친밀하며, 저와 좀 더 친밀한 베버 총영사(영국)로부터 프랑스 인 사제들이 우리를 현재 위치에서 몰아내거나 자신들이 (우리들과) 유사한 편의를 얻기 위한 움직임이 있을 것이라는 이야기를 들었습니다.

    저는 선교사들 사이의 싸움은 모두에게 매우 불행할 것이라고 생각합니다.

Horace N. Allen (Seoul),
Letter to Frank F. Ellinwood (Sec., BFM, PCUSA) (Apr. 20th, 1886)

P. S. [April] 20th

The King has given his full consent to the hospital scheme and will appropriate the large fine house between the present hospital and the Foreign Office, for the purpose. The place was fitted up for Judge Denny who did not care to live so far from the other foreigners. It is probably a better set of buildings than the present hospital.

The King sent a formal invitation today for Mrs. Allen and Mrs. Heron to visit the Palace and see their Majesties, I knew they would do so soon. Owing to both of the ladies being in a delicate condition, the invitation had to be declined.

There are certain measures I am anxious to have carried through that we may be well established. The French are daily expected and they will make a stand for religious liberty. So far so good. But, I am told by Consul Gen'l Barber (British), who is very friendly to the Priests here, and more so with myself, that a move will be made by the French Priests to either get us out of our position or get similar advantages for themselves. A missionary war will be most disastrous to all sides, I think.

18860422

[제중원 약값] 헨리 F. 메릴(해관 세무사)이 통리교섭통상사무 아문 으로 보낸 문서 (1886년 4월 22일, 광서 12년 3월 19일)

[Cost of Medicines for Jejoongwon] Henry F. Merrill (Chief Commissioner of Customs), Report to President of Foreign Office (Apr. 22nd, 1886)

(......)

2월 초 1일 (외아문에서 붙여 지급한 제중원에서 사들인 약값의 은) 은화 750원

(......)

통정대부 호조참의함관 해관총세무사 묵현리

통리교섭통상사무아문

광서 12년 3월 19일

세자 제44호

(......)

二月 初一日[付至外衙門 以支給 濟衆院 貿來藥之價銀] 銀七百 五十元正

(......)

通政大夫 戶曹參議銜管 海關總稅務司 墨賢理

統理交涉通商事務衙門

光緒 十二年 三月 十九日

稅字 第四十四號

알렌 박사의 일기 제1권(1883~1886년) (1886년 4월 25일)

1886년 4월 25일 (일)

오늘 한국에서의 첫 개신교 세례가 거행되었다. 스크랜턴 박사와 아펜젤러 목사의 딸들, 또한 아펜젤러 목사의 도움으로 연락이 된 일본인인 일본 공사관 소속의 일본어-영어 통역관[62])도 세례를 받았다. 나는 지난 주에 여병원과 관련하여 [메리 F.] 스크랜턴 부인을 도와주기로 동의함으로써 우리 형제들과 큰 불화를 겪었다. 편지 사본을 볼 것. 지난 주 알렌 부인, 헤론 부인은 입궐하여 왕과 왕비를 알현하라는 요청을 받았으나 아이들과 함께 너무 인원이 많았기 때문에 이를 거절하지 않을 수 없었다. [당초] 나는 감리교회 소속 숙녀들을 데려 가겠다고 요청하였었는데, 거절되었다. 대신 우리 장로교회 부인들이 입궐 요청을 받았다. 데니 판사는 오늘 톈진, 베이징 및 상하이를 방문하기 위하여 떠났으며, 조만간 아내와 함께 돌아올 것이다.

---

62) 하야카와(早川) 테쯔야이다. 그는 1885년 가을에 한국으로 부임하였다.

Dr. Allen's Diary No. 1 (1883~1886) (Apr. 25th, 1886)

April 25[th, 1886 (Sun.)]

Today the first protestant baptism took place in Korea. The infant daughters of Dr. Scranton and Rev. Appenzeller being baptized, as also the Jap.-English interpreter of the Japanese Legation, a native of Japan connected instrumentality of Rev. Appenzeller. I got into great trouble within brethren last week by agreeing to help Mrs. Scranton to a female hospital. See letter copies. Mrs. Allen and Mrs. Heron were asked to come and see the King and Queen last week, but being big with child they had to decline. I had asked to take the Methodist ladies to the Palace but permission was refused. Our wives were asked instead. Judge Denny left for Tientsin, Peking, and Shanghai today, will return soon with his wife.

호러스 N. 알렌(서울)이 샌프란시스코 크로니클의 편집장에게 보낸 편지 (1886년 4월 28일)

한국 서울,

1886년 4월 28일

안녕하십니까,

저는 편지의 견본 사본을 동봉합니다. 만일 귀하께서 그것을 저에게 유익하게 하실 수 있다면 저는 기꺼이 귀하께 보내드리겠습니다. 저는 귀하의 지위에서 인기가 있는 주제를 특별히 참고하여 이 글을 썼습니다. 제가 쓴 것으로 알려지면 저에게 큰 피해가 있을 것입니다. 저는 한국인들이 중국의 멍에를 벗어버리도록 돕고 싶지만 이곳에서 저의 위치를 잃을 수는 없습니다. 그래서 저는 제 방식대로 글을 씁니다. 제 이름은 꼭 지켜주세요.

제가 신뢰할 수 있다는 것을 귀하께서 알 수 있도록 저는 한국 정부의 관리이자 왕실의 의사임을 밝힙니다. 정부가 통제하는 정부병원을 맡고 있습니다. 저는 또한 일본 공사관, 영국 총영사관의 의무관입니다. 개인적인 계약에 따라 저는 미국, 러시아 및 중국 공사관, 그리고 독일 총영사관의 의사이며, 세관의 의사이기도 합니다. 그리고 진행 중인 모든 소식을 알고 있습니다. 우리는 지금 한국에 숨어 있는 두 명의 국제 사기꾼을 추적하고 있습니다. 흥미로운 기사가 될 것입니다.

안녕히 계세요.

H. N. 알렌, 의학박사

Horace N. Allen (Seoul),
Letter to the Editor of the Chronicle (Apr. 28th, 1886)

Seoul, Korea,

Apl. 28/ 86

My dear Sir,

I enclose a sample copy of a letter. The like of which I am willing to send you if you can make it profitable to me. I have written this with especial reference to the popular issues in your state. It will do me great harm should it be known that I wrote it. While I would wish to help the Koreans in throwing off their Chinese yoke, yet I can't afford to lose my position here. Hence I write as I do. Please keep my name to yourself.

That you may know I am responsible, I will state that I am an officer in the Korean Govrn't, Physician to the Royal Family. In charge of the Govrn't Hospital, by Govrn't control. I am also of the staff at the Jap. legation and English Consulate General, as medical attache. By private contract I am physician to the U. S., Russian, & Chinese Legation and the German Consulate Gen'l, am also Customs Surgeon. And know all the news that is going. We are just now tracking up a couple of international swindlers who are hiding in Korea. It will make an interesting article.

Yours very truly,

H. N. Allen, M. D.

호러스 N. 알렌(서울), 한국의 정세 (1886년 4월 28일)

한국의 정세

한국은 더 이상 '은자의 왕국'이라 불릴 자격이 없다. 한국은 현재 자국의 항구와 일본 및 중국의 항구 사이를 운항하는 3척의 증기선을 통하여 외부 세계와 매주 소통하고 있다. 이 항로 중 두 개는 일본 자본이 운영하고, 다른 하나는 독일인과 중국인이 소유하고 있다. 미국인은 한국의 해안과 강을 운항하는 계약을 맺어 수익성이 매우 좋았지만 다른 일에 몰두하게 되었고 허용된 시간이 만료될 때까지 한국에서의 이익을 소홀히 하였다.

베이징으로 가는 육로 전신선은 또한 한국의 수도인 서울을 만국 통신망과 연결시킨다.

일본, 중국, 미국, 영국, 독일, 러시아와 조약이 비준되었다.

이들 열강의 각국은 외교사절들이 이곳에 거주하고 있으며, 프랑스 인들은 매일 조약 체결 위원회에 참석해야 한다. 프랑스 인들은 한국에 대한 소유권을 증명하고 종주권을 행사하는 중국의 침략에 열렬한 주의를 기울여 보호할 것으로 기대되기 때문에 특히 한국인의 환영을 받고 있다.

왕은 대단히 진보적이며, 이집트의 헤디브가 저지른 것과 같은 실수를 저질러 현대 문명에 너무 성급하게 착수하여 국가를 파산시킬 위험에 처해 있다. 그는 매우 현명하게 일찍 외국인 고문을 요청하였고, 중국인은 그에게 아시아 문학에 정통하였지만 그가 시작하도록 요청받은 기관 중의 하나인 세관 업무를 제대로 수행할 실제적인 요소에 대해서는 거의 알지 못하는 독일인을 빌려주었다. 또한 매우 전망 있는 사고방식을 가지고 있다. 그는 세관을 엉망으로 만들었을 뿐만 아니라 정부가 시기가 적절하기 않고 비실용적인 많은 계획에 착수하도록 하였다.

미국인 상인들이 기계과 도구를 실은 샌 파블로를 이곳으로 보내어 일종의 박물관과 한국 무역의 미끼로 사용하도록 유도한 것도 바로 그이었다. 화물은 그의 대리인에게 위탁된 상하이에 도착하였고, 이곳에서 그것에 대하여 더 이상 들은 것이 없다.

그는 정부가 부피가 큰 현재의 구리 주화를 대신할 화폐 주화를 위하여 전환국에 투자하도록 유도하였다. 이 기관을 위하여 10만 달러에 달하는 기계가 관리 및 기술자들과 함께 독일에서 반출되었으며, 그것은 이제 그들의 손에 진정한 '하얀 코끼리'처럼 놓여 있다. 그리고 그들이 그것으로 무엇을 할 것인지 결정하려고 하는 동안 건물은 올라가고 급여와 기타 비용은 호조(戶曹)의 큰 구멍을 먹고 있다.

그는 여러 관리들에게 조금씩 모습을 보인 후, 이 남자는 마침내 해고되었고, 많은 채권자들과 함께 그의 충고와 이윤이 의심스러운 기관에서 여러 번의 시도로 실패하여 한국인들은 훨씬 더 가난해졌다. 무엇보다 모든 외국인들에 대한 그들의 믿음이 다소 흔들리고 있다는 사실이 더 나쁘다.

이러한 상황에서 전 상하이 주재 미국 총영사이었던 데니 판사가 정부 고문으로 국가를 장악하고 있다. 그의 앞에 모든 명확한 길을 찾는 대신 그는 업무를 계속할 수 있게 되기 전에 먼저 업무를 위한 공간을 깨끗하게 해야 한다. 그리고 심사숙고할 수 있는 모든 것에는 항상 만나게 되는 불신의 요소가 있을 것이다.

한국인들은 미국 공사가 부재한 상황에서 대리 영사로 활동하고 있던 미국 해군의 조지 C. 포크 중위의 도움을 잃게 될 전망에 매우 슬퍼하고 있다. 파커 공사의 도착은 이곳에서 그의 직무를 덜어줄 것이고, 한국인들은 그가 그 나라의 정책과 관습에 대하여 다른 어떤 외국인보다 더 잘 알고 있기 때문에 그를 기꺼이 받아들일 것이다.

지난 6개월 동안 세관은 이전에 중국 세관과 연관이 있었던 미국인의 관리 하에 있었다. 그는 그것을 적절한 토대 위에 놓았고, 좋은 결과를 얻는데 성공하였다. 지난 5개월 동안의 수입은 15만 달러이었으며, 교역은 지속적으로 증가하고 있다.

지방에 사용 가능한 위치에 풍부한 광산이 있는 것으로 알려져 있다. 이 광산을 여는 것이 정부의 의도이며, 현재 외국인은 그 방향으로 답사하고 있다. 금가루의 수출액은 연간 50만 달러가 넘지만 금은 거의 채굴되지 않았다고 할 수 있다. 은, 구리, 철 및 다른 금속은 다소 풍부하게 존재하는 것으로 알려져 있다.

정부는 개틀링 기관총과 탄약의 선적을 막 받고 있다. 궁궐을 위하여 완전한 에디슨 전기 조명 장치가 외국식 테이블 서비스와 상당한 가구와 함께 조달되었다. 그들은 또한 분말 제조를 위한 완전한 장비를 구입하였다. 필요한 건물은 현재 건립 중에 있다. 곧 기계가 들어올 예정이다. 해안 무역을 계속하고 공물 쌀을 수도로 가져오기 위하여 각각 약 400톤 크기인 외국 건조 기선의 구매를 위한 협상이 막 마무리되고 있다. 현재 이 운반은 일본과 독일 선박에 의하여 수행되고 있으며, 한국인이 직접 수행하게 되면 상당한 비용을 절약할 수 있다.

미국 정부는 해군 장교 중 한 명이 한국 정부에서 근무하도록 허가하였으며, 월머 중위가 선발되었다. 그는 해안의 측량과 해군과 관련된 다른 문제와 관련이 있어야만 할 것이다. 미국 육군은 한국군을 훈련시킬 것으로 예상되며, 또한 한국으로 올 것으로 예상되는 미국인 교사들을 위한 집도 이미 마련되어 있다.

외국산 옷감이 이 나라의 모든 남자, 여자, 어린이의 의복으로 사용되고 있다. 등유는 일반적으로 사용되는 조명 액체이다. 시계는 다소 일반적이며, 한국인들은 많은 작은 물품들을 열성적으로 구매한다. 미국인들은 이곳에서 인기가 많으며, 한국인들은 무역이 대부분 우리 국민들의 손에 있는 것을 보고 기뻐할 것이다.

Horace N. Allen (Seoul), Affairs in Korea (Apr. 28th, 1886)

Affairs in Korea

Korea is no longer entitled to be called the "Hermit Kingdom." She is now in weekly communication with the outside world, by means of the three lines of steamers that fly between her ports and those of Japan and China. Two of these lines are conducted by Japanese capital the other is owned by Germans and Chinese. An American had a contract for navigating the coasts and rivers of Korea, which would have proved very profitable, but he became engaged in other matters and neglected his Korean interests till the time allowed for commencing had expired.

The overland telegraph line to Pekin also gives the capital of Korea, Seoul, connection with the universal telegraph system.

Treaties have been ratified with Japan, China, America, England, Germany, and Russia. Each of these powers have their representatives living here and the French are daily expected on their treaty forming commission. The French are especially welcome to the Koreans, since they will be expected to guard with a zealous care, the encroachments of China, which proves claims and exercises the suzerainty over this country, much to the latter's annoyance.

The King is very progressive and is in danger of making the same mistake as was made by the Khedine of Egypt, in embarking too rashly into modern civilization and thus bankrupting his country. He very wisely asked for a foreign adviser early, The Chinese loaned him a German, who was well versed in Asiatic literature but knew little of the practical makings of a properly conducted Customs service, which was one of the institutions he was asked to start. Being also of a very visionary turn of mind. He not only made a mess of the customs department, but got the government to embark in many ill timed and non-practical schemes.

It was he who induced American merchants to send the San Pablo out here with her cargo of machinery and implements to be used as a sort of museum and bait for Korean trade. The cargo was landed at Shanghai consigned to his agents and no more has been heard of it here.

He induced the Government to invest in a mint for the coinage of a currency to take the place of the present bulky copper coin. Machinery to the amount of $100,000 was brought out from Germany with officers and artisans for the institution it now rests like a veritable "white elephant" on their hands. And while they are trying to decide what they shall do with it the buildings are going up and the salaries and other expenses are eating a large hole in the treasury.

After being, little by little, shown of his various officers, this man was finally dismissed, leaving the Koreans much the poorer for his advice, with many creditors, and a number of unsuccessful attempts at institutions of doubtful profit. Worse than all is the fact that their faith is more or less shaken in all foreigners.

It is in this condition that Judge Denny, former U. S. consul General to Shanghai takes hold of the country as adviser to the government. Instead of finding the way all clear before him he must first clear a place for work before he can go ahead. And in everything he may contemplate there will always be an element of distrust to encounter.

The Koreans are very sad at the prospect of losing the help of Leut. Geo C. Foulk of the U. S. Navy who has been acting *Charge d'Affairs* in the absence of a U. S. Minister. Minister Parker's arrival will relieve him of his duties here and the Koreans would be glad to take him into their service as he knows more about the country its policy and customs than any other foreigner.

The customs has, for the past six months, been under the management of an American, formerly connected with the Chinese Customs. He had placed it on a proper basis and succeeded in getting good results from its makings. The receipts for the past six months have been about $150,000 and trade is continually increasing.

There are known to be rich coal mines in available positions in the country. It is the intention of the government to open these mines and a foreigner is now prospecting in that direction. The export of gold dust amounts to over $500,000 per annum yet the gold can scarcely said to be worked at all. Silver, copper, iron and other metals are known to exist in greater or less abundance.

The government is just in receipt of a shipment of Gatling guns and ammunition. A complete Edison Electric light plant has been procured for the Palace, together with a foreign table service and considerable furniture. They have also purchased a complete outfit for manufacturing powder. The necessary buildings for which, are now in process of erection. The machinery is expected soon. Negotiations are just closing for the purchase of the foreign built steamers of some 400 tons each, to carry on their coast trade and bring the tribute rice to the capital. This carrying is now done by Japanese and German vessels and the Koreans will make quite a saving by doing it themselves.

The U. S. Government has given permission for one of its Naval officers to enter the service of the Korean Government and Leut. Wilmer has been selected. He will have to do with the surveys of the coast and other matters of a naval nature. US Army men are expected to instruct the Korean forces, and houses are already prepared for them as well as the American school teachers who are also expected.

Foreign sheetings are used as the clothing of every man, woman, and child in the country. Kerosene is the common lighting fluid. Clocks and watches are rather common and many smaller articles are eagerly purchased by the Koreans. Americans are popular here and it would please the Koreans to see the trade mostly in the hands of our people

18860428

호러스 N. 알렌(서울)이 뉴욕 트리뷴의 편집장에게 보낸 편지
(1886년 4월 28일)

한국 서울,
1886년 4월 28일

안녕하십니까,

한국에 대한 소개 글을 동봉합니다. 저는 귀하가 저에게 이익이 될 수 있다면 이 나라와 관련된 관심 있는 문제에 관하여 기꺼이 편지를 쓰겠습니다.

귀하께서 제가 신뢰할 수 있다는 것을 알 수 있도록 저는 한국 정부의 관리, 세관 의사, 왕실 의사, 왕실 병원 책임자이고, 계약에 의하여 영국 및 일본 정부 외교관의 의료진입니다. 개인적 계약으로 저는 러시아와 중국 공사관, 독일 총영사관의 의사이기도 하며, 진행 중인 모든 소식을 알고 있습니다.

안녕히 계세요.
H. N. 알렌, 의학박사

Horace N. Allen (Seoul),
Letter to the Editor of the *New York Tribune* (Apr. 28th, 1886)

Seoul, Korea,

Apl. 28/ 86

My dear Sir,

I enclose an introductory article on Korea. I am willing to write you concerning matters of interest pertaining to this country if you can make it profitable to me.

That you may know I am responsible I may state that I am an officer in the Korean Govrn't service, Customs Surgeon, Physician to the Royal Family, in charge of the Royal Hospital, and am by contracts with the British and Japanese Government the medical member of their diplomatic staffs here. By private contract I am also physician to the Russian and Chinese Legation and to the German Consulate Gen'l. and know all of the news that is going.

Yours very truly,

H. N. Allen, M. D.

호러스 N. 알렌(서울), 한국 (1886년 4월 28일a)

한국

1866년 '제네럴 셔먼 호'가 위험을 무릅쓰고 한국으로 왔다. 현재 그 배의 총 하나가 그 배가 파괴된 도시 근처에 있지만 이후 그 배에 대하여 아무 소식도 듣지 못하였다.

1810년 미국 함대는 조약을 맺고 '셔먼' 사업을 알아보기 위하여 왔다. 원정은 우리 병사들에게 약간의 훈련을 제공하였다는 점을 제외하고는 실패하였다. 왜냐하면 한국 요새 중 하나에서 발포되었고 전투가 계속되어 우리는 한 명의 장교를 잃고 2명이 사망하였으며 다수가 부상당하였기 때문이다. 한국인들은 거의 300명을 잃었다.

하지만 조약이 체결되었고 이제 이 은둔국은 문을 열면서 외국의 사상과 외국 기관을 모두 인정하고 위대한 이웃 중국보다 더 진보적이 되었다.

잘 갖추어지고 성공적인 통관 업무는 미국인의 통제 하에 있다. 또 다른 미국인이 성냥 공장을 운영하고 있다. 정부 조폐국이 10만 달러가 넘는 독일의 기계와 함께 건설 중이다. 전신선은 수도와 베이징을 연결하며, 외부 세계와 연결된다. 대부분 일본 자본이 소유한 증기선은 적어도 매주 우편물을 우리에게 운반한다. 철도는 수도 서울과 약 30마일 떨어진 제물포항을 연결하는 데 철도가 필요하다. 정부가 그런 일을 우호적으로 보고 있기에 권리를 확보하는 데 어려움은 없을 것이다. 왕은 특히 철도에 우호적이다.

현재 가장 필요한 것은 그들이 열심히 구입하는 외국 상품과 교환할 수 있는 무엇인가가 필요하다는 것이다. 현지 동전은 부피가 크고 구리로 되어 있다. 그것은 수출용으로 사용할 수 없으며, 대신 가죽, 금가루와 다른 제품을 대가로 준다. 석탄은 풍부하고 접근 가능한 직역에 있는 것으로 알려져 있다. 금은 다양한 양이 발견되지만 지금은 채굴되고 있지 않다.

나라가 무역을 위하여 개방되기 전에 영국 옷감이 중국 국경을 가로질러 들어 왔고, 이제는 모든 개인이 이를 옷에 사용한다. 모직물은 사용하지 않고 겨울에는 안감이 면직물인 옷을 입는다. 그들은 최고의 상품 외에는 아무것도 가질 수 없으며, ____ 국가는 매우 일반적이다. 집들을 모두 중국에서 들여온 것으로 추정되는 등유로 불을 밝히며, 현재 전국적으로 알려져 있다. 그리고 너무 흔해서 빈 깡통으로 지붕을 얹은 집을 보는 것은 특이하다.

상점은 현지 제품, 외국산 바늘, 실, 돋보기, 양탄자, 담요, 등, 시계, 성냥, 맥주 병, 그리고 모든 종류의 장신구와 함께 판매용으로 수출한다. 값싼 난로는 머지않아 큰 수요가 있을 것이다. 현재의 연료인 나무는 매우 비싸고, 석탄은 집을 난방하고 음식을 요리하는 방바닥 아래의 연도(煙道)의 설비에서 연소(燃燒)에 답을 주지 않을 것이기에 그것이 일반적으로 사용될 때 시장은 난로를 위하여 문을 열게 될 것이다.

나라의 전망은 바로 지금 예외적으로 좋다. 무역은 증가하고 있다. 새로운 나라가 열리면서 생긴 많은 내부 문제는 원만하게 해결되었다. 새로운 조약이 계속해서 체결되고 있으며, 그로 인하여 새로운 힘을 얻고 있다. 외국인들은 정부의 직책을 수락하고 업무 수행에 도움을 주고 있다. 오리건 주의 데니 판사는 정부 고문으로 도착하였으며, 동양에서 그의 명성은 더 이상 비밀 조약이 없을 것이며, 과거 관리 하에서 만들어진 결과처럼 계약을 위반하지 않을 충분한 보증이다.

Horace N. Allen (Seoul), Korea (Apr. 28th, 1886a)

Korea

In 1866 "The General Sherman" came to Korea as a venture. Nothing was ever heard of her afterwards, though one of her guns is now at a city near which she was destroyed.

In 1810 a U. S. fleet came to make a treaty and look up the "Sherman" business. The expedition was a failure except that it gave our men a little practice, for they were fired upon by one of the Korean forts and a fight ensued, in which we lost an officer and two men killed and a number wounded. The Korean loss was near 300.

Treaties followed however and now this hermit country has with opening her doors admitted both foreign ideas and foreign institutions, and become more progressive than her great neighbor China.

A well equipped and successful working customs service is under the control of an American. Another American is conducting a match factory. A Government mint, with machinery from Germany costing over $100,000, is in the process of erection. A telegraph line connects the capital with Pekin and thus with the outside world. Steamers, owned mostly by Japanese capital, give us at least a weekly mail. A railroad is needed to connect the capital, Seoul, with the Port, Chemulpo, some thirty miles distant. There would be scarcely no trouble in obtaining the franchise as the government looks with favor upon such things. The King especially is in favor of railroads.

At present the great need is for something available to give in exchange for the foreign goods which they buy eagerly. The native coin is bulky and made of copper. It cannot be used for export and hides, gold dust and other products are given in exchange. Coal is known to be abundant and in accessible localities. Gold has been found in varying quantities but it is not now being worked.

Before the country was opened to trade English sheetings found their way across the Chinese border and now every individual uses them for clothing. No woolen goods are used but the cotton cloth is lined with cotton wool in the winter time. They will have none but the best goods and ____ countries are quite common. The houses are all lighted by Kerosene which was also probably introduced from China, and is now known all over the country. And is so common that it is unusually to see houses roofed with the empty tin cans.

The shops export for sale, together with the native products, foreign needles, thread, looking glasses, carpets, blankets, lamps, clocks, watches, matches, beer bottles, and all manner of trinkets. A cheap stove will be in great demand before long. The present fuel, wood, is very expensive, and as coal will not answer for burning in the arrangement of flues under the floor by which they heat their houses and cook their food, when it comes into general use as it must soon a market will be opened for stoves.

The outlook for the country is unusually good just now. Trade is increasing. Many of the intestine troubles, consequent upon the opening of a new country, have been amicably settled. New treaties are being continually made and new strength thereby gained. Foreigners are accepting positions in the government and lending their aid in carrying on the work. Judge Denny, of Oregon, has arrived to be advisor to the Government and his reputation in the East is a sufficient guarantee that their will be no more secret treaties and violated contracts as were the result of the visionary makings under past management.

호러스 N. 알렌(서울), 인터오션(시카고)의 편집장에게 보낸 편지
(1886년 4월 28일)

한국 서울,
1886년 4월 28일

안녕하십니까,

저는 한국에 대한 짧은 소개 글을 귀하께 보냈습니다. 저에게 이익이 될 수 있다면 기꺼이 글을 쓰겠습니다. 저는 당신의 상업 독자들에게 이익을 줄 수 있다고 생각합니다.

제가 신뢰할 수 있다는 것을 귀하께서 알 수 있도록 저는 한국 정부의 관리이며, 세관의 의사, 왕실의 의사, 그리고 왕립병원의 책임을 맡고 있다고 알려드립니다. 영국 및 일본 정부와의 계약에 의하여 저는 그들 외교관의 의무관이며, 개인적 계약에 의하여 미국 공사관, 중국 공사관 및 독일 총영사관의 의사입니다. 저는 모든 소식을 알고 있습니다.

안녕히 계세요.
H. N. 알렌, 의학박사

인터 오션 편집장 귀중
미국 일리노이 주 시카고

Horace N. Allen (Seoul),
Letter to the Editor of the *Interocean* (Chicago) (Apr. 28th, 1886)

Seoul, Korea,

Apl. 28/ 86

My dear Sir,

I sent you a short introductory article on Korea. I am willing to write for you if you can make it profitable to me. I think I can make it of profit to some of your mercantile readers.

That you may know I am responsible I may state that I am an officer of the Korean Govrn't, am Customs Surgeon, Physician to the Royal Family, and am in Charge of the Royal Hospital. By contract with the British and Japanese governments I am the medical member of their diplomatic staffs here, by private contract I am physician to the U. S. Legation, Chinese Legation, and German Consulate Gen'l. I know all of the news.

Yours very truly,

H. N. Allen, M. D.

To the Editor of the Inter Ocean

Chicago, Ill.,

U. S. A.

호러스 N. 알렌(서울), 한국 (1886년 4월 28일b)

한국

약 1,500만 명의 주민이 살고 있는 작은 나라는 일반적으로 모든 침입자에 대하여 완강하게 저항하고, 그 자체로 만족스럽게 살기 때문에 일반적으로 은둔의 왕국으로 알려져 있으며, 한 번에 진보적인 호의를 베푸는 조약 강국으로 발전하였으며 여러 열강의 궁궐에 많은 관심을 불러일으켰다. 아마도 중국이 조약을 맺은 원인일 것인데, 중국은 원래의 상태를 유지하기를 원하였지만 러시아에 의한 병합에 대한 두려움은 중국으로 하여금 조약 관계 수립을 권고하게 하였고, 따라서 다른 열강들이 '곰'의 움직임을 주시하게 되었기 때문이다.

이제 중국은 다시 이 나라를 원한다. 러시아는 중국을 막기 위하여 이곳에 있으며, 프랑스 공사관이 설치될 것인데 그것 역시 중국에 대한 또 다른 요지가 될 것이다. 러시아는 자신의 시베리아가 겨울에 얼음으로 닫히지 않은 태평양 지역이 없다는 것을 인정함에 따라 한국 연안의 열린 항구를 원하고 있다. 그러나 영국은 이곳에 있으며 정중하게 '손을 떼라'고 말하며, 그동안 남쪽의 최상의 항구 중 하나이자 러시아의 침략으로부터 보호할 수 있는 거문도를 점거하고 있다. 일본과 중국은 이 문제를 놓고 때때로 폭발한다. 독일은 무역 이익을 추구하고 미국은 일종의 실력자로서 한쪽 편에 앉아 있다.

이곳에서 우리의 관심은 그들보다 더 클 수 있다. 우리가 한국인들의 가장 높은 평가를 받고 있다는 데 의심의 여지가 없으며, 미국의 손에 국가의 무역을 맡기는 것보다 그들을 기쁘게 하는 것은 없다. 우리 정부는 이 정부를 위한 온갖 종류의 공무원을 요구 받았다. 특정 진영에서 의견을 들었다. 한 미국인이 와서 중국이 고용한 독일인이 시작한 엉켜버린 해관 업무를 바로 잡아야 했다. 정부의 새 고문은 합당한 미국인이다. 미국 해군 사람은 이 나라의 해군의 이익을 책임져야 한다. 미국 육군 사람은 매일 한국군을 훈련시키고 교육시킬 것으로 예상된다. 미국 정부에서 파견한 강사들이 학교 개교를 앞두고 있다고 한다. 그 목적으로 주택이 이미 건축되어 있다. 한 미국인이 정부 병원을 성공적으로 설립하고 운영하고 있다. 미국인 회사는 한국 정부에 개틀링 총, 엔필드 소총, 탄약 등을 제공하였으며, 궁궐에는 완전한 에디슨 전등 설비와 함께 왕실의 식탁을 위한 난로와 와인이 포함된 무료 테이블 서비스가 제공된다.

영국 및 몇 가지 미국 옷감이 전국의 모든 사람들의 의류에 사용된다. 덴마크는 성냥과 장신구를 대량으로 보낸다. 중국과 일본은 소량의 자국산 물품과 많은 외국 물품을 보낸다. 미국은 등유를 공급하고 밀워키는 맥주로 유명하다. 그 병은 대단히 흔한데, 그 내용물은 외국인 거주자에게 맡겨져 있다.

지난 6개월 동안 세관 수입은 15만 달러 이상이었다. 상품의 수출액은 연간 50만 달러 이상이다. 소는 훌륭하고 가죽은 수출 수요가 많다. 금광과 탄광이 곧 개발되어 재정적 번영의 시기가 시작될 것으로 예상된다.

Horace N. Allen (Seoul), Korea (Apr. 28th, 1886b)

Korea

The little country of some 15,000,000 inhabitants usually known as the Hermit Kingdom because it stoutly resisted all intruders and remained content to live in and for itself, has all at once bloomed into a progressive hospitable treaty power, and one that excites a deal of interest in the courts of several great powers. This fact is perhaps the cause of its having made treatiesm for while China wished to keep it in the condition in which it was, the fear of annexation by Russia induced China to advise the establishment of treaty relations and thus got other powers to watch the movements of "The Bear."

Now China wants the country again. Russia is here to keep her off, and a French Legation is about to be established which will also be another point against China. Russia wants an open port down on the coast of Korea as her own Siberia admits of no Pacific depot that will not be closed by ice in winter. But England is here and politely says "hands off" and in the meantime occupies Port Hamilton herself, which is one of the best southern ports and one from which she can guard against Russian aggression. Japan and China occasionally come to blows over the subject. Germany looks out for the trade interests and the United States sits on one side as a sort of dictator.

Our interests here might be greater than they are. There is no doubt that we stand highest in the estimation of the Koreans and nothing would please them better than to have the trade of the country in American hands. Our government has been asked for all sorts of officers for this government. Consult has been given in certain camps. An American had to come and straighten out the tangled customs service started by a German in the employ of China. The new adviser to the Government is a worthy American. A U. S. Naval man is to have charge of the naval interests of this country. U. S. Army men are daily expected to drill and discipline the Korean forces. Instructors sent by the U. S. Govrn't are supposed to be on their way to open schools. The houses for which purpose are already fitted up. An American has founded and carried on successfully a Government Hospital. An American company has supplied the Korean Govrn't with Gatling guns, Enfield Rifles, ammunition, etc. together with a complete Edison electric light plant for the Palace, and a free table service with stoves and wines for the Royal Table.

English and a few American sheetings are used by every individual in the country for clothing. Denmark sends quantities of matches and trinkets. China and Japan send their own fraction products and quantities of foreign goods. America supplies the Kerosene and Milwaukee is popular for its beer. The bottles of which are exceedingly common. The contents having been left with the foreign residents.

The customs receipt for the past six months was upwards of $150,000. The export of good amounts to over $500,000 annually. The cattle are fine and hides are in great demand for export. Gold and coal mines will soon be opened and a period of financial prosperity is expected to begin herewith.

18860428

호러스 N. 알렌(서울)이 인콰이어러(신시내티)의 편집장에게 보낸 편지 (1886년 4월 28일)

한국 서울,
1886년 4월 28일

안녕하십니까,

저는 한국에 대한 짧은 소개 글을 귀하께 보내드립니다. 저는 귀하와 다소간 정기적으로 교신할 용의가 있으며, 귀 신문의 상업 독자들에게 이익이 될 수 있습니다. 귀하는 그것을 저에게 이득이 되게 할 수 있습니다.

제가 신뢰할 수 있다는 것을 귀하께서 알 수 있도록 저는 한국 정부의 관리이며, 세관의 의사, 왕실의 의사, 그리고 왕립병원의 책임을 맡고 있다고 알려드립니다. 영국 및 일본 정부와의 계약에 의하여 저는 그들 외교관의 의무관이며, 개인적 계약에 의하여 미국 공사관, 중국 공사관 및 독일 총영사관의 의사이며, 진행 중인 모든 소식을 알고 있습니다.

안녕히 계세요.
H. N. 알렌, 의학박사

인콰이어러의 편집장 귀중
미국 오하이오 주 신시내티

Horace N. Allen (Seoul),
Letter to the Editor of the *Enquirer* (Cincinnati) (Apr. 28th, 1886)

Seoul, Korea,

Apl. 28/ 86

My dear Sir,

I send you a short introductory article on Korea. I am willing to correspond more or less regularly with you and may make it profitable to some of your mercantile readers. If you can make it profitable to me.

That you may know I am responsible I may state that I am an officer in the Korean Govrn't service, am Customs Surgeon, Physician to the Royal Family and in charge of the Govrn't Hospital. By contract with the British and Japanese Governments I am medical member of their diplomatic staffs here. By private contract I am physician to the U. S. Chinese and German legations, and know all the news that is going.

Yours very truly,

H. N. Allen, M. D.

To the Editor of the Enquirer,

Cincinnati, Ohio,

U. S. A.

한국의 선교. 1886년 5월 총회에 제출된 미국 북장로교회 해외선교본부 제49차 연례 보고서, 147~148쪽

한국의 선교,

이 사실들이 선교 사역에 유리하였다. 한 해 동안 병원이 왕실의 후원으로 설립되었으며, 우리 선교사인 알렌 박사의 관리에 놓였다. 이것은 알렌 박사의 급여를 제외하고 정부에 의해 후원되며, 병원의 목적에 맞도록 충분한 시설이 있다. 이 기관에서는 매일 약 70명의 환자가 치료를 받는다. 왕은 여러 방법으로 그의 호의 및 감사를 표하였으며, 우리의 의료 선교사는 반복해서 전문적인 업무로 입궐하였다.

올 해 초에 J. W. 헤론 박사와 부인이 한국에 도착하였으며, 헤론 박사는 그의 시간을 주로 한국어 습득에 헌신하겠지만, 병원에서 다소라도 알렌 박사를 도와야 했다.

Mission in Korea. *Forty-Ninth Annual Report of the BFM, PCUSA. Presented to the General Assembly, May, 1886,* pp. 147~148

Mission in Korea,

These facts have been favorable for the work of missions. During the year a hospital has been established under royal auspices, and placed in charge of our missionary, Dr. Allen. This is supported by the Government with the exception of Dr. Allen's salary, and has ample accommodations for the purposes at which it aims. About 70 patients are treated daily in this institution. The king has in many ways shown his friendship and appreciation; our missionary physician has repeatedly been called on professional errands at the palace.

Early in the year Dr. J. W. Heron and wife arrived in Korea, and Dr. Heron, though devoting his time mainly to the acquisition of the Korean language, has to greater or less extent assisted Dr. Allen in the hospital.

18860501

호러스 N. 알렌(서울)이 김윤식(외아문 독판)에게 보낸 편지
(1886년 5월 1일)

한국 서울,
1886년 5월 1일

안녕하십니까,

저는 한국의 질병 명칭을 알고 싶습니다. 외아문의 선 주사가 다음 주에 매일 2시간씩 병원에 와서 일을 도와주도록 허락해 주시겠습니까?

안녕히 계세요.
H. N. 알렌

김윤식 각하,
외아문 독판

Horace N. Allen (Seoul),
Letter to Kim Yong Sik (Pres. Foreign Office) (May 1st, 1886)

Seoul, Korea,

May 1/ 86

Dear Sir,

I wish to get the names of the diseases in Korea. Will you kindly allow Sun Chusah of the Foreign Office, come to the Hospital daily next week for two hours, to assist in the work.

Yours very truly,

H. N. Allen

To His Excellency,

Kim Yong Sik,

President of the Foreign Office

호러스 N. 알렌(서울)이
제임스 R. 모스(요코하마)에게 보낸 편지 (1886년 5월 1일)
[발송하지 않음]

친애하는 모스 씨,

　많은 양의 진주를 봉인된 화물로 보냅니다. 나는 57개의 중형 진주로 꿰어져 있는 것을 1쌍의 팔찌로 만들고 싶습니다. 나는 그것들이 용의 등을 따라 잘 가공된 것처럼 보일 수 있다고 생각합니다. 그러나 모든 것은 귀하 부부의 취향에 맡깁니다.

　작은 것 130개와 큰 것 3개 중 작은 것은, 중앙에 큰 것이 있고 작은 것들이 둘러싸고 있는 브로치 제작에 사용하고 싶습니다. 만일 약 20달러 상당의 다이아몬드 4개가 브로치의 매력을 더한다면 귀하 부부의 취향을 만족시킬 수 있도록 배치하십시오.

　두 개의 가장 큰 진주는 귓불에 가까이 걸 수 있도록 귀고리로 만들고 싶습니다.

　나는 또한 미국 군함 오시피 호의 러셀 박사를 위한 작은 호피(虎皮)와 귀하가 약 60달러에 팔았으면 하는 큰 호랑이 가죽을 귀하게 보내드립니다. 그리고 그 수익금을 보석 제작에 사용해 주세요. 이것으로 충분한 돈이 남고, 귀하께서 팔찌의 용에 다이아몬드 눈을 넣는 것이 바람직하다고 생각한다면 적절할 것입니다.

　번거롭게 해드려 죄송합니다. 나는 모든 것을 귀하의 판단에 맡기겠습니다.

안녕히 계세요.
H. N. 알렌,
서울, 1886년 5월 1일

Horace N. Allen (Seoul),
Letter to James R. Morse (Yokohama) (May 1st, 1886)
[Not Sent]

Dear Mr Morse,

I send you a lot of pearls in a sealed package. I would like to have the string of 57 medium sized ones made up into a pair of bracelets. I fancy they might look well worked in along the back of a dragon. But leave it all to the taste of yourself and Mrs. Morse.

I would like to have the 130 small ones and the smaller of the three large ones used in making a brooch, the large one in the center with the small ones surrounding. If four diamonds worth about $20.00 would add much to the charm of the brooch please put them in in such arrangement as will please the taste of yourself and wife.

The two largest pearls I would like to have made into pendants to be worn close upon the lobe of the ear.

I also send you a small tiger skin for Dr. Russell of U. S. S. Ossipee and a large one which I would like to have you sell for me for about $60. And use the proceeds in making the jewelry. Should there be enough money left from this and you think it advisable you may have diamond eyes put in the dragons on the bracelet - providing that choice is deemed the proper one.

Sorry to give you so much trouble. I am willing to trust all to your judgement.

Yours truly,
H. N. Allen
Seoul, May 1/ 86

18860506

호러스 N. 알렌(서울)이
제임스 R. 모스(요코하마)에게 보낸 편지 (1886년 5월 6일)

친애하는 모스 씨,

　수리할 시계, 핀의 머리 크기의 진주 130개, 큰 진주 57새, 완두콩 크기 3개, 상당히 큰 2개의 진주가 들어 있는 꾸러미를 보냅니다. 귀하께 나를 위하여 세공해 줄 것을 요청하고 싶습니다. 모양은 귀하 부부에게 맡깁니다.

　내가 생각한 대략적인 계획은 다음과 같습니다. 57개의 진주로 한 쌍의 용(龍) 팔찌를 만들되, 진주를 근간으로 5달러짜리 다이아몬드를 눈으로 하는 것입니다. 다음 크기 3개 중 큰 2개는 귀 가까이에 착용하도록 물방울 모양으로 만드십시오. 3개 중 작은 것은 브로치 중앙에 놓고 매우 작은 130개와 몇 개의 다이아몬드를 주위에 배치하여 적절한 모양을 만드세요.

　매우 큰 2개는 세공 비용을 지불하기 위하여 팔 수 있습니다. 그러나 바람직하다고 생각되는 경우 그것들을 브로치에 넣을 수도 있습니다. 그리고 그것이 더 좋아 보인다면 130개의 작은 것들도 팔찌에 붙일 수 있습니다. 또 하나, 큰 것 2개를 빼면 전부를 브로치와 귀고리를 만들 수 있습니다.

　나는 또한 두 개의 호피(虎皮)를 보내는데, 하나는 오시피 호의 러셀 박사를 위한 것이고, 다른 하나는 두 개의 큰 진주가 사용되는 경우 위의 세공 작업을 위하여 팔 수 있는 큰 것입니다. 혹은 두 개의 큰 진주가 다른 진주의 세공 비용을 지불하면 팔수도 있습니다. 그리고 가죽은 60달러에 팔지 않을 것입니다. 그것을 모전(毛氈) 안감을 잘 댄 후에 저에게 돌려주세요.

　같은 물건으로 반품하거나 나가사키의 담당 ____에 위탁하는 것이 좋습니다.

　안녕히 계세요.
　H. N. 알렌,
　5월 6일

Horace N. Allen (Seoul),
Letter to James R. Morse (Yokohama) (May 6th, 1886)

Dear Mr Morse,

Herewith a pkg containing a watch to be repaired, 130 pearls size of pin head, 57 larger, three size of pea and two size quite large. I would like to ask you to have them set for me. Relying on your own and Mrs. Morse's judgement as to the style.

A rough plan which I had thought of was something as follows. Work up the 57 pearls into a pair of dragon bracelets the pearls for back bones, and $5.00 diamonds for eyes. Have the two larger of the three of next size made into drops to be worn close up to the ear. Use the remaining smaller as of this same three, for a centre on a brooch with the 130 very small ones and a few diamonds worked in around in proper shapes.

The two very large ones may be sold to pay the expense of setting. But if it is thought advisable they may be put upon the brooch also. And if it will look better the 130 small ones may be put upon the bracelet also. Still another, the whole thing leaving out the two big ones may be made into a brooch and ear drops.

I also send you two tiger skins, one small one for Dr. Russell "Ossipee", and a large one which may be sold for setting the above work in case the two large pearls are otherwise used. Or it may be sold, if the two big pearls pay for the setting of the others. And the skin will not sell for $60.00. Please have it well dressed, lined with red felt and returned to me.

Better return things with same one or consign to responsible faction in Nagasaki.

Yours truly,
H. N. Allen
May 6.

알렌 박사의 일기 제1권(1883~1886년) (1886년 5월 7일)

1886년 5월 7일 (금)

　프랑스 인이 오늘 도착하였다.[63] 특사의 부인은 알레 부인의 말안장을 탔다. 그들은 한국인들이 종교적 자유의 허가를 약속할 때까지 협상에 들어가지 않을 것이다. 편지 복사철을 보라.

　나는 오늘 포크 씨로부터 이 정부를 위한 훌륭한 봉사 때문에 내가 포상을 받게 될 것이라는 것을 알게 되었다. 그는 또한 왕비가 아내에게 선물을 하사할 것이라는 것도 이야기하였다. 왕비의 선물은 오늘 밤에 왔다. 한국인들이 잠을 자는, 두께가 약 3인치인 아름다운 요이었다. 그것은 대략 너비가 3피트, 길이가 7피드이고, 궁녀들만 만들 수 있으며 고급스러운 자수가 풍부하게 장식된 암녹색의 두터운 모전(毛氈)으로 만든 것이었다. 1 평방 야드 크기의 유사한 방석도 딸려 왔다. 이 두 물건은 모두 왕비의 침대와 의자에 [깔개로] 이용되고 있다. 그리스 문양으로 여러 색깔로 만들어 명주실로 엮은, 대단히 화려한 두 겹 돗자리가 네 개 있었다. 그것들은 너비가 4피트, 길이가 10피트이었으며, 작은 홑겹 돗자리도 네 개가 있었다. 선물 중에는 한국에서만 볼 수 있는 대단히 크고 정교하며, 투명한 발이 네 장 있었다. 그리고 대단히 멋진 수공 광목 50야드와 대단히 멋진 축면사(縮緬紗) 50야드가 있었고, 또한 화려한 작은 주머니도 있었는데, 모두 금단추로 걸게 되어 있었다. 이것들은 왕비가 짠 것이다.

　나는 오늘 끝낸 '신지옥(新地獄)'의 이야기로 패니를 심하게 울게 하였다. 나는 이번 주에 '월장석(月長石)', '용 팔찌' 그리고 '신지옥' 등을 썼으며, 하루 종일 병원에서 바쁘게 보냈다.

---

63) 전권 특사 꼬고르당(F. G. Cogordan)을 말한다.

Dr. Allen's Diary No. 1 (1883~1886) (May 7th, 1886)

May 7[th, 1886 (Fri.)]

The French arrived today. The Minister's lady rode on Mrs. Allen's saddle. They will enter no negotiations till the Koreans promise to grant religious liberty. See copy books.

I learn today from Mr. Foulk that I am to be decorated for brilliant services rendered this government. He also told me that a present would come to Mrs. Allen from the Queen. It came tonight. A beautiful mat some 3 inches thick such as the Coreans sleep on, it is about 3 ft. wide and 7 long, made of dark green heavy felt in which is worked a profusion of choice embroidery such as is only done by the ladies in the Palace. A similar mat a yard square came as companion. These two form the bed and chair of her majesty. There were four very fine double straw mats worked in colors in the Greek pattern and bound with silk. They were 4~10 ft, four smaller single ones also came. There were four very large & elegant transparent blinds, only seen in Korea. There was 50 yds. of very fine hand made cotton cloth and the same number of yards of a very fine linen gauze (crepe). Also a gorgeous little pocket, all worked in gold with a gold button for clasp. These are worn by the Queen.

I made Fannie cry severely with my story of the new Inferno finished today. I have this week written "The Moon Stone," "The Dragon Bracelet" and "The New Inferno" and have been busy all day at the hospital.

알렌 박사의 일기 제1권(1883~1886년) (1886년 5월 9일)

1886년 5월 9일 (일)

오늘 아침에 왕의 통역이 와서 나에게 몇 가지 질문을 하였는데, 나는 그것이 폐하의 질문이라는 것을 알았다. 그것은 지금 프랑스 인들이 주장하고 있는 종교적 자유에 대한 칙령에 의해 이곳에 설립하려고 노력하고 있는 가톨릭교에 대한 것이었다.

나는 그 주제를 상세하게 다루는 것이 나의 임무라고 생각하였고, 중국, 일본, 멕시코 및 스페인에서 가톨릭의 활동을 설명한 후, 우리 미국인들은 독립적인 사람들이며, 우리의 호의를 박탈하는 그 무엇도 경멸한다고 말하였다. 우리가 가톨릭교 신자이었다면 우리의 대통령은 교황의 총애를 받을 것인데, 이 일은 우리가 허용할 수 없는 것이다.

우리가 가톨릭교를 받아들일 수 없는 세 가지 이유가 있다. 첫째, 우리는 우주의 창조자 이외의 우상이나 어떤 인물을 숭배하는 것에 반대한다. 가톨릭교에서는 그리스도의 어머니인 여자 성모 마리아를 경배하고 기도하고 있다.

둘째, 우리는 하나님 이외의 어느 누구도 죄를 사해 줄 수 없다고 생각한다. 가톨릭교에서는 이 권한을 부패한 신부들에게 부여하였고, 모든 가톨릭 신자들은 그들에게 자신들의 가장 사적인 생각을 고백해야 한다.

셋째, 신부는 다른 남자들과 같은 인체 기관과 감정을 갖고 있는 남자이며, 내시(內侍)가 아니다. 우리는 여자들이 이 남자들에게 가서 그들의 비밀스러운 생각이나 잘못을 고백하는 것은 안전하지 않다고 주장하고 있다. 이것은 통역과 나눈 큰 논쟁이었으며, 전체적인 대화는 틀림없이 효력을 발휘할 것이다.

Dr. Allen's Diary No. 1 (1883~1886) (May 9th, 1886)

May 9[th, 1886 (Sun.)]

The King's interpreter came this morn[ing] and asked me some questions which I knew came from His Majesty. It was in regard to the Catholics whom the French are now trying to have established here by the decree of religious liberty they insist on.

I thought it my duty to deal at length with the subject and after showing the workings of Catholicism in China, Japan, Mexico, and Spain, I said, we Americans are an independent people and look with disfavor on anything that tends to curtail our favor. Were we Catholics, our President would be under the favor of the Pope, a thing which we cannot allow.

There are three other points of Catholicism that we cannot accept. First we are opposed to praying to idols or any one but the Creator of the Universe. The Catholics worship and pray to the Virgin Mary, Mother of Christ, a woman.

Secondly, we think no one but God can forgive sins. They give this power to corrupt priests to whom all Catholics must confess their most private thoughts.

Third, the priests are men with the same organs and passions as other men, they are not eunuchs, and we claim that it is not safe for women to go and confess to these men their secret thoughts and faults. This was a great argument with him and the whole conversation will doubtless produce its effect.

적요 - H. N. 알렌을 위한 구입 (1886년 5월 10일)

적요 - H. N. 알렌을 위한 구입

20온스를 담는 웨지우드 약연, 240~60 ____   2개
증발접시 7개 - 미님64) 2개, 1온스 2개, 4온스 2개, 20온스 1개
입이 넓은 1온스 병 (코르크 포함)   144개
입이 넓은 4온스 병 (코르크 포함)   144개
윈체스터 쿼트 병 (코르크와 함께)   2다스
6온스 투약병   144개
    "   "   에 맞는 코르크   288개
와인 병 코르크   144개
상품(上品), 유리 마개 병, 16온스 (사각 모양의 선반용 병)   72개
    "   "   "   "   8온스   72개
    "   "   "   "   6온스   2다스
    "   "   "   "   4온스   2다스
    "   "   "   "   (입이 넓은) 16온스   72개
    "   "   "   "   "   8온스   72개
    "   "   "   "   "   4온스   72개
의료용 라벨 1벌,   (한도)   5달러
____ ____   50개
요오드화 칼륨   2파운드
글리세린(상품)   10   "
벨라돈나 반창고 통   1다스
히드라스티스 근(根)65) ____ 추출액   1파운드

큰 그림책. '아라비안나이트'

---

64) 미님(minim)은 영국 및 미국의 부피 단위이며, 1/480 온스이다.
65) 이것은 미나리아재비과(科) 히드라스티스 속(屬)의 다년초의 뿌리를 건조한 것이며, 당시에는 약용
   으로 사용하였다.

J. R. 모스 님 귀중

서울, 1886년 5월 10일

Memoranda - Purchases for H. N. Allen (May 10th, 1886)

Memoranda - Purchases for H. N. Allen

2   Wedgewood Mortars to hold 20oz   240~60___

7   Graduators - 2 minimum, 2, 1oz, 2, 4oz, 1, 20oz

1 Gross Wide mouthed bottles 1oz. (corks)

1   "   "   "   "   4dz. (corks)

2 Dz.   Winchester quarts with corks

1 Gross Six once dispensing bottles

2   "   Good corks to match

1   "   Wine corks

½   "   Good, glass stop bottles 16oz (Square shouldr, shelf bottles)

½ "   "   "   "   "   8oz

2dz   "   "   "   "   6oz

2 "   "   "   "   "   4oz

½ Gross   "   "   "   Wide Mouth, 16oz

½ "   "   "   "   "   "   8oz

½ "   "   "   "   "   "   4oz

1 set   medical, labels, limit $5.00

50   ___ _____

2lb   Iodide Potas.

10 "   Glycerine (Good)

1dz   rolls Belladonna Plaster

1lb   Fluid Ext. Hydrastis

Large illustrated copy. 'Arabian Nights.'

To

J. R. Mor Enq., Seoul May 10/ 86

호러스 N. 알렌(서울)이 프랭크 F. 엘린우드(미국 북장로교회 해외선교본부 총무)에게 보낸 편지 (1886년 5월 13일)

한국 서울,
1886년 5월 13일

F. F. 엘린우드 박사,
    뉴욕 시 센터 가(街) 23

친애하는 박사님,

이퀴터블 보험회사의 편지가 동봉된 박사님의 3월 18일자 편지에 대한 회신으로, 저는 1885년 11월 24일자 편지에서 제시한 바와 같이 그들은 보험 계약을 중단한다는 저의 서면 요청서를 갖고 있었으며, 제가 모르는 방법으로 박사님으로부터 계속 보험료를 받았기 때문에, 지금 저는 그들이 환불할 것이라고 예상하지 않았다고 말씀 드릴 수 있을 뿐입니다. 아마도 세 번째 보험료를 지불하는 것이 최선일 것입니다. 하지만 만일 박사님께서 그렇게 하신다면, 저에게 관대하게 하셔야만 할 것입니다. 우리는 사치스럽게 살고 있지 않으며, 조선에서 구입하는 물품이 수입되는 같은 물품들보다 더 비싸기에 살기 어렵습니다. 우리는 사실 좋지 않은 현지의 물품보다 더 싼 가격으로 외국산 고기로 살 수 있습니다. 저는 동양에서 빚을 지고 있지 않으며, 회계 언더우드 씨에게 100달러를 미리 받았습니다. 그러나 랜킨 씨는 제가 조선에 온 이후 단한 번 명세서를 보냈기에 저에 대한 많은 청구서를 갖고 있을 것입니다. 저는 400~500달러로 생각되는 박사님에 대한 빚을 청산하기 위한 약간의 추가 수입을 올리기 위하여 무엇인가 하고 싶습니다. 아메리카 무역상사(American Trading Co.)의 일본 책임자가 이곳에 있는데, 저의 다른 일과 연관하여 함께 일을 하자고 제안하였지만, 왕이 신임하고 있는데 만약 무역 회사에 들어간다면 저를 신뢰하지 않게 될까 두렵습니다. 이상하게 보일지도 모르지만, 그(왕)는 사람을 보내 데니 판사의 적절한 급여에 대해 저에게 물었습니다. 위의 회사는 만약 그들이 증기선 계약을 확보한다면 저에게 500달러를 주겠다고 제안하였는데, 저는 단순히 그 분야가 개방되도록 하면 됩니다. 저는 제가 맞다고 생각한 것을 말하였으며, 정부는 증기선을 구매하지 않았습니다. 그들은 제가 석탄 광산 개발 계약을 따내 줄 것을 바랐습니다. 저는 이것이 좋은 일이라고 생각하며, 아마도 그렇게 할 것 같은데, 그런 경우 저는 빚을 갚고 일부는 부모님을 돕기 위해 보낼 수 있을 것입니다. 하지만 데니 판사가 이것을 지켜볼 것이라 생각합니다.

저는 여의사에 대해 더 이상 말하고 싶지 않은데, 우리[선교부]의 최근 편지에서 박사님은 확보 되는대로 조속히 파송하는 것에 대한 타당성을 알게 되실 것입니다.

여교사와 관련하여, 제가 현재 어려운 상황을 설명을 드리면 박사님은 충분히 이해하실 것입니다. 프랑스 인들이 이곳에 있으며, 종교의 자유를 요구하고 있습니다. 그들은 개신교 선교사들에게 준 편의 때문에 불평을 토로하였으며, 포크 씨는 이에 대해 설명해야 하였습니다. 그들은 자신들의 사제들이 동일한 특권을 제공받아야 한다고 요구하였습니다. 조선은 10일 동안 '침묵'을 유지하였지만, 지금 새로운 위험이 도사리고 있습니다. 이곳(서울)은 조약에 의한 개항장이 아니기 때문에, 중국인들이 있음으로 해서 관리가 아닌 모든 외국인들이 이곳에 살고 있습니다. 지난 해 중국 군대가 철수하였을 때, 단지 일부 낙오자만 남겨둔 채 중국 상인들은 그들과 함께 떠났습니다. 일본인들은 계속 증가하였습니다. 지금 중국은 떠날 계획을 하고 있으며, 관리가 아닌 다른 모든 외국인들도 그들과 함께 3마일 떨어진 강가의 조차지로 가야만 할 것입니다. 만약 종교의 자유가 거절될 경우, 프랑스는 중국과 타협하여 이 조치를 취할 것입니다. 이렇게 되면 도시에서 선교사들이 없어질 것이지만, 그들은 지금처럼 몰래 들어와 살 것입니다. 중국인들은 일본인들도 나가기를 바라고 있으며, 그것은 그들의 유일한 방책입니다.

감리교회 사람들은 매우 넓은 땅을 구입하였고, 대대적인 개량 공사를 한 것이 심한 구설수에 올랐습니다. 지금 그들은 쫓겨 날까봐 매우 걱정하고 있습니다. 헤론과 저는 정부 관리이기 때문에 안전합니다. 저는 오늘 왕궁의 중개인과 대화를 나누었는데, 그는 언더우드 씨를 새 학교의 교사로 공식 임명하는 것에 대해 왕께 말씀드리기로 합의하였고 그렇게 되면 그의 문제는 해결될 것입니다. 그래서 제가 공식적으로 약속하였던 여의사는 제외하고, 우리는 안전합니다. 저는 박사님께서 다른 사역자를 파송하기 전에 여건이 더 좋게 전개되는 것을 기다리실 것으로 생각합니다. 이 여의사를 약속한 것이 너무 조급한 것이 아니었기를 바라지만, 사실 저도 모르는 사이에 감리교도들이 제가 그들을 위하여 여의사를 약속한 것처럼 만들어 버려 저는 그 일을 할 수밖에 없습니다. 조선 정부는 지금 병원을 꾸미고 있습니다.

우리는 새 교사들에 대한 좋은 소식을 듣고 기뻤습니다. 박사님께서 미리 그것에 대하여 저에게 말씀해주지 않으신 것은 현명하였다고 확신합니다. 어떤 사람이 그것에 대해 포크 씨에게 말하였으며, 그는 그들이 우리 선교부와 조금이라도 연관이 있는지 알기 위해 연락을 하였습니다. 저는 만약 그들이 관련이 있더라도 제가 조금도 알고 있지 않다고 그에게 확실하게 말하였으며, 그 이후로 그는 만족해하고 있습니다.

스터지 박사에 관해서는 유감입니다. 그런 신참을 낯선 곳으로 바로 보내는 것이 안전할까요? 방문객으로 이곳에 와서 최소한 몇 달 동안 언어 학습을 하는 것이 더 낫지 않을까요?

이 편지에 중국 세관 보고서를 발췌하여 박사님께 보냅니다.

안녕히 계십시오.
H. N. 알렌

추신: '이퀴터블 보험회사'는 대단히 교활한 사람들이기에, 동양에서의 거주를 허락하며 추가로 부과한 연 30달러를 환불 받기 위하여 그들 계약서와 함께 즉시 철해두시는 것이 좋을 것 같아 박사님께 '이퀴터블 보험회사'의 편지를 돌려 보내드립니다. 이번 해 보험금은 30달러 적게 지불하시고, 지불된 증권 전체를 저에게 보내주십시오. 그들이 지불된 증서를 주기 전에 원본 보험증서를 요구하지 못하도록 하기 위해서입니다. 이번에는 문제가 없도록 같은 것을 보내드리겠습니다.

세 달 뒤에 만료가 되면 저는 더 이상 일본 공사관에서 의사로 활동하지 않을 것입니다. 그들은 지금 큰 공동체를 갖고 있으며, 그들 중 많은 사람들은 저에게 치료비를 지불하기에 너무 가난하기 때문에 일본 정부는 급여를 일부만 주고, 공사관 외부의 사람들을 치료해서 추가적인 수입을 올리도록 육군 군의관을 파견하기로 결정하였습니다. 저는 그만두는 보상으로 자문 의사로 임명되었으며, 만약 일본인[군의관]이 추방될 경우 저는 대리 의사로 복귀합니다.

현재의 일본 대리 공사는 상당히 교활한 사람입니다. 그는 제물포의 일본인 의사를 위하여 왕을 알현할 기회를 얻으려 노력하였지만, 정부는 허락하려 하지 않았습니다. 그들[조선정부]은 자신들의 의사가 있지만 아무도 공식적으로 알현하지 못하였으며, 어느 누구에게도 특혜를 주지 않을 것이라고 말하였습니다. 일전에 왕비는 비단으로 수놓은 멋진 선물을 알렌 부인에게 하사하였습니다. 또한 뱃속의 아이를 위해 많은 아기 용품도 주었습니다. 그들 모두는 대단히 친절합니다.

알렌

저의 11월 24일자 편지를 보니 제가 이미 박사님께 보험 증권과 서류를 보내드렸다는 것을 알게 되었습니다.

Horace N. Allen (Seoul),
Letter to Frank F. Ellinwood (Sec., BFM, PCUSA) (May. 13th, 1886)

Seoul, Korea,
May 13th, 86

Dr. F. F. Ellinwood
23 Centre St., N. Y.

My dear Doctor,

In reply to yours of March 18th containing Equitable Ins. Co.'s letter, I can only say that as I showed by my letter of Nov. 24th, 1885, they had my written request to discontinue the policy, and as by means unknown to me, they secured further payment from you, I didn't expect them now to refund. Perhaps it is best to make the third payment. If you do so, however, you will have to be lenient with me. We do not live in an expensive way, and yet it is hard to keep ahead as things purchased in Korea cost more than the same goods imported. We can actually live cheaper on foreign meat than on the poor native article. I owe no money in the East and am $100 ahead with treasurer Underwood, but Mr. Rankin must have quite a bill against me as he has only sent one statement since I came to Korea. I would like to do something to get a little extra money to pay off my account with you which is four or five hundred dollars I think. The Japan Manager of the American Trading Co. is here and has offered me a good commission to enter their service in connection with my other work, but the King has such confidence in me that I fear he will distrust me if I join myself to a merchant Co. Strange as it may seem, he (the King) even sent to ask me concerning the proper salary for Judge Denny. The above Co. offered me $500. if they secured the contract for a steamer, I had simply to leave the field open. I said what I thought was right and the Govn't did not buy the steamer. They wish me to obtain a contract for opening the coal mines. This I think to be a good thing and may do it, in which case I can discharge the debt and send some help to my parents. I think however, that Judge Denny will look after this.

I won't say more about the lady Dr., by our last letters you will see the advisability of sending her as soon as she can be procured.

In regard to the lady teachers, you will understand fully when I explain the present critical condition. The French are here and are demanding religious liberty. They have complained because of the facilities given to Protestant missionaries and Mr. Foulk had to explain. They ask that their priests be given equal privileges. For ten days the Koreans have kept "mum," but now a new danger threatens. All non-officials live here by virtue of the presence of the Chinese, as this is not a treaty port. When the Chinese forces withdrew last year, the Chinese merchants went with them, leaving only a few stragglers. The Japanese have been continually increasing. Now the Chinese propose to leave and all other non-official foreigners will have to go with them to the concession on the river, three miles distant. In the event of religious liberty being refused, the French will compromise with the Chinese and have this step taken. That will rid the city of missionaries, while they come live in secret as well as heretofore. The Chinese also wish to get the Japs out and that is their only way.

The Methodists have boughten very largely and have caused considerable talk by their extensive improvements. Now they are very anxious at the prospect of being driven out. Heron and myself are safe as government officials. I today had a talk with the Palace "go-between" and he agreed to talk to the King about giving Underwood a formal appointment as teacher in the new school that will settle him. So that we are safe, but aside from the lady Dr. whom I have formally promised. I think you will do well to wait for further developments before sending out other workers. I hope I have not been premature in promising this female Dr., but I was really forced to do it as the Methodists had, almost without my knowing it, about got me to promise one for them. They, the Govn't, are now fitting up the hospital.

We are rejoiced at the good news concerning the new teachers. I assure you were wise in not telling me before, what you knew of them. Someone told Foulk as much and he sent for me to know if they were in the least connected with our society. I assured him that if they were, I hadn't the slightest knowledge of it and he has ever since been satisfied.

We are sorry about Dr. Sturge. Will it be safe to send so new a man direct to such a new place, hadn't he better come here as a guest and study the language for a few months at least.

I send you by this mail an extract from the Chinese Customs Report.

Yours very Truly,

H. N. Allen

P. S.   I return you the "Equitable Co's" letter as they are very slippery people you had better bind them at once to their agreement to pay back the $30. a year extra which was charged for permit to live in the East. Pay this years assessment less $30. and promptly take a paid up policy for the whole and send it to me. Lest they might require the original policy before granting the paid up one. I send the same that their may be no hitch this time.

After the expiration of three months I will no longer be acting physician to the Japanese Legation. They now have a large community around them and as many of the people are too poor to pay for my services the Jap. Govn't has decided to send an army doctor on part pay and let him derive additional support by treating people outside the Legation. I am given a supplementary contract appointing me consulting surgeon and in the event of the Japanese being driven out, I go back to the work of acting surgeon.

The present Jap. *Charge d'Affairs* is rather sly. He tried to gain an audience with the King for the Jap Dr. at Chemulpo, but the Govn't wouldn't allow it.

They said that they had their own Dr. whom they had never formally presented yet and they wouldn't give anyone else the preference. The Queen made Mrs. Allen a handsome present of silk embroidered things the other day. Also a lot of baby fixings for the expected stranger. They are all very kind.

Allen

By reference to my letter of Nov. 24th, I find I have already sent you the Ins. policy and papers.

존 W. 헤론(서울)이 프랭크 F. 엘린우드(미국 북장로교회 해외선교본부 총무)에게 보낸 편지 (1886년 5월 14일)

한국 서울,
1886년 5월 14일

친애하는 엘린우드 박사님께,

편지 발송이 마감되기에 상황이 좋아지고 있다는 것을 알려 드리기 위하여 몇 줄 적습니다. 저는 박사님이 프랑스가 일으킨 문제에 대하여 들으셨는지 모르지만, 알렌 박사는 오늘 오전 저에게 박사님께 보낼 편지에 썼거나 썼을 것이라고 말하였습니다. 저는 어떤 것인지 확실하지는 않습니다. 믿을 만한 소식통에 의하면, 이곳의 외국인 거주자들에게는 별 어려움이 없을 것이며, 비록 중국인과 일본인들이 쫓겨나지만, 우리는 괴롭힘을 당하지 않을 것이라고 들었습니다. 어쨌든 이것은 상당히 확실해 보이며 우리는 어려움이 없을 것인데, 병원을 통해 정부와 연결된 것이 우리가 이곳에 머물 권리를 주었습니다.

(중략)

지난 주 혹은 그 전 주에 알렌 부인과 헤론 부인에게 왕비를 알현하라는 공식적인 요청이 있었습니다. 그녀들이 방문하는 것이 불가능하였기 때문에 우리 모두는 매우 아쉬워하였습니다. 우리는 방문하는 것이 가능할 때 다시금 요청이 있기를 바라고 있습니다.

(중략)

John W. Heron (Seoul),
Letter to Frank F. Ellinwood (Sec., BFM, PCUSA) (May 14th, 1886)

May 14, 1886,

Seoul, Korea

My Dear Dr. Ellinwood,

Just a line as the mail is closing to let yon know that things are settling down. I do not know if you have heard of the French trouble but presume you have as Dr. Allen told me this am that he had written to you or would write, I am not quite sure which. On reliable authority I hear that there will be no difficulty for foreign residents here; that even if the Chinese and Japanese are sent out, we shall not be molested, It seems quite certain at any rate that we shall have no difficulty? Our connection with the government through the hospital giving us the right to stay here.

(Omitted)

Only last week or the week before, an official request was made for Mrs. Allen and Mrs. Heron to visit the queen. We all regretted very much that it was impossible for them to go. We hope it will be repeated when it is possible to go.

(Omitted)

호러스 N. 알렌(서울)이 유키 아키히코(서울 일본 영사관)에게 보낸 편지 (1886년 5월 15일)[66]

서울,
1886년 5월 15일

안녕하세요,

저는 귀하께서 오늘 아침에 보기 위하여 나를 방문하였던 일본인 상인(아리마스)이 악성 열로 제가 두 번째 방문 전(오후 2시에 사망한 것으로 추정됨)에 사망하였다는 것을 알려드려야 합니다.

귀하께 이 정보를 보낼 필요가 있어 유감스럽습니다.

안녕히 계세요.
H. N. 알렌, 의학박사

유키 영사,
서울 일본 영사관

---

66) 유키 데루히코(結城顯彦)

Horace N. Allen (Seoul),
Letter to Yuki Akihiko (Japan Consulate at Seoul) (May 15th, 1886)

Seoul,

May 15th, 86

Dear Sir,

    I have to inform you that the Japanese merchant (Arymas) whom you called me to see this morning, died before my second visit (supposed to have died at 2 p. m.) of Pernicious Fever.

    Regretting the necessity of sending you this information.

    I remain Dear Sir

    Your humble servant,

    H. N. Allen, M. D.

To Hon. Consul Yuki,

    H. I. J. M. Consulate, Seoul

호러스 N. 알렌(서울)이 일본 우선(郵船) 회사 대리점으로 보낸 편지
(1886년 5월 22일)

서울,
1886년 5월 22일

안녕하세요,

나의 상품이 용서할 수 없게 지연되어 도착한 것에 대하여 공식적으로 불만을 제기하고 싶습니다.

현재의 속도로는 귀 회사의 적하(積荷)에서 물건을 해안으로 가져오는 것이 상하이에서 가져 오는 것보다 더 오래 걸립니다.

나는 이곳에 있는 모든 유럽 외국인들과 이야기를 나누었고, 불만이 보편적이라는 것을 알게 되었습니다.

만일 현재의 상황이 시급히 시정되지 않는다면 서울에 있는 외국인 사회의 지지를 잃게 될 것입니다. 우리는 '세관'과 모든 업무를 쉽게 할 수 있습니다.

안녕히 계세요.
H. N. 알렌, 의학박사

일본 우선 회사 대리점 귀중

Horace N. Allen (Seoul), Letter to the Agent of the Nippon Yusen Kaisha S. S. Co. (May 22nd, 1886)

Seoul,

May 22/ 86

Dear Sir,

I wish formally to complain about the unpardonable delay in landing my goods.

At the present rate it takes longer to get things ashore from your "bulk" than it does to bring them over from Shanghai.

I have talked with all of the European foreigners here and find the complaint is universal.

If the present condition of affairs is not speedily remedied you will lose the patronage of the foreign community at Seoul. We can easily do all of our business with the "House."

Yours truly,

H. N. Allen, M. D.

To the Agent of the Nippon Yusen Kaisha S. S. Co.

호러스 N. 알렌(서울), 회람 (1886년 5월 22일)

회람

1885년 동안 우리가 콜레라로부터 가까스로 탈출한 모습과 현재 일본 일부 지역에서 이 질병이 만연해 있다는 사실을 감안할 때, 나는 환자들에게 다음과 같은 예방 조치를 준수할 것을 권고합니다.

잘 끓인 물 이외에는 음용 및 화장실 용도로 사용하지 않도록 주의하십시오.

먹을 모든 야채는 소금과 물로 잘 씻은 후 깨끗한 물로 잘 행굽니다.

한국산 돼지고기는 먹지 말고, 소고기는 모두 '잘 익혀' 드십시오.

장마철까지 이곳 건물의 배수를 잘 살펴보고, 많은 양의 석탄산 또는 기타 우수한 소독제를 비축하십시오.

의료 지원을 즉시 받을 수 없는 경우 설사의 첫 증상을 확인할 수 있는 것을 준비하십시오.

삼가 서명합니다.

H. N. 알렌

서울, 1886년 5월 22일

Horace N. Allen (Seoul), Circular (May 22nd, 1886)

Circular

The view of our narrow escape from Cholera during the season of '85, and the fact that the disease is now prevalent in some of the parts of Japan, I advise my patients to observe the following precautionary measures.

Be careful not to use any but well boiled water for drinking and toilet purposes.

Have all vegetables, for food, well washed in salt and water and afterwards well rinsed in clean water.

Eat no Korean pork and have all beef "over done."

Look well to the drainage of your premises here to the rainy season, and lay in a good supply of carbolic acid or other good disinfectant.

Have something on hand with which to check the first symptoms of diarrhea in case medical assistance cannot be at once procured.

Respectfully signed,
H. N. Allen
Seoul, May 22nd, 86

알렌 박사의 일기 제1권(1883~1886년) (1886년 5월 26일)

1886년 5월 26일 (수)

나는 어젯밤 러시아 공사관에서 전권 특사 꼬고르당, 팔리오로그(서기관), 델핏(함장), 무관 비시에르, 들라로슈 베르네 등으로 구성된 프랑스 사절단과 함께 저녁을 먹었다. 또한 꼬고르당 부인, 데니 판사(조선 정부 고문), 포크 중위(미국 대리공사) 그리고 총영사 베버(영국) 등도 참석하였다.

오늘 나는 일본 공사관에서 신임 독일 총영사와 저녁을 먹는다.67) 그저께 밤에 나는 영국 영사관에서 저녁을 먹었고, 내일 저녁에는 그곳에서 다시 포울레트 제독, 케펠 함장, 또한 데니 판사, 포크 씨 그리고 상하이 은행가와 함께 저녁을 먹을 예정이다.

Dr. Allen's Diary No. 1 (1883~1886) (May 26th, 1886)

May 26[th, 1886 (Wed.)]

Last night I dined at the Russian Legation with the French Embassy composed of M. le Ministre (Cogordan), M. Paliologue (Secretary), M. Delpit (Capt. of Ship), M. Vissieres & M. Delaroche Vernet attaches. Also Madame Cogordan, Judge Denny (Gov'nt Adviser), Lieut. Foulk (U. S. Charge) and Consul General Baber (British) were also there.

Today I dine at the Japanese Legation with the new German Consul General. Night before last I dined at the British Consulate and tomorrow evening I dine there again with Commodore Powlett, and Capt. Keppel, R. N., also Judge Denny, Mr. Foulk and a Shanghai banker.

---

67) P. 켐퍼만(P. Kempermann)을 말한다.

호러스 N. 알렌(서울)이 프랭크 F. 엘린우드(미국 북장로교회 해외선교본부 총무)에게 보낸 편지 (1886년 5월 31일)

한국 서울,
1886년 5월 31일

F. F. 엘린우드 박사,
뉴욕 시 센터 가(街) 23

친애하는 박사님,

박사님께서 선교부로 보내신 서신은 잘 받았고, 공식적으로 회람되었습니다. 고아원은 성공적이지 못합니다. 언더우드 씨는 충분히 진지한 관점에서 인생을 바라보지 않으며, 일을 하면서 그의 열정이 가라앉은 후에는 잘하고 있습니다.

새 의사를 파송하는 문제에 관하여 말씀드리겠습니다. 그 사안에 대하여 제가 충분히 설명해 드리면 박사님 스스로 아실 수 있을 것입니다. 박사님은 의심할 여지없이 루미스 씨로부터 제가 받은 것과 유사한 편지를 받으실 것입니다. 저의 설명을 보시면 그가 조언한 주제에 대하여 사정이 밝지 못하다는 것을 아실 수 있을 것입니다.

제가 최근 말씀드렸듯이, 선교사들 및 관리가 아닌 다른 사람들은 중국인들이 있음으로 해서 서울에 살고 있습니다. 중국인들은 그들이 구입한 부동산 대금을 정부가 지불하는 대로 떠날 것이라고 선언하고 있습니다. 그들이 떠나면 정부를 위하여 일을 하는 우리들과 새 여의사를 제외한 모든 선교사들을 떠나게 할 것입니다.

그런 경우 나라는 열려 있지만, 항구에서만 일을 할 수 있을 것입니다. 저는 부산을 방문하였고, 항구에서 쉽게 걸어갈 수 있는 거리에 성벽으로 둘러싸인 도시가 있는 것을 발견하였습니다. 저는 결코 부산에서 수행될 사역에 대하여 조언하지 않고, 그저 지부의 중심과 거주지를 만들자고 하였을 뿐입니다. 만일 한 사람이 즉시 파견되었더라면 그는 자급자족할 수 있었을 것이지만, 최근 제물포와 부산에 일본인 의사들이 추가로 들어왔습니다. 게다가 유럽인들로부터 상당한 지원을 얻을 것입니다. 하지만 그것이 필수적인 것은 아닙니다. 제물포는 좋은 목표 지점은 아닙니다. 그러나 내륙과 평양(이곳은 루미스 씨가 중심지로 고려하는 곳입니다.)은 개방되어 있지 않을 뿐 아니라 당분간 그렇게 될 가능성도 없습니다. 남자와 여자들은 항구에서 언어를 학습하며, 그동안 손에 닿는 일을 하면서 사역을 준비할 수 있습니다.

프랑스는 '종교의 자유' 항목을 완전히 포기하였습니다. 그들은 지금 관세항목에 이의를 제기하고 있습니다. 중국은 그들을 도우려 최선의 노력을 다하고 있으며, 거의 성공하였습니다. 그들 사업 계획의 개요는 박사님께서 흥미를 가지실 것입니다.

우선, 프랑스 인들이 도착하였을 때 외아문의 독판은 아팠습니다.68) 그러나 저는 항상 그의 병을 진료하기 위해 왕진을 갔지만 그때는 그렇지 않았기에, 우리는 그가 중국-프랑스에 대한 공포증을 갖고 있음에 틀림없다고 결론을 내렸습니다. 그는 열렬한 중국 지지자이며, 그들이 시키는 대로 합니다. 할 수 있는 한 오랫동안 아픈 후에, 그는 1884년 정변을 모의한 한 명의 매장(埋葬)을 위하여 돈을 마련하였던 것이 드러났습니다. 다른 중국 지지자가 왕에게 이것에 대해 청원서를 제출하였고, 관습에 따라 김(독판)은 남대문까지 도주하여 자신의 부도덕함을 왕에게 고하였습니다. 그는 소환되었고, 그가 무죄라는 증거가 있었습니다. 그 청원은 계속 진행되어 마침내 김은 모든 관직을 박탈당하였고, 4일 동안 유배되었습니다. (그는 내일 돌아올 예정입니다.) 그동안 부족하고 허약한 늙은이가 '서리독판'으로 일하고 있습니다.69) 데니 판사는 그의 아내를 데리러 간 중국에서 전보를 보냈습니다. 중국은 그 전보를 3일 동안 미루다가 결국 세관장 메릴이 암호문을 보내자 즉시 전달하였습니다. 중국은 메릴 씨를 이곳으로 보냈고, 그는 가장 열렬한 중국 동조자이었습니다. 그는 지금 그들의 가장 강력한 반대자 중 한 명입니다. 데니 판사도 동일하게 변하였습니다. 저는 이미 박사님께 리홍장이 그에게 가짜 지시 편지 사본을 주었다는 사실을 말씀드렸습니다. 게다가 다음의 사건이 밝혀졌습니다. 최근 그가 중국을 방문하는 동안, 총독은 그에게 베이징의 미국 공사가 한국 공사관을 북경의 공사관에 부속시키고, 서울의 공사관을 폐쇄하여 중국의 종주권을 인정하는 것이 권할만한지 상담을 요청하였다고 말하였습니다. 판사는 포크 씨가 도착하였을 때 이것을 말하였으며, 포크 씨는 덴비 공사70)로부터 그 조치의 타당성을 문의하고 그것이 리홍장이 제안하였다는 것을 언급하는 편지

---

68) 당시 외아문의 독판은 김윤식이었다.
69) 1886년 5월 12일 서상우가 독판서리로 임명되었다가 9월 1일 환임된 김윤식으로 교체되었다.
70) 찰스 H. 덴비(Charles Harvey Denby, 1830~1904)는 1885년 10월 1일부터 1898년 7월 8일까지 주중 미국 공사로 활동하였다.

를 막 받았습니다.

판사는 아주 어려운 입장에 있으며, 왕은 그가 중국과 연관되어 있기 때문에 그를 의심하며 왕을 알현할 기회를 주지 않을 것입니다. 그는 공무 집행 중에 프랑스에 호의적이었고, 이것이 조선인들의 의심을 불러 일으켰습니다.

왕의 통역관은 어제 저와 두 시간을 보내며 이 사안에 대해 이야기하였으며, 저에게 많은 정보를 제공하였습니다. 데니 판사는 제가 몇 가지 조언을 해준 것에 대해 진심으로 고마워하였습니다. 왕은 데니에게 임기를 3년간 주는 것을 거절하였고, 단지 2년만 주었습니다. 판사는 광산을 조사할 사람을 데려왔습니다. 이것은 잘한 일이지만, 그는 그 일을 할 권리가 없었기에 더욱 곤경에 빠지게 되었습니다. 그는 철도를 너무 열심히 강조하여 사람들의 마음을 얻지 못하고 있습니다.

저는 지난 한 달 전부터 이 기관의 성공에 대하여 왕이 병원의 의사들과 관리들을 치하할 것이라는 것을 알고 있었습니다. 그것은 공식적으로 발표되었지만 프랑스와의 조약 업무 때문에, 구체적인 사항에 대해서는 후로 미루겠습니다.

헤론 박사 부부는 여자 아기를 낳고 기뻐하고 있습니다. 모두 건강합니다.

왕비는 알렌 부인의 건강에 대하여 계속 묻고 있습니다. 그녀(왕비)는 거의 매주 궁녀들을 보내 그녀를 돌보게 하고, 새로 온 사람을 위해 선물을 가져다 줍니다. 그들은 어제 이곳에 왔는데, 나이가 많은 스크랜턴 부인이 여기 있었으므로 그들에게 그녀를 소개하여 주었습니다. 그녀가 통역에게 그들을 자신의 집에 초대하고 싶다고 요청하였을 때 알렌 부인은 놀랐습니다. 그러자 수석 상궁이 다음과 같이 말하였습니다. "우리는 왕비께 속한 사람들이며, 그 분이 보내는 곳에 우리는 갑니다. 우리는 이곳에 볼 일이 있지만 당신의 집에는 없으며, 따라서 당신 집에 방문할 수 없습니다."

제가 박사님께 보낸 회람의 사본을 보시면 우리가 콜레라 [유행]를 예상하고 있다는 것을 아실 것입니다. 이미 상당수의 이질 환자가 발생하였습니다. 저의 오래된 문제가 다시 발생하였습니다.

현재 저는 단지 일본 공사관의 자문 의사일 뿐이며, 몇 달 동안 그렇게 있을 것입니다. 그들의 공동체는 매우 커서, 군의관이 공사관에서 살도록 선발되었습니다. 그들은 거의 200명이 됩니다.

안녕히 계십시오.
H. N. 알렌

Horace N. Allen (Seoul),
Letter to Frank F. Ellinwood (Sec., BFM, PCUSA) (May. 31st, 1886)

Seoul, Korea,

May 31st, 86

Dr. F. F. Ellinwood,

   23 Centre St., N. Y.

My dear Doctor,

   Your Mission letter was received and duly circulated. The orphanage is not a success. Mr. Underwood does not look upon life in a sufficiently serious light, to work well after his enthusiasm has been cooled by work.

   In regard to sending the new physicians. I will state the case fully and you will be able to see for yourself. You will doubtless receive a letter from Mr. Loomis similar to one I received. My explanations will show that he is not posted on the subject upon which he advises.

   As I stated recently, missionaries and other non-officials only live in Seoul by virtue of the presence of Chinese citizens. The Chinese declare they will leave as soon as the Govn't can pay their people for the property they have purchased. Their departure will cause the departure of all missionaries but ourselves and the new lady physician for the Government.

   In that case the ports alone could be occupied while the country is being opened. I have visited Fusan myself and found walled cities within an easy walk of the Port. I never advised a work to be carried on in Fusan proper, but simply to make that the residence and centre of a station. Had a man been sent promptly he could have been largely self-supporting, but Chemulpo and Fusan have recently received new additions of Japanese Drs. Yet considerable support would be obtained from Europeans. That however is not essential. Chemulpo is not such a good objective point, but as the interior and especially Ping Yan[g] (which place Mr. Loomis considers the centre to make for) is not open nor likely to be for some time. Men and women could be preparing for work at the Ports by studying the language and doing what came to their hands in the meantime.

The French have given up the religious liberty clause completely. They are now contesting some tariff items. The Chinese are trying their best to back them and have nearly succeeded. A resume of their plan of work will be of interest to you.

In the first place, the President of the Foreign Office became sick on the arrival of the French, but as I am always called to attend to his ails, and was not called then, we decided he must have Chinese-French phobia. He is an ardent Chinese sympathizer and does what they tell him. After being sick as long as he could, it was discovered that he had furnished money for the burial of one of the conspirators of '84. For this cause the King was memorialized by another Chinese sympathizer and according to custom, Kim (President) fled by the South Gate and notified the King of his unworthiness. He was recalled and there was evidence of his acquittal. The memorial still went in till Kim was at last stripped of all his offices and banished for four days. (He will be back tomorrow.) In the mean time, a poor feeble old fellow is doing the "acting President's" work. Judge Denny was telegraphed for from China where he had gone to fetch his wife. The Chinese delayed the telegram three days, till finally Merrill, Customs Commissioner, sent him a cypher which brought him at once. Mr. Merrill was sent here by China and was a most ardent Chinese sympathizer. He is now one of their strongest opponents. Judge Denny has passed through the same transformation. I already told you of his experience with Li Hung Chang who gave him a false copy of his letter of instructions. In addition to that, the following occurrence transpired. While on his recent visit to China, the Viceroy told him that the American Minister at Pekin had been to consult with him on the advisability of applying for the Korean Mission to be attached to the Legation at Pekin, and the Seoul Legation abolished recognizing the suzerainity of China. The Judge told Mr. Foulk of this on his arrival and the latter produced a letter just received from Minister Denby asking as to the advisability of the step and stating that it had been proposed by Li Hung Chang.

The Judge is in a very hard place, the King suspects him because of his connection with the Chinese, and will not grant him an audience. In the line of his duty he has had to favor the French and this has aroused the suspicions of the Koreans. The King's interpreter spent two hours with me yesterday telling me the whole case and gave me a deal of information. Judge Denny warmly thanked me for giving him some pointers. The King refused to grant Denny a commission for 3 years, only for 2. The Judge brought over a man to look up the mining interests. This is a good thing, but he had no right to do it and it has added to the difficulty. He is urging a railroad too earnestly to suit the people also.

I have known for a month past that the Drs. and officers of the hospital were to be honored by the King in a public way for the success of the institution, but as it has been officially announced, owing to the French treaty business, I will reserve details till a later time.

Dr. and Mrs. Heron are rejoicing on the arrival of a baby girl. All are well.

The Queen is persistent in her solicitation after Mrs. Allen's health. She has sent her ladies nearly every week to look after her and fetch presents for the newcomer. They were here yesterday and as the elder Mrs. Scranton was here, she was introduced to them. To Mrs. Allen's surprise, she asked the interpreter to invite them to visit her. The Chief lady therefore stated as follows: "We belongs to our country's Queen and go where she sends us. We have business at this place but have none at your house, therefore we cannot visit you."

By the circular I send you a copy of, you will see we expect cholera. We already have a good deal of dysentery. My old trouble has returned.

I am now only consulting physician at the Japanese Legation, it will be after a few months. Their community became so large that a military surgeon was detailed to live at the Legation. They have near 200 people.

With kindest regards,

Yours Truly,
H. N. Allen

18860600

호러스 N. 알렌(서울)이 H. 클레이 에반스(미국 연금국)에게 보낸 편지 (1886년 6월)

친애하는 에반스 씨,[71]

왕은 1885년의 사건 중의 의료 지원과 곧이어 병원을 개원한 공로로 저에게 옥 단추와 양반의 9품계 중에 세 번째인 '참위' 품계를 주었습니다. 병원은 첫 해를 성공적으로 마감하였습니다. 저는 연례 보고서를 귀하게 보내드립니다. 귀하는 원하시면 이 정보를 사용할 수 있지만, ＿＿＿는 당연히 제보자로 알려질 수 있습니다.

안녕히 계세요.
H. N. 엘렌, 의학박사

---

71) H. 클레이 에반스(H. Clay Evans, 1843. 6. 18~1921. 12. 12)는 미국의 정치인이자 사업가이었다. 1889년부터 1891년까지 테네시 주 제3지구의 미국 의회 하원의원으로 선출되었으며, 두 번에 걸쳐 테네시 주지사 후보자로 선출되었다. 그는 1897년부터 1902년까지 연금국장을 역임하였고, 1902년부터 1905년까지 런던 주재 미국 영사로 활동하였다.

Horace N. Allen (Seoul),
Letter to H. Clay Evans (U. S. Department of Pensions) (June, 1886)

Dear Mr Evans,

　　The King has decorated me with a jade button and the ranks of "Chamwe" the third rank of the nine ranks of nobility, for medical assistance rendered during the events of '85 and for starting a hospital soon after. The same has just successfully closed its first year. I send you Annual Report. You may use this information if you wish but ＿＿ can to be known as the informant, naturally.

　　Yours truly,
　　H. N. Allen, M. D.

18860600

호러스 N. 알렌, 존 W. 헤론, 1886년 4월 10일 끝나는 연도의 서울 제중원 일차년도 보고서 (요코하마, R. 마이클존 앤드 컴퍼니, 1886년)[72]

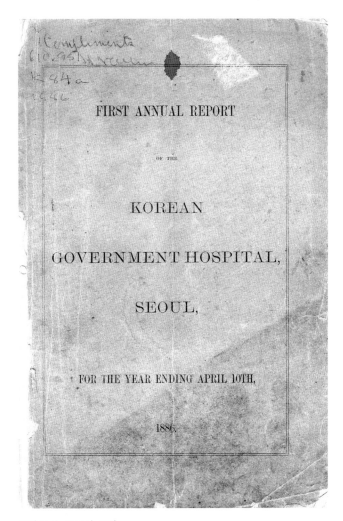

그림 7-4. 보고서 표지

---

72) 이 보고서는 다음과 같이 이미 번역되어 발표된 바 있으며, 이곳에 수정 보완하여 실었다. 박형우, 여인석, 제중원 일차년도 보고서. 연세의사학 3(1) (1999년 3월), 3~81쪽. 이 보고서는 2009년 10월 12일 국가등록문화재 제447호로 등록되었다.

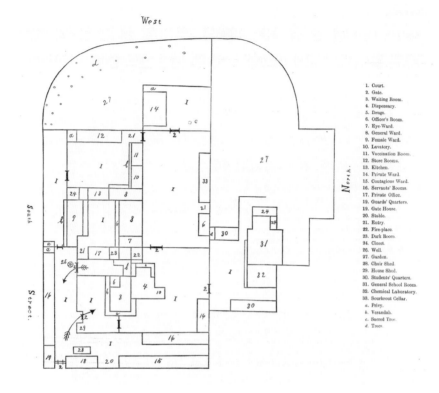

West

1. Court.
2. Gate.
3. Waiting Room.
4. Dispensary.
5. Drugs.
6. Officer's Room.
7. Eye-Ward.
8. General Ward.
9. Female Ward.
10. Lavatory.
11. Vaccination Room.
12. Store Rooms.
13. Kitchen.
14. Private Ward.
15. Contagious Ward.
16. Servants' Rooms.
17. Private Office.
18. Guards' Quarters.
19. Gate House.
20. Stable.
21. Entry.
22. Fire-place.
23. Dark Room.
24. Closet.
26. Well.
27. Garden.
28. Chair Shed.
29. House Shed.
30. Students' Quarters.
31. General School Room.
32. Chemical Laboratory.
33. Sourkrout Cellar.
a. Privy.
b. Verandah.
c. Sacred Tree.
d. Trees.

이학사, 의학박사, 해관 의사 및 공사관 의사인 **H. N.** 알렌과,
의학박사 **J. W.** 헤론이 책임을 맡고 있는 서울 제중원의
1886년 4월 10일 끝나는 연도의 일차년도 보고서
일본 요코하마 워터 가 **26,** 마이클존 앤드 컴퍼니에 의해 인쇄됨, **1886년**

병원에 관한 이야기

우연히 1884년의 반란[73] 직전 서울에 도착[74]한 나는 부상당한 민영익 공
을 치료해주도록 요청받았으며, 그의 상처에 대한 기술은 뉴욕에서 간행되는
*Medical Record*에서 찾아볼 수 있다.[75] 나는 또한 다수의 부상당한 청나라 병

---

73) 1884년 12월 4일에 일어난 갑신정변을 말한다.
74) 알렌은 1884년 9월 20일 제물포에 도착하였고, 9월 22일 서울로 올라왔다.
75) Horace N. Allen, Surgery in the Hermit Kingdom. *The Medical Record* 25 (June 13th, 1885), pp.
671~672

사도 치료해야 하였다. 이러한 치료 사례들의 결과로 서양 의술의 우월함이 나타나자 많은 한국인들도 치료받을 기회를 얻었으면 하고 있다. 그 결과 모든 환자를 적절하게 돌볼 시간이 충분하지 않게 되었고, 일종의 병원과 같은 시설이 필요해졌다. 따라서 이런 기관의 설치를 위한 설립안을 작성하였으며, 주한 미국 공사 포크 중위는 이를 승인하고 조선 정부로 문서를 제출하였다.76) 문서는 호의적으로 접수되어 즉시 실행되었다. 좋은 부지77)가 선정되었고, 건물은 우리들이 원하는 대로 개조되었으며, 의약품 및 기구를 위하여 수백 달러의 돈이 집행되었고, 이 기관에서 조선 정부를 대표할 관리들이 직원으로 임명되었다.

이 사업을 위하여 한 사람으로는 충분하지 않을 것이 명백해졌으며, 설립안에는 미국으로부터 선교 의사를 청하는 의견이 포함되어 있었다. 장로교회 해외선교본부는 요청을 받고 즉시 J. W. 헤론 박사를 파송하였다.78)

병원 계획은 새로운 것이 아니었다. 이와 유사한 기관이 수백 년 동안 존재하여 왔으므로 이런 오래된 기관을 타파하는 것이 어떤 좋지 않은 감정을 불러 일으킬까봐 염려하였다. 설사 그랬다 하더라도 그러한 감정이 겉으로 드러나지는 않았다. 사람들은 새 병원에 상당히 우호적인 것 같았으며, 국왕의 포고 및 병원을 개원하여 전국 각 지방의 사람들이 치료받을 수 있도록 한다는 취지에 여러 차례 반응을 보였다.

병원은 1885년 4월 10일, 아무런 특별한 의식 없이 개원하였다. 나중에 통리교섭통상사무아문 독판 주관의 공식 만찬이 열렸다.79)

내원 환자 수는 증가하였으며, 새 의사가 도착하였을 때80) 하루에 100명까지 보았다. 장마 때에는 눈에 띄게 환자의 수가 줄었고, 장마가 끝난 뒤에는 날씨가 좋아지자 사람들의 건강도 좋아져 봄철과 같이 많은 수의 환자는 오지 않았다. 올 봄에 환자의 수는 빠르게 증가하였지만, 작년 전반기가 가장 바빴으며, 이 시기에 작년에 본 환자의 반 이상을 보았다.

병원을 개원한 지 수 주일 후에 스크랜턴 박사가 도착하였고, 헤론이 도착할 때까지 그의 도움을 받았다.81)

---

76) [호러스 N. 알렌의 병원 설립안.] 미원안(美原案), 영문, 한문 번역, 규장각 18046의 1 (1885년 1월 27일, 고종 21년 12월 12일)
77) 재동의 홍영식 집이며, 현재의 헌법재판소 자리이다.
78) 헤론은 1885년 6월 20일 제물포에 도착하였고, 21일 서울로 올라왔다.
79) 1885년 8월 29일을 말한다.
80) 6월 말경을 의미한다.
81) 감리교회 의료 선교사인 스크랜턴은 1885년 5월 1일에 내한하였으며, 5월 22일부터 제중원에서 일을 하다가 헤론이 도착하자 6월 24일 사임하였다.

환자는 모든 계층 및 전국 방방곡곡에서 왔다. 거지, 나병 환자와 궁중의 높은 양반이 모두 같은 병원에서 진료를 받았으며, 왕진 요청도 많았다.

구경꾼들로 인해 우리의 시간이 허비되지 않도록 모든 환자들에게 20푼짜리 표를 사게 하였다. 따라서 모든 환자는 표에 적인 번호대로 진찰을 받았으며, 혼란을 피할 수 있었다.

처음에 병원에서 조제해 가는 모든 약에 100푼의 값을 매겼다. 이 방식을 몇 달 동안 계속하였더니 약 20만 푼(약 125달러)이 모였다. 그러나 이 적은 약값도 내기 힘든 사람이 있음을 알게 되어, 우리는 병원에 올 수 없는 환자를 위하여 퀴닌을 가져가는 경우를 제외하고는 약값을 받지 않기로 하였다. 퀴닌 10알에 500푼을 받았다.

때로 상류 사회의 부인들도 치료하였는데, 썩 내키는 일은 아니었다. 왜냐하면 마당의 사람들을 모두 내보내고 통행을 금지시키는 데 상당한 시간이 걸리고, 아무도 보는 사람이 없는 상태에서 진료를 해야 하기 때문이었다. 이러한 문제를 해결하기 위하여 남자나 여자 모두와 자유로이 어울릴 수 있는 여러 명의 기녀를 뽑았다.[82] 기녀들은 총명하고 곧잘 배웠으나, 이들을 계속 데리고 있는 것이 적절하지 않음을 알고 내보냈다.

최근 나는 내 집의 개인 사무실에서 꽤 많은 귀부인(상궁 등)들을 치료하였다. 여성을 위한 병원은 필요하며, 조만간 설치되어야 할 것이다.

병원설립안에 표현된 대로 병원 내에 의학교(醫學校)를 설립하고자 하는 것이 원래의 의도이었다. 물론 이 일이 즉시 시작될 수는 없지만, 개원 1년이 다 되어 갈 즈음 병원이 매우 성공적이었기에, 우리는 병원의 영향력과 기회를 증대시킬 방법과 비용에 대해 생각하기 시작하였다. 가장 적절한 '방법'은 의학교를 개교하는 것이었다. 그 '비용'은 조선 정부에 요청하였다. 백성을 위한 우리들의 의료 활동에 항상 만족스러웠던 국왕은 즉시 칙령을 내려 병원에 인접한 가옥을 매입하고 이곳에 교사를 꾸미도록 하였다. 기구 및 제반 설비를 위한 경비와 새롭고 완전한 외과 기구 구입을 위한 경비가 즉시 하사되었다.

장로교회의 언더우드 목사에게 의학교 일을 도와 달라고 요청하였다. 의학 과정을 일부 이수하였던 그는 이 일에 적합하다고 느꼈고 이 역할을 수락하였다.

의학교는 1886년 3월 29일에 경쟁시험으로 선발된 16명의 학생으로 개교하였다. 이 학생들에게 가능한 한 빠르게 영어를 가르쳤다. 일부 학생의 영어

---

82) 1885년 8월 5일 다섯 명의 기녀가 제중원에 배속되었다.

가 꽤 높은 수준에 도달해 있으므로 우리는 곧 이들이 과학을 배울 수 있을 것으로 기대하고 있다.

통리교섭통상사무아문의 독판(督辦) 및 협판(協辦)과의 회의에서 채택된 학교 규칙에 의하여, 이 학생들은 4개월간의 시험 기간을 거친 후 성적이 우수한 12명을 선발하여 정규 과정에 편입시키고, 성적이 불량한 나머지 4명은 낙제시킬 예정이다. 매년 12명의 학생을 선발할 예정이다. 이들에게는 식사비, 기숙사비 및 학비 등을 제공할 것이며, 과정을 끝낸 후 '주사'의 직책을 가진 정부 관리로 등용될 것이다. 학생들은 이사(理事)의 역할을 할 독판과 교수의 허락 없이는 중퇴할 수 없다. 한국 해군의 첫 군함이 취역하게 되면 우리는 그 배에 군의관 1명을 보낼 수 있기를 희망한다.

세관의 담당 의사로서 나는 '서울의 건강(Health of Seoul)'이란 장문의 글을 썼다.[83] 그러나 이 작은 보고서를 읽는 많은 독자들이 그 글을 보지 못하였을 수 있기 때문에, 이 보고서의 주제가 되는 병원이 위치한 도시에 관하여 짧게 설명해도 괜찮을 듯하다.

서울은 제물포항에서 약 30마일 떨어져 있다. 그곳은 한국의 수도이며, 동시에 문화, 교역 및 정치의 중심지이다. 도시는 능선과 산마루, 그리고 정상을 따라 세워져 있는 높은 성벽으로 둘러싸여 있으나, 둘레가 10마일을 넘지 못한다. 따라서 도시의 상당 부분은 성벽 외곽에 위치해 있다. 믿을 만한 자료에 의하면 성벽 안에 약 15만의 사람이 있으며, 같은 수의 사람이 성 밖에 살고 있다고 한다.

도시의 위치는 훌륭하다. 큰 한강이 약 3마일 떨어져 있고, 도시가 위치해 있는 분지가 강보다 상당히 높기 때문에 배수가 일등급이고 또 그래야만 한다. 사실 도시는 한때 배수 시설이 잘 되어 있었지만, 현재의 배수 체계에 대하여 말한다면, 이 도시를 세운 사람들의 의도와는 크게 다르다. 원래 거리는 폭이 20~200피트이며, 양쪽에 좋은 배수로가 있고, 잘 다듬어져 있는 길이었다. 이 배수로는 좁은 거리에서는 열려 있으나, 넓은 거리에서는 면적이 4평방피트 가량인 뚜껑으로 덮여 있다. 대부분의 곳에서는 뚜껑이 내려앉아 [배수로가] 막혔고, 열려있는 배수구는 좁은 거리에 집들이 증축되면서 침범 당하여, 장마철에 쏟아진 폭우가 급류를 형성할 때를 제외하고는 물이 정체되어 있기 때문에 그곳으로 들어간 오물에 세균이 번식하고 있다.

가옥은 작지만 일반적으로 좋다. 그러나 오밀조밀 모여 있는 작은 방의 공

83) Horace N. Allen, Dr. H. N. Allen's Report on the Health of Seoul (Corea). *Medical Report, for the Half-Year Ended 30th September 1885. China Imperial Maritime Customs* No. 30, pp. 17~30

기는 대개 매우 답답하고 악취가 난다. 그것은 흔하지는 않지만 장티푸스 환자에게서 나는 냄새와 비슷하다.

난방 방법은 양호하고 경제적이다. 방바닥 아래에는 돌과 진흙으로 이루어진 연도(煙道)가 깔려있고, 음식 조리에 사용되는 작은 불로 따뜻해진 구들장은 다음에 불을 지필 때까지 열기를 유지하고 방을 쾌적한 온도로 일정하게 유지시킨다. 방으로 들어오는 연기는 기름천 카페트와 유사한 매우 섬세한 종이를 사용하여 막는다.

옷은 순백색이나 밝은 색의 삼베 혹은 거친 천연 면인데, 상류 계급은 비단을 사용한다. 옷 모양은 외국 부인의 어깨 두르개와 비슷한데 소매가 무척 크다. 이런 옷은 예쁘고 건강에 나쁘지 않지만, 세련되어 있지는 않다.

음식은 쌀, 우리가 먹는 양상추와 양배추를 교배시킨 것 같은 일종의 양배추로 만든 김치, 고기, 다량의 고추, 약간의 밀, 그리고 기타 여러 가지 음식들이 작은 부분을 차지한다.

음료는 나쁘다. 물은 말할 나위 없이 더럽고, 사람들은 거의 차를 마시지 않으며, 술은 독하고 걸러지지 않은 것이다.

사람들은 과음하고 과식하는 경향이 있으며, 다른 즐길 거리에서도 절제하지 못하는 경향이 있다.

기후는 대체로 좋은데, 겨울에는 한결같이 건조하고 온도는 두 달 이상 섭씨 0도 근처에 머물러 있다. 얼음은 많으나 눈은 거의 없다. 가장 더운 달은 5월과 6월이고, 못 견딜 더위가 있는 7월이 오기 전에 장마가 시작되어 대기를 식혀준다.

말라리아는 가장 흔한 질병이며, 4일열이 가장 흔하다. 매독은 말라리아 다음으로 많은데, 그 증상은 매우 많으며 다양하다. 당연히 쌀을 주식으로 하는 다른 나라에서와 같이 소화불량이 많다. 나병은 흔하다. 피부병은 모든 종류를 다 볼 수 있다. 수종은 흔히 볼 수 있다. 연주창은 매우 흔하다. 요약하면 흔히 알려져 있는 모든 종류의 질환을 다양하게 변형된 상태로 볼 수 있으며, 각기병, 흑색증 등 흔하지 않은 병도 있다. 디스토마와 사상충증도 있다.

사람들에게 약은 잘 듣는 것 같은데, 수술 후에는 중국인보다 더 잘 움직이지 못한다. 아마도 한국인이 중국인보다 고기를 더 먹고 강한 술을 마시기 때문인 것 같다.

한의사들은 치료에 대하여 어느 정도 이해하고 있다. 그들의 체계는 중국에서 따 온 것이며, 약재는 종류가 굉장히 많지만 분명한 효과는 거의 없다. 침과 뜸은 그들의 주요 치료 수단이며, 일반적으로 그들이 시행하는 유일한 외과적 처치이다. 꽤 많은 한의사가 병원을 이용하였는데, 모두 치료 결과에 만족해하는 것 같았다. 그 중 몇 명은 서양 의술을 가르쳐 달라고 요청하였다.

목욕이 대중화되어 있지 않은 점을 빼고 사람들은 대개 병원의 규칙을 따랐다. 병원을 필요한 정도로 깨끗하게 유지하는 일은 어렵다. 병원 건물은 너무 작고, 병상은 대개 외과 환자로 가득 찬다. 사실 우리는 병원 전체가 외과 환자로 찼기 때문에 순수한 내과 환자의 대부분은 입원을 거절해야만 하였다. 또한 우리는 다른 환자를 위해 가능한 한 빨리 입원 환자를 퇴원시켜야 했다. 내가 사용한 'beds'란 용어는 약간의 설명이 필요하다. 한국에서는 우리들이 알고 있는 침대를 사용하지 않는다. 사람들은 따뜻하고 장판지로 덮인 구들 위에서 요를 깔고 잔다. 우리는 이곳 풍습에 따라 구들 밑의 'kang'을 통해 병원의 난방을 한다.

병원에서는 엄격하게 절약하였는데, 이것이 당국에 더욱 호감을 주었다. 그리 오래지 않아 적절하게 갖추어진 외국식 건물이 우리에게 주어질 것을 희망한다. 그러나 현재 우리는 우리가 할 수 있는 모든 방법을 동원하여 최선을 다하는 것을 목표로 하고 있다.

H. N. 알렌

진료소(외래) 환자 분류

I. 발열

전염성
　비발진성
　　발진티푸스　　　　　1
　　단독(丹毒)
　　　안면부　　　　　　9　　　　　　　전신　　　　　　　　1
　발진성
　　천연두　　　　　　　8
접종성
　우두　　　　　　　　31
풍토성
　이장성(弛張性)　　　18
　간헐성

매일열	177	삼일열	171
사일열	713	오한	2
각기병	15		
급성 류머티즘	1		
계	1,147		

II. 소화기 계통의 질환

식욕 부진증	2	회충	93
간(肝) 경변증	4	복통 - 영아	12
변비	31	충치	60
위(胃) 확장증	1	설사	306
이질	184	소화 불량	582
항문 열창	21	항문 누공	94
위염	11	치질	105
탈장	32	간염	4
간의 낭포	2	비장 비대	65
장 카타르	49	황달	46
장 폐쇄	1	인두염	10
위 작열감(胃灼熱感)	70	장 탈출	26
타액선 분비 항진증	4	구내염(口內炎)	55
갈고리 촌충	86	편도선 염	6
중이염	5	단순성 인후 궤양	65
계	2,032		

III. 순환기 계통의 질환

동맥염	1	손가락 동맥류	1
슬와 동맥류	1	코피	12
각혈	92	승모판 부전증	7
계	114		

IV. 호흡기 계통의 질환

실성증(失聲症)	15	천식	148
기관지염	141	기관지류	1
기관지루	38	코감기	3
호흡 곤란증	14	폐기종	4
슈나이더 씨 막염	2	후두염	3

수은 중독과 폐의 염증	1	취비증(吹鼻症)	11
백일해	30	폐렴	1
늑막염	14	폐결핵	50
계	476		

V. 신경 계통 질환

팔 위축	1	무도병	2
진전섬망(震顫譫妄)	12	뇌전증	307
반두증(半頭症).	4	히스테리	33
히스테리 구(球)	3	백치	3
정신병			
조증	6	치매	3
우울증	4		
불면증	3	요실금	3
변실금	1	요통	62
뇌수막염	4	편두통	16
신경쇠약	1	신경통	28
야간 동통	66	야간 발한	4
치통	15		
마비			
전신성	49	진전성(震顫性)	18
상지	23	안면	41
발	1	하반신 마비	19
반신 마비	59	반신 마비, 동통 동반	1
운동 실조	14		
좌골신경통	22	안륜근 경련	1
신생아 개구장애(開口障碍)	1	사경(斜頸)	1
서경(書痙)	2		
계	833		

VI. 림프 계통 질환

경부 림프선 비대	212	안구 돌출성 갑상선종	2
계	214		

VII. 비뇨생식 계통 질환 및 매독

알부민 뇨	4	귀두염	1

브라이트 씨병	6	횡현(橫痃)	44
하감(下疳)	146	연성 하감(軟性 下疳)	235
소변 유출	15	임질	156
만성 임균성 요도염	51	음낭 수종	3
발기 불능	33	신장염	1
몽정(夢精)	1	음낭과 포피 부종	4
감돈(嵌頓) 포경	2	포경	9
회음 농루(會陰 膿瘻)	3	소변 잔류	1
성 과다	23	배뇨 곤란	3
요도 협착	14	매독 공포증	7
매독	760	항문 고무종	89
매독 골막염	96	여각진(餘角疹)	44
안면 매독 결절	21	매독 궤양 - 몸통과 하지	60
매독과 나병	52	매독성 인후 궤양	18
계	1,902		

VIII. 전신 질환

빈혈	33	철 결핍성 빈혈	4
수증(水症)	51	수증, 복수	8
통풍	3	등유 중독	1
소모증	1	흑색소 침착증	7
악성 빈혈	1	구루병	3
류머티즘	106	연주창(連珠瘡)	146
뇨독증	1		
계	365		

IX. 새로운 질환

음낭의 부분적 오한	6	다리의 부분적 오한	1
계	7		

X. 눈 질환

흑내장	25	천연두 후의 흑내장 및 안구 위축	1
변연 안검염	72	안검 경련	1
백내장	53	결막염	67
결막 농양	1	결막 부종	1

결막 궤양	59	결막 혼탁	104
누낭염	4	망막 박리	3
반상 출혈	2	유루증(流漏症)	5
안검 내번증	110	녹내장	1
육아성 안검	5	선천성 색맹	2
홍채염	12	각막염	46
야맹증	3	시신경통	1
임질성 안염	4	전안구염	4
안검 소양증	1	익상편	10
광선 혐기	3	안검하수	4
사시	5	검구결막 유착증	5
홍채 유착증	3	포도종	12
계	629		

XI. 귀의 질환

난청	100	이염(耳炎)	26
이루(耳漏)	28	고막 천공	27
귀지	105	이명(耳鳴)	31
이관 궤양	1		
계	318		

XII. 종양

굴뚝청소부 암	1	상피종 - 안면	12
상피종 - 음경	5	인삼 복용 후 상피성 안면 종양	1
골육종	1	구개(口蓋) 종양	1
비강 폴립	33	하마종(蝦蟆腫)	1
미분류 종양	90		
계	145		

XIII. 골, 관절 및 건 질환

특발성 지지절단증(指趾切斷症)	1		
관절 강직			
주관절	5	고관절	1
슬관절	2		
수축된 굴근 - 손	1		
탈구			

족관절	1	주관절	1
외측설상골	1	슬관절	1
견관절	2	무지(拇指)	2
슬관절 신전	2	상악골 외골증	1

골절

손목 - 콜레스 씨 골절	8	쇄골	2
대퇴골	2	슬개골	1
유양돌기 비대	1	고관절 질환	1

괴사

쇄골	3	주관절	8
전두골	7	하악골	6
슬관절	2	대퇴골	4
중수골	8	중족골	2
요골	1	견관절	1
요추	5	늑골	4
골염	5	척추 결핵	2
류머티스 성 관절염	2	족관절 측부인대 파열	1
활액막염	7	첨족(尖足)	1
계	105		

XIV. 외상

척주 만곡증	13		

화상

일반	24	화약	7
서혜부 누공	1	전신 상처	31
발톱 조갑입증	3	염좌	26

창상

좌상	4	물린 상처 - 사람	1
물린 상처 - 말	1	물린 상처 - 뱀	2
물린 상처 - 벌레	1	전두부	1
총상	18	손가락 절단	1
손	5	주관절 - 침	1
계	140		

XV. 기형

구개열	1	구순열	30

구강 저부로부터 분리된 혀	1	구강 폐색	3
비강 폐색	2		
계	37		

XVI. 결합조직 질환

농양

요근	2	복부 근육	1
족관절	4	액와부	6
귀	18	등	4
종아리	18	경부 림프선	30
볼	3	치아	5
대퇴부	2	전신	100
둔부	3	두부	2
손	2	요추	2
흉근	1		

욕창	6	괴저성 구내염	7
봉와직염, 하지	4	봉와직염, 머리와 안면	7
유방염	8	조갑주위염	5
발의 천공성 궤양	2		

궤양

등	1	안면	6
발	18	손	2
하지	44	입술	2
목	1	접종	2
슬와부	1	천연두 흔적	4
흉골부	1	대퇴부	2
발가락 사이	2		

표저(瘭疽)[손끝염]	12	종창(腫脹)	10
종기	13		
계	363		

XVII. 피부 질환

발진성

두드러기	16		
홍반			
단순성	1	결절성	6

소포성
　습진
　　두부(頭部)　　　　　9　　　　　전신　　　　　　　139
　　포진　　　　　　　10　　　　　유가((乳痂)　　　　　3
소농포
　　심농가진(深膿痂疹)　12　　　　농가진(膿痂疹)　　18
이상 비대
　　반점(斑點)　　　　　2　　　　사마귀　　　　　　6
　　티눈　　　　　　　10　　　　콘딜로마
　　상피병　　　　　　4
기생충
　　옴　　　　　　　　160　　　　황선(黃癬)　　　　39
　　백선(白癬)
　　　모창(毛瘡)　　　　2　　　　　두부(頭部)　　　　2
　　　윤상(輪狀)　　　25
　　이[蝨]
　　　머리이　　　　　68　　　　　사면발이　　　　　23
구진성(丘疹性)
　　태선(苔癬)　　　　21
수포(水疱)
　　천포창(天疱瘡)　　11　　　　여각진, 단순성　　　9
　　매독 (위를 볼 것)
인설(鱗屑)
　　나병　　　　　　　58　　　　건선(乾癬)　　　　20
　　어린선(魚鱗蘚)　　4　　　　비강진(枇糠疹)　　17
반점(斑點), 상피성　　　21
결절
　　여드름　　　　　　50　　　　연속종(軟屬腫)　　　1
　　켈로이드　　　　　5　　　　낭창((狼瘡)　　　　1
신경증
　　양진((痒疹)　　　　52　　　　무감각증　　　　　1
　　지각 과민　　　　　9
매독진(매독을 볼 것)
동상　　　　　　　　　2　　　　손의 균열　　　　　3
취한증(臭汗症)　　　　1　　　　주사비(酒齄鼻)　　　4
　　　　계　　　　　845

XVIII. 여성 질환

유산	9	무월경	10
월경 불순	8	백대하	27
월경 과다	2	임신성 오심(惡心)	1
난소염	1	분만	2
자궁 탈출증	1	산욕기 패혈증	3
직장질 누공	1	잔류 태반	2
계	67		

미분류   721
      총계   10,460

진료소 수술

농양 절개	200	림프성 종창 절개	2
탈구 교정	1	안검 내번 수술	20
지방종 제거술	22	낭종 제거술	29
골절 교정	2	임질 감염	22
비강 폴립 제거술	32	영아 발가락 분리술	1
도관 삽입	21	예방접종	19
복수 천자술	2	발치	15
외상 봉합	4	표저 절개	2
계	394		

진료소(외래) 환자에 대한 기록

이미 언급한 것처럼, 우리는 병실 공간이 부족하여 많은 내과 환자를 입원시킬 수 없었다. I군의 증례 기록을 보면, 이 군은 많은 수는 아니다. 천연두는 매우 흔했는데, 100명의 아이 중 60~70명이 인두접종을 받을 것이고, 나머지는 자연적으로 천연두에 걸릴 것이다. 인두접종이나 보통의 전염에 의해 이 병에 걸리지 않고 성인까지 자라는 경우는 100명 중에 1명도 되지 않는다.

보편적인 접종 방법은 천연두 환자의 고름을 사용하는 것이다. 대개 성별에 따라 왼쪽 혹은 오른쪽 콧구멍으로 넣는다. 2살 이전에 이 병을 앓은 어린이 100명 중에서 20명은 죽고, 또 다른 20명은 2~4세 사이에 죽어 40~50명이 죽을 것으로 예측된다. 한의사들은 한국인 사망의 50퍼센트는 천연두 때문인 것으로 추정하고 있다. 이 병에 걸린 환자는 합병증이 있는 경우를 제외하고는 치료를 받지 않는다. 천연두에 걸린 어린 환자들은 유모의 등에 업혀 길거리에서 자유롭게 노출되어 있으며, 이 병에 그리 공포를 느끼지 않는다.

II군에는 더 많은 기생충의 예가 있어야 한다. 윤충 및 촌충은 일부의 외국인만 감염되어 있지 않을 정도로 너무 흔하지만, 대단히 큰 고통을 받지 않거나 의사가 묻지 않으면 대개 치료해 달라고 하지 않는다.

III군의 각혈 92예는 의심할 여지없이 많은 디스토마 증례를 포함하지만, 우리들은 현미경을 사용하거나 사후 부검을 할 수 없기 때문에 이를 확인할 수 없다.

XVII군은 실제로 더 많아야하는데, 피부병이 일부 체질적인 문제와 동반되어 있는 경우 이 문제로 분류하였기 때문이다. 우리는 160예 이상의 옴을 치료하였는데, 이 병이 한 집에 들어가면 대개 동거인 모두가 걸리며, 치료를 받으러 온 환자는 친구의 약도 요청하여 얻어간다. 최근 우리는 10가구로 이루어진 마을에 황산 연고를 주었는데, 그들은 모두 가려움증을 갖고 있다. 하지만 이것은 한 예로 계산되었다.

이[蝨]는 수천 예가 있었다고 말해야 될지 모른다. 치료한 경우는 기생하는 이의 덩어리들과 함께 머리털을 제거한 경우이다. 지금 이러한 환자 한 명이 병실에 입원해 있는데, 머리카락을 다 자를 수 없기에 모든 이를 제거하기가 쉽지 않다.

나병 환자 중에는 마비형이 많았으며, 옅은 황갈색의 반점이 전신을 덮고 있는 경우도 있었다. 그러나 대부분은 손가락과 발가락의 마디가 떨어져 나가고, 다른 부위는 썩어가는 진성의 백색 나병환자들이었다. 백색이 분명한 특징이 되지 못하는 것은, 대개 추방당한 거지들인 이들의 몸이 불결하기 때문이다. 따라서 가피(痂皮)는 약간 착색되어 있다. 이들 중 많은 수는 매독이나 다른 질병을 동반하고 있기 때문에 우리는 합병증을 완화시켜 환자들을 많이 도와줄 수 있었다. 이 때문에 우리가 나병 환자를 치유시킬 수 있다는 소문이 났고, 따라서 많은 환자들이 왔다.

처음에 우리는 '새로운 질환'으로 부른 IX군에 속한 질병을 가볍게 보는 경향이 있었다. 그러나 이 예들은 독특한 것들이었으며, 너무나 진지하게 호소하였기에 우리는 주목할 수밖에 없었다. 발이 때때로 고통스럽게 차가워 졌지만 기능 장애는 없었다. 이외의 병도 없었다. 이 오한은 때로 주기적으로 왔기 때문에 우리는 퀴닌을 투여하였다. 그 환자는 결코 돌아오지 않았지만, 다른 환자가 오는 것을 보고 우리는 그들이 완치되었다고 믿고 싶어졌다.

특발성 지지절단증 - 이 질병은 17세 된 소년 한 명 뿐이었다. 과거력은 다소 불충분하였다. 부모는 모두 건강하였으며, 소년이 아는 한 그의 가족 중 비슷한 질병을 가진 사람은 없었다. 병은 14세부터 시작되었는데, 그는 나무 그루터기를 걷어찼던 것이 원인이었다고 말하였다. 발가락은 점차 하나씩 떨어져나갔고, 그가 진찰소를 방문하였을 때 오른쪽 발의 모든 발가락이 없어져 발의 내측부를 제외하고는 발끝이 매끈하고 둥글게 되어 있었다. 그는 발의 내측부에 남아있는 작고 얕은 둥근 궤양의 치료를 원하였다. 왼쪽 발을 검사해보니 엄지 및 세 번째 발가락이 아직 남아 있었다. 다른 발가락이 있던 자리는 상처가 잘 아물어 있었다. 더 검사하기 위하여 소년을 병원으로 보냈으나 그는 수술이 두려워 도망쳐 버렸다.

통계에서 볼 수 있듯이 203명의 환자가 신체의 각종 부위에 생긴 농양으로 치료를 받았다. 이중 일부는 농양이 아주 컸다. 슬와에 농양이 있었던 한 예는 절개하였을 때 10온스 이상의 고름이 나왔으며, 다른 예에서는 같은 위치의 농양에서 8온스 이상의 고름이 나왔고, 대퇴, 두피의 반을 포함하는 머리, 흉근 및 액와에서 8온스씩의 고름이 나왔다.

이들 중 일부는 급성이었으나, 대다수는 만성이었다. 우리는 이것이 연주창과 관계가 있음을 발견하였는데, 대개 이 경우 목 근처에 생겼으며 때로 이 부위의 모든 결합조직이 패였고 공동(空洞)으로 굴이 형성되었다. 첫 진료 이후 이들 중 많은 것들이 관찰되지 않았다.

우리는 통상적인 치료를 하였는데, 대개는 두 군데를 절개하여 배농시켰고, 흡인기를 사용하기도 하였다. 1:40으로 희석한 석탄산수를 집어넣어 농양이 있던 곳을 조금 팽창시켰다. 우리가 추적할 수 있었던 예는 대개 결과가 좋았다.

우리는 한의사가 치료한 농양 환자를 많이 보았다. 그들의 치료는 농양을 개방하고, 길게 꼰 종이를 심의 역할을 하도록 삽입하는 단순한 것이었다. 때로 이것이 자극원이 되었다. 병원으로 후송될 정도로 심각한 환자에게 이 종이심을 제거하고 매일 석탄산수를 넣어주자 대개 눈에 띄게 좋아졌다.

매독은 760예를 보았으며, 매독의 후유증은 200예 이상을 치료하였다. 놀랍게도 이 병은 흔한 질병이었고, 치료가 불가능해질 때까지 거의 치료를 하지 않는 환자가 많은 것 같았다.

한의사들은 수은으로 치료하였는데, 우리의 의사 동료들은 이 약이 보통 훈증(燻蒸)에 의해 투여되고 있다는 사실에 흥미를 느낄 것이다. 우리는 수은의 과도한 사용으로 중독된 환자를 한 명 보았으며, 수은 치료 때문에 침을 흘리게 되는 경우를 많이 보았다.

매독 환자에 대한 우리들의 치료는 매우 만족스러워서 우리에게 오는 환자들이 증가하고 있다.

충분한 병력을 얻기 힘들거나 병력이 전혀 없는 경우에 어떤 상관관계를 발견하는 것은 불가능하다. 그러나 뼈의 질환(우리는 150예 정도를 보았는데, 그 가운데에는 전체 골격 중 상당 부분의 뼈에 병이 생긴 경우도 포함되어 있다)과 어디에나 생길 수 있는 이 병의 관계를 추적해보는 일은 매우 흥미로울 것이다. 이러한 병은 많은 경우 아주 만족스럽지 못하였다. 왜냐하면 완전히 희망이 없는 단계는 아니더라도, 거의 희망이 없는 상태까지 병이 진행된 다음에야 병원에 오기 때문이었다. 우리는 이성적으로 보았을 때 나아질 것이라고 기대가 되지 않는 한 외과적 수술을 시행하지 않도록 하였다.

질병이 많이 진행되지 않은 경우에는 체질적인 치료와 강한 황산구리 용액을 주사하여 많은 환자를 치료하였다. 그리고 전체적으로 보아 난치성인 경우에도 우리는 상당히 고무적인 성과를 얻었다. 이러한 경우 중 상당수는 날씨가 나빠 간단한 수술 이외에는 감히 수술을 할 수 없었던 겨울철에 일어났음을 언급해야겠다.

이 나라에 대해 조금이라도 아는 독자들은 우리가 치료한 질병 가운데 여자에게만 생기는 많은 질병을 보고 놀랄 것이다. 이것이 결코 우리가 보았던 모든 여자 환자를 나타내는 것은 아니다. 우리는 불행하게도 일반적인 질병으로 진료소에 온 여자의 기록을 보관하고 있지 않다. 그러나 우리는 여자 환자를 많이 보았으며, 귀부인들은 계속해서 남편이나 친지를 통해 필요한 약을 달라고 요청한다.

각막 혼탁은 104예를 보았는데, 대부분은 천연두의 합병증이었다. 화살이나 돌에 의한 상처의 결과로 생긴 경우도 적지 않았다.

이 환자들은 대부분 그들의 외모를 해친다고 생각하는 흰 반점을 제거해 달라고 요청하였고, 우리가 그럴 수 없다고 얘기하면 상당히 실망해하는 것 같았다. 우리는 문신을 하는 방법을 시도할 수도 있었으나, 이것은 매우 지루할 뿐더러 거의 성공하지 못한다. 그들은 우리가 어떤 약을 주기만 하면 반점이 즉시 없어질 것으로 생각하였기 때문에 이 방법에 동의하는 사람도 거의 없었을 것이다.

이곳에서 우리가 일을 하는 가운데 가장 슬픈 것 중 하나는 우리에게 계속 오는 많은 수의 불치 환자이었는데, 눈병의 상당수가 이 부류에 속하였다. 두 눈이 완전히 손상된 남자는 외국인 의사가 자신을 완치시킬 수 있을 것으로 확신하고 찾아 왔을 때 "우리가 당신을 위하여 할 수 있는 일은 없습니다."

라고 말하기란 어려운 일이다.

　우리는 다양한 형태의 수종을 많이 치료하였다. 일부는 약으로 치료하였지만, 나머지는 천자술을 시행하였다. 한 예에서는 환자가 더 이상 우리들의 진찰을 받지 않게 될 때까지 이 처치를 5번 반복하였다. 전체적으로 보아 이 질병에 대한 우리의 치료는 그다지 만족스럽지 못하였는데, 조금만 좋아지면 환자들은 오지 않았다. 때로 원인을 추적하기가 매우 힘들었으며, 원인을 알 수 없는 경우도 많았다.

　외과적 측면에서 흥미로웠던 예는 상지 위축이 있는 환자이었다. 이 젊은 이가 어려서 급류에 빠져 떠내려갈 때 등 뒤에서 어떤 사람이 팔로 잡았는데, 이때 상완골이 완전히 탈구되었고, 아마 상완골을 고정시키는 인대들이 모두 손상되었던 것 같다. 그가 우리에게 왔을 때, 그의 좌측 상지는 우측 상지와 길이가 비슷하였지만, 8세 된 아이의 것보다 크지 않았다. 그는 주먹을 쥐고 팔꿈치를 약간 구부릴 수 있었지만, 이것이 좌측 상지가 할 수 있는 운동의 전부이었다. 어깨 및 견갑골을 덮는 근육은 모두 퇴화되었고, 상완골을 당기면 관절와로부터 거의 2인치나 빠져 나왔다. 이것은 위축된 근육과 파열된 인대를 대신할 보조기를 만들 사람이 없었기 때문에 당연히 치료가 불가능한 경우이었다.

　의사로서 우리에게 흥미로웠던 다른 예는 중지에 동맥류성 정맥류가 생긴 경우이었다. 그것은 손가락을 문 뒤에 찧었기 때문에 생겼는데, 진료를 받으러 오기 약 6년 전에 생긴 일이었다. 그가 기구의 사용을 반대하였기 때문에 우리는 그의 손바닥에 공을 놓고 그 위로 손가락을 굽힌 상태로 붕대를 감으려 시도하였지만, 통증을 참지 못하여 붕대를 손가락 주위에 단단히 감았다. 이로 인하여 그는 불편하였기 때문에 내복약을 요청하였는데, 우리가 약으로는 치료할 수 없다고 하자 그는 불쾌해하며 나가버렸고 다시 돌아오지 않았다.

　등유를 마셔 중독된 환자가 있었는데, 얼마 전에 천연두로 아이를 잃은 여인이었다. 우리는 그녀를 직접 보지 않았는데, 우리는 병원의 하인으로부터 그녀의 병력에 대한 유일한 정보를 얻었다. 우리가 아는 바로는 그녀는 약 1파인트의 기름을 마셨는데, 우리에게 연락이 왔을 때 그녀는 혼수상태에 있었다. 그녀를 직접 볼 수 없었기 때문에 구토제를 보내고 상황을 알려달라고 요청하였지만, 연락이 없어 결과를 모른다.

　치료한 질병 중 가장 흔했던 것은 다양한 종류의 학질이었는데, 모두 1,061예를 진료하여 전체 환자의 약 1/10을 차지하였다. 이 환자들은 전국에서 왔는데, 때로 500리(135마일) 떨어진 곳에서도 왔다.

한 가지 특이한 것은 겨울에 본 환자들은 거의 대부분 사일열 학질이었고, 여름과 가을에 본 환자들은 주로 매일열과 삼일열 환자들이었다는 점이다.

우리에게 다시 온 환자는 한두 명에 지나지 않았다. 우리의 계획은 오한이 예상되는 날에 퀴닌을 주고, 뒤이어 파울러 용액과 복합 요오드 용액을 사용하는 것이었다.

사람들은 퀴닌의 가치를 알기 시작하였으며, 이것을 사고 싶어 하는 사람들로부터 구입 신청이 많이 들어 왔다.

우리는 보다 자세하고 완벽하게 기록하지 못하였음을 유감스럽게 생각한다. 처음에 한 사람이 하기에는 일이 너무 많았기 때문에, 외래에서 각 환자의 나이, 성별, 직업 등을 기록하지 못하였다. 또한 초진 환자나 재진 환자에 대한 상세한 기록을 보관하고 있지 않지만 우리가 보관한 기록을 대조하여보면 약 7,000명의 초진 환자를 진료하였고, 재진 환자들은 대부분 매독성 환자들이었다.

입원환자의 자세한 사항

번호	나이	성별	질병	처치	담당84)	입원 일수	결과
1	25	남	대퇴골 괴사	부골 절개	A.	24	좋음
2	40	"	오래된 슬관절 탈구	너무 오래됨		6	없음
3	36	"	브라이트 씨병 (신장질환)			3	사망
4	42	"	이장성 발열			8	좋음
5	-	"	매독성 궤양			3	없음
6	-	"	각막 궤양	처치를 거부함		3	"
7	20	여	슬관절 괴사	부골 절개	A.	39	양호
8	49	남	복수			2	없음
9	30	여	위경련			32	좋음
10	30	"	자궁 탈출	환원 정복	A.	24	양호
11	60	남	중족골 괴사	제거	S.	38	좋음
12	15	"	옴 및 습진			38	완치
13	58	여	대농포진			122	"
14	46	남	발바닥 궤양			15	"
15	28	여	류머티스성 관절염			21	없음

---

84) A는 알렌, S는 스크랜턴, H는 헤론을 나타낸다.

16	30	"	경성 하감			9	양호
17	30	"	발가락 골육종	소용없음		1	없음
18	32	남	족측부 궤양	절제	A.	9	좋음
19	36	"	백내장, 좌안	안구 제거	A.	20	완치
20	45	"	" , 우안	"	A.	20	"
21	45	"	" "	"	A.	20	좋음
22	60	"	" "	"	A.	47	나쁨
23	20	"	항문 누공	괄약근 절제	A.	22	완치
24	29	"	"	"	A.	22	"
25	30	"	급성 발목 농양	배농	A.	13	"
26	45	"	윤상 체부 백선			19	좋음
27	40	여	폐 농양	개방성 배농	A.	23	"
28	10	남	포경	포경수술	A.	26	완치
29	40	여	구강 폐색	성형수술	A.	4	"
30	40	남	뱀에 물림			2	없음
31	36	여	유방 화상			4	좋음
32	16	남	구강 및 비강 폐색	성형수술	A.	6	완치
33	40	"	창상 및 농양	배농	A.	6	"
34	36	"	기관지루			15	좋음
35	27	"	림프선염 - 상지			30	없음
36	31	"	나병			3	"
37	12	"	하마종	천자	A.S.	3	완치
38	30	"	항문 누공	괄약근 절제	A.	30	"
39	30	"	연성 하감 및 횡현	십자절개	A.	3	좋음
40	30	"	둔부 농양	배농	A.	24	완치
41	32	"	각막 포도상 종양	절제	A.	9	좋음
42	36	"	구강 폐색	성형수술	A.	6	"
43	40	"	항문 농양	배농	A.	6	완치
44	22	"	여각진			30	좋음
45	20	"	매독성 항문 고무종			15	"
46	30	"	요추부 농양	배농	S.	19	"
47	26	"	심한 빈혈			16	양호
48	35	여	안면 습진			31	완치
49	25	남	늑골 괴사			30	양호
50	18	"	포경	포경수술	S.	21	완치
51	22	"	제1족지골 괴사	절단	A.	8	좋음
52	16	"	매독성 항문 고무종			15	"
53	18	"	항문 농양	배농	A.	27	완치

54	40	"	낙상에 의한 창상	붕대를 감음	A.	4	좋음
55	20	"	매독성 항문 고무종			20	"
56	30	여	오래된 제1족 조갑염	절단	A.	12	완치
57	40	남	이장성 발열			6	"
58	46	"	항문 농양	배농	A.	33	"
59	60	여	오래된 견관절 탈구	소용 없음		3	없음
60	61	남	상지 봉와직염			5	"
61	18	"	항문 누공	괄약근 절제	A.	41	완치
62	48	"	양측성 안검 유착증	절단 및 봉합	A.	57	좋음
63	16	"	각막 포도상 종양	천자	A.	11	"
64	23	"	항문 농양 및 누공	처치를 거절함		2	없음
65	42	"	각막 궤양	천자	A.	8	좋음
66	25	"	소모증			5	없음
67	13	"	각막 혼탁	홍채 절제	A.	5	좋음
68	25	여	연성 하감			30	완치
69	33	남	비장 비대증			25	사망
70	30	"	요근 농양	배농	H.	5	좋음
71	20	여	매독성 항문 고무종			3	없음
72	22	남	무통성 궤양			34	완치
73	28	"	장폐색			4	"
74	30	"	연성 하감 및 협착	도관 삽입	H.	6	좋음
75	60	여	안검 내번, 양안	수술	A.	4	완치
76	50	여	안검 내번, 양안	수술	A.	4	"
77	25	"	연성 하감			21	"
78	35	남	화약 화상			9	"
79	40	"	망막 박리			30	양호
80	20	"	매독성 궤양			15	좋음
81	20	"	황선			5	완치
82	35	여	고막 천공			3	없음
83	19	"	대음순 경성 하감			4	"
84	40	남	각막 혼탁	홍채 절제	A.H.	12	좋음
85	28	여	수은 중독			6	없음
86	55	"	직장-질 누공	너무 허약함		3	"
87	50	남	내치질	확장	A.	5	완치
88	22	"	횡현	십자절개	A.	8	"
89	24	"	각막 혼탁	홍채 절개	H.	8	좋음
90	21	"	항문 누공 및 치질	절제 및 결찰	A.H.	14	"
91	19	"	매독성 항문 고무종			30	"

92	25	"	칼에 의한 창상, 3곳	8번 봉합	A.H.	25	완치
93	26	"	" , 20곳	8번 봉합	A.H.	51	"
94	30	"	" , 14곳	15번 봉합, 결찰 1번	A.H.	51	"
95	31	"	항문 농양	배농	H.	26	"
96	30	"	낙상에 의한 창상	창상 치료	A.	5	좋음
97	30	"	항문 농양	배농	H.	11	"
98	38	"	치질	확장	A.	6	"
99	60	여	발목의 만성 궤양			30	완치
100	55	"	"			17	좋음
101	30	"	유방의 개방성 농양			24	"
102	22	남	매독성 항문 고무종	절제	H.	17	"
103	23	"	대퇴부 무통성 궤양			90	완치
104	23	"	매독성 항문 고무종	절제	H.	20	좋음
105	20	"	손가락 총상	절단	A.	25	완치
106	22	"	양측 각막혼탁	홍채 절세 2회	A.	6	좋음
107	20	"	각기병			28	사망
108	20	"	이중성 대변 누공	절단 및 봉합	A.	27	완치
109	53	"	각막 혼탁	홍채 절제	A.	5	좋음
110	40	"	익상편	결찰 및 절제	A.	26	완치
111	40	"	하지의 심부성 궤양			30	"
112	40	"	하지의 표재성 궤양			5	양호
113	35	"	대퇴부 괴사	뼈가 떨어져 나감		10	좋음
114	1	"	콜레라성 설사			3	완치
115	30	"	족부의 천공성 궤양	피부 이식 등	A.H.	210	양호
116	25	"	매독성 항문 고무종			23	좋음
117	40	여	급성 류머티스			10	"
118	45	남	측두부 낭종	적출	H.	15	완치
119	63	"	복수	천자	A.	37	좋음
120	70	"	양안 백내장	양쪽 안구 제거	A.	13	완치
121	40	"	안면 단독			15	"
122	45	"	슬와부 궤양			17	"
123	30	"	급성 항문 농양	배농	A.	33	"
124	30	"	만성 슬관절 봉와직염	붕대를 감음		24	좋음
125	30	"	항문 농양 및 누공	괄약근 절제	H.	53	"
126	60	"	복수	천자	H.	25	양호
127	31	"	상악골의 외골증	너무 큼		18	없음
128	10	"	완전성 음낭 탈장	탈장 정복		18	"
129	25	"	고환염			3	"

130	40	"	발의 농루(膿瘻)	소작		43	완치
131	45	"	음경 상피종양	음경 절단	A.H.	24	좋음
132	63	"	복수	천자	A.	4	사망
133	25	"	요골 골절 - 말에 물림	고정	A.H.	42	좋음
134	20	"	치질	확장	A.	5	"
135	60	"	복수	천자	H.	18	양호
136	50	"	각막 혼탁	홍채 절제	H.	16	"
137	22	"	항문 누공	괄약근 절단 및 봉합	H.	18	좋음
138	24	"	매독성 항문 고무종			40	"
139	25	"	하지 상피증			21	양호
140	20	"	중족골 괴사	처치를 거절함		5	없음
141	47	"	안검 내번증	수술	A.	5	완치
142	54	"	백내장	안구 제거	A.	9	좋음
143	60	여	양안 안검 내번증	수술 2회	A.	5	완치
144	38	남	"	수술	A.	4	"
145	30	"	발의 천공성 궤양			5	없음
146	30	여	매독성 발진			10	좋음
147	22	남	매독성 항문 고무종			6	"
148	25	"	콜레라성 설사			4	완치
149	45	"	거대 연성 하감			16	"
150	27	"	몸통 및 하지의 궤양			28	"
151	30	"	항문 농양 및 누공	괄약근 절단 및 봉합	A.	14	"
152	50	"	감돈성 치핵	석탄산		5	"
153	22	"	각기병 및 나병			7	좋음
154	30	"	각기병			7	"
155	58	"	백내장	적출	A.	17	나쁨
156	60	"	기관지염			17	좋음
157	25	여	자궁주위염	주사		3	없음
158	30	남	횡현	절개 배농	A.	13	완치
159	30	"	각기병			12	"
160	60	"	백내장	적출	A.	18	좋음
161	25	"	항문 누공	괄약근 절단 및 봉합	A.	27	완치
162	25	"	매독성 항문 고무종			13	좋음
163	53	여	안검 내번증	수술	A.	6	완치
164	30	남	서혜 농루(膿瘻)	절개	A.	25	"
165	32	"	고실염			2	없음
166	28	"	매독성 항문 고무종	괄약술	A.	21	완치
167	30	"	항문 누공	괄약근 제거	H.	14	"

168	62	"	초기 백내장	천자	A.	6	좋음
169	60	"	복수			10	없음
170	58	"	전신성 단독			8	사망
171	50	"	발진	수술	H.	7	완치
172	19	"	매독성 항문 고무종	도관 삽입	A.	21	양호
173	6	"	하반신 불수			12	없음
174	50	"	경부 지방성 종양	적출	A.	13	완치
175	24	"	이장성 발열			6	좋음
176	30	"	안면 단독			10	완치
177	30	"	족부 염좌	붕대를 감음		5	양호
178	50	"	백내장	처치하기에 너무 추웠음		30	없음
179	57	남	각막 포도상 종양			6	"
180	22	"	급성 소화불량			14	좋음
181	43	"	음경 상피종양	처치를 거절함		8	없음
182	21	"	항문 누공 3곳	유합 및 절제	A.	18	완치
183	21	"	" 2곳	"	A.	20	"
184	18	"	매독성 항문 고무종			19	좋음
185	25	"	액와부 농양	배농	H.	5	완치
186	25	"	항문 누공	괄약근 절제	H.	19	좋음
187	25	"	총에 의한 수부 창상	무지 절단	A.H.	67	완치
188	25	"	" 머리 창상	붕대를 감음	A.H.	33	"
189	30	"	경골 골절	고정	A.H.	90	입원 중
190	30	"	유양부 농양	습포		6	좋음
191	46	여	안검 내번증	수술	A.	4	완치
192	34	남	수종			14	사망
193	20	"	소모증			6	없음
194	24	"	항문 누공	괄약근 절제	H.	32	좋음
195	26	"	권총에 의한 창상	손가락 절단	H.	33	완치
196	30	"	감돈 포경	포피 절개	A.	20	"
197	62	여	양안 안검 내번증	수술	A.	5	"
198	32	남	직장 협착증	확장	A.	5	좋음
199	42	"	복부의 칼 자상	붕대를 감음	H.	10	"
200	26	"	하지의 표재성 궤양			15	양호
201	45	"	" 심부성 궤양			48	좋음
202	25	"	매독성 항문 고무종			25	"
203	25	"	직장 누공	괄약근 절제		17	완치
204	66	"	수종			6	없음
205	34	"	늑막염			3	"

206	30	"	하지의 봉와직염	배농을 위해 절개	H.	30	완치
207	29	"	쇄골 골절	고정	A.H.	3	좋음
208	34	"	슬와부 궤양			13	"
209	22	"	항문 누공	괄약근 절제	A.	19	완치
210	36	"	족부 궤양			34	"
211	49	"	경성 하감			32	좋음
212	62	"	슬개골 골절	고정	A.H.	2	없음
213	25	"	포경 및 궤양	포피 절개	A.	12	완치
214	23	"	소변 유출			20	좋음
215	25	"	경부 낭종	적출	A.	9	완치
216	30	"	연성 하감			18	"
217	32	"	슬와부 농양	배농	H.	11	"
218	31	"	타박상	배농	A.	44	"
219	40	여	콜레스 골절	고정	A.	2	좋음
220	55	남	연성 하감 및 횡현	횡현 절개	A.	11	완치
221	21	"	"			10	"
222	48	"	"			10	"
223	37	"	폐렴			7	사망
224	20	"	매독성 항문 고무종			20	좋음
225	60	여	안검 내번증	수술	A.	4	완치
226	16	남	매독성 항문 고무종			32	좋음
227	23	"	대퇴부 대농양	배농	A.	8	완치
228	34	"	흉부 농양		A.	48	입원 중
229	38	"	골절 및 열상, 손목 탈구	정복 봉합 1회	A.	24	완치
230	35	"	직장 누공	괄약근 절제	A.	10	"
231	19	"	슬관절 괴사			41	입원 중
232	20	"	내사시(內斜視)	건 절단	H.	3	없음
233	30	"	음낭 수종	천자	A.	11	완치
234	20	"	대퇴부 농양	배농	H.	17	"
235	25	"	안염(眼炎)			11	"
236	30	"	음경 부종			15	"
237	35	"	항문 누공	괄약근 절제	A.	16	"
238	30	"	연성 하감 및 이			17	"
239	22	"	안염			10	좋음
240	45	"	동창(凍瘡)			25	"
241	50	여	안검 내번증	수술	A.	9	완치
242	46	남	하악골 골절(개방성)	5회 봉합 후 고정	H.	23	"
243	33	"	족부 창상 및 농양	개농	H.	10	"

244	23	"	단순성 구순열	수술	H.	18	"
245	22	"	나병			17	입원 중
246	38	여	각막 포도종	홍채 절제	A.	8	좋음
247	20	남	대퇴골 괴사	너무 약함		17	입원 중
248	30	"	편도선염	란셋으로 절개	A.	4	완치
249	26	"	발목의 심재성 궤양			25	입원 중
250	27	"	다발성 횡현	십자절제	A.	7	좋음
251	27	"	안염 및 매독			16	입원 중
252	31	"	두피의 거대농양	배농	H.	10	"
253	34	"	복수			10	"
254	23	"	매독성 항문 고무종			10	"
255	19	"	안검 내번증	수술	H.	4	완치
256	63	"	항문 농양	배농	H.	9	입원 중
257	32	"	음낭 부종	천자	H.	3	좋음
258	14	"	안검 내번증	수술	A.	3	완치
259	55	"	견관절 괴사	준비되지 않음		5	입원 중
260	14	"	경부 거대 궤양			3	"
261	30	"	백내장			2	"
262	30	"	경부 거대 농양			1	"
263	30	"	발가락 사이 궤양			1	"
264	16	"	비장 증대			1	"
265	30	"	미분류			1	"

입원 환자에 대한 기록

우리는 백내장 수술을 10건만 하였다. 더 많은 환자가 왔지만, 몸에 칼 대는 것을 꺼리거나 수술하기에는 날씨가 너무 추웠다. 우리는 추운 겨울 동안 어두운 방에 난방을 할 수 없었고, 많은 환자의 수술이 봄으로 연기되었다. 모든 예에서 코카인을 사용하였는데 부작용은 없었다.

사시와 구순열도 많았으나, 치료할 수 없는 자연적인 문제로 생각되었기 때문에 치료에 적절한 한 예씩만 성공할 수 있었다.

병실은 환자들로 붐볐기 때문에 안검 내번증 환자 20명은 (외래) 진료소에서 수술하였다. 나머지 17명의 환자는 병원에서 수술하였다.

7예 이상에서 홍채 절제술을 시행하였을 것인데, 환자들은 흰 반점이 제거되지 않는다는 것을 알고 대개 수술하려 들지 않았다. 단지 인공 동공을 만든 경우에는 시력이 너무 저하되어 치료가 필요하였다.

상악골 외골증의 경우 눈은 약 5~6인치 정도 밖으로 튀어 나와 환자의 머리 크기만 한 거대한 골종양 표면에 있었다. 회복될 가능성이 조금이라도 있었더라면 수술을 하였을 것이다.

우리는 큰 사지 절단 수술을 하지 못한 것을 무척 유감스럽게 생각한다. 절단이 필요한 환자가 여러 명 왔지만, 다리를 잃을 것이라는 말을 듣고는 더 이상 듣고 싶어 하지 않아 했다. 죽어서 고통에서 해방되지 않았다면 아마 아직도 앓고 있을 것이다. 손가락, 발가락 및 음경을 절단한 경우 우리는 환자와 길게 상담하지 않고, 그들이 어떤 일이 일어날 것인지를 진정으로 알아차리기 전에 절단하였다. 환자들은 항상 그 결과에 만족하였다.

15예의 직장루나 항문루는 도자(導子)를 장 속으로 넣고 아래로 당겨 바깥쪽으로 빼내었다. 이때 괄약근과 사이에 끼어 있는 조직을 도자에서 잘랐다. 이 경우는 대개 결과가 좋았다.

병원과 외래에서 본 많은 항문 점액성 종양 환자들은 감홍을 국소 도포하여 치료하였으며, 내복약으로 항매독 치료를 하였다. 이것은 여성 대신 소년을 이용하는 변태적인 성적쾌락과 관계가 있어 보인다. 이것은 또한 항문이나 그 근처에 연성 하감이 많이 생기는 원인도 설명해준다.

임질은 상당히 흔하며, 환자는 부끄러워하지 않는 것 같다. 우리는 임질에 걸린 환관 한 명을 치료하였다.

우리는 각기병을 제대로 다루지 못하였는데, 아직 충분한 사례들을 경험하지 못하여 더 깊이 들어가지 못하였다. 이것은 일본과 중국에서 본 질병과 다른 점이 없어 보였다.

특수한 예에 관하여. 첫 번째 예는 최초의 입원 환자이자 최초의 수술 환자이었다. 그것은 아주 위험한 경우이었다. 제대로 훈련을 받지 못한 조수가 클로로포름으로 잘못 마취하여 생긴 좋지 않은 결과 때문에 갓 만들어진 병원의 이름이 손상될 뻔하였기 때문이다. 그는 오그라든 다리의 상처에서 고름이 흐르는 상태로 병원에 이송되어 왔다. 악취 때문에 아무도 그와 함께 방에 있으려고 하지 않았다. 그는 12년 동안 앓아 왔다. 며칠간 상처를 처치한 다음 수술하였는데, 약 6인치 길이의 골침 및 대퇴골초를 제거하였다. 그는 빠르게 회복되어 24일 만에 목발을 집고 걸어서 퇴원하였다. 그리고 며칠 전 그는 1년간 건강하게 지낸 후 여느 사람처럼 똑바로 서서 병원에 찾아 왔다.

22번째 환자는 백내장 수술을 시행하였다. 환자는 그날 오전에 수술한 4예 중의 하나이었으며, 다른 수술들은 잘 되었으나 전안염이 발병하여 눈을 잃었다. 155번째 환자 역시 전안염이 생겼으나 눈은 구하였다. 이것은 무척 실망스러운 경우이었다. 이것은 백내장 수술 중 가장 잘 된 경우이었다. 수정체가 단단하였고 어려움 없이 전체를 들어내었다. 그러나 환자는 앉아 있기를 고집하였고, 담배를 피웠으며 우리들이 없는 동안 관리들이 방문하도록 허락한 친구들에게 그의 눈을 보여 주기 위하여 붕대를 풀었다. 환자에 관한 한 그가 그렇게 된 것은 당연하며 그가 시력을 잃은 것은 벌을 받은 것이지만, 그렇게 잘된 수술이 망쳐진 것은 무척 실망스러운 일이었다.

92~94번 환자는 강도에 의해 상처를 입었다. 93번 환자는 장교의 청지기이었다. 손의 굴근 건이 상완의 심한 상처로 절단되었고, 이 때문에 상당 시간 동안 손을 잃을까봐 걱정하였다. 그는 또한 가슴에 관통상과 전두골 외판의 골절이 있었다.

치료하였던 265명의 환자 중에서 1년 동안 6명만이 사망하였다. 5명은 위독한 상태에서 친구들이 데려가 곧 사망하였다. 이들도 사망 6명에 더해야 하겠지만, 퇴원시키면 수명이 단축된다고 우리가 퇴원을 반대하였기 때문에 이들을 사망자수에 넣기는 힘들다. 질병이 없어진 모든 경우를 '완치(cured)'라고 하지는 않았다. 병세가 호전된 것은 '좋음(good)'과 '양호(fair)'로 표시하였으며 실제보다 과장하려고 하지는 않았다.

H. N. 알렌
J. W. 헤론

재정 보고서를 여기에 첨부하려고 하였으나 불행히도 첫 회계 담당관[85]이 4개월 동안 근무를 하고 제중원을 떠났다. 현재의 회계 담당관으로부터 우리가 얻을 수 있는 최선의 내용은 다음과 같다.

회계 담당관의 보고

	푼
전임 회계담당관이 건물 설비에 사용한 돈	400,000
현 회계담당관이 학교를 포함한 수리에 사용한 돈	1,000,000
현 회계담당관이 임금으로 사용한 돈	1,000,000
현 회계담당관이 장례비용으로 사용한 돈	35,000

---

85) 제중원의 첫 주사 5명 중 1885년 8월 23일 제중원을 떠난 신낙균이 첫 재정 담당관이었던 것으로 추정된다.

현 회계담당관이 부식비로 사용한 돈	150,000
현 회계담당관이 의복비로 사용한 돈	100,000
현 회계담당관이 연료비로 사용한 돈	800,000
합계 (푼)	3,485,000
@ 1,800푼은 $1.00로서	$2,171.87

이 돈은 200가마의 쌀과 함께 정부가 준 것이다.

김 주사
회계 담당관

통리교섭통상사무아문으로부터 받음		$1,000.00
김 주사로부터 받음		12.00
의약품비로 사용	$ 500.00	
기구비로 사용	250.00	
발전기 구입비에 사용	12.00	
학교 기자재 구입에 사용	250.00	
합계	$1,012.00	$1,012.00

H. N. 알렌

Horace N. Allen, John W. Heron, *First Annual Report of the Korean Government Hospital, Seoul, for the Year Ending April 10th, 1886* (Yokohama: R. Meiklejohn & Co., 1886)

First Annual Report of the Korean Government Hospital, Seoul, Under the Care of H. N. Allen, B. S., M. D., H. K. M. Customs Medical Officer and Legation Doctor; and J. W. Heron, M. D., for the Year Ending April 10th, 1886
Printed by R. Meiklejohn & Co., No. 26 Water Street, Yokohama, Japan, 1886

Narrative Concerning the Hospital.

Happening to arrive in Seoul just prior to the *emeute* of 1884, I was called into attend the wounded Prince, Min Yong Ik, an account of whose wounds may be found in the New York Medical Record. I was also given charge of the score of wounded Chinese soldiers. The superiority of Western Medical Science being shown by the results obtained in these cases, many Koreans wished to avail themselves of the opportunity for treatment. The result was that my time was not sufficient to properly attend to all, and something in the nature of a hospital became necessary. A proposal for such an institution was therefore drawn up, and Lieut. Geo. C. Foulk, U. S. *Charge d'Affairs* to Korea, kindly gave his approval and transmitted the document to the Korean Government. It was kindly received and acted upon at once. A good compound was selected, buildings made over to suit our wants, several hundred dollars appropriated for medicines and' appliances, and a full staff of Korean officers appointed to represent the Government in this institution.

It seemed evident that one man would not be sufficient for the work, and in the proposal it was agreed that a missionary physician should be applied for from America. The Presbyterian Board of Foreign Missions was applied to and they promptly sent out Dr. J. W. Heron.

The hospital scheme was not a new one: a similar institution had been in existence for hundreds of years, and it was feared that the overthrowing of this ancient institution might cause some ill-feeling. If it did, it was not manifest. The people seemed very much in favor of the new hospital, and responded in numbers to His Majesty's proclamations, to the effect that the hospital would be opened and people from all of the provinces treated.

The hospital was opened April 10th, 1885, without any especial ceremony. A public dinner was given later on, in honor of the event, by the Foreign Minister.

The numbers in attendance increased, till by the time the new doctor arrived we were having as many as one hundred daily. The heavy rains decreased the numbers very perceptibly, and the fine weather which followed was so productive of health that the numbers never reached quite the high average that. they had attained in the Spring. They are increasing fast, however, this Spring, but the first half of last year was the busiest, and more than half of the number of patients for the year were treated during that period.

A few weeks after the opening of the hospital Dr. Scranton arrived and lent his assistance till the arrival of Dr. Heron.

The patients have been or all classes and from all parts of the country. The same clinique has afforded relief to the beggar leper and the nobleman from the palace, while many private calls have been made.

All patients have been compelled to buy a ticket, for which a charge of 20 cash was made, more to prevent sight-seers from wasting our time than for any other purpose. Everyone was thus compelled to take the turn indicated by the number on the ticket, and confusion was avoided.

At first a charge of 100 cash was made for all medicine taken away from the premises. This method was continued for several months and some 200,000 cash taken in (about $125.00). It seemed hard for some to raise even this small amount, however, and we stopped charging, except in cases where quinine was desired for persons who did not care to come for it. In these cases they were asked to pay 500 cash for 10 grains.

Women of high rank were at times treated, but it was not found to be desirable, because of the length of time required to clear the courts and passages of people and make the examination perfectly private. An attempt was made to remedy this by attaching several young "dancing girls" to the institution, since this class mingle freely with both sexes. While the girls were bright and learned readily, it was not found expedient to keep them and they were removed.

Of late I have been treating quite a number of ladies of high rank (Queen's maids, etc.) at my private office in my house. A hospital for women is a necessity and will have to be established soon.

It was the original intention, as expressed in the proposal for founding the institution, to include a school of medicine under the hospital management. Of course this could not be begun at once, but as the institution very successfully neared the close of the first year of its existence, we began to think of ways and means for enlarging its influence and opportunities. The "way" which best recommended itself seemed to be the opening of the school department. The "means" were asked for from the Government. His Majesty, ever gracious and kindly disposed to the medical work for his people, at once caused orders to be issued for the purchase of a compound of buildings adjoining the hospital and the fitting up of the same for a school-house. The money which we needed for apparatus and supplies was at once granted, together with an appropriation for the purchase of a new and complete outfit of surgical instruments.

The Rev. H. G. Underwood, of the Presbyterian Mission Society, was asked to assist in the school work. Having had a partial course in medicine, he felt well qualified for the work and consented to take his share.

The school was opened March 29, 1886, with sixteen scholars, selected by competitive examination. These men are being taught English as fast as possible. As some of them are already pretty well versed in English, we expect them Boon to be able to enter upon the scientific studies.

By the rules of the school, which were adopted in conference with the President of the Foreign Office, and his Vice-Presidents, these young men will be on trial for four months, at the end of which time twelve of the best will be selected and entered regularly upon the course; the poorest four will be dropped out. Twelve students will be appointed annually. They will be given board, lodging, tuition, etc., and after completing their course they will enter the Government service with the rank of Chusah. They will not be allowed to leave except on permission of the President of the Foreign Office, who acts as a board of trustees, and the faculty of the institution. It is hoped that when the first vessel of the Korean Navy goes into commission we will be able to supply her with a medical officer.

As medical officer to the customs, I prepared a long article on the "Health of Seoul." But as many of the readers of this little report may not seethe article, a few words may be said about the city in which the subject of this report is located.

Seoul is some thirty miles from the port of Chemulpoo. It is the capital of Korea, and at once the centre of literature, trade and politics. The city is surrounded by a high wall, which follows the ridges, climbs over the mountain-peaks, but fails to enclose the city within its ten miles or more of circumference. Consequently much of the city is outside the walls. It has been stated by good authority that there is probably 150,000 people within the walls and an equal number in tho suburbs outside.

The location is excellent. The large Han river is about three miles distant, and as the basin which holds the city is considerably higher than the river, our drainage is, or should be, first class. As a matter of fact the city was at one time well provided with drains, and while the present system is made to answer, it is far from what the founders of the city intended it should be. Originally the streets were from 20 to 200 feet in width, well rounded, with good drains on either side. These drains were open in the smaller streets, but the broad ones were provided with covered sewers as large as four feet square. In most places those have been allowed to fall in and become obstructed, while the open drains have been encroached upon by houses built out into the narrowing streets, so that, except when .the vast fall of water during the rainy season causes these to become rushing streams, the water is backed up and allowed to breed germs from the filth poured into it.

The houses are good, as a rule, though small. The air, however, in the densely packed small rooms, is usually very foul and stifling, - the very kind for typhus fever, which is not common.

The manner of heating is good and economical. By a system of stone and mud flues under the floor, the little fire which cooks the daily food is made to warm up a stone floor, which retains this heat and keeps the room at an even pleasant temperature till the next fire is made. Tho smoke is prevented coming into tho room by tho use of a very fine kind of paper closely resembling "oil cloth carpeting."

The dress is fine white or light colored cotton cambric, or coarse native cotton, with silks for the upper classes. The fashion is much like a foreign lady's outside wrap, with enormous sleeves. This costume is pretty and not unhealthy, but it is very clumsy.

The food is rice, a sourkrout made of a kind of cabbage, - which seems to be a cross between our lettuce and cabbage, - meat, much pepper, some wheat, and various. other articles in smaller proportion.

The drink is bad: the water is beyond all question impure; they use but little tea, and the wine is strong and not rectified.

The people are rather inclined to excess both in eating and drinking, as well as in other gratifications.

The climate is on the whole good, rather equable and dry in the winter, with the thermometer in the neighborhood of zero for two months or more. Plenty of ice and but little snow. The hottest months are May and June; but before July comes with an unbearable heat, the rainy season sets in and cools the atmosphere.

Malaria is the most common cause of disease and "four-day ague" the most common complaint. Syphilis ranks next to malaria as a causative agent, and its effects are very numerous and varied. Of course, as is the case with all rice-eating nations, indigestion bows more subjects than religion, or at least the bowing is more sincere. Leprosy is common. Skin diseases are .seen in all varieties. Dropsies are frequently met. Scrofula is very common. In short all of the diseases commonly known are seen here with various modifications, and some uncommon ones, such as Bed-bed and Melanosis. Distoma and filaria are known to exist.

The people seem to respond readily to the action of medicines, though they do not behave as well after surgical operations as do the Chinese, probably because they eat more meat and drink stronger wine than do the Chinese.

The native faculty have some good ideas in regard to treatment. Their system is borrowed from the Chinese and their medicines are legion, taken in enormous draughts, with but little apparent relief. Acupuncture and the actual cautery are their chief remedies, and are the only surgery they attempt as a rule. Quite a number of native physicians have availed themselves of the hospital privileges, and they have all seemed much pleased with the results obtained. Several of them have applied for instruction.

The people usually submit to the requirements of the hospital, though baths are not popular. It is hard to keep the place as clean as it should be. The building is too small for one thing, and the beds are usually full of surgical patients. In fact we have been compelled to refuse most of the purely medical cases because the space was all occupied with those of a surgical nature. We have also had to turn them out as soon as possible to make room for others. I used the term "beds," which may need some explanation. Beds, as we understand them, are not used in Korea. The people sleep on mats laid on the warm, paper covered stone floor. We follow the usual custom and heat the hospital by means of the "Kang" underneath the floor.

Strict economy has been practised in the institution, and this has been an additional recommendation to tho authorities. It is hoped that before very long a properly equipped foreign built building will be given us. But at present we aim to do the best we can with the means at hand.

H. N. Allen.

Dispensary Cases Classified.

I. Fevers.

Contagious:
    Non eruptive,
        Typhus   1
        Erysipelas,
Face   9   General   1
    Eruptive,
        Variola   8
By Innoculation :
    Vaccinia   31
Endemic:
    Remittent   18

Intermittent			
Quotidian	177	Tertian	171
Quartan	713	Brow ague	2
Kake	15		
Acute rheumatism	1		
Total	1,147		

II. Diseases of the Digestive System.

Anorexia	2	Ascaris Lumbricoides	93
Cirrhosis Liver	4	Colic-infantile	12
Constipation	31	Dental Caries	60
Dilatation Stomach	1	Diarrhoea	306
Dysentery	184	Dyspepsia and Indigestion	582
Fissure Anus	21	Fistula in ano	94
Gastritis	11	Haemorrhoids	105
Hernia	32	Hepatitis	4
Hydatids of the Liver	2	Hypertrophy Spleen	65
Intestinal Catarrh	49	Jaundice	46
Obstruction Bowel	1	Pharyngitis	10
Pyrosis	70	Prolapse Bowel	26
Salivation - Native	4	Stomatitis	55
Tinea Salium[86]	86	Tonsilitis	6
Tympanitis	5	Ulcer Throat - Simple	65
Total	2,032		

III. Diseases of the Circulatory System.

Arteritis	1	Aneurism finger	1
Aneurism popliteal	1	Epistaxis	12
Haemoptysis	92	Mitral Insufficiency	7
Total	114		

IV. Diseases of the Respiratory System

Aphonia	15	Asthma	148
Bronchitis	141	Bronchocele	1
Broncorrhoea	38	Coryza	3

---

86) Taenis Solium

Dyspnoea	14	Emphysema Lung	4
Inf. Schneiderian Membrane	2	Laryngitis	3
Mercurial poisoning and inf. lung (native)			1
Ozaena	11	Pertussis	30
Pneumonia	1	Pleurisy	14
Phthisis	50		
Total	476		

V. Diseases of the Nervous System.

Atrophy arm	1	Chorea	2
Delirium Tremens	12	Epilepsy	307
Hemicrania	4	Hysteria	33
Hysteria Globus	3	Idiocy	3
Insanity:			
Mania	6	Dementia	3
Melancholy	4		
Insomnia	3	Incontinence urine	3
Incontinence feces	1	Lumbago	62
Meningitis	4	Migraine	16
Nervous Prostration	1	Neuralgia	28
Nocturnal pain	66	Nocturnal sweating	4
Odontalgia	15		
Paralysis:			
General	49	Agitans	18
Arm	23	Facial	41
Foot	1	Paraplegia	19
Hemiplegia	59	Painful	1
Locomotorataxia	14		
Sciatica	22	Spasm. orbicularis osis	1
Trismus Neonatorum	1	Torticollis	1
Writer's Cramp	2		
Total	833		

VI. Diseases of the Lymphatic System.

Enlarged Cervical glands	212	Exophthalmic Goitre	2
Total	214		

VII. Genito-Urinary Diseases and Syphilis.

Albuminuria	4	Balanitis	1
Bright's Disease	6	Bubo	44
Chancre	146	Chancroid	235
Extravasation Urine	15	Gonorrhoea	156
Gleet	51	Hydrocele	3
Impotence	33	Nephritis	1
Nocturnal emissions	1	Edema Scrotum and Prepuce	4
Paraphimosis	2	Phimosis	9
Perineal sinus	3	Retention Urine	1
Sexual excess	23	Strangury	3
Stricture urethra	14	Syphilophobia	7
Syphilis	760	Syph. Gumma anus	89
" Periostitis	96	" Rupia	44
Tubercle face	21	Ulcers body and legs	60
Syphilis and Leprosy	52	Syphilitic ulcer throat	18
Total	1,902		

VIII. General Diseases.

Anaemia	33	Chlorosis	4
Dropsy	51	Dropsy Ascites	8
Gout	3	Kerosine poisoning	1
Marasmus	1	Melanosis	7
Pernicious anaemia	1	Rachitis	3
Rheumatism	106	Scrofula	146
Uraemia	1		
Total	865		

IX. New Diseases.

Localized chills of Penis	6	Localized chills of Leg	1
Total	7		

X. Eye Diseases.

Amaurosis	25		
Amaurosis and atrophy globe after variola			1
Blepharitis Marginalis	72	Blepharospasm	1

Cataract	53	Conjunctivitis	67
Corneal abscess	1	Chemosis	1
Corneal ulcer	59	Corneal opacity	104
Dacryocystitis	4	Detachment Retina	3
Ecchymosis	2	Epiphora	5
Entropion	110	Glaucoma	1
Granular lids	5	Hemeralopia	2
Iritis	12	Keratitis	46
Nyctalopia	3	Optic Neuralgia	1
Ophthalmia - Gonorrhoeal	4	Panophthalmitis	4
Pruritus Blepharalis	1	Pterygium	10
Photophobia	3	Ptosis	4
Strabismus	5	Symblepharon	5
Synechia	3	Staphyloma	12
Total	629		

XI. Diseases of the Ear.

Deafness	100	Otitis	26
Otorrhoea	28	Perforation tympanum	27
Cerumen	105	Tinnitus aurium	31
Ulcer meatus	1		
Total	318		

XII. Tumors.

Chimney sweeps' cancer	1		
Epithelioma face	12	Epithelioma penis	5
" -like growth on face		after using Ginseng	1
Osteo sarcoma	1	Palatal tumor	1
Polypus nose	33	Ranula	1
Tumors: Unclassified	90		
Total	145		

XIII. Diseases of Bones, Joints, and Tendons.

Ainhum	1		
Anchylosis:			
Elbow	5	Hip Joint	1

Knee	2		
Contracted Flexors - hand	1		
Dislocation:			
Ankle	1	Elbow	1
Ext. Cuneiform Bone	1	Knee	1
Shoulder	2	Thumb	2
Enlarged Knee	2	Exostosis Sup. Maxillary	1
Fracture:			
Wrist - colles	8	Clavicle	2
Femur	2	Patella	1
Mastoid Enlargement	1	Morbus Coxa	1
Necrosis:			
Clavicle	3	Elbow Joint	8
Frontal Bone	7	Inf. Maxillary	6
Knee Joint	2	Femur	4
Meta-Carpus	8	Meta-Tarsus	2
Radius	1	Shoulder Joint	1
Lumbar Vertebra	5	Ribs	4
Ostitis	5	Potts' Disease	2
Rheumatoid Arthritis	2	Rupture M't. Lat. Lig. Ankle	1
Synovitis	7	Talipes Equinus	1
Total	105		

XIV. Wounds and Injuries.

Curvature Spine	13		
Burns:			
Common	24	Gunpowder	7
Fistula groin	1	General Wounds	31
Ingrowing Toe Nail	3	Sprains	26
Wounds:			
Contused	4	Bite - Human	1
Bite - Horse	1	" - Snake	2
" - Insect	1	Forehead	1
Gunshot	18	Finger - amputated	1
Hand	5	Elbow - Korean needle	1
Total	140		

XV. Malformations.

Cleft Palate	1	Hare-lip	30
Separation tongue from floor of mouth			1
Acclusion mouth	3	Acclusion Nostrils	2
Total	37		

XVI. Diseases of the Connective Tissue.

Abscess:

Psoas	2	Abdominal Muscles	1
Ankle	4	Axillary	6
Aural	18	Back	4
Calf	18	Cervical Glands	30
Cheek	3	Dental	5
Femoral	2	General	100
Gluteal	3	Head	2
Hand	2	Lumbar	2
Pectoral Muscles	1		
Bed Sore	6	Cancrum Oris	7
Cellulitis Leg	4	Cellulitis Head and Face	7
Mastitis	8	Paronychia	5
Perforating ulcer foot	2		

Ulcers:

Back	1	Face	6
Feet	18	Hand	2
Leg	44	Lips	2
Neck	1	Vaccination - Native	2
Popliteal space	1	Sequelae of Variola	4
Sternal	1	Thigh	2
Between Toes	2		
Whitlow	12	Carbuncle	10
Furuncle	13		
Total	363		

XVII. Skin Diseases.

Exanthemata:

Urticaria	16

Erythema,			
Simplex	1	Nodosum	6
Vesiculae:			
Eczema,			
Capitis	9	General	139
Herpes	10	Crusta lactea	3
Pustulae:			
Ecthyma	12	Impetigo	18
Hypertrophy:			
Naevus	2	Veruga	6
Clavus	10	(See quumve) Condylomata:	
Elephantiasis	4		
Parasiticae:			
Scabies	160	Favus	39
Tinea,			
Sycosis	2	Capitis	2
Circinati	25		
Pediculus,			
Capitis	68	Pubes	23
Papulae:			
Lichen	21		
Bullae:			
Pemphigus	11	Rupia, Simplex	9
(See above) Syphilitic			
Squamae:			
Leprosy	58	Psoriasis	20
Icthyosis	4	Pityriasis	17
Maculae:			
Epithelis	21		
Tubercula:			
Acne	50	Moluscum	1
Keloid	5	Lupus	1
Neuroses:			
Prurigo	52	Anaesthesia	1
Hyperasthesia	9		
Syphilida (See Syphilis)			

Chilblains	2	Chapped hands	3
Foetid perspiration	1	Gin Drinker's nose	4
Total	845		

XVIII. Diseases Of Women.

Abortion	9	Amenorrhoea	10
Dysmenerrhoea	8	Leucorrhoea	27
Menorrhagia	2	Nausea of Pregnancy	1
Ovaritis	1	Parturition	2
Prolapse Uteri	1	Puerpural septicaemia	3
Rectovaginal fistula	1	Retained placenta	2
Total	67		

Unclassified	721
Whole Total	10,460

Dispensary Operations.

Abscesses opened	200	Bubos out	2
Dislocations Reduced	1	Entropion operations	20
Fatty tumors removed	22	Cystic tumors removed	29
Fractures set	2	Gonorrhoeal infections	22
Nasal Polypi Removed	32		
Operation for separation of toes - infant			1
Patients catheterized	21	Patients vaccinated	19
Paracentesis abdomen	2	Teeth extracted	15
Wounds sewed	4	Whitlows cut	2
Total	394		

Notes on Dispensary Cases.

As has already been stated, we could not receive many medical cases into the wards for lack of space. It will be seen by the record of the cases under Class I, that not many have applied. Variola is very common: of one hundred children, sixty to seventy will be innoculated, the others will take small-pox naturally. Not more than one child out of one hundred grows up to adult life without having had the disease either from innoculation or by the ordinary contagion.

The universal method of innoculation is by pus from a small-pox patient (usually introduced into the left or right nostril, according to the sex). Of one hundred children who have received the disease under two years, about twenty are expected to die, and of the slime number taken between two and four years, forty to fifty are expected to die. It is estimated by the native faculty that about fifty per cent of the deaths in Korea are from small-pox. Cases of the disease are not presented for treatment except for the complication of sequellae. The little patients are freely exposed in the streets on the backs of their nurses and the disease is not much feared.

Under Class II. there should be more cases of worms. Both the round-worm and tape-worm are so common that few foreigners escape, but as a usual thing the people take it as a matter of fact and do not apply for relief unless very greatly troubled, or questioned by the doctors.

The 92 cases of Haemoptysis under Class III. doubtless include a number of oases of distoma, but as we have not a microscope nor the privilege of making *post mortem* examinations, we cannot be sure concerning it.

Class XVII. should really be larger, but where the skin disease was coexistent with some constitutional trouble, that was given the preference. We have treated more than 160 cases of Scabies, for when the disease enters a house the inmates are usually all affected: the one who comes for treatment then asks and obtains medicine for his friends. We recently gave sulphur ointment for a little hamlet of ten families, all of whom were down with the itch. It was counted as one, however.

In regard to pediculi we might say we have had thousands of cases. It is only when the whole hair moves with the mass of vermin that we put it down to that. One such case is now ill the wards and it is not easy to get rid of the mass of lice, since it will not do to cut off the hair.

Of Leprous cases we have many of the anaesthetic variety, with fawn-colored spots sometimes covering the whole body. The majority, however, are genuine cases of white leprosy, with stumps of toes and fingers that have fallen off and others in process of decay. The whiteness is not very characteristic because of the filth of the patients, who are usually beggar outcasts. The scales are thus colored somewhat. As many of those cases are complicated with Syphilis and other troubles, we have by relieving the complication helped the patient greatly. This has given rise to a report that we can cure leprosy, which accounts for the number who come to see us.

At first we were inclined to regard lightly the troubles complained of under Class IX., which we have called "New Diseases." The cases have been individual ones, however, and the complaint has beer so earnestly made that we were forced to give it attention. The feet become at times painfully cold, the functions remaining unimpaired. No other recognizable disease existed. These chills were somewhat periodic; we therefore gave quinine. The patient in no case returned, but as others came we are inclined to believe they were relieved.

Ainhum. - Of this disease, we have had only one case, a boy aged 17. The history was somewhat unsatisfactory; parents were both in good health and, so far as the boy knew, no member of his family had ever had a similar disease. It began with him at fourteen, and was caused, he stated, by kicking a stump. The toes gradually sloughed off one by one, and when he presented himself at the dispensary, all from the right foot had disappeared, leaving the end of the foot smooth and round, save at the inner aspect, where there was still a small, shallow round ulcer, and this was what he desired to have treated. On examining the left foot, two toes were still remaining, the great one and the third. The places where the others had been being well cicatrized, the boy was sent into hospital for further examination, but fearing we would operate, ran away.

As will be soon by a reference to the statistics, 203 patients have presented themselves having Abscesses in almost every part of the body. Some of them have boon of enormous size; one of the popliteal space, when opened discharging over 10 ozs. of pus; another in the same position over 8 ozs., while one of the thigh, one of the head, - including the whole half of the scalp, - one of the pectoral muscles and one of the axillary space, each contained about 8 ozs. of pus.

Some of these were acute, but a very large number were chronic. We found them in connection with scrofula; usually in those cases situated about the neck, and often the whole connective tissue in the region was burrowed and tunnelled with sinuses. Many of them passed out of our observation after the first visit.

We followed a routine treatment as a general thing, evacuating, usually with a bistomy, but some times with the aspirator; hypodistending with carbolized water 1-40. Where we could follow up the after history of the case we generally found good results.

We have seen many abscesses which had been treated by native physicians. Their treatment seemed to consist simply in opening, and then introducing a long twisted strip of paper to act as a tent. Often these seemed to be a source of irritation, and in those cases which were serious enough to send in to the Hospital, we usually found marked improvement when these tents were removed, and the abscess injected with aq. carbo. daily.

Of syphilitic cases we have had 760. While of sequelae of syphilis over 200 have been treated. We find this n frightfully common disease, and many seem to care little about it until it is almost past relief. We have seen some terrible cases. We find that native physicians treat it with mercury, and our medical friends will be interested in knowing that this drug is usually administered by fumigation. We have seen one case in which the patient was poisoned by the excess of mercury used, and we have had a number of cases of salivation caused by it.

Our treatment of syphilitic patients has been very satisfactory, which will account for the increased number of those coming to us.

It is impossible to find out the connection here, where there is a difficulty in obtaining a satisfactory, or indeed any history at all. It would be extremely interesting to trace out the relation which the diseases of bones (of which we have a large number, 150, including quite a large proportion of the bones of the entire body) bears to this almost omnipresent disease. Many of these cases have been most unsatisfactory; some, because they were not brought until the disease had progressed to almost, if not entirely a hopeless stage, and our aim has always been not to undertake to cure by surgical operations unless we thought there was at any rate a reasonable prospect that they might be relieved.

We have relieved a large number, where the disease had not progressed too far, by constitutional treatment, and injections of a strong solution of sulphate of copper; and on the whole our success in even those often intractable cases has been quite encouraging. We perhaps should say that a very large number of these cases were presented to us during the winter when, on account of the severity of the climate, we dared not perform any but the minor operations.

Those of our readers who know anything of this land will perhaps be surprised to see the number of diseases peculiar to women which we have treated. We should here say that this by no means represents all the female patients we have had. We unfortunately did not keep a record of the women who presented themselves at the Dispensary suffering from general diseases; but we have had very many of them, and constantly have applications for medicines for those of high rank through their husbands or relations.

Of Corneal Opacities 104 cases have come under our observation, mostly the result of small-pox, though not a few were the result of wounds by arrows and by stones.

Most of these patients asked that the white spot, which they considered spoiled their appearance, should be removed, and seemed much disappointed when we told them we could not. We might have resorted to tattooing, but this is very tedious and besides is seldom successful, and perhaps few would have consented to this, as they thought we would only need to give them some medicine and the spot would disappear at once.

One of the saddest features of our work here is the number of incurable cases which constantly come in our practice, and many of these diseases of the eye belong to this class. When a man whose eyes have been completely destroyed comes, feeling sure that the Foreign Doctors can cure him, it is hard to say - "We can do nothing for you."

Many cases of Dropsy in its various forms have been treated. Some have been relieved by medicines, and others have been tapped. This operation has been repeated in one case five times before the patient passed out of our observation. On the whole our success with this diseases has not been very satisfactory, many of them giving up coming as soon as they were the least better It has often been exceedingly difficult to trace up the cause, and in many cases no cause could be assigned.

An interesting case from a surgical standpoint was one which we have called Atrophy of the Arm. This case was one of a young man, who when a child fell into a rapid stream of water; as he was being carried down, some one on the bank caught him by the arm and so caused a complete dislocation of the humerus and probably a rupture of all the ligaments which hold that bone ill place. When he came to us his left arm was not larger than that of a child of eight years old, though it was almost as long as the other; he could close his hand and bend his elbow just a little, but this was all the motion left. The muscles of the shoulder and those covering the scapula were all atrophied, and the humerus could be pulled from its socket almost two inches. This of course was an incurable case where there is no instrument maker to apply anything as a substitute for wasted muscles and ruptured ligaments.

Another interesting case to us as physicians was one of Aneurismal Varix situated on the middle finger. It was caused by the finger being crushed behind a door and its casing when the patient was a boy, some six years before we saw him. He objected to instrumental interference, so we tried flexion of the finger over a ball placed in the palm of the hand and bandaging the finger tightly over it; but he would not bear the pain this occasioned and we put a tight bandage found the finger. This caused him some inconvenience and he asked for medicine to be taken internally; becoming disgusted when we told him that we could not cure him in that way, he went away and has not returned.

One case of poisoning by drinking Kerosine Oil came under our notice; it was that of a woman who had just lost her baby by small-pox. We did not see her, and the only history we got was from one of the Hospital servants. So far as we were able to find out, she had drunk about a pint of the oil, and when the message was brought to us, was in a comatose state. As it was impossible to see her, we sent an emetic and asked to have a further report; this was never given, so what the result was we do not know.

One of the most prevalent of the diseases treated has been Ague in its various forms, 1061 cases having come before us, about one-tenth of the whole number of patients. These have come from all parts of the country, often coming five hundred li (135 miles).

One peculiarity has been that almost all our cases during the winter have been Quartan Ague, while those who came during the Summer and Autumn wore largely Quotidian and Tertran.

We have only in one or two cases had a patient return' to us. Our plan has been to give the grains of quinine on the day the chill is expected, and follow this up by the use of Fowler's solution of Arsenic and Compound Solution of Iodine.

The people are beginning to know the value of Quinine, and we have many applications from persons who are anxious to buy it.

We regret that we have not been able to keep a more careful and complete record. As at first the work was too much for one mall, we did not begin noting the age, sex and occupation of each individual in the dispensary work. Nor did we keep a careful record in regard to the new and old patients; by comparing the records which we did keep, however, we find that about 7,000 new patients were treated, the old ones being mostly of a syphilitic nature.

Hospital in Patients in Detail.

No.	Age	Sex	Disease	Operation/ Operator		Number of Days	Result
1	25	M.	Necrosis Femur	Sequestrotomy	A.	24	Good
2	40	"	Dislocation Knee, Old	Too old		6	Nil
3	36	"	Bright's Disease			3	Died
4	42	"	Remittent Fever			8	Good
5	-	"	Syphilitic Ulcers			3	Nil
6	-	"	Ulcer Cornea	Refused		3	"
7	20	F.	Necrosis Knee joint	Sequestrotomy	A.	39	Fair
8	49	M.	Ascites			2	Nil
9	30	F.	Gastrodynia			32	Good
10	30	"	Prolapse Uteri	Reduction	A.	24	Fair
11	60	M.	Necrosis Metatarsus	Removal	S.	38	Good
12	15	"	Scabies et Eczema			38	Cure
13	58	F.	Ecthyma			122	"
14	46	M.	Ulcer bottom foot			15	"
15	28	F.	Rheumatoid Arteritis			21	Nil
16	30	"	Chancre			9	Fair
17	30	"	Osteo Sarcoma Toe	Useless		1	Nil
18	32	M.	Ulcer side of foot	Cut	A.	9	Good
19	36	"	Cataract (Left)	Enucleation	A.	20	Cure
20	45	"	" (Right)	"	A.	20	"
21	45	"	" "	"	A.	20	Good
22	60	"	" "	"	A.	47	Bad

23	20	"	Fistula in ano	Cut Sphincter	A.	22	Cure
24	29	"	" " "	."	A.	22	"
25	30	"	Acute Abscess Ankle	Opened	A.	13	"
26	45	"	Tinea Circinata			19	Good
27	40	F.	Abscess Lung	Free opening	A.	23	"
28	10	M.	Phimosis	Circumcision	A.	26	Cure
29	40	F.	Occlusion Mouth	Plastic	A.	4	"
30	40	M.	Snake bite			2	Nil
31	36	F.	Burn Breast			4	Good
32	16	M.	Occlusion Mouth and Nose	Plastic	A.	6	Cure
33	40	"	Wounds and Abscess	Opened	A.	6	"
34	36	"	Broncorrhoea			15	Good
35	27	M.	Lymphangitis Arm			30	Nil
36	31	"	Leprosy			3	"
37	12	"	Ranula	Punctured	A.S.	3	Cure
38	30	"	Fistula in ano	Cut Sphincter	A.	30	"
39	30	"	Chancroid and bubo	Crucial cut	A.	8	Good
40	30	"	Gluteal abscess	Opened	A.	24	Cure
41	32	"	Staphyloma cornea	Excised	A.	9	Good
42	36	"	Occlusion mouth	Plastic	A.	6	"
43	40	"	Anal abscess	Opened	A.	6	Cure
44	22	"	Syphilitic Rupia			30	Good
45	20	"	Gummatta (anus)			15	"
46	30	"	Lumbar Abscess	Opened	S.	19	"
47	26	"	Profound Anaemia			16	Fair
48	35	F.	Eczema Face			31	Care
49	25	M.	Necrosis Rib			30	Fair
50	18	"	Phimosis	Circumcision	S.	21	Care
51	22	"	Necrosis bone great toe	Amputation	A.	8	Good
52	16	"	Syph. gumma anus			15	"
53	18	"	Anal abscess	Opened	A.	27	Cure
54	40	"	Wound from fall	Dressed	A.	4	Good
55	20	"	Syph. gumma anus			20	"
56	30	F.	Old onychia - great toe	Amputated	A.	12	Cure
57	40	M.	Remittent Fever			6	"
58	46	"	Anal abscess	Opened	A.	33	"
59	60	F.	Old dislocation shoulder	Useless		3	Nil
60	61	M.	Cellulitis arm			5	...

61	18	"	Fistula in ano	Cut Sphincter	A.	41	Cure
62	48	"	Symblepharon, doubt	Cut and stitched	A.	57	Good
63	16	"	Staphyloma cornea	Paracentesis	A.	11	...
64	23	"	Anal abscess and fistula	Refused		2	Nil
65	42	"	Corneal ulcer	Paracentesis	A.	8	Good
66	25	"	Marasmus			5	Nil
67	13	"	Corneal opacity	Iridectomy	A.	5	Good
68	25	F.	Chancroid			30	Cure
69	33	M.	Hypertrophy spleen			25	Died
70	30	"	Psoas abscess	Opened	H.	5	Good
71	20	F.	Syph. gumma anus			3	Nil
72	22	M.	Indolent ulcer			34	Cure
73	28	"	Obstruction bowel			4	"
74	30	"	Chancroid and Stricture	Catheterized	H.	6	Good
75	60	F.	Entropion both eyes	Operation	A.	4	Cure
76	50	F.	Entropion both eyes.	Operated	A.	4	Cure
77	25	"	Chancroid			21	"
78	35	M.	Gunpowder burn			9	"
79	40	"	Detachment Retina			30	Fair
80	20	"	Syphilitic Ulcers			15	Good
81	20	"	Favus			5	Cure
82	35	F.	Perforation Tympanum			3	Nil
83	19	"	Chancre Lab. Maj			4	"
84	40	M.	Opacity Cornea	Iridectomy	A.H.	12	Good
85	28	F.	Native Mercury poisoning			6	Nil
86	55	"	Recto Vaginal Fistula	Too feeble		3	"
87	50	M.	Int. Hemorrhoids	Dilatation	A.	5	Cure
88	22	"	Bubo	Crucial cut	A.	8	"
89	24	"	Opacity Cornea	Iridectomy	H.	8	Good
90	21	"	Fistula in ano and Piles	Cut and Ligated	A.H.	14	"
91	19	"	Syph. gumma anus			30	"
92	25	"	Wounds by sword, 3	8 sutures	A.H.	25	Cure
93	26	"	" " " 20	8 "	A.H.	51	"
94	30	"	" " " 14	15 " , 1 Lig.	A.H.	51	"
95	31	"	Anal abscess	Dressed	A.	26	Good
96	30	"	Wound from fall	Dressed	A.	5	"
97	30	"	Anal abscess	Opened	H.	11	"
98	38	"	Hemorrhoids	Dilatation	A.	6	"

99	60	F.	Chronic ulcer ankle			30	Cure
100	55	"	" " "			17	Good
101	30	"	Open abscess breast			24	"
102	22	M.	Syph. gumma anus	Cut off tabs.	H.	17	"
103	23	"	Indolent ulcer thigh			90	Cure
104	23	"	Syph. gumma anus	Cut off tabs	H.	20	Good
105	20	"	Wound finger, gun	Amputation	A.	25	Cure
106	22	"	Corneal opacities, 2	2 Iridectomies	A.	6	Good
107	20	M.	Kake - Beri-beri			28	Died
108	20	"	Double Fecal Fistula	Cut Sphincter	A.	27	Cure
109	53	"	Corneal opacity	Iridectomy	A.	5	Good
110	40	"	Pterygium	ligated and cut	A.	26	Cure
111	40	"	Deep ulcer leg			30	"
112	40	M.	Superficial ulcer leg			5	Fair
113	35	"	Necrosis femur	Bone came away		10	Good
114	1	"	Choleraic Diarrhoea			3	Cure
115	30	"	Perforating ulcer foot	Grafts, etc	A.H.	210	Fair
116	25	"	Syph. gumma anus			23	Good
117	40	F.	Acute Rheumatism			10	Good
118	45	M.	Cystic tumor temple	Enucleation	H.	15	Cure
119	63	"	Ascites	Paracentesis	A.	37	Good
120	70	"	Cataract both eyes	2 Enucleation	A.	13	Cure
121	40	"	Facial Erysipelas			15	Cure
122	45	"	Popliteal ulcers			17	Cure
123	30	"	Anal abscess acute	Opened	A.	33	Cure
124	30	"	Chronic cellulitis knee	Bandage		24	Good
125	30	"	Anal abscess and fistula	Cut sphincter	H.	53	Good
126	60	"	Ascites	Paraeentesis	H.	25	Fair
127	31	"	Exostosis sup. maxillary	Too large		18	Nil
128	10	"	Complete scrotal Hernia	Taxis		18	Nil
129	25	"	Orchitis			8	Nil
130	40	"	Sinuses in foot	Cautery		48	Cure
131	45	"	Epithelioma Penis	Amputation	A.H.	24	Good
132	63	"	Ascites	Paracentesis	A.	4	Died
133	25	"	Fracture radius-bite horse	Set	A.H.	42	Good
134	20	"	Hemorrhoids.	Dilatation	A.	5	Good
135	60	"	Ascites	Paracentesis	H.	18	Fair
136	50	"	Opacity cornea	Iridectomy	H.	16	Fair

137	22	"	Fistula in ano	Cut Sphincter	H.	18	Good
138	24	"	Syph. gumma anus			40	Good
139	25	"	Elephantiasis leg			21	Fair
140	20	"	Necrosis metatarsals	Refused help	A.	5	Nil
141	47	"	Entropion	Operated	A	5	Cure
142	54	"	Cataract.	Enucleation	A	9	Good
143	60	F.	Entropion both eyes	2 Operations	A.	5	Cure
144	38	M.	"	Operation	A.	4	Cure
145	30	"	Perforating ulcer foot			5	Nil
146	30	F.	Syphilitic eruption			10	Good
147	22	M.	Syph. gumma anus			6	Good
148	25	"	Choleraic diarrhoea			4	Cure
149	45	M.	Enormous Chancroid			16	Cure
150	27	"	Ulcers Body and Legs			28	"
151	30	"	Anal Abscess and fistula	Cut Sphincter	A.	14	"
152	50	"	Strangulated Piles	Ac. catob. (carb.)		5	"
153	22	"	Kakke and Leprosy			7	Good
154	30	"	Ankle			7	"
155	58	"	Cataract	Enucleation	A.	17	Bad
156	60	"	Bronchitis			17	Good
157	25	F.	Parametritis	Injection		3	Nil
158	30	M.	Bubo	Opened	A.	13	Cure
159	30	"	Kalke			12	"
160	60	"	Cataract	Enucleation	A.	18	Good
161	25	"	Fistula in ano	Cut Sphincter	A.	27	Cure
162	25	"	Syph. gumma anus			13	Good
163	53	F.	Eutropion	Operated	A.	6	Cure
164	30	M.	Inguinal Sinus	Seton	A.	25	"
165	32	"	Tympanitis			2	Nil
166	28	"	Syph. gumma anus	Strangulated	A.	21	Cure
167	30	"	Fistula in ano	Cut Sphincter	H.	14	"
168	62	"	Incipient Cataract	Puncture	A.	6	Good
169	60	"	Ascites			10	Nil
170	58	"	Erysipelas - General			8	Died
171	50	"	Eutropion	Operated	H.	7	Cure
172	19	"	Syph. gumma anus	Catheterized	A.	21	Fair
173	6	"	Paraplegia			12	Nil
174	50	"	Fatty tumor neck	Enucleation	A.	13	Cure

175	24	"	Remittent fever			6	Good
176	30	"	Facial Erysipelas			10	Cure
177	30	"	Sprain foot	Dressed		5	Fair
178	50	"	Cataract	Too cold		30	Nil
179	57	M.	Staphyloma Cornea			6	Nil
180	22	"	Acute Indigestion			14	Good
181	43	"	Epithelioma Penis	Refused		8	Nil
182	21	"	Fistula in ano, 3	United and cut	A.	18	Cure
183	21	"	" " " 2	" " "	A.	20	"
184	18	"	Syph. gumma anus			19	Good
185	25	"	Axillary abscess	Opened	H.	5	Cure
186	25	"	Fistula in ano	Cut Sphincter	H.	10	Good
187	25	"	Wound hand - Gun burst	Amputated thumb	A.H.	67	Cure
188	25	"	" Head "	Dressed	A.H.	33	Cure
189	30	"	Co. fracture tibia	Set	A.H.	90	Still in
190	30	"	Mastoid abscess	Poulticed		6	Good
191	46	F.	Entropion	Operated	A.	4	Cure
192	34	M.	Dropsy			14	Died
193	20	"	Marasmus			6	Nil
194	24	"	Fistula in ano	Cut Sphincter	H.	32	Good
195	26	"	Wound hand - Gun burst	Amputated finger	H.	33	Cure
196	30	"	Paraphimosis	Slit prepuce	A.	20	Cure
197	62	F.	Entropion both eyes	Operation	A.	5	Cure
198	32	M.	Stricture Rectum	Dilated	A.	5	Good
199	42	"	Sword stab abdomen	Dressed	H.	10	Good
200	26	"	Superficial ulcer legs			15	Fair
201	45	"	Deep " "			48	Good
202	25	"	Syph. gumma anus			25	Good
203	25	"	Fistula Rectum (long)	Cut Sphincter		17	Cure
204	66	"	Dropsy			6	Nil
205	34	"	Pleuritis			3	Nil
206	30	"	Cellulitis leg	Cut for pus	H.	30	Cure
207	20	"	Fracture clavicle	Set	A.H.	3	Good
208	34	"	Popliteal ulcer			13	Good
209	22	"	Fistula. in ano	Cut Sphincter	A.	19	Cure
210	36	"	Ulcer foot			34	Cure
211	49	"	Chancre			32	Good
212	62	"	Fracture Patula[87]	Set	A.H.	2	Nil

213	25	"	Phimosis and ulcers	Slit prepuce	A.	12	Cure
214	23	"	Extravasation urine			20	Good
215	25	M.	Cystic tumor neck	Enucleated	A.	9	Cure
216	30	"	Chancroid			18	Cure
217	32	"	Popliteal abscess.	Opened	H.	11	Cure
218	31	"	Wound from beating	Opened abscess		44	Cure
219	40	F.	Collese (Colles Fracture)	Set	A.	2	Good
220	55	M.	Chancroid and Bubo	Cut Bubo	A	11	Cure
221	21	"	"			10	Cure
222	48	"	"			10	Cure
223	37	"	Pneumonia			7	Died
224	20	"	Syph. gumma anus			20	Good
225	60	F.	Entropion	Operation		4	Cure
226	16	M.	Syph. gumma anus			32	Good
227	23	"	Femoral abscess large	Opened		8	Cure
228	34	"	Pectoral abscess			48	Still in
229	38	"	Fracture frontal bone - face	1 suture	A.	24	Cure
			Dislocation wrist, cuts	Reduced			
230	35	"	Fistula Rectum (long)	Cut Sphincter	A.	10	"
231	19	"	Necrosis knee joint			41	Still in
232	20	"	Convergent Strabismus	Cut tendons		3	Nil
233	30	"	Hydrocele	Paracentesis	A.	11	Cure
234	20	"	Abscess thigh	Drainage	H.	17	"
235	25	"	Ophthalmia			11	"
236	30	"	Edema penis.			15	"
237	35	"	Fistula in ano.	Cut Sphincter	A.	16	"
238	30	"	Chancroid and Pediculii			17	"
239	22	"	Ophthalmia			10	Good
240	45	"	Frost bite			25	"
241	50	F.	Entropion	Operation	A.	9	Cure
242	46	M.	Fracture jaw (com.)	5 sutures, set	H.	23	"
243	33	"	Wound and abscess foot	Opened	H.	10	"
244	23	"	Hairlip, uncomplicated	Operated	H.	18	"
245	22	"	Leprosy			17	Still in
246	38	F.	Staphyloma cornea	Paracentisis	A.	8	Good
247	20	M.	Necrosis femur	Too weak		17	Still in
248	30	"	Tonsilitis	Lanced	A.	4	Cure

---

87) Patella

249	26	"	Deep ulcer ankle				25	Still in
250	27	M.	Multiple Bubo	Crucial cut		A.	7	Good
251	27	"	Ophthalmia and Syphilis				16	Still in
252	31	"	Enormous abscess scalp	Opened		H.	10	"
253	34	"	Ascites				10	"
254	23	"	Syph. gumma anus				10	"
255	19	"	Entropion	Operated		H.	4	Cure
256	63	"	Anal abscess	Opened		H.	9	Still in
257	32	"	Edema scrotum	Tapped		H.	3	Good
258	14	"	Entropion	Operated		A.	3	Cure
259	55	"	Necrosis Shoulder joint	Not ready			5	Still in
260	14	"	Ulcers neck (large)				3	Still in
261	30	"	Cataract				2	Still in
262	30	"	Abscess neck (large)				1	Still in
263	30	"	Ulcers between toes				1	Still in
264	16	"	Hypertrophy spleen				1	Still in
265	30	"	Unclassified				1	Still in

Notes on Hospital Cases.

We have operated on but ten cases of cataract. More have presented themselves, but were either reluctant in submitting to the knife, or the weather was too cold. We could not warm up our dark room during the cold months, and a number of cases have been deferred till spring. Cocaine was used in all cases with no bad results.

Many cases of strabismus and hare-lip have been presented, but as it was considered a natural trouble for which there was no relief, only one suitable case of each was obtained.

Owing to the crowded condition of the wards, some twenty cases of entropion were operated upon in the Dispensary. Seventeen cases, in addition, were operated upon in the Hospital.

More than seven iridectomies would have been done, but the patients, as a rule, did not care for the operation when they found that the white spot would not be removed. In the cases mere artificial pupil was made, the sight was so impaired as to make relief necessary.

In the case of "Exostosis superior maxillary" the eye was carried out some five or six inches, it being at the surface of the enormous bony tumor, which was as large as the patient's head. An operation would have been submitted to in this case had we held out any chance of recovery.

We regret very much that we have had no large amputations. Several cases have been presented wherein amputation was necessary, but when the patients were told that they would lose the leg, they would hear no more, and are probably still suffering if not relieved by death. In the cases where fingers, toes, and penis were removed, we did not consult long, but had them off before the patient was really aware what was about to happen. They were always pleased with the result.

In the fifteen cases of rectal or anal fistula the director was guided into the bowel and then brought down outside, the sphincter and intervening tissue being cut through on the director. These cases have usually done well.

The many cases of mucous tumors at the anus, occurring in the hospital and out-practise, have been treated with calomel insupplations locally, and anti-syphilitic treatment internally. They seem to have a relation to an abnormal method of sexual gratification that is practised here, in which boys are used instead of women. This also may account for many of the cases of chancroid that we have seen occurring at or near the anus.

Gonorrhoea is quite common and the patients do not seem ashamed of it. We have treated one case of gonorrhoea in a eunuch. We have not been able to do justice to Kakke (Beri-beri), as we have not seen enough of it to enter at any length upon it as yet. It seems to differ none from the disease as observed in Japan and China.

In regard to special cases. Case 1 was the first hospital patient and the first operation. It was a critical one, since the chloroform had to be administered by the untrained assistants and a bad result would have injured the young hospital. He was carried in with a foul running sore on the shrivelled log. No one would stay in the room with him because of the awful ordor. He had had the disease for twelve years. After a few days preparation he was operated on and a spiculae of bone some six inch os in length and representing the sheath of the femur was removed. He improved rapidly, walked away in twenty-four days on a clutch, and came back It. few days since, after nearly a year of good health, as erect as any man.

Case 22 was operated on for cataract. He was one of four operated on one morning; the others did well but he developed panopthalmitis and lost his eye. Case 155 also went on to panopthalmitis but the eye was saved. This was a most disappointing case. It was the neatest of all of the operations for cataract; the lens was hard and came out whole with no trouble. The patient, however insisted on sitting up, smoking, and removing the bandage to display his eye to friends whom the officers allowed to visit him during our absence. So far as the patient was concerned, we felt that it served him right and the loss of his eye would have been but just punishment; but it was discouraging to see such a nice operation spoiled.

Cases 92-3-4 were wounded by thieves; 93 was the steward connected with a military officer. The plexor tendons of the hand were cut in a severe wound to the arm, which for a time was feared would cause the loss of the hand. He had also a perforating chest wound and It. fracture of the outer table of the frontal bone.

Out of the two hundred and sixty-five oases treated, there were but six deaths during the year. Five were removed by their friends when in It. critical condition and died soon after. These ought properly to be added to the six deaths reported; but as death was probably hastened by the moving, and as we opposed their leaving, it scarcely falls upon us to report them as dead. "Cured" has not been claimed in all of the cases in which the disease disappeared; we have used "good" and "fair" as marks of improvement and have striven not to claim more than we deserved.

H. N. Allen.

J. W. Heron

It was expected that a financial report would be subtended to this, but unfortunately the first Treasurer was removed from office after about four months service, and the following from the present Treasurer is the best we could get.

Treasurer's Report.

	Cash.
Amount spent by former treasurer in fitting up buildings	400,000
" " " present " on repairs, including the School	1,000,000
" " " " " wages	1,000,000
" " " " " funerals	35,000
" " " " " food	150,000
" " " " " clothes	100,000
" " " " " fuel	800,000
Total in cash	3,485,000
@ 1,800 cash to $1.00	$2,171.87

This money, together with *200* bags of rice, was given by the Government.

Kim Chusah,

Treasurer

Received of Foreign Office		$1,000.00
" " Kim Chusah		12.00
Spent for Medicines	$500.00	
" " Instruments	250.00	
" " Dynamo Machine	12.00	
" " School Apparatus	250.00	
Total	$1,012.00	$1,012.00

H. N. Allen.

호러스 N. 알렌(서울)이 메저스 태플린, 라이스 앤드 컴퍼니(오하이오 주 애크런)로 보낸 편지 (1886년 6월 1일)

한국 서울,
1886년 6월 1일

메저스 태플린, 라이스 앤드 컴퍼니,
　　오하이오 주 애크런

안녕하십니까,

　　클라이맥스 난로의 견적서와 랜킨 씨에 대한 주문(반품)이 포함된 귀 회사의 3월 19일자 편지를 받았습니다.

　　나는 그 주문을 귀 회사로 보내며 최대한 빨리 4개의 클라이맥스 난로 1호, 4벌의 수리 부품을 한국 정부 고문인 O. N. 데니 판사에게 선적할 것을 요청합니다. 내 이름을 표시하고 '데니'라고 써넣어 구별될 수 있게 해주세요. 일본 나가사키의 G. 서튼 씨에게 위탁해주세요.

　　저는 이 난로를 전달하여 뉴욕 센터 가(街) 23에 있는 커터 씨를 귀찮게 하고 싶지 않으며, 다른 사람이 취급하도록 허락해 줄 것을 제안합니다. 그러나 용이하지 않은 경우 그에게 그것들은 선적하도록 요청할 수 있지만 일본까지의 운임을 선불로 지불하고 싶지 않습니다.

　　마지막 청구서에 따르면 난로 비용은 82.28달러가 될 것입니다. 주문은 97.68달러를 요청하고 있습니다. 나는 나머지 15.40달러가 뉴욕까지의 화물비를 충당할 것이라고 믿고 있습니다.

　　잉여금이 충분하게 남는다면 난료용 철물 한 벌을 내 어머니인 오하이오 주 델라웨어의 H. 알렌 부인께 보내주십시오.

　　안녕히 계세요.
　　H. N. 알렌

Horace N. Allen (Seoul),
Letter to Messrs Taplin, Rice & Co. (Akron, Ohio) (June 1st, 1886)

Seoul, Korea,

June 1/ 86

Messrs Taplin, Rice & Co.,

    Akron, Ohio

Gentlemen,

Yours of Mch. 19th containing invoices of Climax stoves and order on Mr. Rankin (returned) received.

I return said order to you and request you to ship, at your earliest opportunity, (4) four No. 1 Climax stoves and (4) four sets repairs, for Judge O. N. Denny, Korean Govrn't adviser. Mark with my name and put "Denny" on so that they may be distinguished. Consign to G. Sutton, Nagasaki, Japan.

I don't like to trouble Mr. Cutter, 23 Center St., N. Y. to forward these stoves and propose you should let some one else attend to it. But if not convenient you may ask him to ship them but I do not want the freight to Japan prepaid.

According to your last bill the stoves will cost $82.28. The order calls for $97.68. I trust the remaining $15.40 will cover freight to N. Y. Ctg & MS.

Should there be sufficient surplus, please invest it in a set of fire irons and send to my mother, Mrs. H. Allen, Delaware, Ohio.

Yours truly,

H. N. Allen

조지 C. 포크 (주한 미국 임시 대리 공사)가 토머스 F. 베이야드(미국 국무부 장관)에게 보내는 공문 (1886년 6월 3일)

제308호

미국 공사관,
한국 서울, 1886년 6월 3일
(수신 7월 27일)

안녕하십니까,

　1885년 5월 25일자 공문 제175호에서 저는 미국의 선교본부가 파견한 많은 미국인들이 서울에 거주하고 있다고 이미 보고하였습니다. 이들 미국인들 중에서 가장 선두에 있는 사람은 서울에 있는 정부 병원을 운영하고 있는 H. N. 알렌 박사와 J. W. 헤론 박사입니다. 이 병원에 이들이 문을 연 화학 및 의학교에 H. G. 언더우드 씨를 교사로 두었습니다. 미국 장로교회 선교본부를 대표하는 이 세 명은 한국 정부의 감사한 동의를 받아 도시에 고아원 및 실업학교를 열었으며, 그것은 큰 성공을 거둘 수 있었습니다.

(중략)

　제 생각에 이 선교사들의 노고는 칭찬할 만합니다. 그들은 한국인들에게 질서와 단정함의 정신을 전파하는 데 많은 일을 하였습니다. 알렌과 헤론 박사가 운영하는 병원은 지난 한 해 동안 약 11,000명의 환자를 치료하였으며, 이 기관에 가능한 모든 지원을 제공하는 정부는 자부심을 갖고 돌보고 있습니다. 그것에 부속된 학교에는 십여 명의 젊은이들이 열정적으로 전문 분야를 공부하고 있으며, 충실한 학습에 대한 보상은 정부가 약속하고 있습니다. 알렌 박사와 헤론 박사는 널리 알려져 있으며, 보편적인 존경심과 감사함으로 존경을 받고 있습니다. 선교본부를 위하는 이들은 언더우드 씨와 관계가 있는데, 그는 작년 1년 동안 가난한 사람들에게 약 12,000끼의 식사를 제공하였습니다. 1년 동안의 병원 업무 보고는 정부에 제출되었으며, 국왕은 알렌 박사에게 품계를 수여하고 병원에 소속된 모든 한국인 관리에게 명예롭게 품계를 승서함으로써 이에 대한 높은 감사를 표하였습니다.

(중략)

George C. Foulk (U. S. *Charge d'Affaires ad interim* to Korea), Despatch to Thomas F. Bayard (Sec., Dept. of State, Washington, D. C.) (June 3rd, 1886)

No. 308

Legation of the United States,
Seoul, Corea, June 3, 1886
(Received July 27)

Sir,

In dispatch No. 175, dated May 25, 1885, I have already reported that there were residing in Seoul a number of Americans sent here by mission boards of the United States. The foremost of these Americans are Drs. H. N. Allen and H. G. (sic) Heron, who conduct the Government hospital in Seoul. A school of chemistry and medicine having been opened by these gentlemen at the hospital, Mr. H. G. Underwood was installed in it as a teacher. Representing the American Presbyterian Board, these three gentlemen have, with the grateful assent of the Corean Government, opened an orphan's home and industrial school in the city, which bids fair to be a great success.

(Omitted)

The work of these missionaries cannot, to my mind, be too highly commended. They have done much to introduce a spirit of order and neatness among the Coreans. The hospital, conducted by Drs. Allen and Heron, treated some 11,000 patients during the past year, and the institution is looked on with pride by the Government, which gives it all possible support. In the school attached to it a dozen young gentlemen are enthusiastically studying professions, and rewards for faithful work are promised them by the Government. Drs. Allen and Heron are widely known, and looked upon with universal respect and gratitude. These gentlemen, for their mission board, and associated with Mr. Underwood, who made the distribution, furnished during the year past, some 12,000 meals to poor people. The report of the hospital work for the year having been presented the Government, His Majesty evinced his high appreciation of it by giving a, decoration to Dr. Allen and honorary promotion to all the Corean officials attached to the hospital.

(Omitted)

호러스 N. 알렌(서울)이
제임스 R. 모스(요코하마)에게 보낸 편지 (1886년 6월 11일)

서울,
1886년 6월 11일

J. R. 모스 님,
요코하마

안녕하십니까,

서울과 제물포 사이를 오가는 소형 기선의 구입에 관하여 한국인들로부터 귀하게 편지를 써 달라는 요청을 받았습니다. 그들은 약 7,500달러의 자본을 가지고 있으며, 선박 구매에 10,000달러를 초과하는 것을 개의치 않습니다.

만일 일본에 그 액수로 구할 수 있는 선박이 있다면, 길이, 너비, 흘수(吃水), 화물 및 승객의 수용 능력, 선령(船齡) 및 상태, 운행 비용, 배를 제물포로 가져갈 비용과 관련된 세부 사항을 보내 주시겠습니까?

5,000~10,000달러 사이의 가격 범위에 해당하는 선박에 관한 세부 사항을 보내주시면 좋겠습니다.

이 범위 내라면 귀하가 추천하는 것을 구입할 것이라는 데에는 의심의 여지가 없습니다.

대금은 주문이 발송되기 전에 일본 은행에 입금될 것입니다.

신속히 답변해 주시면 감사하겠습니다.

안녕히 계세요.
H. N. 알렌

Horace N. Allen (Seoul),
Letter to James R. Morse (Yokohama) (June 11th, 1886)

Seoul, June 11/ 86

J. R. Morse, Esq.,
    Yokohama

Dear Sir.

I have been requested by a company of Koreans to write you concerning the purchase of a small steamer to fly between Seoul and Chemulpo. They have a capital of about $7,500 and do not care to exceed $10,000 in the purchase of the vessel.

If there are any available craft in Japan to be obtained for that figure, will you kindly send along particulars concerning length, width, draught, carrying capacity for freight & passengers, age & condition, also something in regard to cost of running, and of getting her to Chemulpo.

You will oblige these people by sending along particulars concerning his or these vessels to range in price from $5,000~$10,000.

There is no doubt but that one which you recommend will be purchased, if within this means.

The money will be deposited in the Japanese bank before the order is sent.

A prompt reply will be appreciated.

Yours truly,
H. N. Allen

호러스 N. 알렌(서울)이 제임스 달지엘(상하이)에게 보낸 편지
(1886년 6월 12일)

서울,
1886년 6월 12일

친애하는 달지엘 씨,

제 물품을 신속하게 배송해 주셔서 감사합니다.

저는 귀하의 청구서 42.67달러에 대하여 재무 파넘 씨에 대한 선교부 주문을 동봉합니다. 저는 요청하신 L & C의 출금 전표를 동봉합니다.

안녕히 계세요.
H. N. 알렌

Horace N. Allen (Seoul),
Letter to James Dalziel (Shanghai) (June 12th, 1886)

Seoul,
June 12/ 86

Dear Mr. Dalziel,

Many thanks for your promptness in forwarding my goods.

I herewith enclose mission order upon Treasurer Farnham for the am't of your bill $42.67. I enclose L & C's debit note as requested.

Yours truly,
H. N. Allen

호러스 N. 알렌(서울)이 존 M. W. 파넘(상하이)에게 보낸 편지
(1886년 6월 12일)

서울,
1886년 6월 12일

친애하는 파넘 박사님,

저는 동봉된 왕을 위한 5개의 난로 주문에 대한 비용을 지불하기 위하여 재무 언더우드에게 25.64달러를 지불하였습니다. 지체 없이 전달해 주십시오.

안녕히 계세요.
H. N. 알렌

Horace N. Allen (Seoul),
Letter to John M. W. Farnham (Shanghai) (June 12th, 1886)

Seoul,
June 12/ 86

Dear Dr Farnham,

I have paid Treasurer Underwood $25.64 for the enclosed order, with which to pay charges on five stoves for His Korean Majesty. Please forward without delay.

Yours truly,
H. N. Allen

호러스 N. 알렌(서울)이 C. 커터(미국 북장로교회 해외선교본부 재무)에게 보낸 편지 (1886년 6월 13일)

서울,
1886년 6월 13일

친애하는 커터 씨,

난로를 보내 주셔서 대단히 감사합니다. 너무 번거롭게 해드려서 죄송합니다.

제 물건을 파넘 박사께 보내지 마십시오. 모두 제임스 달지엘 씨에게 보내십시오. 파넘 박사는 그가 나중에 제 계정에서 저지른 실수를 인정하였지만 그동안 그는 논쟁의 여지가 있는 금액의 지불을 거부하였습니다. 그는 이제 제가 화물에 대한 지불을 미리 보낼 수 있을 때까지 제 상품을 지연시켜 보복합니다.

왕의 난로의 경우 문제가 없지만 다른 경우에는 있을 수 있기에 시의적절하게 이 조치를 취하고 있습니다.

안녕히 계세요.
H. N. 알렌

Horace N. Allen (Seoul),
Letter to C. Cutter (Treas., BFM, PCUSA) (June 13th, 1886)

Seoul,

June 13/ 86

Dear Mr Cutter,

Many thanks for your great kindness in sending along the stoves. I am sorry I have to bother you so much.

Please send nothing over of mine to Dr. Farnham. Send all to James Dalziel. The former made a mistake in my accounts which he afterwards admitted, but as in the meantime he refused to pay the disputed am't. He now retaliates by delaying my goods till I can send payment for freight in advance.

It doesn't matter in the case of His Majesty's stoves but as it may in other things I take this timely step.

Yours very truly,

H. N. Allen

[제중원의 별단에 대하여 .....]. 승정원일기
(1886년 6월 14일, 고종 23년 5월 13일)[88]
The Diaries of the Royal Secretariat (June 14th, 1886)

제중원의 별단(別單)에 대하여 박규찬(朴奎燦)에게 전교하기를,

"독판교섭통상사무 김윤식에게 숙마(熟馬) 1필을 사급(賜給)하고, 주사 성익영·김규희·전양묵·서상석·박영배·이승우·진학명·박준우·신낙균·손붕구는 모두 승륙(陞六)하고, 김의환은 승서(陞敍)하고, 학도 이의식은 주사로 승차(陞差)하라. 미국인 의사 알렌과 혜론은 모두 의술이 정미하고 뜻이 선하여 많은 백성들에게 치료를 베풀었으니 특별히 당상 품계를 주어 장려하는 뜻을 표하라." 하였다.

以濟衆院別單, 傳于朴奎燦曰, 督辦交涉通商事務金允植, 熟馬一匹賜給, 主事成翊永·金奎熙·金良默·徐相奭·朴永培·李承雨·秦學明·朴準禹·申洛均·孫鵬九, 竝陞六, 金宜煥 陞敍, 學徒 李宜植, 主事 陞差, 美 醫 安連 蕙論, 竝業精志善, 施療衆民, 特加堂上階, 以表嘉奬之意.

---

88) 이 내용은 다음의 자료에도 실렸다. 고종실록 고종 5월 13일, 일성록 고종 5월 13일

[이계로 등에게 관직을 제수하였다.]
승정원일기 (1886년 6월 15일, 고종 23년 5월 14일)
The Diaries of the Royal Secretariat (June 15th, 1886)

이계로(李啓魯)를 동지돈녕부사로 삼았다, (......) 미국인 의사 알렌과 헤론에게 통정대부를 가자(加資)하라는 전지를 받들었다. (......)

以李啓魯 爲同敦寧, (......), 美醫 安連 蕙論, 通政大夫 加資事, 承傳. (......)

호러스 N. 알렌(서울), 한국의 정세 (1886년 6월 16일)

한국의 정세

프랑스 사절단 일행은 그들의 임무를 끝내고 공사와 결코 좋지 않은 기분으로 돌아갔다. 그들은 종교의 자유를 부여하는 데 열중하였고, 그것이 많은 논의가 될 문제라는 것을 알고 있었다. 공사는 조약의 이 조항이 즉시 승인되지 않는 한 함대를 떠나지 않을 것이라고 알리기 위하여 그의 서기관을 수도로 보냈다. 지금 모든 동양인과 마찬가지로 한국인은 느리게 움직이는 사람들이었으며, 이렇게 서두르는 원인을 이해할 수 없었다. 그들은 아직 그들에게 제시되지 않은 주제에 대한 결정을 내리는 것을 반대하였다. 따라서 그들은 서기관에게 그들이 즐겁게 지내고 협상을 시작하고 싶다고 알렸다. 하지만 사업이 너무 소란스러웠다면 그들은 그저 가야만 할 것이다.

그들은 가지 않고 서울로 왔을 뿐만 아니라 종교 자유의 조항을 완전히 포기하였다. 그리고 프랑스 제조업체의 약 25개 품목에 대한 관세 인하를 요청하였다. 이것은 허락되지 않았고 그들은 아무것도 성취하지 못한 채 떠나려하고 있었다. 난관이 풀리자 12개 품목에 대하여 관세가 감면되고 한 달 가까이 진행된 모든 일들은 외아문에서의 만찬으로 마무리되었다.

미국 공사 파커 대령이 도착하여 직무를 수행하였다. 그는 가장 좋은 인상을 남겼고, 의심할 여지없이 한국에서 미국이 갖고 있는 좋은 평판을 잘 유지할 것이다.

왕과 그의 고문들은 전 대리 공사인 조지 C. 포크 중위를 잃을 생각에 완전히 혼란스러워졌다. 그들은 모든 수단을 동원하여 그를 국내에 머물게 하고, 가능하다면 그를 정부의 관리로 확보할 것이다.

한국 사람들은 큰 한강을 따라 약 30마일 떨어진 제물포와 서울 사이를 운항하기 위하여 2척의 소형 증기선 구매를 협상하고 있다.

서울,
1886년 6월 16일

Horace N. Allen (Seoul), Affairs in Korea (June 16th, 1886)

Affairs in Korea

The French ambassador and suite have ended their mission and retired in no way good humor. They came bent on having religious liberty granted, and knowing it to be a question on which there would be much discussion. M. le Minister sent his secretary to the capital to announce that he would not quit the fleet unless this clause of the treaty were granted at once. Now Koreans like all orientals are slow going people and could not understand the cause of all this rush. They were averse to granting a decision on a subject that had not yet been presented to them. They therefore informed Mr. Secretary that while they wished to entertain them and open negotiations. Yet if business was so fussing they would simply have to go.

They didn't go but came to Seoul, not only that but they gave up the religious liberty clause entirely. And asked for a reduction of tariff on some 25 articles of French manufacturers. This was not granted and they were about to leave without having accomplished anything. When the difficulty was cleared up, the duty was reduced on 12 articles and the whole affair which had lasted near a month closed up with a dinner at the Foreign Office.

Captain Parker, U. S. Minister has arrived and assumed his duties. He has created a most favorable impression and will doubtless well sustain the good name America holds in Korea.

The King and his counsellors are completely broken up at the thought of losing Lieut Geo. C. Foulk Ex U. S. *Charge d'Affairs*. They will use every means to keep him in the country and if possible secure him as an official of the Government.

A Korean company are negotiating for the purchase of two small steamers to fly between Chemulpo and Seoul a distance of some 30 miles by the large Han River.

Seoul, June 16/ 86

호러스 N. 알렌(서울)이 프랭크 F. 엘린우드(미국 북장로교회
해외선교본부 총무)에게 보낸 편지 (1886년 6월 20일)

한국 서울,
1886년 6월 20일

F. F. 엘린우드 박사,
　　뉴욕 시 센터 가(街) 23

친애하는 박사님,

　　프랑스 사절단은 그들의 임무를 마치고 약간 우울한 기분으로 떠났습니다. 공사는 제물포에서 그의 서기관을 올려 보내, 만약 조선 정부가 종교 자유의 조항을 사전에 약속하지 않는다면, 자신은 그 함대를 떠나지 않을 것이라고 말하였습니다. 조선 정부는 이것을 거절하였고, 외아문 독판(김)의 행동을 박사님께 말씀드렸습니다. 그러자 프랑스는 그것을 포기하였고, 25개 수입품에 대한 관세 인하를 요청하였습니다. 이것은 거절되었지만, 포크 씨가 아니었다면, 중국의 배신과 중국의 협박을 받은 데니 판사의 통역관 때문에 그 조약이 체결되지 못하였을 것입니다. 포크 씨가 데니를 위하여 왕을 알현한 이후 모든 것이 잘 되었습니다. 하지만 프랑스는 단지 12개 품목에 대해서만 관세를 인하 받았습니다. 저는 러시아 공사관에서 그들과 식사를 하였으며, 그들이 유감스러움을 대단히 자유로이 표현하는 것을 알았습니다.

　　저는 장티푸스를 심하게 앓고 있는 사제들 중 한 명을 데려왔습니다. 그들은 매우 감사해 하는 것처럼 보였지만, 그들의 대표가 매우 바랐던 조차지(租借地)를 얻는데 실패한 것에 낙담해 하였습니다. 사제들은 현지인으로 가장하여 매우 자기희생적인 삶을 살고 있습니다.

　　미국 공사 파커 씨는 자신의 임무를 수행하고 있습니다. 그는 훌륭한 능력을 가진 멋진 노신사이며, 우리는 그를 좋아합니다. 그는 이곳 선교 사역에 매우 흥미를 갖고 있으며, 가능한 한 많이 도와주겠다고 합니다. 그의 나쁜 버릇의 하나(폭음)는 포크 씨와 저만 압니다. 우리는 이것에 대해 조용히 있기를 바라며, 그러면 모든 것이 잘 될 것입니다.

　　가엾은 포크 씨는 ＿＿＿ 상태에 있습니다. 미국 정부는 그의 훌륭한 일을 무시하였고, 퇴직 서류도 보내지 않아 그는 새로운 사람을 소개할 수 없었습니다. 왕과 그가 총애 하는 고문들 모두는 포크 씨가 이곳에 계속 있기를 몹시 바라고 있습니다. 그는 다른 어떤 사람보다 더 많이 그들을 도울 수 있습니다. 그들은 데니 판사를 제거하고, 그 자리에 포크 씨를 임명하기를 원하고 있습니다. 그 판사는 몹시 어려운 처지에 있습니다. 그는 중국에서 오자 처음부터 의심을 받았습니다. 중국은 그가 프랑스를 돕고 있는 것처럼 보이도록 만들었으며, 그는 눈 밖에 났습니다.

다음으로 그는 과격한 모험가를 광산 전문가로 이곳에 데려왔으며, 그는 조선 사람들이 싫어할 행동을 하여 데니 판사는 매우 의심을 받게 되었습니다. 정부는 그에게 계약서를 주지 않을 것이며, 그는 단지 떠나기에 충분한 돈을 원할 뿐입니다. 요코하마에 있는 윈저호텔의 화재로 그는 모든 물품을 잃었습니다. 그는 상하이에서 비싸게 새 물품을 구입하였고, 지금 재정적 어려움에 처해 있습니다. 또한 그는 동양에서 자신의 좋은 평판이 더럽혀 졌다고 느끼고 있습니다. 담당 의사로서 저는 그와 포크 씨가 눈물을 흘리며 절망적으로 우울해 하는 모습을 보고 가슴이 아팠습니다. 이곳으로 온 모든 사람들이 고통을 겪는 것 같습니다. 우리는 이전에 이 문제를 살폈고, 이곳에 온 모든 외국인들은 영국 총영사 애스톤 씨를 제외하고 이 문제에서 벗어날 수 없었습니다. 그는 폭동이 일어난 동안 노출되어 한 쪽 폐를 잃었습니다. 저 혼자만 성공적으로 지내고 있으며, 저와 함께한 동료들도 그러합니다.

지난 주 왕은 저를 양반의 9개 품계 중 위에서 3번째에 해당하는 참위(參尉)로 임명하였습니다.[89] 그는 칙령(勅令)과 제가 구한 생명, 저의 미덕 등을 노래하는 시가 담긴 큰 두루마리를 보냈습니다. 그의 호의를 보여주는 표시는 아름답게 조각된 2개의 비취 장신구이었는데, 조선의 양반들이 머리에 두루는 것과 같은 것입니다. 그들은 제가 똑같이 하기를 원하였지만, 저는 국가 행사 때 저의 외투 위에 그것을 달겠다고 약속하였습니다. 저는 조만간 그 날이 올 것으로 생각하였지만, 프랑스와의 조약 문제 때문에 연기되었습니다. 저는 만약 동료[90]도 직급을 받지 못한다면 심한 불쾌감이 생길 것으로 생각하고, 왕의 통역관에게 말하여 헤론 박사에게도 같은 직급을 주도록 하였습니다. 포크 씨는 헤론 박사가 같은 직급을 받기로 되었다는 것이 공표되기 전에 우리 정부에 알렸습니다. 우리는 머지않아 궁궐에서 공식적으로 직급을 받을 것입니다.

---

89) 승정원일기 (1886년 6월 14일, 고종 23년 5월 13일)
90) 존 W. 헤론을 의미한다.

지난 겨울 왕이 준비해 주었다고 제가 박사님께 말씀드렸던 여행은 과중한 업무 때문에 갈 수 없었습니다. 우리 공동체가 빠르게 확장되기에 저는 항상 바쁩니다. 저는 귀향해야 할 정도로 완전히 지칠 때까지는 휴가를 갈 수 있을 것이라고 예상하지 않고 있습니다.

왕은 수많은 런던 상품 목록 중에서 외국제 가구 일체를 저에게 골라달라고 요청하였습니다.

(최근 *Foreign Missionary* 잡지에서) 헤론 박사는 부유한 상인(비관리)의 아내에 대하여 언급하였는데,[91] 헤론 부인이 그녀를 방문한 것은 푸트 부인을 제외하고 외국 여자가 조선 여자에게 처음 소개된 것이었습니다. 저는 다른 사람들의 글에 주목하였는데, (헤론 부인의 방문) 이전에 푸트 부인 뿐 아니라 애스톤 부인, 묄렌도르프 부인 및 자매, 그리고 하트 양(로버트 하트 경의 딸)이 모두 왕비에게 소개되었고, 왕비는 보답으로 시녀로 하여금 외국인 숙녀들을 방문토록 하였으며, 알렌 부인도 동일한 시녀의 방문을 받았는데 왕궁 방문을 방해하는 상황만 없었다면 두 번이나 왕비를 알현하였을 것이라고 말함으로써 그것을 바로 잡고 싶습니다.

우리 병원 보고서를 갖고 있습니다. 몇 부를 보내드리오니 박사님이 원하는 대로 사용하시기 바랍니다.

안부를 보냅니다.

안녕히 계십시오.
H. N. 알렌

---

91) John W. Heron, Foreign Customs Imitated. *The Foreign Missionary* 44(12) (May 1886), pp. 567~568

Horace N. Allen (Seoul),
Letter to Frank F. Ellinwood (Sec., BFM, PCUSA) (June 20th, 1886)

Seoul, Korea,

June 20th, 86

Dr. F. F. Ellinwood,

    23 Centre St., New York

My dear Doctor,

    The French Embassy have finished their work and departed in rather low spirits. M. le Minister sent his secretary up from Chemulpo to say that the Embassy would not quit the fleet unless the Korean Govn't promised to grant the Religious Liberty Clause beforehand. This they refused to do and I told you of the actions of the Foreign Minister (Kim). The French then gave it up and asked for a tariff reduction 25 articles of import. This was refused and but for Mr. Foulk the treaty would not have been made owing to the treachery of the Chinese and the interpreters of Judge Denny who were intimidated by the Chinese. After Foulk had secured an audience with the King for Denny, all went well. The French, however, got a reduction on only 12 articles. I dined with them at the Russian Legation and found them very free in their expressions, of disgust.

    I have just brought one of the priests through a severe attack of typhoid. They seem very grateful, but disheartened at the failure of their Ambassador to get them the concessions they so much long for. The priests certainly lead a very self sacrificing life in their native disguise.

    U. S. Minister Parker has assumed his duties. He is a nice old gentleman of excellent ability and we like him. He is very much interested in the Mission work here and says he intends to help it along as much as possible. He has one vice (intemperance) known only to Foulk and myself. We hope to keep this quiet and all will then go well.

    Poor Foulk is in a <u>un ed</u> way. The Govn't at home ignored his noble work and did not send him any retiring papers so that he was unable to present the new man. The King and all his dearest advisers are exceedingly anxious to keep Foulk here. He certainly can do more than any other person to help them. They wish to get rid of Judge Denny and put Foulk in his place. The Judge is exceedingly bad off. Having come from China he was suspected from the first. The Chinese made it appear that he was helping the French and he fell in great disfavor.

Next he got an intemperate adventurer to come here as mine expert and he has so acted as to disgust the Koreans and place Judge Denny in a very suspicious light. The Govn't will not give him his contract and he wants simply to be paid enough to get away. By the burning of the Windsor Hotel in Yokohama, he lost all of his goods. He bought a new outfit at costly rates in Shanghai and is now in a severe financial cramp. He feels also that he has compromised his good name in the East. As medical attendant I have had the pain of seeing both he and Foulk in tears and desperate melancholy. It seems that everyone who comes here gets into trouble. We looked the matter over the other day, and of all foreigners who have come here not one has escaped trouble except British Consul General Aston and he lost a lung because of exposure during the emeute. I alone have been successful and my colleagues with me.

Last week the King decorated me with the rank of Chamwee, third from the top of the nine classes of nobility. He sent a huge parchment containing the decree and some poetry about the lives I had saved, my virtue, etc. The visible marks of the favor were two finely carved jade ornaments such as Korean nobles wear on the head band. They wanted me to do the same, but I promised to wear them on my coat on state occasions. I knew it was coming for some time but owing to the French treaty troubles, it was delayed. I saw in the meantime that terrible unpleasantness would be the result if my partner was not also decorated, so I spoke to the King's interpreter and he secured the same for Dr. Heron. Mr. Foulk had announced the fact to our Govn't before it was known that Dr. H. was to have the same. We are to be formally presented ere long, at Court.

The trip I spoke to you about, as being arranged for me last winter by the King, I could not take owing to press of work. I am kept very busy all time as our community is fast increasing. I don't expect to take a vacation till I get used up enough for a trip home.

The King has me now selecting a whole outfit of foreign furniture from a lot of London catalogues.

Dr. Heron was made to say (in last Foreign Missionary) in regard to the wife of a well-to-do merchant (a non-official), that when Mrs. Heron visited her, it was the first time any foreign lady but Mrs. Foote, had been presented to a Korean lady. My attention has been called to the article by others and I wish to correct it by saying that before that time not only Mrs. Foote, but Mrs. Aston, Mrs. von Muellendorf and sister, and Miss Hart (Sir Robert Hart's daughter) were all presented to the Queen who in return sent her ladies to call on these foreign ladies, and Mrs. Allen had been visited by the same ladies-in-waiting and would have been presented at Court but for circumstances which twice forbade it.

Our hospital reports are to hand. I will send you some of them to use as you please.

With kindest regards,

Yours Sincerely,

H. N. Allen

알렌 박사의 일기 제1권(1883~1886년) (1886년 6월 24일)

1886년 6월 24일 (목)

6월 22일 화요일 오후 5시에 아내는 둘째 아들을 분만하였는데,[92] 옷을 입히지 않은 체중이 9파운드이었다. 그는 탯줄을 목에 감고 태어났기 때문에, 나는 그를 구하느라 고생하였다. 아내는 출혈이 심하였다. 나는 혼자이었다. 산모와 아기의 상태는 좋다.

왕은 지난 주 나에게 9개의 품계 중 세 번째인 참의의 벼슬을 내렸으며,[93] 비취 단추 두 개가 하사품으로 왔다. 미국 공사 파커는[94] 술에 취해 나흘간 누워 있었다. 나는 그의 섬망증(譫妄症)을 돌보고 있다.

Dr. Allen's Diary No. 1 (1883~1886) (June 24th, 1886)

June 24[th, 1886 (Thur.)]

At 5 P. M. Tuesday, June 22nd, Mrs. Allen gave birth to our second son weighing 9 pounds undressed. He was born with the cord tied around his neck and I had hard work to save him. Mrs. Allen had a bad hemorrhage. I was alone. They are both doing well.

The King decorated me last week with the rank of Chamwee, third of the nine ranks of nobility. 2 jade buttons come with it. U. S. Minister Parker has been drunk in bed for four days. I am keeping of delirium tremors.

---

92) 모리스 E. 알렌(Maurice E. Allen, 1886. 6. 22~1966. 4. 10)이다.

93) 1886년 6월 14일이다.

94) 윌리엄 H. 파커(William H. Parker, 1826. 10. 8~1896. 12. 30)는 미국 해군 제독의 아들로 태어나 15세인 1841년 해군 사관학교 생도로 들어갔으며, 남북전쟁 당시에는 남부 연방의 해군에서 복무하였다. 남북전쟁이 끝난 후 그는 퍼시픽 우편선의 선장, 메릴랜드 농업대학 학장을 역임하였다. 그는 1886년 6월 12일 주한 미국변리공사 겸 총영사로 임명되었지만 알코올 중독으로 9월 3일 해임되었다.

조지 C. 포크(주한 미국 공사관)가 부모님께 보낸 편지
(1886년 6월 25일)

(중략)

제가 앞서 말씀드린 대로 신임 공사가 6월 8일 도착하였습니다.[95] 저는 즉시 그를 따라온 팔로스 호의 몇몇 장교들로부터 그의 부적절한 습관에 대하여 경고를 받았습니다. 저는 그가 매일 술을 마시는 것을 보았고, 그의 술의 양과 질이 나날이 나빠지는 것을 알아차렸습니다. 그는 저녁 일찍 식탁을 떠나 자기 방에 틀어 박혔습니다. 저는 큰 일이 일어날까 두려워 알렌 박사와 저의 하인장에게 그것을 지켜보라고 말하였습니다. 지난 월요일 그는 아주 일찍 자신의 방으로 갔습니다. 화요일에 그는 저에게 사람을 보내어 잠을 잘 자지 못하였으며, 늦게까지 일어나지 않았다 등의 말을 전하면서 동시에 알렌 박사(귀의 문제로 그를 치료하고 있었음)가 다음 날 아침에 오게 되면 다른 날 오라고 말해야 한다고 하였습니다. 그리하여 그는 고의로 폭음을 준비하였습니다. 저는 화요일 밤에 그가 대단히 술을 많이 마시고 있는 것을 알게 되었습니다. 그때부터 지금까지 공사는 기가 막히게 술에 취해 정신이 멍하고, 어리석고, 자기 방에서 쓰러져 도자기를 깨트리고 바닥에서 나뒹굴고 있었습니다. 저의 애처로운 하인들은 한국인들인데, 저에게 헌신하며 이곳에서 조용하고 행복하였는데 모두 사기가 떨어졌습니다.

(중략)

어제 저는 알렌 박사를 동반하여 파커를 만났는데, 그(알렌)는 그(파커)가 회복되게 하였습니다.

(중략)

---

95) 윌리엄 H. 파커(William H. Parker)를 말한다.

George C. Foulk (Legation of the United States, Seoul), Letter to Parents (June 25th, 1886)

(Omitted)

As I told you before, the new minister arrived on June 8th. I was warned at once by some of the officers of the Palos who came up with him of his intemperate habits. I saw him drink daily and noticed the amount and quality of his drink became worse every day. He began to leave the table early in the evening and shut himself up in his room. Fearing a big spree, I told Dr. Allen and my head servant to be on the watch for it. On Monday last he went to his room very early. On Tuesday he sent for me and said he had not slept well, would not get up till late, etc., at the same time saying when Dr. Allen (who was treating him for some ear trouble) called the next morning, I should tell him to come another day. Thus he deliberately prepared for his debauch. On Tuesday night I learned he was drinking very hard. From that time to this, the minister has been in a horribly drunken stupor, utterly foolish and silly, falling around in his room, breaking pottery and committing nuisances on the floor. My poor servants are Korean, who being devoted to me, quiet and happy here, are all demoralized.

(Omitted)

Yesterday I brought Dr. Allen to see Parker and he has taken hold of him in such a way that he is improving.

(Omitted)

윌리엄 H. 파커(William Harwar Parker)

윌리엄 H. 파커(1826. 10. 8~1896. 12. 30)는 뉴욕 시에서 폭스홀 A. 파커 시니어(Foxhall A. Parker, Sr.) 제독의 아들로 태어났으며, 폭스홀 A. 파커 주니어(Foxhall A. Parker, Jr.) 제독이 그의 형이다. 그는 15세 되던 1841년 10월 해군에 입대하여 1842년 4월 처음으로 콜럼버스 호를 타고 지브랄타, 리오 데 자네이로 등을 거쳐 1844년 3월 미국으로 귀환하였다. 1846년 멕시코와의 전쟁에 참전한 후, 1847년 9월 해군사관학교에 편입하여 1848년 1등으로 졸업하였다. 남북전쟁이 일어나자 형은 북군에 합류하였지만, 윌리엄은 남군에 합류하였다. 전쟁이 끝난 후 태평양 우편 증기선이 선장에 이어 1875년부터 1883년까지 메릴랜드 농업대학의 총장으로 재학하였다.

그림 7-5. 윌리엄 H. 파커

1882년 여름 아파치 족에 의하여 총상을 입었는데, 총알이 너무도 뇌에 근접하여 박혀 있어 제거하지 못하였다. 그는 말년에 알코올 중독으로 고생하였지만 1886년 2월 19일에 주한 미국 변리공사 겸 총영사로 임명되었으며, 6월 12일 신임장을 제정하였으며 9월 1일 해임되어 9월 3일 한국을 떠났다. 그의 후임으로 포크가 다시 임시 대리 공사로 임명되었다.

귀국한 파커는 저작 활동에 전념하였다.

호러스 N. 알렌(서울)이 프랭크 F. 엘린우드(미국 북장로교회 해외선교본부 총무)에게 보낸 편지 (1886년 6월 25일)

한국 서울,
1886년 6월 25일

친애하는 엘린우드 박사님,

나는 스탠튼 씨와 그의 회사 알렌 핸버리 앤드 컴퍼니에서 온 편지를 동봉합니다. 이것이 지불되었음을 알아 봐 주시겠습니까?

아내는 22일에 건강한 아들을 낳았고, 둘 다 건강합니다. 파커 미국 공사는 5일째 술에 취해 침대에 누워 있습니다. 한국인들은 그것을 알게 되었고, 우리는 큰 불명예를 안고 있습니다. 그는 포크 씨가 자신의 해임에 대하여 전보를 보내는 것에 동의하고 있습니다. 베이야드 씨에게 영향력이 있다면 포크 씨의 임명을 촉구하십시오.

안녕히 계세요.
H. N. 알렌

Horace N. Allen (Seoul),
Letter to Frank F. Ellinwood (Sec., BFM, PCUSA) (June 25th, 1886)

Seoul, Korea,

June 25/ 86

Dear Dr. Ellinwood,

I inclose letter from Mr. Stanton and his firm Allen Hanbury & Co. Will you kindly see that it is paid.

Mrs. Allen gave birth to a fine boy in the 22nd both are doing well. U. S. Minister Parker has been drunk in his bed for five days. The Korean got to know it and we are in great disgrace. He consents to Mr. Foulk telegraphing for his removal. Urge Foulks appointment if you have influence with Mr. Bayard.

Yours truly,

H. N. Allen

18860625

호러스 N. 알렌(서울)이
S. 스탠튼(런던)에게 보낸 편지 (1886년 6월 25일)

한국 서울,
1886년 6월 25일

S. 스탠튼 님,
사우스햄튼 가(街) 17
영국 런던

안녕하십니까,

의약품 때문에 너무 귀찮게 해드려 죄송합니다. 저는 의약품을 구입하여 이곳에서 지불할 수단이 없기 때문에 F. F. 엘린우드 박사께 보내달라고 편지를 썼습니다. 물품이 왔고 저는 그에게 알렸습니다. 저는 이 우편으로 그에게 편지를 보낼 것이고 그는 틀림없이 즉시 지불할 것입니다.
저는 귀하께 병원 보고서 세 부를 보내 드립니다.
안부를 전합니다.

안녕히 계세요.
H. N. 알렌

Horace N. Allen (Seoul),
Letter to S. Stanton (London) (June 25th, 1886)

Seoul, Korea,

June 25/ 86

S. Stanton Esq.,

17 Southampton Row,

London, U. K.

My dear Sir,

I am sorry you have so much bother about the medicine. I wrote Dr. F. F. Ellinwood to buy the drugs and send them on as had no means of paying for them here. The goods came and I notified him. I will write him by this mail and he will doubtless pay at once.

I send you three of our Hospital reports.

With kind regards,

Yours truly,

H. N. Allen

18860625

호러스 N. 알렌(서울)이 클레이턴 W. 에버렛
(오하이오 주 털리도)에게 보낸 편지 (1886년 6월 25일)

한국 서울,
1886년 6월 25일

클레이턴 W. 에버렛,96)
미국 오하이오 주 털리도

친애하는 매형,

저는 이전 편지에서 우리의 새 아들과 [제가] 양반으로 등용된 것에 관하여 썼습니다. 저는 또한 병원 보고서도 보냈습니다.

저는 건강이 좋지 않고 집으로 돌아가는 기회를 잃는 것에 염려하지 않기 때문에 이곳에서 사임하는 것에 대한 방도를 확실하게 알 수 없습니다.

하지만 저는 저의 재정을 회복하고 싶으며, 제안된 계획을 보내드리고 싶습니다. 만일 매형이 그것에 무엇인가 있다고 생각하고 특허를 얻고 회사를 시작하는 데 관심이 있다면, 저는 그것을 공유할 것입니다. 저는 그것이 좋은 것이라고 생각하는 이유를 말하겠습니다.

동양 전역에서 외국인들은 먼저 끓여서 여과하지 않은 물을 마시지 않습니다. 여과기는 세균이 축적되면 최소 3개월이 지나면 더러워지고 버려야 합니다. 여과기는 8달러 미만으로 구입할 수 없습니다. 따라서 상당히 비쌉니다. 저는 동봉된 계획에서 느낀 점을 ___하고 보니 일본 도자기는 그냥 싸구려이지만 미국 토기도 그렇습니다. 저는 그것이 좋은 일이며, 크게 필요하다고 확신합니다. 하지만 스케치를 할 줄도 모르고 특허 사무실의 [업무] 방식에 대해서도 아는 바가 없습니다. 따라서 저는 매형께 모든 것을 있는 그대로 보냅니다. 그리고 매형이 그것을 잘, 그리고 좋고 괜찮게 만들던지 아니면 폐기시키세요.

광산 사업은 데니 판사 측의 잘못된 관리로 인하여 일시적으로 중단되었

---

96) 클레이턴 W. 에버렛(Clayton W. Everett, 1844. 4. 11~1915. 1. 12)는 알렌의 누나인 메리 제인 제니 알렌(Mary Jane Jennie Allen, 1848. 1. 27~1926. 3. 14)의 남편이다.

습니다.

안부를 전합니다.

안녕히 계세요.

H. N. 알렌

Horace N. Allen (Seoul),
Letter to Clayton W. Everett (Toledo, Ohio) (June 25th, 1886)

Seoul, Korea,

June 25/ 86

Clayton W. Everett,

    Toledo, O., U. S. A.

My dear Brother,

I wrote previous concerning our new son, and my elevation to nobility. I also sent you a hospital report.

I can't see my way clear to resign out here as I am not in excellent health and don't care to lose my passage home.

I wish however to recuperate my finances and send you the proposed scheme. If you think there is anything in it and care to get it patented and a Co' started, I will share the thing with you. I will state my reasons for thinking it a good thing.

All over the East no water is drunk by foreigners without having first boiled and filtered. Filters get foul in at least three months by the accumulation of germ matter and have to be cast aside. No filter can be bought out here for less than $8.00. It is therefore quite an expense. Having been _____ to notice the thing I feel on the enclosed plan, Japanese porcelain is just the thing and cheap but

American earthenware ought to do as well. I am convinced it is a good thing and am greatly in need. I don't know how to sketch however and I know nothing about the ways of the Patent office. I therefore send you the whole thing just as it is and if you can __cter it up so as to make anything of it, well and good, otherwise let it drop.

The mining business has been temporarily blocked out here by bad management on the part of Judge Denny.

With kind regards,

Yours truly,
H. N. Allen

호러스 N. 알렌(서울), 여과기 도안 (1886년 6월 25일)

여과기 도안

개선이 요구되는 것은 여과제이며, 이는 일반적으로 다공성의, 유약을 바르지 않은 토기(도자기)인데, 그것은 모든 세균을 죽일 수 있을 만큼 충분히 가열될 수 있도록 제거하고 넣을 수 있는, 조절 가능한 관 모양으로 사용해야 한다.

필터 통은 이동할 수 있는 덮개와 일반적인 꼭지를 가진 토기(유약 처리한)로 만들어진다.

토기 격막은 통 내부와 연속되게 만들고 그것의 아래쪽 ⅓을 차단한다. 격막은 중앙에 격막 직경의 ⅓과 동일한 직경의 구멍이 뚫려 있다.

도자기 관은 매우 다공성이고 유약을 바르지 않은 것이며, 격막에 있는 구멍과 같은 직경으로 만든다. 관은 도자기 조각 길이의 절반만 뻗는다. 관의 벽은 직경의 ¼이어야 한다. 관의 열린 끝은 통의 아래 공간으로 연장되며, 깨끗한 면 포장으로 물을 만들 수 있다. 여과 불록의 전체 길이는 탱크 길이의 ⅓과 동일해야 한다.

하부 공간의 버튼은 물이 고이고 부패하는 것을 방지하기 위하여 수도꼭지를 향해 경사지게 만든다.

Horace N. Allen (Seoul), Design for a Filter (June 25th, 1886)

Design for a Filter

Improvement claimed is in the filtering agent, which is to be common, porous, unglazed earthenware (porcelain), which is to be used in shape of an adjustable tube, that can be removed and placed in the fire to be heated sufficiently to kill all germs.

Filter tank to be made of earthenware (glazed) with moveable cover and ordinary tap.

Earthenware diaphragm to be made continuous with the inside of the tank, and shutting off the lower third of the same. Diaphragm to be perforated in the center by an orifice with a diameter equal to one third the diameter of the diaphragm.

Porcelain tube to be quite porous and unglazed, made with a diameter equal to the orifice in the diaphragm. Tube to extend only half of the length of the piece of porcelain. Walls of the tube to be one fourth of its diameter. Open end of tube to extend into lower chamber of tank, and to be made with tightly clean cotton packing. Whole length of filter block to be equal to one third the length of the tank.

Buttons of Lower chamber to be made sloping toward tap, to prevent water collecting and becoming stale.

호러스 N. 알렌(서울)이 센츄리 컴퍼니(뉴욕)로 보낸 편지
(1886년 6월 27일)

미국 공사관, 한국 서울,
1886년 6월 27일

센츄리 컴퍼니,[97]
뉴욕

안녕하십니까,

나는 이 편지로 네 이야기, 즉 "새로운 _____," "새로운 월장석," "스크룩스 형제의 개심(改心)," 그리고 소년 이야기인 "기관사의 아들",의 원고를 보냅니다.

나는 물품을 돌려받을 때 지불하기 위한 미국 우표를 갖고 있지 않습니다. 따라서 귀 회사는 원고들이 채택되지 않으면, 그것들을 오하이오 주 델라웨어의 호러스 알렌 부인에게 속달로 보내 주세요.

결제는 홍콩 앤드 상하이 은행 혹은 런던에서 환어음으로 할 수 있습니다.

안녕히 계세요.
H. N. 알렌, 의학박사

---

97) 센츄리 컴퍼니는 1881년에 설립된 미국의 출판사이다. 원래 찰스 스크리브너스 손스(Charles Scribner's Sons)의 자회사이었으나 센츄리 컴퍼니로 독립하였다. 1933년 D. 애플턴 앤드 컴퍼니(D. Appleton & Company)와 합병되어 애플턴-센츄리 컴퍼니(Appleton-Century Co.)가 되었으며, 후에 애플턴-센츄리-크로프츠(Appleton-Centry-Crofts)로 되었다.

Horace N. Allen (Seoul),
Letter to the Century Co. (New York) (June 27th, 1886)

U. S. Legation, Seoul, Korea,

June 27/ 86

The Century Co.,

New York

Gentlemen,

I send you by this mail, four stories in manuscript - "A New Impend," "A New Moonstone," "The Reformation of Brother Scruggs," and a boys story - "The Son of a Railway Engineer."

I have no U. S. postage stamps with which to pay for the return of the articles. You will therefore oblige me by expressing them to Mrs. Horace Allen, Delaware, Ohio, if not accepted.

Payment may be made through Hongkong & Shanghai Bank or bill of exchange in London.

Yours truly,

H. N. Allen, M. D.

호러스 N. 알렌(서울), [진단서] (1886년 6월 28일)

저는 조지 C. 포크 중위가 몸과 마음이 너무 지쳐 더운 장마철에 한국에 머무르는 것이 위험할 것이며, 즉시 휴식과 환경의 전환이 절대적으로 필요하다는 것이 저의 견해임을 증명합니다.

H. N. 알렌, 의학박사

Horace N. Allen (Seoul), [Medical Certificate] (June 28th, 1886)

I certify that in my opinion Lieut. Geo. C. Foulk is in such a exhausted condition of body and mind that it will be hazardous for him to remain in Korea during the hot rainy season, and that it is absolutely necessary that he be given a rest and change of scene immediately.

H. N. Allen, M. D.

18860700

호러스 G. 언더우드, 한옥.
The Foreign Missionary 45(2) (1886년 7월호), 91~92쪽

집들은 그들이 살고 있는 지역과 살고 있는 사람들의 재산에 따라 다소 다르다.

반도 남단의 개항구(開港口)인 부산 주변은 대부분 걸어 들어갈 수 없을 정도로 천정이 낮아서 일종의 창문이나 문을 통해 기어 들어가야 하고, 안으로 들어가면 바닥에 앉거나 완전히 누울 수만 있다. 이것은 우리 입장에서는 전혀 유쾌한 집은 아니지만 한국인 입장에서는 장점이 있다. 이런 종류의 집이 있으면 겨울을 얼지 않고 살 수 있지만 지붕이 높으면 살 수 없다.

하층 계급의 집은 고국의 가장 가난한 외양간만큼 비싸지 않지만 동시에 조금 더 편안하다. 만일 여러분 중 누구라도 (아주 크지도 길지도 않은) 말뚝 4개로 네 모퉁이에 8피트 간격으로 놓고 옆면을 잔가지로 엮어 아주 형편없는 볏짚으로 엮되 하나는 문, 다른 하나는 창문으로 두 구멍을 남겨두고, 이 나뭇가지 돗자리를 진흙으로 덮고 전체를 짚으로 덮으면, 여러분은 한옥을 갖게 될 것이다. 별로 편하지 않다고 한다. 글쎄, 그것은 여러분이 가지고 있는 것만큼 쾌적한 주거지는 아니다. 그러나 그들은 더 나은 것을 가질 여유가 없다.

그들이 이 집을 난방하는 방법은 바닥 아래를 지나는 굴뚝을 갖고 있는 외부의 불 위에서 요리를 하는 것이다. 이렇게 아침에 데워진 집은 하루 종일 따뜻함을 유지할 수 있어 하루 두 끼를 먹는데(한국인에게는 충분), 한 번은 꽤 늦은 아침에, 한 번은 저녁에 조금 일찍 먹으면 따뜻함을 유지할 수 있으며, 동시에 가구, 옷, 그리고 무엇보다도 얼굴에 풍부하고 짙은 색상을 줄 수 있는 충분한 연기를 가지고 있다. 한국인에게 더럽고 초라한 얼굴보다 더 큰 기쁨을 줄 수 있는 것은 거의 없는 것 같다. 나는 젊은 독자들이 한국 아이들에 대하여 묻고 있다고 생각한다. 그들은 어떤 모습이며, 어떻게 보일까? 자, 이에 대한 답으로 고국의 아이들과 다르지 않다고 이야기할 수 있다. 그들은 진흙 주위를 뛰어 다니고 속에서 놀며, 진흙 파이 등을 만든다. 그들은 두 손, 두 눈, 입, 두 귀를 가지고 있다. 그들은 달리고, 걷고, 소리치며 놀고, 웃고, 울고, 노래하고, 다른 사람들이 하는 모든 것을 할 수 있다. 더군다나 그들에게는 천국에서 예수님과 그의 천사들과 함께 살지 않으면 영원히 죽어야 하는 불멸의 영혼들이 있고, 복되신 그리스도께서 그들을 위해 죽으셨다고 말할 사람이 아무도 없다. 그들은 천국이 있다는 것을 모른다. 그들이 죽을 때 그것은 온통 캄캄하며, 나는 그들이 어디로 가는지 모른다. 그리고 우리는 이것에 대하여 잘 알고 있는 미국의 어린이들이 그들에게 복음을 전하는 데 도움이 되기를 바란다. 어린 소녀들은 최악으로 살아간다. 그들은 언제든지 이미 여러 아내가 있는 남편의 노예로 팔릴 수 있다는 점을 제외하고는 아무 생각도 하지 않는다. 당신은 이 사람들에게 더 나은 것을 가르치는 것을 돕지 않겠는가? 일전에 알렌 박사는 눈앞에 어둠 밖에 보이지 않는 죽어가는 한국 여자의 머리맡에 서서 그녀에게 위의 아름다운 집에 대하여 이야기하려고 애썼다. 즉시 그녀의 얼굴이 밝아졌고, 그녀는 어떻게 그곳에 갈 수 있는지 알고 싶어했다. 우리는 그녀가 자신의 영혼을 구원하기에 충분한 지식을 얻었는지 말할 수 없다. 그러나 오! 진실이 그들에게 전해지기 전에 한국의 대부분의 노인들이 죽어야 한다고 생각하는 것은 얼마나 슬픈 일인가! 그러나 여러분이 서둘러서 우리가 이들을 구할 수 있도록 도와주겠는가?

Horace G. Underwood, Korean House.
The Foreign Missionary 45(2)(July 1886), pp. 91~92

The houses vary somewhat, according to the locality that they are in, and the moneyed wealth of those who are in them.

Around Fusan, which is the open port on the southern end of the peninsula, they are for the most part so low that you cannot walk in, but are forced to crawl through a sort of window or door, and when you are in, you can only either sit down on the floor or lie down at full length. While this is to our ideas not at all a pleasant kind of a house, yet, from a Korean standpoint, it has advantages. With a house of this kind they can live through the winter without freezing, while if the roof were higher they could not do it.

The houses of the lower classes are hardly as costly as the poorest cowshed at home, although, at the same time, they are a little more comfortable. If any one of you were to take four stakes (not very large not very long), put them up for the four corners, eight feet apart, fill up the sides with a lace-work of twigs tied together with a very poor rice-straw string and leaving a couple of holes, one for a door and the other for a window; cover all this twig-mat with mud, and then thatch the whole with rice-straw, you would have a Korean house. Not very comfortable, you say. Well, it is not quite as pleasant a dwelling as you have; but they cannot afford a better.

Their method of heating this house is to do the cooking over a fire on the outside, which has its chimney running under the floor. The house thus heated in the morning will retain its warmth all day, so that by having two meals a day (which is sufficient for a Korean), one in the morning, quite late, and one a little early in the evening, they can manage to keep warm, and at the same time they have the luxury of plenty of smoke to give a good rich and dark color to their furniture, their clothes, and, above all, their faces. It does seem almost as though nothing can give to a Korean more real pleasure than a dirty and begrimed face. I suppose some of my younger readers are asking how about the Korean children; what are they like, and how do they appear? Well, in answer to this, I will tell you that they are not unlike children at home. They run around and play in the mud, make mud pies, etc. They are gifted with two hands, two eyes, a mouth, two ears; they can run, walk, shout play, laugh, cry, sing, and do all that others do. Furthermore, they have *never-dying* souls that must either live in heaven with Jesus and his angels or be lost forever, and they have no one to tell them that the blessed Christ died for them. They do not know that there is a heaven. When they come to die it is in all dark, and I they do not know where they are going to; and we wish the children of America who know so much about these things to help in sending the Gospel to them. The little girls fare the worst. They are thought nothing of, except that they can be sold at any time to be nothing but slaves to husbands that have already several wives. Will you not help teach these people something belter? The other day, as Dr. Allen was standing by the bedside of a dying Korean woman who seemed to see nothing but darkness before her, he tried in a broken way to tell her of a beautiful home above. At once her face brightened up, and she wanted to know how she could get there. We cannot tell whether she gained enough knowledge to save her soul or not. But oh! how sad it is to think that most of the older people in Korea must die before the truth can reach them! But will you not hasten and help us to at least save the children?

사역을 위한 준비.
The Medical Missionary Record 1(3) (1886년 7월호), 72쪽

사역을 위한 준비

한국에 있는 알렌 박사의 병원에 유능한 간호사가 필요한데, 보스턴 간호원 양성소를 졸업한 품위 있는 엘러스 양이 가겠느냐는 요청을 받았다. 그녀는 수락하였고, 1주일 만에 채비를 차리고 즉시 갈 준비가 되었다. 그녀는 5월 22일 출항하였다.

(중략)

Ready for Service.
The Medical Missionary Record 1(3) (July, 1886), p. 72

Ready for Service.

A competent nurse being needed for Dr. Allen's hospital in Korea, Miss Ellers, a lady of refinement, who had graduates from the Training School for Nurses in Boston, was asked if she would go. She accepted, and was ready to go at once, her outfit being prepared in one week. She sailed on May 22d.

(Omitted)

18860700

엘러스 양이 한국으로 파송되다. *Woman's Work for Woman and Our Mission Field* 1(7) (1886년 7월호), 165쪽

(중략)

많은 추천서와 함께 그녀의 이름이 뉴욕에 있는 엘린우드 박사에게 보내졌을 때, 그는 그것을 받자마자 한국의 여성 병원에서 알렌 박사의 조수로서 즉시 필요하다고 전보로 회신을 보냈다. 그리고 만일 엘러스 양이 그렇게 짧은 시간에 갈 의향이 있고 우리가 그녀를 준비시킬 수 있다면, 그는 그녀가 5월 22일 샌프란시스코에서 출항하기를 바랐다.

(중략)

Miss Ellers Sent to Korea. *Woman's Work for Woman and Our Mission Field* 1(7) (Jul., 1886), p. 165

(Omitted)

When her name with the many recommendations was sent to Dr. Ellinwood, in New York, he, on receiving them, at once telegraphed back that just such a nurse was needed at once, as assistant to Dr. Allen, in the Woman's Hospital in Korea, and. if Miss Ellers was willing to go on such short notice, and we could get her ready, he wished her to sail from San Francisco on the 22d of May.

(Omitted)

한국 서울의 호러스 N. 알렌, 의학박사,
일본 나가사키의 G. 서튼에게 위탁함 (1886년 7월)

한국 서울의 호러스 N. 알렌, 의학박사, 일본 나가사키의 G. 서튼에게 위탁함

베이킹 파우더	로열, 1파운드 통조림	1다스	5.40
양재기	커피 주전자, 2쿼트	1	1.00
	푸딩 그릇, 깊은 것, 1쿼트와 2쿼트	2	.70
	스튜 냄비 " "	2	.60
	바가지, 10쿼트 (정확한)	1	.20
설탕	건조하고 미세한 그래뉴 당,	½___	8.80
	각설탕	"___	6.75
	양질의 골든 C 설탕	"___	8.25
콩	버터(보스턴 베이키드 빈을 위한)	1자루	.50
	리마 콩	1 "	1.65
---	식탁보, 최상품	1세트	.50
	칫솔, 최상품	4	1.00
과일 통조림	사과 큰 것	1다스	2.00
	블랙베리 "	1 "	2.00
	바틀릿 배 "	1 "	2.25
	복숭아 1호 "	1 "	2.25
	마르멜로와 포도 " 각각	½ "	2.50
고기 통조림	리비의 콘 비프, 2파운드 통조림	2다스	5.50
	갈아놓은 고기, 5파운드 들통	3들통	2.55
	다진 훈제 소고기	2다스	5.50
우유 통조림	보덴 이글 브랜드 - 신선한 것, 1 상자	4다스	8.00
생선 통조림	신선한 고등어, 1파운드 통조림	1 "	1.75
	동해안 대구 2 " "	2 "	4.50
	연어(_ ___ _) 3 " "	3 "	3.08
야채 통조림	청옥수수	1 "	1.50

	토마토, 1호	1 "	4.40
	보덴 베이크드 빈	1 "	2.25
			86.60
크래커	특제, 여러 종류, 작은 상자	1	1.25
	전저 스냅스, ¼ 상자	¼	2.10
	코코넛 토피, 작은 상자	1	1.60
	특제 소다 (작은 양이 좋음)	상자 ½	2.75
.	커피 잔 및 받침, 최상급	6	.85
	진흙 파이프	1다스	.10
건조 과일	대추(상하지 않게 포장할 것)	10파운드	1.25
	무화과(" 　)	1	.75
	껍질 벗긴 복숭아(" 　)	1파운드	1.25
	깨끗한 건포도(" 　)	10파운드	.60
	씨 없는 " (" 　)	"	1.25
밀가루	_____	2__	9.00
____	_____ - 철제	1	.50
	_____	1__	.25
	압정 1그램 "	1다스	.60
돼지기름	페어배크스, 5파운드 들통	50파운드	6.50
마카로니	마카로니, 1호	2상자	2.10
사탕	프렌치 민트	4파운드	1.00
	막대 사탕	2 "	.25
코코넛	쉡스	4 "	1.40
홉	잘 누른 것	5 "	1.00
비누	"아라비안 나이트" 비누	40 "	2.90
	_____	1다스	2.25
시럽	저먼 러넨 와플 (1갤론 깡통)	2갤론	12.20
			130.30
양철 제품	케이크 커터	2개	.15
신발	유아용	2	1.75
잡품	연마 분(粉)		1.00
	아이스크림 제조기		2.50

시버리 앤드 존슨, 천공(穿孔)된 벨라돈나 반창고 - 양철에

감겨 있는 천 반창고, 상자에 10~12개 - 샌프란시스코에
서는 한 통이 소매로 1달러에 팔림. 2상자를 보내세요.

2다스	16.00
1파운드	.40

_____

땅콩, 구운 것이 좋음

	.50
	152.60

H. N. Allen, M. D., U. S. Legation, Seoul, Korea.
Consign to G. Sutton, Nagasaki Japan (July, 1886)

H. N. Allen, M. D., U. S. Legation, Seoul, Korea, Consign to G. Sutton, Nagasaki, Japan

Baking Powd	Royal, 1lb tins	1dz	5.40
Graniteware	Coffee pot, 2 qt.	1	1.00
	Pudding basin; deep, 1 qt & 2 qt	2	70
	Stew pans " "	2	60
	Dipper measure, 10 qt. (accurate)	1	20
Sugar	Dry granulated fine. Bbl.	½	8.80
	Cube "	"	6.75
	Golden C "	"	8.25
Beans	Butter (for Boston Baked) Sacks	1	50
	Lima "	1	1.65
---	Table mats best Sets	1	50
	Tooth brushes	4	1.00
Can'd fruit	Apples tall	1dz	2.00
	Blackberries "	1 "	2.00
	Pears Bartlett "	1 "	2.25
	Peaches No. 1 "	1 "	2.25

	Quinces & Grapes	"	each	½ "	2.50
" Meat	Libby's corned beef 2lb tins			2dz	5.50
	Mince meat	5lb pails		3 pail	2.55
	Chopped dried beef			2dz	5.50
" Milk	Borden's Eagle Brand - fresh, 1 case			4dz	8.00
" Fish	Fresh Mackerel	1lb tins		1 "	1.75
	Eastern codfish	2 " "		2 "	4.50
	Salmon (_ if in _)	3 "		3 "	3.08
Vegetables	Winslow Green corn			1 "	1.50
	Tomatoes, No 1.			1 "	4.40
	Borden baked beans			1 "	2.25
					86.60
Crackers	Extra Ass'd, Small box			1	1.25
	Ginger snaps, ¼ case			¼	2.10
	Coconut Toffee, small box			1	1.60
	Soda Extra (small bulk pref.), case ½				2.75
	Coffee cups & saucers, Best grade			6	.85
	Clay pipes			1dz	.10
Dried Fruit	Dates (pack so not to spoil)			10lb	1.25
	Figs " " " " "	drum_		1	.75
	Peaches peeled " " "			1lb	1.25
	Raisins fair " " "			10lb	.60
	" seedless " " "			"	1.25
Flour	Spernys Roller - if best			2bhl	9.00
_ wares	Germ pan - iron			1	.50
	Scalus 1 gross assd			1gr	.25
	Tacks 1 g "			1dz	.60
Lard	Fairbanks, 5lb pails			50lb	6.50
Maconi	Macaroni No. 1			2bx	2.10
Candy	French mint			4lb	1.00
	Sticks			2 "	.25
Coconut	Schepps			4 "	1.40
Hops	Best pressed Lot			5 "	1.00

Soaps	Gold weight soap with "Arabian Nights"	40 "	2.90
	Certicure	1dz	2.25
Sponge	German's Lemont Snapple (1 gal tins)	2ga	12.20
			130.30
Tinware	Cake Cutters	2	.15
Shoes	Infants first. Good size foot	2	1.75
Miscellaneous	Plate powder		1.00
	Ice cream freezer		2.50
	Seabury & Johnson - Preferated Belladonna plaster.		
	Plaster. As cloth. Rolled in tins. 10~12 tins in box.		
	Sold retail $1. Single roll in San F. Send 2 boxes 2 dz		16.00
	Licnici	1lb	40
	Peanuts, Roasted preferred		50
			152.60

호러스 N. 알렌(서울)이 윌리엄 H. 파커
(주한 미국 공사)에게 보낸 편지 (1886년 7월 2일)

한국 서울,
1886년 7월 2일

안녕하십니까,

저는 귀하께 지금 한국에 아시아 형 콜레라가 유행하고 있으며, 이 도시에서 몇 명의 환자가 발생하였다는 사실을 알려드려야 합니다.

이 질병은 남쪽 지방에서 육로로 넘어 왔으며, 1885년 이 계절에 부산에서 발생한 몇 명의 환자 때문일 수 있습니다. 하지만 올해 일본으로부터 들어온 새로운 감염원 때문일 가능성이 더 큽니다.

안녕히 계십시오.
H. N. 알렌, 의학박사

윌리엄 H. 파커,
주한 미국 공사님

Horace N. Allen (Seoul),
Letter to William H. Parker (U. S. Minister to Korea) (July 2nd, 1886)

Seoul, Korea,
July 2nd 1886

Dear Sir,

I have to inform you of the fact that Asiatic Cholera is now epidemic in Korea and a few cases have occurred in this city.

The disease came overland from the Southern Provinces and may be due to the few cases that occurred in Fusan during the season of 1885. Though it is more probable that it is due to fresh contagion introduce from Japan this season.

I am dear sir,

Your humble servant,
H. N. Allen, M. D.

To the Honorable
Wm. H. Parker
U. S. Minister to Korea

호러스 N. 알렌(서울)이 E. 콜본 바버(주한 영국 총영사)에게 보낸 편지 (1886년 7월 2일)

한국 서울,
1886년 7월 2일

안녕하십니까,

    저는 지금 한국에서 아시아 콜레라가 유행하고 있고, 이 도시에 나타났다는 사실을 알려드려야 합니다.

    질병은 남부 지방에서 육로로 전파되었습니다.

    안녕히 계십시오.

    H. N. 알렌, 의학박사

E. 콜본 바버 님,
    주한 영국 총영사

Horace N. Allen (Seoul), Letter to E. Colbourne Baber
(British Consul General to Korea) (July 2nd, 1886)

Seoul, Korea,

July 2, 1886

Dear Sir,

I have to inform you of the fact that Asiatic Cholera is now epidemic in Korea and has made its appearance in this city.

The disease has progressed overland from the Southern Provinces.

I am

Dear sir.

Your humble servant.

H. N. Allen, M. D.

To

E. Colborne Baber Esquire,

H. B. M. Consul General

To Korea

거투르드 H. 데니의 일기 (1886년 7월 4일)

1886년 7월 4일

덥고 건조하지만 항상 시원하고 상쾌한 산들 바람이 상당히 편안하게 한다. 내가 보낸 가장 조용한 7월 4일이다. '폭죽' 소리를 많이 듣지 못하였다. 모든 것이 시골의 일요일처럼 고요하고 평화로웠다. 저녁에 알렌 부인을 보러 갔다. 그녀는 해산 후 아직 침대에 누워 있다. 둘째인 작은 아들이 있다.

The Diary of Gertrude H. Denny (July 4th, 1886)

July 4, 1886

Hot and dry, but the breeze, always cool and fresh, makes it fairly comfortable. It is the quietest fourth of July I ever spent. I didn't hear so much as a "fire cracker." Every thing was as still and peaceful as a Sunday in the country. Went to see Mrs. Allen in the evening. She is still in bed from her confinement. Has a little boy, their second son.

18860705

존 W. 헤론(서울)이 프랭크 F. 엘린우드(미국 북장로교회 해외선교본부 총무)에게 보낸 편지 (1886년 7월 5일)

한국 서울,
(18)86년 7월 5일

친애하는 엘린우드 박사님,

(중략)

저는 박사님께 무엇을 써야할지 잘 모르겠습니다. 이 편지와 함께 받으신 병원 보고서가 이 사람들을 위하여 알렌 박사와 제가 하였던 사역을 말해 줄 것이며, 부분적으로는 점점 잘 할 수 있게 되면서 이 어려움은 없어질 것이지만 제가 그들의 언어로 말을 할 수 없어 그 사람들 어느 누구에게도 예수에 대해 이야기할 기회가 저에게 거의 없었으며, 기독교 신자가 아닌 우리의 통역관이 자신들을 위험하게 할 모든 것을 이해하고 통역하려 하지 않았기 때문에 우리가 말을 잘 할 수 없었습니다.

(중략)

박사님께서는 국왕 폐하께서 알렌 박사와 저에게 한국의 직급을 수여함으로써 이곳에서의 우리들의 사업에 대한 그의 감사를 보여주었다는 것을 듣는 것이 흥미로우실 것입니다.

(중략)

이 편지가 짧게 된 유일한 변명은, 현재 한 달 동안 병원과 기타 모든 곳의 의료 사업 모두를 제가 해야 하였기 때문이며, 알렌 부인은 와병 중이었습니다.

(중략)

John W. Heron (Seoul),
Letter to Frank F. Ellinwood (Sec., BFM, PCUSA) (July 5th, 1886)

Seoul, Korea

July 5, 86

My Dear Dr. Ellinwood,

(Omitted)

I scarcely know what to write to you, our Hospital Report which you have received in this will tell of the work Dr. Allen and I have been doing for these people, few opportunities have been given to me for speaking to any one of those people of Jesus partly because I can not speak to them in their own tongues, and in a halting slamming way, by and by as I have it better this difficulty will pass away, we can not well speak that our interpreters, since being non-Christians themselves, they will not understand and probably, would not interpret at all anything which would endanger themselves.

(Omitted)

You will be interested in hearing that His Majesty has been pleased to show his appreciation of our work here by bestowing the honor of Korean rank on Dr. Allen and myself.

(Omitted)

My only apology for the brevity of this letter is that for a month how I have had to do all the medical work, both and Hospital and elsewhere, while Mrs. Allern has been sick.

(Omitted)

회의록, 한국 선교부 (미국 북장로교회) (1886년 7월 8일)

1886년 7월 8일 (목)

선교부 회의를 소집한 의장은 회의의 목적을 1886년 7월 5일 서울에 도착한 의학박사 엘러스 양을 위한 예산을 고국에 보내는 것으로 정하였다.[98]

발의에 의하여 다음의 예산이 승인되었다.

급여	800.00달러
운송료 및 세금	100.00
수리비	100.00
의료비	250.00
(어학) 교사	75.00

그녀가 기거할 곳이 토의되었는데, 헤론 박사는 자신의 주택에 있는 3개의 방을 내놓았으며, 그녀가 살 수 있도록 그것들을 적절하게 수리하기 위하여 150달러의 예산이 책정되었다.

이어 폐회되었다.

J. W. 헤론   승인됨
서기

---

98) Horace N. Allen (Seoul), Letter to Frank F. Ellinwood (Sec., BFM, PCUSA) (July 10th, 1886)

Secretary's Book, Korea Mission (PCUSA) (July 8th, 1886)

July 8, 86 (Thr.)

The Mission was called to order by the Chairman who stated that the object of the meeting was to send home estimates for Miss Dr. Ellers, who arrived in Seoul July 5, '86.

On motion the following estimates were approved.

Salary	$ 800.00
Freight & Duties	100.00
Repairs	100.00
Med. Expenses	250.00
Teacher	75.00

The place where she should live being discussed, Dr. Heron placed at his disposal three rooms in his house and the sum of one hundred dollars was appropriated to put them in suitable condition for her use.

The meeting then adjourned.

J. W. Heron   Approved.
Sec.

호러스 N. 알렌(서울)이
H. A. 스미스(샌프란시스코)에게 보낸 편지 (1886년 7월 8일)

이 물품들을 다른 사람의 물품과 선하증권에 포함시키지 말 것.

미국 공사관, 1886년 7월 8일

한국 서울

안녕하십니까,

쓴 것과 같이 열거된 물품을 전달해 주세요.

나는 그것을 지불하기 위하여 금화 150달러에 대한 홍콩 및 상하이 은행 환어음을 귀 회사로 보냅니다. 만일 그것이 충분하기 않은 경우 생 콩 혹은 필요한 부분을 빼세요.

만일 남는다면 그 금액만큼 특선 사탕을 보내주세요.

귀 회사가 상자 당 연유의 가격을 언급하지 않기 때문에 나는 8달러로 산정합니다. 나는 샌프란시스코의 도매 약국에서 벨라돈나 반창고를 1통에 1달러에 구입하였습니다. 나는 16달러면 2다스를 구입할 수 있을 것으로 생각합니다. 최선을 다해 주세요.

안녕히 계세요.

H. N. 알렌, 의학박사

H. A. 스미스 님 귀중

샌프란시스코 클레이 가(街) 115, 117

Horace N. Allen (Seoul),
Letter to H. A. Smith (San Francisco) (July 8th, 1886)

Don't put these goods on B/L with good for other parties.

U. S. Legation, July 8/ 86

Seoul, Korea

Dear Sir,

Please forward the articles enumerated within as directed.

I send you Hong Kong and Shanghai draft for one hundred fifty ($150.00) dollars gold for the payment of same. If it is not sufficient omit the raw beans or such portion of them as may be necessary.

Should there chance to be a surplus, send choice candy to that amount.

As you do not note the price of condensed milk per case I put it at $8.00 on a venture. The Belladonna Plaster I have purchased at retail drug stores in San F. for $1.00 per roll. I think $16.00 will procure 2 dz. Do your best.

Yours truly,

H. N. Allen, M. D.

To

H. A. Smith Esq.

115, 117 Clay St., San Francisco

호러스 N. 알렌(서울)이 메저스 매켄지 앤드 컴퍼니(상하이)로 보낸 편지 (1886년 7월 8일)

한국 서울,
1886년 7월 8일

안녕하십니까,

2파운드 무게의 덴마크 산 깡통 버터를 나에게 보내주세요.

안녕히 계세요.
H. N. 알렌

50파운드 버터

메저스 매켄지 앤드 컴퍼니,
중국 상하이

Horace N. Allen (Seoul),
Letter to Messrs Mackenzie & Co. (Shanghai) (July 8th, 1886)

Seoul, Korea,
July 8/ 86

Dear Sir,

Please send me 25, 2lb tins Danish butter.

Yours truly,
H. N. Allen

50 lb butter

Messrs
Mackenzie & Co.,
Shanghai, China

호러스 N. 알렌(서울)이 메저스 켈리 앤드 월시(상하이)에게 보낸 편지 (1886년 7월 8일)

한국 서울,
1886년 7월 8일

안녕하십니까,

상하이 페킹 가(街) 18의 J. M. W. 파넘의 동봉된 청구서 6달러에 대한 지불입니다.

영수증을 보내 주세요.

안녕히 계세요.
H. N. 알렌

메저스 켈리 앤드 월시, 상하이

Horace N. Allen (Seoul),
Letter to Messrs Kelly & Walsh (Shanghai) (July 8th, 1886)

Seoul, Korea,

July 8/ 86

Dear Sir,

    Herewith order on J. M. W. Farnham, 18 Pekin St., Shanghai for six dollars $6.00., in payment of enclosed bill.

    Kindly send receipt,

    Yours truly,

    H. N. Allen

Messrs

    Kelly & Walsh, Shanghai

18860709

호러스 G. 언더우드(서울)가 프랭크 F. 엘린우드(미국 북장로 교회 해외선교본부 총무)에게 보낸 편지 (1886년 7월 9일)[99]

(중략)

지난 일요일[100] 우리는 첫 세례 신청자를 받았습니다. 이전에 그와 그의 이력에 관해서 말씀드렸는지 확실하지 않지만 기꺼이 반복하겠습니다. 그는 한국인인데, 기독교에 적대적인 사람들이 기독교인과 기독교에 반대하는 내용의 한문 서적을 읽고 기독교에 대해 처음 들었으며, 그것에 대하여 더 알아보게 되었습니다. 그는 기독교를 단순히 외국 종교로만 알았고, 그것에 대하여 알아보는 가장 간단한 방법은 외국인들과 사귀는 것이라고 생각하였습니다. 하지만 이것은 쉬운 일이 아니었는데, 외국인을 알고 있는 사람을 한 사람도 몰랐기 때문에 그는 무엇을 할 수 있을지 알아보려고 우리 집 근처에 왔던 것입니다. 그는 약간의 노력으로 곧 헤론 박사의 교사와 친하게 되었고, 영어를 배우고 싶다고 부탁해서 저에게 오게 되었습니다.[101] 당시 자신의 유일한 목적은 외국 종교라는 주제에 대해 밝혀 줄 수 있는 어떤 책이나 혹은 무엇을 볼 수 있을까 알아보는 것이었다고 그는 지금 저에게 말합니다. [영어를] 공부하고 있던 한국인들이 저의 서재에 전혀 들어오지 않고 자신들의 방을 갖고 있었기에, 그는 찾고자 하는 책을 보지 못하였습니다. 곧 그는 서울을 떠나 자기 가족이 살고 있는 시골로 내려갔으며, 올해 초봄에 한문으로 된 마가복음서와 누가복음서를 갖고 저에게 올 때까지 그를 전혀 보지 못하였습니다. 그는 전날 시골에서 올라왔는데, 자신이 찾고자 하는 것을 포기하지 않았으므로 당시 알렌 박사의 통역으로 있던 헤론 박사의 교사를 찾아 갔습니다. 그는 알렌 박사의 책상 위에서 이 두 권의 책을 보고 몰래 집으로 가지고 갔으며, 밤새도록 그 책들을 읽은 뒤에 발견한, 훌륭한 소식을 이야기하러 다음날 아침 저에게 왔으며, 그 책들이 무엇을 이야기하는지 좀 더 가르쳐 줄 것을 요청하였습니다. 저는 그와 이야기를 시작하였고, 제가 그리스도께서 말씀하신 것이나 가르치신 것을 이것저것 언급하면, 그는 즉시 한문 성경을 펴서 그 구절을

---

99) 이 편지는 다음의 글에 실렸다. Korea. First Fruits. *The Foreign Missionary* 45(5) (Oct. 1886), pp. 223~224

100) 7월 4일이다.

101) 1886년 7월 18일 한국에서 최초의 세례를 받은 노춘경의 이야기이다.

찾아서 말하였기 때문에 그가 책을 부주의하게 읽지 않았다는 것을 곧 알게 되었습니다. 그리고 제가 서툰 한국말로 무엇인가 설명하기 위한 적절한 말을 찾지 못하면, 그는 그 뜻을 알아차리고 즉시 그것을 설명하는 성경 구절을 찾았습니다.

(중략)

Horace G. Underwood (Seoul),
Letter to Frank F. Ellinwood (Sec., BFM, PCUSA) (July 9th, 1886)

(Omitted)

On Sunday last we had our first application for baptism. I am not sure as to whether I told you about him before, and rather than not tell you his history I will risk a repetition. He is a Korean, who first heard about Christianity from its enemies, by reading what a Chinese book had said against Christians and the religion of Christ, and he was led to try and look further into it. He simply knew of it as the foreign religion, and thought that the simplest way to find out about it would be so make the acquaintance of some foreigner. This, however, was not an easy matter, as he did nut know any one that knew the foreigner, so he came up near our houses to see what could be done. By a little work he soon made the acquaintance of Dr. Heron's teacher, and, professing to want to learn English, was brought to me. He tells me now that his only object was to see whether I could find any books or see anything that would give him light upon the subject of the foreign religion. As those who were studying did not come into my study at all, but had a room to themselves, he did not see what he was after, and soon left Seoul for the country where his family live, and I saw nothing of him again till early this spring, when he came to me with copies of Mark and Luke in Chinese. He had returned from the country the day before, and not having given up his searching had called upon Dr. Heron's teacher, who was at this time with Dr. Allen all interpreter, and had seen on Dr. Allen's desk these two books, which he quietly took home and sat up all night to read them, and came round to see me the next morning to tell me what good things he had found there, and to ask me to teach him mow about what those books spoke of. I commenced to talk with him and soon found that his reading had not been careless, for as I would mention one thing and another that Christ had said or taught, he would at once turn to the chapter and verse in his Chinese copy and comment upon it; and when in my broken Korean I was trying to tell him something and could not find the right words to explain it tn him, he would catch the idea and turn at once to some verse to explain it.

(Omitted)

노춘경(盧春京, Choon Kyung No)

유학자 노춘경은 기독교에 호기심을 갖고 있었는데, 흔히 '노 도사(盧道士)'라 불렸으며 알렌의 두 번째 한국어 선생이었다. 그는 평소 중국 문헌에 나오는 기독교에 대한 기록에 호기심을 갖고 있었다. 그러다가 1884년 가을 알렌의 한국어 선생이 되었고, 갑신정변이 일어난 날 알렌의 서재에서 마태복음과 누가복음을 집으로 빌려가서 밤새 두 번이나 읽었다. 알렌은 통역을 통해 이 성경을 읽다 발각되면 목이 달아날 테니 조심하라고 했더니 자신도 안다고 하면서 머리를 내저으며 책을 가지고 갔다. 노춘경은 얼마동안 지방의 자기 집으로 내려갔다가 상경하여 1886년 봄 한

그림 7-6. 노춘경. 한국에서 최초로 세례를 받았다.

문으로 된 마가복음과 누가복음을 들고 언더우드 앞에 나타났다. 상경해 알렌의 책상 위에 놓인 성경책을 슬쩍 들고 나와 밤새 읽은 후 다음 날 일찍 언더우드를 방문한 것이다. 노춘경은 모든 두려움을 버리고 대담하게도 소매에서 두 책을 꺼내 치켜 올리면서 "이것은 좋은 책입니다"라고 외쳤다. 그리고 둘은 같이 앉아 하나님과 그리스도 그리고 내세에 대해 이야기를 나누었다. 그 뒤

노춘경은 착실하게 지식을 넓혀 갔으며, 1886년 7월 18일 혜론의 집에서 세례를 받았다. 선교사들의 전도에 의해 한국에서 거두어들인 첫 결실이었다.

호러스 N. 알렌(서울)이 프랭크 F. 엘린우드(미국 북장로교회 해외선교본부 총무)에게 보낸 편지 (1886년 7월 9일)

한국 서울,
1886년 7월 9일

F. F. 엘린우드 박사,
뉴욕 시 센터 가(街) 23

친애하는 박사님께,

엘러스 박사와 학교 교사들이 도착하였으며, 만족해하는 것 같습니다.

저는 엘러스 양에 대해서 별 문제가 없을 것으로 생각하고 있습니다. 그녀는 충분히 자격을 갖추었고, 일에 상당한 흥미를 갖기 시작하고 있습니다. 그녀는 우리가 적당한 통역자만 구하였더라면 어제 왕비를 만나러 갈 수 있었을 것입니다. 그녀의 옷이 도착하지 않아 우리는 연기해야만 하였습니다. 왕비는 손가락을 베었습니다.

저는 그녀가 언더우드 씨와 결혼하기를 바라고 있습니다. 그는 좋은 사람이지만 너무 경솔하며, 유능한 사람이 되기 전에 아내를 얻어야만 합니다.

엘러스 박사는 다음 주에 언어 학습을 시작할 것입니다. 포크 씨는 휴가를 떠났습니다. 그는 돌아와서 조선 정부의 일을 맡을 수도 있습니다. 왕은 그가 그렇게 하기를 간절히 바라고 있습니다.

현재의 미국 공사는 술에 취하지 않았을 때에는 대단히 훌륭합니다만 그는 사무를 처리할 정도로 오래 취해 있지 않은 경우가 없으며, 베이야드 국무장관도 이제 이 사실을 모두 알고 있습니다.

왕의 통역관인 신이 일전에 죽었으며, 우리 사람들 중 한 명이 통역관에 임명되어 저는 이전과 동일한 관계를 유지하고 있습니다.

콜레라가 아주 심하며, 환자들이 길거리에서 죽습니다. 제 아내는 병이 재발하였으며, 우리는 대단히 바쁩니다.

안녕히 계십시오.
호러스 N. 알렌

Horace N. Allen (Seoul),
Letter to Frank F. Ellinwood (Sec., BFM, PCUSA) (July 9th, 1886)

Seoul, Korea,
July 9th, 1886

Dr. F. F. Ellinwood,
23 Center St, N. Y.

My dear Doctor,

The Doctor Ellers, and school teachers have arrived, and seem pleased with things.

I don't think there will be any trouble about Miss Ellers. She seems sufficiently qualified and begins to be quite interested in the work. She would have gone to see the Queen yesterday if we could have obtained a suitable interpreter. Her clothes had not arrived either, and we had to put it off. The Queen had cut her finger.

I hope she will marry Mr. Underwood. He is a good fellow but is too flighty and must have a wife before he becomes as efficient as he should be.

The Dr. will commence study next week. Mr. Foulk has left for a vacation. He may return and enter the Korean service. The King is exceedingly anxious that he should do so.

Our present Minister is good enough when sober, but he is not sober long enough to attend to business, Secretary Bayard knows all about it by this time.

Shin - King's interpreter, died the other day, another of our men has been appointed so that I sustain the same relation as before.

Cholera is very bad, patients die in the streets. My wife had a backset [relapse] and we are very busy.

Yours Sincerely,
H. N. Allen

호러스 N. 알렌(서울)이 제임스 R. 모스(요코하마)에게 보낸 편지
(1886년 7월 10일)

서울,
1886년 7월 10일

친애하는 모스 씨,

나는 C. 쿠퍼 씨를 위하여 귀하게 13개의 가죽을 따로 포장하여 보내며, 포장마다 지불한 가격을 표시하였습니다. 현재로서는 더 이상 없는 것 같습니다. 나는 나의 사람들을 보냈고 그들을 불러들였습니다. 나는 한 사람만 보냈고, 그 친구가 돌아오지 않을 것이라고 생각하였다면 내가 높은 가격을 치렀을 것입니다. 나는 귀하가 그것이 저렴하다는 것을 알게 될 것이라고 생각합니다. 나는 좋은 거래를 하는 것으로 유명합니다.

5 표범	30,000푼
2 "	35,000
3 "	25,000
2 " 과 호랑이	34,000
유산지 _____	2,000
제물포까지의 일꾼	1,200
	122,200푼

1,900푼 - 1.00달러 67.00달러

Horace N. Allen (Seoul),
Letter to James R. Morse (Yokohama) (July 10th, 1886)

Seoul,

July 10/ 86

Dear Mr Morse,

I send you for Mr. C. Cooper thirteen skins done up in separate packages and marked with the price paid for the lot. There seems to be no more at present. I sent out my people and called them in. I didn't let but one go and the high I would have paid the price had I thought the fellow would not return. I think you will find them cheap. I have the reputation of getting good bargains.

5 leopard	30,000
2 "	35,000
3 "	25,000
2 " & Tiger	34,000
Oil paper _____	2,000
Coolie ___ to Chem'po	1,200
	122,200

1,900 - $1.00 $67.00

18860710

한국의 정세.

The Japan Weekly Mail (요코하마) (1886년 7월 10일), 46~47쪽

다음은 우리가 입수한 서울에서 보낸 개인 편지에서 발췌한 것이다.

서울, 6월 16일

(......)

47쪽

한국의 왕은 알렌 박사에게 옥 단추와 정변 동안 수행한 의료 지원과 그 직후 병원을 시작한 것으로 양반의 세 번째 직급을 수여하였다. 병원은 대단한 성공임이 입증되었으며, 최근에 첫 연례 보고서를 발간하였다.

Affairs in Korea.

The Japan Weekly Mail (Yokohama) (July 10th, 1886) pp. 46~47

Affairs in Korea

The following extract from a private letter from Söul has been placed at our disposal: -

Söul, June 16th

(......)

p. 157

The King of Korea has decorated Dr. Allen with a jade button and the third rank of nobility for medical assistance rendered during the emeute of 1885, and for starting a hospital soon after. The hospital has proved a great success and has recently published its first annual report.

18860710

한국에서 온 단신.
The Japan Weekly Mail (요코하마) (1886년 7월 10일), 47쪽

한국에서 온 단신
(우리의 통신원으로부터.)

서울, 6월 23일

1886년 4월 10일자로 종료되는 한국 정부병원의 첫 연례 보고서가 막 접수되었다. 이 병원은 1884년 반란의 좋은 결과 중의 하나이다. H. N. 알렌 박사는 그해 가을에 서울에 왔고, 민영익이 무섭게 난자당한 12월의 반란은 그에게 서양의학을 [한국에] 소개할 기회를 주었다. 그렇게 한국인들의 관심을 호의적으로 끌어 모은 결과, 많은 사람들이 우수한 과학의 혜택을 받기를 원하였다. 보고서에 따르면, '따라서 이런 기관의 설치를 위한 설립안을 작성하였으며, 주한 미국 공사 포크 중위는 이를 승인하고 조선 정부로 문서를 제출하였다. 문서는 호의적으로 접수되어 즉시 실행되었다. 좋은 부지102)가 선정되었고, 건물은 우리들이 원하는 대로 개조되었으며, 의약품 및 기구를 위하여 수백 달러의 돈이 집행되었고, 이 기관에서 조선 정부를 대표할 관리들이 직원으로 임명되었다.' 그것은 1885년 4월 10일 공식적으로 개원하였다. 처음에는 알렌 박사 혼자이었다. 개원 몇 주일 후에 W. B. 스크랜턴 박사가 도착하여 미국 북장로교회 해외선교본부가 병원에서 일을 하기 위하여 특별히 파송한 J. W. 헤론 박사가 올 때까지 도움을 주었다. 이 두 의사의 관리 하에 병원이 번창하여 첫 해를 마감하면서 잘 설립되고 후원을 받았음을 알 수 있다.

봄에는 병원에서 관리하는 의학교가 시작되었다. '매년 12명의 학생을 선발할 예정이다. 이들에게는 식사비, 기숙사비 및 학비 등을 제공할 것이며, 과정을 끝낸 후 '주사'의 직책을 가진 정부 관리로 등용될 것이다.'

한국 해군의 첫 번째 선박이 취역할 때 우리가 그 배에 군의관을 공급할 수 있기를 바라고 있다.

총 진료소 환자 수는 10,460명, 병원 입원 환자 265명이다. 재무 보고서에 따르면 정부는 병원 운영을 위하여 2,171.87달러를 제공하였다. 알렌 박사는 1,012달러에 달하는 기구와 의약품을 구입하였다. (……)

---

102) 재동의 홍영식 집이며, 현재의 헌법재판소 자리이다.

Notes from Korea.
The Japan Weekly Mail (Yokohama) (July 10th, 1886) p. 47

Notes from Korea

(From Our Own Correspondent.)

Söul, June 23rd

The First Annual Report of the Korean Government Hospital at Söul, for the year ending April 10th, 1886, has just been received. This hospital is one of the good results of the emeute of 1884. Dr. H. N. Allen came to Söul in the fall of that year, and the riot of December, in which Min Yong Ik was fearfully chopped up, gave him an opportunity for the introduction of Western Medical Science. The results being such as to attract the attention of the Koreans favorably, many of them wished to have the benefit of the superior science. "A proposal for such an institution," says the report, "was therefore drawn up, and Lieut. Geo. C. Foulke, U. S. *Chargé d'Affaires* to Korea, transmitted the document to the Korean Government. It was kindly received and acted upon at once. A good compound was selected, buildings made over to suit our wants, several hundred dollars appropriated for medicines and appliances, and a full staff of Korean officers appointed to represent the Government in this institution." It was opened formally April 10th, 1885. At first Dr. Allen was alone. A few weeks after the opening Dr. W. B. Scranton arrived and lent his assistance until Dr. J. W. Heron came, who was specially sent out by the Presbyterian Board of Foreign Missions to work in the hospital. Under the management of these two physicians the hospital flourished, so the close of the first year finds it well established and patronized.

During the spring a school, for medicine under the hospital management was begun. "Twelve students will be appointed annually. They will be given board, lodging, tuition, etc., and after completing their course they will enter the Government service with the rank of "Chusah.""

It is hoped when the first vessel of the Korean Navy goes into commission that we shall be able to supply her with a medical officer.

The whole number of dispensary patients treated is 10,460; hospital in-patients,

265. The treasurer's report shows that $2,171.87 was given by the Government for running the hospital. Instruments and medicines to the amount of $1,012 have been purchased by Dr. Allen.

(......)

18860710

호러스 N. 알렌(서울)이 프랭크 F. 엘린우드(미국 북장로교회 해외선교본부 총무)에게 보낸 편지 (1886년 7월 10일)[103]

추신
7월 10일

　우리는 엘러스 박사에게 미혼 선교사 급여인 800달러와 화물 운송비와 수리비로 각각 100달러를, 또한 의료비로 250달러를 승인하였습니다. 수리비는 헤론 박사의 집과 연결된 적당한 숙소를 꾸미는데 사용될 것입니다. 의료비에는 가마, 가마꾼 및 수행원이 포함됩니다. 저는 정부가 이것을 떠맡을 것으로 기대하고 있습니다.

　저는 박사님께서 우리의 과수원 부지에 집의 건축을 위하여 최소한 3,000달러를 다음에 파송할 선교사와 함께 보내 주시는 것이 좋을 것이라고 생각합니다. 그 부지는 현재 연결되어 있는 유일하게 적합한 장소이기 때문입니다. 우리는 엘러스 박사를 위하여 이것을 요청할 지도 모르겠습니다.

　콜레라는 이곳에 대단히 심하게 유행하고 있으며 다소 위험하기 때문에, 만약 우리들 중 누군가 죽으면 그의 이름을 언급하여 저는 박사님께 "엘린우드 뉴욕 ____"라고 전보를 칠 것입니다. 그러면 박사님께서는 즉시 우리의 친구들에게 전보를 쳐 주십시오. 하지만 그런 일이 필요하지 않기를 희망합니다.

　안녕히 계십시오.
　H. N. 알렌

F. F. 엘린우드 박사

---

103) 다음 편지의 추신이다. Horace N. Allen (Seoul), Letter to Frank F. Ellinwood (Sec., BFM, PCUSA) (July 9th, 1886)

Horace N. Allen (Seoul),
Letter to Frank F. Ellinwood (Sec., BFM, PCUSA) (July 10th, 1886)

P. S. July 10th,

We have granted to Dr. Ellers the salary of an unmarried missionary - $800.00 with $100, each for freight and repairs, also $250 for medical expenses. The repair money will be used in fitting up suitable quarters connected with Dr. Heron's house. The medical includes chair, men, and attendants. This I hope will be assumed by the Government.

I think you will do well to send an appropriation of at least $3,000.00 with the next missionary for the building of a house in our orchard lot, as it is the only suitable place now connecting. We may ask for this for Dr. Ellers.

As Cholera is very bad here and we are in some danger, I will telegraph you "Ellinwood New York -" mentioning name if any of our party die. You will then please telegraph our friends at once. We hope however, that it may not be necessary.

Yours very truly,
H. N. Allen

Dr. F. F. Ellinwood

18860710

애니 J. 엘러스(서울)가 프랭크 F. 엘린우드(미국 북장로교회 해외선교본부 총무)에게 보낸 편지 (1886년 7월 10일)

한국 서울,
1886년 7월 10일

친애하는 박사님,

(중략)

이곳까지 저의 여정은 재미있게도 솜덩이 같이 한 명의 신사가 친절하게 돌보는 위탁화물 같았습니다. 저는 결국 이곳에 안전하게 도착할 때까지 다른 사람의 돌봄을 받았으며, 저는 이곳에서 안전하게 알렌 박사의 보살핌을 받고 있습니다.

(중략)

Annie J. Ellers (Seoul),
Letter to Frank F. Ellinwood (Sec., BFM, PCUSA) (July 10th, 1886)

(Omitted)

I have laughingly styled myself a ball-of-cotten, my journey here, being much like a shipment from the kind care of one gentleman. I was transferred to that of another until at last I am here safe & sound in Dr. Allen's care.

(Omitted)

애니 J. 엘러스(Annie J. Ellers, 1860~1938)

애니 J. 엘러스(房居 夫人, 1860~1938)
는 1881년 일리노이 주 록포드 대학을 졸
업하고 보스턴 의과대학에 진학하여 선교
사로 파견될 무렵 의학 과정을 거의 마친
상태이었다. 처음에는 페르시아로 잘 계
획이었으나 한국으로 변경되었고, 1886년
7월 4일 제물포에 도착하였다. 마침 병이
났으나 알렌이 직접 진찰하지 못하고 있
던 민비를 진찰하고 치료하였다. 이후 민
비의 시의(待醫)로 임명받아 궁중 귀부인
들을 치료하였고, 그들의 환영과 신임을

그림 7-7. 애니 J. 엘러스

받았다. 결혼 직전인 6월 다섯 살 된 여아를 데려다가 글을 가르친 것이 후에
정신여학교로 발전하였다. 1894년 미국 감리교회로 소속을 바꾸어 선교 활동
을 하였다. 1926년 선교사직을 은퇴하여 귀국하였다가 1937년 다시 내한하여
황해도 소래에 거주하다가 1938년 8월 8일 서울 그레이 하우스에서 사망하여
양화진 외국인 묘지에 묻혔다

18860710

조지 C. 포크(상하이)가 부모님께 보낸 편지 (1886년 7월 10일)

(중략)

오랫동안 답답하고 힘들게 억류된 후 서울을 탈출하여 팔로스 호에 탑승하였을 때의 기분을 저는 부모님께 잘 설명드릴 수 없습니다. 저는 정말 기뻤을 텐데 아쉽지만 제물포에 있는 내내 몸이 많이 아팠고 아직 준비가 덜 되어 있었습니다. 알렌 박사는 제가 더 이상 머물면 끔찍할 것 같다며 하루 빨리 서울을 떠나라고 재촉하였습니다. 저는 서울에 따뜻한 많은 친구들을 떠났고, 미국인들과 한국인들 모두가 저의 일에 만족하고 있다고 믿고 있습니다. 이 믿음이 저에 대한 보상입니다.

(중략)

George C. Foulk (Shanghai), Letter to Parents (July 10th, 1886)

(Omitted)

I cannot describe well to you how I felt after my long, close and hard confinement, upon getting out of Seoul and on board the Palos. I would have been very happy, no doubt, but unfortunately I was quite ill all the time I was at Chemulpo and have not quite braced up yet. Dr. Allen urged me to leave Seoul as soon as possible, saying I would smash up badly if I remained any longer. I left many warm friends in Seoul, and I believe all the Americans and Koreans are satisfied with my work as *charge*. This belief is my reward.

(Omitted)

호러스 N. 알렌(서울)이 메저스 바이워터 페리 앤드 컴퍼니(런던)로 보낸 편지 (1886년 7월 10일)

한국 서울,
1886년 7월 10일

메저스 바이워터 페리 앤드 컴퍼니,
    런던 퀸 빅토리아 가(街) 79

안녕하십니까,

난로의 송장은 좋은 상태로 받았으며 대단히 만족스러웠습니다. 내 화물의 23번 상자가 누락되었습니다.

나는 재정을 조금이나마 회복하고 싶으며 다음과 같은 방법으로 나를 도와주실 수 있습니까?

이곳에는 호랑이와 표범 가죽이 풍부합니다. 나는 꼬리를 포함하여 길이가 11피트이며, 발톱이 있는 완전한 것을 25달러에 구입하였으며, ____ ____ ____. 귀 회사는 나를 위하여 런던에서 좋은 가격에 그것들을 판매할 수 있습니까? 나는 위의 물품을 일본에서 60달러에 팔았습니다.

어떤 종류의 가죽이 수요가 있습니까? 발톱이 없는 가죽을 판매할 수 있습니까? 그리고 손질하지 않은 것의 가격은 얼마입니까? 세금은 얼마입니까, 등등.

나는 골동품 분야에서 무엇이든 할 수 있습니다. 이 나라의 오래된(6~7백년) 도자기는 ___에서 수요가 많습니다. 런던에서 예술적 성격과 같은 다른 것들과 함께 그것에 대한 수요가 있습니까?

그러한 상품의 견본을 보내면 비용이 발생합니까?

그림이 포함된 가구의 목록이 왕에게 갔고, 귀 회사는 틀림없이 곧 그들에게서 소식을 듣게 될 것입니다.

안녕히 계세요.
H. N. 알렌, 의학박사

Horace N. Allen (Seoul),
Letter to Messrs Bywater Perry & Co. (London) (July 10th, 1886)

Seoul, Korea,

July 10th/ 86

Messrs Bywater Perry & Co.,

79 Queen Victoria St., London

Gentlemen,

The invoice of stoves were received in good condition and were very satisfactory. Case 23 of my lot was missing.

I wish to recuperate my finances somewhat can you assist me in the following manner.

Tiger and leopard skins are abundant here. I bought one 11 feet long, including tail, with claws complete for $25. And ____ ___ _____. Can you sell them for me to good advantage in London? I sold the above for $60.00 in Japan.

What kind of skins are in demand? Can you sell such skin minus claws. And for about what prices - undressed? What is the duty, etc.

Can I do anything in the curio line. The ancient pottery (6~7 hundred years old) of this country is in demand in the ____. Would there be any demand for it together with other things of a like artistic nature in London?

Would it pay to send you a sample case of such goods.

The illustration of furniture went to the King and you will doubtless soon hear from them.

Yours truly,

H. N. Allen, M. D.

회의록, 한국 선교부 (미국 북장로교회) (1886년 7월 12일)

1886년 7월 12일 (월)

회의를 소집한 의장은 헤론 박사에게 의장을 맡으라고 요청하였고, 이어이 회의의 목적이 자신과 중국 상하이의 신학박사 J. M. W. 파넘 사이에 있었던 모종의 일에서, 그가 자신에게 대하였던 것을 견책하는 모종의 조치를 취하는 것이라고 말하였다.[104] 이어 알렌은 그들 사이에 오간 전체 서신을 낭독하였으며, 사본이 이 책[회의록]에 철해져 있다. 이어 그는 다음과 같은 결의안을 내었으며, 오후에 속개된 회의에서 채택되었다.[105]

우리, 한국의 장로교회 선교부는 일체가 되어 J. M. W. 파넘 박사가 알렌 박사에게 했던 행위에 대해 항의하며, 진상을 조사한 결과 우리는 그러한 행위에 대해 어떠한 용서도 할 수 없음을 알게 되어, 이 문제와 관련한 서신의 공증된 사본을 선교본부로 보낼 것을 결의한다.

우리는 장로교회 해외선교본부가 그러한 행위에 대해 J. M. W. 파넘의 견책을 요청하기로 결의한다.

교회를 조직하고 예배당을 건축하는 것이 권할 만한지에 대해 토의하였다. 언더우드 씨와 헤론 박사는 '감리교회 선교부와 논의하기 위한 위원회'에 임명되었다.

다른 안건이 없으므로 폐회하자는 안건이 통과되었다.

J. W. 헤론
서기

---

104) '모종의 일'이란 고종이 미국에서 난로 5개를 주문하되, 왕의 주문이 아니라 알렌의 사적 주문인 것으로 해달라고 부탁하였던 일이다. 그런데 그 물건이 상하이에서 활동하던 미국 북장로교회 선교사인 파넘(J. M. W. Farnham)에게 잘못 배달되었다. 이를 알게 된 알렌이 조심스럽게 처리해달라고 부탁하였으나 파넘은 이를 언더우드에게 보냈고, 결국 세관에 이 물건이 언더우드의 것이 아니라 왕의 것이라고 신고할 수밖에 없어 알렌은 곤란한 입장에 처하게 되었다. Horace N. Allen (Seoul), Letter to Frank F. Ellinwood (Sec., BFM, PCUSA) (July 16th, 1886)

파넘(John M. W. Farnham, 1829~1917)은 메인 주 웨스트레바논에서 출생하였다. 그는 메인 주의 노스파슨필드 신학교를 거쳐 1856년 유니언 대학을, 1859년 프린스턴 신학교를 졸업하였다. 졸업 후 미국 북장로교회 선교사로 중국으로 파송되어 닝보 선교부의 상하이 지부에서 활동하였다.

105) 이 결의안은 서기에 의해 선교본부로 보내졌다. John W. Heron (Seoul), Letter to Frank F. Ellinwood (Sec., BFM, PCUSA) (July 15th, 1886)

Secretary's Book, Korea Mission (PCUSA) (July 12th, 1886)

July 12, 86 (Mon.)

Meeting called to order by the Chairman who asked Dr. Heron to take the chair and then stated that the object of the meeting was to take some measures to censure J. M. W. Farnham, D. D. of Shanghai, China for his treatment of him (Dr. Allen) in relation to some accounts between them. Dr. Allen then read the whole correspondence between them, a copy of which is filed in this book. He then moved the following resolutions which were adopted at an adjourned meeting held in the afternoon.

> Resolved that we the Presbyterian Mission to Korea do unitedly protest against the conduct of Dr. J. M. W. Farnham toward Dr. Allen, and that after investigating the matter we fail to find any excuse for such conduct, and Resolved that certified copies of the correspondence concerning the matter to the Board.
>
> Resolved that we request the Presbyterian Board of Foreign Missions to censure J. M. W. Farnham for said conduct.

The advisability of organizing a church and erecting a house of worship was discussed. Mr. Underwood & Dr. Heron were appointed a *Committee to Confer with the Methodist Mission.*

No other business being before the meeting a motion to adjourn was carried.

J. W. Heron
Sec.

[존 W. M. 파넘에 대한 한국 선교부의 결의] (1886년 7월 12일)

우리 한국 서울의 장로교회 선교부는 J. M. W. 파넘 박사의 알렌 박사에 대한 행위에 대하여 연합하여 항의하며, 문제를 조사한 후에도 그러한 행위에 대한 변명을 찾지 못하였음을 결의하며.

그 문제에 관한 서신의 인증 사본을 선교본부에 전달하기로 결의하고,

또한 우리는 장로교회 해외선교본부에 그러한 행위에 대하여 J. M. W. 파넘 박사를 견책해 줄 것을 요청하기로 결의한다.

[Resolution of Korea Mission against John W. M. Farnham]
(July 12th, 1886)

Resolved that we the Presbyterian mission of Seoul, Korea, do unitedly protest against the conduct of J. M. W. Farnham, D. D. toward Dr. Allen, and that after investigating the matter we fail to find any excuse for such conduct,

And Resolved that certified copies of the correspondence concerning the matter be forwarded to the Board,

Resolved also that we request the Board of Presbyterian Foreign Missions to censure Dr. J. M. W. Farnham for said conduct.

호러스 N. 알렌(서울)이 메저스 바이워터 페리 앤드 컴퍼니(런던)로 보낸 편지 (1886년 7월 14일)

한국 서울,
1886년 7월 14일

메저스 바이워터 페리 앤드 컴퍼니,
    런던 시 퀸 빅토리아 가(街) 79

안녕하십니까,

    귀 회사의 그림이 들어간 가구 가격표를 받아 전달하였습니다. 왕은 상당히 기뻐하였지만 한옥이 너무 작고 외국식 집이 아직 건축되지 않았기 때문에 무엇을 해야 할지 다소 어리둥절해 하고 있습니다. 나는 귀 회사에게 침대와 침구에 대한 동봉된 주문을 보내도록 요청받았는데, 모든 것을 맞게 해주세요. 그리고 최선을 다해 주세요. 그들은 대단히 큰 것을 원하였지만 저는 가격표에 표시된 치수로 낮추도록 하였습니다.
    가능한 한 빨리 보내주세요.
    일본 나가사키의 G. 서튼 씨에게 위탁해 주세요.

    안녕히 계세요.
    H. N. 알렌

(주문 목록은 해독이 어려워 번역은 생략하였지만 영어에 원문을 실었다.)

Horace N. Allen (Seoul),
Letter to Messrs Bywater Perry & Co. (London) (July 14th, 1886)

Seoul, Korea,

July 14/ 1886

Messrs Bywater Perry & Co.,

   79 Queen Victoria St., London.

Gentlemen,

   Your illustrated price lists of furniture received and delivered. His majesty is much pleased but somewhat at a loss what to do as the Korean houses are too small and the foreign ones not yet built. I am asked to send you an enclosed order for beds and bedding, please make everything to suit. And do the best you can. They wanted extra sizes but I have kept them down to the catalogued dimensions.

   Kindly send them on at your earliest opportunity.

   Consign to G. Sutton. Nagasaki. Japan.

   Yours truly,

   H. N. Allen

Bywater Perry & Co., 79 Queen Victoria St., London. By H. Korean Majesty

Brass Bed B. 6738 - 7ft 6x6ft	1	75.
" " K 2465 - 7 " x5ft 6	1	48.6 /6
Mattress No. 24. Spring __ in tick - best	2	11.17/6
" " 14 Hair top " " "	2	12.1 /0
Pillows F. White Goose feather _____	2	3.7/6

" Grey down on cartoon (pillow)			5.81
Blankets 13/4 exhibition	2 pr.	7.5/0
" 11/4 " __ ____	2 pr.	2.10/0
Quilt1 13/4 Superfine White Toilet	2 "	5.19/0
Sheets " Fresh linens __ ___	4 pr.	16.14/0
Slips 24/ 31 " Pillow slips	4 "	2.16/0
Chams " ____ best for	2 "	2.0/0
Curtain Mosquito Curtain comfort " "	2 "	4.0/0

£ 147.18/0   198.0/

Less 25%   44.50

£ 48.10/0

Please make as low as possible preferably 7ft high.

Mark Dr. H. N. Allen, Seoul, Korea. Consign to G. Sutton. Nagasaki Japan.

호러스 N. 알렌(서울)이
상하이 앤드 홍콩 은행(상하이)에 보낸 편지 (1886년 7월 14일)

한국 서울,
1886년 7월 14일

상하이 앤드 홍콩 은행,
　상하이

안녕하세요,

　1,000달러 수표를 동봉합니다. 런던 퀸 빅토리아 가(街) 79의 바이워터 페리 앤드 컴퍼니에 지불할 148파운드 10실링에 대한 올바른 환어음을 저에게 주십시오.

　해당 회사로 보내는 편지와 함께 첫 번째 환어음을 동봉하여 가장 먼저 발송되는 우편으로 보내주십시오. 저는 등록을 위하여 10센트를 동봉합니다.

　148파운드 10실링 이상의 잔액과 비용에 대한 수표를 저에게 보내주십시오.

　안녕히 계세요.
　H. N. 알렌, 의학박사

Horace N. Allen (Seoul),
Letter to Shanghai & Hongkong Bank Co. (Shanghai) (July 14th, 1886)

Seoul, Korea,

July 14/ 86

Shanghai & Hongkong Bank Co.,

Shanghai

Gentlemen

I enclose cheques for one thousand dollars. $1000.00. Kindly grant me right draft on London favor Bywater Perry & Co. 79 Queen Victoria St. London, for the sum of one hundred forty eight pounds ten shillings £148.10/0.

Please enclose first of exchange in accompanying letter to that firm. And send on by first outgoing mail. I enclose ten cents for registration.

Kindly send me cheque for the balance over £148.10/0 and expenses.

Yours truly,

H. N. Allen, M. D.

18860715

존 W. 헤론(서울)이 프랭크 F. 엘린우드(미국 북장로교회 해외선교본부 총무)에게 보낸 편지 (1886년 7월 15일)

한국 서울,
1886년 7월 15일

친애하는 엘린우드 박사님,

선교부의 서기로서 저는 오늘 박사님께서 보셔야 할, 선교부가 결정한 예산안을 보냅니다. 파넘 박사와 알렌 박사 사이의 편지를 통하여, 박사님은 오해에서 일어난 문제의 많은 부분을 아실 수 있을 것입니다. 이것이 파넘 박사를 정당화하는 데 충분한지에 대하여 저는 말할 수 없습니다. 저는 그의 편지들이 매우 강한 감정을 분명히 보여준다고 생각하지 않습니다. 일부 중요한 편지들이 없기에 알렌 박사의 모든 편지들이 보존되어있지 않아 유감스럽습니다. 아마도 양측 모두에게 잘못이 있겠지만, 우리가 이 문제를 알지 못해 모든 것을 우리의 결의안과 함께 박사님께 공개적으로 보내는 것 이외의 다른 방도가 없었습니다. 저는 파넘 박사가 매우 친절하고 예의바르며, 도울 준비가 되어 있음을 알게 되었습니다.

이 일은 다소 개인적인 일이며, 그것에 대해 정확하게 판단할 수 없습니다. 박사님께 다시 편지를 쓰길 바랍니다.

서둘러 적습니다.

안녕히 계십시오.
존 W. 헤론

John W. Heron (Seoul),
Letter to Frank F. Ellinwood (Sec., BFM, PCUSA) (July 15th, 1886)

Seoul, Korea,

July 15, 1886

My Dear Dr. Ellinwood,

As secretary I forward to you today, a budget of papers which we as a mission decided you ought to see. The correspondence between Dr. Farnham and Dr. Allen speaks for itself; you will see that much of the trouble arose from a misunderstanding. Whether this has been sufficient to justify Dr. Farnham, I cannot say. I think not, certainly some of his letters show very strong feeling, It is unfortunate that all Dr. Allen's letters have not been preserved, since some of the important ones are missing. There has been probably wrong on both sides, but in the way the matter was presented to us, there was no other way open save to send the whole thing to you together with our resolutions. I have found Dr. Farnham very kind and courteous and ready to oblige in any way.

This affair is somewhat a personal one and I cannot judge perfectly concerning it.

I hope by next mail to write you again, In haste,

Very sincerely yours,

J. W. Heron

호러스 N. 알렌(서울)이 프랭크 F. 엘린우드(미국 북장로교회 해외선교본부 총무)에게 보낸 편지 (1886년 7월 16일)

한국 서울,
1886년 7월 16일

F. F. 엘린우드 박사,
뉴욕 시 센터 가(街) 23

친애하는 박사님께,

제 직책으로 불만을 제기하게 되어 유감스럽습니다. 저는 사소한 질투심 때문에 동료들과 많은 곤란을 겪어 왔습니다. 우리는 마침내 충분히 대화를 나누었고, 기도회로 [곤란을] 끝내었습니다. 확실히 박사님께서는 앞으로 다시는 이런 이유로 난처해지지 않을 것입니다.

저는 선교부의 직책상 지금 논란이 되고 있는 문제를 선교부의 결정에 따라 박사님께 제출하지 않을 수 없습니다.

파넘 박사가 출판사의 업무를 맡았을 때, 저는 그와 금전 관계를 정리하였는데, 항상 그 앞으로 송금환을 부침으로써 저의 청구서를 지불하였습니다. 그는 곧 제가 이미 지불한 36달러 65센트를 저에게 요구하였습니다. 저는 그에게 일의 자초지종을 말하였고, 해당 영수증도 있다고 말하였습니다. 이어 동봉한 편지가 왔습니다.

저는 폐하를 위하여 미국으로부터 난로 5개를 주문하였는데, 제임스 달지엘에게 위탁하여 주문함으로써 파넘 박사를 번거롭게 하지 않으려 하였습니다. 하지만 그 물건들이 파넘 박사에게 보내졌고, 그것이 도착하자 파넘 박사는 그것을 [저에게] 보내는 대신, 제가 물건 값을 지불할 때까지 보내지 않겠다고 편지를 보냈습니다. 저는 주문서를 보냈고, 그에게 그 물건들이 누구의 것인지 알렸기에 이 문제가 더 이상 어리석게 되지 않을 것이었습니다. 그런데 놀랍게도 그는 저를 철저히 무시하고 그 물건들을 언더우드 씨에게 보냈는데, 그는 세관 관리에게 이 물건들이 자신의 것이 아니라 폐하의 것이라고 신고해야 하였습니다. 저는 이 물건들이 개인적으로 저에게 올 것이며, 어느 누구도 이 일에 대해 알지 못하게 하겠다고 왕에게 약속하였습니다. 따라서 파넘 박사의 이러한 행동은 저를 극도로 불쾌하게 만들었습니다. 그 난로들이 저에게 왔다면 세관원에게 간단한 말 한마디만 필요하였을 것인데, 이제 이 일은 외아문으로 가야만 하게 되었고, 왕의 정적들은 이 일을 이용하여 왕을 공격할 뿐만 아니라, 저도 위험한 참견장이로 여겨질 것입니다.

지난 11개월 동안 저는 진료비로 받은 3,400달러 이상을 재무에 넘겼습니다. 저는 제 것이 아닌 것은 1센트도 갖고 있지 않습니다. 저의 빚 때문에 포크 씨는 저의 돈이 어디로 갔는지 알게 되었고, 다른 사람에게 말하였습니다. 저는 저 자신을 위하여 여분의 돈을 갖고 있지 않았다고 사방에서 비난을 받았지만 저는 그런 일을 할 생각이 없습니다. 큰 이스턴 회사의 관리자가 저를 방문하여 제가 박사님을 떠나 그들 회사로 들어오라는 가장 훌륭한 제의를 하였고, 지금도 하고 있습니다. 가능하다면 저는 진실된 선교사로 남고 싶습니다만, 이런 일들이 계속 일어난다면, 영적인 이유로 저는 떠나야만 할 것입니다. 제가 박사님으로부터 그런 관심을 받을 자격이 조금이라도 있다면, 저는 승복할 것이지만, 선교를 위하여 분노를 배출할 때 더욱 조심하는 것이 좋을 것입니다.

안녕히 계십시오.
호러스 N. 알렌

Horace N. Allen (Seoul),
Letter to Frank F. Ellinwood (Sec., BFM, PCUSA) (July 16th, 1886)

Seoul, Korea,

July 16th, 1886

Dr. F. F. Ellinwood,

   23 Centre St., New York

My dear Doctor,

I regret that my position causes me to complain. I have had much trouble with my co-workers due to petty jealousies. We had a full explanation at last and ended with a prayer meeting. You will doubtless not be troubled from this cause again.

I am forced to bring the matter now in question before you through our Mission action because of the position it places me in.

When Dr. Farnham assumed the duties at the Press, I settled up with him and always thereafter paid my bills by buying orders on him. He soon charged me with $36.65 which I had paid. I told him how it was and that I had vouchers for the same. The enclosed correspondence ensued.

I ordered five stoves from U. S. for his Majesty and ordered them consigned to James Dalziel, that I might not trouble Dr. Farnham. They were sent, however, to the Dr. and on their arrival, instead of forwarding them, he wrote that he will not do so until I pay. I sent the order and told him who they are for, that there may be no more foolishness about the matter. To my utter amazement he disregarded me altogether and sends them to Mr. Underwood, who must now declare to the Customs Officer that they do not belong to him, but to His Majesty. I promised the King that they would be sent privately to me, and that no one should know about it. This action of Dr. Farnham's therefore makes it exceedingly unpleasant for me. Had the stoves come to me, a simple line to the Commissioner would be all that was necessary, now it must go the foreign Office and the King's enemies will not only make capital against him but I will be looked upon as a dangerous interloper.

During the past eleven months I have handed over to the treasury over $3,400.00 for my services. I have not kept a cent that did not belong to me. Owing to my indebtedness Mr. Foulk got to know where my money went to and told others. I am censured an all sides for not keeping the extra for myself, but I do not intend to do anything of the sort. I have been visited by the manager of a large Eastern Co. and have received and am still receiving most excellent offers to leave you and enter their service. I intend, if possible, to remain a true missionary, but for my spiritual sake I shall have to leave if these things continue to happen. If it can be shown that I in the least deserve such attention from the reverend Doctor, I will submit, but for the Mission's sake it would be well for him to use more caution in venting his spleen.

Yours Truly,
H. N. Allen

윌리엄 H. 파커(주한 미국 변리공사 겸 총영사)가
서상우(서리독판교섭통상사무)에게 보낸 외교문서 (1886년 7월 21일)

미국 공사관
한국 서울

1886년 7월 21일

서상우 각하,
　　서리독판교섭통상사무

안녕하십니까,

　　서울에 사망자 기록이 보관되어 있는지 각하께 요청 드리며, 만일 있다면
H. N. 알렌 박사가 볼 수 있겠습니까?

　　안녕히 계십시오.
　　윌리엄 H. 파커
　　변리 공사 겸 총영사

William H. Parker (U. S. Minister Resident & Consul General to Korea), Diplomatic Document to Sang U. Soh (Acting Minister, Foreign Office) (July 21st, 1886)

Legation of the United States
Söul, Korea

July 21, 1886

To His Excellency:

So Sang U

Acting President of the Foreign Office

Sir:

May I ask of your Excellency whether a register of deaths is kept in Söul, and if so, would it be accessible to Dr. H. N. Allen.

With much respect,

Your obedient servant,

Wm. H. Parker

Minister Resident & Consul General

[漢譯]
美館來函

徐 大人 閣下 啓
若錄置 近日 京城內 病死人數冊, 或 可送 投否, 醫士 敖蘭, 欲見 其錄籍 故耳.

美國 代理公使 巴[㠀]
丙戌 六月 二十日

18860722

[회답.] 서상우(서리독판교섭통상사무)가
윌리엄 H. 파커(주한 미국 변리공사 겸 총영사)에게 보낸 외교문서
(1886년 7월 22일, 고종 23년 6월 21일)

미국 공사관에서 온 회신

　　간단히 회답합니다. 지난번 받은 편지를 받고 잘 알았습니다. 서울에서 병사한 사람을 세는데 있어 본국의 관제에 각기 규정이 있어 모든 생사(生死)에 대한 장적(帳籍)에 마을로부터 해당 부서에 보고하여 해당 부서로부터 서울로 바쳐 서울은 또한 해당 부서와 마을에 신칙(申飭)하여 실제 숫자를 알아보고 서로 어긋남이 없도록 한 연후에 서류를 갖춰 서울에서 주관함으로 본 아문(衙門)의 소관이 아닌 바 해당 부서에서 적어 정리되기를 기다려 재차 회신해 주시기 바라오니 부디 헤아려주시기 바라옵고 알렌 씨의 중생을 제도하는 고심이 너무도 간곡하여 명감난명(鳴感難名)하니 아울러 치사하여 주시기를 희망하옵니다. 평안하시기를 축원합니다.

　　서상우　　병술 6월 21일

Sang U. Soh (Acting Minister, Foreign Office),
Diplomatic Document to William H. Parker
(U. S. Minister Resident & Consul General to Korea) (July 22nd, 1886)

函覆美館

逕覆者,
昨接來函, 備悉壹是, 京裏病死人數一事, 査本國 官制 各有定規, 凡係生死帳籍, 自坊里報該部, 自該部 呈京兆 自京兆亦 飭該部與坊里, 踏勘實數, 無相差違, 然後以備存案, 則此係京兆主管, 非本衛門所掌, 容俟該府錄籍成册, 再有奉覆, 尙祈照亮爲荷, 至敖蘭氏之 苦心懇惻, 期濟衆生, 鳴感難名, 并乞代致謝悃爲希, 藉頌台安.

徐相雨　丙戌 六月 二十一日

18860725

애니 J. 엘러스(서울)가 프랭크 F. 엘린우드(미국 북장로교회 해외선교본부 총무)에게 보낸 편지 (1886년 7월 25일)

한국 서울,
1886년 7월 25일

친애하는 엘린우드 박사님,

(중략)

저는 현재 알렌 박사 댁에 기거하고 있으며, 한 동안 그러기를 바라는데, 이곳에 있으면서 박사 부부가 모두 멋진, 마음이 맞는 사람들이라는 것을 알게 되었습니다. 헤론 박사의 집에는 사용하지 않는 휘장이 있고, 선교부가 집수리를 위해 책정한 100달러의 예산을 중국인 손에 넘겼음으로, 저는 서재, 옷방 및 거실을 갖게 될 것입니다. 저는 현재 알렌 박사의 손님방을 사용하고 있습니다.

(중략)

저는 2년 동안 의학 공부와 실습을 하였으며, 이곳에서 여병원을 개원하고 책임을 맡으며, 또한 아픈 한국인 상류 부인들의 진료에 있어 알렌 및 헤론 박사를 자문하는 일에 완전히 적임이라고 느낍니다.

(중략)

알렌 박사의 문제와 관련된 편지에 서명을 할 때, 제가 단순히 '애니 엘러스'라고 했더니 알렌 박사는 "오, 의학박사를 쓰세요."라고 말하였고 이에 순종하여 그렇게 썼습니다.

(중략)

Annie J. Ellers (Seoul),
Letter to Frank F. Ellinwood (Sec., BFM, PCUSA) (July 25th, 1886)

Seoul, Korea,

July 25, 1886

Dear Dr. Ellinwood,

(Omitted)

I am at present boarding with Dr. Allen and shall hope to do so while here I find both the Dr. & Mrs. Dr. nice congenial people. There being a portiere of Dr. Heron's house nor in use the mission appropriated 100 for repair and it has been given into a chinaman's hands I will then have a study, dressing room & silting room. I am at present occupying Dr. Allen's guest chamber.

(Omitted)

I have beside my course of training had two years of lectures on medicine and practical work I feel perfectly competent of my work here, of opening a hospital for Women and taking charge of the same, also of with consulting Dr. Allen & Heron attending to the sick Korean ladies of rank.

(Omitted)

In the signing of the letters relative to Dr. Allen's trouble when I put down simple Annie Ellers, Dr. A said "Oh put down M. D." and obediently I put it down.

(Omitted)

조선통신. 초야심분[朝野新聞](도쿄)(1886년 7월 29일, 명치 19년)
[News from Korea.] *Choya Shimbun* [Tokyo] (July 29th, 1886)

　　이미 제중원에 의학당을 설치하고 재주 있는 자제 13명을 뽑아 화학, 영문, 의술, 제약 등을 가르치고 있는데 그 의술이 정통하기를 기다려 널리 민중을 구휼할 목적이라고 한다. 지금 13명의 성명을 열거하면, 목의식(이의식의 오자 - 필자), 김진성(金鎭成), 우제익, 이겸래, 김진성(金震聲), 최규성, 최종악, 윤호, 이진호, 진학순, 상소, 고제자, 1명 빠짐. 또 교수는 화학교사 알렌, 의사(醫師) 헤론, 영어교사 언더우드이다.

제중원 의학교의 교육 과정과 그 경과
(Course of Studies and Progress of Jejoongwon Medical School)

혜론은 1886년 3월 29일 개교한 의학교에서 기초 과학을 포함하여 의학의 전 과정을 마치는 데 3~5년 정도가 필요할 것으로 예상하였다. 개교 당시 교수로는 알렌, 혜론, 언더우드가 있었다.

학생들은 최대한 빠른 속도로 영어를 배웠고, 어느 정도 영어에 숙달되자 기초 과학인 수학, 물리 및 화학을 배웠다. 소정의 (예과) 과정이 끝난 학생들에게는 영어로 해부학, 생리학, 의학을 가르쳤다. 그런데 이들이 의학 과목에서 어떤 내용을 어떻게 배웠는지에 관해서는 전혀 알려진 바가 없다.[106] 한글로 된 의학 서적이 전무하였지만, 해부학의 경우 알렌이 골격 표본과 해부도(解剖圖)를 갖고 있었고, 물리와 화학의 경우 고종이 하사한 돈으로 실험 기자재를 구입하였다는 점이 주목된다.

1887년 알렌이 주미 한국사절단의 참찬관으로 귀국하는 등 제중원이 어수선한 가운데 의학교의 교육 역시 부실해졌고, 제중원의 책임을 맡은 혜론은 여러 가지 일로 학생들을 전혀 가르치지 못하는 실정이었다. 1888년에 들어 호머 B. 헐버트가 합류하였고, 의학교는 이후 영어를 가르치는 학교로 성격이 바뀌어 2년 정도 지속되어 학교로서의 명맥이 혜론 시기까지만 유지되었다.

이와 같이 제중원에서 의학교육이 순탄하게 이루어지지 않았던 것은 의학교육에 가장 적극적이었던 알렌이 제중원을 떠난 것이 큰 이유이었고, 선교부 자체 내에서 제기되었던 이교도인 조선 정부의 지원 아래 학교를 경영하는 것에 대한 비판도 전혀 무관하지 만은 않았으며, 고종과 조선정부는 시혜성을 보여주는 구료에만 관심을 두었을 뿐 그 시혜를 확대시켜 나갈 수 있는 보다 근본적이고 장기적인 방법인 의학교육에는 지속적인 관심을 기울이지 않았다.

이와 같이 1886년 제중원에서 시작된 한국 최초의 서양 의학 교육은 처음부터 의료 선교사에 의하여 계획된 것이었지만, 조선 정부도 그 필요성을 인정하였기에 가능하였다. 조선 정부는 일부 재정 지원과 함께 학생 모집을 담당하였다. 의학교에는 학칙과 교수진이 있었으며, 교육 과정과 더불어 졸업 후의 진로도 사전에 정하는 등 현대 의학 교육 기관으로서의 모습을 거의 갖추었다는 점에서 한국 서양 의학교육의 효시(嚆矢)였던 것이다.

---

106) 초야심분[朝野新聞]에는 알렌이 화학, 언더우드가 영어를 가르친 것으로 기록되어 있고, 언더우드 부인은 언더우드가 물리와 화학을 가르쳤다고 하였다. 길모어는 언더우드가 한국어로 물리를 가르쳤다고 하였고, 이광린은 언더우드가 처음에는 영어를 가르쳤으나 뒤에는 물리를 가르쳤다고 하였다. 한편 백낙준은 알렌과 혜론이 실용 의학을, 언더우드는 물리, 화학을 가르쳤다고 하였다.

초야신문에 실려 있는 12명은 한국 내에서 서양의학 교육을 받고자 자원한 최초의 인물들이었다는 점에서 한국 의학사에 큰 의미를 갖는다고 할 수 있다. 다만 이들 중 후에 의사가 된 경우는 없었다.

18860800

호러스 N. 알렌(서울)이 존 F. 맥글린지 (미국 전함 오시피 호)에게
보낸 편지 (1886년 8월)

맥글린지 중령,
미국 전함 오시피,
중국 즈푸

안녕하세요,

한국 왕이 러시아에 보호를 신청하
였다는 소문 때문에 이곳 중국 공사는
화를 내며 자신이 일을 처리하였습니다.
그는 왕이 가장 신뢰하는 관리 4명의 목
을 베거나 추방하는 데 동의할 때까지
군대로 왕을 위협하였습니다. 사람들은
크게 흥분되었고 외국인들의 생명은 위
험에 처해 있습니다.

파커 공사가 슬프게도 무능한 상태
에 계속 있는 동안 데니 판사는 저에게
일본 공사와 상의하여 이 편지로 일본
군함의 파견을 확보하기 위하여 노력하

그림 7-8. 존 F. 맥글린지

도록 요청하고 있습니다. 전신선은 중국인을 제외한 모든 사람에게 불통이 된
상태에 있습니다. 귀하께서 제독에게 알려 즉시 올 것을 믿습니다.

안녕히 계세요.
H. N. 알렌

Horace N. Allen (Seoul),
Letter to John F. McGlensey (U. S. S. Ossipee) (Aug., 1886)

Commander McGlensey,

U. S. S. Ossipee,

Chefoo, China

Dear Sir,

Owing to rumors of His Korean Majesty having applied to Russia for protection the Chinese Representative here has become enraged and has taken things into his own hands. He has intimidated the King with threats of an armed force till he (King) has consented to the decapitation or banishment of four of his most trusted officers. The people have become greatly excited and the lives of foreigners are in danger.

As Minister Parker continues in a sadly incapable state, Judge Denny requests me to confer with the Japanese Minister and endeavor to secure the dispatch of a Japanese gunboat with this letter. The telegraph lines are interrupted to all but Chinese. Trusting you will inform the admiral and come at once.

I remain

Yours very truly,

H. N. Allen

호러스 N. 알렌(서울), [진술] (1886년 8월 1일)

본인은 오래 끌었던 두 번의 ___로 미국 공사 W. H. 파커 공사를 진료하였으며, 그 동안 R. J. 프랜시스 씨가 공사를 향하여 대단히 예의바른 태도로 행동하였음을 보증합니다.

그의 요청에 따라 나는 그(프랜시스 씨)가, 제 생각에, 내가 본 공사의 행동과 나에게 보고된 대화를 볼 때 매우 불쾌한 입장에 있었다고 진술합니다. 나는 기존 상황에서 더 오래 끄는 것은 젊은 신사의 인격을 훼손하는 것이라고 생각합니다.

[서명]
H. N. 알렌, 의학박사
한국 서울, 1886년 8월 1일

Horace N. Allen (Seoul), [Statement] (Aug. 1st, 1886)

I certify that I have attended U. S. Minister Hon. Capt W. H. Parker, through two cases of protracted _____, during which time Mr. R. J. Frances has acted in a very gentlemanly manner toward the minister.

At his request I state that he (Mr. Frances) has, in my opinion, been placed in a very unpleasant position and in view of the minister's conduct as seen by myself, and the conversations reported to me. I think a more protracted stay under existing circumstances would be derogatory to the character of the young gentleman.

[Signed]
H. N. Allen, M. D.
Seoul, Korea, Aug. 1st, 1886

호러스 N. 알렌(서울)이 메저스 바이워터 페리 앤드 컴퍼니(런던)로 보낸 편지 (1886년 8월 2일)

한국 서울,
1886년 8월 2일

메저스 바이워터 페리 앤드 컴퍼니,
   런던 퀸 빅토리아 가(街) 79

안녕하십니까,

   나는 지난 우편으로 왕의 완전한 침대 2개의 주문을 귀 회사로 보냈습니다.
그는 이제 오르골에 대하여 들었고, 몇 개를 그의 여자들에게 주기를 원합니다. 저에게 가격표를 보내주실 수 있습니까? 그리고 만일 좋은 음악을 들려줄 평범한 것을 2~3달러에 구할 수 있다면 침대와 함께 보내주시되, 그것을 저에게 개인적으로 청구해 주세요. 나는 그것을 견본으로 사용하겠습니다. 내가 그것을 알도록 상자에 표시해 주세요.
   나는 귀 회사가 오래되지 않아 식당과 침실 가구 주문을 받을 것이라고 생각합니다. 그들은 너무도 의심이 많아 침대가 올 때까지 의심할 여지없이 더 이상 귀 회사의 물품을 사지 않을 것입니다. _____ 및 실내용 석탄 통은 만족스럽습니다. 위에 표시된 가격보다 __해서 미안합니다.

   안녕히 계세요.
   H. N. 알렌

Horace N. Allen (Seoul),
Letter to Messrs Bywater Perry & Co. (London) (Aug. 2nd, 1886)

Seoul, Korea,

Aug. 2/ 86

Messrs Bywater Perry & Co.,

    79 Queen Vic. St., London.

Gentlemen,

By last mail I sent you an order from the King for two beds complete.

He has heard now of music boxes and wants some of them for his women. Can you send me a price list. And if you can get a plain one that will produce good music, for $2~$3, send it along with the beds and charge it to me personally. I will use it as a sample. Mark the box so I will know it.

I presume you will ere long receive an order for dining and bedroom furniture. Though they are so suspicious that they will doubtless buy nothing more of you till the beds come. _____ & coal scuttles gave good satisfaction. Sorry the _____ above the price named.

Yours truly,

H. N. Allen

호러스 N. 알렌(서울), [서울] (1886년 8월 2일)

서울, 1886년 8월 2일

한국의 수도인 서울은 성벽 안의 인구가 약 15만 명에 달하는 성곽도시이며, 광활한 교외 지역에도 수많은 인구가 있다. 7월 15일~25일에 8,140명이 성벽 안에서 아시아 형 콜레라로 사망하였으며, 그 이후 매일 269~479명으로 다양하였다. 관을 얻을 수 없었다. 시신은 자루에 싸여 각종 상자에 실린다. 들 것 하나에 5구의 시신이 실려 있는 것이 보였다.

사람이 살지 않는 아름다운 푸른 언덕은 매장되지 않은 수많은 시체로 인하여 비열하고 역겹다. 시신에 단지 흙만을 뿌린 곳에서는 개와 독수리가 흩어져 살을 먹고 있는 경우도 볼 수 있다. 이전에 큰 ____이었던 언덕 위를 질주하는 것은 이제 확실하게 _____하며, 반드시 봐야하는 많은 시신 이외에 죽어가는 사람들도 길가에서 볼 수 있는데, 그곳에서 괴로움을 당하였거나 더 가능성이 높은 것은 그들이 집에서 죽지 않고 장례비가 들지 않도록 그들이 그곳에 버려졌을 가능성이 높다. 집에서 괴로움을 당하는 사람들의 _____는 죽은 사람들이 묻히기를 기다리고 있는 ____에 묻힌 손에 더 잘 알려져 있다.

현지인들은 거의 마비될 정도의 두려움에도 불구하고 계속해서 시장에서 아주 작은 크기의 덜 익은 사과, 살구와 복숭아, 녹색 양아욱, 오이를 팔고 있는데, 이 모든 것들을 엄청나게 많이 먹는다. 그들이 외국인에 의해 고용되어 있을 때와 같이 더 잘 알고 있을 때에도 그들은 주어진 조언에 귀를 기울이지 않을 것이다. 어떤 경우에는 이 '금단의 과일'을 먹으면 해고하겠다는 위협을 받았을 때. 그들은 목숨을 바쳐 부고를 지불하게 만든 콜레라의 공격에 그것을 토해내었다.

그들은 여러 거리에 있는 거대한 천으로 만든 사원을 ____하는데, 그들이 콜레라 신을 숭배하는 동안 정서적으로 ____한다. 숭배는 값 비싼 음식을 제물로 바치는데, 참석한 사람들이 나중에 먹는 것 같다.

외국인들은 대포의 꽝음에 놀랐고 또 다른 ____가 아침에 _____을 불러들이는 것이 두려웠지만, 그것은 단순히 콜레라 귀신을 쏘려고 하는 궁궐 수비대이었다. 그것은 도망쳤고, 이제 그 건방진 공격자들에게 복수하고 있다.

부상당한 민영익 공은 유럽 여행을 포기하고 한국으로 돌아왔다.

이탈리아 인들은 조약을 비준한 후 막 떠났고, 다시 한국에 새로운 조약을 호의적으로 선언하였다.

석탄은 수지가 맞는 양이 발견되었고, 정부는 (......)

Horace N. Allen (Seoul), [Seoul] (Aug. 2nd, 1886)

Seoul, Aug. 2nd, 86

Seoul, the capital of Korea is a walled city with a population of some 150,000 within the walls with as great a number outside in the extensive suburbs. From July 15~25, 8140.00 persons died of Asiatic Cholera within the walls and the daily number since then has varied from 269-479. Coffins cannot be had. The bodies are wrapped in sacking and carried out on all sorts of containers. Five bodies were seen being heave out on one stretcher.

The beautiful green hills without the city are made vile and disgusting by the numbers of unburied dead which was their sides. Cases are seen where bodies have received just a sprinkling of earth which the dogs and vultures have scattered away and were eating the flesh. A gallop over the hill which was before a great _____ of _____ is now surely indulged in since in addition to the number of dead one must see, the dying are also seen along the roadside where they may have been taken with the cramps or as is more probably where they were placed so that they might not die in a house and entail upon the mass then of the cost of a funeral. The _____ from those who are afflicted in the house is more well known by the hands of the buried ___ in the ____ where the dead lie waiting to be buried.

In spite of the almost paralyzing fear of the natives, they continue to have for sale at market, small, very green apples, apricots and peaches, green marshmallows, and cucumbers, all of which they eat in enormous quantities. Even when they know better, as when they are in foreign employ, they will not heed the advice given. In some cases when they have been threatened with dismissal if they ate this "forbidden fruit" they have vomited it up at the most of the attack of Cholera which made them pay for their obituary with their lives.

They _____ huge cloth temples in the various streets, affectually having traffic while they worship the Cholera God _____. The worship seems to be the offering of expensive dishes of food which is afterwards eaten by the attendant.

Some nights since foreigners were alarmed by the booming of cannons and it was feared that another _____ night was summoning the _____ in the morning however that it was simply the Palace guard trying to shoot the Cholera Devil. He got away it is supposed and is now wrecking vengeance upon his impudent assailants.

The wounded Prince Min Yong Ik has returned to Korea, having given up his contemplated trip to Europe.

The Italians have just left after having ratified their treaty, giving to Korea declare with __ some new treaty favor making again.

Coal has been found in paying quantities and the government (......)

18860804

호러스 N. 알렌(서울)이
메저스 페리 앤드 컴퍼니(런던)로 보낸 편지 (1886년 8월 4일)

한국 서울,
1886년 8월 4일

메저스 바이워터 앤드 컴퍼니,
  런던 퀸 빅토리아 가(街) 79

안녕하십니까,

  7월 14일 왕을 위하여 주문한 침대 2개와 가구 견본을 포함하는 주문에 대한 환어음 기록을 동봉합니다. 첫 번째 환어음은 은행에 의하여 주문과 함께 보냈습니다.

  안녕히 계세요.
  H. N. 알렌

Horace N. Allen (Seoul),
Letter to Messrs Bywater Perry & Co. (London) (Aug. 4th, 1886)

Seoul, Korea,

Aug. 4/ 86

Messrs Bywater Perry & Co.,

   79 Queen Vic. St., London

Gentlemen

   Herewith record of exchange covering order for two beds and furniture samples. Ordered for his majesty, July 14th. First of exchange was forwarded by the Bank with the order.

   Yours truly,

   H. N. Allen

호러스 N. 알렌(서울)이 H. A. 스미스(샌프란시스코)에게 보낸 편지
(1886년 8월 6일)

미국 공사관, 한국 서울,
1886년 8월 1일

H. A. 스미스 님,
　샌프란시스코 클레이 가(街) 115, 117

안녕하십니까,

　7월 8일 주문한 150달러의 난로에 대한 두 번째 환어음을 동봉합니다. 첫 번째 환어음은 주문과 함께 보냈습니다.

　안녕히 계세요.
　H. N. 알렌, 의학박사

Horace N. Allen (Seoul),
Letter to H. A. Smith (San Francisco) (Aug. 6th, 1886)

U. S. Legation, Seoul, Korea,

Aug. 1/ 86

H. A. Smith Esq.

115, 117 Clay St.,

San Francisco

Dear Sir,

I herewith enclose second of exchange covering my order of July 8th for stoves to am't of one hundred fifty dollars ($150.00). First of same must forward with order.

Yours truly,

H. N. Allen, M. D.

단신. *The Japan Weekly Mail* (요코하마) (1886년 8월 7일), 129쪽

서울에서 기고한 우리 한국 특파원은 콜레라가 도시에 상당히 만연하여 매일 수백 명 이상의 주민이 이송되고 있다고 말한다. 우리는 보편적이고 역겨운 오물과 철저한 위생 시설이 부족한 한국의 도시보다 질병의 확산에 더 유리한 조건은 생각할 수 없다. 서울에서 발생하는 사망자 수는 추정할 수 없다고 한다. 왕립 병원의 의사들은 통계를 얻기 위한 어떤 조치를 쉽게 취할 수 있다고 제안하였지만, 보고서에 따르면 당국은 사망자를 세는 것의 유용성을 판단하지 못한다고 한다. 의심할 여지없이 관리와 비관리 계급 사이에서 큰 경각심이 유발되었다. 그러나 그 결과 전염병의 희생자를 준비할 뿐이지 그 피해를 확인하려는 노력을 고무시키지 않았다.

Notes. *The Japan Weekly Mail* (Yokohama) (Aug. 7th, 1886), p. 129

Our Korean correspondent, writing from Söul, says that cholera has fairly established itself in the city, and is carrying off hundreds of the inhabitants daily. We can conceive no conditions more favourable to the spread of the disease than those which exist in a Korean city, with its universal and revolting filth and its utter lack of sanitation. No estimate is said to be possible of the number of deaths occurring in Soul. The physicians at the Royal Hospital suggested that some steps to obtain statistics might be taken with advantage, but report says that the authorities could not be brought to appreciate the use of counting dead men. No doubt there is much alarm, among both official and non-official classes. But the result of the feeling is merely to prepare victims for the plague, not to inspire efforts to check its ravages.

W. D. 타운젠드, 호러스 N. 알렌의 주문 (1886년 8월 12일)

서울, 1886년 8월 12일

W. D. 타운젠드 - H. N. 알렌의 주문

브롬화 포타슘	1 파운드
아편 분말	1 "
" 팅크제	5 "
질산은	1 온스
세정 백악	5~10 파운드
붕사(硼砂)	5-10 "
_____ 분말	1 파운드
__ _____	1 "
____ 히드라스티스	1 "
피마자 유(油)	5-10 "
___ ___ 염(鹽)	1 다스
3온스 용량 투약병 144개	
4 " " " 144개	
병에 잘 맞는 코르크	

W. D. Townsend for Horace N. Allen (Aug. 12th, 1886)

Seoul, Aug., 12/ 86

W. D. Townsend - for H. N. Allen

Potasi Bromide	1 lb
Opium powder	1 "
" Tincture	5 "
Silver Nitrate	1 oz
Prepared chalk	5~10 lb
Borax	5-10 "
Pulv Liqueries	1 lb
__ __ ____	1 "
____ Hydrastis	1 "
Caster oil	5-10 "
___ ___ salt	1 dz lot

1 gross 3oz dispensing bottles
1   " 4 "   "   "

Good corks to match.

호러스 N. 알렌(서울)이 서상우(서리독판교섭통상사무)에게 보낸 편지 (1886년 8월 14일)[107]

한국 서울,
1886년 8월 14일

안녕하십니까,

현재의 제중원은 그 목적을 매우 잘 수행하였습니다. 약 15,000명의 환자가 치료를 받았고, 마모가 상당히 심합니다.

집은 병원으로 사용되기 이전에는 단순한 한국인 주택이었습니다. 그것은 너무 작고 도시의 주민 중심으로부터 너무 떨어져 있으며, 건축 상태가 좋지 않아 청결을 유지하기가 곤란합니다. 마루와 벽지는 세균을 모으고 대기를 더럽히기 때문에 병원으로서 적절치 않으며, 그래서 우리는 중요한 수술을 안전하게 할 수 없습니다.

병원이 너무도 성공적이기에 저는 우리에게 새로운 건물을 주고 그것을 수리하고 병원으로서 운영되도록 충분한 예산을 주는 것을 승인해 주실 것을 간청 드리는 바입니다.

저는 남별궁(南別宮)[108]이 호감 가는 곳이라고 제안 드리고 싶습니다.

각하께서 이것을 진지하게 검토하시고 현명하게 승인이 되기를 바랍니다.

안녕히 계십시오.
H. N. 알렌, 의학박사

서상우 각하
외아문 서리독판교섭통상사무

---

107) 뉴욕 공립 도서관에 소장되어 있는 알렌 자료에는 김윤식에게 보낸 것으로 되어 있다.
108) 남별궁은 조선 시대 서울에 있었던 별궁(別宮)의 하나이었다. 원래는 태종의 둘째 딸인 경정공주(慶貞公主)가 출가하여 살면서 속칭 '소공주택(小公主宅)'이라고 불렀다가, 선조 때에는 셋째 아들 의안군(義安君)의 거처가 되면서 남별궁(南別宮)이라고 부르게 되었다. 임진왜란 당시 1593년 명나라 장수 이여송이 이곳에 주둔한 이래 중국 사신이 머물렀다. 1897년 원구단(圜丘壇)을 세웠으나, 1913년 헐고 그 자리에 조선호텔을 세웠다.

Horace N. Allen (Seoul), Letter to Sang U. Soh
(Acting Minister, Department of Foreign Affairs) (Aug. 14th, 1886)

Söul, Korea,

August 14th, 1886

Dear Sir:

The present Government Hospital has served its purpose very well. Some fift[een] thousand patients have been treated and wear and tear has been quite severe.

The house was simply a Korean residence before it was used for a hospital. It is too small, too far removed from the center of the city's population and its construction is such that it is impossible to keep it clean. Wood floors and paper walls will not answer for a hospital as the germs of disease collect and poison the atmosphere so that we cannot in safety do important operations.

As the institution has been so successful I beg to suggest that you upon your approbation by giving us a new building and sufficient funds to repair it and run it as hospitals should be run.

I might take the liberty of suggesting Nam Pell Khun would be a desirable spot.

Trusting that this way meet with Your Excellencie's earnest consideration and wise approval.

I remain, Dear Sir,

Your humble servant,

H. N. Allen, M. D

To His Excellency

So Sang Woo

President of the Korean Foreign Office

[漢驛]

大朝鮮國 交涉通商事務衙門 署理督辦 徐相雨 大人 閣下, 大朝鮮 公立病院
善爲 成樣, 其間 治病者 一萬 伍千餘人, 而間或 有難治者, 院舍 陜少 僻陋, 水
玉[土?] 不美, 腐傷處 割斷後, 去惡生新之道難治, 而況 四方 病人 往來 稍遠, 亦
甚不便, 故僕敢請 新占廣潤高陽正中之地, 則見今 南別宮 可合也, 望須許施, 以
爲從便 治療之地.

西曆 一千 八百 八十六年 八月 十四日 醫士 安連 頓

호러스 N. 알렌(서울), [공지] (1886년 8월 17일)

서울,
1886년 8월 17일

나는 제물포의 파커 영사[109]의 친절을 통하여 그 항구에는 다음 증기선으로 떠날 때까지 완료할 것으로 예상되는 약간의 업무를 하고 있는 일본인 치과 의사가 있는데, 만일 충분한 업무가 약속된다면 자신의 조수, 진료 의자 및 도구와 함께 서울을 방문할 의향이 있다는 것을 알게 되었습니다.

파커 씨는 그(치과의사)가 의사 면허를 가지고 있고, 자신의 업무를 잘 이해하고 있으며, 진료비가 그리 높지 않다고 말합니다.

치과 치료를 원하는 모든 사람은 얼마나 많은 발치 또는 충전재가 필요한지에 대하여 반대편 쪽에서 언급할 필요가 있습니다.

안녕히 계세요.
H. N. 알렌

---

109) 에드워드 H. 파커(Edward H. Parker)는 1885년 6월 7일부터 1886년 11월 24일까지 인천 주재 영국 부영사로, 1886년 11월 25일부터 1887년 1월 17일까지 서울 주재 영국 총영사 대리로 활동하였다.

Horace N. Allen (Seoul), [Notification] (Aug. 17th, 1886)

Seoul,

Aug 17th, 1886

I am informed through kindness of Mr. Consul Parker of Chemulpo, that there is a Japanese dentist at that port doing some work which he expects to complete in time to leave by the next S. S., but that if sufficient work is pledged him he is willing to visit Seoul with his assistants, chair and instruments.

Mr. Parker says he (the dentist) has a physicians diploma, understands his business well and is not very high in his charges.

Will all who wish dentistry performed mention in the opposite page about how many extractions or fillings will be required.

Respectfully,

H. N. Allen

회의록, 한국 선교부 (미국 북장로교회) (1886년 8월 17일)

1886년 8월 17일 (화)

선교부 회의를 소집한 의장은 회의의 목적이 고국에 연례 보고서를 보내기 전에 재무 계정을 감사하고, 다른 업무를 보고하는 것이라고 정하였다.[110]

끝내지 못한 업무[에 대한 보고]가 요구되었다. 우리 선교부가 감리교회 형제들과 논의하기 위하여 임명한 위원회를 대표하여 언더우드 씨는 '우리 선교부에 의해 임명된 위원회는 감리교회 선교부에서 임명한 한 사람과 만났으며, 그들은 관심 있는 모든 사람들의 모임을 요청하기로 결정하였다'고 보고하였다. 이것은 실행되었고, 스크랜턴 박사 사택에서 열렸다. 교회 조직 및 건물, 예배 등등을 진척시키기 위해 위원회가 만들어졌을 때, 미국 공사 파커 대령은 자신의 사무실을 주일 예배를 위해 사용하도록 제안하였으며, 그 제안은 받아들여졌다.

시간이 경과되어 오후까지 휴회하자는 발의가 통과되었다. 알렌 박사와 엘러스 양이 오후 [회의]에 참석할 수 없었기에 언더우드 씨와 헤론 박사는 다음 날까지 휴회하였다.

그런 다음 재무 계정이 검사되었으며, 잉여금은 선교부가 빚을 지고 있던 일부 잡경비를 지불하고, 언더우드 씨 및 헤론 박사의 수리비가 너무 적어 빚을 진 부족액을 지불하는데 충당하였다. 의료 기금의 잉여금은 알렌 박사의 요청에 의해 그가 제출한 두 청구서를 지불하는데 충당하였다. 계정은 모두 승인되었다.

언더우드 씨와 헤론 박사는 각자의 부지에 우물을 팔 목적으로 선교부가 선교본부에 60달러씩을 요청해 줄 것을 요청하였다.[111] 발의에 의해 승인되었다.

헤론 박사는 제물포로 요양 여행을 하도록 허가하여 줄 것을 요청하였다.

---

110) 헤론은 이 회의를 연례회의로 규정하였다. John W. Heron (Seoul), Letter to Frank F. Ellinwood (Sec., BFM, PCUSA) (Aug. 27th, 1886)

111) 알렌과 갈등을 빚고 있던 헤론은 9월 14일자로 선교사 사임 편지를 선교본부에 제출하였고, 10월 19일이 되어서야 우물에 관한 요청을 선교본부로 보냈다. John W. Heron (Seoul), Letter to Frank F. Ellinwood (Sec., BFM, PCUSA) (Sept. 14th, 1886); John W. Heron (Seoul), Letter to Frank F. Ellinwood (Sec., BFM, PCUSA) (Oct. 19th, 1886)

언더우드 씨의 발의에 의하여 허가되었으며, 더 이상 상정된 안건이 없어 회의는 폐회하였다.

J. W. 헤론
서기

Secretary's Book, Korea Mission (PCUSA) (Aug 17th, 1886)

Aug 17, 86 (Tue.)

The Mission was called to order by the Chairman who stated that the object of meeting was the auditing of the Treasurer's accounts before sending the Annual report home and the Transaction of other business.

On unfinished business being called for. Mr. Underwood on behalf of the Committee which was appointed to confer with our Methodist brethren reported that the Committee appointed by our Mission had met with one from the Methodist Mission and they decided on calling a meeting of all interested. This was done and was held at Dr. Scranton. When committees were formed to promote church organization & building, on devotion &c. Capt. Parker the U. S. Minister had kindly offered the use of his official office for Sabbath services, which offer had been accepted.

The time being advance, a motion to adjourn until afternoon was passed. As Dr. Allen & Miss Ellers were not able to be present in the afternoon, Mr. Underwood & Dr. Heron adjourned until the following day.

The Treasurer's accounts were then audited and the surplus was appropriated to paying some miscellaneous expenses the Mission had incurred, paying a deficit in repairs which Mr. Underwood & Dr. Heron had incurred through their appropriations for repairs being too small. A surplus for medical funds was, on Dr. Allen's request, appropriated toward paying two bills which he presented. The accounts were all approved.

Mr. Underwood & Dr. Heron each asked that the Mission ask for a grant of $60 in gold for the Board for the purpose of digging wells on their respective compounds. On motion this was granted.

Dr. Heron then asked permission to make a health trip to Chemulpho. On motion of Mr. Underwood, permission was given and as no further business was before the house, the meeting adjourned.

J. W. Heron
Sec.

애니 J. 엘러스(서울)가 프랭크 F. 엘린우드(미국 북장로교회 해외선교본부 총무)에게 보낸 편지 (1886년 8월 18일)

한국 서울,
1886년 8월 18일

친애하는 엘린우드 박사님,

(중략)

저는 두 명의 환자를 보고 있는데, 다섯 번 만났고 지금은 건강한 중국 공사의 아내와, 여섯 번 방문하였지만 많이 아프지 않고 제가 자신을 만나러 가는 것을 좋아하는 왕비입니다. 그녀는 몸이 훨씬 좋아졌고, 저는 그녀가 완쾌되기를 바라고 있습니다. 저는 항상 알렌 박사를 동반합니다. 첫 방문에서 왕비는 제가 한국을 얼마나 좋아하는지 물었고, 그녀는 제가 오래 머물기에 충분하기를 바란다고 말하였습니다. (......) 나는 왕비에 의해 자리를 배정받았고, 그녀를 진찰한 후에 알렌 박사가 들어와서 앉아있는 환자를 진료하는 동안 밖에 앉아있도록 요청받았습니다. 그 후에 나는 안으로 불려 들어갔고 알렌 박사가 나왔습니다. 제가 샌프란시스코 혹은 워싱턴에서 왔는지 물었으며, 조금 더 대화를 나눈 후에 평화롭게 가라는 말을 들었는데, 알렌 박사로부터 이 두 사람이 왕과 왕세자임을 알게 되었습니다. 저는 그것이 창피할지도 모른다는 두려움 때문에 제가 전에 그것을 알지 못하였다는 것이 매우 놀랍고 다행이었습니다.

(중략)

저는 알렌 박사 부부를 대단히 좋아하며, 이곳에 있는 동안 그들 가족과 함께 있고 싶습니다. 저는 어떤 문제에서 한쪽 편을 거들지 말라는 박사님의 조언의 중요성을 이미 알고 있습니다. 저는 그 조언을 따르기 위해 노력할 것입니다.

(중략)

Annie J. Ellers (Seoul),
Letter to Frank F. Ellinwood (Sec., BFM, PCUSA) (Aug. 18th, 1886)

Seoul, Korea,

August 18th, 1886

Dear Dr. Ellinwood,

(Omitted)

I have <u>had two</u> patients the Chinese minister's wife whom I saw five times and who is now well & the Queen whom I have visited six times, who is not very sick, but likes to have me come to see her. She is much better bodily and I hope soon she will be entirely well. I am always accompanied by Dr. Allen. At the first visit the Queen asked me how I liked Corea and said that she hoped I would like it will enough it stay here a long time. (......) I was given a seat by the Queen, and after examining her I was requested to sit outside while Dr. Allen come in & Dr. A came & examined the his men who were seated. After this I was called in & Dr. A sent out I was their asked did I come from San Francisco or Washington? & after a little more like conversation I was told to go in peace, I think discovered from Dr. A that these two men were the King & Crown Prince. I was much surprised and glad I had not known it before for I fear might have been embarrassed.

(Omitted)

Dr. & Mrs. Allen I like very much and hope to remain in their family while here. I already see the importance of your advice not to take sides in any question. I am and shall try to follow out that advice.

(Omitted)

18860820

호러스 N. 알렌(서울)이 프랭크 F. 엘린우드(미국 북장로교회 해외선교본부 총무)에게 보낸 편지 (1886년 8월 20일)

한국 서울,
1886년 8월 20일

F. F. 엘린우드 박사,
　뉴욕 시 센터 가(街) 23

친애하는 박사님,

　이전 편지에서 저는 엘러스 박사를 왕비에게 데리고 가는 방도에 다소 어려움이 있다는 것을 말씀드렸습니다. 궁궐의 한의사들은 그 일에 반대하기 위하여 그들이 할 수 있는 모든 것을 하였지만 왕비는 계속 아팠으며, 저는 여의사가 왕비를 진찰할 수 없는 한 의약품을 보내는 것을 꾸준하게 거절하였습니다. 마침내 그들은 다급해졌고, 모든 한의사들을 해고하고 여의사와 저를 오게 하여 우리가 외국인 환자들에게 하듯이 그들을 진료하도록 하였습니다. 엘러스 박사가 왕비를 진찰하는 동안 저는 왕과 왕자를 진찰하였습니다. 그들은 지금 회복되었지만 적어도 격일로 우리를 계속 오게 하고 있습니다. 방문할 때마다 거의 반나절이 걸리기 때문에 상당히 지치며, 날씨가 아주 더워 정장은 거의 견딜 수 없습니다. 왕비는 엘러스 박사를 아주 좋아하며, 그녀를 오랫동안 자기 옆에 있게 합니다. 왕비는 자신이 왕궁 뜰에서 타고 돌아다닐 때 사용하였던 훌륭한 가마를 그녀에게 하사하였으며, 많은 조그만 선물들도 주었습니다. 지금까지 우리의 모든 계획을 성공시키신 박사님께 축하를 드립니다. 왕은 훌륭한 새 병원을 약속하였고, 이 일을 감독할 관리를 임명하였습니다. 저는 왕을 진료하던 어느 날 그 일을 제안하였습니다.

　정치적 상황은 그래 왔고, 지금도 여전히 엄중합니다. 전반적 상황을 자세하게 설명 드리겠습니다. 영국은 여전히 거문도를 고수하고 있습니다. 중국과 영국은 흔들리지 않는 정치적 우방입니다. 한국은 중국이 영국을 몰아내 주도록 요청하였지만, 한국의 보호자라 자처함에도 불구하고 중국은 이 문제에 대하여 아무 것도 하지 않았습니다. 불만을 품은 몇몇 한국인들은 중국과 영국으로부터 우리를 보호해 줄 러시아의 보호를 왜 선택하지 않느냐고 말하였습니다. 이곳의 중국 공사는 거만하고 파렴치한 사람입니다. 그는 즉시 리훙장에 게 전보를 보내어 한국의 왕이 러시아에 보호를 요청하였고, 러시아 공사는 문서로 요청하면 받아들일 것이라고 말하였다고 알렸습니다. 총독[112]은 데니 판사에게 전보를 보내어 실제로 그런지 알아보도록 하였습니다. 데니 판사는 그것이 근거가 없다고 전보를 보냈습니다. 리훙장은 이곳의 중국 공사를 비난 하였고, 그[중국 공사]는 엄청난 소동을 일으켰습니다. 중국 공사 혹은 그의 동료 중 한 명이 왕의 인장을 위조하여 러시아의 보호를 요청하는 문서를 작 성하였습니다. 그는 그 문서를 러시아 공사에게 주었고, 왕은 그런 문서에 서 명한 적이 없다고 부인하였습니다. 중국군 72개 대대가 뤼순[旅順] 항을 떠나 서울로 출항하고 있다는 내용의 전보가 도착하였던 15일에 저는 왕 앞에 있었 습니다. 왕실은 광란과 공포에 휩싸였습니다. 파커 공사가 2주일 동안이나 술 에 취해 울고 있었기에 저는 서둘러 데니 판사에게 갔습니다. 우리는 너무도 많은 여자들과 아이들이 있었고, 그들을 돌볼 공사가 없었기에 나쁜 상황에 있었습니다. 우리의 배 '오시피 호'는 즈푸에 있었고, 전신선은 중국인을 제외 한 모든 사람들에게 차단되었습니다. 여러 번 반송된 후에 우리는 일본의 도 움으로 제가 사본을 동봉한 속달 전보를 보냈습니다.

우리는 여전히 보호받지 못하고 있지만, 상황은 한결 더 조용합니다. 그 중국인[중국 공사]은 왕을 심하게 위협하였기에, 왕은 데니 판사를 만나거나 소통하려 하지 않았고, 그래서 제가 데니 판사와 논의하면 왕은 왕궁이나 연 락관을 통해서가 아니라 저로부터 [데니의] 조언을 간접적으로 듣고 있습니다.

그 중국인은 이 문제의 책임을 지도록 4명의 관리를 선택하였습니다. 그들 의 유일한 죄목은 그들이 포크 씨와 긴밀하게 연결되어 있다는 것이었습니다. 세 번째 사람은 데니 판사의 친구이었고, 네 번째 사람은 러시아어, 중국어 및 일본어를 유창하게 구사하였습니다. 왕은 그들을 사형시키지 않으려 하였지만, 마침내 그들을 유배보내기로 승인하였습니다. 하지만 같은 날 왕은 그 결정을 무효화하였습니다. 그래서 (제가 왕궁에 있는 동안) 그 중국인이 그것에 대하 여 알아보려고 왕궁에 왔을 때, 당연히 저는 자리를 떠났지만 다음 날 아침 신문에 왕의 관용이 사라져 그들이 유배되었다고 공표되었습니다.

우리는 공사 때문에 크게 창피를 당하고 있습니다. 그는 일본 여자와 같이 자려고 강요하였고, 저는 그를 진정시키기 위하여 불려갔습니다. 그는 2주일 동안 전혀 업무를 보지 않았으며, 술에 취하지 않은 때도 대단히 멍한 상태에 있습니다. 그는 공문서나 그 밖의 중요한 모든 일을 제가 살펴보게 합니다. 그

---

112) 리훙장을 말한다.

는 본국에 보고되었고, 곧 소환될 것입니다. 포크 씨가 임명을 받는다면 우리는 매우 기쁠 것이며, 한국인들도 즐거워 할 것입니다. 왕은 저에게 사람을 보내어 미국 정부에 폭음 때문에 이 사람을 소환하고, 그 대신 포크 씨를 보내라는 전보를 자신이 보낼 수 있는지 알아보도록 하였습니다. 미국 공사를 보호하고 수치를 막기 위해서 저는 미국 정부가 그 일로 분노하여 이 자리를 공석으로 둘 수도 있기 때문에 그들에게 그렇게 하지 말라고 조언하였습니다.

데니 판사는 지금 중국인들과의 싸움과 한국인들의 불신 때문에 어려운 시간을 갖고 있습니다. 조미 수호조약을 체결한 슈펠트 제독은 광산에 투자할 자본을 가지고 이곳으로 오는 길인데, 지금 일본에 있습니다. 그는 시기가 좋지 않다는 것을 알게 될 것이지만, 중국인들이 그를 싫어하고 그가 조선 정부의 업무를 맡으라는 제의를 받았을 때 틀림없이 받아들일 것이기 때문에 조선인들은 그를 좋아합니다. 아시는 것처럼 포크 씨는 일본에서 휴가 중입니다. 그는 한국 왕을 위한 업무를 맡기 위하여 미국 해군부에 퇴직을 신청하였습니다. 민영익은 오늘 중국으로 떠납니다. 그는 지난 며칠 동안 너무 두려워서 물을 마실 수도 없었고, 100명의 조선 군인과 많은 중국인들 없이는 감히 밖에 나가려 하지 않았습니다.

전체 이야기 중 가장 재미있는 부분은 전 섭정인 대원군(왕의 아버지)이 맡은 역할입니다. 그는 대단한 결단력의 소유자이며, 한국 역사상 가장 힘 있는 통치자 중 한 명으로 기록되었습니다. 그들은 그를 감금하였지만, 최근 풀려나 많은 수행원과 함께 중국 공사관으로 갔다가, 그곳에서 다시 궁궐로 갔습니다. 상황이 지금 같이 계속되고, 중국인들이 무서워 왕이 믿을 만한 관리를 계속 유배시킨다면, 그 늙은 양반이 권력을 장악할 것이고, 위태로운 시기가 올 것으로 예상됩니다. 민영익, 저, 그리고 다른 사람들이 지난 10일 동안 암살 대상으로 지목되었다는 사실을 말씀드리는 것을 잊었습니다. 우리는 여전히 불안정한 상태에 있지만 저는 더 이상 곤경을 두려워하지 않습니다.

안녕히 계십시오.
호러스 N. 알렌

Horace N. Allen (Seoul),
Letter to Frank F. Ellinwood (Sec., BFM, PCUSA) (Aug. 20th, 1886)

Seoul, Korea,

August 20th, (18)86

Dr. F. F. Ellinwood,

    23 Centre St., N. Y.

My dear Doctor,

In a previous letter I told you something of the difficulty in the way of getting Dr. Ellers to the Queen. The staff of Native physicians in the Palace have done all they could to oppose it, but as the queen has continued sick and I steadily refused to send her medicine unless she would have the lady Dr. examine her. They finally became alarmed, discharged the whole native staff and had the lady Dr. and myself come and examine them as we do foreign patients. Dr. Ellers attends to the Queen while I examine the King and Crown Prince. They keep us coming at least every other day, though they have now recovered. It is getting to be quite tiresome as it takes nearly half a day for each visit and the weather is so hot that full dress is almost unbearable. The Queen has taken quite a fancy to Dr. Ellers and keeps her by her side a long time. She gave her a handsome chair that she had used herself for riding around the Palace grounds and ____ her many other little favors. I congratulate you upon the success of all of our schemes so far. The King has promised a new good hospital and has delegated an officer to look it up. I proposed it to him one day while examining him.

The political condition has been and is still very critical. I will detail the whole at length. England still sticks to Port Hamilton. China and England are fast political friends. Koreans have asked Chinese to rid them of the English, but though China claims to be the protector of Korea, she has done nothing about this matter. Some dissatisfied Koreans have said why not adopt Russian protection, they will secure us against both China and England. The Chinese representative here is an overbearing, unscrupulous man. He at once telegraphed Li Hung Chang that the King had applied to Russia for protection and the Russian Minister had said it would be granted if it was put on paper. The Viceroy telegraphed Judge Denny to know if it was so. Denny telegraphed that it was without foundation. Li Hung Chang censured the Minister here and he kicked up a great row. He, or one of his followers, forged the King's seal over which they wrote out the request for Russian protection. He gave one to the Russian Minister, the King denied any knowledge of having signed such a document. I was before the King on the 15th when telegram was received to the effect that 72 battalions [of] Chinese troops were embarking from Port Arthur for Seoul. The Royal family were frantic and panic reigned. I hurried to Judge Denny for Minister Parker has been in a maudlin drunken state for two weeks. We were in a bad condition with so many women and children and no Minister on your boat to look after them. Our ship "Ossippe" is at Chefoo but the telegraph lines interrupted to all but Chinese. After many returns we set upon the one getting the assistance of the Japanese to send a dispatch, the copy of which I enclose.

We are still unprotected but things are more quiet. The Chinaman has so intimidated the King that he dares not see or communicate with Judge Denny, so I advise with Denny and then he [the King] gets the advice second hand from me rather than from a messenger or at the Palace.

The Chinaman selected four officers to bear the blame of this trouble. The sole and only charges against them were that they had been intimately connected with Mr. Foulk. The third was a friend of Judge Denny and the fourth spoke Russian, Chinese and Japanese fluently. The King would not execute them but he at last consented to banish them. He however recalled it the same day. Whereupon the Chinaman came to the Palace (while I was there) to see about it. I went away of course, but the next morning's gazette announced that the Royal clemency had been recalled and they were to be banished.

We are greatly disgraced by our Minister. He tried to force a Japanese woman to sleep with him and I was called out to quiet him. He has done no business for two weeks and when sober he is very dazed. He has had me attend to his dispatches and everything else of importance. He has been reported home and will soon be recalled. We would be very glad if Mr. Foulk should receive the appointment and the Koreans would be delighted. The King sent to me to know if he could telegraph our Govn't to recall this man for drunkenness and send Foulk instead. To shield the Minister and prevent disgrace, I advised them not to do it ___ our Govn't might resent it and leave the place vacant.

Denny has a hard time fighting Chinese and distrusted by Koreans. Shufeldt, who made our treaty with Korea is in Japan on his way here with capital for investment in mines. He will find it a bad time; but Koreans like him because the Chinese hate him and he will doubtless receive a proposal to enter the Korean service. Mr. Foulk. you know, is in Japan on leave. He has asked the Navy Dept for leave to enter the service of the King of Korea. Min Yong Ik leaves today for China. He has been so scared for the past few days that he could not contain his water, and has not ventured out without a hundred Korean soldiers and a lot of Chinese.

The most interesting part of the whole plot is the part that the ex-Regent, Tai Won Khun (father of the king) is playing. He is a man of remarkable determination and has the record of being one of the most powerful rulers Korea has ever had. They have kept him locked up, but recently he broke out and went with a big retinue to the Chinese Legation and from there to the Palace. If things go on as they do now, and the King continues to banish faithful officers from fear of the Chinese, the old gentleman will assume the power and then one may expect lively times. I forgot to mention that Min Yong Ik, myself and another were selected for assassination some ten day since. As we are still afloat I don't fear any more trouble.

Yours truly,
H. N. Allen

18860823

호러스 N. 알렌(서울)이 프랭크 F. 엘린우드(미국 북장로교회 해외선교본부 총무)에게 보낸 편지 (1886년 8월 23일)[113]

추신

8월 23일

친애하는 박사님,

저는 이 추신이 필요하지 않기를 바라면서 글쓰기를 미루었습니다. 오늘의 사건으로 저는 (글쓰기를) 결정하였습니다. 궁궐에 두 번째 갔다 온 후, 헤론 박사는 어느 날 저에게 와서 자신도 저와 같은 입장이기에 때때로 자신이 그곳에 가야겠다고 말하였습니다. 저는 그에게 제가 간 것은 저와 관계가 없으며, 단지 엘러스 박사가 받아드려지도록 일하였을 뿐이고, 왕의 요청으로 갔으며, 따라서 그를 보낸 권리를 갖고 있지 않다고 말하였습니다. 이것은 상황을 매우 불쾌하고 만들었고, 그는 이 교사들이 저에게 등을 돌리도록 매우 비밀스럽게 시도하였지만, 오히려 자신의 음모가 드러났습니다. 오늘 병원으로 막 출발하려는데, 왕이 사람을 보내 불렀습니다. 이번 주는 제가 일하는 주입니다. 저는 헤론에게 대신 (병원에) 가달라고 요청하였습니다. 하지만 그는 단호히 거절하였고, 이유를 묻자 그는 쓸 편지가 있다고 대답하였습니다. 저는 그 편지가 5일 동안 발송되지 않을 것이며, 지금 환자 수가 적어 병원 일은 2시간이 소요되지 않을 것이라는 사실을 언급하였습니다. 그는 여전히 완고하게 거절하였고, 만약 그가 궁궐에 갈 수 없다면 그곳에 가서 저를 위해 제 일을 하지 않겠다는 뜻을 분명히 하였습니다.* 박사님께 솔직히 말씀드리면, 여병원과 관련하여 감리교회 사람들과 협상을 하였던 진정한 이유는 언더우드와 헤론 모두가 (의)학교가 저를 통해 성취되었다는 이유로 학교에서 가르치는 것에 대해 너무도 완고하였기 때문이었습니다. 저는 감리교회 사람들에게 모든 것을 넘길 수 있다고 위협해야만 하였으며, 당연히 저는 그들과 함께 새로운 일을 시작하는 것에 신경 쓰지 않습니다. 이곳의 모든 사람들은 일이 진행되어야 할 방향을 알고 있으며, 저는 그들과 관계를 유지하고 있다는 이유로 비난받고 있습니다. 저는 박사님께서 저를 대단한 불평분자라고 평가하시는 것

---

113) 아래 편지의 추신이다. Horace N. Allen (Seoul), Letter to Frank F. Ellinwood (Sec., BFM, PCUSA) (Aug. 20th, 1886)

을 알고 있지만, 만약 편지들을 면밀하게 읽으실 의향이 있으시다면, 제가 하였던 불평보다 더 많이 불평할 이유가 있다는 것을 박사님께 보여드리기 위하여 모든 서류를 보내드리겠습니다.

제가 파넘 박사에 대해 쓴 것을 뒷받침하기 위하여 말씀드리면, 비록 존 N. B. 스미스 목사(파넘과 함께 금주동맹의 임원입니다.)에게 우리 병원 보고서 한 부, 그리고 우리 아이의 출생 및 왕에게서 훈장을 받았다는 소식을 보냈지만, 신문에는 그것들에 대해 한 마디도 실리지 않았습니다. 동시에 그 신문들은 종종 이것들에 대한 소개와 의견을 싣고 있었는데, 그 정보들은 외부인들로부터 얻은 것이었습니다. 그것은 단지 저의 선교사 동료 중 일부의 시기심을 보여줄 뿐입니다. 상하이 사람들은 헤론이 지난 가을에 그곳을 방문할 때까지는 좋았으며, 제가 없는 동안 그가 저를 깎아 내리려 퍼트린 거짓말의 일부를 풀어줄 답을 보여주는 편지들을 갖고 있습니다.

안녕히 계십시오.
호러스 N. 알렌

* 처음으로 병원에 출근하지 못하였으며, 아내는 제가 떠난 있는 동안 내내 그들이 마당 근처에 있는 것을 보았습니다.

Horace N. Allen (Seoul), Letter to Frank F. Ellinwood (Sec., BFM, PCUSA) (Aug. 23rd, 1886)

P. S.   Aug. 23rd.

Dear Doctor,

I have deferred writing this postscript hoping it might not be necessary. Today's events determine my course. After the second time to the Palace, Dr. Heron came to me one day and said he should expect to go there, occasionally himself that he had the same buttons as myself. I told him I had nothing to do with my going, I had only been working to get Dr. Ellers received, I went myself at the King's request, I had therefore no right to send him. It made it very unpleasant and he met in a very underhanded way, attempted to turn these teachers against me, but was exposed himself instead. Today I was sent for by the King just as I was setting out for the Hospital. This is my week. I asked Heron to go instead and he flatly refused. I asked him why and he said he had letters to write. I mentioned the fact that the mail didn't leave for five days and it would not take two hours to do the hospital work, for the number is very low now. He still refused in his stubborn way and showed plainly that if he couldn't go to the Palace he would not do my work for me to go there.* To tell you frankly, the real reasons for my having any negotiations with the Methodists concerning the Womans Hospital was that both Underwood and Heron were so obstinate about teaching in the school because it came through me. I had to threaten to hand the whole thing over to the Methodists and I naturally didn't care to enter into any new thing with them. Everyone here sees the way the wind blows and I am censured for retaining any connection with them. I know you rate me a great complainer, but if you care to read the letters, I will send you a whole file of them to show you I have cause for more complaints than I have made.

To back up what I wrote about Dr. Farnham let me say that although I sent Rev. J. N. B. Smith (who, with Farnham is on the Staff of the Temperance Union) a copy of our hospital report, and a notice of the birth of our baby and the decorations from the King, not a word was put in the paper concerning them. At the same time, the papers were making frequent notices and comments on these things, the knowledge of which came to them from outsiders. It simply shows the envious spirit of some of my missionary brethren. The Shanghai people were alright till Heron went there last fall and I have letters to show answering some of the falsehoods he circulated to damage me in my absence.

Yours truly,
H. N. Allen
* The hospital for the first time was unattended, and Mrs. Allen saw them about in the yard most all of the time I was gone.

호러스 N. 알렌(서울)이
제임스 R. 모스(요코하마)에게 보낸 편지 (1886년 8월 23일)

서울, 1886년 8월 28일

친애하는 무어 씨,

나는 이번 우편으로 18개의 가죽을 보냅니다. 일부는 상태가 매우 좋지 않습니다. 일부는 상당히 좋습니다. 모두 가격이 쌉니다. 그것들의 가격은 다음과 같다.

표범 1장		9.00달러
호랑이 1장		5.00
표범 2장		7.00
호랑이 1장	┐	7.50
_____ 1장	┘	
표범 3장		15.50
호랑이 1장		5.00
호랑이 3장	┐	5.00
표범 1장	┘	
표범 4장		11.00
장뇌유(樟腦油) 종이와 비소		1.00
		73.00
18장		74.00

나는 더 이상의 입장권을 사지 않을 것입니다. 나는 4개를 갖고 있습니다. 의약품은 아직 받지 못하였습니다. 두 달 ___ 올 것입니다.

안녕히 계세요.
H. N. 알렌

Horace N. Allen (Seoul),
Letter to James R. Morse (Yokohama) (Aug. 23rd, 1886)

Seoul, Aug 28/ 86

Dear Mr Morse,

I send you by this mail, 18 skins. Some are very poor. Some are fairly good. All are cheap. They cost as follows.

1 leopard	9.00
1 tiger	5.00
2 leopard	7.00
1 tiger ⌐	17.50
1 _____ ⌐	
3 leopards	15.50
1 tiger	5.00
3 tigers ⌐	5.00
1 leopard ⌐	
4 leopards	11.00
Camphor oil paper & arsenic	1.00
	73.00
18	74.00

I won't buy more entrees I have four these. Medicines not yet received. Will come two months ____.

Yours truly,
H. N. Allen

호러스 N. 알렌(서울)이 G. 서튼(나가사키)에게 보낸 편지
(1886년 8월 25일)

서울,
1886년 8월 25일

친애하는 서튼 씨,

나는 뉴욕에서 40달러에 팔리는 좋은 풍로를 가지고 있습니다. 내부의 쇠쇠 중 하나가 부러졌는데, 이곳에서 __할 수 없습니다. 귀하께서 나가사키에서 20달러에 멋진 일반 난로를 사주실 수 있습니까? 그렇다면 보내주십시오.

내 것을 유리하게 처리할 수 있습니까?

서울로 운송하는데 크게 파손될 수 있기 때문에 풍로를 조심스럽게 포장해 주세요.

안녕히 계세요.
H. N. 알렌

Horace N. Allen (Seoul),
Letter to G. Sutton (Nagasaki) (Aug. 25th, 1886)

Seoul,

Aug. 25th, 86

Dear Mr. Sutton,

    I have a good cook stove that cost me $40.00 in New York. One of the clampers inside is broken and can't be ____ded here. Can you buy me a nice plain stove for $20.00 in Nagasaki if so send it on.

    Could you dispose of mine to advantage.

    Pack the stove carefully as there is great breakage in transit to Seoul.

Yours truly,

H. N. Allen

18860827

존 W. 헤론(서울)이 프랭크 F. 엘린우드(미국 북장로교회 해외선교본부 총무)에게 보낸 편지 (1886년 8월 27일)

한국 서울,
1886년 8월 27일

친애하는 엘린우드 박사님,

(중략)

언더우드 씨의 편지는 재무와 관련된 모든 업무를 충분히 설명하고 있으므로 제가 더 이상 말할 필요는 없을 것입니다. 그러나 개인적으로 한 가지 말씀드릴 것이 있는데, 현재의 제도에서 재무는 무엇을 위한 것인지 모르는 상태에서 알렌 박사의 청구를 단순히 지불하는데 그치기 때문에 의료 기금에 대한 감독권을 갖고 있지 못하다는 것입니다. 제가 말씀드리는 것이 최선인지 모르지만, (그 판단은) 박사님께 맡기겠습니다. 제가 의료 목적에 필요한 모든 기금을 알렌 박사로부터 받아야 하는데, 어떤 이유 때문에 저에게 주지 않기로 결정하는 경우, 저에게는 상환 청구권이 없다는 것을 말씀드리고 싶습니다. 이러한 일들이 발생할 것 같지는 않습니다. 그렇지만 박사님의 의료 선교사가 선교본부를 제외한 누군가에게 의존해야 한다는 것은 저에게 공평하지 못한 일이며, 가장 수치스러운 일입니다.

저는 매달 내역 명세서를 알렌 박사에게 제출하고 있지만, 결코 그의 지출에 대해 알지 못합니다. 물론 그가 많은 기금을 가져 오기 때문에 이는 옳은 것이라 말할 수도 있지만, 그가 이렇게 할 시간을 주기 위하여 제가 조선인 진료의 거의 대부분을 하고 있으며, 그는 매우 자주 그의 시간을 병원에서 외국인과 보내는 경향이 있습니다. 저는 부분적으로 돈을 벌고 있다고 느끼고 있으며, 분명 우리 교회의 동료로서 그 지출이 적절한지에 대해 상당한 관심을 갖고 있습니다.

(중략)

유행이 시작되었을 때 저는 '콜레라 약'의 제조법을 준비하였고, 병원에서 조제하여 큰 갤런 병에 보관하였으며 주사(主事) 한 명에게 병원에서 계속 자리를 지켜 [병원에] 오는 모든 사람들에게 저의 지시에 따라 주도록 하였습니다. 이것은 실행되었으며, 이 약을 받기 위하여 때로는 하루에 백 명이 오기도

하였습니다. 이후에 저는 그 제조법을 알렌 박사와 스크랜턴 박사에게 보여주었고, 그 두 사람은 자신들의 업무에 도입하였으며, 알렌 박사의 경우 우리의 재고가 부족해지자 변경하였습니다.

(중략)

John W. Heron (Seoul),
Letter to Frank F. Ellinwood (Sec., BFM, PCUSA) (Aug. 27th, 1886)

August 27, 1886
Seoul, Korea

My Dear Dr. Ellinwood,

(Omitted)

As Mr. Underwood's letter fully explains all business connected with the treasury, it is not necessary for me to say more. Personally I do desire to say one thing however, that the treasurer has no control of medical funds under existing arrangements at all, simply paying on Dr. Allen's order without ever knowing what that order is for. Whether this is best I shall not say, but will leave that to you. For myself, I now desire to say that all the funds I desire for medical purposes must come from Dr. Allen, and if for any reason he should decide not to give them to me I shall have no recourse. While this is not likely to happen, it is not fair to me as your medical missionary to be put in such a position of dependence on any one save the Board to whom I am answerable, & it is most humiliating.

I render monthly an itemized statement to Dr. Allen, while I never see his expenditures. Of course it may be said that this is only right since he brings in the funds very largely, but as in order to give him time for this, I do all or nearly all with the Korean practice, and very frequently take his time at hospital while he is tending to some foreigner. I feel that I partly earn this money and certainly as the friend of this Church, am as much interested in their proper expenditure as he is.

(Omitted)

At the onset of the disease I prepared a formula for "cholera medicine" and had it put up at the Hospital and kept in large gallon bottles, asking that one of the officials be constantly there to give it to all who came, according to my directions. This was done and sometimes as many as a hundred a day came for the medicine. I afterward showed the formula to Drs. Allen and Scranton and both of them adopted for their own special work, modifying, in Dr. Allen's case, as the stock of our ingredient ran low.

(Omitted)

호러스 N. 알렌(서울), 한국의 정세 (1886년 8월 28일)

서울, 1886년 8월 28일

한국의 정세

약 2년 동안 영국은 한국 남해안의 거문도를 점거하고 있는데, 한국인들의 ___에도 불구하고 중국이 한국을 종속국으로 주장하며 한국을 보호하겠다고 약속하자 한국인들은 자연스럽게 중국에 보호를 요청하게 되었고, 그리고 영국과 중국은 다정한 친구이기 때문에 그것은 실행하기 쉬운 문제처럼 보였다. 아무 것도 하지 않았고 시도하지 않는 보호를 신뢰하는 데 지쳤다. 일부 한국인들은 러시아가 중국과 영국의 침략을 반드시 막아낼 것이기 때문에 결국 러시아의 보호를 받는 것이 더 좋지 않을까 하는 생각을 하기 시작하였다.

중국이 한국을 지키는 것이 옳다는 것은 의심의 여지가 없다. 중국은 이 반도에서 우리가 멕시코에서 할 수 있는 것보다 더 많이 외국의 침략을 허용할 수 없다. 하지만 중국은 ___에 대한 국가의 임무를 수행할 위험에 처한 한 사람을 외교 사절로 선택하였다. 분명히 그는 자신의 정부의 동의를 받지 않고 인도의 영국 사절이 '거주자'라는 의미에서 자신을 '총독(總督)'이라고 하는 것을 따라 자신을 '총독[駐箚朝鮮總理]'이라고 하였다. 이 꾸며낸 자격으로 그는 왕에게 명령을 내리게 되었고, 위협의 수단으로 그는 ___하고 있어 지난 주에 일어난 큰 동요의 원인이었다.

러시아 보호국이 바람직하다는 소문이 중국 공사의 귀에 들어가자 그는 조선의 왕이 이미 러시아 공사에게 보호국을 요청하였고 후자가 서류를 작성한다면 그것에 서명을 하면 받아들이겠다는 의향을 표시하였다고 중국에 전보를 보냈다. 이 보고는 중국의 권위자에 의해 거부되었고, 중국 공사는 자신의 계획을 수행하기 위하여 러시아 보호국을 서명으로 요청하는, 왕의 옥새(玉璽)가 찍힌 문서를 들고 나타났다.

왕은 이 문서에 대하여 아는 바가 없다고 부인하였고, 이에 대하여 가장 신뢰할 수 있고 유용한 관리 4명을 처형하기 위하여 선택하였다. 그 당시에는 영향력 있는 미국인의 친구라는 것 외에는 그들에게 책임을 물을 수 있는 사람이 아무도 없었다. 왕은 마침내 이 사람들을 처형하는 것이 아니라 단지 귀향을 보내는데 마지못하여 동의하였다. 그는 중국군 72개 부대가 뤼순항에서 서울을 향하여 출항하고 있다는 전보에 의하여 도움을 받았다. 하지만 그는 같은 날 그 명령을 취소하였고, 이에 자신이 임명한 고문들이 다시 방문하였으며 그 결과는 다음 날 '왕의 사면'이 취소되었고 4명은 귀양을 보냈다.

중국군의 ＿＿＿에 관한 보고가 있었다는 사실은 알지 못하지만 미국인들은 보호를 원하였다. 서울에는 8명의 미국인 여자, 6명의 어린이, 12명의 남자가 있다. 약 2년 만에 처음으로 우리는 보호를 받지 못하였다. 전함은 일본에서 콜레라로 곤란을 겪었는데, 그것이 한국에서 유행하자 콜레라가 한국인의 ＿＿＿에 충분히 걸릴 것이라는 제언에 중국으로 가는 것을 허락받았다. 그래서 그들이 내버려 두었지만 콜레라가 사고의 결과라고 하기에는 때가 너무도 알맞았는데, 중국의 통제 하에 있는 전보 외에는 2주 이내의 외부 세계의 소식을 들을 수 없는 시기에 문제가 발생하였기 때문이다. 그 당시 미국인들은 ＿＿＿가 중단되었지만 ＿＿＿가 수리되지 않을 것이라는 확신과 함께 그들의 전보가 그 사무실에서 모두 반환되었다는 사실이 놀라운 일이 아니다. 그동안 중국인들이 매일 전보를 주고받았다는 충분한 증거가 있었다. 이에 군대가 오지 않고 사람들의 위험은 사라졌다.

이 문제는 데니 판사에게 많은 문제를 만들어주었다. 왕은 실제로 중국 공사의 위협 때문에 자신이 원하는 대로 신중하게 판사의 조언을 받을 수 없다고 말하였다. 판사가 리훙장을 가장 높게 평가하는 반면 이곳에 있는 그의 관리는 그를 부러워하는 눈으로 바라보고 그의 기준과 경험을 방해하기 위하여 최선을 다한다. 그는 이번에 너무 부주의하게 자신의 손을 놀려 자신을 완전히 드러냈고, 데니 판사가 사건을 중국 고위 당국자에게 제기하지 않고 이 오만한 사람을 제거하지 않으면 이상할 것이다. 이를 통하여 영국에서 거문도를 ＿＿＿하고 한국인들은 중국과의 종속 관계라는 주제에 대하여 다시 상당히 흥분하게 될 것이다. 그러나 이것이 불가능하다면 ＿＿＿는 한국이 현 중국 공사의 ＿＿＿와 강압적인 행동에서 자유로워지고, 지금까지 중국이 실패하였던 종주권을 보호하기 위하여 다른 사람에게 ＿＿＿할 것으로 분명히 예상할 수 있다.

Horace N. Allen (Seoul), Affairs in Korea (Aug. 28th, 1886)

Seoul, Aug. 28/ 86

Affairs in Korea

For some two years England has been occupying Port Hamilton on the Southern coast of Korea, notwithstanding the _____ of the Koreans, as China claims Korea as a dependency and also promises to protect her, the Koreans naturally turned to her for protection in this case, and as England and China are such fast friends it seemed an easy matter to do. Nothing was done and weary of trusting in a protection that made no attempts at protection. Some Koreans began to wonder if it would not be better after all for Russia to assume the protection since she would surely guard against the encroachments of both China and England.

There can be no doubt that China is right in guarding Korea. She can no more allow foreign aggression in this peninsula than we can in Mexico. Yet she has selected a man as representative who is in danger of accomplishing just what his country mission to ____. Apparently without the consent of his government he styles himself "Resident" in the sense that the English Representative in India is "Resident." In this assumed capacity he takes it upon himself to dictate to the King and by means of intimidation he is _____, hence the cause of the great excitement of the past week,

The rumors of a Russian protectorate being a desirable thing, having come to the ears of the Chinese Representative he telegraphed to China that the King of Korea had already applied to the Russian Minister for the establishment of a protectorate and that the latter had signified his willingness to take up the matter if it was put on paper. This report was denied by authority respected in China, and to carry his plans the Chinese Minister next appeared with a document over the King's seal, requesting in writing the establishment of the Russian protectorate.

His Majesty denied having any knowledge of this document, wherefore four of his most trusted and useful officers were selected for execution. No one was at the time, nor serviceable to settle any charge upon them other than that they ___ friends of certain influential Americans. The King at last gave a reluctant consent, not to the execution of these men but simply for their banishment. He was aided in this by the report by telegraph that seventy two battalions of Chinese troops were embarking from Port Arthur for Seoul. He however countermanded that order the same day, whereupon he was again visited by his self appointed adviser and the result was that on the following day the "Royal Clemency" was recalled and the four men went into banishment.

Not knowing but that the report concerning the ___vulding of Chinese troops was there. The Americans wished protection. There are in Seoul eight American ladies, six children and twelve men. For the first time in about two years we were without protection. The men-of-war had been so troubled with Cholera in Japan that upon its outbreak here they were allowed to go to China, on the suggestion that the Cholera would be enough to absorb the ___ of the Koreans. So it would if they were let alone but the time seemed too favorably Cholera to be the result of accident, for the trouble occurred at a time when we could not get news of the outside world in less than two weeks, except by telegraph and that is under Chinese control. It was not surprising to the Americans then that their telegrams were all returned from that office with the assurance that the ____ was interrupted but would be repaired no _____. All this time there was sufficient proof that the Chinese were receiving and sending telegrams daily. The troops herewith failed to come and the danger from people has been passed away.

The matter has given Judge Denny a deal of trouble. The king has actually stated that he could not advise with the Judge carefully as he wished to, because of the threats of the Chinese Representative. While the Judge has the highest regard of Li Hung Chang - his official here looks upon him with envious eyes and does all he can to obstruct his measure and experiences. He has played his hand so carelessly this time however that he has completely exposed himself and it will be strange if Judge Denny does not lay the case before high Chinese Authority and cause the removal of this arrogant fellow. This accomplished and Port Hamilton r___ed from the English the Korean people will again become fairly well excited on the subject of their dependent relations with China. But if this cannot be done, ____ __ may confidently expect Korea to ____ to some other person to free her from the _____ and high handed conduct of the present

Chinese Representative, and for the protection of her sovereign rights which China thus far has failed to do.

호러스 N. 알렌(서울), [진단서] (1886년 8월 28일)

한국 서울,
1886년 8월 28일

나는 존경하는 주한 미국 공사인 W. H. 파커 님을 지난 3개월 동안 진료 하였음을 증명하며, 내 판단으로 그가 현재 상황에서 이 나라에 오래 거주하 면 분명히 그에게 육체적으로나 정신적으로나 재앙이 될 정도로 심각한 상태 에 있다고 생각합니다.

H. N. 알렌, 의학박사

Horace N. Allen (Seoul), [Medical Certificate] (Aug. 28th, 1886)

Seoul, Korea,
Aug. 28th, 1886

I certify that I have been attending Honorable W. H. Parker, U. S. Minister to Korea, during the past three months and that in my judgement I consider him to be in such a critical condition that a longer residence in this country under the existing circumstances will surely result disastrously to him, both physically and mentally.

H. N. Allen, M. D.

거투르드 H. 데니의 일기 (1886년 8월 30일)

월요일, 1886년 8월 30일

나는 '왕', '왕비'와 '왕세자'를 알현하라는 부름을 받았는데, 차라리 '왕비'를 알현하고 다른 두 명이 참석하였다고 말해야 한다. 알렌 박사의 부인, 왕비의 여의사인 엘러스 박사도 참석하였다. 왕비는 알렌 부인에게 어린 두 아들을 데려오라고 요청하였는데, 큰 아이는 2살이고 막내는 2개월 밖에 되지 않았다. 그들이 그 자리에 있는 것이 다행이었는데, 그들의 존재가 뻣뻣함을 크게 풀어주었다. 왕실 사람 세 명 모두는 그들에게 관심이 많고 아이들을 무척 좋아하는 것 같다.

(중략)

The Diary of Gertrude H. Denny (Aug. 30th, 1886)

Monday, August 30, 1886

I was called to see the "King," "Queen" & "Crown Prince," or rather I should say the "Queen," and the other two were present. The wife of Dr. Allen and also Dr. Ellers, a woman physician to the Queen, were present. Her Majesty had asked that Mrs. Allen have her two little boys brought along, the eldest is two years old and the youngest only two months. It was fortunate they were there; their presence broke up the stiffness greatly. All three of the royal personages were very much interested in them and seemed very fond of children.

(Omitted)

18860900
편집자 단신. *The Foreign Missionary* 45(4) (1886년 9월호), 148쪽114)

한국의 왕은 우리의 의료 선교사인 알렌 및 헤론 박사에게 세 번째 등급의 품계를 수여함으로써 그들에 대한 감사를 표하였다. 이 영예의 가치는 아마도 그들에게 현지에서 든든한 배경을 제공해 준다는 것을 제외하고는 사소하겠지만, 조선 정부에 의해 유지되고 있는 선교부의 의료 사역에 대한 존경의 표시로서 상당히 고려할 만한 가치가 있다. 그들은 모든 계층을 대상으로 한 우리들의 의료 사업에 신망을 주는데 그들의 영향력을 가질 것이며, 그래서 한국에서 진리와 박애의 대의를 촉진하게 할 것이다.

Editorial Notes. *The Foreign Missionary* 45(4) (Sept. 1886), p. 148

The King of Korea has signified his appreciation of our medical missionaries, Doctors Allen and Heron, by conferring upon them decorations of the third rank. The value of these honors is slight, perhaps, except in their local setting; but as a token of esteem in which the medical work of the mission is held by the Korean Government they are worthy of high consideration. They will have their influence in giving prestige to our medical work among all classes, and will thus inure to the advancement of the cause of truth and humanity in Korea.

---

114) 이 기사는 다음의 잡지에도 실렸다. [No Title]. *The Medical Missionary Record* 1(6) (Oct., 1886), p. 151

우리의 가장 동쪽 선교지. *Woman's Work for Woman and Our Mission Field* 1(9) (1886년 9월호), 200쪽

(중략)

한국에서 활동은 이제까지 한강 변에 위치한 수도 서울에 국한되어 있다. 이곳에는 알렌 및 헤론 박사가 의사로 근무하고 있고, 3월에 16명의 학생으로 개교한 의학교에 조선 정부가 숙식과 의복을 제공하는 왕립병원, 그리고 고아원과 주간 학교가 있다. 그러나 그곳에는 아직도 말씀을 전도할 자유가 없다. 감리교회 역시 서울에 선교부를 갖고 있다.

Our Most Eastern Possessions. *Woman's Work for Woman and Our Mission Field* 1(9) (Sept., 1886), p. 200

(Omitted)

Operations in Korea are, thus far, limited to the capital, Seoul, on the river Han. Here are the Royal Hospital, in which Drs. Allen and Heron are physicians; a medical school opened in March with 16 students, for whom the Korean Government provides board and clothes; and an orphanage and day-school. But there is, as yet, no liberty to preach the Word. The Methodist Church has also a Mission in Seoul.

18860900

편지. 한국. [존 W. 헤론 부인] *Woman's Work for Woman and Our Mission Field* 1(9) (1886년 9월호), 211쪽

한국

헤론 부인이 보낸 사적인 편지에서 발췌

서울 고아원, 1886년 3월 28일

우리는 고아원을 위하여 주택을 구입하였습니다. 일꾼들은 이제 마당 주위에 담을 쌓고 있습니다. 그것은 우리 집에서 길 건너편에 있고, 멋지고 큰 집과 마당이며, 가격은 단지 약 500달러에 불과합니다. 그러나 모든 한옥은 수리가 불가능해 보이기 때문에 수리하는데 어느 정도 비용이 들 것입니다. 언더우드 씨는 우리 여자들이 할 수 있는 도움을 받으며 지금 고아원을 책임질 것입니다. 그는 또한 작은 주일 학교를 갖고 있으며, 알렌 부인이나 제가 그들을 위하여 오르간을 연주하고 그들에게 복음 성가를 가르칩니다. 그들은 그것들 중 일부를 잘 노래합니다.

(중략)

Letters. Korea. [John W. Heron (Mrs.)] *Woman's Work for Woman and Our Mission Field* 1(9) (Sept., 1886), p. 211

Korea.

Extracts from private letters by Mrs. Heron,

The Orphanage, Seoul, March 28, 1886

We have bought a house for the orphanage. The workmen are now putting up the wall around the yard. It is just across the street from our house, and is a nice, large house and yard, and cost only about $500. But it will cost something to fit it up, for all Korean houses seem to be out of repair. Mr. Underwood will take charge of the orphanage for the present, with such help as we ladies can give him. He also has a little Sabbath-school, and either Mrs. Allen or I play the organ for them and teach them Gospel songs, They sing some of them very well.

(Omitted)

그림 7-9. 미국 북장로회의 고아원. 1886년 5월 11일 개원하였으며, 처음에는 호러스 G. 언더우드가 책임을 맡았다.

18860900

찰스 H. 쿠퍼의 호러스 N. 알렌과의 계정 (1886년 9월)

찰스 H. 쿠퍼의 호러스 N. 알렌과의 계정

1886년		대변	차변
9월 10일	명세서의 의하여	270.00달러	
	다음과 같은 청구서의 오류에 의하여		
8월 18일	8개 소포에 대한 세금 (나는 신청서를 보냈다.)		18.46달러
" 20	물품에 대한 세금 ⌐ 나는 세금을 지불하지 않기 때문에 다른		
" "	하선 " ⌐ 사람이 요청한 것이며 물품의 위치를		
	알 수 없음.		2.50
" 31	다량의 신발⁴⁰ 마구 및 검정 구두약⁷⁰		1.10
" "	먼지 팬⁴⁰, _____ 2개¹⁵⁰		1.90
9월 10일	동봉한 청구서의 금액		15.70
9월 10	잔액		220.80
		270.00	270.00
	이월		49.20
9월 10일	홍콩 앤드 상하이 은행 수표		67.57
" "	한국 세관 수표		50.00
" "	나가사키 홈 링거 앤드 컴퍼니		25.00
" "	잔액.		78.23
		270.00	270.00

오기와 누락은 제외

H. N. 알렌

1886년		대변	차변
6월 24일 골동품		81.800	
" " "		32,800	
" " "		75,000	
7월 18일 " 40,000과 30,000을 현금으로 지불함		70,000	
6월 - 현금으로			159,000
" - " "			70,000
		259,600	229,000
	잔액 30,600 @1,950		30,600
			15.70달러

Charles H. Cooper in Acct. with Horace N. Allen 1886 (Sept., 1886)

C. H. Cooper Esq. in Acct. with H. N. Allen

1886		Cr.	Dr.
Sept. 10	By statement rendered	270.00	
	By errors in bill as follows		
Aug. 18	Duty on 8 pkgs (I sent application)		18.46
" 20	Duty on goods ⌐ Request by for some one else as I		9.54
" "	Landing " ⌐ don't pay duty and can't locate goods.		2.50
" 31	Shoe bulk^{40} Tacks & blacking^{70}		1.10
" "	Dust fan^{40}, 2 browns^{150}		1.90
Sept. 10	Am't of enclosed bill		15.70
Sept. 10	To bal.		220.80
		270.00	270.00
	Fwd.		49.20

Sept. 10	Cheque on Hong Kong & Shanghai Bank			67.57
" "	" " Korean Customs			50.00
" "	Holme Ringer & Co., Nagasaki			25.00
" "	To bal.			78.23
			270.00	270.00

E & O. E.

H. N. Allen

C. H. Cooper, Esq. in acc't with H. N. Allen

1886		Cr.	Dr.
June 24	To Curios	81.800	
" "	" "	32,800	
" "	" "	75,000	
July 18	" Cash paid by 40,000 & 30,000	70,000	
June -	By cash		159,000
" -	" "		70,000
		259,600	229,000
	To bal. 30,600 @1,950		30,600
		15.70	

한국의 왕을 위한 신 주사의 호러스 N. 알렌과의 계정
(1886년 9월)

한국의 왕을 위한 신 주사의 호러스 N. 알렌과의 계정

1886년		차변	대변
3월 19일 5개의 난로와 수리 부품			
(태플린, 라이스 앤드 컴퍼니 청구서)		금화 106.86	
" " 오하이오 주 애크런에서 뉴욕까지의 화물비		" 7.46	
" " 뉴욕에서 상하이까지의 "		" 25.64	
" " 위에 대한 환전 @ 75		은화 46.48	
" " 상하이에서의 환적		" 2.80	
" " 상하이에서 제물포까지의 화물비		" 14.42	
" " 제물포에서의 하역비		" 2.50	
8월 " " 세금		" 6.91	
9월 " 제물포에서 마포까지의 선박 임대료		" 7.00	
" " 마포에서 정도까지의 우마차		" 2.80	
" " 정동에서 궁궐까지		" 4.80	
" " 뉴욕과 상하이 우편료		" .50	
		"	227.67
5월 14일 램프 등 무더기 1개			
(바이워터 페리 앤드 컴퍼니를 통하여 청구서)			
나가사키까지의 화물비를 포함하여		" 305.50	
" " 나가사키에서 제물포까지의 화물비		" 8.64	
7월 " 제물포에서의 하역비		" 5.25	
" " " 세금		" 15.47	
" " 등 조립을 위한 2명의 중국인 반나절 고용		" 1.50	
" " 우편료, 런던과 상하이		" .50	
		"	336.86
		" 564.53	

9월 21일 동봉한 청구서를 통한 난로 무더기 1개   은화 227.67

  "   "   "   "   " 등(燈) 등 "   "   "   336.86

  "   "   (1월 15일) 현금으로   575.00

  "   "   잔액.   "   10.43

                                      "   575.00 575.00

오기와 누락은 제외

H. N. 알렌

Shin Chusah in Account with Horace N. Allen for His Korean Majesty (Sept., 1886)

Shin Chusah in Acct with H. N. Allen for His Korean Majesty

1886		Dr.	Cr.
Mch. 19	To 5 stoves & repairs (Taplin, Rice & Co. bill) gold 106.86		
" "	Freight from Akron, O. to New York	" 7.46	
" "	" " New York to Shanghai	" 25.64	
" "	Exchange on above @ 75	Mex. 46.48	
" "	Transhipping at Shanghai	" 2.80	
" "	Freight, Shanghai to Chemulfoo	" 14.42	
" "	Landing at "	" 2.50	
Aug "	Customs Duty " "	" 6.91	
Sept "	Boat hire, Chemulpo to Mapo	" 7.00	
" "	Ox carts, Mapo to Chong Don	" 2.80	
" "	Chong Don to Palace	" 4.80	
" "	Postage to New York & Shanghai	" .50	
		"	227.67
May 14	1 lot lamps etc (as per Bywater Perry & Co. bill)		

		Freight to Nagasaki included	"	305.50	
"	"	Freight, Nagasaki to Chemulpo	"	8.64	
July	"	Landing at "	"	5.25	
"	"	Duty " "	"	15.47	
"	"	2 Chinamen ½ day to set up lamps	"	1.50	
"	"	Postage, London & Shanghai	"	.50	
			"		336.86
			"	564.53	
Sept. 21		To 1 lot stoves as per acc'panying bill,	Mex.	227.67	
"	"	" 1 " lamps etc " " "	"	336.86	
"	"	(Jan 15) By cash			575.00
"	"	To bal.	"	10.43	
			"	575.00	575.00

E & O. E.

H. N. Allen

알렌 박사의 일기 제1권(1883~1886년) (1886년 9월 5일)

1886년 9월 5일 (일)

3주일 전 오늘, 왕은 엘러스 박사와 나를 궁궐로 불러 왕가(王家)를 치료하도록 하였다. 엘러스 박사가 왕비를 진찰하는 동안, 나는 왕과 왕세자를 진찰하였다. 왕은 바깥세상의 물정에 대해 물어 보았는데, 나는 그가 나의 조언을 받는다는 것을 알아차렸다.

이후 우리는 격일로 궁궐을 방문하였다. 지난 월요일115), 아내와 아이들은 데니 부인을 만났다. 그들은 10시간 이상 궁궐에 머물렀다. 모리스는 왕비에게 미소를 지었고, 왕비의 마음을 사로잡았다. 해리는 수줍음을 잃고 왕의 팔찌를 가지고 놀았다. 해리와 왕세자는 떠들며 뛰어놀았다.

왕을 알현한 후, 우리는 1882년 반란[임오군란]이 일어난 후 왕비의 환궁을 기념하여 여름 정자에서 베푼 연회에 참석하였다. 나는 이 연회에 헤론 박사 부부를 초청해도 좋다는 허락을 얻었다. 그들은 매우 늦게 도착하였고, 왕을 알현할 수 없었기에 기분이 상당히 상하였다. 헤론은 대단히 비기독교적인 행동을 하였으며, 내가 여태껏 알았던 사람 중에 가장 시기심이 많은 사람이다. 우리는 갈라서야만 할 것이다. 외국인들은 만일 내가 선교부를 떠난다면 잘 도와주겠다고 약속하고 있다. 나는 그렇게 할지도 모른다.

중국 측이 왕의 진보적인 조치를 중지시키려 노력하고, 아마도 왕의 아버지를 왕좌에 추대하려 한 것 때문에 우리는 난처한 입장에 있었다. 파커 대령은 항상 술에 취해 있었고, 데니 판사는 의심을 받고 있었기 때문에 나는 공사관 일을 대부분 해결해야만 하였다.

전체 줄거리는 다음과 같았다. 8월 20일경, 대규모의 중국 함대가 출항하였다. 이 함대는 한국의 동해안을 돌아 북쪽의 블라디보스토크까지 올라갔다. 시베리아에서 중국인들의 폭동이 일어나 러시아 함대는 국경을 살피기 위해 그곳으로 왔다. 그런 다음 중국인들은 일본을 위협하기 위하여 나가사키로 갔다. 그 사이 2주일 동안에는 우편선이 없을 예정이었기 때문에 이곳의 중국인들은 전신 회선이 방해를 받고 있다고 보고하였으며, 모든 것을 자신들의 것

---

115) 8월 30일이다.

으로 만들었다.

　하지만 우리들 중 일부의 노력으로 즈푸에 정박하고 있는 우리의 오시피 호가 소식을 입수하였고, 그곳에서 외부로 전달되었다. 오시피 호는 중국 군함 8척이 [제물포에] 도착할 때 거의 동시에 도착하였다. 20명의 해병대가 이곳의 우리들에게 파견되었고, 중국인들은 진정되었다. 데니는 리홍장을 만나러 갔으며, 문제는 해결되었다.

　파커 대령이 본국으로부터 소환되었고, 그제께 떠났다. 조지 C. 포크 중위가 다시 미국 공사관의 책임을 맡게 되었다.

Dr. Allen's Diary No. 1 (1883~1886) (Sept. 5th, 1886)

Sunday Sept. 5/ (18)86 [(Sun.)]

　Three weeks ago today, the King called Dr. Ellers and myself to treat the Royal Family. While Dr. Ellers attends to the Queen I look after the King and Crown Prince. The King also asks me all manner of questions about affairs outside, and I notice he takes my advice.

　We have been there about every other day since. On last Monday, Mrs. Allen and the children were presented with Mrs. Judge Denny. They remained there over ten hour. Maurice smiled on the Queen and won Her Majesty's heart. Harry lost his shyness and played with the King's bangles. He and the Crown Prince had quite a romp.

　After the audience we attended a banquet in the summer pavilion in honor of the Queen's return to the throne after the riot of '82. I secured permission to invite Dr. & Mrs. Heron to this banquet. They came very late and were quite offended at not being able to see the King. Heron acts very unchristian-like and is the most jealous person I ever knew. We will have to part. The foreigners promise me good support if I will leave the mission. I may do so.

　We have had serious times due to an attempt on the part of China to stop the King in his progressive work, and perhaps to put his father on the throne. As

Capt. Parker was drunk all of the time and Judge Denny was suspected, I had to figure largely in the work of the Legation.

The whole plot was as follows. About the Aug. 20th, the largest fleet of Chinese ships set out that has ever come together. They went up to Vladivostok around the East coast of Korea. A Chinese riot in Siberia called the Russian fleet there to look after the border. The Chinese then went to Nagasaki to menace the Japs. by their presence. In the meantime as there was to be no mail S. S. for two weeks the Chinese here reported the telegraph circuit interrupted and had things all their own way.

Owing however to the energy of a few of us news was gotten the our ship Ossipee at Chefoo and from there to the outside. Ossipee arrived at Chemulpoo almost at the same time that 8 Chinese war ships came in. 20 marines were sent to us here, and the Chinese cooled down. Denny has gone to see Li Hung Chang and have the matter settled.

Capt. Parker was recalled and left day before yesterday. Lieut. George C. Foulk again has charge of the U. S. Legation.

호러스 N. 알렌(서울)이 메저스 바이워터 페리 앤드 컴퍼니(런던)로
보낸 편지 (1886년 9월 6일)

한국 서울,
1886년 9월 6일

메저스 바이워터 페리 맨드 컴퍼니,
    런던 퀸 빅토리아 가(街) 79

안녕하십니까,

6월 11일자 귀 회사의 편지에 답장을 하지 못하여 죄송하지만 증기선이 너무 빨리 떠났습니다. 나의 개인적 물품에서 상당한 문제가 발생하여 가격에 관한 실수를 하게 되어 유감스럽습니다. (의료) 기구를 위하여 보낸 41.19/11파 운드를 제하면 나는 귀 회사에 37.13/8파운드의 빚이 있습니다. 나는 러시아 공사로부터 환어음을 받았으며, 첫 번째 것을 동봉합니다. 이것은 기구 값과 같습니다. 그러한 큰 불일치를 한국인에게 설명하기 어려울 것이기에 주문을 작성하기 전에 저에게 확인을 받았으면 좋겠습니다. 하지만 생각만큼 크지 않기를 바라며, 외아문 독판이 돌아오면 잔고를 해결하기 위한 수표를 얻기 위해 노력할 것입니다.

안녕히 계세요.
H. N. 알렌

Horace N. Allen (Seoul),
Letter to Messrs Bywater Perry & Co. (London) (Sept. 6th, 1886)

Seoul, Korea

Sept 6/ 86

Messrs Bywater Perry & Co.,

    79 Queen Victoria St., London

Gentlemen,

I am sorry I could not reply to yours of June 11th by last mail but S. S. left too soon. It is unfortunate that I made such mistakes in regard to the prices as my personal goods as it cramps on considerably. Deducting the £41.19/11 sent for instruments I find I am in your debt £37.13/8. I have previewed a draft from the Russian minster the first of exchange I herewith enclose. This squares up to the instruments. I wish you had confirmed with me before filling that order as such a large discrepancy will be hard to explain to the Koreans. However I hope still that it may not be as large as you think and on the return of the President of Foreign Affairs I will endeavor to get a cheque for the balance.

Yours very truly,

H. N. Allen

18860906

호러스 N. 알렌(서울)이
제임스 R. 모스(요코하마)에게 보낸 편지 (1886년 9월 6일)

서울,
1886년 9월 6일

친애하는 모스 씨,

이곳과 제물포 사이에서 오랜 지연 끝에 의약품이 도착하였습니다. 나는 이제 계정을 정리하겠습니다. 귀하의 청구 금액은 260.61달러입니다.

나는 귀하께 67달러, 74달러, 합해서 141달러에 해당하는 호랑이 가죽을 보냈습니다. 나는 귀하가 친절하게 제안해주신 20%인 28.20달러를 추가하면 169.20달러가 되며, 이것을 귀하의 청구 금액에서 공제하면 91.41달러가 귀하에 대한 빚이 됩니다. 나는 두 장의 수표를 갖고 있는데, 하나는 상하이 앤드 홍콩 은행의 67.51달러이며, 다른 것은 나가사키의 홈 싱어 앤드 컴퍼니의 25달러로서 합하면 92.51달러가 됩니다. 나는 잔액 1.10달러를 귀하게 드리며, 계정을 정리합니다.

안녕히 계세요.
H. N. 알렌

Horace N. Allen (Seoul),
Letter to James R. Morse (Yokohama) (Sept. 6th, 1886)

Seoul,

Sept 6/ 86

Dear Mr. Morse,

The medicines have arrived after a long delay between here and Chemulpo. I will now settle with you. Your bill is $260.61.

I sent you tiger skins amounting to $67.00 & $74.00 & $141.00. I will add on the 20% you kindly offered, $28.20. making $169.20 to be deducted from your bill, leaving me in your debt to am't of $91.41. I have two cheques one in Shanghai & Hong Kong bank for $67.51, the other in Home Singer & Co., Nagasaki for $25.00 making in all $92.51. I give you the balance $1.10 and the acct. is settled.

Yours truly,

H. N. Allen

18860907

호러스 N. 알렌(서울)이 제임스 R. 모스(요코하마)에게 보낸 편지
(1886년 9월 7일)[116]

서울,
1886년 9월 7일

친애하는 모스 씨,

의료 물품이 오는 도중 오래 지연되었기 때문에 상태가 좋지 않은 상태로 도착하였습니다.

나는 이제 귀하와 [계정을] 해결하려 합니다. 귀하의 청구액은 260.61달러입니다. 나는 귀하께 가죽 141.00달러어치(67.00달러와 74.00달러를 보냈고, 귀하게 친절하게 제안한 20%를 추가하면 169.20달러)를 보냈고, 귀하가 갖고 있는 큰 가죽의 경우 60달러로 총 229.20달러가 됩니다.

귀하에게 지불할 것이 31.41달러가 남습니다. 나는 요코하마의 29.15달러의 수표를 가지고 있는데 그것을 귀하에게 보내며, 남은 1.26달러에 대하여 나는 귀하께 ____를 요청해야 합니다. 우리는 나의 거래를 ____할 것입니다.

안녕히 계세요.
H. N. 알렌

---

116) 다음의 9월 6일자 편지를 수정한 것으로 판단된다. Horace N. Allen (Seoul), Letter to James R. Morse (Yokohama) (June 6th, 1886)

Horace N. Allen (Seoul),
Letter to James R. Morse (Yokohama) (Sept. 7th, 1886)

Seoul,

Sept 7/ 86

Dear Mr. Morse,

The medical goods have arrived in bad condition owing to a long delay on the way.

I will now settle with you. Your bill is $260.61. I have sent you skins to the amount of ($67.00 & $74.00) $141.00. with 20% added on your kindly offered, it makes $169.20, $60.00 for the big skins in your possession makes the total $229.20.

Leaving a balance to you of $31.41 in your favor. I have a cheque on Yokohama for $29.15 which I send you and will have to ask you to _____ remaining 1.26 on your _____ against me. We will have my dealings beyond ___.

Yours,

H. N. Allen

호러스 N. 알렌(서울)이 프랭크 F. 엘린우드(미국 북장로교회 해외선교본부 총무)에게 보낸 편지 (1886년 9월 7일)

한국 서울,
1886년 9월 7일

F. F. 엘린우드 박사,
    뉴욕 시 센터 가(街) 23

친애하는 박사님,

우리의 정치적 곤경은 누그러졌습니다. 연로한 공사인 파커 대령은 소환되었고, 포크 중위는 그의 직책에 임명되었습니다.

저는 곧바로 이 편지의 목적을 말씀드리겠습니다. 이것은 지난 번 편지의 추신에 이은 것입니다. 헤론 박사는 매일 더 상태가 나빠지고 있습니다. 하지만 상황이 이럼에도 불구하고 저는 그를 궁궐로 데리고 갔습니다. 사정은 이러하였습니다. 지난 월요일117) 왕비는 엘러스 박사에게 저의 아내를 데리고 오도록 요청하였는데, (18)82년 폭동 이후 왕좌로 복귀한 기념일이었기 때문입니다. 월요일이 되자, 그들은 저도 불렀지만 제 아내가 없는 동안 아이들을 돌보기 위해 가는 것을 거절하였습니다. 왕은 아기들도 데려와도 된다는 전갈을 보냈습니다. 우리는 그렇게 하였고, 엘러스 박사, 알렌 부인, 데니 부인 그리고 그 아기들이 그들을 알현하였으며, 저의 한국인 관리 친구가 병원과 헤론 박사에 대해 물었을 때 데니 판사와 저는 여름 별궁에 있었습니다. 그때 그는 헤론 박사가 왕궁에 온 적이 있는지 물었습니다. 저는 그가 온 적이 없지만 무척 오고 싶어 한다고 대답하였습니다. 그는 "그렇다면 그는 오늘 연회에 와도 되었을 텐데."라고 신중하게 말하였습니다. 제 시계를 보니 오후 3시이었습니다. 연회는 5시까지 시작하지 않을 예정이었습니다. 저는 만약 그 사람[헤론]을 위하여 사람을 보낼 수 없는지 물었으며, 그는 왕에게 가서 여쭈어 보겠다고 말하였습니다. 한 시간 반이 지난 후에 그는 왕의 허락을 받고 돌아왔으며, 저는 불러주는 대로 쪽지를 썼고 헤론 부부는 오후 7시에 연회에 왔습니다.

---

117) 8월 30일이다.

왕은 너무 피곤하여 그들을 보지 못한 것에 대하여 사과하였습니다. 제가 집으로 돌아오는 길에 미국 해군 전함 오시피 호(號)의 러셀 박사(우리 집에 머물고 있으며, 언더우드 씨의 집에서 열린 큰 연회에 방금 참석하였습니다)는 저에게 "헤론 박사를 궁궐에 초대하는 것에 대하여 당신이 방해하였다는 말이 무엇입니까?"라고 물었습니다. 그때 저는 언더우드 씨가 헤론 박사는 왕궁에 부름을 받아 갔기 때문에 그가 초청한 연회에 함께 하지 못할 것이며, 그의 초대에 오해가 없었다면 일찍 갔을 것이라고 전하였다는 것을 알게 되었습니다. 사적인 대화에서, 그는 러셀 박사가 보고한 것처럼 제가 그렇게 하였을 거라고 추측하였습니다. 저는 아침에 그를 만나러 갔는데, 헤론 박사는 제가 '박사들'에게 보내는 초대장을 받았지만 "박사"라고 읽었다고 추정했을 뿐이라고 말하였습니다. 저는 그에게 어떻게 그 모든 일들이 일어났는지, 그리고 전체 문제와 관련된 유일한 연락은 아기들을 데리고 오라고 요청하는 쪽지였음을 알려 주었습니다. 저는 그들이 궁궐에 도착하였을 때 친절히 대하려고 노력하였지만, 다른 이들이 알 정도로 매우 거만하였습니다.

9월 1일 헤론 박사는 54달러짜리 청구서를 제시하였는데, 선교부의 마구간이 저의 집에 붙어 있기 때문에 병원의 말을 보관하기 위하여 마구간을 수리하기 위한 31달러를 의료비에서 지불해야 한다는 것이었습니다. 의료비는 대부분 분기마다 들어오며, 8월의 수령액은 44달러뿐이었습니다. 따라서 저는 헤론 박사에게 말을 돌보는 병사를 위한 통상적인 청구액 23달러와 언더우드 씨의 청구액인 11.30달러를 지불하였습니다. 그래서 저에게는 약 30달러인 통상적인 의료비를 지불하기 위한 돈이 10달러 남았습니다. 저는 또한 31달러는 흑자가 날 때까지 기다려 달라고 제안하였습니다. 그는 저에게 그 이유 등을 요구하는 퉁명스러운 쪽지를 보냈습니다. 저는 그것에 답하지 않았습니다. 그러자 그는 저의 집에 왔고, 제가 왜 대답하지 않았는지 알고 싶다고 요청하였습니다. 저는 그에게 그것이 필요하지 않다고 생각한다고 말하였습니다. 저는 그에게 전체 예산이 얼마이며, 수입이 얼마나 적은지 보여주었습니다. 그는 그것이 중요하지 않다고 말하였습니다. "당신은 당신의 수입에 따라 병원을 운영하기로 동의하였고, 그렇게 할 수입이 있습니다. 당신은 자신의 청구액을 지불할 돈을 갖고 있으면서 내 청구액은 (지불하지 않고) 놔두고 있습니다." 이런 비난은 전적으로 부당하며, 저는 그에게 설명한 후에 말하기를 "이봐요 헤론, 이것으로 충분합니다. 이전에 우리가 (불화를) 해결할 때 당신은 만일 내가 마음에 들지 않으면 더 이상 토라지지 말고 불평하기로 약속하지 않았습니까. 지금 악감정을 갖게 된 이유가 도대체 무엇입니까." 많은 일반적인 말들이 오간 후에 알게 되었는데, 그가 저를 비난하는 유일한 이유는 그의 도움 없이 새 병원을 얻었다는 것이었습니다. 그는 "당신은 왕과 민영익, 메릴, 그리고 데니에게 가서 말하고, 결코 나에게는 묻지 마시오."라고 말하였습니다. 저는 어떻게 그것이 말이 되느냐고 물었습니다. 그러자 그는 어느 날 밤 외아문의 만찬 자리에서 그는 다른 외국인으로부터 우리가 새 병원을 얻었다는 것을 처음 들었다고 말하였습니다. 저는 "그렇습니다, 어떤 외국인이 당신은 그 일로 웃음거리가 되었다고 말하였습니다."라고 대답하였습니다. 그는 펄쩍 뛰더니, 그가 이제껏 본 것 중에서 제가 가장 큰 바보라고 말하였습니다. 저는 이름을 부르지 않고 그에게 조용히 있거나 내 집을 떠나라고 말하였습니다. 그는 약품 때문에 왔다고 항의하였고, 저는 그를 내쫓을 수 없었습니다. 그 문제에 대하여 그 당시에 했던 대로 설명하였으며, 그것은 이러하였습니다.

새 병원 부지를 선택하기 위하여 관리가 임명되었는데, 언급된 그 만찬이 있던 그날 오후이었습니다. 그는 우리의 현재 병원에 와서 새 부지를 가서 보자고 요청하였습니다. 저는 그렇게 하였고, 즉시 집으로 돌아오던 중에 긴급한 요청이 기다리고 있었다는 것을 알았습니다. 저는 왕진을 갔다 왔고, 급히 서둘러 옷을 입고 연회 장소로 갔는데, 10분 늦게 도착하였습니다. 혜론은 지금껏 결코 시간을 지키지 않았고 이때에도 늦었으며, 기다리는 동안 저는 어떤 외국인에게 새 병원에 대해 이야기를 하였습니다. 혜론이 왔을 때 그(외국인)는 그를 축하해 주었습니다. 그(혜론)는 그것을 몰랐다는 것에 감정이 상하였습니다. 그 남자는 무안해 하였고, 모든 사람들의 시선이 혜론에게 고정되었습니다. 그 후 저는 공개적으로 위의 이유들을 설명하였고, 제가 기회가 있었더라면 그에게 즉시 알렸어야 했으며, 그와 논의할 수 있을 때까지 그 부지를 받아들이지 않기로 결정하였다고 혜론 박사에게 확인해 주었습니다. 그것은 완전히 부적절하였는데, 그는 새 병원을 원하였고 제가 외아문에 동봉한 제안서를 쓰는 것에 동의하였기 때문입니다. 하지만 지금 그는 제가 복수 대명사를 오직 한 번만 사용하였다고 계속 비난하였습니다. 저는 왜 이전에 반대 의사를 표명하지 않았는지 물었습니다. 저는 그 공문서를 하루 종일 가지고 있었기에 그는 그것을 읽을 수 있었으며, 그 당시 그는 동의하였습니다.

저는 그에게 "혜론, 이런 비난의 어느 것도 고려할 가치가 없으며, 그 사실은 단순히 이렇습니다. 당신은 질투하고 있습니다."라고 말하였습니다. 그는 돌아섰기 때문에, 저는 우리가 싸울 것이라 생각하였습니다. 그는 저를 질투하지 않았다고 말하였으며, 저의 조수가 막 그를 잡을 때까지 그의 주먹을 내 얼굴에 대고 흔들었습니다. 비록 맥주와 담배가 그가 할 수 있는 유일한 비난

거리이었지만, 그는 저를 배교자라고 비난하였습니다. 제가 지난 번 설명 드렸 듯이 저는 여름에 맥주를 마시는데, 이번 여름에 많은 도움이 되었으며 저는 항상 담배를 조금 피웁니다.

저는 마침내 "헤론, 한 가지 분명한 것은 우리가 갈라서야 한다는 것입니 다."라고 말하였습니다. 그는 "그래요, 우리는 그래야 합니다, 지금 당장이요." 라고 대답하였습니다. 저는 그가 마음을 확실하게 굳힌 것 같았기에, 아마도 그의 마음속에 어떤 계획을 갖고 있는 것 같다고 말하였습니다. 그는 그 계획 을 저의 '상상력이 풍부한 두뇌'에 맡긴다고 말하였으며, 방문객이 왔습니다.

지난 토요일 러셀 박사와 함께 있을 때, 그는 제가 일을 하지 않는 그 주 에 3일 동안 병원을 떠나기 위하여 일을 저에게 맡기려 하였습니다. 저는 그 [러셀 박사]가 가지 않을 것이기에 그것은 어쩔 수 없다고 말하였습니다. 그는 제가 병원 사역을 위하여 선교부로부터 급료를 받고 있고, 다른 사람들처럼 왕을 위해 그 일을 소홀히 할 권리가 없으며, 자신이 근무하는 주간에 근무하 였고, 제가 근무하는 주에 그곳에 가겠다고 제안하지 않았다고 대답하였습니 다. 내원 환자는 매일 20명을 넘지 않으며 학교를 포함하여 전체 사역은 2시 간이 넘지 않았습니다. 저는 갈 수 있었지만 마침 그때가 궁궐에 가야만 하는 때이었습니다. 외부 진료는 저에게 많은 일거리를 주며, 왕은 제가 있는 곳과 궁궐 사이에 4명의 관리를 두고 있어 모든 증상을 알립니다. 이 모든 일은 시 간을 필요로 하며, 엘러스 박사는 저를 도와주는 유일한 사람입니다. 저는 이 편지를 오전 6시에 쓰고 있습니다. 비록 여러 번 초청을 받았지만 저는 이번 여름에 단식 테니스 모임에 참가하지 못하였습니다. 또한 저는 너무 바빠서 두 차례의 만찬에 참석하였고, 한 번의 즐거운 승마를 하였을 뿐입니다. 헤론 은 자기 혼자 사용할 수 있는 한 주간이 있고, 다른 모든 일들은 하루에 2시 간이면 됩니다. 그는 상당히 자주 말을 타며, 만약 초대를 받는다면 더 나갔을 것입니다. 그는 5개월 동안 교사가 없었습니다. 그는 엘러스 박사보다 한국어 를 더 잘하지 못하며, 전혀 공부를 하지 않습니다. 저는 모든 약을 만들고 관 리하는데, 그는 그것들을 조심성 없이 낭비하기에 저의 조수는 계속 불만을 제기합니다. 그의 집에는 아픈 교사 한 사람이 있었는데, 그 환자는 첫 4개월 동안 제가 외국인 환자들에게 사용한 것보다 더 많은 약을 사용하였습니다. 앞의 환자는 5.25달러를 지불하였고, 후자는 거의 1,000달러를 지불하였습니다.

헤론 부인은 조선 세관의 총세무사의 부인인 헌트 부인을 결코 방문하지 않았는데, 헌트 부인이 먼저 연락하기를 기다리고 있었기 때문입니다. (그녀는 지난 2월에 왔습니다.) 엘러스 박사는 재미있는 말을 하며, 아마 헌트 씨가 그 자신이 헤론 박사보다 더 낮은 직급이라고 생각하여 후자가 주도적으로 먼저 접촉하기를 기다리고 있었을 것이라고 말하였습니다. 그녀가 이것을 그에게 말하였고, 다음날 헤론 부인은 그녀가 연락할 것이라고 발표하였습니다.

모든 것을 말씀드리니 박사님께서 제 입장을 충분히 이해할 수 있을 것입니다. 심사숙고 끝에 저는 집으로 돌아가기로 결정하였고, 여행 경비 문제로 총세무사 메릴과 상의하러 갔습니다. 그는 그것을 들으려 하지 않았습니다. 그는 저에게 며칠 기다리라고 요청하였고, 그동안 그는 영국, 러시아, 독일 그리고 미국 대표들과 협의를 하였는데, 그들은 제가 선교부에서 사임한 후 초청하는데 동의하였고, 자유로운 의료 예산을 위하여 자국 정부에 즉각 편지를 쓰겠다고 약속하였습니다.

메릴은 제가 지출을 감당할 돈이 부족하여 떠날 생각을 하고 있다고 왕에게 전갈을 보냈습니다. (이것은 그 자신의 재량으로 하였습니다.) [이 소식을 들은] 왕은 흥분하였고, 제가 남도록 거의 간청하면서 메릴에게 세관에서 저에게 지불하는 금액을 매달 50달러로 인상하거나 그의 판단에 따라 더 올릴 것을 지시하였지만, 총액은 매년 1,320달러가 되었으며 영국 [공사관]의 것과 합치면 매년 2,000달러가 되었습니다. 저의 모든 수당과 저의 선교부 보수가 금화인 것을 고려하면, 이것은 후자보다 더 적은 것입니다. 하지만 다른 권한들이 저에게 무엇인가 도움이 될 것입니다. 그러나 저는 그것이 매우 불쾌한 일일 것이기에 떠나기를 원합니다. 포크 씨는 우리의 사역에서 너무 지나치게 평등성이 강조되었다고 늘 주장하였습니다. 그는 제가 조선 정부가 주는 그 직책을 받아들여야만 한다고 말합니다. 그들은 저를 위대한 의사로 부르며, 제가 모든 일과 선교부의 모든 선한 사업을 책임지고 있다고 여깁니다. 그는 그가 이전에 하였던 것처럼, 제가 선교부를 떠나 병원의 책임자 직책을 맡아 왕실을 돌보며, 다른 의사를 구하여 제 병원과 학교 일을 맡길 것을 제안하고 있습니다. 그는 이것을 왕에게 보냈는데, 제가 궁궐 일에 전념하게 되면 헤론 박사에게 많은 일을 남겨두게 되며, 그래서 선교사들을 향한 조선인들의 불쾌감을 피할 수 있다는 것을 이유로 언급하였습니다.

저는 어떻게 해야 좋을지 모르겠음을 고백합니다. 저는 선교부에 머물 수 없고, 이 문제들을 더 이상 참을 수도 없습니다. 우리가 휴전 중이던 지난 가을 그가 상하이에서 저에 대하여 말한 방식으로 판단할 때, 헤론 박사의 해임에도 동의할 수 없습니다. 그는 저에 대하여 매우 추하게 게 이야기할 것입니다. 제가 이 집을 떠나는 것은 한국인들에게 불쾌감을 주는 일이 될 것인데, 그 자산이 모두 저의 명의로 되어 있으며 제가 살고 있는 집이 제 것이라고 여기기 때문입니다. 저는 좋은 곳에서 일해 왔기에 떠나기 싫으며, 의심할 여지없이 새로운 곳에서 그렇게 성공할 수 없을 것입니다. 그래서 저는 그렇게 감사하는 증거가 있는 상황에서 진료소를 떠나고 싶지 않습니다. 만일 박사님이 저에게 고국으로 갈 여행 경비를 주신다면, 제 온 힘을 다하여 이곳의 사업 모두를 박사님께 맡기도록 최선을 다하겠습니다. 혹은 박사님이 저의 사임을 허락하시고 저를 대신할 사람을 파송하시며, 그리고 저렴한 임대료로 박사님의 집에서 살도록 허락하신다면 저는 모든 면에서 박사님의 관심사를 지켜나가겠습니다.

마지막으로 저는 건강이 좋지 않으며, 왕은 미국에서 몇몇의 임무를 수행하기를 바라고 있습니다. 박사님께서 제가 일 년 동안 휴가를 갖도록 가족과 함께 고향으로 불러주신다면, 저는 왕에게 이를 설명할 수 있습니다. 저는 박사님을 위해 상당한 돈을 마련할 수 있으며, 헤론 박사는 온전히 수행할 때까지 저의 자리를 시험적으로 맡을 수 있을 것입니다. 저는 이 편지에 추신을 덧붙일 것입니다.

안녕히 계십시오.
호러스 N. 알렌

Horace N. Allen (Seoul),
Letter to Frank F. Ellinwood (Sec., BFM, PCUSA) (Sept. 7th, 1886)

Seoul, Korea,

Sept. 7th, 86

Dr. F. F. Ellinwood,
    23 Centre St., N. Y.

My dear Doctor,

Our political troubles have quieted down. The old Minister, Capt. Parker, has been recalled and Lieut. Foulk installed in his old place.

I will at once proceed to the object of this letter which is to follow up the post script to my last epistle. Dr. Heron has been getting worse daily. In spite of it, however, I got him to the Palace. It was in this way. The Queen asked Dr. Ellers to bring my wife on last Monday, as it was the anniversary of her return to the throne after the riot of '82. When Monday came, they sent also for me, but I declined going as I preferred to look after the babies during my wife's absence. The King sent word to bring the babies also. We did so, and while Dr. Ellers, Mrs. Allen, Mrs. Denny and the babies were having their audience, Judge Denny and I were in the summer pavilion, when an officer friend of mine asked me concerning the hospital and Dr. Heron. He then asked if Dr. Heron had ever been to the Palace. I replied that he had not but would like to come very much. He said meditatively "then he might have come to the banquet today." I looked at my watch, it was 3 P. M. The banquet would not begin till 5 P. M. I asked if he could not yet be sent for the man said he would go and ask the King. In an hour and a half he returned with the King's consent, I wrote the note as dictated and Dr. & Mrs. Heron came to the banquet at 7 P. M. The King apologized for not seeing them, on the grounds that he was much fatigued. On my return home, Dr. Russell of U. S. S. Ossipee (who was stopping with us and had just dined with a large party at Mr. Underwoods) said "What is all this talk about you suppressing Dr. Heron's invitation to the Palace?" I then learned that Mr. U. had announced that Dr. Heron would not be at his dinner as he was called to the Palace and would have gone earlier but for a misunderstanding in regard to his invitation. In private conversation he then suggested that I had done as Dr. Russell reported. I went to see him in the morning but he said Dr. H. had simply inferred that I had received an invitation for the Drs. and read it "the Dr." I showed him how the whole thing happened and that the only written message concerning the whole matter was the note asking that the babies be brought. Although I tried to be kind to them on their arrival at the Palace, they were so huffy that others couldn't help noticing it.

Sept. 1st Dr. Heron presented a bill of $54 to be paid out of medical $31.00 for repairs on sheds in which he insists on keeping the hospital horses, because the regular mission stables are attached to my place. Medical returns mostly come in quarterly and the Aug. receipts were but $44.00. I therefore paid Dr. Heron's regular bill $23.00 for horses soldiers etc. and Mr. Underwood's bill $11.30, which left me $10.00 to pay the regular medical expenses - some $30.00. I also suggested his waiting for the $31.00 till we had a surplus. He sent me a surly note demanding reasons, etc. I did not answer this. Whereupon he came to my house and requested to know why I had not answered. I told him I thought it unnecessary. I showed him how much the whole amt. was and how small the receipts were. He said it mattered not. "You agreed to run the medical on what you earned and you've got to do it. You keep the money to pay your own bills and let mine go." This accusation was wholly unfair after what I had showed him and I said, "Look here Heron this is enough. When we settled up before you promised never to pout anymore but to complain if I didn't suit, now what's the cause of all this ill feeling." After many general assertions I pinned him down and to my utter disgust the only thing he could accuse me of was in getting the new hospital without his assistance. He said, "You go and talk to the King, to Min Yong Ik, to Merrill and Denny, and never ask me along." I asked how such a thing would be possible. Then he said that at the foreign Office dinner the other night he first heard that we had a new hospital from another foreigner. I answered, "Yes, and a foreigner told me that you made an ass of yourself about it." He jumped up and told me I was the biggest ass he ever saw. I told him as I had called him no names he would either have to quiet down or leave my house. He protested that he had come for medicines and I couldn't put him out. I then explained the matter as I had done at the time, it was this.

An officer had been appointed to select a new hospital, the afternoon of the dinner mentioned. He came to our present hospital and asked me to go and see the new site. I did so and at once on returning home I found an urgent call waiting. I attended it and in great haste dressed and went to the dinner where I arrived ten minutes late. As Heron was never on time in his life, he was late on this occasion and while waiting I told a foreigner concerning the new hospital. When Heron came in he [the foreigner] congratulated him. He [Heron] received it with such profession of injured ignorance, that the man blushed and all eyes were riveted on Heron. I then gave in public the above reason, and assured Dr. Heron that I should have notified him at once had I had the opportunity, and that I had decided not to accept the site till I could confer with him. I[t] was wholly uncalled for, for he had been anxious for a new hospital and had agreed to my writing a proposal to the Foreign Office, a copy of which I enclose. Now, however, he continued his accusation by stating that I had only used the plural pronouns once without dispatch. I asked why he had not mentioned his objections before. That I had kept the dispatch over a whole day that he might read it, and he had given his consent to it at the time.

I told him, "Heron, there is nothing in either of these charges worth considering and the fact is simply this: You are jealous." He turn around so that I thought we would come to blows. He said he was not jealous of me and shook his fist in my face till my assistant was about to lay hold of him, when I ad__d him out. He accused me of being an apostate, though beer and cigars were the only charges he could get. I drink beer in summer as I have before explained, and it has done much good this season, I always smoke a little.

I finally said, "Well Heron, the one thing evident is that we must split." He said, "Yes, we must, and that right soon." I answered that as his mind seemed so fully made up, perhaps he had some plan in mind. He said he would leave the planning to my "fertile brain," and a caller came.

On the Saturday before, in the presence of Dr. Russell he took me to task for leaving the hospital three days unattended that week. I told him that as he would not go, it was unavoidable. He answered that I was paid to do the hospital work of the Mission and I had no right to neglect it for the King, as anyone else, that he attended to it during his week and didn't propose to go there during my week. The sum of it all is. The attendance is not over 20 daily and including the school ___ ___ whole work does not take over two hours. I could go but it comes just at the time that I must go to the Palace. My outside practice gives me much work and the King keeps four officers running between my place and the Palace, reporting every symptom. These all take time and Dr. Ellers is the only one that helps me. I am writing this letter at 6 A. M. I have not attended a single tennis party this summer though many times invited. I have also been too busy to attend but two dinners, I have taken but one pleasure ride (horseback). Heron has one whole week to himself and all of the others work but two hours daily. He rides a great deal and would go out if invited. He has not had a teacher for five months.

He can't speak Korean any better than Dr. Ellers and is not studying at all. I make and care for all of the medicines and he uses them in such a careless lavish manner that my assistant is continually complaining. He has had one of the school teachers sick at his house and this one patient has used more medicine than my foreign patients for the first four months. The former paid $5.25, the latter near $1,000.00.

Mrs. Heron has never called on Mrs. Hunt, the wife of the Chief Secretary Korean Customs, because she was waiting for Mrs. Hunt to call first. (She came last Feb.) Dr. Ellers in fun, suggested that perhaps Mr. Hunt considered himself lower in rank than Dr. H. and was waiting for the latter to take the initiative She said this to him and the next day Mrs. Heron announced that she would call.

I tell you all of this that you may fully appreciate my position. After careful consideration, I decided to go home and went to arrange with Chief Commissioner Merrill for passage money. He would not hear to it. He asked me to wait a few days and in the meantime he conferred with the English, Russian, German, and American Representatives, who agreed in inviting me to resign from the Mission and promised me to write at once to their governments for a liberal medical appropriation.

Merrill sent word to the King that I was thinking of leaving as I had not money to meet my expenses (This he did on his own responsibility). The King became excited, almost begged me to remain and instructed Merrill to increase my Custom pay $50 a month, or more if he thought, but making the whole $1,320.00 a year which with the English is $2,000.00 a year. Considering all of my allowances and the fact that my Mission pay is in gold, this is less than the latter. But the other powers will do something for me. Yet I prefer to leave as it will be very unpleasant. Foulk has always insisted that there was too much equality in our work. He says I must accept the position the Koreans give me. They call me the great Dr. and hold me responsible for the whole work as well as the good behavior of all the Mission. He proposes, as he has done before, that I leave the Mission, take the position of director of the hospital and attend to the Royal Family, that I get out another Dr. to do my hospital and school work, and he has sent this to the King, stating as a reason that I am so taken up with the Palace work that it leaves too much work for Dr. Heron, thus avoiding any unpleasant slurs at missionaries from the Koreans.

I confess I am at a loss to know what to do. I can't stay in the Mission and endure another year of this trouble. I can't consent to the removal of Dr. Heron, for judging from the way he talked about me in Shanghai last fall, when we were having a truce. He would talk very ugly about me. I can't leave this house without unpleasant disclosures to the Koreans for the property is all in my name and they regard the house I live in as my own. I don't like to go away for I have worked into a good place and would doubtless not be so successful in a new place. Then I hate to leave my practice after such warm evidences of appreciation. Yet if you will give me my passage home, I will do everything in my power to put the work here wholly in your hands. Or if you will allow me to resign and will send a man to take my place, and still allow me to live in your house at a nominal rent I will continue to guard your interests in every way.

Lastly, I am not well and the King wishes some commission executed in America. You might call me home on a year's leave with my family, I could explain it to the King. I could raise considerable money for you, and Dr. Heron could try my place till he had gotten his fill of it. I will add a Postscript to this letter.

Yours truly,
H. N. Allen

호러스 N. 알렌(서울)이 마이클 H. 드 영(샌프란시스코)에게 보낸 편지 (1886년 9월 8일)

서울,
1886년 9월 7일

M. H. 드 영 님,[118]
    샌프란시스코

안녕하십니까,

    귀하의 6월 10일자 편지를 막 받았습니다. 귀하의 제안에 감사드립니다. 나는 제대로 설명이 된 기사를 대충 보았습니다.
    나는 소식을 설명하는 4건의 기사를 보내드리고, 곧 왕실에 대한 기사를 작성하겠습니다.

    안녕히 계세요.
    H. N. 알렌

---

118) 마이클 H. 드 영(Michael Henry de Young, 1849. 9. 30~1925. 2. 15)은 미국의 신문인이자 사업가이었다.

Horace N. Allen (Seoul),
Letter to Michael H. De Young (San Francisco) (Sept. 8th, 1886)

Seoul,

Sept. 7/ 86

M. H. De Young Esq.,
San Francisco

Dear sir,

Yours of June 10th just at hand. Thanks for your offer. I snuck proper writing descriptions articles.

I send you four articles describing news and will write up the Royal Family soon.

Yours truly,
H. N. Allen

18860908

조지 C. 포크(주한 미국 임시 대리 공사)가 토머스 F. 베이야드 (미국 국무부 장관)에게 보내는 공문 (1886년 9월 8일)[119]

제3호

미국 공사관,
한국 서울,
1886년 9월 8일

국무부 장관

안녕하십니까,

저는 이 공사관에서 지난 달 8월 25일자로 보낸 파커 씨의 외교 공문 제 26호의 주제이었던 서울의 최근 정치적 혼란과 관련하여 다음의 내용을 제출하게 되어 영광으로 생각합니다. 저의 정보는 서울에 있는 여러 외교 사절들의 발언, 이 일과 관련된 한국인들의 구두 설명, 제가 나가사키에서 한국인 관리들 및 H. N. 알렌 박사로부터 받은 편지들, 그리고 제가 지난 7월 한국을 떠나기 전에 관찰하였던 내용에 기반을 두고 있습니다.

(중략)

---

119) 윌리엄 H. 파커가 소환되어 포크가 9월 2일부터 다시 주한 미국 임시 대리 공사로 임명되었다.

George C. Foulk (U. S. *Charge d'Affaires ad interim* to Korea), Despatch to Thomas F. Bayard (Sec., Dept. of State, Washington, D. C.) (Sept. 8th, 1886)

No. 3.   Legation of the United States,
                                                                          Söul, Korea,
Secretary of State   September 8, 1886
Sir:

    I have the honor to submit the following relating to the recent political disturbance in Söul, which formed the subject of Mr. Parker's despatch, from this legation, No. 26, Diplomatic Series, dated August 25th, ultimo. My information is based upon the remarks of the several representatives in Söul, verbal accounts from Koreans who were concerned in the affair, letters received by me at Nagasaki from Korean officials and Dr. H. N. Allen, and observation made by me prior to my leaving Korea in July last.

(Omitted)

알렌 박사의 일기 제1권(1883~1886년) (1886년 9월 11일)

[1886년] 9월 11일 [(일)]

데니 판사에 대한 한국인의 불신 때문에 포크가 떠나고 휴 A. 딘스모어가 새로운 공사로 부임한 이후 나는 이곳에서 가장 영향력이 있는 외국인이 되었다. 왕은 모든 문제에 대하여 나의 자문을 구하였으며, 항상 나의 충고를 받아들인다. 나는 아메리카 무역상사를 위하여 금광 채굴권을 확보하였고, 나는 그 것을 할 때마다 250달러를 제안 받았으나 거절하였다.

[나는] 이 나라에서 가장 큰 절단 수술을 한 지 며칠 후에 팔 절단 수술을 하였다. 나는 조선 정부로부터 다시 참찬관 벼슬을 받았고, 주한 미국 공사관의 보조 공사에 임명되어 금주부터 공사 업무를 시작하였다. 나는 지난 8월에 이질에 걸려 쓰러졌으며, 1년 동안 여행 경비와 체류비로 금화 3,000달러를 제안 받았는데 해리에게도 좋은 일일 것이다. 국왕은 내가 곧 돌아올 것을 희망하고 있다.

우리 선교회의 사업은 순조롭다. 감리교회 사람들은 국왕을 알현하기 위하여 혈안이 되어 있는 것 같으며, 자신들과 함께하고 있는 챈들러 제독 일행의 일부와 함께 알현하기 위하여 시도하였다. 지금은 와렌 감독과 자신들의 알현을 위하여 노력 중에 있다. 왕은 바보가 아니다.

나는 제독 부관인 메이슨을 위하여 연봉 1만 달러와 주택에 군사 고문의 직책을 얻어 주었다. 그는 전보로 이임의 허락을 받는 즉시 올 것이다. 데니 판사는 그것 때문에 앓아누워 있다.

Dr. Allen's Diary No. 1 (1883~1886) (Sept. 11th, 1886)

Sept. 11[th, 1886 (Sun.)]

Since Foulks leaving owing to the Korean distrust of Judge Denny and the newness of our Minister Hugh A. Dinsmore I have become the most influential foreigner here. The King has consulted me on all matters, and always takes my advice. I have secured for the American Trading Co., a gold mining franchise and was offered $250.00 per doing same refused.

Amputated an arm a few days since first large amputation ever done in the country. Have been made an officer again Cham Chan Kan and am appointed Assistant Minister to America begin packing this week. Was down with dysentery in August, as was Harry also will be a good thing, am offered travelling expenses to and from and to stay one year at $3,000 gold. King wants me to return soon.

The affair in our mission are smooth. The Methodists seem burning to get to see the King, tried to get in with some of Admiral Chandler party who were stopping with them, are now trying to get an audience for Bishop Warren and themselves. The King is no fool.

I have secured the position of Military Adviser for Flag Lieutenant Mason at $10,000 a year and house. He will come at once upon getting his leave by tele-graph. Judge Denny is sick over it.

18860914

호러스 N. 알렌(서울)이 프랭크 F. 엘린우드(미국 북장로교회 해외선교본부 총무)에게 보낸 편지 (1886년 9월 14일)[120]

추신

9월 14일

문제는 변하지 않았고 더욱 악화되었습니다. 저는 가장 친한 친구 중한 명인 감리교회 선교부의 아펜젤러 목사를 대단히 존경합니다.[121] 최근에 저를 향한 그의 태도가 냉담해 진 것을 알아차리고, 그를 불러 헤론이 우리 사이에 있는 어떤 문제에 대하여 알려 주었는지 물었습니다. 그는 자유롭게 그(헤론)와 이야기를 하였으며, 제가 상처를 주는 서신을 외아문에 보냈어야 했는지 유감스럽다고 말하였다고 하였습니다. 저는 그에게 박사님께 보내드린 편지를 읽어주었고, 그의 전체적인 관점이 달라졌습니다. 그는 "어느 누구도 그것에 대해 공격하는 것은 온당하지 못합니

그림 7-10. 헨리 G. 아펜젤러. 그는 미국 북감리회의 첫 목회 선교사로 내한하였다.

다."라고 말하였습니다. 저는 헤론 부부가 선교사들이 우리에게 등을 돌리도록 노력하고 있는 것을 알지만, 다른 사람에게 굽히며 설명하지 않을 것입니다. 저는 아펜젤러 외에는 어느 누구와도 이야기를 하지 않았습니다.

아내는 가르치는 것에 관심이 있으며, 선교부를 떠나고 싶어 하지 않습니

---

120) 아래 편지의 추신이다. Horace N. Allen (Seoul), Letter to Frank F. Ellinwood (Sec., BFM, PCUSA) (Sept. 7th, 1886)

121) 헨리 G. 아펜젤러(Henry G. Appenzeller, 1858~1902)는 미국 북감리교회의 선교사로 임명되어 1885년 4월 5일 내한하였다. 아펜젤러는 정동제일교회과 배재학당을 설립하였다. 1902년 제물포에서 배를 타고 목포로 가던 중 다른 선박과 충돌하여 배가 침몰하면서 한국인 여학생을 구하려다 익사하였다.

다. 그녀는 제가 사임한다 해도 계속 관계를 유지할 수 있을 것입니다. 메릴 씨는 저에게 집을 한 채 지어주겠다고 제의하였습니다. 고국에 있는 제 친구들과 저의 양심상, 제가 이곳에 독립적으로 남아 있기 보다는 박사님께서 저를 고국으로 보내주시는 것이 더 나을 것입니다.

저는 포크 씨 앞에서 이것을 맹세하려 하였지만, 저는 그가 우리의 비밀을 완전히 알게 하고 싶지 않았기 때문에, 저는 우리의 어려움들에 대하여 과장하지 않은 진실을 이 편지에 담아 박사님께 말씀드렸다고 개인적으로 맹세합니다.

안녕히 계십시오.
H. N. 알렌

Horace N. Allen (Seoul), Letter to Frank F. Ellinwood (Sec., BFM, PCUSA) (Sept. 14th, 1886)

P. S.   Sept. 14th

Matters have not changed except for the worse. I have great respect for Rev. Appenzeller of the M. E. Mission who has been one of my best friends. Noticing a marked coldness of late in his manner to me, I sent for him and asked him if Dr. Heron had made him acquainted with regard to any trouble existing between us. He said he had talked freely with him and he regretted that I should have sent such damaging correspondence to the foreign office. I read him the letter, a copy of which I send you, and the whole aspect changed to him. He said, "No man could justly take offense at that." I know the Herons are trying to turn the missionaries against us but I shall not condescend to explain to any others. I have had no talk with any but Appenzeller.

Mrs. Allen is interested in her teaching and does not wish to leave the Mission. She may retain her connection even if I resign. Mr. Merrill has offered to build me a house. Yet for the sake of my friends at home and my own scruples, I would prefer that you should send me home rather than that I should remain here independent.

I had intended to swear to this before Mr. Foulk, but as I don't wish to let him so fully into our secrets, I privately take my oath that I have told you in this letter the whole unexaggerated truth concerning our difficulties.

Yours Truly,
H. N. Allen

존 W. 헤론(서울)이 미국 북장로교회 해외선교본부로 보낸 편지
(1886년 9월 14일)

한국 서울,
1886년 9월 14일

장로교회 해외선교본부 귀중,

친구들께,

여러분들은 1884년 4월 제가 한국의 의료 선교사로 임명되었고, 너무 일찍 임명되어 1885년 6월까지 이곳 선교지에 도착할 수 없었던 것을 기억하실 것입니다. 1884년 7월 북중국의 선교지에 임명되었으나 상하이에 체류하였던 H. N. 알렌이 _____ 없이 선교본부에 한국으로 파송해 줄 것을 요청하였고, ___는 즉시 승인되어 그가 [들어가도록] 즉시 전보를 보냈습니다. 이것은 제가 뉴욕에 있을 때 이루어졌고, 저는 왜 _____한지 이유도 알지 못한 채 기다렸습니다. 저는 처음 임명되었음에도 엘러스 양을 제외하고 선교지에 마지막으로 도착하였습니다.

저는 이제 다음과 같은 이유로 이 임무에서 사임하고자 합니다.

첫째: 그리스도의 대의를 향한 저의 임무와, 이교도들 중에서 선교사와 선교 사업의 지원을 위해 기부된 기금의 청지기로서 박사님을 존경하는 저의 생각은 제가 믿는 것처럼 선교부의 일원이 되는 것을 허락하지 않을 것입니다. 만약 귀 선교부가 가진 기금에 관심이 있다면 저는 이것을 막을 힘이 없습니다.

둘째: 여러분들의 관점에서 알렌 박사가 이곳의 모든 일을 이끌어야 한다는 것이 정당하고 적절해 보일 것입니다. 우리들에게는 불가능하며, 현재와 같이 그의 지시 하에, 그리고 그의 영향을 받으며 어떠한 선교 사업도 할 수 없습니다.

셋째: 의사로서 저는 ____하였으며, 의약품이 전혀 없고 거의 기구가 없어 속수무책입니다. 알렌 박사는 우리가 진료실에서 사용하도록 선교본부에서 공급한 모든 의약품을 자신의 집에 갖고 있으며, 최근 ____ ____하며 저에

게 사무실에서 나가도록 명령을 내렸습니다.

넷째: 제가 병원에서 업무의 반 이상을 하고 있으며, 외국인 중에서 일어나는 ＿＿＿ 심각한 환자와 관련하여 특진을 하고 있습니다. 저는 공공연하게 알렌 박사에 의해 무시당하고 모욕을 당하고 있으며, 그래서 제가 행사하려는 어떠한 영향력도 전혀 고려되지 않고 있습니다. 저는 자신의 성공을 전적으로 자신의 명예를 높이는 데 사용하고, 예수 ＿＿＿ ＿＿＿ ＿＿＿ ＿＿＿ ＿＿＿ ＿＿＿라는 것을 잊고 있는 것 같은 사람의 손에서 고생하고 있는 단순한 기계입니다.

다섯째: 저는 주님의 사업에 전념해왔으며, 제가 ＿＿＿＿＿한 이후 이 일의 상태를 ＿＿＿ ＿＿＿ 제가 무슨 쓸모가 있을지 ＿＿＿ ＿＿＿ ＿＿＿. 저는 제가 ＿＿＿ 할 수 있는 곳에 제 자신이 있을 수 있을까 ＿＿＿ ＿＿＿ ＿＿＿. 이것은 한국 땅에서 매우 위대하고 ＿＿＿ ＿＿＿ ＿＿＿ ＿＿＿ ＿＿＿ ＿＿＿.

여섯째: 저는 여러분들의 의무에 감사드리며, 우리의 장비 및 여행을 위해 사용된 경비를 갚을 때까지 빚을 생각할 것입니다. 저는 여러분들이 현재 상황에서 유용하지 않다고 생각하는 사람에게 더 이상의 돈을 급여로 지불하는 것을 선호하지 않는다고 느낄 수밖에 없습니다.

이러한 이유들과 사건의 현 상태를 설명하기 위하여 아마도 저는 이곳 장로교회 선교부의 절망적인 상태에 눈을 뜨게 된 경위를 간단히 알려드려야 할 것입니다.

우리는 알렌 박사가 심하게 부상 당하였던 민영익 공을 치료한 그의 의술로 이 땅에 병원을 설립하는 길을 열었던 것으로 들었고 믿었던 그를 한국의 개척 선교사로서 상당한 자부심과 기쁨으로 이곳에 왔습니다. 일본에서 우리들은 우리를 환영하며 완전히 ＿＿＿한 마음으로 쓴 알렌 박사 부부가 보낸 친절한 편지를 받았습니다. 그리고 우리가 이곳에 도착하였을 때 친절한 접대로 우리 마음에 따뜻한 느낌이 증대되었습니다.

저는 알렌 박사보다 몇 년 더 연상이고, 저의 전문적 경험이 그의 것보다 [우수]하다는 것을 알고 무척 놀랐습니다. 이것은 제가 그에게서 자애로운 상담을 받을 수 있을 것으로 기대하였었기 때문에 처음에는 실망이었습니다. 그러나 제가 도움이 되고 친절한 친구와 동료를 찾아야 한다고 믿으며 스스로 자위하였지만, 그로부터 어떠한 ＿＿＿도 요청할 수 없다는 것을 알게 되었습니다. 알렌 박사는 우리가 이곳에 도착하였을 때 숙식을 하였던 그의 집에서 떠나 우리 집에 정착할 수 있을 때까지 우리가 그의 집에서 물을 길어가도록 요청한 바가 있었는데, 그의 집에서 떠난 직후 물을 길어가기 위해 우리 집의 소년을 보낸 것에 대해 약간의 무례한 언급을 함으로써 처음으로 유쾌하지 못한 일이 있었습니다. 그때 이후로 저는 그에게 약간의 호의를 베풀었지만, 그에게서 호의를 구하지 않으려 노력하였습니다.

이 일이 일어난 직후 알렌의 요청으로 마구간을 건축하는 문제를 논의하기 위해 선교부 회의가 열렸습니다.[122] 저는 새 마구간을 건축하고 이곳에 선교부의 모든 말을 한꺼번에 관리하는 것은 매우 좋은 것이라고 동의하였습니다. 그러나 제 집을 _____한 후에 그는 선교부 예산으로 저의 마구간에 또 다른 우리를 설치하자고 요청하였습니다.

저는 그 회의에서 마음이 바뀌었습니다. 저의 집에 두 필, 언더우드 씨 집에 한 필, 알렌 박사 집에 한 필을 위한 마구간이 있으며, 우리가 네 필 이상의 말을 유지 _____ 해야 합니다. 저는 마구간을 위해 더 이상의 돈을 사용하는 것이 필요하지 않고 엉뚱한 것이라고 생각하였습니다. 알렌 박사는 즉시 제가 이전에 그의 안에 찬성하여 계획을 진행하였으며, _____ 그에 대해 화가 나서 지금 반대하는 것이냐고 언급하였습니다. 저는 그것을 참기 어려웠고, 비록 _____하게 끝났고 결코 사용되지 않았지만, 350달러의 경비로 알렌 박사 집 앞의 부지에 마구간을 세우기로 결정하였다고 말하였습니다. 알렌 박사가 자신의 말을 영국 영사관에 보관키로 약속하였기 때문에 지금 두 달 보다 더 _____ _____ _____.

선교부 자산과 관련하여, 그는 자신이 가마를 사용할 수 있는 전적인 권리를 갖고 있다고 생각하는 것 같기에, _____ 거리가 _____로 붐비었기에 제중원에 출근할 때 제가 한 번 사용하도록 허락하였고, _____ _____ 말 등에 _____ _____걸어갈 수 있는 거리에 _____ ___, 그리고 한국인의 사교적 요청에 응하기 위해 다른 _____에서 한국인 친구를 갖기 바랐습니다.

또한 그는 선교본부가 승인하여 구입하였던 말을 제가 사용하는 것에 반대하였으며, 엘러스 양이 (이곳에 도착하여) 이것을 이해하도록 하였습니다. 그들이 애스톤으로부터 구입한 말이 애스톤 부인에 의해 알렌 부인에게 주어졌고, 누구하고도 논의하지 않고 여러 달 동안 언더우드 씨나 제가 얼마나 많이 받았는지 모르는 상태에서 두 마리 중 한 마리를 팔았으며, _____를 그로부터 얻어내지 못하였습니다. 선교부의 모든 자산은 그의 집에 보관되어 있으며, 저는 개인적으로 모든 것을 요청해야 하였습니다. 저는 의약품을 제외하고 그의 사무실에 열쇠가 채워지지 않은 채 보관되어 있는 것은 _____ _____.

비록 그는 저에게 갖고 싶은 특별한 의약품이 있다면 _____ _____하라고 저에게 요청하였지만 의약품을 [주문서를] 보내는 것과 관련하여 결코 저와

---

122) 이 회의는 1885년 8월 28일 개최되었다.

상의하지 않았습니다. 아직 그는 제가 자신보다 더 많은 경비를 사용한다고 알고 있으며, 저는 우리 ___에서 실제적으로 쓸모없는 의약품과 병원에서 수백 달러의 가치가 있는 의약품들을 남기지 않을 실제적인 견해를 제공할 수 있다고 느낍니다. 만일 여러분들이 이것들을 과장이라고 생각한다면, 청구서가 1885년 4월 혹은 5월에 선교본부를 통해 런던에서 알렌 박사가 무엇을 주문하였는지 보여 줄 것입니다. 이 청구서에 뉴욕에서 명성 있는 의사에게 약 1,000달러가 지불되었으며, 기후 및 질병 그리고 사람의 차이에 따라 허용된 모든 경비를 사용하였는데, 그가 어떻게 이야기 할지 봅시다.

그는 모든 청구서를 지불합니다. 저는 매달 의료용으로 무엇을 사용하였는지 항목별로 보냅니다. 아직 그는 자신의 장부를 한 번도 저에게 보여준 적이 없습니다. 저는 그가 언더우드 씨로부터 경비를 청구하는 것만을 제외하고, 제가 선교부에 속하지 않았던 때보다는 이제 우리 의료 지출에 대해 더 많이 알고 있습니다. 여러분들은 아마 제가 이 일에 책임이 있다고 말할지 모르지만, 제가 온 이후 지금까지 그는 자신의 방식대로 모든 것을 해 왔으며, 자신이 그렇게 계속하도록 제가 아직도 허용하고 있다고 잘못 판단하고 있습니다. 저는 잘못을 알았으며, 그와 여러분들 모두에게 정당하도록 시도하고, 여러분들은 그를 보호하고 여러분을 통해 그의 반응을 받게 하였을 뿐입니다.

저는 의료 장부를 한 번도 본 적이 없다고 언급하였습니다. 저는 실수(제 생각에)로 그것을 보았습니다. 그는 자신의 책상에 젖혀진 채 책을 놔두었습니다. 저는 그것을 보았고 다음과 같은 사실들을 알게 되었습니다. 당연히 그것에는 다소의 오류가 있을 수 있고, 그가 의료 장부와 섞인 개인적인 장부를 갖고 있었을 수도 있습니다. 그러나 저는 만일 실수가 없다면 어떻게 그럴 수 있나 알 수 없는 것, 제가 인정할 수 없는 어떤 것들을 발견하였는데, 약 5달러인 말채찍, 두 개의 말안장과 고삐 대금을 지불하였습니다. 제가 알기로 그것들은 헐지 않았습니다. 30달러가 넘는 청구서와 또 다른 60달러 청구서는 '개인적으로 의약품으로 사용하기 위한' 포도주와 맥주로 표시되어 있었습니다. 의약품으로 청구된 것이 더 있습니다. 지난 가을 [제가] 상하이에 있을 때 그의 요청에 따라 토카이 와인 12병을 구입하였는데,123) 그것이 의료 청구서에 들어 있었습니다. 저는 이것이 언더우드 씨나 제가 사용하지 않았다는 것을 알고 있습니다. 그는 어느 것도 사용하지 않았으며 콜레라 유행 때 주었던

---

123) 토카이 와인(Tokay Wine)은 헝가리 부다페스트 서북쪽, 보드로그 강과 티셔 강이 만나는 곳에서 자라는 포도로 생산한 포도주를 말하며, 프랑스 루이 14세 때 프랑스 왕실에 선물로 보내진 이후 국제적으로 널리 알려졌다.

두 병의 브랜디를 제외하고 저는 이 모든 것을 개인적으로 지불하였습니다. 저는 그것이 사용하기에 ___함을 발견하였습니다. 그는 의료 기금에서 매달 12달러를 ___를 위해 지불하고 있습니다. 우리가 4필의 말을 의료 경비에서 유지하고 있는데, 그는 궁궐에서 선물을 운반하는 사람에게 그의 의료 수입에서 선물을 주고 있

그림 7-11. 토카이 와인

으며, 저는 그것이 최소한 의료비용으로 청구하고 있는 것을 발견하였습니다. 그것들은 의료 장부에서 의약품 청구서 사이에 있었습니다. 그의 사무실은 책상, 의자, 등, 매트, 편지지 및 봉투, 성냥, 불을 붙이기 위한 기름 먹인 나무, 습자책 및 등사기 등 모든 것을 의료 기금에서 제공받고 있습니다. 그는 매달 10달러로 통역을 유지하고 있는데, 다른 사람들은 우리 교사를 매달 6달러에 통역으로 이용하고 있습니다.

저는 알렌 박사가 계속 지배하는 한 반대할 아무런 권리가 없습니다. 저는 그 돈이 선교지에서 얻어지지만 고국 교회에서 주어진 돈처럼 진정 선교본부에 속하며 계속 잘못 사용되고 있기 때문에 어떤 다른 사람이 진정한 선교 사업을 공유해야 한다고 생각합니다.

저는 알렌 박사의 사생활에 대해 이야기 할 것이 많습니다. 제가 썼던 것은 어쨌건 그를 비난하기 위한 의도가 아니라 개인적이지만 제 입장을 설명하기 위해 설명되어야 할 모든 것을 가능한 한 살짝 다루어 제가 왜 사임을 해야만 하는지 보여 드리기 위해 쓴 것뿐입니다.

저는 이 선교부에서 사임하기를 원하며, 선교본부에 저를 이곳 서울에서의 사역을 위해 감리교회의 해외선교본부에 추천해 주실 것을 요청 드립니다.

이전에 언급 드린 것처럼 저는 일생을 선교 사역에 바쳤으며, 부친과 동생 모두가 목사이며 13세 때부터 신도였던 장로교회를 위해 저의 모든 사랑으로 사역을 계속하고 싶습니다. 만일 제가 할 일이 없다면, 저는 다른 교회로 가야 합니다.

만일 지금 감리교회가 이곳의 선교사 수를 증가시키기를 원하지 않는다면, 우리의 입장은 상당히 곤혹스러울 것입니다. 그러나 제가 단지 가장 차가운 인사를 받는 곳에서 다른 말도 없이, 제가 잘못되었다고 믿는 일에서 동반자

로 있어야 하는 선교부에서 오래 일하는 것보다는 훨씬 나을 것입니다.

박사님은 의심할 여지없이 제 자리를 맡을 사람을 쉽게 찾으실 수 있을 것입니다. 저는 여태껏 해 온 것보다 더 잘 충원되기를 바랍니다. 여태껏 저는 최선을 다하였다고 분명하게 믿고 있습니다. 저는 이곳의 ___와 한국인들을 사랑하였으며, 그들을 떠나야 한다면 유감스러울 것입니다. 저는 박사님께서 다른 사람을 이곳으로 파송할 때, 그가 모든 면에서 동등한 상태로 오도록 해야 한다고 말씀드리고 싶습니다. 그래야만 이곳에서 그의 생활이 유용하고 감내할 수 있을 것입니다.

제가 말씀드린 대로 저의 자리는 쉽게 채워질 것입니다. 저는 이 우편을 통해 사직서가 제출되는 언더우드 씨(의 자리)도 쉽게 채워지기를 바랍니다. 지금 이곳에 있는 모든 선교사들 중에서 그가 한국말을 쉽게 할 수 있는 유일한 사람이라는 것에 개의치 않습니다. 그는 계속해서 바쁘고 많은 사람들이 그의 집을 방문하며, 그렇게 제공된 기회를 잘 활용하고 있습니다. 세례를 받은 한 사람은 그의 노고에 대한 하나님의 은총으로 맺어진 첫 열매이며, 분명히 그리스도를 구세주로 받아들이겠다고 거의 즉시 선언할 다른 사람들이 많이 있습니다. 그리고 정기적으로 와서 성경을 읽는 사람들이 많은데, 그 결과는 하나님만이 아실 것이지만 만일 언더우드 씨가 고국으로 돌아가야 한다면 그는 영광스러운 수확물로 영글어 갈 씨를 이미 뿌린 것입니다. 그는 정열적이고 멈추지 않으며, 우리 나머지 전체 사람들보다 더 진정한 선교 사역을 하고 있습니다.

저는 이 편지를 선교본부로 보내게 되어 유감스러우며, 다른 가능한 방도가 있다면 그러지 않았을 것입니다. 저는 그것에 대해 기도하며 심사숙고하였고, 이제 우리 선교부와 제가 ___ 옳다고 본 유일한 길임을 알게 된 후에 행동한 것이었습니다. 저는 우리의 사임이 받아들여지고 새로운 사람들이 이곳으로 파송되었을 때, 하나님께서 그들의 사역에 더욱 풍부한 은총을 내리시며, 그들이 학교, 교회 및 병원을 볼 것이고 주님께서 그들과 함께 하시고 그들을 통해 일을 하고 있다는 사실을 목격하게 되기를 기도드립니다.

우리는 이곳에 온 이래 잘 지내고 있는데, 그것에 대해 여러분께 감사를 드리며, 하나님의 은총이 항상 해외선교본부에 내리시기를 기도드립니다.

안녕히 계십시오,
존 W. 헤론, 의학박사

John W. Heron (Seoul),
Letter to the Presbyterian Board of Foreign Missions
(Sept. 14th, 1886)

Seoul, Korea,

Sept. 14, 86

To the Presbyterian Board of Foreign Missions

Dear Friends,

You will remember that in April of 1884, I received from you an appointment as medical missionary to Korea and while commissioned so early I not reach my field here until June '85; for ___ July 84 H. N. Allen who had been appoint to a field in North China, but was ____ Shanghai so without _____ ____ to the Board asking to be sent to Korea and ____ ____ was granted that he be telegraphed to at once. This was done while I was in New York and I was detained without knowing for some time the reason why. ____ ____ ____ that though the first to be commissioned. I was the last save Miss Ellers to arrive on the field.

This commission I now desire to resign for the following reasons:

1st: My duty to the cause of Christ and my ideas of honor to you as the stewards of the funds given for the support of missionaries and missionary work among the heathen will not allow me to be a party to the mission as I believe. If the funds interested to your Mission here, and this I am powerless to prevent.

2nd: That while it may seem just and proper to you from your points of view that Dr. Allen should be made leads in all the work here. It is impossible for <u>us</u> ____ <u>thus</u> failed to do any missionary work under his directions and with <u>his</u> influence as it is at present.

3rd: That as a physician I am ____ped and almost helpless being totally without medicines and almost without instruments. Dr. Allen having all the medicines which the Board supplied for our use in the office at his house and having recently in a fit of ____ ___ ordered me out of the office.

4th: That while I do more than half [of] the work at the hospital and ___ privately consulted in regard to _____ serious case which occurs among the foreigners. I am publicly ignored and insulted so that any influence I might attempt to exert is rendered entirely nil. I am simply a machine for a _____ suffering placed in the hands of a man who uses his success wholly for self-aggrandizement and who seem to have forgotten that ____ _____ _____ simple to _____ the ___k and _____ Jesus.

5th: That I have consecrated myself to the Lord's work and since I ____ see what I can be of any use t____ _____der_ _____t state of affairs. I _____ of possible _____ myself place myself in a ____ where I can ___ ___ ___ ___ ___. This has ___ is very great and _____ship _____ of _____ _____ in the f_____ Korean land.

6th: While I appreciate your p___nary obligations to you and shall consider myself in your debt until I have repaid the money expended on our outfit & traveling experiences. Yet I cannot but feel that you would prefer not to expend any more money as salary upon one who under existing circumstances can be of no use to you.

In explanation of these reasons and the present condition of affaires perhaps I should give you a brief account of the gradient way in which my eyes have been opened to the present hopeless condition of the Presbyterian Mission here.

We came here taking much pride & delight re Dr. Allen's as pioneer missionary to Korea, having heard and believed all that could be said of his skill __ treatment of the Prince Min Yong Ik who was so severely wounded and of the success which followed treatment thus opening the way for establishing a hospital in this land. In Japan we were met by kind letters from Dr. & Mrs. Allen which were ____ welcome and completely _____ hearts, and the kind reception we met on our arrival here only intensified the warm feel that had grown upon our hearts.

I was not a little surprised to find that I was Dr. Allen senior by several years, and that my professional experience was ____ ____ ____ded than his. This was at first a disappointment for I had expected to find in him a fatherly counsellor. But I consoled myself by believing that I should find ____ ____ a friend and companion helpful & genial but I soon found that it was not <u>true</u> to ask any f____ of him. And this first time that there was anything unpleasant ____ ____ as it was ____ed by some uncourteous remarks ____ made about my sending our boy to his house for <u>water</u> which he had before asked us to do until such times as we could get settled down in our own house for we had just gone away for his house when we boarded on our arrival here. Since that time I have tried not to ask a favors of him, though I have been glad to grant some <u>to him</u>.

Very shortly after this a mission meeting was called to discuss the question of building a stables, some time before this which at Dr. Allen's. I had agreed that it would be very well to build a new stable and keep all the mission horse together, but after _____ my own house and at his request spending mission money on fitting another stall at my ___ stable.

I had changed my mind ____d at that meeting stated that as there was stabling for two horses at my place, for one at Mr. Underwoods, and for one at Dr. Allen's and as we should ____ ____ keep more than four horses. I thought it not necessary and extravagant to spend more money on stables. Dr. Allen at once stated that I had before agreed with him and forward the plan and that my _____ for now being opposed ____ ____ ____ as angry with him, and he used ____y ways. I found hard to bear, ___ <u>from</u> it to say that it has decided _____ed that stables on the lot in front of Dr. Allens that they were built at a cost of $350 and although finished ____ ____ have never been used ____ ___ ___ of our horses and that for ___ than two months now as Dr. Allen <u>promised</u> to keep his horse at the British Consulate.

The property of the mission as Sedan Chair he has seemed to think he had an exclusive right to use as he pleased _____ one occasion to allow me to use one for going into the Hospital, when the streets were so crowd with _____ and ___ that I could within walk ____ ____ ____ horseback ____ ____ as going ____ ____ one, and wished to take a Korean friend in the other _____ make a social call on a Korean.

He also objected to my using the horse which was bought with the grant the Board made as for horses and which Miss Ellers was led (on her arrival here) to understand. Had been given to Mrs. Allen by Mrs. Aston from whose husband they were bought, selling one of the two without consulting any one and for many

months neither Mr. Underwood nor I know how much he had received for it &
_____ did not find out from him. All the mission property is kept at his house
and I have to ask him personally for every thing. I ____ save medicine, which
____ kept in his office are <u>unlocked</u> ___ __.

He has never consulted me in regard to sending for drugs, though he has
asked me on _____ if there was any special medicines I should like to have.
Yet he knows that I have been more <u>extended</u> expenses than himself and I feel
sure could give such practical views as would not leave coins of dollars of
practically useless medicines on our _____ and hundreds of dollars worth at the
hospital. If you think them an exaggeration, <u>show</u> the bill what Dr. Allen ordered
from London through the Board in April or May of 85 and for which there was
about $1000 paid to any reputable physician in New York and after making all
due allowances for the differences in climate, diseases & people see what he will
say of it.

He pays all bill. I send in each month an itemized statement of what I have
spent for medical purposes. Yet he has never shown me once his accounts. I
know now more of our medical expenditures than if I did not belong to the
mission save only as he draws money from Mr. Underwood. You may say I am
responsible for this, but up to the time of my coming he had had every thing his
own way and I mistaking the man as I had still permitted him to continue. I have
seen my mistake and have attempted to set it right both with him and you only
____ insulted him and to receive his response from you.

I was stated that medical accounts were never been open to my inspection. I
have only seen them _____ _____ by mistake (I presume). He had left the book
lying open on his table. I looked at them and gathered the following facts, of
course, there may be some mistake and he may have gotten his private accounts
mixed with medical, but I found then those if there is no mistake and I cannot
<u>see</u> how there <u>can</u> be, I found somethings to which I could not approve, a riding
whip about $5.00 he has had two saddles and bridles paid for. I know but they
were not down. A bill of over $30 & another of $60, was marked as wine and
beer "for personal use as medicine." There is more charged as medicine. For when
in Shanghai last fall, I brought at his request one dozen of Tokay wine which
was charged in a medical bill. I know that this has not been used by Mr.

Underwood or myself. For he has not used any and with this exception of two _____ bottles of brandy which I gave away during the cholera epidemic, I have personally paid for all. I have found it ____ing to use. He pays for cha____ constantly at the rate of $12 per month from medical funds. While we are keeping four horses at mission expense, he gives presents to the man who bring presents from the palace and gives presents to all on his medical payroll and these I found charges to medical at least. They were in the medical account book among bills for medicines. His office are furnished throughout at medical expense, desk, chairs, lamp, mats, paper & envelopes, matches, oil wood for fire, copying book & press all are furnished by the medical funds. He has an interpreter at $10 a month while the rest of us use our teachers at $6 per month as interpreters.

I have no right under Dr. Allen's ruling in which he has been sustained to object. Although I feel that money which though it be taken in on the field and to do this, some one else must do his share of real mission work as really belongs to the Board as if it were given by the home churches is being constantly misspent.

There are many things I might say of Dr. Allen's private life, but this is not an arrangement of him. What I have written has only been written to show you why I must resign, not intending in any way to accuse him but touching as lightly as possible on all things which were personal but must be told in order to explain my position.

While wishing to resign from this mission, I would ask the Board to recommend me to the Board of Foreign Mission of the Methodist Church for work here in Seoul.

I have, as before stated, given my life to missionary work, and desire to continue in the work with all my love for the Presbyterian churches, of which my father & brother are both ministers and I have been a members for over thirteen years. If it has no other work for me, I must go to another church.

If the Methodist Church does not wish to increase the members of its missionaries here at this time our position will be one of considerable embarrassment. But far better than to continue longer in a mission, where I am only greeted with the coldest possible good morning and not another word and when I must appear as a partner in what I believe to be wrong.

You can no doubt easily find a man to take my place. I hope far better will be fill it than have done. , yet I have done my best, I feel sure. I have loved ____ here and this Korean people and shall regret to have to leave them. I hope I may say to you that when you send another man here you will see to it that he comes as an equal in all particulars, only so can this life here be useful or bearable.

As I said, my place will be easily filled. I hope that Mr. Underwood whose resignation also goes by this mail, will be as easily. I fear not, of all the missionaries now here, he is the only one who can readily speak Korean. He is constantly busy, has many Korean callers come to his house and uses well the opportunities thus given. The one man, who has been baptized, is the first under God's blessing of his labors, there are too others who are almost ready, apparently, to declare their acceptance of Christ as their Saviour and there are many those who have been regularly coming and who have been reading the scriptures regularly, what the result will be God only knows but if Mr. Underwood should now go home, he has sown seed that will ripen into a glorious harvest. He is energetic and unceasing, he is doing more real missionary work than all the rest of us put together.

I regret to send you this letter. Were there any other possible way, I should not. I have thought and prayed over it and only acted after seeing now that it is the only way in which our mission & I have saw ____ right. I pray that when our resignations are accepted, & new men sent here, that God will more abundantly bless their labors and that they may see schools, churches & hospitals and then, bearing witness to the fact that the Lord is working with & through them.

We have been well taken care of ever since our coming here & we have to thank you for it and to pray that God's blessing may rest upon you always, I am,

Yours most sincerely,
J. W. Heron, M. D.

호러스 N. 알렌(서울)이 메저스 바이워터 페리 앤드 컴퍼니(런던)로 보낸 편지 (1886년 9월 14일)

서울,
1886년 9월 14일

메저스 바이워터 페리 앤드 컴퍼니,
　런던 퀸 빅토리아 가(街) 79

안녕하십니까,

　　귀 회사가 도착하였다고 알려준 기구에 대한 청구서를 받았습니다. 이것은 충분히 합리적으로 보이지만 전체 금액은 다소 놀라운 것입니다. 나는 그들이 나에게 물건을 사달라고 부탁을 한 이유는 그들이 전에 나쁘게 취급을 받았고 나를 믿었기 때문이라는 것을 한 번 설명한 것을 귀 회사는 알 것입니다. 이제 [가격의] 큰 불일치는 그들에게 상당히 더 충격적입니다. 나는 귀 회사의 편지와 청구서를 외아문에 가지고 가서 모든 것을 설명하였습니다. 그들은 항상 그랬다는 것을 인정하는 것 같지만 새 병원을 짓는데 너무 많은 돈을 들이고 있어서 귀 회사에게 줄 것이 아무것도 없었고 내가 요청한 것에서 250달러밖에 더 줄 수 없다고 말하였습니다.

　　그것은 확실히 우리를 나쁜 곤경에 있게 합니다. 나 자신을 위한 잡화 주문은 내가 생각하였던 것보다 더 많은 거의 200달러가 들었고, 나는 다소 곤란한 입장입니다. 내가 알 수 있는 유일한 방법은 우리가 운임을 공제하는 것입니다. 이것과 포장비의 반은 내가 귀 회사로 보낸 것이 아닙니다. 그런 다음 전체에서 남은 액수만큼 상품을 조정하는 것입니다.

　　이것이 만족스럽지 않다면 더 나은 계획을 제안할 수 있습니까?

　　내가 보낸 오르골 견본을 보내지 않았다면 보내지 마세요. 더 깊이 관여하고 싶지 않습니다.

　　안녕히 계세요.
　　H. N. 알렌

Horace N. Allen (Seoul),
Letter to Messrs Bywater Perry & Co. (London) (Sept. 14th, 1886)

Seoul,

Sept. 14th, 86

Messrs Bywater Perry & Co.,

79 Queen Vic. St., London

Gentlemen,

I have received the invoices you have been informed of the arrival of the instruments. This seem reasonable enough but the whole amount is rather alarming. You know I explained to you once before that the reason I was asked to buy things for them was that they had been badly dealt with before and trusted me. Now this great discrepancy is rather a stunner to them. I took your letter and the invoice to the Foreign Office and explained the whole thing. They <u>seem</u> to admit that it was <u>always</u> but said to me that the building of the new hospital was taking so much money that they had none to you and as I had asked for but $250.00 they could give no more.

It certainly leaves us in a bad fix. My order for sundries for myself cost me near $200, more than I had counted on and I am somewhat cramped. The only way I see out of it is for us to deduct the freight. This and half of the packing charges from the am't I sent you. Then redact goods from the whole lot. up to the am't remaining, packing and shipping the balance to you.

Is this satisfactory, if not, can you suggest a better plan.

If you have not sent the sample music box lot I sent for, don't do it. I don't wish to get in any deeper.

Yours truly,

H. N. Allen

18860914

호러스 N. 알렌(서울)이 피부 질환 및 성병 잡지의 편집장에게 보낸 편지 (1886년 9월 14일)

피부 질환 및 성병 잡지의 편집장 귀중[124]

안녕하세요,

귀 의학 잡지에서 옻나무(Rhus toxicodendron) 독과 그 치료법에 관한 편지를 보고 나는 동양에서 흔히 볼 수 있는 유사한 질병과 그 치료법에 대하여 언급하고자 합니다.

동양인들뿐만 아니라 많은 외국인들은 동양에서 흔히 '광택제 중독'으로 고통을 받고 있습니다. 어떤 경우에는 너무 고통스러워서 물건을 도색하고 있는 가구점을 중독되지 않고 지나갈 수 없습니다. 다른 사람들은 아마도 유독성 광택재로 장식된 가구와 실제로 접촉한 후에 발생합니다. 나는 또한 만물이 습기로 뒤덮인 장마철에 비교적 오래된 물건들이 유독성을 지닌다는 것을 알게 되었습니다.

나는 질병에 걸리기 쉬우므로 나 자신에게 미치는 영향에 대한 설명이 적절할 수 있습니다. 나는 난징에 있을 때 첫 번째 발진이 왼쪽 눈에 발생하여 이마와 코로 퍼졌습니다. 그것은 가렵고 화끈거려 큰 불편을 초래하였고 얼굴을 크게 변형시켰습니다. 중국산 광택제의 효과를 모르고 그것을 "전두부 대상포진'으로 진단하였고, 그에 따른 치료를 하였지만 결과는 좋지 않았습니다. 후에 나는 상하이에서 중국인 캐비닛 제작업체로부터 새 의자를 받은 후 매우 심하게 앓았습니다. 이마가 뜨거워지고, 참을 수 없을 정도로 가렵고, 정신이 혼미해지고, 미열이 나고, 식욕부진이 있으며, 융기된 기저부에 미세한 수포가 나타났으며, 눈이 거의 감겨질 때까지 붓기가 증가하였습니다. '안면 단독'이

---

124) 이 논문은 다음의 잡지에 실렸다. Horace N. Allen, Dermatitis from Rhus Vernix. Journal of Cutaneous and Genito-urinary diseases 5(1) (Jan., 1887), pp. 26~27. 1882년 창간된 이 잡지의 원래 제목은 'Journal of Cutaneous and Venereal Diseases)이었으며, 당시 편집장은 프린스 A. 모로우 (Prince A. Morrow)이었다. 이 잡지는 1887년 'Journal of Cutaneous and Genito-urinary diseases)로 바뀌었다가, 1903년 'Journal of Cutaneous Diseases including Syphilis'로, 1920년 'Journal of Dermatology and Syphilology'로, 1950년 A. M. A. Archives of Dermatology and Syphilology'로 그리고 1955년 'A. M. A. Archives of Dermatology'로 바뀌었다.

라는 진단을 받고 종합병원으로 가라는 권유를 받았습니다. 이것은 비효율적이며, 따라서 진단의 진실성에 대하여 약간 의심이 듭니다. 자문을 받았고, 그것은 '광택제 중독'이라는 진단을 받았습니다.

조언 받은 치료법은 갓 자른 녹나무 부스러기를 우려낸 물에 지속적으로 목욕하는 것이었습니다. 이것은 껌보다 구하기 쉽지 않기 때문에 장뇌액도 시도하였으나 소용이 없었으며, 그 후 편지로 보내는 지침이 만들어졌습니다. 처음 적용한 후 2시간 안에 완화되었고, 12시간 안에 증상이 사라졌습니다. 나는 이 치료법을 외국인과 현지인에게 처방한 후 결코 실패하지 않았지만, 일반적으로 가장 먼저 사용하는 장뇌액은 항상 실패하였습니다.

이 유독성 광택제는 Rhus Vernix 혹은 유동(油桐)으로 만들어지며, 종종 철가루, 석회 및 황소의 피와 혼합됩니다. 적어도 옻나무 독에 대하여 이 치료법을 시도해 볼 가치가 있는 것 같습니다.

안녕히 계세요.
H. N. 알렌, 의학박사,
한국 서울,
1886년 9월 14일

Horace N. Allen (Seoul), Letter to the Editor of *Journal of Cutaneous and Venereal Diseases* (Sept. 14th, 1886)

Editor of the Journal of Venereal & Cutaneous Diseases

Dear Sir,

Having noticed letters in your Journal concerning the poison of Rhus toxicodendron and its cure, I wish to mention a similar disease common in the East, and its treatment.

Many foreigners, as well as natives, in the East are often troubled with what is termed "varnish poisoning." It is in some cases so distressing that the person cannot pass a furniture shop, where articles are being varnished, without being poisoned. With others it comes on after actual contact with furniture freshly decorated with the poisonous varnish. I have also noticed that comparatively old articles possess the poisonous property during the rainy season, when everything is covered with dampness.

As I am quite liable to the disease, a description of its effects upon myself may be in place. The first eruption occurred, while in Nanking, over my left eye, spreading to my forehead and nose. It itched and burned, causing great discomfort and disfiguring the face. Being ignorant of the effect of the Chinese varnish, I diagnosed the trouble as "herpes zoster frontalis," and treated it accordingly, but with poor results. Later I had a very severe attack in Shanghai, after receiving a new chair from a Chinese cabinet maker. The forehead became hot and itched intolerably; mind clouded, slight fever, and anorexia, followed by the appearance of minute vesicles on a raised base: swelling increased till the eyes were all but closed. It was diagnosed as "facial erysipelas," and I was urged to go to the general hospital. This being inexpedient, and there being a slight doubt as to the verity of the diagnosis, consultation was called and it was pronounced "varnish poisoning."

The treatment ordered was constant bathing in an infusion made from freshly cut camphor-wood shavings. These being less easy to obtain than the gum, aqua camphorae was tried and found useless, after which instructions were followed out to the letter. In two hours from the first application, relief was obtained, and in twelve hours the trouble had disappeared. I have since often prescribed this treatment in foreign and native practice. It never fails; while the spirits and water of camphor, which are usually tried first, on the sly, always do fail.

This poisonous varnish is made from the Rhus Vernix or Vernicia and is often mixed with iron rust, lime, aud ox blood. It seems that it would at least be worth while to try this treatment for poisons of the Rhus toxicodendron.

Sincerely yours,
H. N. Allen, M. D.
Seoul, Korea,
Sept. 14th, 1886

18860917

호러스 G. 언더우드(서울)가 프랭크 F. 엘린우드(미국 북장로 교회 해외선교본부 총무)에게 보낸 편지 (1886년 9월 17일)

한국 서울,
1886년 9월 17일

미국 북장로교회 해외선교본부 귀중

형제들께,

저는 거의 2년 동안의 사역을 마친 이 시점에서 가장 정중하게 저의 임무를 중단하기 원하며, 여러분들께서 저의 선교사직 사임을 받아주시기를 간청하는 바입니다. 만일 이를 결코 용납할 수 없다면 감리교회 해외선교본부의 지도 하에 임무를 수행하도록 저를 추천해 주십시오.

저는 한국 선교부의 상황에 대하여 진지하고 기도하는 마음으로 숙고한 후에 이런 조치를 취하게 되었으며, 이곳에서의 어려움을 기독교적으로 해결할 다른 방법을 찾지 못하였습니다. 이곳의 한국 선교부는 거의 시작부터 일이 순조롭게 진행되지 못하였고, 비록 때때로 분명하게 화해하였지만, 단순히 불길을 약간 수그러들게 하였을 뿐, 곧이어 더 심각한 분쟁이 일어났으며, 마침내 헤론 박사와 제가 이곳의 사역에서 철수하거나, 아니면 알렌 박사가 철수해야만 하는 지경에 이르렀습니다. 저는 이곳의 문제를 해결할 다른 방안을 매우 열심히 찾아보았으나 찾을 수 없었습니다.

우리 모두가 진심으로 신뢰하는 헵번 박사 같은 사려 깊고 믿을 수 있는 선교사가 [이 문제를] 조사하면 우리에게 충고를 주겠지만, 그것은 단순한 조사이기에 별 소용이 없을 것입니다. 그것은 유익하지 않을 것이며, 저는 우리가 고쳤던 문제가 다시 생기면 다시 옛 상태로 완전히 돌아가게 될 것입니다. 동시에 그런 조사가 시행된다면 헤론 박사와 저의 입장을 지지하는 결정을 얻을 것이며, 전적으로는 아니어도 상당 부분 알렌 박사에게 비난이 넘겨질 것입니다.

제가 사임하려는 이유는 선교부의 어떤 동료와 함께 지낼 수 있는 유일한 방법이, 그와 아무런 관계를 갖지 않거나 그가 관련된 모든 일에 상관하지 않는 것인데 그런 선교부에 계속 남아 있는 것이 옳다고 생각하지 않기 때문이며, 이것이 알렌 박사와 잘 지낼 수 있는 유일한 방법입니다. 제가 가능한 한 그와 상관하지 않는 이상 모든 일이 순조롭겠지만 더 이상은 아닙니다. 지금 같은 선교부의 동료 선교사로서 이렇게 하는 것은 불가능하며, 결국 모든 면에서 불화와 분쟁만이 있게 될 뿐입니다.

불화의 대부분은 알렌 박사 때문에 일어났는데, 그는 우리가 그에게 양보할 수 없는 힘과 권리를 교만하게 가로챘습니다. 하지만 그가 우리에게 한 마디 말도 없이 그것을 차지하였기 때문에, 우리는 이러한 힘을 행사하지 못하도록 거부할 기회가 갖지 못하였습니다. 제가 언급한 것의 한 예가 의학교의 개교와 관련하여 발생하였습니다. 그 학교는 한 한국인이 저에게 관립 학교의 영어 과목을 맡으라고 제안한 것에서 발전되었습니다. 저는 알렌 박사에게 그것을 말할 때, 만일 그렇게 된다면 단순히 영어만 가르칠 것이 아니라 모든 과목을 소개하는 것이 좋을 것이라고 하였습니다. 알렌 박사는 이에 동의하고 제안서를 작성하여 일부 한국인들에게 말하였습니다. 하지만 이 안은 미국인 교사들의 내한으로 실행되지 못하였고, 그 계획은 병원의 부속 의학교로 변경되었습니다.

기구와 관련한 가격 목록을 구한 알렌 박사는 그가 보내려는 목록에 대하여 제가 어떻게 생각하는지 물어보았고, 그 뒤에 일을 진행하여 학생 수, 규칙, 건물 등 모든 준비를 처리하였습니다. 우리는 알렌 박사가 의학교에서 가르칠 수 있는지, 그것도 다음 월요일부터 시작할 수 있는지 문의하는 쪽지를 보낼 때까지 이 주제에 대하여 더 이상 듣지 못하였습니다.

저의 의견을 묻지도 않고 한국인 관리들로부터 모든 조치가 완벽하게 이루어졌다는 소식을 들었다는 쪽지를 받고 저는 매우 놀랐습니다. 저는 의학교에서 제가 가르치는 것을 원하지 않으며, 영어는 당시 영어를 위한 관립 학교[125]에서 담당할 것이 분명하다고 생각하고 있었습니다.

일이 이렇게 되어 저는 헤론 박사와 논의하였고, 합의와 규칙이 무엇이었는지 몰랐기에 알렌 박사에게 (우리 3인의) 선교부 회의를 요청하였으며, 회의에서 먼저 이루어진 모든 일들에 대해 알려달라고 요구하였습니다.

알렌 박사는 우리가 무엇을 알고 싶어 하는 지 이해하지 못하는 듯하였으나, 우리가 이루어진 모든 일을 알려달라는 결정을 통과시키려고 하자 그는 한 통의 편지를 읽는 등 경과를 설명하였습니다. 우리는 서로 감정이 상한 채 회의를 마치려고 하였을 때, 누군가가 기도로 폐회하자고 제안하였습니다. 우리는 기도를 드렸고, 분명한 친구로 헤어졌습니다. 이와 유사한 행동이 이곳

---

125) 동문학을 말한다.

사업 전반에 걸쳐 계속되어 왔으며, 제가 하는 일이 다른 것이었기에, 저보다 훨씬 더 어려움을 겪어야 하였던 헤론 박사보다는 덜 겪었습니다. 알렌 박사는 헤론 박사가 관계되는 병원에서 업무를 수행하지만, 결코 그와 상의하지 않으며, 왕의 탄신일을 기념하기 위해 외아문에서 열린 만찬에서 헤론 박사는 한 외국인으로부터 병원 이전에 대한 질문을 받고 그것에 대하여 아무것도 모른다고 말할 수밖에 없었던 지경에 이르렀습니다.

알렌 박사는 이것을 해명하려고 미약한 시도를 하였으나 실패하였습니다. 한 기관에서 한 사람이 다른 사람만큼 많은 일을 하고, 모든 면에서 유능함에도 불구하고, 그가 전혀 상의하지 않거나 만약 상의하였더라도 모든 일이 처리된 후에 하는 것이 옳습니까? 저는 수많은 사례를 나열할 수 있지만, 단 한 예가 사태의 전반적인 추이를 보여주고 있습니다.

여러분들은 우리가 옆에 서서 이렇게 되도록 놔두기를 원하십니까? 저는 우리가 사업의 절반, 혹은 경우에 따라 ⅔에 대해서 상의할 권리가 있다고 생각하며, 이뿐만 아니라 모든 준비가 완료되기 전에 우리의 의견을 표명해야 한다고 생각합니다. 이 선교부의 회계로서, 저는 사용하고 받은 모든 돈에 대하여 계산해야 하는데, 저의 회계 장부는 선교부가 검토해야만 합니다. 같은 방식으로 저는 고아원 원장으로서 선교부에 저의 회계 장부를 제출하여 감사받도록 해야 하지만, 의료 회계 장부는 전적으로 알렌 박사의 통제 아래에 있으며 감사를 위해 공개하지 않고 있습니다. 이것은 작은 문제에 불과하지만, 헤론 박사가 의료와 관련해서 사용하는 모든 계정은 세목으로 나누어 알렌 박사에게 제출해야만 하지만, 의료 예산에 대하여 상의하지 못할 뿐 아니라 한 푼이라도 어떻게 사용되는지 알지 못하는 것은 옳지 않습니다.

하지만 이것이 우리 사이의 문제를 해결할 가능성이 없다고 판단하는 유일한 이유는 아닙니다. 우리는 이제 알렌 박사에 대한 모든 신뢰를 상실한 그런 지경에 이르렀습니다. 알렌 박사는 이중적인데, 한두 마디가 그것을 보여줄 것입니다.

우리의 어려움이 해결되기를 바랐던 기도회가 끝난 직후, 알렌 박사는 자신의 마구간 마당에 땅을 골라야 하는 부분이 있는데, 한 한국인이 20달러, 당시 30,000푼에 맡겠다는 것을 알리는 내용의 쪽지를 저에게 보냈습니다. 제가 알아보니 그것은 매우 많은 것이었고, 한 한국인이 8,000푼 혹은 약 ¼의 가격에 계약을 한다는 것을 알게 되었습니다. 그들은 일을 하였고, 알렌 박사가 일이 제대로 되었는지 확인하기를 기다렸습니다. 그러나 박사는 자리에 없거나 너무 바빴고, 그래서 헤론 의사에게 물어보았더니 그렇게 될 것이라고 생각하였다고 합니다. 그 남자는 가버렸지만 며칠 후 폭우가 와서 마당이 상당히 가라앉았고, 병원에 있는 동안 알렌 박사는 저에게 일을 다시 해야 하고 20,000푼이 들 것이라고 말하였습니다.

8,000푼으로 일을 한 후에 마무리하는 데 20,000푼을 지불하는 것은 터무니없어서 저는 그 비용을 지불하는 것은 불합리하다고 다소 날카롭게 대답하였고, 8,000푼을 더 들인다면 기꺼이 하겠다고 하였습니다. 알렌 박사는 좋다고 말하였고 저는 떠났지만, 그날 오후 다음과 같은 내용의 알렌의 쪽지를 받았습니다.

"귀하가 화를 내고 우리의 곤경과 불만을 바로잡기 위한 기도회를 열자고 요청하지 않도록, 전적으로 귀하의 무지로 방해가 되는 일을 하였다고 공포하는 바입니다. 귀하가 오늘 아침 모든 학생과 관리들 앞에서 나에게 화를 내고 모욕할 근거가 전혀 없었다고 언급하는 것이 현명하다고 생각합니다. 나는 귀하의 유치한 행동을 불러일으킬 생각 없이 우호적인 마음으로 마구간 일을 말하였을 뿐이며, 내가 그 문제에서 귀하의 도움을 바라지 않는다는 것을 이해하기를 바랍니다. 오히려 귀하가 너무 흥분하였기 때문에 나는 8,000푼에 일을 하자는 귀하의 제안에 동의하는 것이 귀하에게 정중하게 대답하는 유일한 공손한 수단이라고 생각하고 있습니다.
귀하의 노고에 대하여 제대로 된 감사를 받지 못하여 이전 같이 걱정을 하고 있는 것으로 판단하여 이제 정식으로 감사를 드립니다."

제가 말한 것은 위와 같은 편지를 받을 만한 것은 아니었기에 제가 그렇게 성급하게 말하지 말았어야 했습니다. 그러나 이 이유 때문에 위의 편지를 인용하는 것이 아니라 저는 알렌 박사가 이중적인 인물이라는 저의 언급이 사실이라는 것을 여러분들께 보여주기를 원하였기 때문입니다. 이 편지를 저에게 보낸 지 얼마 지나지 않아 알렌 박사는, 틀림없이 서신철에 보관되어 있을 엘린우드 박사에게 보낸 편지에서, 비록 우리에게 곤경이 있었지만 기도회를 통하여 해결하였다고 말하였습니다. 그러나 형제들에게는 기도회가 잘 되었다고 고백하면서, 저에게는 비웃고 있습니다.

이것이 제가 견뎌야만 하였던 것의 전부가 아닙니다. 제가 말씀드린 것이 사실임을 보여주기 위하여 유사한 편지들과 다른 예들을 제시할 수 있지만, 제가 제시해 드린 이유가 제가 취하였던 행동을 정당화하기에 충분하다는 데 여러분들이 동의할 것 같습니다. 이곳 선교부의 상황은 선교의 대의와 장로교회 사람들과, 기독교에 대한 수치이며, 다른 해결 방법이 없다면 이 선교지에서 장로교회 선교본부 전체가 철수하는 것이 정당합니다.

상황은 이제 두 의사 사이에 거의 공개적인 싸움이 될 정도로 빠르게 진행되고 있으며, 알렌 박사는 헤론 박사에게 사무실에서 나가라고 명령하였습니다.

한 말씀 더 드리면 저의 사직을 설명하기에 충분하다고 믿기에 그만 쓰겠지만, 헤론 박사와 관련하여 한 가지를 바로 잡고 싶습니다.

선교본부나 총무 앞으로 [알렌 박사가] 보낸 편지 속에 헤론 박사가 이곳에 혼자 있다면 그가 외국인 진료를 유지할 수 없을 것이라는 언급이 있었다고 저는 믿고 있는데, 이 말이 사실이라면 그가 그렇게 할 수 없었던 몇 가지 이유를 제시하고 싶습니다.

한 가지 이유는 헤론 박사는 술을 마시거나 담배를 피우거나 카드 놀이를 하지 않으며, 손님들이 방문할 때 커피보다 더 진한 것은 대접하지 않으며, 또한 자신의 집에서 저녁 식사 때도 그런 것을 먹지 않습니다. 반면 알렌 박사는 이 모든 것을 하며, 세상 사람들이 이 모든 면에서 그들과 같은 사람을 그렇지 않은 사람보다 더 선호하는 것은 대단히 자연스러운 것입니다. 또 다른 이유는 당연히 알렌 박사가 헤론 박사를 다루는 데서 비롯됩니다. 그는 헤론 박사를 한두 명의 외국인을 제외하고는 결코 소개해 주지 않았고, 자기 집에서 선교사를 제외한 다른 외국인을 만나게 하지도 않았으며, 그리고 때때로 (한 번은 제 앞에서) 사무실에서 외국인들이 있을 때 헤론 박사에게 무례하게 자기 마음대로 행동하였습니다. 헤론 박사가 알렌 박사의 동료로서 이곳에 온 것으로 여겨졌을 때, 그러한 대우는 헤론 박사에 대한 편견을 심어 주지 않겠습니까?

이것이 헤론 박사가 받은 대우이었고, 그가 외국인 진료를 맡을 수 없었던 것은 놀라운 일이 아닙니다. 그러나 그럼에도 불구하고 그의 몫은 지킬 수 있었다고 생각합니다.

이것들이 제가 사임하려는 이유이며, 이러한 조치가 필요한 것에 대하여 대단히 유감스럽게 생각합니다. 그러나 앞에서 말씀드렸듯이 전체 주제의 모든 측면을 제가 기도하는 마음으로 진지하게 검토한 결과 다른 가능한 해결 방법이 보이지 않습니다.

헤론 박사와 저는 감리교회 형제들이 우리들의 도움을 유용하게 사용할 수 있을 것이라고 믿으며, 우리는 그들과 조화롭게 일할 수 있습니다. 만일 우리가 알렌 박사와 같은 선교회에 소속되어 있지 않았더라면, 그와 좋은 친구가 되었을 것이며, 그래서 우리는 선택한 길을 결정하였습니다.

저는 우리의 사임이 이곳 장로교회 선교부의 인력 상황을 약화시킬 것이라는 것을 알고 있으며, 누군가가 고아원을 맡기 위하여 이곳으로 파송될 때까지 제가 좀 더 일하기를 원하신다면 저는 그렇게 할 것이고, 그가 새로운 땅에서 새로운 업무를 하는 것을 돕기 위하여 제가 할 수 있는 모든 것을 할 것입니다.

이런 조치를 취한 것에서 제가 하나님의 인도를 받았다고 진심으로 믿으며, 이것이 한국에서 하나님 나라에 최상의 이익이 될 수 있도록 기도드립니다. 고작 2년이라는 짧은 기간이었지만 매우 즐거웠던 관계가 그렇게 빨리 중단되어야 하는 것을 유감스럽게 생각합니다. 장로교회의 한국 선교부에 저보다 더 성실하게 일할 분들이 신속하게 보강되기를 바랍니다. 그리고 하나님께서 능력이 있으며, 틀림없이 이곳에서 발생한 고난을 통해서 선(善)을 이끌어 내실 것으로 알고 있습니다.

안녕히 계십시오.
호러스 G. 언더우드

Horace G. Underwood (Seoul),
Letter to Frank F. Ellinwood (Sec., BFM, PCUSA) (Sept. 17th, 1886)

Seoul, Korea,
Sep. 17, 1886

To the Board of Foreign Missions of the Presbyterian Church of America

Fathers and Brethren:

I desire at this time after a service of nearly two years, most respectfully to surrender my commission and would request that you accept my resignation as a missionary of your Board, and if you have nothing to lead you to do to the contrary, would recommend my name for commission to work under the Methodist Board of Foreign Missions.

I have been led to take this step after sincere and prayerful consideration of the status of affairs in your mission to Korean and see no other way to a Christian settlement of the difficulties out here. Things have not been working smoothly almost from the very beginning of the mission here, and although from time to time there have been apparent settlements, they have been but slight smothering of the flames only to result in more serious breakings out soon after, and things have now come to such a pace that either Dr. J. W. Heron and I must withdraw from the work here in the Presbyterian Mission or Dr. H. N. Allen must. I have searched most diligently for some other way, in which to straighten our matters here, but have been unable to find any.

An investigation by some old and trusted missionary such as Dr. Hepburn, in whom we all have the warmest confidence, suggested itself to us, but this would not be of much use, for if it was simply an investigation, it would not do any good, and I am afraid that after our correction had gone, things would again full back into the old rut. At the same time, I am convinced that were such an investigation instituted it would result in a decision favoring the stand taken by Dr. J. W. Heron and I, and finding most, if not all, the blame to lay with Dr. Allen.

My reasons for resigning are that I do not think it right that I should remain in a mission where the only way to get along with a certain fellow missionary is to have nothing to do with him, nor with any work with which he is connected, and yet this is the only way to get along with Dr. Allen. As long as I have little to do with him as possible, all goes smoothly but no longer. Now it is impossible for fellow missionaries of the same society to do this, and so there will be only disagreement and trouble on all sides.

The difficulties have come for the most part from Dr. Allen, arrogating to himself powers and right that we cannot concede to him. We, however, do not have the chance of refusing to allow him these powers, for he just takes them without saying a word to us. An example of what I refer to occurred in connection with the Hospital School at its starting. The school developed out of a suggestion made to me by a Korean concerning my taking the government school in English. And while speaking to Dr. Allen, I said that if such were the case, it would be well to make more than a simple case of teaching English of it and to introduce all the branches. To this Dr. Allen acceded and drawing up a proposal spoke of it to some of the Koreans. The whole proposal could not, however, be carried out on account of the coming of the American teachers, and it was changed into a Medical School in connection with the hospital.

Dr. Allen, procuring the price lists concerning apparatus, asked me what I thought of the list of things that he was sending for, and after that went forward and made all the arrangements concerning the number of students, the rules, the buildings, etc., and we heard nothing further on the subject from Dr. Allen till one day when he sent us a note asking when we would be able to teach in the American school and asking whether we could begin on the following Monday.

It was a great surprise to me in every way to receive the note for hearing from the Korean officials that all the arrangements were being perfected and not being asked even for my opinion. I thought that I was not wanted to teach in the school, and that the English work would in all probability be done at the then existing government school for English.

Things standing thus I consulted with Dr. Heron, and not knowing what the arrangements and rules were, asked Dr. Allen to call a meeting of the mission (we three), and then we asked first to know all that had been done.

Dr. Allen seemed not to understand what we should want to know for, but upon our passing a resolution requesting him to let us know all that had been done, he read a letter or so and explained matters. When we were adjourning with hard feelings against each other, it was suggested by someone that we closed the meeting with prayer. This was done and we parted apparent friends. It has been action like this all through the work here, and while on account of the different line in which my work lies, I have not had or seen as much of it as Dr. Heron who has had to stand for more than I ever could have done. Dr. Allen carries on work at the hospital that concerns Dr. Heron and yet never consults with him, and this went to such a point that when at the Foreign Office dinner in honor of the King's birthday, Dr. Heron was spoken to by a foreigner about the moving of the hospital, he was forced to say that he knew nothing at all about it.

Dr. Allen made feeble attempt to explain this but failed. It is right that in an institution where one man does as much as the other and is in every way as competent, he should not be consulted at all, and if consulted only done so after all arrangements have been settled? I might cite instance after instance of this, but one only shows the drift of matters.

Could you expect us to stand by and have this done? I think that we have a right to be consulted where we do half and in some case two thirds of the work, and not only this but I think that we are also to express our opinion before all the arrangements are made. As your treasurer for this mission, I have to render an account for every dollar spent and received, and my accounts have to be audited by the mission, and in the same way, I have handed to the mission my accounts as head of the orphanage for examination, but as for medical accounts, they are in the absolute control of Dr. Allen, and are not open for examination. While this is but a small matter, it is hardly right that Dr. Heron should have to hand to Dr. Allen an itemized account of any account that he may have against medical, and that he should not only not be consulted in the least about medical expenditures, but not even know how a cent of it hardly is spent.

This, however, is not the only reason why we find that there is no chance of a settlement between us. We have now come to such a pass that we have lost all faith in Dr. Allen. Dr. Allen is two-sided and a word or two will show it.

Just after the prayer meeting, at which our difficulties had we hoped been settled, Dr. Allen sent me a note telling me that there was a piece of leveling to be done in the stable yard and that a Korean would do it for $20.00 which was at that time 30 thousand cash. I on inquiring found that was too much and a Korean took a contract to do it for eight thousand cash or about one fourth. They did the work and waiting around for Dr. Allen tried to find out whether it would do. But the doctor was either away or too busy, so asking Dr. Heron and he thinking that it would do said so. The man went away, but a few days after a heavy rain came and settled the ground considerable, and while at the hospital Dr. Allen told me that the job that I had had done would have to be done again, and would cost 20 thousand cash.

The brunt of the work had been done for eight thousand and then to pay 20 thousand for finishing it seemed to be so outrageous that I answered rather sharply that it could be absurd to pay such a price, and that I would gladly do it for eight thousand more. Dr. Allen said all right, and I left, but that afternoon I received a note in which Dr. Allen spoke as follows:

> "Lest you may be aroused and ask for a prayer meeting to right our difficulties and grievances, proclaiming there with your utter ignorance of having done anything out of the way. I think it wise to state that you had no grounds for firing up and insulting me in the presence of the whole school and officers this morning. I simply told you of the stable business in a friendly spirit with no desire to arouse your puerility, and I want you to understand that I did not wish your assistance in the mater. On the contrary, you had become so excited that I consider an assent to your proposal to do the work for eight thousand cash as the only polite means of answering you.
>
> Presuming that as previously you are worrying because you have not been duly thanked for your work, I hereby formally thank you."

While I ought not to have spoken as quickly as I did what I said was no call for such a letter as the above, but this last was not my reason for quoting this letter, but I wanted to show to you that my statement that Dr. Allen was two-sided was a fact. For not long after sending this letter to me, in a letter to Dr. Ellinwood which he doubtless has on file, he says that while we have had difficulties out here, they have been settled in a prayer meeting; to you brethren he professes that the prayer meeting had done good, to me he sneers at it.

Nor is this all that I have had to stand. I could bring up similar letters and other examples to show you that what I have said is true, but it does seem to me that you will agree that the reasons given are sufficient to warrant the action that I have taken. The condition of affairs now in you mission here is a disgrace to the missionary cause, to Presbyterians, and to Christianity, and were there no other method of a settlement, would warrant the entire withdrawal of the Presbyterian Board from this field.

Things are now at such a pass that it is almost open war between the two doctors, and Dr. Allen has ordered Dr. Heron out of the office.

One word more and I will cease believing that enough to explain my resignation has been said but desiring to set one matter right concerning Dr. Heron.

I believe it has been stated in a letter to the Board or to one of the secretaries that Dr. Heron could not, were he here alone, hold the foreign practice, and I want to show to you a few of the reasons why he could not if this statement is true.

One reason is that Dr. Heron neither drinks, smokes nor plays cards, nor when visitors come to call on him, does he offer them anything stronger than coffee, nor at dinner at his house does he have anything of the kind, while Dr. Allen does all of these, and nothing is more natural than that men of the world should prefer one who is like them in all these particulars to one who is not. Another reason naturally comes from Dr. Allen's treatment of Dr. Heron. He has never introduced him to but one or two foreigners, has never had him to meet foreigners, outside of missionaries at his house and has at times (once in my presence) gone out of his way to be impolite to Dr. Heron in his own office in the presence of foreigners. When it was supposed that Dr. Heron came here as the friend of Dr. Allen, would not such treatment be prejudicial to Dr. Heron?

This is the treatment that Dr. Heron has received, and it would be no wonder were he unable to hold on to the foreign practice, but I think that he could hold on to his share in spite of this.

These then are my reasons for resigning, and I regret exceedingly the necessity of taking the step, but after as I said before prayerfully and I trust conscientiously considering the whole subject in all its aspects, I can see no other possible way of a settlement.

Dr. Heron and I both believe that should our Methodist brethren be able to make use of our services, we could work in harmony with them, and if we were not in the same mission as Dr. Allen, we could be good friends with him, and hence we have decided upon the course that we have taken.

I realize that our resignation will materially weaken your force here, and if you should desire that I should continue in your service a short time longer till some one can be sent here to take charge of the orphanage, I will do so and will then do all I can to help him in his new work in a new land.

Sincerely trusting that I have been led by God to take this step; praying that it may be for the best interests of the Kingdom of God in Korea; regretting that ties which, although of only two years duration have been of the pleasantest, must be so soon severed; hoping that the Presbyterian Mission to Korea will be speedily reinforced by those who will work far more faithfully than I have; and knowing that God is able and doubtless will bring good out of the troubles[that]have [arisen]here.

I remain,

Yours most respectfully
H. G. Underwood

18860917

애니 J. 엘러스(서울)가 프랭크 F. 엘린우드(미국 북장로교회 해외선교본부 총무)에게 보낸 편지 (1886년 9월 17일)

(중략)

각각 2세와 2개월 된 해리와 모리스 도련님은 왕의 부름을 받았습니다. 궁으로 가는 아기들! 우리는 많이 놀랐습니다. 알렌 부인, 데니 부인, 베베르 부인 그리고 나 자신은 다음 날 참석해 주도록 요청 받았고, 작은 아이들도 가야했습니다! 그들에게 옷을 입히기 전에 우리는 해리의 마음에 일어난 일의 중요성을 가르쳐주었습니다. 아기 모리스는 마치 자신도 무슨 일이 일어나고 있는지 이해하는 것처럼 자신의 최고의 _____을 입힐 때 몸을 구부리고 웃었습니다. 모든 준비가 완료되고 가마에 앉자(나는 해리를 왕비가 선물한 가마에 앉혔습니다) 우리는 궁궐로 옮겨져 안전하게 대문에 내려놓았습니다. 해리는 처음에는 수줍어하였고 폐하와 친구가 되는데 관심이 없었지만, 곧 그들의 반복된 노력은 성공을 거두었고 작은 알렌은 일반 사람들처럼 웃으면서 왕족과 놀고 있었습니다. 아기 모리스는 용안을 올려다보고 실제로 그에게 미소를 지었습니다.

왕비는 아이들에게 약간의 부채와 주머니를 선사하였는데, 해리는 즉시 사람들에게 자신이 받은 부채를 _____하기 시작하였고, 심지어 왕과 왕세자에게 하나를 넘겨주자 그들은 매우 흥겨워하였습니다.

접견을 한 후에 우리는 남아 우리를 위하여 준비된 연회에 참석하였습니다. 아기들은 집으로 보냈고, 모리스와 해리는 남았습니다.

데니 판사 부부, 헤론 박사 부부, 베베르 씨 부부, 알렌 박사 부부 그리고 제가 연회에 초대되었습니다. 베베르 씨 부부는 참석하지 않았습니다. 우리는 극진히 대접 받았고, 식사 중에 궁궐 음악인 및 무희가 음악, 춤 등을 공연하였습니다.

(중략)

Annie J. Ellers (Seoul),
Letter to Frank F. Ellinwood (Sec., BFM, PCUSA) (Sept. 17th, 1886)

(Omitted)

Masters Harry & Morris Allen aged respectively 2 years & two months, were sent for by the King. The babies to go to the palace! We were much surprised. Mrs. Allen, Mrs. Denny, Mrs. Waber & myself had been requested to present ourselves the following day & were the little ones were to go! Instilling into Harry's mind the importance of the affair we preceded to dress them. Baby Morris curved & laughed as his best ___ ____ was put on him, just as though he too understood what was going on. When all ready and in our chairs (I had Harry with me in the chair the Queen had presented me with) we were carried to the Palace and safely deposited at the gate. Harry was at first shy and did not care to make friends with His Majesty, however soon their repeated efforts met with success & the little Allen was laughing & playing with Royalty as with common folk. Baby Morris looked up in the King's face & actually gave him a smile.

The Queen presented each of the little ones with some fans & purses and Harry immediately began to __store his fans to people generally, even handing the King & Crown Prince one at which they were much amused.

After the presentation we remained to attend a banquet prepared for us. The babies were sent home or rather Morris, Harry remained.

Judge & Mrs. Denny, Dr. & Mrs. Heron, Mr. & Mrs. Waber, Dr. & Mrs. Allen and myself had been invited to the banquet. Mr. & Mrs. Waber were not present. We were royally served and during the dinner were entertained with music & dancing by the palace musicians & dancers.

(Omitted)

18860924

알렌 박사의 일기 제1권(1883~1886년) (1886년 9월 24일)

[1886년] 9월 24일

오후 2시 19분 30초에 지진이 일어났다. 찬장에 충격을 주어 유리잔과 벽시계 등이 움직이고 있는 것처럼 흔들렸다. 나는 부지깽이를 잡았고, ___를 잡도록 아이를 불렀으며, 아이는 빠져 나가기 위해 그것을 흔들었다.

Dr. Allen's Diary No. 1 (1883~1886) (Sept. 24th, 1886)

Sept. 24th[, 1887 (Sat.)]

2-19-30 P. M. Earthquake shock. So shook sideboard that glasses and clock rattled as if being moved. I seized poker and called boy expecting that a _____ had been caught behind same and was shaking it in his efforts to get out.

18861000

한국에서의 의료 선교 사업.

The Medical Missionary Record 1(6) (1886년 10월), 146~151쪽

한국에서의 의료 선교 사업

H. N. 알렌과 J. W. 헤론 박사가 관리 하고 있는 한국에서의 업무의 첫 연례 보고서 사본이 접수되었다.

이것은 의료 선교의 필요성과 이교도 땅에서 그러한 기관의 가치를 입증하는 것처럼 깊은 관심으로 가득 찬 문서이다.

'A Thousand Millions'에서 발췌한 다음 단락에서 말하는 알렌 박사가 그 나라로 입국한 이야기는 깊은 관심으로 읽힐 것이며, 우리는 특히 이전에 사건의 사실을 알지 못하는 사람들에게 그럴 것이라고 확신한다.

멋진 경험

"지난 해인 1884년 한 젊은 의료 선교사(H. N. 알렌 박사)가 장로교회 선교본부에 의하여 한국으로 파송되었다. 그는 자신이 받아들여질지 조차 모른 채 두려움과 떨림으로 갔다. 그러나 그는 모든 계층에서 환영받는 자신을 발견하였다. 곧 폭력적인 정치적 사건이 일어나자, 그는 주로 서로 다투는 두 당파를 대표하는 수십 명의 부상자들을 치료하게 되었다. 그는 몇 달 전 우리 나라(미국)를 방문한 왕의 조카이자 사절단장인 민영익의 생명을 구하는 수단이 되었다. 알렌 박사는 이 놀라운 섭리에 의하여 큰 영향력을 미치는 위치로 들어 올려졌다. 우리 나라와 유럽의 외교 대표를 포함한 모든 외국인들이 제물포 항구를 볼 수밖에 없었을 때 그는 아내와 아이와 함께 홀로 수도에 머물렀으며, 그곳에서 그들은 의사로서 그에게 주어진 영향력에 의해 보호를 받았다. 왕의 군대는 그의 집 주변에 경비대를 배치하였고, 환자를 방문하는 그를 엄호하였다. 그의 진료에 대한 감사의 가시적인 표현으로 정부는 이제 그의 업무를 위하여 병원을 제공할 것을 제안한다."

"목숨을 구한 환자는 그에게 이렇게 말하였다. '우리 국민들은 당신이 미국에서 왔다는 것을 믿을 수 없습니다. 그들은 당신이 이 특별한 위기를 위하여 하늘에서 떨어졌음에 틀림없다고 주장합니다.'"

"알렌 박사가 민영익의 진료를 요청받았을 때 그는 13명의 한의사들이 상처를 왁스로 메워 치료하려는 것을 발견하였다. 젊은 선교사 옆에 서서 그들은 동맥을 묶고 벌어진 상처를 꿰매는 것을 보고 놀랐다. 이렇게 해서 잠시 후 왕국의 의료에 혁명이 일어났고, 동시에 복음의 도입을 위하여 헤아릴 수 없는 유리한 입지를 얻었다."

우리는 알렌 박사의 보고서에서 볼 수 있듯이 자신의 이야기를 하게 할 것이다. 다른 나라에 있는 그의 형제 의료 선교사들이 특별한 기쁨으로 읽을 것이라고 의심하지 않는다.

이 보고서는 지금까지 알려지지 않은 사람들의 신체 상태에 관한 정보를 제공하는 한국에 관한 최초의 보고서로서 특히 가치가 있다. 증례에 대한 자세한 설명이 제시되어 있고, 우리는 그것에서 몇 가지 흥미로운 사실을 추려 낼 수 있다.

H. N. 알렌 박사의 보고서

(아래의 내용은 제중원 1차 년도 보고서에서 발췌한 것이며,
번역은 생략하되 영어 원문은 그대로 두었다.)

Medical Mission Work in Korea.
The Medical Missionary Record 1(6) (Oct., 1886), pp. 146~151

Medical Mission Work in Korea.

A copy of the first annual report of the work in Korea, under the care of Drs. H. N. Allen and J. W. Heron, has been received.

It is a document full of deep interest as evidencing the need for Medical Missions, and the value of such agencies in heathen Lands.

The story of Dr. Allen's entry to the country, as told in the following paragraph taken from "A Thousand Millions." will be read with deep interest, we feel sure, especially by those not previously acquainted with the facts of the case.

A Wonderful Experience

"A young Med. Missionary (Dr. H. N. Allen) was sent, during the past year, 1884, by the Presbyterian Board, to Korea. He proceeded with fear and trembling, scarcely knowing whether he would even be admitted; but he found himself welcomed by all classes. Soon, upon the occasion of a violent political outbreak, he was placed in charge of some scores of wounded men, mainly of high rank, and representing both the contending parties. He has been, apparently, the means of saving the life of Min Yong Ik, the nephew of the King, and the head of the embassy which some months ago visited this country. Dr. Allen has been, by these remarkable providences, raised to a position of great influence. When all the foreigners, including the diplomatic representatives of this country and of Europe, were compelled to see to the port, Chemulpho, he, with his wife and child, alone remained at the capital, where they were shielded by the influence which had been given him as a physician. The military forces of the King were placed on guard around his house, and accompanied him on his visits to his patients. As a tangible expression of gratitude for his services, the Government now proposes to provide him with a hospital for his work."

"The Prince, whose life he has saved, said to him: "Our people cannot believe that you came from America; they insist that you must have dropped from heaven for this special crisis.""

"When Dr. Allen was called to Min Yong Ik, he found thirteen native surgeons trying to staunch his wounds, by filling them with wax. Standing aside for the young missionary, they looked on with amazement, while he tied the arteries and sewed up the gaping wounds. Thus was effected, in a few moments, a revolution in the medical treatment of the kingdom, at the same time that an incalculable vantage-ground was gained for the introduction of the Gospel"

We will let Dr. Allen tell his own story, as found in the report, which we doubt not his brother Medical Missionaries in other lands will read with peculiar pleasure.

The report is of particular value, being the first of the kind ever made concerning Korea, giving information respecting the physical condition of the people hitherto unknown. A detailed statement of cases is presented from which we have culled some interesting facts.

Report of Dr. H. N. Allen.

"Happening to arrive in Seoul just prior to the *emeute* of 1884, I was called in to attend the wounded Prince, Min Yong Ik, an account of whose wounds may be found in the New York Medical Record. I was also given charge of the score of wounded Chinese soldier. The superiority of Western medical science being shown by the results obtained in these cases, many Koreans wished to avail themselves of the opportunity for treatment. The result was that my time was not sufficient to properly attend to all, and something in the nature of a hospital became necessary. A proposal for such an institution was therefore drawn up, and Lieut. Geo. C. Foulk, U. S. *Charge d'Affaires* to Korea, kindly gave his approval and transmitted the document to the Korean Government. It was kindly received and acted upon at once. A good compound was selected, buildings made over to suit our wants, several hundred dollars appropriated for medicines and appliances, and a full staff of Korean officers appointed to represent the Government in this institution."

"It seemed evident that one man would not be sufficient for the work, and in the proposal it was agreed that a missionary physician should be applied for from America. The Presbyterian Board of Foreign Missions was applied to, and they promptly sent out Dr. J. W. Heron."

"The hospital scheme was not a new one; a similar institution had been in existence for hundreds of years, and it was feared that the overthrowing of this ancient institution might cause some ill-feeling. Il it did, it was not manifest. The people seemed very much in favor of the new hospital, and responded in numbers to Hie Majesty's proclamations, to the effect that the hospital would be opened and people from all of the provinces treated.

"The hospital was opened April 10th, 1885, without any especial ceremony. A public dinner was given later on. in honor of the event, by the Foreign Minister."

"A few weeks after the opening of the hospital Dr. Scranton arrived and lent his assistance till the arrival of Dr. Heron."

"The patients have been of all classes and from all parts of the country. The same clinique has afforded relief to the beggar leper and the nobleman from the palace, while many private calla have been made."

"All patients have been compelled to buy a ticket, for which a charge of 20 cash was made, more to prevent sight-seers from wasting our time, than for any other purpose. Every one was thus compelled to take the turn indicated by the number on the ticket, and confusion was avoided."

"At first a charge of 100 cash was made for all medicine taken away from the premises. Tbis method was continued for several months, and some 200,000 cash taken in (about $125.00). It seemed hard for some to raise even this small amount, however; and we stopped charging, except in cases where quinine was desired for persons who did not care to come for it. In these eases they were asked to pay 500 cash for ten grains."

"Women of high rank were at times treated, but it was not found to be desirable, because of the length of time required to clear the courts and passages of people, and make the examination perfectly private."

"Of late I have been treating quite a number of such ladies (Queen's maids, etc.) at my private office in my house. A. hospital for women is a necessity and will have to be established soon."

"It was the original intention, as expressed in the proposal for founding the institution, to include a school of medicine under the hospital management. Of course this could not be begun at once, but as the institution very successfully neared the close of the first year of its existence, we began to think of ways and means for enlarging its influence and opportunities. The 'way' which best recommended itself seemed to be the opening of the school department. The 'means' were asked for from the Government. His Majesty, ever gracious and kindly disposed to the medical work for his people, at once caused orders to be issued for the purchase of a compound of buildings adjoining the hospital, and the fitting up of the same for a school-house. The money which we needed for apparatus and supplies was at once granted, together with an appropriation for the purchase of a new and complete outfit of surgical instruments."

"The Rev. H. G. Underwood, of the Presbyterian Mission Society, was asked to assist in the school work. Having had a partial course in medicine, he was well qualified for the work, and consented to take his share."

"The school was opened March 29, 1886, with sixteen scholars, selected by competitive examination. These men are being taught English as fast as possible. As some of them are already pretty well versed in English, we expect them soon to be able to enter upon the scientific studies."

"By the rules of the school, which were adopted in conference with the President of the Foreign Office, and his Vice-Presidents, these young men will be on trial for four months, at the end of which time twelve of the best will be selected and entered regularly upon the course; the poorest four will bo dropped out. Twelve students will be appointed annually. They will be given board, lodging, tuition, etc., and after completing their course they will enter the Government service with the rank of Chusah. They will not be allowed to leave except on permission of the President of the Foreign Office, who acts as a board of trustees, and the faculty of the institution. It is hoped that when the first vessel of the Korean Navy goes into commission, we will be able to supply her with a medical officer."

"Health of Seoul."

"As medical officer to the customs, I prepared a long article on the 'Health of Seoul.' But as many of the readers of this little report may not see the article, a few words may be said about the city in which the subject of this report is located."

"Seoul is some thirty miles from the port of Chemulpoo. It is the capital of Korea, and at once the centre of literature, trade and politics. The city is surrounded by a high wall, which follows the ridges, climbs over the mountain peaks, but fails to enclose the city within its ten miles or more of circumference. Consequently much of the city is outside the walls. It baa been stated by good authority that there is probably 150,000 people within the walls and an equal number in the suburbs outside."

"The location is excellent. The large Han river ia about three miles distant, and as the basin which holds the city is considerably higher than the river, our drainage is, or should be, first-class. As a matter of fact, the city was at one time well provided with drains, and while the present system is made to answer, it ia far from what the founders of the city intended it should be. Originally the streets were from twenty to two hundred feet in width, well rounded, with good drains on either side. These drains were open in the smaller streets, but the broad ones were provided with covered sewers as large as four feet square. In most places these have been allowed to fall in and become obstructed, while the open drains have been encroached upon by houses built out into the narrowing streets, so that, except when the vast fall of water during the rainy season causes these to become rushing streams, the water is backed up and allowed to breed germs from the filth poured into it."

"The houses are good, as a rule, though small. The air, however, in the densely packed small rooms, is usually very foul and stifling, - the very kind for typhus fever, which is not, however, common."

"The manner of heating is good and economical By a system of stone and mud flues under the floor, the little fire which cooks the daily food is made to warm up a stone floor, which retains this heat and keeps the room at an even pleasant temperature till the next fire is made. The smoke is prevented coming into the room by the use of a very fine kind of paper closely resembling 'oil cloth carpeting.'"

"The dress is fine white or light colored cotton cambric, or coarse native cotton, with silks for the upper classes. The fashion is much like a. foreign lady's outside wrap, with enormous sleeves. This 1 costume is pretty and not unhealthy, but it is very clumsy."

"The food is rice, a. sourkrout made of a kind of cabbage, - which seems to be a cross between our lettuce and cabbage, - meat, much pepper, some wheat, and various other articles in smaller proportion."

"The drink is bad: the water is beyond all question impure; they use but little tea, and the wine is strong and not rectified."

"The people are rather inclined to excess both in eating and drinking, as well as in other gratifications."

"The climate is on the whole good, rather equable and dry in the winter, with the thermometer in the neighborhood of zero for two months or more. Plenty of ice and but little snow. The hottest months are May and June; for before July comes with an unbearable heat, the rainy season sets in and cools the atmosphere."

"Malaria is the most common cause of disease and "four-day ague" the most common complaint. Syphilis ranks next to malaria aa a causative agent, and its effects are very numerous and varied. Of course, aa is the case with all rice-eating nations, indigestion; bows more subjects than religion, or at least the bowing is more sincere. Leprosy is common. Skin diseases are seen in all varieties. Dropsies are frequently mel Scrofula is very common. In short all of the diseases commonly known are seen here with various modifications, and some uncommon ones, such as Beri-beri and Melanosis. Distoma and filaria are known to exist."

"The people seem to respond readily to the action of medicines, though they do not behave as well after surgical operations as do the Chinese, probably because they eat more meat and drink stronger wine than do the Chinese."

"In regard to treatment, their system is borrowed from the Chinese and their medicines are legion, taken in enormous draughts, with but little apparent relief. Acupuncture and the actual cautery are their chief remedies, and are the only surgery they attempt as a rule. Quite a number of native physicians have availed themselves of the hospital privileges, and they have all seemed much pleased with the results obtained. Several of them have applied for instruction."

"The people usually submit to the requirements. of the hospital, though baths are not popular. It is hard to keep the place as clean as it should be. The building is too small for one thing, and the beds are usually full of surgical patients. In fact we have been compelled to refuse most of the purely medical cases because the space was all occupied with those of a surgical nature. We have also had to turn them out as soon as possible to make room for others. I used the term "beds," which may need some explanation. Beds, as we understand them, are not used in Korea. The people sleep on mats laid on the warm, paper-covered stone floor. We follow the usual custom and heat the hospital by means of the "Kang" underneath the door."

"Strict economy has been practised in the institution, and this has been an additional recommendation to the authorities. It is hoped that before very long a properly equipped foreign-built building will be given us. But at present we aim to do the best we can with the means at hand."

H. N. Allen

Dispensary Cases Classified.

Under this heading we notice that 1,147 cases of fever of various kinds were treated, more than 1,000 being of malarial origin.

Under Diseases of the Digestive System 2,032 oases were treated, nearly one half of these being Dyspepsia and Diarrhroea.

114 cases of Diseases of the Circulatory System were treated of which ninety-two were for Haemoptysis.

Diseases of the Respiratory System furnished 476 cases, Asthma and Bronchitis taking the lead.

838 Diseases of the Nervous System were attended, 307 being Epileptic.

Enlarged Cervical glands, 212 cases.

Venereal diseases present-a terrible showing, no less than 1,686 cases chiefly Syphilitic being treated.

Eye diseases furnished 629 patients.

There were 318 cases of disease of the ear.

Only 145 cases of Tumors of all kinds presented themselves.

Diseases and injuries of bones, joints, etc., furnished 105 cases.

140 cases of bites, wounds and general injuries were treated.

Over 200 cases of Abscess and sixty of Ulcers presented for treatment.

845 cases of skin disease, chiefly due to want of cleanliness, were attended to.

Of diseases peculiar to women only sixty-seven cases were met with. The grand total of all cases for the year is given as 10,460, and of operations, 394 - a vast amount of work indeed to be accomplished by two devoted men. Who can gauge the amount of suffering thus relieved and of good done for time and eternity? Only the "great day" will reveal that, but we thank God for what we see and know.

Special Notes on Cases Treated.

Variola is very common: of one hundred children, sixty to seventy will be innoculated, the others will take small-pox naturally. Not more than one child out of one hundred grows up to adult life without having small-pox either from innoculation or by the ordinary contagion.

The universal method of innoculation is by pus from a small-pox patient (usually introduced into the left or right nostril, according to the sex)- Of one hundred children who have received the disease under two years, about twenty are expected to die, and of the same number taken between two and four years, forty to fifty are expected to die. It is estimated by the native faculty that about .fifty per cent of the deaths in Korea are from small-pox. Cases of the disease are not presented for treatment except for the complication or sequellae. The little patients are freely exposed in the streets on the backs of their nurses and the disease is not much feared.

Both the round worm and the tape-worm are so common that few foreigners escape, but as a usual thing the people take it as a matter of fact and do not apply for relief unless very greatly troubled, or questioned by the doctors.

The ninety-two cases of Haemoptysis under Class ill. doubtless includes a number of cases of distoma, but as we have not a microscope nor the privilege of making post mortem examinations, we cannot be sure concerning it.

Where skin disease was coexistent with some constitutional trouble, the latter was given the preference. We have treated more than 160 cases of Scabies, for when the disease enters a house the inmates are usually all affected; the one who comes for treatment then asks and obtains medicine for his friends. We recently gave sulphur ointment for a little hamlet of ten families, all of whom were down with the itch. It was counted as one, however.

In regard to pediculi we might say we have had thousands of cases. It is only when the whole hair moves with the mass of vermin that we put it down to that. One such case is now in the wards and it is not easy to get rid of the mass of lice, since it will not do to cut off the hair.

Of Leprous cases we have many of the anaesthetic variety, with fawn-colored spots sometimes covering the whole body. The majority, however, are genuine casca of white leprosy, with stumps of toes and fingers that have fallen off and others in process of decay. The whiteness is not very characteristic because of the filth of the patients, who are usually beggar outcasts. As many of those cases are complicated with Syphilis and other troubles, we have, by relieving the complication, helped the patient greatly. This has given rise to a report that we can cure leprosy, which accounts for the number who come to see us.

Of syphilitic cases we have had 760. While of sequelae of syphilis over 200 have been treated. We find this a frightfully common disease, and many seem to care little about it until it is almost past relief. We have seen some terrible cases.

We find that native physicians treat it with mercury, and our medical friends will be interested in knowing that this drug is usually administered by fumigation.

Our treatment of syphilitic patients has been very satisfactory, which will account for the increased number of those coming to us.

It would be extremely interesting to trace out the relation which the diseases of bones (of which we have a large number, 150, including quite a large proportion of the bones of the entire body) bears to this almost omnipresent disease: Many of these cases have been most unsatisfactory; some, because they were not brought until the disease had progressed to almost, if not entirely, a hopeless stage, and our aim has always been not to undertake to cure by surgical operations unless we thought there was, at any rate, a reasonable prospect that they might be relieved.

We have relieved a large number, where the disease bad not progressed too far, by constitutional treatment, and injections of a strong solution of sulphate of copper and on the whole our success in even these often intractable cases has been quite encouraging. We, perhaps, should say that a very large number of these cases were presented to us during the winter when, on account of the severity of the climate, we dared not perform any but the minor operations.

Of Corneal Opacities, 104 cases have come under our observation, mostly the result of small-pox, though not a few were the result of wounds by arrows and by stones.

One of the saddest features of our work here is the number of incurable oases which constantly come in our practice, and many of these diseases of the eye belong to this class. When a man whose eyes have been completely destroyed comes, feeling sure that the Foreign Doctors can cure him, it is hard to say - "We can do nothing for you."

One of the most prevalent of the diseases treated bas been Ague in its various forms, 1061 cases having come before us, about one-tenth of the whole number of patients. These have come from all parts of the country, often travelling five hundred li (135 miles).

One peculiarity bas been that almost all our cases during the winter have been the Quartan Ague, while those who came during the summer and autumn were largely Quotidian and Tertian.

We have only in one or two cases had a patient return to us. Our plan has been to give quinine on the day the chill is expected, and follow this up by the use of Fowler's Solution of Arsenic and Compound Solution of Iodine.

The people are beginning to know the value of quinine, and we have many applications from persons who are anxious to buy it.

We regret that we have not been able to keep a more careful and complete record. As at first the work was too much for one man, we did not begin noting the age, sex and occupation of each individual in the dispensary work. Nor did we keep a careful record in regard to the new and old patients; by comparing the records which we did keep. however, we find that about 7,000 new patients were treated, the old ones being mostly of a syphilitic nature.

The first Hospital case was that of a man who was carried in with a foul running sore on a shrivelled leg. No one would stay in the room with him because of the awful odor. He had bad the disease for twelve years. After a few days preparation be was operated on and a spiculae of bone, some six inches in length and representing the sheath of the femur, was removed. He improved rapidly, walked away in twenty-four days on a crutch, and came back a few days since, after nearly a year of good health, as erect as any man.

Out of the two hundred and sixty-five cases treated in hospital, there were but six deaths during the year. Five were removed by their friends when in a critical condition and died soon after. These ought properly to be added to the six deaths reported; but as death was probably hastened by the moving, and as we opposed their leaving, it scarcely falls upon us to report them as dead.

H. N. Allen

J. W. Heron.

Treasurer's Report.

		Cash
Amount spent by former Treasurer in fitting up buildings		400,000
Amount spent by present Treasurer on repairs, including the school		1,000,000
Amount spent by present Treasurer,	wages	1,000,000
"	funerals	35,000
"	food	150,000

"	clothes		100,000
"	fuel		800,000
	Total in cash		3,485,000
	@ 1,800 cash to $1.00		$2,171.87

This money, together with 200 bags of rice, was given by the Government.

Kim Chusah,
Treasurer.

Received of Foreign Office			$1,000.00
" " Kim Chusah			12.00
Spent for Medicines	$500.00		
" " Instruments	250.00		
" " Dynamo Machine		12.00	
School Apparatus		250.00	
Total		$1,012.00	$1,012.00
			2,171.87
			$3,183.87

H. N. Allen

The treasurer's report shows that $3,183.87 was given by the Government, and spent upon the work - also 200 bags of rice.

18861000

한국에서의 의료 사업.

The Foreign Missionary 45(5) (1886년 10월호), 215~217쪽

한국에서의 의료 사업

1886년 4월 10일자로 끝나는 연도에 대한 서울에 있는 한국 정부 병원의 첫 번째 연례 보고서는 흥미로 가득하다. 많은 독자들은 젊은 선교사의 첫 의료 행위와 관련된 주요 상황을 기억할 것이다. 알렌 박사와 그의 업무를 발전시키는데 도움이 된 놀라운 섭리. 그가 한국에 상륙한 지 아직 2년이 지나지 않았다는 사실을 기억해야 한다. 병원의 시작은 자신의 말로 다음과 같다.

(중략 - 제중원 1차 년도 보고서의 내용이며, 영어 원문은 그대로 두었음)

한 해 동안 치료를 받은 사람의 수는 모두 만 명이 넘었고, 그 중에는 거의 800명에 가까운 여자가 있었는데, 이는 그 나라의 사회적 관습을 고려할 때 중요한 사실이다. 때로는 매일 100명의 사람이 병원을 찾았다. 질환의 긴 목록이 제시되어 있다.

보고서에 실린 몇 가지 중요한 사실은 다음과 같다. 첫째 - 정부의 후원 하에 있지만 그 운영은 완전히 민주적이다. 환자들은 모든 계층과 전국 각지에서 왔다. 가난한 나병 환자들은 궁궐의 양반들과 함께 치료를 받았다. 둘째 - 소정의 진료비를 부과하는 건전한 영향력을 확보하였다. 모든 환자는 20푼 또는 약 2센트인 표를 사야만 하였다. 따라서 모든 사람들은 자신의 표에 적혀 있는 번호에 따라야 했으며, 모든 혼란을 피할 수 있었다. 처음에는 모든 약에 대하여 10센트의 요금이 부과되었다. 이 규칙은 일부 환자의 극심한 빈곤 때문에 나중에 약간 수정되었다. 그러나 퀴닌은 계속해서 요금이 부과되었다. 셋째 - 별도 여병원의 필요성을 보여 주는 분야에 대한 당혹감이 있었지만 여병원은 상당한 관심을 받았다. 높은 계층의 여자들이 때때로 치료를 받았다. 그러나 마당을 비우고, 사람들의 통행을 막으며 진료를 완전히 비밀리에 하는 데 필요한 시간 때문에 바람직하지 않은 것으로 생각되었다. 정부는 이 문제를 해결하기 위하여 몇 명의 젊은 기생을 기관에 부속시킴으로써 이 문제를 해결하려고 시도하였다. 왜냐하면 그들은 남녀 모두와 자유롭게 어울릴 수 있기 때문이다. 소녀들은 명석하고 빠르게 학습하였지만, 그들을 유지하는 것이 부적절하다는 것을 발견하고 그들을 내보냈다. 알렌 박사는 다음과 같이 말한다.

최근 나는 내 집의 개인 사무실에서 꽤 많은 귀부인(상궁 등)들을 치료하였다. 여성을 위한 병원은 필요하며, 조만간 설치되어야 할 것이다.

넷째 - 병원과 연계된 학교 교육이 확립되었다. 이에 대하여 보고서는 다음과 같이 말하고 있다.

(중략 - 제중원 1차 년도 보고서의 내용이며, 영어 원문은 그대로 두었음)

알렌 박사는 세관의 의사로서 서울의 건강에 관한 장문의 논문을 작성하여 위생에 대하여 다양한 내용을 알려주었다. 보고서와 관련하여 도시에 대한 몇 가지 사실이 다음과 같이 제시되어 있다.

(중략 - 제중원 1차 년도 보고서의 내용이며, 영어 원문은 그대로 두었음)

Medical Work in Korea.
The Foreign Missionary 45(5) (Oct. 1886), 215~217

Medical Work in Korea.

The first annual report of the Korean Government Hospital at Seoul, for the year ending April 10, 1886, is full of interest. Many of our readers will remember the leading circumstances connected with the first medical practice of our young missionary. Dr. Allen, and the remarkable providences which have helped to develop his work. It must be remembered that not two years have yet elapsed since he landed in Korea. The inception of the hospital is given in his own words as follows:

Happening to arrive in Seoul just prior to the *emeute* of 1884, I was called in to attend the wounded Prince, Min Yong Ik, an account of whose wounds may be found in the New York *Medical Record*. I was also given charge of wounded Chinese soldiers. The superiority of Western medical science being shown by the results obtained in these cases, many Koreans wished to avail themselves of the opportunity for treatment. The result was that my time was not sufficient to properly attend to all, and something in the nature of an hospital became necessary. A proposal for such an institution was therefore drawn up, and Leeutenant George C. Foulk, United Stated Charge d'Affaires to Korea, kindly gave his approval and transmitted the document to the Korean Government. It was kindly received and acted upon at once. A good compound was selected, building made over to suit our wants, several hundred dollars appropriated for medicines and appliances and a full staff of Korean officers appointed to represent the Government in this institution.

The whole number treated during the year has been something over ten thousand, of whom nearly eight hundred were women, and this is a significant fact considering the social customs of the country. At times 100 persons resorted to the hospital daily. In the long list of diseases treated nearly ill that flesh is heir to seems to have had a place.

A few significant facts in the report are as follows: First - It is utterly democratic in its management, although under Government auspices. The patients have been of all classes and from all parts of the country. The poor lepers have been treated together with the noblemen from the palace. Second - The wholesome influence of charging a small fee has been secured. All patients have been compelled to buy tickets, for which twenty cash, or about two cents, were paid. Every one was thus compelled to take the turn indicated by the number on his ticket, and all confusion was avoided. At first a charge of ten cents was made for all medicine taken from the premises. This rule was afterward modified slightly on account of the great poverty of some of the patients. Quinine, however, continued to be made a matter of charge. Third - The women hospital had a fair share of attention, though there are embarrassments about the department which seem to require a separate woman's hospital. Women of high rank were at times treated; but it was not found to be desirable, because of the length of time required to clear the courts and passages of people and make the examination perfectly private. An attempt was made by the Government to remedy this by attaching several young dancing girls to the institution, since they could mingle freely with both sexes. While the girls were bright and learned rapidly, it was found inexpedient to keep them, and they were removed. Dr. Allen says:

> Of late I have treated quite a number of ladies of high rank, Queen's maids, etc. at my private office in my house. A hospital for women is a necessity, and will have to be established soon.

Fourth - School instruction has been established in connection with the hospital. Of this the report speaks as follows:

> We began to think of ways and means for enlarging the influence and opportunities of the hospital. The way which best recommended itself seemed to he the opening of the school department. The means were asked for from the Government. His Majesty at once caused orders to he issued for the purchase of a compound uf building adjoining the hospital and the fitting up of the same for a school house. The money which we needed for apparatus and supplies was at once granted, together with an appropriation for the purchase of a new and complete outfit of surgical instruments.
>
> The Rev. H. G. Underwood, of the Presbyterian Mission, was asked to assist in the school work. Having had a partial course in medicine, he felt well qualified for the work and consented to take his share. The school was opened March 29, 1886, with sixteen students selected by competitive examination. These men are being taught English as fant as possible. We expect them soon to be able to enter upon the scientific studies.
>
> By the rules of the school, which were adopted in conference with the President of the Foreign Office and his Vice-Presidents, these young men will be on trial for four months, at the end of which time twelve of the best will be selected and entered regularly upon the course; the poorest four will be dropped out. Twelve students will be appointed annually. They will he given board, lodging, tuition, etc., and after completing their course they will enter the Government service.

Dr. Allen, in his capacity as medical officer to the customs, has prepared a long article on the health of Seoul, giving various sanitary suggestions. In connection with the report some facts in regard to the city are presented as follows:

Seoul is about thirty miles from the port, Chemulpho, and is at once the centre of literature, trade and politics. The city is partly protected by a high wall which follows the ridges and climbs over the mountain peaks, but fails to inclose the city within its ten miles of circumference. It has been said by a good authority that there are probably 150,000 people within the walls, and an equal number in the surrounding suburbs. The location is excellent. The large Han River is about three miles distant, and, as the basin which holds the city is higher than the river, drainage should be good. The city was at one time well provided wilt drains. Originally the streets were broad and well-rounded for drainage. The broader streets were provided with covered sewers, while the narrower ones had open drains; but the sewers have in most places been allowed to cave in and become obstructed, and the narrow gutters have also fallen into neglect. The water in them is allowed to back up and breed germs of disease. The houses are good, as a rule, though small and without ventilation. They are heated by a system of stone and mud flues under the floor, so that the little fire which cooks the daily food is also made to warm the floor, which retains the heat until the next meal is prepared. The smoke is prevented from getting into the room by the use of a very fine kind of paper, closely resembling oilcloth. which is spread over the floor.

호러스 N. 알렌(서울)이 프랭크 F. 엘린우드(미국 북장로교회 해외선교본부 총무)에게 보낸 편지 (1886년 10월 2일)

한국 서울,
1886년 10월 2일

F. F. 엘린우드 박사,
   뉴욕 시 센터 가(街) 23

친애하는 박사님,

엘러스 양에 대한 박사님의 친절한 편지는 지난 우편으로 받았고 회람하였습니다. 저는 그녀보다 더 나은 여의사를 요청할 수 있다고 생각하지 않습니다. 그녀의 이론적인 지식은 우리들만큼 훌륭하며, 그녀의 분야에서 많은 경험이 있기에 그녀에 대해 커다란 신뢰를 줍니다. 왕비는 그녀를 매우 좋아하며, 그녀는 전체 왕실로부터 들어 본 적이 없을 정도의 존경을 받고 있습니다. 그들은 병에서 완전히 회복되었고, 엘러스 박사와 저에게 훌륭한 비단, 아마포, 면으로 된 근사한 선물과 500달러를 보냈습니다. 돈을 준 것은 제가 최근 관리에게 진 빚이 있으며, 외국인들이 조선에서 살기 위해 많은 경비가 든다고 말하였기 때문인 것 같습니다.

왕은 우리를 위해서 그의 유명한 산성으로 나들이를 갈 준비를 하였습니다. 알렌 부인도 함께 가자는 요청을 받았지만, 저는 그것이 현명하지 못하다고 생각하였습니다. 그들이 우리를 위하여 많은 준비를 하였지만, 우리는 단지 하루 동안만 나들이를 하였습니다.

새 병원은 우리의 높은 기대를 훨씬 능가하고 있습니다. 그 부지는 훌륭하며, 도시의 중심에서 도시 전체와 일부의 외곽 지역을 내려다 볼 수 있는 언덕 위에 있습니다. 그들 역시 그곳에서 훌륭한 일들을 하고 있으며, 매우 성실히 하는 것 같습니다. 우리는 크고 바람이 잘 통하는 강의실을 갖고 있는데, 그것은 훌륭한 시설을 갖추고 있습니다.

헤론 박사가 이것이 저를 통해 주어졌기 때문에 우리가 가진 모든 것을 경멸하는 것이 당연하다고 여기는 것은 심히 유감스럽습니다. 저는 박사님의 사역뿐만 아니라, 포크 씨의 말대로 감리교회 사람들은 제가 아니었다면 일을 시작하지 못하는 등 상당한 사역을 하였다는 것을 알고 있습니다. 유일한 문제는 제가 저의 동료를 저 자신과 동등한 위치에 놓으려고 너무 많이 노력하였다는 것입니다. 저는 이 사실을 의식하고 있으며, 그로부터 받은 취급의 원인을 의식적이든 무의식적이든 제가 결코 혜론 박사에게 제공하지 않았다는 것을 기꺼이 맹세할 것입니다.

우리 사이에 있었던 이전 문제의 원인은 언더우드 씨가 혜론과 저 사이에서 소문을 계속해서 퍼뜨려 불길을 일으킨 것이었습니다. 이번에 저는 그와 혹은 다른 선교사들과 우리 문제에 대해 한 마디 말도 하지 않았지만, 교사들과 감리교회 사람들은 그것에 대해 모두 알고 있으며 저를 싫어하는 것 같습니다. 저는 그들에 대하여 신경 쓰지 않지만, 이곳에서 가장 성실하고 저에게 따뜻한 아펜젤러 목사가 저를 대하는 모습에 뚜렷한 변화가 있음을 알아차리고, 그를 불러 제가 지난 번 편지에서 보고한 대화를 하였습니다. 저는 그것에 대하여 다른 선교사와 이야기를 하지 않았으며, 아펜젤러에게 그 이후로 언급하지도 않았습니다.

고자질쟁이로 취급될 위험을 감수하고 솔직히 말씀드리면, 이곳에서 수행된 선교 사역은 희극입니다. 혜론은 격주로 매일 3시간(그 이상은 아님)을 제외한 모든 시간을 자신을 위하여 사용하는데, 아직 한국어를 모릅니다. 언더우드는 1년 반을 언어 학습에 전적으로 할애하였습니다. 그는 지금 꽤 잘 말할 수 있으며 그(혜론)가 학습을 했다면 잘 하였을 것이지만, 대부분의 시간을(저는 심각하게 말합니다.) 미망인 스크랜턴과 함께 말을 타거나 걷거나 계획을 하거나 프랑스 공부를 하거나, 그리고 다른 쓸모없는 일로 보내고 있습니다. 그는 의학교에서 매일 한 시간 가르치는 것에 매우 불평하며, 항상 그것에서 벗어나려 애쓰고 있습니다.

포크 씨는 예쁘고 매우 상냥한 혜론 부인의 팬이지만, 불행하게도 그녀는 그에게 저에 대한 편견을 심으려 시도하였고, 정직한 동료인 그는 그녀의 본심을 간파하였습니다. 그는 비록 그것에 대해 길게 말하지 않지만, 그녀가 저에게 위험한 적이라 생각하고 있습니다.

친애하는 박사님, 이런 상황을 감안해 볼 때 저는 이 혼란에서 벗어나야 하고, 또 그렇게 하고자 합니다. 저는 선교사들에게 실망해 하고 있으며, 저는 훌륭한 이유를 제시할 수 있습니다. 외국인들은 만약 제가 (선교 일을) 떠나 그들의 일을 한다면 (메릴은 제가 선교부를 떠나라고 주장하는 유일한 사람입니다.) 매년 3,000달러를 주겠다고 제안합니다. 포크 씨의 제안은 왕에게 새 병원 뒤쪽 높은 땅에 저를 위한 좋은 집을 건축하고, 저에게 매년 3,000달러를 지불하도록 하며, 제가 외국인 진료를 그만두고 병원에 전념하라는 것입니다. 박사님은 저에게 친절하게 대해 주셨고, 저의 동기에는 거짓이 없었습니다. 저는 변절자가 되는 것에 개의치 않습니다. 만약 박사님이 원하신다면 영구적이든 일시적이든 저는 기꺼이 물러날 용의가 있습니다. 박사님께서 저에게 집을 지어주신다면 박사님의 선교사로서 그 병원에 가서 살 것입니다. 그래서 저는 많은 문제를 일으키는 외국인 진료를 그만두어 물러난 위치에 있는 저를 아마도 시기하지 않을 이 사람들로부터 자유로워질 것입니다. 그러면 저의 집은 박사님께서 보내시기를 바라는 어떤 새로운 목사를 위해 준비될 것입니다. 저는 모든 수단을 동원하여 그를 보내라고 말하고 싶습니다. 그러면 헤론 박사는 언어 학습에 전념할 수 있는 완전히 자유로운 시간을 가질 것입니다. 만약 그가 이곳에 남아 있고 병원에서 일을 하지 않는다면, 여러 해명이 필요할 것인데, 그것은 선교 사역 전반에 걸쳐 심각한 손상을 줄 수 있을 것입니다. 그 다음에 박사님은 그를 새로운 선교지부를 개설하기 위해 보내시거나, 혹은 박사님이 원하신다면 계획을 변경하여 저를 보내실 수 있을 것입니다.

이곳에 있는 일본인 건축업자가 저에게 3,500달러에 대지와 담을 포함한 훌륭한 집 한 채를 지어주겠다고 제안하였습니다. 스크랜턴 부인은 크지만 매우 열악한 한옥을 3,800달러에 새로 짓고 있습니다. 저는 지금과 같이 말 먹이, 말 사육자, 군사들과 가마꾼을 위해 추가로 약 400달러의 지출금을 원합니다. 제가 지속적으로 왕궁에 가야하고, 이것들이 필요하기 때문인데, 현재에는 의료 사업에서 번 돈으로 충당하고 있습니다. 박사님께서 무슨 생각을 하시며 어떤 계획을 갖고 계신지 조만간 꼭 알려 주시기를 부탁드립니다. 상황이 나빠지면 제가 즉시 조치를 취하고 그 결과를 믿지만, 저는 현재와 같이 계속 노력할 것입니다.

만약 박사님께서 저를 위해 새 집을 지어 주기로 결정하시고, 제가 병원과 언어 학습에 전념하기를 원하신다면, 저는 언더우드나 헤론과 더 이상 관계를 갖는 것에 신경 쓰지 않기 때문에 저의 지출금 총액을 수표로 요코하마나 상하이로 보내시는 것이 더 나을 것이라 생각합니다.

박사님께 많은 문제와 고통을 드려 죄송하며 만약 제가 할 수 있다면 계속 유지할 것이지만, 저는 박사님이 저의 입장을 잘 이해해 주시리라 생각합니다.

안녕히 계십시오.
H. N. 알렌

Horace N. Allen (Seoul),
Letter to Frank F. Ellinwood (Sec., BFM, PCUSA) (Oct. 2nd, 1886)

Seoul, Korea,
Oct. 2nd, 86

Dr. F. F. Ellinwood,
23 Centre St., New York

My dear Doctor,

Your kind letter concerning Miss Ellers was received by last mail and circulated. I don't think we could ask anything better in the way of a lady physician than she is. Her theoretical knowledge is as good as that of the rest of us and she has had so much practical experience in her department that it gives her great confidence. The Queen is very fond of her and she is treated with unheard of respect by the whole Royal Family. They have fully recovered from their ailments and sent Dr. Ellers and myself nice presents of silk, linen, cotton fancy good and $500. I suppose the last was due to my having told an officer recently that I was in debt and that living in Korea was very expensive for foreigner.

The King arranged a picnic for us at his famous mountain fortress. Mrs. Allen was urged to go, but I thought it unwise. We only spent one day though they had made extensive preparations for us.

The new hospital is far excelling our highest anticipations. The site is magnificent, right in the heart of the city and on a hill overlooking the whole town and some country. They are doing good work on it also and seem to be greatly in earnest. We have a fine large airy schoolroom which is being fitted up in good taste.

It is exceedingly unfortunate that Dr. Heron has seen fit to despise all that we have because it came through me. I know I have been of considerable service not only to you, but as Foulk says, the Methodists could not have started had it not been for myself. The only trouble has been that I have striven too much to put my colleagues on an equal footing with myself. I am conscious of this fact and will gladly take my oath that never have I knowingly or unknowingly, given Dr. Heron just cause for the treatment I have received at his hands.

Much of our former trouble was due to the flames kept blazing by Mr. Underwood's continual tale-bearing between the Herons and myself. This time I have not had one word with him or the other missionaries about our trouble, yet the teachers and the Methodists all know about it and seem to have taken a dislike to me. I don't care for any of them, but the Rev. Appenzeller who is the most sincere man here and has been a warm friend to me noticing a marked change in his treatment of me, I sent for him and had the conversation which I reported in my last. I have had no talk with the other missionaries about it, nor have I since mentioned it to Appenzeller.

I must say frankly, at the risk of being counted a talebearer, the Mission work as here prosecuted is a farce. Heron has had all of his time to himself except, say three hours daily every other week (not more), yet he knows no Korean. Underwood has had over a year and a half to devote exclusively to the language. He can talk now fairly and would do well if he studied, but the most of his time (I speak seriously) is spent with the widow Scranton, either in riding, walking, planning, studying French or other useless work. He complains greatly at having to teach an hour daily in the Hospital School and is always trying to worm out of it.

Mr. Foulk has been a great admirer of Mrs. Heron who is pretty and can be very amiable, but unfortunately she attempted to prejudice him against me and he is such an honest fellow that he at once saw through her. He thinks she is a dangerous enemy to me, though he never speaks at length about it.

Under the circumstances, Dear Doctor, I must and will get out of the mess. I am disappointed in missionaries and I could give you excellent reasons for it. The foreigners offer me $3,000.00 a year if I will leave and do their work (Merrill is the only one who insists on [my] leaving the Mission). Mr. Foulk proposition is to let the King build me a good house on the high ground back of the new hospital, give me $3,000 a year and have me drop the foreign work and devote myself exclusively to the hospital. You have been very kind to me and I have been sincere in my motives. I don't care to become a renegade. I am willing to withdraw if you like, for good or temporarily. I will go and live at the hospital as your missionary if you will build me a house. I would then drop the foreign practice that has caused so much trouble, and cut loose from these people who would probably not envy me in such a retired position. My house would then be ready for the new minister whom you say someone wishes to send out. I should say send him by all means. Dr. Heron then would have absolute leisure to devote himself to the language Though if he remains here and is not in the hospital, explanations may be called for which might seriously injure the work in general. You could then send him to open a new station, or if you like, change the plan and send me.

A Japanese architect here offers to build me a good house for $3,500, I think that would also cover ground and walls. Though Mrs. Scranton is building a large new, very inferior Korean house at a cost of $3,800. I would want the same appropriations as at present with about $400. extra for horse feed, groom, soldiers and chairmen, for I would have to go to the Palace constantly and would need these things, which are now covered by the returns from medical work. Kindly let me know soon what you think of this or of other plans you may have. I shall try to continue as at present, though if they get too bad I may take immediate action and trust to consequences.

If you should decide to build me a house and have me devote myself to the hospital and the language, I think it would be better to send me a cheque on Yokohama or Shanghai for the sum of my appropriations as I don't care to have any more dealings with either Underwood or Heron.

I am sorry to give you so much trouble and pain and would keep still if I could, but I think you will appreciate my position.

Yours very truly,
H. N. Allen

호러스 N. 알렌(서울)이 메저스 왓슨 앤드 컴퍼니(상하이)로 보낸 편지 (1886년 10월 3일)

한국 서울,
1886년 10월 3일

메저스 왓슨 앤드 컴퍼니,
상하이

안녕하십니까,

나는 귀 회사의 청구서에 대한 일부 지불 금액으로 72.78달러의 수표를 동봉합니다. 나는 (1887년) 1월 1일경 결제를 마치겠습니다.
취입기(吹入器)를 보내주십시오.

안녕히 계십시오.
H. N. 알렌

Horace N. Allen (Seoul),
Letter to the Messrs Watson & Co. (Shanghai) (Oct. 3rd, 1886)

Seoul, Korea,

Oct. 3, 86

Messrs Watson & Co.,

    Shanghai

Gentlemen,

I enclose cheque for $72.78 in part payment of your bill. I will finish the payment about Jan. 1st.

Please send along the insufflators, and oblige.

Yours truly,

H. N. Allen

애니 J. 엘러스(서울)가 프랭크 F. 엘린우드(미국 북장로교회 해외선교본부 총무)에게 보낸 편지 (1886년 10월 4일)

한국 서울,
1886년 10월 4일

친애하는 엘린우드 박사님께,

우리의 현재 불화에 대해 몇 말씀드리고 싶습니다. 저는 선교부 회원의 한 명으로서, 그리고 기독교인으로서 이해 관계인입니다.

어떤 식으로든 변화가 있어야 합니다. 혜론 박사와 언더우드 씨는 그들이 사직서를 [선교본부로] 보낼 것이고, 그것이 받아들여지면 감리교회에 합류할 것이며, 그들이 감리교회 회원이 되면 이곳에서 장로교회 선교부는 기회가 매우 적어질 것이고, 그런 경우 알렌 박사가 정부의 직책을 수락할 것이기에 저는 혼자 남게 될 것입니다. 저는 대체로 겁쟁이는 아니지만, 그런 입장이 되면 제가 선교지에서 없어질까 두려우며, 또한 저는 정부를 위하여 일을 하는 것이기에 진정한 선교 사역의 성격을 거의 갖지 않게 될 것입니다. 만일 알렌 박사에게 휴직이 주어진다면, 이 선교부는 성장하겠지만, 정부가 혜론 박사를 공식적으로 대할지는 의문입니다. 아직도 정부가 우리를 위해 시행하고 있는 많은 것들이 알렌 박사의 영향을 통해 이루어지고 있습니다.

신사들은 모두 멋지고 저에게 친절하며, 저는 그들의 차이를 이해할 수 없습니다. 저는 알렌 박사가 1년 동안 고국으로 가면 문제가 해결되고, 그가 돌아오면 모든 것이 잘 될 것이라고 생각합니다. 지금 당장은 가능한 유일한 계획인 것 같습니다. 아마도 박사님께 약간의 서광을 줄 수도 있다고 생각하면서 이 의견을 제출하는 것입니다. 그것은 적어도 아무런 해를 끼치지 않을 수 있습니다. 모든 것을 아시고 다스리시는 이가 한국 선교의 최상의 복지를 약속할 그 지혜를 주실 수 있기를 간절히 기도드립니다.

애니 엘러스

추신. 여의사 한 명에 대하여 한 말씀드리면, 저는 제가 학위를 받을 수 있도록 허락 받기를 간절하게 원합니다. 여의사가 이곳으로 파송될 수 있게 되자마자 저는 귀국할 것이고, 그러면 제가 주님의 일에 유용하게 쓰일 제 선교지로 갈 것이지만 저는 학위를 받고 싶습니다.

Annie J. Ellers (Seoul), Letter to Frank F. Ellinwood (Sec., BFM, PCUSA) (Oct. 4th, 1886)

Seoul, Korea,
October 4, 1886

Dear Dr. Ellinwood,

I want to say just a few words to you about our present trouble. I am an interested party as one of the missions and as a Christian.

A change must be attained in someway. Dr. H & Mr. Underwood informed me of their sending in their resignations of their intentions of joining the Methodists if their resignations be accepted & they become Methodists there will be a very small chance for a Presbyterian mission here & and in that case Dr. Allen would accept the government position & I be here alone. I am not usually a coward, but such a picture would I fear drive me out of the field - as also my work can have little real missionary work being for the govern. If Dr. Allen be given leave of absence this mission as a mission will grow, but whether the government will look formally upon Dr. H is a question. It has been still is through Dr. A influence that much is being done for us by the government.

The gentlemen are all nice & kind to me & I can not myself understand their differing. I think if Dr. A was called home for a year the trouble might be done away with and in his return all might go well. Just now it seems the only feasible plan. This opinion I humbly submit thinking it may give you perhaps a little light, It at least can do no harm. Praying earnestly that the One who knows & rules all may give you that wisdom which will promise the best welfare of the missionary work in Korea believe me must truly,

Annie Ellers

P. S.   One word about a lady Physician I would desire earnestly that I be permitted to obtain my degree. As soon as a lady Physician can be sent here I return for the same and then I would be content to go to my field where I might be of use to the Master but I want my degree.

알렌 박사의 일기 제1권(1883~1886년) (1886년 10월 10일)

1886년 10월 10일 (일)

바로 2주일 전 오늘 왕은 엘러스 박사와 나에게 각각 아름다운 비단 자수요 두 장, 호피(虎皮) 한 장, 수 백 야드의 다양한 멋진 옷감, 즉 아마포, 무명 그리고 평직 및 누비 비단을 하사하였다.

나는 지금 헤론의 소행 때문에 다른 선교사들에 의해 배척을 당하고 있다. 즉 예를 들어 헤론 부인이 언더우드 씨의 고아원을 위해 오르간을 연주하였다고 최근 정기 간행물에 알린 편지에서 보듯이 그녀가 우리들에 대해 거짓말을 말할 것이 분명하다. 그녀는 결코 그렇게 하지 않았으며, 반대로 알렌 부인이 정기적으로 매주 일요일 아침에 [고아원으로] 가서 그렇게 하였다.

그녀는 다른 어떤 부인들보다 일을 덜 할 뿐 아니라 일을 하는 체도 하지 않지만, 고국에서는 일을 하고 있다고 이름이 나는 것을 원하고 있다.

그녀는 헤론 박사의 아내로 왔으며, 언어 습득을 기대하지 않는다고 말하고 있다. 포크 씨는 그들이 이곳에서 선교 사역의 전망을 없애고 있지만, 나는 병원의 책임을 맡아 남아 있어야 한다고 말하고 있다.

나는 선교 사업이 '힘'이라는 견해를 갖고 있다. 나는 다양한 외부 일로 바쁘게 보내고 있으며, 편치 않은 시간을 보내고 있다. 헤론은 격주로 자신만을 위한 시간을 갖고 있는데, 다른 주에는 하루에 단지 2~3시간만 일을 할 뿐이다. 그는 언어 학습도 하지 않는다. 언더우드는 못지않게 자유 시간을 갖고 있다. 감리교회 사람들도 마찬가지이다. 나는 그것이 맛있고 부드러운 일이라고 생각한다.

Dr. Allen's Diary No. 1 (1883~1886) (Oct. 10th, 1886)

Oct. 10[th, 1886 (Sun.)]

Two weeks ago today the King gave Dr. Ellers and myself each two handsome silk emb'd [embroidered] mats, a tiger skin, several hundred yards of various kinds of fine linen and cotton and the same of silk both plain and quilted.

I am boycotted now by the missionaries due to the work of the Herons. That Mrs. Heron will tell falsehoods about us is evident from the fact that in her letters which are published she does so, as for example in a late periodical she says she has been playing the organ for Mr. Underwood's Orphanage. She never did it, on the contrary Mrs. Allen went regularly every Sunday morning and did the work.

It is just her desire to have a name for work at home while here she not only does far less than any of the other ladies but she makes no pretence of working.

Says she came as Dr. Heron's wife and don't expect to get the Language. Mr. Foulk says that they are going to kill the prospects for mission work here, but that I must stay in charge of Hospital.

I am of opinion that mission work is a force. I am kept busy by various outside duties, yet have uneasy time. Heron has every other week wholly to himself and all but 2~3 hours daily of other weeks. Yet he does not study. Underwood has as much leisure. So have Methodists. I think it a nutty soft thing.

호러스 N. 알렌(서울)이 메저스 켈리 앤드 월시(상하이)로 보낸 편지
(1886년 10월 17일)

한국 서울,
1886년 10월 17일

메저스 켈리 앤드 월시,
　　상하이

안녕하십니까,

　　청구서 금액인 8달러만큼 주문합니다. 왜 기도서와 찬송가를 함께 보내지
않았습니까?

　　안녕히 계세요.
　　H. N. 알렌

Horace N. Allen (Seoul),
Letter to Messrs Kelly & Walsh (Shanghai) (Oct. 17th, 1886)

Seoul, Korea,

Oct. 17/ 86

Messrs Kelly & Walsh,

    Shanghai

Gentlemen,

    Herewith order for the amount of your bill. $8.00. Why didn't you send along the prayer book & hymnal.

    Yours truly,

    H. N. Allen

호러스 N. 알렌(서울)이 메저스 매켄지 앤드 컴퍼니(상하이)로 보낸 편지 (1886년 10월 18일)

한국 서울,
1886년 10월 18일

메저스 매켄지 앤드 컴퍼니,
상하이

안녕하십니까,

귀 회사의 청구서 30.21달러에 대한 주문서를 동봉합니다.

나에게 좋은 햄 4개, 베이컨 5통, 그리고 약 20달러에 사용할 수 있는 최고의 풍로를 보내주세요. 나는 험볼트의 책을 생각하지만, 귀 회사가 가장 유용하다고 생각하는 책을 나에게 보내 주세요.

안녕히 계세요.
H. N. 알렌

Horace N. Allen (Seoul),
Letter to Messrs Mackenzie & Co. (Shanghai) (Oct. 18th, 1886)

Seoul, Korea,

Oct. 18/ 86

Messrs Mackenzie & Co.,

    Shanghai

Gentlemen,

I enclose order for the am't of your bill $30.21.

Please send me four good hams. Five tins of bacon. And the best cooking stove you have for about $20.00. I think the Humbolt books will but send me the one that you think the most serviceable.

Yours truly,

H. N. Allen

18861019

존 W. 헤론(서울)이 프랭크 F. 엘린우드(미국 북장로교회 해외선교본부 총무)에게 보낸 편지 (1886년 10월 19일)

한국 서울,
1886년 10월 19일

친애하는 엘린우드 박사님께,

(중략)

알렌 박사의 집에는 좋은 우물이 있는데, 만약 박사님께서 직접 가신다면 꽤 가까이에 있습니다. 그 부지는 꽤 가깝지만 알렌 박사의 마당을 지나야 하므로 불편하며, 그[알렌]는 우리에게 그 길을 통해 물을 가져가지 말도록 요청하였습니다. 길을 돌아서 가면 꽤 먼 거리이며, 그래서 가족들이 사용할 충분한 물을 길어오는 것은 매우 힘들고, 하인들이 그 우물로 갈 때 제가 말씀드린 그 길[알렌 박사집 마당]이 아닌 다른 길로 간다고 확실하게 할 수 없어 매우 귀찮습니다. 불이 나면 각 집에 물을 준비해 두는 것이 대단히 필요함에도, 현재 가까운 곳에서 물을 길어 오더라도 어려운데 만일 우리가 멀리서 길어오게 된다면 불을 끄는 어떠한 것도 할 수 없을 것입니다.

(중략)

John W. Heron (Seoul),
Letter to Frank F. Ellinwood (Sec., BFM, PCUSA) (Oct. 19th, 1886)

Seoul, Korea,

October 19, 1886

My dear Dr. Ellinwood,

(Omitted)

On Dr. Allen's place is a good well, which is quite near if you go directly. The grounds is quite near, but as this necessitates passing through Dr. Allen's yard it is inconvenient and he has requested that we should not have our water brought through that way. To go around by the street is quite a distance, so far as to render it very laborious work to carry sufficient water for the use of a family and especially troublesome as we could never be quite sure that this servant would go to that well, since they would be obliged to pass the other, of which I have spoken before, on their way. In case of fire it would be very necessary to have water on each place, as if we had to carry it far it would be impossible to do anything almost at all in the way of putting it out had we to carry water even from the nearest well at present.

(Omitted)

호러스 N. 알렌(서울)이 메저스 매켄지 앤드 컴퍼니(상하이)로 보낸
편지 (1886년 10월 20일)

한국 서울,
1886년 10월 20일

메저스 매켄지 앤드 컴퍼니,
상하이

안녕하십니까,

귀 회사의 마지막 명세서 30.21달러에 대한 주문을 동봉합니다. 영수증을
보내주세요.

최상의 생두(生豆) 20파운드를 보내주세요.

미국산 베이컨 - 만일 ___하다면	1개
영국산 〃 〃 〃	1개
최상의 햄	4개
작은 오이 피클	1다스
혼합 피클	반 다스
C&B의 구색을 갖춘 스프	1다스
태피	반 〃
구색을 갖춘 야채 통조림	반 〃
아이들이 언덕을 내려가기 위한 썰매	1개
길이가 약 2피트, 폭이 1 혹은 1½인치인 튼튼한 썰매	1개
아마도 겨자는 ___ ___	

안녕히 계세요.
H. N. 알렌

Horace N. Allen (Seoul),
Letter to Messrs Mackenzie & Co. (Shanghai) (Oct. 20th, 1886)

Seoul, Korea,

Oct 20/ 86

Messrs Mackenzie & Co.,

    Shanghai

Gentlemen,

    I enclose order for the am't of your last statement $30.21. Kindly send receipt.

    Please send me twenty (20) pounds best green coffee.

1 pc American bacon - if _____

1 〃 English   〃   〃   〃

4 best hams

1 dz   Gherkin pickles

½ 〃 mixed   〃

1 dz soups assorted C&B

½ 〃 toffee

½ 〃 tins vegetables assd

1 Sled for child to coast down hill.

Sled about 2ft long, 1 or 1½ wd., strong

Perhaps mustard may _____ them.

Yours truly,

H. N. Allen

호러스 N. 알렌(서울)이 메저스 매켄지 앤드 컴퍼니(상하이)로 보낸 편지 (1886년 10월 23일)

한국 서울,
1886년 10월 23일

메저스 매켄지 앤드 컴퍼니,
상하이

안녕하십니까,

귀 회사의 마지막 명세서 30.21달러에 대한 주문을 동봉합니다. 영수증을 보내주세요.

나에게 20파운드의 자바 커피와 20파운드의 모카 커피, 합해서 40파운드를 보내주세요.

미국산 베이컨 - 만일 ___하다면	1개
중간 크기 최고의 영국산 베이커	2개
최상의 영국산 햄	4개
작은 오이 피클	1다스
혼합 〃	반 〃
C&B의 구색을 갖춘 스프	1다스
태피	반 〃
구색을 갖춘 독일산 야채 통조림	반 〃
젤리에 담근 족발	⅓ 〃
멀리가토니 페이스트	½ 〃
구색을 갖춘 성탄절 카드	1 〃
최상의 미국산 사탕 - 3달러까지	

안녕히 계세요.
H. N. 알렌

Horace N. Allen (Seoul),
Letter to Messrs Mackenzie & Co. (Shanghai) (Oct. 23rd, 1886)

Seoul, Korea,
Oct 23/ 86

Messrs Mackenzie & Co.
　Shanghai

Gentlemen,

I enclose order for the amount of your last statement $30.21. Kindly send receipt.

Please send me 20 lb java coffee and 20 lb mocha. 40 in all.

1 pc American bacon - if _____
2 medium sized pc's - best English bacon
4 best English hams
1 Dz　　　pickles - Gherkin
½ "　mixed　　"
1 "　Soups assd C&B
½ " Toffee
½ " Tins vegetables assd (German)
⅓ "　　"　pigs feet in jelly
½ "　　"　Mulligatauny Paste
1 "　Christmas cards assd.
Best American candy to amt. 3.00

Yours truly,
H. N. Allen

[고종, 미국 의사 알렌에게 종2품 품계를 하사함]
승정원일기 (1886년 10월 24일, 고종 23년 9월 27일)[126]
The Diaries of the Royal Secretariat (Oct. 24th, 1886)

민치헌(閔致憲)에게 전교하기를,

"미국인 의사 알렌이 수고한 것이 많으니 매우 가상하다. 특별히 2품의 품계를 제수하라."

하였다.

傳于閔致憲曰, 美醫安連, 效勞旣多, 甚庸嘉尙, 特授二品階

---

126) 이 내용은 다음의 자료에도 실렸다. 고종실록 고종 23년 9월 27일, 일성록 고종 23년 9월 27일

[고종, 미국 의사 알렌에게 종2품 품계를 하사함]
승정원일기 (1886년 10월 25일, 고종 23년 9월 28일)[127]
The Diaries of the Royal Secretariat (Oct. 25th, 1886)

(......) 미국인 의사 알렌에게 이번에 가선대부를 가자하였는데,[128] 수고한 것이 많아서 매우 가상하게 여겨 특별히 2품의 품계를 제수하라는 승전(承傳)을 받든 것이다. (......)

(......) 美醫 安連, 今加嘉善, 效勞旣多, 甚庸嘉尙, 特授二品階事, 承傳. (......)

---

127) 이 내용은 다음의 자료에도 실렸다. 고종실록 고종 23년 9월 27일, 일성록 고종 23년 9월 27일
128) 다음의 자료를 참고할 것. William W. Rockhill (U. S. *Charge d'Affairs ad interim* to Korea), Translation of a Decree of His Majesty the King of Chosen (Korea) (Dec. 29th, 1886)

알렌 박사의 일기 제1권(1883~1886년) (1886년 10월 25일)

1886년 10월 25일 (월)

오늘 왕은 나에게 참판 벼슬을 내렸는데,[129] 호출을 받지 않고도 왕을 알현할 수 있다. 고위 관리는 나에게 한국 관습을 따를 것을 요청하였지만 거절하였다.

Dr. Allen's Diary No. 1 (1883~1886) (Oct. 25th, 1886)

Oct. 25[th, 1886 (Mon.)]

Today the King made me a Champan with full powers can go to him without a summons. I was asked by high officers to adopt Korean custom but refused.

---

129) 1886년 10월 24일 알렌에게 2품계의 가선대부를 특수하였다.

호러스 N. 알렌(서울)이 프랭크 F. 엘린우드(미국 북장로교회 해외선교본부 총무)에게 보낸 편지 (1886년 10월 28일)

한국 서울,
1886년 10월 28일

F. F. 엘린우드 박사,
　　뉴욕 시 센터 가(街) 23

친애하는 박사님,

　　최근 이곳의 정치적 문제는 영국의 지원을 받아 한국을 차지하고 총독을 세우려는 중국의 시도에 의해 야기되었다고 잘 알려져 있습니다. 영국은 거문도의 확실한 소유권을 보장 받았으며, 러시아는 진로를 차단당하였습니다. 이곳의 (영국) 총영사 바버는 자신을 통해 한국에 전달된 문서의 번역에 심각한 실수를 저질렀습니다.

　　이것은 이곳에서 모든 일을 며칠간 중단시켰습니다. (그는 소환될 예정입니다.) 그 무렵 나가사키에 있던 중국 함선의 병사들이 일본인과 소동을 일으켰는데, 양측에서 다수가 사망하였으며, 일본 정부는 그 일에 대해 상당히 흥분하였습니다. 그 사이 전신선이 끊어졌고, 파커 공사는 술에 취하였으며, 데니는 그 사건이 일어나는 동안 한 명의 조선 관리도 방문하지 않는 그의 집을 떠나는 것을 두려워하였습니다. 우리는 제가 박사님께 사본을 보낸 공문서를 받았으며, 일본과 독일은 그들의 정부에 알렸습니다. 곧 제물포 항에 멋진 서양 함대가 들어와서, 25명의 해병대원이 우리 공사관을 경비하였습니다. 이것이 좋은 영향을 미쳐 한국을 구하였습니다. 러시아는 이제 한국의 독립을 보장하기 위하여 열강들과 조약을 맺으려 노력하고 있습니다.

　　데니 판사는 아직 한국인들의 신뢰를 얻지 못하고 있으며, 최근의 중국 방문으로 인해 그를 더욱 의심하게 만들었습니다. 그는 이곳에 온 이래로 여러 차례 파격적인 행동으로 신용을 얻었는데, 이 정부가 슈펠트 제독에게 보낸 전보가 그에게 전달되지 않았고, 그것이 상하이에서 데니를 통해 보내졌다는 것이 지금 밝혀졌습니다. 슈펠트 제독이 이곳에 있습니다. 포크 씨는 제가 그를 이곳으로 데려왔다고 비난하지만, 저는 단지 왕에게 그에 대해 좋게 말하며 엄격히 사적인 왕의 초대를 전달하였을 뿐입니다. 슈펠트가 자문관이 되기를 원하고 있습니다. 그는 조선과 미국의 조약을 체결하였으며, 왕은 그를 매우 존경하지만, 데니는 중국에 의해 슈펠트를 방해할 입장에 놓여 있으므로 문제가 더 복잡하게 되었습니다. 왕은 슈펠트에게 집을 하사하였고, 슈펠트는 적어도 을 겨울에는 이곳에 있을 것입니다. 저는 그가 정치적 혼란을 풀 수 있을 것으로 생각하지만, 반면 중국은 그를 싫어하고 매우 두려워하며, 한국인들은 암묵적으로 그를 절대적으로 신뢰합니다.

새 병원은 거의 입주할 준비가 되어 있고, 제가 가장 기대하는 것보다 훨씬 훌륭하며, 여러 면에서 이 도시에서 가장 좋은 집입니다. 건물과 토지 외에 수리비로 3,000달러 이상이 들었으며, 저는 모두 외제 가구를 사용할 예산을 기대하고 있습니다.

엘러스 박사와 저는 한의사들이 포기한 왕비를 치료한 것 때문에 온 나라의 찬사를 받고 있습니다. 사실 저는 그들이 그 일을 지나치게 여기고 있다고 생각합니다. 심지어 하층 백성들도 그들의 성의를 표시하기 위하여 옵니다. 현재 우리는 왕족이 아프지 않을 때에도 종종 왕궁으로 초대 받습니다. 왕은 소식과 선박 구입 등에 관해 저에게 물으며, 그리고 왕비는 한국어를 빠르게 배우고 있는 엘러스 양과 이야기를 나눕니다.

왕비는 직업에 상관없이 그녀(엘러스 양)와의 교제를 진심으로 좋아 하는 것 같습니다. 다른 모든 외국인들이 서있어야만 할 때. 그녀가 앉는 것을 허락하였다는 것은 놀라웠으며, 왕족은 _____에서 그녀 주위에 둘러 앉아 있으며, 그녀가 그들에게 영어를 가르치는 동안 그녀에게 한국어를 가르치려 노력하며, 저는 다른 방에서 기다립니다. 일전에 왕비는 알현을 허락하고, 연회와 불꽃놀이를 하였는데, 베베르 부인, 데니 부인, 슈펠트 양, 엘러스 양 그리고 알렌 부인이 초대되었습니다. 엘러스 양과 알렌 부인은 다른 사람들이 오는 오후 2시 이전에 오랫동안 알현하였습니다. 오후 4시 30분에 전령이 저에게 와서 헤론 부부를 데리고 들어오라고 요청하였습니다. 우리 집에는 아픈 아기가 있었기에 저 혼자 집을 떠날 수 없었고, 저는 제 하인(관리가 된)을 전갈과 함께 헤론 박사에게 보냈습니다. 헤론 박사는 그를 호되게 취급하였으며, 자신의 노여움을 누르기 위하여 저와 공모하였다고 그를 비난하였습니다. 언더우드 씨가 와서, 그는 이전에도 그렇게 하였다고 말하며 비난을 되풀이하였습니다. 제가 언더우드에게 전체 일이 어떠하였고, 헤론이 궁궐로 가게 된 것은 전적으로 저 혼자 때문이었다고 이유를 설명하였음에도 말입니다. 그리고 엘러스 양은 그에게 같은 이야기를 하였습니다. 당연히 그 사람은 매우 화가 났으며,

불화는 제 손을 떠나 있습니다. 저는 다음날 오전 내내 오후 2시에 그를 부른 왕에게 전체 일을 이야기하지 말도록 설득하려고 노력하였으나, 나는 왕비가 마지막에 그의 부인을 보았지만 왕이 헤론을 보지 못하여 연회가 열린 저녁에 무엇인가 이야기하였음에 틀림없다고 생각하였습니다. 제가 이야기 하지말기를 원하였던 이유는 단순히 우리가 미국인으로 창피하였고, 선교사, 특히 우리에 대해 잘 이야기 해준 포크 씨에게 감사하였기 때문입니다.

하지만 왕은 바로 그날(알현 후) 저를 두 번째 직급의 양반으로 만들었습니다. 그것은 묄렌도르프가 가졌던 것과 같은 것이며, 이곳의 어떤 외국인 보다 높은 것입니다. 그것은 독판(국무부 장관)과 같은 것입니다. 이번에 그것은 훈장은 아니라 진정한 직급이며, 저는 명목상 북쪽 지역의 지사입니다. 또한 저는 호출이 없어도 저 자신의 의지로 왕궁으로 들어 갈 권리를 갖고 있습니다.

엘러스 양은 크게 보상을 받았습니다. 그녀에게는 민영익의 부인과 같은 직급이 수여되었으며, 왕족을 제외하고 가장 높은 직급을 갖고 있는 민 부인 다음의 두 번째로 높은 사람입니다. 이것은 상대적이지만, 그들이 할 수 있는 대단한 일입니다. 3개월 동안 엘러스 양을 위하여 상당히 빠르게 한 일입니다. 이 두 가지 영예는 전적으로 청하거나 기대하였던 것이 아닙니다.

현 상태라면 포크 씨는 선교 사역 자체를 접어야 할 것 같다고 생각하고 있습니다. 감리교회는 입지가 없으며 그것을 얻을 방도도 없습니다. 헤론과 언더우드는 저를 통해 한 자리를 갖고 있는데, 자신들의 입으로 비난을 해서 스스로 그것을 잘랐습니다. 저는 결코 그들의 비난을 막거나 반대하려 시도하지 않았지만, 한국인들로부터 그것을 지키려 노력하였고, 그들은 지금 옳지 않다고 알고 있는 일에 공모하였다고 관리들을 비난하며, 그들이 관여할 것을 읽을 수 있는 좋은 위치에 놓이게 되었습니다.

안녕히 계십시오.
H. N. 알렌

Horace N. Allen (Seoul),
Letter to Frank F. Ellinwood (Sec., BFM, PCUSA) (Oct. 28th, 1886)

Seoul, Korea,
Oct. 28th, 86

Dr. F. F. Ellinwood,
23 Centre St., N. Y.

My dear Doctor,

It is now well known that the recent political troubles here were caused by an attempt on the part of China, backed up by England to take Korea and establish over it a viceroy. England was to receive undisputed possession of Port Hamilton and Russia was to headed off. Consul General Baber here (British) made a serious mistake in translating a document transmitted through him to the Koreans.

This stopped things here for a few days. (He is to be recalled) About that time the men of wars men from the Chinese fleet off Nagasaki got into a row with the Japanese, a number were killed on both sides and the Jap. Govn't were quite excited about it this caused a halt on the outside. In the meantime, as the lines were cut, Minister Parker drunk, and Denny afraid to leave his house which was not visited by a single Korean official during the trouble. We got the despatch I sent you a copy of, off to our ship and the Japanese and Germans notified their governments. We soon had a good fleet of Western ships at Chemulpo and a guard of 25 Marines at our Legation. It had a good effect and saved Korea. The Russians are now trying to make a contract with the powers to insure the independence of Korea.

Judge Denny has not gained the confidence of the Koreans yet and his recent visit to China only causes them to suspect him the more. He has the credit of several irregular actions since coming here and it now transpires that the telegraphic message sent to Admiral Shufeldt by this Govn't never reached him and that it was sent through Denny at Shanghai. Admiral Shufeldt is here. Mr. Foulk accuses me of getting him here, but my part was simply in speaking well of him to the King and forwarding the latter's invitation which was strictly private. Shufeldt is wanted as adviser. He made our treaty with Korea and the King has great respect for him, but as Denny is placed here by the Chinese to head Shufeldt off, it makes matters rather complicated. The King has given S[hufeldt] a house and he will at least spend the winter here. I think he will be able to untangle the political snarl, for while the Chinese hate him, they fear him greatly, and the Koreans trust him implicitly.

The new hospital is nearly ready for occupation and is far ahead of my highest anticipations, in many respects it is the best house in town. Beside the buildings and ground the repairs simply have cost over $3,000.00 and I expect an appropriation for foreign furniture throughout.

Miss Dr. Ellers and myself are receiving the praise of the whole kingdom for the cure of the Queen whom the native physicians had given up. In fact I think they overdo it. Even low people come to render their tribute. We are often called to the Palace now, even though the Royal Family are not sick. His Majesty asks me concerning the news, purchase of ships, etc. and the Queen talks with Miss Ellers who is learning Korean fast.

The Queen seems really fond of her company (Miss Ellers) irrespective of her professional character. It is simply astounding the way she is allowed to sit when all other foreigners must stand, and the Royal Family squat around her on attormans and try to teach her Korean while she teaches them English, and I wait in another room. The other day, the Queen gave an audience, banquet and fireworks, to which Mrs. Waeber, Mrs. Denny, Miss Shufeldt, Miss Ellers and Mrs. Allen were invited. Miss Ellers and Mrs. Allen had a long audience before the others at 2 P. M. At 4.30 P. M. a messenger came asking for me to come and bring the Herons. I could not leave the house alone as we had a sick baby, so I sent my man (who has been made an official) to Dr. Heron with the message. Dr. Heron treated him badly and accused him of conspiring with me to suppress his irritation. Mr. Underwood came and reiterated the charge is saying he had done the same the other time. This in spite of the fact that I had conderded to explain to Underwood how the whole thing was and that I was alone the cause of Heron's getting to the Palace at all. And Miss Ellers had told him the same story: The man was naturally very angry and the quarrel is really taken out of my hands. I spent the most of the next morning trying to persuade him not to tell the whole thing to the King who had called him for 2. P. M., but I think he must have said something the evening of the banquet for the King would not see Heron though his wife got a look at the Queen at the last. My reasons for not wishing the thing <u>told were</u> simply to same disgrace to us as americans and gratification to Foulk who has spoken well of missionaries in general and us especially.

However it may be the King that very night (after the audience) made me a nobleman of the second rank. The same that Mullendorf had and higher that any other foreigner here. It is the same as the Presidents (Secretary of Department). It is not a decoration this time but real rank and I am nominally Governor of a district north of this. I also have the right to go to the Palace at my own volition without a summons.

Miss Ellers was greatly reward. She was given the same rank as the wife of Min Yong Ik and second to Min's who is the highest woman outside of the Royal Family. This is relative but it is a great thing for them to do. It is pretty rapid work for Miss Ellers to do in 3 month. Both of these honors were entirely unsolicited and unexpected.

As it stands now Mr. Foulk thinks that the Mission work popper is about to wind up. The Methodists had no position and no means of obtaining one. Heron and Underwood had one through me by the slander of their own mouths they have cut themselves off. I have never tried to prevent or contradict their slander but I have tried to keep it from Koreans & they have now by accusing an official <u>falsely</u> of complicity in a thing they *know* to be untrue, placed themselves in a good position for loosing what they have engaged.

Your truly,
H. N. Allen

18861100

한국에서 콜레라의 유린.

The Medical Missionary Record 1(6) (1886년 11월호), 179쪽

한국에서 콜레라의 유린.

지난 달에 우리는 독자들에게 한국에서 알렌과 헤론 박사에 의해 이루어진 훌륭한 사역에 대하여 자세한 설명을 제공하였다.

최근 샌프란시스코에서 접수된 전보는 진정으로 가공할만한 일을 보여주고 있다. 우리는 우리의 헌신적인 형제들이 걸리지 않고, 이 무시무시한 경험에서 하나님의 많은 이용을 받을 것으로 믿는다.

"유린의 범위에 대해서는 짐작할 수 없다. 이것은 약 20만 명의 인구를 가진 수도에서 많은 사람을 죽였으며, 사망률은 무시무시하여 매일 1,000명이 죽어 나간다. 이미 캘리포니아 주의 사람만큼 한국인이 죽었으며, 어느 곳에서 전염병이 멈출지 말하기 어렵다. 한국은 '지독한 역병 현장'으로 묘사되고 있다. 인류에 이보다 더 질병에 의해 소름끼치는 유린을 당한 적이 없었다. 런던에서 유행했던 전염병의 이야기는 현재 서울에서 진행되고 있는 것에 의해 무력화 되고 있다."

Ravages of Cholera in Korea.
The Medical Missionary Record 1(6) (Nov., 1886), p. 179

Last month we gave our readers a very full account of the good work being done by Drs. Allen and Heron in Korea.

The following dispatch, recently received at San Francisco, reveals a truly terrible condition of things. We trust our devoted brethren will be spared and be much used of God in this awful experience.

"No idea can be formed of the extent of the scourge. It has decimated the capital, where, out of a population of 200,000, the death rate rules at the frightful rate of 1,000 per day. About as many Koreans as there are people in the State of California have been swept away already, and it is hard to say where the plague will stop. Korea is described as an 'appalling pest spot.' Never was there a more frightful record of the ravages of disease on mankind. The story of the plague of London is beggared by what is now going on in Seoul."

'모든 한의사가 퇴출되다.'
The Medical Missionary Record 1(7) (1886년 11월호), 179쪽

"모든 한의사가 퇴출되다."

알렌 박사와 우리가 6월호에서 출발을 언급한 헌신적인 간호사인 엘러스 양이 왕과 왕비가 아팠을 때 궁궐로 받아들여졌고, 동시에 모든 한의사들이 퇴출되었다고 이야기할 수 있는 것도 고무적이다.

이 소식은 8월 20일자이며, (......)

(중략)

"Discharged All the Native Doctors."
The Medical Missionary Record 1(7) (Nov., 1886), p. 179

"Discharged All the Native Doctors."

It is encouraging to be also able to speak of Dr. Allen and Miss Ellers - the devoted nurse, whose departure we noted in our June number - having been received into the palace by the king and queen on the latter being sick, the same being accompanied by a wholesale discharge of the native physicians.

This news is dated August 20th, (......)

(Omitted)

18861100

편집자 단신. *Woman's Work for Woman and Our Mission Field* 1(11) (1886년 11월호), 252쪽

8월 20일 한국에서 왕비가 아팠으며, 알렌 박사는 엘러스 양이 증상을 확인하고 보고하지 않는 한 계속해서 처방을 거부하였다는 중요한 소식이 전해졌다. 왕은 놀라 궁궐 주변의 모든 한의사들을 쫓아버렸고, 그 결과 알렌 박사와 엘러스 양은 각각 왕과 왕비의 의사로서 확실한 자리에 남아 있게 되었다. 왕비는 회복된 후에 왕실의 다른 호의 중에서 그녀가 많은 시간과 개인적인 관심을 요구하는 엘러스 양에게 자신의 멋진 가마를 수여하였다. 왕권은 확장되었고, 하나님의 선하신 설비 속에 우리 에스더가 있었다!

Editorial Notes. *Woman's Work for Woman and Our Mission Field* 1(11) (Nov., 1886), p. 252

Important News has been received from Korea, of date, Aug. 20th, to the effect that the Queen had been ill, and Dr. Allen steadily refused to prescribe for her unless Miss Ellers should examine her symptoms and report to him. The King became alarmed and discharged all the native doctors about the palace, and the result is, Doctor Allen and Miss Ellers are left in the undisputed position of physicians to the King and Queen, respectively. The latter, since her recovery, among other royal favors has bestowed a handsome sedan chair of her own upon Miss Ellers, from whom she demands a great deal of time and personal attention. The sceptre has been extended, and in God's good Providence, our Esther was there!

18861101

조지 C. 포크(주한 미국 임시 대리 공사)가 토머스 F. 베이야드 (미국 국무부 장관)에게 보내는 공문 (1886년 11월 1일)

제15호

미국 공사관,
한국 서울, 1886년 11월 1일
(수신 12월 16일)

안녕하십니까,

주로 지난 8월의 정치적 혼란의 결과로 다소 지연된 후, 미국에서 3명의 교사를 파견 받은 한국 정부의 주요 학교 중의 하나가 약 한 달 전에 성공적으로 설립되었습니다. 대부분이 양반의 아들들인 35명의 젊은이들이 학생으로 선발되어 학교 기숙사에서 생활하고 있습니다. 교사들은 한 달 간의 경험 후 학생들의 눈에 띄는 발전관 전반적으로 만족스러운 학교 상태를 보고하였습니다. 교사 중 한 명이 곧 H. N. 알렌의 관할 아래 병원에 설립된 학급으로 이적될 수 있습니다.

(중략)

(조선) 정부는 왕립 병원의 H. N. 알렌 박사에게 다시 품계를 수여하였으며, 이제 그의 책임 하에 새로운 병원으로 진료하기 위해 넓고 우수한 시설을 꾸미고 있습니다. 여의사 엘러스 박사는 알렌 박사를 통해 왕비를 정기적으로 진료하고 있으며, 그녀의 재치와 훌륭한 업무에 대하여 칭찬을 아끼지 않고 있습니다.

(중략)

George C. Foulk (U. S. *Charge d'Affaires ad interim* to Korea), Despatch to Thomas F. Bayard (Sec., Dept. of State, Washington, D. C.) (Nov. 1st, 1886)

No. 15

Legation of the United States,
Seoul, Corea, November 1, 1886
(Received December 16)

Sir,

After some delay, largely the outcome of the political disturbance of August last, the principal one of the schools of the Corean Government, for which three teachers have been furnished from the United States, was successfully established about a month ago. Thirty five young gentlemen, most of whom are the sons of noblemen, were selected as pupils, and have taken up their quarters in dormitories at the school. The teachers report, after a month's experience, admirable progress of the pupils, and the generally satisfactory condition of the school. One of the teachers may soon be transferred to the charge of a class of pupils established in the hospital under Dr. H. N. Allen.

(Omitted)

The Government has again decorated Dr. H. N. Allen, of the Royal Hospital, and is now fitting up a commodious and excellent establishment to serve as a new hospital under his charge. Dr. Ellers, a lady physician, procured through Dr. Allen, is in regular attendance upon the Queen, and is very commendably spoken of for her tact and good work.

(Omitted)

프랭크 F. 엘린우드(미국 북장로교회 해외선교본부 총무)가
호러스 G. 언더우드(서울)에게 보낸 편지 (1886년 11월 2일)

11월 2일

H. G. 언더우드 목사,
　한국 서울

친애하는 형제여,

　나는 귀하의 편지, 그리고 알렌과 헤론 박사의 편지가 모두 경악과 슬픔으로 가득 차 있다는 것을 말할 필요는 없을 것입니다. 나는 두 의사 사이에 불화가 있었다는 것을 알고 있었으나, 귀하가 그들과 말려들어 있다는 낌새를 느끼지 못하였습니다. 귀하가 제기한 점들에 대해 이야기하기 전에, 내가 귀하의 사역에 대해 들었던 거의 모든 견해는 알렌 박사에 의한 것이며, 그는 나에게 한국에서 귀하와 귀하의 사역에 대한 최상의 인상을 주었다고 말하고 싶습니다. 그는 분명히 귀하의 신앙심과 헌신, 그리고 언어 습득에 있어 귀하의 성취에 대해 높게 평가하고 있습니다. 만일 그가 귀하의 적이라는 인상을 갖고 있다면, 이보다 더 큰 실수는 없을 것입니다. 만일 내가 그의 여러 편지 중하나에서 정확하게 기억하고 있다면, 그는 귀하를 "선교부의 중재자"라고 말하였으며, 우리는 귀하가 하고 있는 역할 위에 고상하고 그리스도 같은 기능이 있다고 생각하여 기뻐하고 있었습니다. 그리고 나는 비교적 최근까지 그랬다는 믿음을 거부할 수 없습니다.

　이제 여러 편지에서 다루어진 문제들을 살펴보면, 우선 귀하들 사이에 존재하는 불화의 기저에는 대단히 상당한 정도의 오해가 깔려 있는 것 같습니다. 왕이 두 명의 의사에게 보여준 관심과 관련하여, 나는 알렌 박사가 헤론 박사에 반대로 일을 하는 대신 그에게 명예와 정부 측의 존경을 확보하는데 자신의 영향력을 사용하였다는 것을 알게 되었습니다. 예를 들면, 정부가 알렌 박사에게 훈장을 주겠다고 제안하고 헤론 박사에 대해서는 아무런 고려를 표시하지 않았던 이후 언젠가, 알렌 박사는 두 명을 공평하게 대해 달라는 특별한 탄원을 ＿＿＿＿하였고, 동일한 명예를 헤론 박사에 주도록 요청하였습니다. 이것은 그 당시 우리에게 알려졌으며, 거의 같은 시기에 헤론 박사로부터 편지를 받았는데, 그가 알렌의 요청에 대한 답으로 훈장이 주어졌다는 사실을 알고 있는지 의심을 하게 되었습니다.

만찬과 관련하여, 사실은 이러하였던 것 같습니다. 엘러스 박사는 왕비의 복귀 축하식에 알렌 부인과 동행하여 궁궐에 초청을 받았습니다. 그날이 되자 그들은 알렌 씨를 위한 초청장도 보냈으나 그는 집에서 아이들을 돌보아야하였기에 이를 거절하였습니다. 왕은 아이들도 데려오라는 명령을 내렸고, 알렌 박사는 갔습니다. 데니 판사 역시 그곳에 있었습니다. 대화 중 알렌 박사의 현지인 친구가 병원과 알렌 박사에 대해 몇 가지 질문을 던졌습니다. 그리고 만일 헤론 박사가 궁궐에 왔었는지를 물어보았습니다. 알렌 박사는 그렇지 않았지만 매우 오고 싶어 한다고 말하였습니다. 관리는 "그가 오늘 연회에 올 수도 있다"고 ____ ____ ____습니다. 알렌 박사는 자신의 시계를 보았고, 오후 3시인 것을 알게 되었습니다. 연회는 5시에 시작할 예정이었습니다. 알렌 박사는 관리에게 그가 헤론 박사에게 보낼 수 있는지 요청하였고, 이에 대하여 관리는 그가 왕께 가서 요청하겠다고 대답하였습니다. 그러나 왕의 대답을 얻어 돌아오는데 1시간 30분이 걸렸습니다. 알렌 박사는 즉시 헤론 박사 부부에게 오도록 쪽지를 썼습니다. 그들은 연회에 7시에 도착하였지만, 왕은 피곤하다며 그들을 접견하지 못하는 것을 사과하였습니다. 이제 이 모든 것에서 알렌 박사는 의심되는 입장을 취하는 대신 정반대의 입장을 취하였다는 것이 매우 명백하며, 예상할 수 있는 모든 것이 진행된 것 같습니다. 그의 노력이 통하지 않고 헤론 박사에게 아무런 초청장이 보내지지 않았을 것이 분명합니다. 알렌 박사는 해군 군의관인 러셀 박사가 그에게 "이것이 귀하가 헤론 박사에 대한 궁궐 초청을 감추었다는 이야기"라고 말하기 전까지 불화에 대한 어떠한 암시도 갖고 있지 않았습니다.

불화를 초래한 것으로 보이는 다른 문제는 알렌 박사가 헤론 박사의 자문을 받지 않고 새 병원의 계획을 세웠다는 주장이었습니다. 알렌 박사의 주장은 이러합니다.[130] "새 병원 부지를 고르기 위해 관리가 임명되었는데, 언급된 그 만찬이 있던 날 오후이었습니다. 그는 우리의 현재 병원에 와서 새 부지를 가서 보자고 요청하였습니다. 저는 그렇게 하였고, 즉시 집으로 돌아오던 중에 긴급한 요청이 기다리고 있었다는 것을 알았습니다. 저는 왕진을 갔다 왔고, 급히 서둘러 옷을 입고 연회 장소로 갔는데, 10분 늦게 도착하였습니다. 헤론은 이번에도 늦었습니다. 기다리는 동안 저는 어떤 외국인에게 새 병원에 대

---

130) 다음 편지의 해당 부분이다. Horace N. Allen (Seoul), Letter to Frank F. Ellinwood (Sec., BFM, PCUSA) (Sept. 7th, 1886)

해 이야기를 하였습니다. 헤론이 왔을 때 이 외국인은 그 병원의 전망에 대해 그(헤론 박사)를 축하해 주었습니다. 헤론 박사는 <u>사실들을</u> 몰랐으며, 그는 감정이 상하였습니다. 그러자 알렌 박사는 사람들이 있는 데에서 위의 이유들을 설명하였고, 기회가 있었더라면 그에게 즉시 알렸어야 했으며, 그와 논의할 수 있을 때까지 그 부지를 받아들이지 않기로 결정하였다고 헤론 박사에게 확인해 주었습니다." 이 설명은 내가 의심할 이유를 갖고 있지 않기 때문에 만일 정확하게 언급되었다면 내게 만족스러운 것 같습니다. 그러나 어느 정도 두 형제 사이에 예민함이 존재하며, 그것이 계속 자극을 일으키는 것이 분명한데, 이런 사소한 것 때문에 선교부가 분열되는 변명이 무엇입니까.

재정과 관련하여, 나는 판단을 위해 충분한 장황한 상세한 내용을 이해할 수 없습니다. 나는 자신의 진료를 통해 많은 수입을 얻으며, 한동안 혼자 일을 하였던 알렌 박사가 때로 선교 사역이 협동하는 일이라는 것을 잊을 위험이 있다고 생각합니다.

그 입장은 힘들고 유혹으로 가득 차 있습니다. 다년간 선교본부의 의사 중에는 누구도 알렌 박사처럼 탈선하여 자신의 책임 하에 행동하며, 자신의 선교사직을 던져 버리려는 커다란 유혹을 가졌던 적은 없었는데, 나는 그가 용감하고 고귀하게 이 유혹들을 견디어 냈다고 말해야겠습니다.

외부 단체에서 그에게 하였던 제의와 관련하여, 여러 번에 걸쳐 그와 나 사이에 편지가 오갔습니다.

그가 얻은 돈을 여러분 모두들 및 선교부로 돌려주었던 신망, 그리고 왕과 외국인들의 호감에 의해, 우리는 의심할 여지없이 그의 직업으로부터 번영할 수 있습니다. 그렇게 그는 모든 유혹을 견디어내었습니다. 편지에는 어떤 일들이 포함되어 있는데, 나는 그에게 매우 솔직한 편지를 쓰고 있습니다. 그가 귀하 중 한 명에게 썼으며, 귀하가 언급한 편지는 분명 상당히 어울리지 않습니다. 현재 그는 자신의 일을 떠나기를 원하고 있습니다. 귀하 모두는 사임하려 합니다. 그 다음에는 어떻게 되지요? 선교본부가 위대한 사역을 맡겼고, 수 천 달러의 경비를 들였으며, 사역을 위해 수 만 명의 기도가 바쳐진 세 명이 있었고, 이 사람들이 상당히 개인적인 차이에 의해 세 명 모두가 그 주인을 버렸다고 이야기가 된다면? 귀하는 재정적 의미에서 그에게 위임한 대의에 잘못이 있다며 알렌 박사가 선교본부에 속한 돈을 자신을 위해 사용하였다고 불평하였습니다. 선교본부가 귀하에게 투자하였던 모든 것, 그리고 선교본부가 귀하의 경비, 여비 및 언어를 배우는 동안 지원하느라 사용하였던 수 천 달러 중 얼마라도 돌려주겠다는 암시도 없이 다른 종파로 넘어 가는 것이 선교본부에 얼마나 큰 손상을 주는 것인지 귀하는 _____합니까? 귀하는 의심할 여지없이 선교 사업의 역사, 그리고 세계가 존경하는 캐리, 저드슨, 윈슬로, 푸어, 애빌 및 모리슨 등 위대한 인물들을 잘 알 것입니다. 그러나 단순한 개인적 불화 때문에 세 명이 선교부를 파멸에 이르게 하였었던 곳이 도대체 어디에 있었는지 이름을 댈 수 있습니까? 친애하는 형제여, 나는 귀하가 제안하는 조치를 고려하였으면 좋겠습니다. 다음 주일은 전 세계의 해외 선교를 위한 특별 기도를 드리는 날이며, 우리는 진실로 세 형제들에게 은총이 내려져, 애정으로 소중히 하였던 선교부를 파괴함으로써 한국과 관련하여 우리 교회가 가졌던 기대를 귀하가 잘라내지 않게 하도록 기도하고 있습니다.

떠오르는 또 다른 일은, 귀하는 어떻게 단순히 귀하와 다른 선교부를 연결시킬 수 있습니까? 사회는 귀하 모두를 선교사 공동체로 여기고 있습니다. 이 결정적인 행보는 단지 어려움을 강화시킬 것이고, "선교부"라는 그 이름과 개념이 상투적인 말이 될 뿐이며, 외국인 사회 뿐 아니라 현지인으로부터 경멸을 받을 것입니다. 귀하는 감리교회로 넘어가 왕의 공감을 받는 알렌 박사와 외국인 사회를 남겨둠으로써 선(善)을 행한 자신의 유용성 및 기회에 이보다 치명적인 일을 할 수는 없을 것입니다.

이 문제를 선교본부에 상정하기 전에 우리는 귀하를 선교사로서 한국으로 가게 하였고 교회의 초석을 놓는 것을 돕게 한 그 기독교 정신에 호소할 것을 결의하였습니다. 나는 모든 선(善)의 적(敵)이 선교부를 거의 형성 이전의 상태로 파멸시키며, 한국에서 첫 세 명의 선교사들의 이름이 치명적이고 불치의 분쟁과 관련하여 영원한 불명예로 남겨 지게 할 그런 더 정교하고 치명적인 계획을 어떻게 고안할지는 모릅니다. 귀하는 한국의 선교부 역사에서 전체 흐름을 바꿀 수 있습니다. 귀하가 다년간의 사역으로 보상하고 싶은 모든 것보다 더 해로울 수 있다는 것이 나의 엄숙한 신념입니다. 반면에 만일 여러분 형제들이 이러한 자극을 누그러트리고, 어떤 합의 계획을 이루기 위해 그리스도의 정신을 발휘할 수 있다면, 가장 강한 반감이라도 극복하기 위하여 하나님의 은총의 능력을 증명하게 될 것입니다. 귀하가 지금 떠난다면 주 원인은 오해일 것이며, 귀하는 미국인들을 제외한 외국인 사회가 알렌 박사의 입장에 상당히 공감할 것이라고 확신할 것입니다. 나는 귀하께 최종 결정을 내리기 전에 모든 측면에서 면밀하게 생각할 기회를 가질 것을 요청합니다.

세 통의 답장 편지를 쓰면서 나는 어떠한 오해도 제거하기 위해 각자에게 다른 사람들의 입장을 설명하려 노력할 것이며, 화해에 가장 좋은 견해를 제시할 것입니다. 나는 알렌 박사에게, 만일 있다면, 귀하와 헤론 박사에 대한 노여움 혹은 반감을 없앨 것을 강하게 요청하겠습니다. 나는 귀하 중 누구도 비난하지 않으며, 내가 생각한 것이 가장 비난할 만한 단계에 이르지 않도록 일종의 경고를 할 뿐입니다. 귀하가 하려는 것이 선교부를 파괴시킬 수 있으며, 나는 친애하는 형제인 귀하를 우리의 유일한 목회 선교사로, 그리고 평화의 복음을 전도하는 사람으로 유지하며 귀하가 취했던 태도에서 너무 쉽게 움직이지 않도록 변호하는 것입니다. 아마도 하나님의 사람들의 기도에 대한 응답으로 성령이 귀하 모두의 마음에 내려 귀하가 하려는 커다란 파국을 피하게 될 것입니다.

나는 귀하가 그 나라에 상륙한 이래 계속 제기되었던 개인적인 그리고 한국에서 귀하의 사역에 대해 내가 갖고 있는 기대를 말할 필요는 없을 것입니다. 나는 이런 점에서 내 마음을 바꾸고 싶지 않습니다.

귀하가 신성하게 인도되도록 기대하며 기도드립니다.

안녕히 계세요
F. F. 엘린우드

Frank F. Ellinwood (Sec., BFM, PCUSA),
Letter to Horace G. Underwood (Seoul) (Nov. 2nd, 1886)

Nov. 2nd.

Rev. H. G. Underwood,
   Seoul, Korea

My dear Brother:

I need not tell you that your letter, as well as Dr. Allen's and Dr. Heron's, filled us all with amazement and with sorrow. I had known that difficulties existed between the two doctors, but did not suspect that you were in any way involved in them. Before I proceed to discuss the points which you make you will allow me to say that nearly all the opinions that I have heard expressed concerns your work were by Dr. Allen, and that he has invariably given me the very best impressions of you and your work in Korea. He evidently has a high regard for your piety and devotedness and your success in acquiring the language. If you have gotten the impression that he is an enemy of yours, no mistake would be greater. If I remember rightly in one of his letters, he spoke of you as the "peace maker of the Mission", and we were flattering ourselves in the thought that that high and Christ like function was one upon which you were acting. And I cannot resist the belief that up to a comparatively recent period such has been the case.

And now to come to the issues which were taken in the various letters, it seems to me first, that a very great degree of miscomprehension lies at the foundation of the difficulties which exist between you. With respect to the attention shown by the King toward the two doctors I happen to know that Dr. Allen, instead of working against Dr. Heron, has used his influence to secure for him honor and respect on the part of the Government. For example, some time since when the Government proposed to give Dr. Allen a decoration and expressed no thought of doing it for Dr. Heron, Dr. Allen out in a special plea for an impartial treatment of the two, and asked that the same honor might be conferred upon Dr. Heron. This was known to us at the time though a letter from Dr.

Heron which I received about the same time led me to doubt whether he was aware of the fact that his decoration was given to answer to Dr. Allen's request.

With respect to the dinner the facts seem to be these, Dr. Ellers was invited to bring Mrs. Allen with her to the palace on the anniversary of the Queen's return to the throne. When the day arrived they also sent for Mr. Allen, but he declined as he would be required to look after the children at home. The King then sent an order to bring the children also, and Dr. Allen went. Judge Denny was also there. During the conversation a friend of Dr. Allen's (a native) asked some questions concerning the hospital and Dr. Heron. He then asked if Dr. Heron had been at the palace. Dr. Allen said that he had not, but would like to come very much. The officer said thoughtfully that he might have come to the banquet today. Dr. Allen looked at his watch, and found it was three p. m. The banquet was to begin at five. Dr. Allen asked the officer if he could not yet sent for Dr. Heron, whereupon the official said he would go and ask the King. But an hour and a half was consumed before he returned with the King's answer. Dr. Allen at once wrote a note for Dr. Heron and Mrs. Heron to come. They reached the banquet at seven, but the King apologized for not seeing them on the ground that he was much fatigued. Now it is very plain from all this that Dr. Allen, instead of pursuing the course which was suspected, pursued the very opposite, and it seems that all was done that could be expected. It is certain that no invitation would have been sent to Dr. Heron if it had not been through his efforts. Dr. Allen has no hint of any difficulty about it until Dr. Russell, a naval physician said to him, "What is all this talk about your suppressing Dr. Heron's invitation to the palace."

Another matter which seems to have created difficulty was the alleged fact that Dr. Allen had laid plans for a new hospital without consulting Dr. Heron. Dr. Allen's explanation was this. "An officer had been appointed to select the site for a new hospital, the afternoon of the dinner mentioned at the palace he came to the present hospital and asked me to go and see the new site. I did so and on returning home found an urgent call awaiting me. I attended to it and in great haste dressed so went to the dinner. I arrived ten minutes late. Dr. Heron was also late on this occasion. While waiting I told a foreigner concer[n]ing the new hospital. When Dr. Heron came in this foreigner congratulated him (Dr. Heron) upon the prospect of having said hospital. The facts were unknown to Dr. Heron and he manifested a good deal of feeling. Dr. Allen then gave in public the above reason and assured Dr. Heron that should have notified him at once had he had an opportunity, and that he had decided not to accept the site until he could confer with him." This explanation seems to me to be satisfactory, if it is correctly stated as I have no reason to doubt that it is. But is evident that a degree of sensitiveness exists between these two brethren which is constantly productive of irritations, and yet what justification would there be for breaking up a mission on such paltry grounds as these. With respect to the finances, I cannot understand the prolix or details sufficiently to form a judgment. I think it very likely that Dr. Allen, who earns a large amount of money by his practice, and who for a time was working alone, is perhaps in danger of forgetting sometimes that the mission work is a joint affair.

The position is a trying one, and full of temptations. No physician in the employment of the Board in many years has had an great temptations to turn aside and act upon his own responsibility, throwing up his missionary engagements, as Dr. Allen, and I am bound to say that he has withstood these temptations bravely and nobly.

Several times letters have passed between him and myself with reference to offers that have been made him by outside parties.

We could now, no doubt, with the prestige that he has gained turn his back upon you both and upon the Mission, and with the favor of the King and the foreign population, make a fortune from his profession. Thus for he has withstood all temptations. There are some things which appear in the correspondence concerning which I am writing to him a very plain letter. The letter which he wrote to one of you and which you quote, was certainly very much out of character. Now he wishes to be released from his work. You both propose to resign. What then? Shall it be said that three men to whom the Board has entrusted a great work, upon whom it has expended thousands of dollars, for whose work the prayers of tens of thousands have been offered, - shall it be said that these men on more personal differences each and all deserted their hosts? You complaint that Dr. Allen has used money for himself which belonged to the Board, so far wronging in a financial sense the cause with which he is intrusted, but can you after all this inflict upon the Board a vastly greater injury by going over, hook and line, with all that the Board has invested in you, to another denomination, and with no hint even of any return of the thousands of dollars that the Board has spent in your outfit and journey, and support while learning the language? You have doubtless been stirred with the histories of missionary enterprises, and by the great names of Carey, Judson, Winslow, Poor, Abeel and Morrison, whom the world honors, but can you name any case where three men have broken up a mission by mere personal quarrels? My dear brother I pleased with you to consider the step which you propose. Next Sabbath is to be observed as a day of special prayer all over the world for Foreign Missions, and we are praying earnestly that grace may be given you three brethren which shall keep you from cutting off the hopes which the Church have had concerning Korea by destroying the mission which has been so fondly cherished.

Another thing occurs to me to say, and that is, how will it help matters for you to simply connect yourselves with another Mission? The community will look upon you all as a missionary community. This decisive step will only intensify the difficulty and the very name and idea of "mission" will be a by-word and a hissing not only with the foreign community but with the natives as well. You could not do a thing more fatal to your usefulness and your opportunities for good that to go over to the Methodists, leaving Dr. Allen with the sympathies of the King and the foreign community but alienated from you.

Before bringing this matter before the Board we have resolved to appeal to that Christian spirit which led you to go forth as a missionary to Korea and to help lay the foundations of the Church. I do not know how the enemy of all good could devise a more skilful and fatal plan to break up your foundations almost before they were formed, and to leave the names of the three first missionaries in Korea under the lasting disgrace of a fatal and incurable quarrel. You would change the whole current of the history of Missions in Korea. It is my solemn belief that you would do more harm that all that you could hope to compensate for in years of labor. On the other hand, if you brethren can so exercise the spirit of Christ as to allay these irritations and form some plan of agreement, you will attest the power of the grace of God to master even the strongest antipathies. Should you part now it will be known that the leading causes were misapprehensions, and you may be sure that the foreign community, the Americans excepted, will be quite likely to sympathize with Dr. Allen's position. Let me ask you at all events to wait and allow an opportunity for careful thought on all sides before final action is taken.

In undertaking to answer the three letters I have acted upon the theory that to each I would try to so explain the position of the others as to remove any misapprehensions and present the view most favorable to a reconciliation. To Dr. Allen I shall write in such a strain as to remove his feelings of resentment or dislike, if there are any, toward yourself and Dr. Heron. I inculpate none of you, I only hold up a sort of warning against what I think would be a most culpable step. What you contemplate would destroy the Mission, and I plead with you, my dear brother, as our only clerical missionary and as a preacher of the Gospel of Peace, to hold on and not be too easily moved from the stand which you have taken. Perhaps in answer to the prayers of God's people the Spirit will descent upon all your minds and so uplift that the great catastrophe which you contemplate may be averted.

I need not say that the hopes which I have had of you personally and of your work in Korea have constantly risen since you landed in the country. I am not willing to change my mind in these respects.

Hoping and praying that you may be divinely directed, I am,

Sincerely your brother in Christ,
F. F. Ellinwood

18861102

프랭크 F. 엘린우드(미국 북장로교회 해외선교본부 총무)가
존 W. 헤론(서울)에게 보낸 편지 (1886년 11월 2일)

188(6)년 11월 2일

제이 W. 헤론 박사,
   한국 서울

친애하는 형제여,

　나는 커다란 놀라움과 고통으로 가득 차 있는 귀하의 편지, 그리고 언더우드와 알렌 씨의 편지를 받았습니다. 선교본부의 모든 사람들은 이 편지들이 우리에게 가져다준 사태의 진전에 대단히 깊은 고통을 받았습니다. 나는 상당히 긴 편지를 언더우드 씨에게 썼고, 그는 의심할 여지없이 귀하께 편지를 보여 줄 것이며, 나는 왕으로부터 귀하에게 보내졌을지도 모르는 초청장을 알렌이 감추었다는 것과 관련하여 귀하와 그 모두가 오해하고 있는 것 같기에 귀하께 오해를 제거하고 싶은 부분에 특히 주목해 줄 것을 부탁합니다.

　품계를 받은 후에, 왕이 그 만찬에 초대할 것이라고 귀하가 예상하는 것은 당연하였다고 생각합니다. 또한 귀하가 새 병원에 관하여 자문을 하지 않아 놀랐을 만한 이유가 있다고 말하는 것이 공정합니다. 그러나 귀하와 알렌 박사가 어떠한 거친 단어, 그리고 특히 격렬한 욕, 혹은 설명을 하기 전까지 다른 사람들이 하였던 말을 반복하는 것을 삼가는 것이 현명할 것입니다. 당연히 그곳에 나가 있는 외국인들로서는 귀하가 어떻게 한국으로 파송될 수 있었는가를 이해하는 것이 매우 어려울 것이며, 나는 귀하가 진정한 선교사 정신으로 모든 것을 하였으며, 그런 괴로움을 가슴 혹에 묻어 둘 것이라 믿습니다. 나는 오래 전부터 귀하와 알렌 박사 사이의 일들의 상황을 어느 정도 알고 있었으며, 귀하들 사이에 존재하는 질투와 괴로움을 목격하였던 사람들의 의견이 커다란 놀라움과 고통으로 내게 전해졌습니다. 알렌 박사와 관련해서 귀하의 입장은 분명히 힘든 것이었습니다. 그는 그의 큰 성공의 결과 정부로부터 많은 명예를 받았습니다. 이것은 그가 어쩔 수 없는 것입니다. 아마도 한동안 그는 과도하게 대접을 받을 것입니다. 나는 정부가 귀하에게 동일한 명예를 주지 않기 때문에 그와 일에 대한 귀하의 관계에서 다소 무시 받았다고 느끼는 것이 매우 당연하다고 알고 있습니다. 그러나 솔직히 말해 귀하는 이것이 알렌 박사의 잘못이 아니라는 것을 고려해야 한다고 생각합니다. 특히 정부가 수여한 명예에 귀하를 포함시키느라 그는 특별한 노고를 기울였습니다. 나는 이것이 사실인 것으로 알고 있으며, 오랫동안 알고 있었습니다.

귀하 뿐 아니라 언더우드 씨도 관계된 다른 일은 한국에서의 의료 사업인데, 특히 기회가 무엇이든 간에 공적 출판물에서 주목 받는 알렌 박사에게 보여 진 관심입니다. 두 의사를 공동으로 고려하기 위하여, 예를 들면, 귀하가 후에 훈장을 받았다고 공지하는 데 사실만 공지한 것도 둘에게 동등하게 속하는 것입니다. 알렌 박사가 귀하보다 더 영예를 받았음에도 불구하고, 귀하가 자신의 사역에 대해 누구에게 어떤 과민함을 보이는 것은 현명한 행보가 아닐 것이며, 순진하게 귀하의 방식을 계속하여 모두가 그것을 알게 될 때까지 귀하의 사역에 가치를 세워야 할 것이라 생각합니다. 귀하의 사역이 성실하다면 감추는 것이 불가능할 것입니다. 나는 귀하가 병원에서 일주일 동안 일을 하고, 알렌 박사가 다음 주에 일을 하는 것으로 알고 있습니다. 이것은 귀하가 비번일 때 언어를 학습할 수 있는 커다란 기회를 줄 것이며, 그렇게 함으로써 귀하는 언어에 대한 지식을 얻을 수 있고, 외부 진료로 습득할 기대가 거의 없는 알렌 박사를 추월할 기회를 가질 것입니다. 결국에는 현지어를 아는 사람과 그렇지 않은 사람의 힘은 비교가 되지 않습니다. 귀하가 선교부를 떠나 감리교회로 넘어가겠다는 생각은 위대하고 신성한 믿음에 대한 실질적인 배신이 될 것이며, 나는 귀하가 한국에서 귀하의 명성에 그렇게 비참하게 될 것이고, 그곳에서 이곳 고향에 이르기까지 귀하의 명성에 영향을 미칠 것이며, 전적으로 귀하의 개인적인 하찮은 생각에 예속된다면 하나님께서 보시기에 ____
____ 하지 않을, 그런 결정을 내리기 전에 매우 침착하게 고려하기를 바랍니다. 처음 뉴욕으로 왔을 때 내가 그렇게 진실하게 대의를 제기하였던 귀하가 엄숙한 생각 후에 이런 조치를 취하리라고 생각하고 싶지 않습니다. 교회가 그렇게 희망하였으며, 귀하에게 위임하였던 한국 선교부를 이름이 잘 알려진 세 명이 실제로 깨트렸으며, 귀하에게 투자한 것이 현장에서 다른 단체에게 넘겨졌다는 것은 역사의 부분이 될 것입니다. 같은 선교부에서 알렌 박사와 심각하게 시도해 본 후 일을 할 수 없다면 귀하가 선교본부의 다른 선교지로 옮기는 것이 훨씬 나을 것입니다. 당연히 귀하는 병원이 선교 병원이 아니라는 것을 마음속에 유념하고 있어야 합니다. 그것은 우리 선교본부에 속해 있지 않습니다. 그것은 한국의 왕과 정부에 속해 있습니다. 우리는 단지 그곳에서 일을 하고 있는 의사들의 급여를 지불할 뿐입니다. 따라서 만일 귀하가 감

리교회로 넘어간다면, 귀하는 병원 혹은 그 일부에서 일을 수행할 수 없게 될 것입니다. 우리는 의심할 여지없이 귀하의 자리에 다른 사람을 공급하기 위해 찾아야 합니다. 귀하가 병원을 옮긴다면 왕, 알렌 박사 및 외국인 사회는 분명 귀하를 반대할 것입니다. 그러나 나는 귀하가 그런 종류의 어떠한 것도 고려하고 있다고 생각하고 싶지 않습니다. 나의 믿음은 귀하가 오로지 한 가지만, 즉 알렌 박사로부터 멀어지는 것만 고려하고 있다고 생각합니다. 하지만 귀하가 그것을 성취할 수 있습니까? 귀하는 그와 접촉하지 않을 것입니까? 서울에 있는 사람들은 귀하들이 분열되어 항상 서로에게 해를 끼치는 진정한 하나의 공동체 형제로 여기지 않을 것입니다. 궁궐 연회와 관련된 불화는 이루어진 일에 대하여 왕이 화를 내서, 귀하 모두를 버리지 않는 한 계속될 것입니다. 친애하는 형제여, 이곳 고향에는 귀하를 알고, 귀하의 성공을 위해 기도드리는 많은 사람들이 있다는 것을 기억하세요. 성급한 행동으로 성공을 망치지 마세요. 만일 필요하다면 두 세 번의 편지들을 흘려보내세요. 그 주제를 위에서 밑에까지 뒤집어 버리세요. 그러는 중에 하나님께서 귀하에게 은총을 내리셔서 서로 더 잘 이해하고, 귀하가 내뱉었던 거친 말을 철회하며, 이교도 국가에 형성된 선교부가 개인적 불화에 의해 찢어지는 것보다 좋은 예가 되도록 기도드리세요.

안녕히 계세요
F. F. 엘린우드

추신 내가 쓴 내용에 덧붙여 나는 귀하가 승급한 것은 귀하 자신의 영광이 아니라 주님의 영광이라는 생각을 강조하고 싶습니다. 귀하는 왕과 외국인 사회 앞에서 귀하의 입장을 위하여 그리스도와 그의 대의에 상처를 내겠습니까? 나는 귀하가 이 문제에 대해 더 곰곰이 생각할 때 하나님의 명예가 가장 높아질 것이며, 귀하의 명예와 관련하여 그것을 가장 덜 주장하는 사람이 가장 존중을 받을 것이라고 확신합니다.

귀하가 무엇을 하건, 성숙한 숙고와 충분한 대화 후에 하세요. 선교본부는 상당히 _____ 한 곳에서 어떤 목소리를 가져야 한다는 것을 기억하세요.

Frank F. Ellinwood (Sec., BFM, PCUSA), Letter to John W. Heron (Seoul) (Nov. 2nd, 1886)

Nov. 2nd, 188(6)

Dr. J. W. Heron, M. D.
Seoul, Korea

My dear Brother:

I received your letter, as also those of Messrs Underwood and Allen, with great surprise and pain. All in the office have been most deeply pained by the developments which these letters have brought us. I have written quite at length to Mr. Underwood and he will doubtless show you the letter, and I ask you to note particularly those portions which are designed to remove misapprehension, as it occurred to me that you and he were both under misapprehension as to Dr. Allen's disposition to suppress invitations which might be sent you from the King. I confers that it was natural for you after receiving the decoration to expect that the King would also invite you to his dinner. It is fair to say, also, that you had reason to be surprised that you were not consulted in regard to the new hospital, but it would have been far wiser in you and Dr. Allen both to refrained from any harsh words, and especially violent names, or even repeating those which others had applied, until explanations could have been given. It will, of course be very difficult for foreigners out there to understand how you could ever have gone to Korea, as I believe you all did from a true missionary spirit, and yet allowed such bitterness to take possession of your heart. I was aware to some extent of the condition of things between you and Dr. Allen a long time since, and expressions have come to me of great surprise and pain from those who had witnessed the jealousy and bitterness which existed between you. Your position has evidently been a trying one, with respect to Dr. Allen. He has received many honors from the Government as a result of his great success. This he could not help. Possibly, some times he may have been unduly exalted thereby. I can see how it is very natural for you in your relations to him and to the work to feel somewhat slighted because the Government does not confer the same honors upon you, but I think that in all candor you should consider that this is not Dr. Allen's fault, especially if, as has been the case, he has taken particular pains to have you included in the honors which the Government has conferred. This I know to be a fact and have known it for a long time.

Another thing which concerns not only you but Mr. Underwood, is that it is the medical work in Korea, and especially the attention that has been shown to Dr. Allen that have been noticed in the public prints, though whatever there has been an opportunity to consider you two doctors jointly, I have done so, for example, in a announcing lately that you had received decorations simply announced the fact as one pertaining equally to both. Notwithstanding the fact that Dr. Allen has received more honors than you, is it not after all a wise course for you to abide your time, not manifesting to anybody any sensitiveness about your work, but simply go to in the even tenor of your way and establishing your work upon its merits until everybody shall see it, which is sure to be the case. It will be impossible for your work to be hid if it is genuine. I understand that you have one week at the hospital and Dr. Allen the next. This give you great opportunity for the study of the language in your off work, and by so far as you can gain a knowledge of the language, you have an opportunity to excel Dr. Allen, who with his outside practice, can hardly hope to acquire it. There is no comparison between the power of one who knows a native language and one who does not, in the long run. The idea of your leaving the mission and going over to the Methodists would amount to a virtual betrayal of a great and sacred trust, and I hope that you will consider this very calmly before taking so disastrous a step, disastrous to your reputation in Korea, and disastrous from one end of the land to the other here at home as effecting your reputation here, and would it not by a ___vous sin in the sight of God, if you were to subordinate so unspeakable an interest to the paltry considerations which are wholly personal to yourself. I am not willing to believe that you whose cause I took up so earnestly when you first came to New York, are prepared after solemn thought to take such a step as this. It would be a part of history that you three men, your names well known, really broke up the Korea Mission, concerning which the Church had so much hope and turned over the resources entrusted to you and the value invested in you to another organization on the spot. It would be far better, if you cannot work after serious trial with Dr. Allen in the same Mission, to withdraw to some other field under the care of your own Board. Of course, you bear in mind that the hospital is not a mission hospital. It does not belong to our Board. It belongs to the King and the Government of Korea. We simply pay the salaries of the physicians who are engaged in it. If, therefore, you were to go over to the Methodists, you could not have to carry the hospital or any part of it. We should undoubtedly be called upon to furnish another man to take your place. The King, Dr. Allen, and foreign community would certainly be against you if you expected to carry over the hospital. But I am unwilling to think that you contemplate anything of the kind. My belief is that you are only considering one thing, namely that of getting away from Dr. Allen, would you, however, accomplish that? Would you not be brought in to contact with him? Would not the people in Seoul look upon you brethren as really one community still, divided and yet always cutting into each other. The difficulties about receptions at the court would continue to be the same unless, indeed, the King taking offense at what had been done, then should drop you altogether. Remember, my dear brother, that there are many who have known you here at home, who are praying for your success. Do not mar that success by any hasty act. If necessary, let two or three successive letters pass. Let the subject be ventilated from top to bottom. Meanwhile, pray that God will give you grace to understand each other better, to recall the harsh words which you have uttered, and to set before a heathen nation a better example that that of rending the mission which has been formed, by personal dissensions.

Very sincerely your brother in Christ
F. F. Ellinwood

P. S. In addition to what I have written I wish to emphasize the idea that it is the glory of your Divine Master & no your own glory that you have gone forth to promote. Could you consent to wound Christ & His cause for the sake of _____ing your position before the King & the Foreign Community? I am sure that when you think more deeply of this matter you will all see that Gods honor is supreme & that as to your own honor he shall be greatest & most esteemed who shall do least in contending for it.

Whatever you do let it be done with mature deliberation and after thorough correspondence. Remember that the Board must have some voice where it has ____sted so much.

호러스 N. 알렌(서울)이 프랭크 F. 엘린우드(미국 북장로교회 해외선교본부 총무)에게 보낸 편지 (1886년 11월 12일)

한국 서울,
1886년 11월 12일

F. F. 엘린우드 박사,
　　뉴욕 시 센터 가(街) 23

친애하는 박사님,

　파넘 씨의 일에 대한 박사님의 친절한 편지는 그로부터 2달 후에 받았습니다. 이 일과 다른 모든 문제에 대하여 박사님께서 호의를 베풀어 주셔서 감사드리며, 박사님의 신뢰에 대한 저의 감사의 마음을 전하고 싶습니다. 저는 박사님께 말씀드릴 가치가 있는 것에 대해 어떤 것도 숨기지 않았으며, 제가 너무 그럴까봐 두렵습니다.

　저는 이곳에서 발생한 우리 사이의 문제에 대하여 다시 언급하기를 원하지 않았지만 해야만 한다는 것을 알게 되었습니다. 엘러스 양은 최근 헵번 부인으로부터 편지를 한 통 받았는데, 알려드려야만 할 것 같습니다. 동봉한 편지가 설명하고 있습니다.

　저는 먼저 저의 장부를 들고 포크 씨 앞에서 저는 의료 사업을 위하여 받은 돈과 지출한 돈을 충실하고 정확하게 기록하였다고 맹세하고, 이어 장부를 선교부에 제출하려고 하였습니다. 하지만 제가 확실한 금액을 받을 수 있을 때까지 기다리라는 충고를 받았습니다.

　저는 아펜젤러 씨를 불러 그에게 제 인격이 의심을 받고 있기에, 두 번째로 우리의 선교부 문제들을 언급해야만 하였습니다. 저는 어떤 비난이 있었는지 물었습니다. 그는 정확하게 말해서 비난은 아니지만 헤론과 언더우드는 제가 자세한 회계 내용을 건네주지 않기 때문에 제가 그 돈으로 무엇을 하는지 그들은 알지 못한다고 자주 말하였다고 하였습니다. 그는 편파적인 사람에게는 그것이 비난처럼 보였을 것이며, 심지어 자신도 그 안에 어떤 것이 있을 것이라는 생각을 받았기에, 그는 그들이 저에게 항목별 예산을 요청하였는지 그들에게 물었습니다. 그들은 그러지 않았다고 말하였으며, 그는 이것이 예전에도 있었던 일이라고 결론지었다고 저에게 말하였습니다.

지난해 박사님의 예산으로 의료 사업을 수행할 때, 저는 매달 말에 언더우드 씨와 정기적으로 회계를 정산하였습니다. 그 항목들은 대부분 사소한 것들이었으며, 대형 종이 한 장에 가득 찼기 때문에 저는 항목의 사본을 만드는 것을 포기하고 정산할 때 항상 장부를 가져갔습니다. 저는 큰 항목의 수입이나 지출에 대하여 확실하게 주지시켰으며, 그가 선택하였다면 전체를 조사할 수 있었습니다. 올해 지출 예산을 줄이기 위해 제가 진료 수입으로 받아 넘긴 잉여금으로

그림 7-12. 시어도어 C. 헤일

의료 사업을 수행하자고 제안하였으며, 그래서 우리는 아직 정산을 하지 않았습니다. 혜론 박사의 의료 청구서는 거의 25~30달러 미만이며, 언더우드 씨는 매달 약 10달러 정도이었습니다. 두 사람 모두 외국인을 상대로 일은 하지 않습니다. 회계장부의 한 항목 때문에 이 이야기가 시작되었습니다.

미국 해군 전함 매리온 호의 헤일 박사[131]의 조언에 따라, 제가 처음으로 맥주를 마셨을 때, 저는 철저히 의료 목적으로 사용하였기 때문에 처음에 의료비로 청구하였습니다. 지금은 제가 그 비용을 지불합니다.

말씀드릴 것이 또 있습니다. 혜론은 그들과 함께 살던 길모어 가족이 저에 대하여 반대하도록 돌아서게 하는데 성공하였으며, 저는 그 이유를 설명하는 것이 가장 좋을 것 같습니다. 길모어(교사)는 가톨릭 교사를 구하려고 하였습니다. 주교는 이 사람들이 평판대로 선교사들인지 묻기 위하여 저에게 편지를 썼습니다(그들은 선교사들과 함께 살고 있었으며, 미국 공사관에서 매 주일 설교를 하고 있었습니다). 저는 아무 말도 하지 않을 수 있었지만 진실을 말하는 것이 유일한 올바른 길인 것 같았습니다. 저는 선교부가 그들을 추천하는 것에 관계하였을 뿐 그들이 더 이상 선교부와 연관이 없으며, 두 명 만이 목사이고, 정부의 교사라고 언급하였습니다. 혜론과 저는 그들과 우호적이었으며,

---

131) 시어도어 C. 헤일(Theodore C. Heyl, 1838. 8. 9~1896. 3. 21)은 1869년 3월 펜실베이니아 대학교 의학부를 졸업하였고 1870년 3월 중위(assistant surgeon)로 해군에 입대하였다. 대위(passed assistant surgeon)를 거쳐 1881년 10월 소령(surgeon)으로 승진하였다. 1884년부터 1887년까지 매리온 호의 군의관으로 근무하였다.

다른 것들과 마찬가지로 이 일에서도 저는 모든 것을 설명하였습니다. 다음날 그들은 헤론을 대변인으로 떼를 지어 저를 기다렸습니다. 그는 제가 그들과 관련하여 하였던 비난 등등을 그들에게 알려주는 것이 의무라고 생각한다고 말하였습니다. 그리고 그들은 입을 열었고, 이내 헐버트는 저에게 말하였습니다. "당신은 거짓말쟁이입니다." 번커는 그에게 그 말을 취소하도록 하였습니다. 그들은 저의 설명을 받아들였지만, 헤론은 자기주장을 내세워 우리 사이에 불화가 생겼습니다. 당연히 스크랜턴은 병원에서 쫓겨난 것과 포크 씨가 저에게 더 잘 대해 준 것 때문에 항상 화가 나 있었습니다. 이렇게 해서 선교사들 중 아펜젤러 가족만이 (그리고 가장 최고의 선교사인 엘러스 양과 함께) 저에게 우호적으로 대해 주고 있습니다. 비록 헤론 부인이 아펜젤러 가족이 돌아서도록 열심히 노력하였지만, 제가 개입하지 않았음에도 실패하였습니다. 아펜젤러 씨는 헤론이 제가 그에게서 자세한 의료 내역을 보려고 방문하였다는 주장을 하였다고 말해 주었습니다. 그렇지 않습니다. 우리는 그가 처음 와서 집을 관리하기 시작할 때 그가 그의 하인들을 감독하는 것을 제가 도와주는 것이 최선이라 생각하였으며, 그것이 전부입니다.

시기심만이 유일한 이유라는 것을 즉시 알 수 있습니다. 제가 궁궐에 갈 때까지 우리는 친구이었습니다. 엘러스 박사도 이 싸움에 끼는 것을 신중하게 피하였습니다. 그것은 너무나도 성공적이었고, 모든 사람들이 그녀를 좋아합니다. 헤론 부인이 환심을 사려고 노력하였던 러시아 여자는 엘러스 박사를 대단히 좋아합니다. 제가 거의 확신하건데 왕비는 그녀를 사랑하지만, 엘러스 양이 직급을 받은 후 헤론 부부는 결코 그 일을 언급하지 않으며, 그녀에게 거의 말도 걸지 않을 것입니다. 그리고 너무 무례하게 대함으로써 그녀를 울게 만들었으며, 그녀는 신경질적이지 않습니다. 저는 그녀의 활기찬 진료 방식을 좋아하며, 우리 병원에서 자유스럽게 일을 할 수 있도록 해주었습니다. 이번 주에 헤론 의사가 왔을 때, 그는 관리 앞에서 그녀와 상의도 없이 처방전을 수정하고 "우리는 당신이 이러저러한 일을 할 것이라고 예상하였다."고 말을 하여 그녀의 기분을 나쁘게 하였습니다. 비록 그는 제가 인칭 대명사를 사용하기 때문에 불만을 제기하지만, 그는 모든 병원 문제에 있어 저보다 더 독단적입니다.

엘러스 양에 대한 헤론 부인의 행동은 알렌 부인이 일 년 넘게 참아야 하였던 것과 동일합니다. 저는 때로 헤론 부인이 퍼뜨린 노골적인 거짓말에 매우 난처하였습니다. 알렌 부인은 겨울 내내 언더우드의 주일학교에서 [오르간을] 연주하였습니다. 헤론 여사는 한 번도 하지 않았고, 오르간을 연주할 줄 모릅니다. 그러나 그녀도 똑같은 칭찬을 탐욕스럽게 받았습니다. 저는 포크 씨를 통하여 아펜젤러 부인으로부터 장로교회 선교부의 회원들 중 짐작하건대 헤론과 언더우드가 사임하였다고 들었습니다. 이 일로 인하여 박사님은 저와 함께 무언가를 해야 한다는 필요성을 더 느끼셨을 것입니다. 이 사람들에 대한 저의 개인적인 의견이 무엇이든지 간에, 제가 할 수 있는 것보다 그들이 실제적인 영혼 구원 사역에 더 많은 일을 할 것이라고 저는 확신합니다. 그래서 제가 선교부를 위해서 물러나서 미국으로 가든지, 독자적으로 일을 시작하는 것이 가장 좋은 길이라고 생각합니다. 만약 사정이 더 평온하다면 저는 여기에 남는 것을 선호하였겠지만 결코 그럴 수 없기에, 그들보다 제가 가는 것이 더 나을 것입니다. 박사님께서 어디로 보내시더라도 저는 잘 지낼 수 있기 때문에 떠나는 것이 저에게 중요한 문제는 아닙니다. 사본을 보시면 박사님께서는 우리가 추방의 위험에 처했다는 것과, 제가 여러 공사관들과 연관되어 있는 덕분에 남아 있을 수 있어 박사님의 재산을 더 잘 지켰음을 잘 아실 것입니다. 만약 박사님께서 원하신다면 그렇게 할 것이며, 박사님께서 연결을 끊으신다면 저는 박사님께 10%의 임대료를 지불하고 집을 수리할 것입니다. 만약 박사님께서 원하신다면, 비용과 경비를 지불하여 집을 사겠습니다. 만약 왕이 병원에 저를 위한 집을 지어주겠다고 주장하지 않는 한, 만일 제가 떠나다른 곳에 가야 한다면 그것은 박사님께 좋지 않을 것입니다.

　　이 모든 일로 박사님을 번거롭게 해드려 죄송합니다. 고백하자면, 그것들을 생각할수록 저는 더 혼란스럽습니다. 저는 어느 것이 최선의 방법인지 말씀드릴 수 없습니다. 저는 박사님께 모든 사실을 알려드렸으며, 이 문제에서 제가 무엇을 하는 것이 최선인지에 대하여 박사님의 우월한 판단에 전적으로 순종할 용의가 있습니다.

　　안녕히 계십시오.
　　H. N. 알렌

Horace N. Allen (Seoul),
Letter to Frank F. Ellinwood (Sec., BFM, PCUSA) (Nov. 12th, 1886)

Seoul, Korea,

Nov. 12th, 86

Dr. F. F. Ellinwood,

23 Centre St., N. Y.

My dear Doctor,

Your kind letter concerning the Farnham business was received two months since. I wish to thank you for your kindness in this and all other matters and hope to show my appreciation of your confidence. I have never kept anything from you worth telling, and have feared I might be too.

I had hoped not to mention our troubles out here again but I find I must. Miss Ellers recently received a letter from Mrs. Hepburn which I felt obliged to notice. The enclosed copy explains.

I first intended to take my books and swear before Mr. Foulk that I had in them kept a faithful and correct account of all moneys received and expended for medical, and then lay the books before the Mission. I was advised however, to wait till I could obtain a definite charge.

I called in Mr. Appenzeller and told him that as my character was called in question, I would for the second time, have to mention our Mission troubles. I asked if any such charge had been made. He said not exactly a charge, but Heron and Underwood had frequently said that they didn't know what I did with my money as I didn't hand in detailed accounts. To a prejudicial person, he said it would look like a charge and even give him the idea that there might be something in it, so he asked them if they had asked me for itemized accounts. They said they had not and he told me he concluded it was the same old business.

Last year while running the medical on your appropriation I settled regularly with Underwood at the end of the month. As the items were mostly trifling and covered a page of foolscap [Paper], I gave up copying them off and usually took my book with me when I settled. I never failed to call attention to any large item of receipts or expenditures and he could examine the whole if he chose. To cut down the appropriation for this year I proposed running the medical on what I received and hand over the surplus, therefore we have had no settlement as yet. Dr. Heron's medical bill is seldom less than $25~$30, Mr. Underwood's about $10. per month. Neither do any foreign work. There was one item in my accounts that might have started this story. When, upon the advice of Dr. Heyl U. S. S. Marion I first drank beer, I charged the first to medical as I used it strictly in that sense. I pay for it myself now.

There is another thing I must mention. Heron has succeeded in turning the Gilmores, who lived with them, against me, and I think it best for me to explain the cause taken. Gilmore (teacher) wished to get a Catholic Christian teacher The Bishop wrote to ask me if these men were missionaries as reputed (they were living with missionaries and preaching every Sunday at the U. S. Legation.) I could have refused to say anything at all but the only proper course seemed to be to tell the truth. I stated that they had no further connection with the missionary society other than that the society might have had to do with recommending them, that only two were ministers and that they were alone in the capacity of Government teachers. Heron and I were on friendly terms with them and as with other things, so with this I explained the whole thing. The next day they waited upon me in a body with Heron as spokesperson. He said he had deemed it his duty to inform the gentlemen of the charges I had made concerning them etc. They then opened up and Hulbert soon said to me. "You are a liar." Bunker made him take it back. They accepted my explanation but Heron had made his point and left a breach between us. Scranton of course, has always been sore since his ejection from the hospital and Foulk's greater preference for me. That leaves only the Appenzellers of the missionaries friendly to me (with Miss Ellers who is the best of all) though Mrs. Herons tried hard to tremblee - Appenzellers, they failed without my interference. Mr. Appenzeller said that Heron claimed I waited on having a detailed medical account from him. It is not so. We thought it best when he first came and began to keep a house, so that I might help him watch his servants, that is all.

That envy is alone the cause is readily seen. We were friends till I got to the Palace. Miss Ellers has studiously avoided taking any part in the quarrel. Yet she is too successful, everyone likes her. The Russian lady whom Mrs. Heron tried to court has taken a great fancy to Miss Ellers. The Queen, I am sure almost loves her, but since Miss Ellers was given rank, the Herons have never mentioned it and will scarcely speak to her, treating her so rudely as to cause her to cry and she is not hysterical. I like her energetic practical ways and gave her free liberty to go ahead in our hospital. When Dr. Heron came on this week, he made her feel very badly by correcting her prescriptions in the presence of the officials without consulting her and telling her that "we will expect you to do so and so." He is far more dictatorial in all hospital matters than I am though he complains because I use the personal pronoun.

Mrs. Heron's conduct to Miss Ellers is the same Mrs. Allen has had to endure for over a year. I am greatly vexed at times by the downright lies Mrs. Heron has published. Mrs. Allen played for Underwood's S. S. all winter. Mrs. Heron never did and she cannot play an organ. Yet she took an equal share of the credit, & lustly. I hear through Mr. Foulk from Mrs. Appenzeller that the members of the Pres. Mission, presumably Heron and Underwood, have resigned. This makes it more imperative that you should do something with me. For whatever may be my private opinion of these men, I am sure they will all do more in the real soul saving work than I can. Therefore I think it best for the Mission for me to step out, either go to America or set up independently. If things were smooth I would prefer to remain as I am but that can never be, and it would be better for me to go than they. I can get along wherever you put me so it is really immaterial to me. By the copy you will see we are in danger of ejection and as I could remain by virtue of my connection with the Legations, I had better hold your property. I will do so if you like, and in case you sever connection, I will pay you 10% rental on the ____ and repair of my house. Or, if you like, I will buy it at its cost and expenditures. Unless the King should insist on building me a house at the hospital it would not be well for you if I should leave and go to another place.

I am sorry to trouble you with all these things. I confess, the more I think of them, the more confused I get. I can't tell which is the best way out. I have acquainted you with all the facts and am perfectly willing to subject to your superior judgment as to what is best to do in the matter.

Yours very truly,
H. N. Allen

호러스 N. 알렌(서울)이
M. H. 드 영(샌프란시스코)에게 보낸 편지 (1886년 11월 12일)

한국 서울,
1886년 11월 12일

M. H. 드 영 님,
　샌프란시스코

안녕하십니까,

　다섯 번째 기사(왕의 산악 휴양지 관련)를 보낸 이후 몇 개의 우편이 왔습니다. 이제 궁궐과 왕가에 관한 세 개의 기사를 더 보냅니다.

　안녕히 계세요.
　H. N. 알렌

Horace N. Allen (Seoul),
Letter to M. H. De Young (San Francisco) (Nov. 12th, 1886)

Seoul, Korea,
Nov 12/ 86

M. H. De. Young, Esq.,
  San Francisco

Dear Sir,

A few mails since I sent you the fifth article (concerning the King's mountain resort) I now send you three more articles, on the Palace and Royal Family.

Yours truly,
H. N. Allen

18861113

조지 C. 포크(주한 미국 임시 대리 공사)가 부모님께 보낸 편지
(1886년 11월 13일)

(중략)

1886년 11월 13일

　(……)

　그런데 이곳의 선교사들은 상황이 좋지 않습니다. 알렌 박사는 왕에 의해 품계를 받았고, 그러자 다른 사람들은 그를 몹시 부러워하고 추문을 늘어놓았으며, 전반적으로 그들 사이에 끝이 없는 소소한 악감정을 들어내 보였습니다. 훌륭한 평판을 보호하기 위하여 저는 그들과의 연결을 끊어야 했습니다. 알렌 박사는 선하고 빈틈없는 사람입니다. 저는 그에게 선교회를 떠날 것을 촉구하고 있습니다. 저는 얼마 동안 선교사들이 주일에 공사관에서 예배를 드리는 것을 허락하였지만, 그들은 교회에 와서 기도하고 찬송가를 부르면서 서로 미워하고 어떤 경우에는 서로 말하기를 거부하는 것을 본 후에 저는 교회를 닫아버렸습니다. 이 사람들은 연봉이 2,000달러 이상이고 한국의 왕, 시민, 외국인, 외교사절 등 누구보다도 더 좋은 집, 더 나은 삶과 즐거움을 누리고 있습니다. 부모님께서 선교 사업을 하시는 것은 어떠신가요? 그것은 찰리[132]에게 완벽하게 적합할 것이며, 오직 야구만이 이교도 세상에서 실행될 수 없습니다.

(중략)

---

132) 조지의 아래 동생인 찰리 포크(Charley Foulk, 1859~ ?)를 지칭하는 것으로 판단된다.

George C. Foulk (U. S. *Charge d'Affaires ad interim* to Korea), Letter to Parents (Nov. 13th, 1886)

(Omitted)

November 13, 1886

(......)

By the way, the missionaries here are turning out badly. Dr. Allen was decorated by the King and then the others grew frightfully envious of him, talked scandal, and in general have showed no end of petty bad feeling among themselves. I19 To protect my own good name, I have had to drop connection with them. Dr. Allen is a good, live man. I am urging him to leave the Society. For a time I permitted the missionaries to have service in the legation office on Sundays, but after I began to observe that they came to church, prayed and sang, all the while hating each other and in some cases refusing to speak to each other, I shut down on them and smashed the church. These people have salaries of at least $2,000 per year and have much nicer homes, live better and amuse themselves more than any other people, King, citizens, foreigners, representatives, etc. in Korea. Why don't you take up the missionary business? It would suit Charlie to perfection, only baseball is not practicable in pagan-dom.

(Omitted)

18861116

호러스 N. 알렌(서울)이 E. 콜본 바버(주한 영국 총영사)에게 보낸 편지 (1886년 11월 16일)

1886년 11월 16일

친애하는 바버 씨,

나는 진단서를 보내며, 귀하를 위하여 그것을 사용할 것이라고 믿습니다.

기억력 감퇴 및 기타 정신 상태는 일반적으로 변화에 의하여 가장 크게 이로울 수 있는 상태를 나타내며, 가만 뇌두면 걱정될 수 있습니다.

안녕히 계세요.
H. N. 알렌

Horace N. Allen (Seoul), Letter to E. Colbourne Baber (British Consul General to Korea) (Nov. 16th, 1886)

Nov. 16/ 86

Dear Mr. Baber,

I send you herewith a certificate and trust that for your own good you will use it.

The lapses of memory and other mental conditions indicate a state which is usually most benefitted by change and may become anxious if let alone.

Yours truly,
H. N. Allen

호러스 N. 알렌(서울), [진단서] (1886년 11월 16일)

서울,
1886년 11월 16일

　나는 주한 영국 총영사인 E. C. 버버 님의 건강이 좋지 않아 업무를 할 수 없음을 증명합니다. 그리고 나는 변화가 절대적으로 필요하다고 생각합니다.
　나는 그가 제물포로 가서 그곳에서 단기간에 회복이 되지 않으면 상하이로 가는 것을 추천합니다.

H. N. 알렌, 의학박사
영국 영사관 의무관

Horace N. Allen (Seoul), [Certification] (Nov. 16th, 1886)

Seoul,
Nov. 16th, 1886

　I certify that E. C. Baber Esq, H. B. M. Consul General to Korea is in such a state of ill health as to be incapacitated for business. And I deem a change to be absolutely necessary.

　I would recommend that he proceed to Chemulpoo and if he does not recuperate within a short time at that place, to go on to Shanghai.

H. N. Allen, M. D.
H. B. M. Consular Medical Officer

호러스 N. 알렌(서울)이 메저스 매켄지 앤드 컴퍼니(상하이)로 보낸 편지 (1886년 11월 18일)

서울,
1886년 11월 18일

메저스 매켄지 앤드 컴퍼니,
상하이

안녕하십니까,

저에게 최상의 버터 25.2 파운드 통조림을 보내주세요. 지난 번의 통조림 2개는 일종의 페이스트를 만드는 분말이 들어 있는 것 같아 먹을 수 없었습니다. 우리는 그것을 요리에 사용하였습니다.

그리고 은 접시 6개와 후식 용 칼 반 다스를 보내주세요.

안녕히 계세요.
H. N. 알렌

Horace N. Allen (Seoul),
Letter to Messrs Mackenzie & Co. (Shanghai) (Nov. 18th, 1886)

Seoul,

Nov. 18/ 86

Messrs Mackenzie & Co.,

   Shanghai

Gentlemen,

   Kindly send me 25.2lb tins best butter. Two tins of the last lot were not eatable, seemed to contain a powder which made a sort of paste. We used it for cooking.

   Also please send me half dozen silver plates & desert knives.

   Yours truly,

   H. N. Allen

애니 J. 엘러스(서울)가 프랭크 F. 엘린우드(미국 북장로교회 해외선교본부 총무)에게 보낸 편지 (1886년 11월 19일)

한국 서울,
1886년 11월 19일

친애하는 엘린우드 박사님,

저는 대단히 기쁘게 박사님께 편지 몇 줄을 씁니다. 저는 병원에서 2주일 동안 일을 하였고, 그것에 동의합니다. 오늘과 어제 저는 알렌 박사가 제물포에서 업무로 요청을 받았기 때문에, 알렌 박사의 화학 수업과 그의 아픈 외래 환자를 담당하였습니다. 저는 오늘 아침 가난한 여성이 아기를 데려 와서 아기가 더 나아졌다고 이야기하여 매우 기뻤으며, 그녀 자신도 너무나 기뻐해서 기쁨을 나누지 않을 수 없었습니다. 저는 두 명 이하의 환자가 있었던 적은 없었고, 가장 많은 수가 9명이었습니다. 몇몇이 병원에 입원하기를 기다리고 있지만 우리 침구 등이 오지 않아 병원에 환자가 없습니다. 우리는 더 이상 공사관 건물에서 예배를 드리지 않으며, 아펜젤러 씨 댁의 큰 방에서 드리고 있습니다. 하나님 아버지께서 더 만족스러운 기운을 주시는 것 같아 너무 감사합니다. 저는 그 분에 대한 더 많은 믿음과 신뢰를 원하며, 훨씬 더 많은 사랑을 원합니다.

우리는 날씨가 화창하고 제가 말라리아에서 회복되었기에 언어 학습을 월요일에 시작하려 합니다.

안부를 전합니다.

안녕히 계십시오.
A. J. 엘러스

Annie J. Ellers (Seoul),
Letter to Frank F. Ellinwood (Sec., BFM, PCUSA) (Nov. 19th, 1886)

Seoul, Korea,

November 19th, 1886

Dear Dr. Ellinwood,

I write you a few lines with much pleasure. I have been at work at the Hospital for two weeks and it agrees with me. Today & yesterday I took Dr. Allen's class in Chemistry and also his sick outpatients, as he was called to Chemulpoo on business. I was much pleased this morning when a poor woman brought back her baby said it was better, she herself was so glad I could not help sharing her pleasure. I have never had less than two & my largest number was nine. Our bedding &c has not come so we have no pt. in the Hospital, though some are waiting to come in. We do not hold services in the legation building anymore, but in a large room in Mr. Appenzeller's house. I think our Heaven Father is giving me a more contented spirit and I am very thankful for the same. I want more faith & trust in Him & oh so much more love.

We are having fine weather & my attack of malaria has passed so I am to begin my studies on Monday.

With best wishes,

Respectfully,

A. J. Ellers

호러스 N. 알렌(서울)이 에드워드 H. 파커(주한 영국 총영사 대리)에게 보낸 편지 (1886년 11월 20일)

서울,
1886년 11월 20일

친애하는 파커 씨,

저는 바버 씨의 진단서 사본을 동봉합니다. 그는 제가 떠났을 때보다 더 기분이 좋아 보이고 식단에도 신경을 많이 쓰는 것 같습니다. 변화가 없이는 그가 회복되지 않을 것이라는 전망이 있지만, 자신의 의지에 반하여 그를 데려가는 것을 정당화할 만큼 충분히 나쁘지 않습니다.

저는 베이징에서 의사를 부르는 것에 대하여 반대합니다. 이 경우는 너무도 명백해서 저는 아직은 이곳에서 그들의 정규 의사를 부를 필요가 있다고 생각하지 않았습니다.

만일 그가 진단서에 근거하여 떠나도록 설득할 수 없다면 저는 현재 우리의 업무를 계속하고 그를 위하여 우리가 할 수 있는 최선을 다하는 것 외에 다른 방법을 찾을 수 없습니다.

제가 그와 의논할 때까지 포함을 보내지 마십시오. 아마도 그는 그 의견을 선호하고 포기할 것이며, 만일 그것의 도착이 보장되지 않는다면 그의 찬성은 그에게 매우 비참할 것입니다.

안녕히 계세요.
H. N. 알렌

Horace N. Allen (Seoul),
Letter to Edward H. Parker (British Acting Consul to Korea)
(Nov. 20th, 1886)

Seoul,

Nov. 20/ 86

Dear Mr. Parker,

I enclose copy of certificate within for Mr. Baber. He seems more cheerful than when I left and is paying more attention to his diet. He is not bad enough to warrant taking him against his will, though without a change the prospects are that he will not improve.

I protest against your summoning a physician from Pekin. The case is so clear that I have not deemed it necessary to call in any of their regular practitioners at this place, as yet.

If he cannot be persuaded to leave upon the Certificate I see no other way but to go on with our present ministrations and do the best we can for him.

Don't send for a gunboat till I have conferred with him. Perhaps he will favor the idea and give in, if not its arrival warrant his sanctions might be quite disastrous to him.

Yours truly,

H. N. Allen

호러스 N. 알렌(서울)이 존 M. W. 파넘(상하이)에게 보낸 편지
(1886년 11월 20일)

한국 서울,
1886년 11월 20일

친애하는 파넘 박사님,

　박사님이 불편을 끼쳤는지 의심하여 문제를 미해결 상태로 두었기 때문에 제가 옳았다는 것을 보여주기 위한 몇 가지 해명이 없이는 박사님의 사과를 받아들일 수 없습니다.

　난로와 학교 용품 4상자를 J. 달지엘에게 보내달라고 주문하였습니다. 커터 씨는 대신 박사님께 그 난로를 보냈습니다. 학교 용품은 스토브와 함께 상하이에 도착하였고, 달지엘 씨는 그것들을 같은 증기선으로 저에게 보냈는데, 난로가 도착하였고 제가 비용을 지불할 때까지 그것들을 보관할 의사가 있음을 알리는 박사님의 편지와 함께 왔습니다. 학교 용품은 잘 도착하였습니다. 난로는 한 달 이상 지연되었으며, 장마철에 걸렸습니다. 그것들은 7주일 동안 강의 정크 선에 방치되었고 거의 폐물이 되었습니다. 정교한 철제물이 모두 녹슬어 버려 그것들이 보여야만 하는 상태로 만들 수가 없습니다.

　선하증권을 내 이름에서 언더우드 씨로 변경하자 물품에 대한 전체 관세를 지불해야 하였습니다. 그것들이 제대로 왔다면 단순한 서명으로 해관을 통과하였을 것입니다. 이 '정규 통관 절차'는 거치지 않고 내 물건을 면세로 받았을 것입니다. 저는 박사님이 저의 선하증권을 변경한 것에 대하여 강력하게 항의하며, 모든 일이 전례 없고 요청하지 않은 것입니다.

　박사님이 조선의 왕에게 물건을 보내는 것에 관하여, 그는 박사님이 들어본 다른 어떤 군주보다 더 격리되어 있는 존재이며(중국의 황제를 제외하고), 그가 저를 받아들이는 것이 적합하다고 본 것은 해관 신청서 등에 서명할 준비가 되어 있다는 표시가 아닙니다. 사실 그 물건을 왕에게 보냈다면 모욕감으로 그 나라의 모든 선교사를 쫓아내버렸을 것입니다. 우리는 이곳에서 큰 기회가 있지만 우리가 자제하는 법을 배우고 전체 사명의 선을 위한 번영과 기회를 증가시키는 것으로서 어느 누구의 번영에 동참할 수 없다면 우리는 우리가 가지고 있고 얻고자 하는 희망을 잃게 될 것입니다.

제가 박사님의 사과를 받아들일 권리를 분명히 하였다면, 저는 그 사과를 기꺼이 받아들이고 더 이상 오해가 없을 것이라고 믿습니다.

안녕히 계세요.

H. N. 알렌

Horace N. Allen (Seoul),
Letter to John M. W. Farnham (Shanghai) (Nov. 20th, 1886)

Seoul, Korea,

Nov. 20/ 86

Dear Dr. Farnham,

I cannot well accept your apology without some explanations to show that I am right in so doing, for you leave the matter open, by doubting that you caused any inconvenience.

The stoves and four cases of school supplies were ordered to be sent to J. Dalziel. Mr. Cutter sent the stoves to you instead. The school supplies arrived in Shanghai with the stoves and Mr. Dalziel forwarded them by the same S. S. that brought your letter announcing the arrival of the stoves and your intention of keeping them till I paid charges. The school supplies arrived alright. The stoves were delayed over a month and were caught by the rainy season. They lay seven weeks on the river in a junk and were nearly ruined. Thus can never be made to look as they should as the fine steel work is all rusted off.

Upon changing the bill of bading from my name to Mr. Underwood caused me to pay full duty on the goods. While had they came on properly - I would simply have to sign for them and pass them through the customs. This "regular custom" should never have been formed and as I get my things duty free. I must strongly protest against your changing my B/L and the whole thing seems unprecedented and uncalled for.

As to your sending the goods to the Korean King, he is a more secluded being by or than any other monarch you have heard of (excepting the Emperor of China) and because he has seen fit to receive me is no sign that is ready to sign custom application etc. In fact had you sent those goods to the King, the insult would have resulted in sending out all of the missionaries from the country. We have grand opportunities here but unless we can learn to keep down self and be able to rejoice in the prosperity of any one as increasing the prosperity and opportunities for good of the whole mission. We will lose what we have and hope to gain.

If I have made clear my right to accept your apology, I accept it with kindness and trust one may have no further misunderstandings.

Yours very truly,
H. N. Allen

호러스 N. 알렌(서울) [진단서] (1886년 11월 27일)

한국 서울,
1886년 11월 27일

지난 1년 동안 저는 여러 번 간헐적인 발열이 있고, 한 번 콜레라 성 설사가 있을 때 제임스 스콧 씨를 진료하였습니다.

하지만 그는 약물에 의하여 일시적으로 회복된 잘 낫지 않는 포진성 발진으로 계속해서 고생하였습니다. 환자는 사무실과 서재에 계속 갇혀 있으면서 그로 인한 변비와 의기소침으로 인하여 더욱 악화되었습니다.

저는 그에게 환경 변화의 필요성을 여러 번 주장하였지만 총영사의 질환은 그것을 권할 수 없는 것 같았습니다. 저는 이제 휴식과 바다 여행을 통하여 그의 미래의 건강과 유용성이 크게 향상될 것이라고 생각합니다.

삼가 제출합니다.
H. N. 알렌, 의학박사
영국 영사관 의무관

Horace N. Allen (Seoul), [Medical Certificate] (Nov. 27th, 1886)

Seoul, Korea,

Nov. 27th, 1886

During the past year I have attended Mr. James Scott, through several attacks of intermittent fever and one attack of Choleraic diarrhea.

He has however been continuously troubled with an obstinate herpetic eruption that has only been temporarily relived by medication. The affected has been aggravated by his constant confinement to the office and study together with the constipation and despondency resulting therefrom.

I have several times argued upon him the necessity of a change of scene, but the illness of the Consul General has seemed to make it inadvisable. I think now that his future health and usefulness will be greatly promoted by a rest and a sea voyage.

Respectfully submitted by

H. N. Allen, M. D.

H. B. M. Consular Medical Officer

단신. *The Japan Weekly Mail* (요코하마) (1886년 11월 27일), 524쪽

한국의 정부 병원의 책임을 맡고 있는 H. N. 알렌 박사는 묄렌도르프 씨와 동일한, 현재 그 왕국에서 다른 어떤 외국인도 누리지 못하고 있는 두 번째 등급의 관직을 한국의 왕으로부터 수여 받았다.

Notes. *The Japan Weekly Mail* (Yokohama) (Nov. 27th, 1886), p. 524

Dr. H. N. Allen, who is in charge of the Government Hospital in Korea, has been honoured by the King of Korea with the rank of a noble man of the second class, which is the same as that held by Mr. Möllendorf, and is at present enjoyed by no other foreigner in the Kingdom.

18861200

한국. *Woman's Work for Woman and Our Mission Field* 1(12) (1886년 12월호), 293쪽

첫 환자 - 콜레라

서울, 1886년 8월 10일

애니 엘러스 양 - 몇 가지 흥미로운 일들이 발생하였으며, 숙녀들이 저의 첫 번째 사례와 환자에 대하여 소식을 듣는데 관심을 가질 것이라는 점을 알고 서둘러 알려드립니다. 지난 7일 일요일 오후, 알렌 박사는 중국 공사의 부인을 진료하기 위해 왕진 요청을 받았습니다. (......)

공사관에서 집으로 돌아온 후 나는 왕비가 저에게 연락을 하였고, 알렌 박사가 저와 동행하였습니다. 우리는 각각 네 명이 짊어지고 있으며, 병사들이 앞장을 서고 있는 가마를 탔습니다. (......) 진찰 후 저는 나왔고, 알렌 박사는 왕과 왕세자의 진료 요청을 받았습니다. 그가 나왔을 때 나는 다시 들어오라는 요청을 받았고, 왕비는 내일 다시 왔으면 한다고 말하면서 이제 편안하게 가도 된다고 하였습니다. 약간의 약을 준비하여 그녀에게 보냈습니다. 월요일133) 알렌 박사가 다시 나를 동반하였고, 왕비의 기분이 더 좋아졌을 뿐 동일한 방식이 적용되었습니다.

---

133) 8월 8일이다.

Korea. *Woman's Work for Woman and Our Mission Field* 1(12) (Dec., 1886), p. 293

First Patients - The Cholera.

Seoul, August 10th, 1886.

Miss Annie Ellers. - Several items of interest have occurred, and these I hasten to announce knowing the ladies will be interested in hearing of my first case and patient. On Sunday afternoon, the 7th Inst., Dr. Allen was called to attend the Chinese Minister's wife. (......)

After I came home from the Legation, I found the Queen had sent for me, and Dr. Allen was to accompany me. We were carried in chairs, four men carrying each, and preceded by soldiers. (......) After the examination I was dismissed, and Dr. Allen called to examine the King and Crown Prince. When he was dismissed I was again requested to come in, and was told her Majesty would like to have me come on the morrow, and I might now go in peace. Some medicine was prepared and sent to her. On Monday Dr. Allen again accompanied me, and the same formula was gone through with, only the Queen was feeling better. (......)

호러스 N. 알렌(서울), 깨끗한 이중 커눌 도관 (1886년 12월)

깨끗한 이중 커눌 도관

그러한 기구는 12번 고무 도관의 반대쪽에 구멍을 만들고 4번 크기 중 하나인 12번으로 통과시켜 방광(특히 여성의 경우)을 세척하기 위하여 즉석에서 쉽게 만들 수 있습니다. 그런 다음 4번을 통하여 액체를 주입하고 12번의 일반 구멍을 통해 나온 다음 새로 만든 구멍을 통하여 다시 액체를 주입할 수 있습니다.

이 착상은 원래 제가 생각하였기 때문에 이미 다른 의사들에게도 일어났다고 생각합니다. 그러나 그것이 유용할 수 있는 모든 사람들에게 제안되지 않았을 수 있으므로 나는 그것의 가치에 대하여 언급하는 것입니다.

그것은 모든 경우에 새롭고 깨끗한 도구를 사용할 수 있게 해줄 뿐만 아니라 정식으로 만든 물품이 없을 때 수요를 공급해 줍니다.

한국 서울, 1886년 12월
H. N. 알렌

Medical Record,
뉴욕

Horace N. Allen (Seoul), A Clean Double Canuled Catheter (Dec., 1886)

A clean Double Canuled Catheter

Such an instrument may be readily improvised for washing out the bladder, (especially of a female), by making an eyelet on the opposite side of a No. 12 rubber catheter, and passing into the No. 12, one of say No. 4 size. The fluid can then be injected through the No 4, coming out through the regular eyelet of No 12, and returning through the newly made eyelet.

As this idea occurred originally with myself I presume it has already occurred to many other practitioners. But as it may not have suggested itself to every one to whom it may be useful I mention it for what it is worth.

It allows of the employment of a new, clean instrument for every case, as well as supplies the demand when the regularly made article is not at hand.

Seoul, Korea, Dec., 86
H. N. Allen

Medical Record,
New York

회의록, 한국 선교부 (미국 북장로교회) (1886년 12월 1일)

1886년 12월 1일 (수)

선교부 회의가 의장 알렌 박사에 의해 소집되었다.

전 회의록들이 낭독되고 승인되었다.[134]

제물포로 여행하기 위하여 알렌 박사가 빚을 진 여행 경비를 지불하기 위한 발의가 있었고 채택되었다.

발의에 의해 언더우드 씨가 제물포 여행을 위해 빚을 진 여행 경비를 재무가 지불하도록 지시되었다.

감리교회 선교부의 의사인 스크랜턴 박사의 편지가 낭독되었는데, 다음의 전문(前文)과 결의로 표시된 바와 같이 그들 선교부가 취한 결정을 설명하였다.

> "현재 서울에 있는 선교부들과 이후 이곳에 있을 선교부들은 공동의 대의와 목적을 위해 일을 하고 있기에,
>
> 이 선교부는 상호 이득이 될 때마다 협약을 맺어 사이좋게 함께 일을 하는 것이 각 선교부에 좋을 것으로 생각한다고 결의한다."

발의에 의해 우리는 실용적인 한 함께 일을 해야 한다는 것에 찬성하였으며, 이것을 진척시키기 위해 언더우드 씨와 헤론 박사가 감리교회 선교부에서 선출된 위원과 논의하기 위한 상임 위원회에 임명되었다.

다른 안건이 없으므로 회의는 폐회되었다.

J. W. 헤론

서기

---

134) 1886년 2월 25일, 4월 4일, 4월 10일, 7월 8일, 7월 12일 및 8월 17일에 개최된 회의의 회의록을 의미한다.

Secretary's Book, Korea Mission (PCUSA) (Dec 1st, 1886)

Dec 1, 86 (Wed.)

Meeting of the Mission was called to order by the Chairman Dr. Allen.

Minutes of previous meeting was read and approved.

A motion to pay travelling expenses incurred by Dr. Allen on a trip to Chemulpho was made and adopted.

On motion the travelling expenses incurred by Mr. Underwood on a journey to Chemulpho were ordered to be paid by the Treasurer.

A letter from Dr. Scranton, Dr. of the M. E. Mission was read, giving the action taken by their Mission which is expressed in the following preamble and resolution.

"Whereas the Missionary Societies now represented in Seoul and those which may be represented here hereafter are working for a common cause and end,

Resolved that it is the sense of this Mission that it is for the good of each Society that we work together in harmony by agreement wherever our interests are mutual."

On motion it was agreed that we should work together so far as it was practical, and to further this Mr. Underwood and Dr. Heron were appointed a permanent Committee to confer with a committed from the Methodist Mission.

No other business being before the Mission the meeting adjourned.

J. W. Heron
Sec.

호러스 N. 알렌(서울)이
메저스 홀 앤드 홀츠(상하이)로 보낸 편지 (1886년 12월 1일)

한국 서울,
1886년 12월 1일

메저스 홀 앤드 홀츠,
    상하이

안녕하십니까,

　나는 미국에서 '싱글 브레스티드 프록'이라고 불리는 모양으로 만든 짙은 남색의 넓은 천으로 된 코트와 조끼를 원합니다. 나는 귀 회사가 그것을 '공식 정장'이라고 부를 수 있다고 생각합니다. 어쨌든 그것은 일반 업무 정장처럼 넥타이 근처에 단추가 달려 있습니다. 앞면에 단추가 한 줄 있고 옷자락이 잘리지 않습니다.

　나는 옷자락이 좋게 보이도록 필요한 것보다 더 긴 것을 원하지 않습니다. 나는 어깨나 가슴이 넓지 않기 때문에 코트를 잘 채워주세요. 나의 마지막 업무 정장은 잘 맞았습니다. 빨리 새 옷을 입고 싶습니다. 1월 1일 이전에 청구서를 보내 주십시오.

　안녕히 계세요.
　H. N. 알렌

Horace N. Allen (Seoul),
Letter to Messrs Hall and Holtz (Shanghai) (Dec. 1st, 1886)

Seoul, Korea,

Dec 1/ 86

Messrs Hall and Holtz,

   Shanghai

Gentlemen,

   I want a coat and vest of blue black broad cloth, made in the style called in America "Single breasted frock". I believe you call it "official dress" at any rate it buttons up near the neck tie like an ordinary business suit. Has one row of buttons down the front and the skirts are not cut away.

   I don't want the skirts to be any longer than is necessary for good looks. As I am not very broad shouldered or breasted please fill the coat in pretty well. My last business suit was a good fit. I would like the new clothes soon. Please send me your bill before Jan. 1st.

   Yours truly,

   H. N. Allen

호러스 N. 알렌(서울)이 메저스 매켄지 앤드 컴퍼니(상하이)로 보낸 편지 (1886년 12월 1일)

한국 서울,
1886년 12월 1일

메저스 매켄지 앤드 컴퍼니,
상하이

안녕하십니까,

이 스케이트는 맞지 않아 반품해야 합니다. 나는 10호 신발에 맞는 것을 요청하였는데, 스케이트는 10대를 위한 것이며 여자용 스케이트도 너무 작습니다. 따라서 나는 내 것을 위하여 오래된 신발과 아내 신발의 길이를 보냅니다. 기꺼이 밖에 나가서 사주셨는데 번거롭지 않게 되기를 바랍니다. 다른 물품은 평소와 다름없이 매우 만족스러웠습니다.

안녕히 계세요.
H. N. 알렌

Horace N. Allen (Seoul),
Letter to Messrs Mackenzie & Co. (Shanghai) (Dec. 1st, 1886)

Seoul, Korea,

Dec 1/ 86

Messrs Mackenzie & Co.,

    Shanghai

Gentlemen,

I have to return these skates as they will not fit. I asked for suitable ones for No. 10 shoes, and the skates are No. 10's. the lady's skates are also too small. I therefore send along an old shoe for my own size and the length of my wife's shoe. I hope it will not give you trouble as you were kind enough to go outside and buy them. Other goods were as usual very satisfactory.

Yours truly,

H. N. Allen

호러스 N. 알렌(서울)이 스미스 캐쉬 스토어(샌프란시스코)로 보낸 편지
(1886년 12월 2일)

한국 서울,
1886년 12월 2일

스미스 캐쉬 스토어,
　샌프란시스코 클레이 가(街) 115~17

안녕하십니까,

　우리는 귀 스토어에서 직접 보내주신 30개의 상자에 대단히 만족스럽습니다. 그들은 선하증권에 요코하마라는 단어를 지우지 않은 배송 요인으로 인하여 요코하마에서 오랫동안 지연된 후에 꽤 좋은 상태로 도착하였습니다. 그것들은 H. 맥아더 앤드 컴퍼니에 의해 저에게 전달되었으며, 그 회사는 3달러를 청구하였습니다. 추가 화물이 있는지 없는지 아직 확실하지 않습니다. 확인하는 즉시 귀 회사와 해결할 것입니다. 나는 다른 주문으로 귀 스토어에서 곧 구매하고 싶습니다.

　안녕히 계세요.
　H. N. 알렌

Horace N. Allen (Seoul),
Letter to Smiths Cash Store (San Francisco) (Dec. 2nd, 1886)

Seoul, Korea,

Dec. 2/ 86

Smiths Cash Store,

    115-17 Clay St., San Francisco

Gentlemen,

We are quite pleased with the 30 cases stores sent us by yourselves. They arrived in pretty fair condition after a long delay in Yokohama caused by your shipping agents not erasing the word Yokohama on the B/L. They were forwarded to me by H. MacArthur and Co, who charged $3.00. I am not sure yet whether there will be extra freight or not. As soon as I ascertain I will settle with you. I shall hope to buy another order of you soon.

Yours truly,

H. N. Allen

18861202

호러스 N. 알렌(서울)이 C. 커터(미국 북장로교회 해외선교본부 재무)에게 보낸 편지 (1886년 12월 2일)

한국 서울,
1886년 12월 2일

C. 커터 님,
　뉴욕 시 센터 가(街) 23

안녕하십니까,

　지난 우편으로 센츄리 사(社)로부터의 구독이 만료되었다는 통지를 받았습니다. 나는 그것이 귀하게 보내졌고 그것이 중단되기를 원하지 않기 때문에 귀하가 그것을 지불하였다고 믿습니다.

　나는 지금 다음의 잡지를 구독하고 있습니다.

1. *Century Magazine*, 뉴욕
2. *Harpers Weekly*, 　　〃
3. *Medical Record*
4. 산과학 잡지
5. 피부병학 잡지

*3~5: W. W. 우드 앤드 컴퍼니, 뉴욕 라파예트 가(街) 56

6. *Foreign Missionary*, 뉴욕
7. *Weekly Gazette*, 오하이오 주 델라웨어. 이것은 마지막 구독이다.

연간 구독료를 지불하고 저에게 청구하세요. 다음의 구독도 부탁드립니다.

8. *The Delineator*, 버터릭 앤드 컴퍼니, 뉴욕
그리고
9. *Scientific American*
안부를 전합니다.

안녕히 계세요.
H. N. 알렌

Horace N. Allen (Seoul),
Letter to C. Cutter (Treas., BFM, PCUSA) (Dec. 2nd, 1886)

Seoul, Korea,

Dec. 2/ 86

C. Cutter, Esq.,

    23 Centre St., N. Y.

Dear Mr Cutter,

By last mail I received a notice that my subscription to the "Century" was due. I trust it was also sent to you and that you paid it as I don't wish it stopped.

I am now taking the

1. "Century Magazine", New York.

2. "Harpers Weekly",   "   "

3. "Medical Record"

4. "Obstetric Journal"

5. "Skin disease Journal"

*3~5: WW Wood & Co. 56 Lafayette St., New York

6. "Foreign Missionary", New York.

7. "Weekly Gazette", Delaware, Ohio. This is the last subscription

Kindly pay the annual subscription and charge to me. Also please subscribe for the

8. "The Delineator", Butterick & Co., New York.

And the

9. "Scientific American"

With kind regards,

Yours very truly,

H. N. Allen

호러스 N. 알렌(서울)이 찰스 H. 쿠퍼(제물포)에게 보낸 편지
(1886년 12월 4일)

서울,
1886년 12월 4일

친애하는 쿠퍼 씨,

    모든 어려움을 극복할 수 있는 이 기회에 대하여 저를 축하하게 해주세요. 내가 귀하께 편지를 쓴 사람은 그저께 시골에서 돌아왔으며, 어제 귀하가 외아문에 대한 주문이라고 주장하는 서류를 받았습니다. 동일한 것을 이제 귀하께 동봉합니다. 그 사람은 귀하가 오래 전에 돈을 받을 것이라고 말하였지만, 민영익의 모든 재원(財源)은 그에게 갔습니다. 이제 일이 ____ 시작되고 귀하는 _____하게 될 것입니다.

    나는 면밀하게 번역하여 보내드립니다. 정부평은 문외한이란 것 외에 외아문과 아무런 관련이 없습니다.

    정부평, 평하 씨
    부평의 정병하 씨 (새로운 _____하는 사람)
        곧 258달러가 쿠퍼 씨에게 지불된다.
    민영익
        직인

Horace N. Allen (Seoul),
Letter to Charles H. Cooper (Chemulpo) (Dec. 4th, 1886)

Seoul,

Dec. 4th, 1886

Dear Mr Cooper,

Allow me to congratulate myself upon this opportunity of squaring off over all difficulty. The man of whom I wrote you recently returned from the country day before yesterday and yesterday I received the paper, which you claim is an order on the Foreign Office. The same I now enclose to you. The man said you would have been paid long since but Min Yong Ik's resources all went to him. ____ now her affairs are picking up ____ and you will ___ _____.

I send along a careful translation. Chung Puh Pyung has nothing to do with the Foreign Office, except as an outsider.

Chung Puh Pyung. Pyung Ha, Mister
Mister Chung Pyeng Ha, of Puh Pyung. (new _____man)
     Two hundred fifty eight dollar soon pay Mr Cooper.
Min Yong Ik
     Seal

호러스 N. 알렌(서울)이 클레이턴 W. 에버렛(오하이오 주 톨레도)에게 보낸 편지 (1886년 12월 10일)

한국 서울,
1886년 12월 10일

클레이턴 W. 에버렛,
　　오하이오 주 털리도

친애하는 매형,

　　제 시간의 대부분은 말을 타거나 가마에 타면서 보냅니다. 그래서 저는 저의 전문적인 업무와는 별도로 생각하는 데 상당한 시간을 할애하고 있습니다. 저는 최근에 오랫동안 마음속에 가지고 있던 착상을 개발하여 왔으며, 이제 철로 분기기(分岐器)에 대한 특허를 위하여 동봉된 신청서의 형태로 매형께 보냅니다.

　　저는 세부 사항을 제대로 해결하기 위한 충분한 기계공이 아닙니다. 또한 저는 종이에 제 생각을 만족스럽게 충분히 표현할 수 있는 예술가도 아닙니다. 하지만 저는 제가 넣을 수 있는 가장 좋은 형태로 보냅니다. 기계적 세부 사항은 최대한 생략하고 분기기의 원리에 대한 특허를 받았으면 합니다. 또한 만일 매형이 객차와 기관차에 부착할 장치가 충분히 잘 만들어진다고 생각하면 특허를 받을 수도 있습니다.

　　만일 매형이 최선이라고 생각한다면 명료하게 할 수 있다고 생각하는 대로 약간 수정할 수 있습니다. 필요한 경우 적절한 도면을 만들 수도 있습니다. 만일 주제가 가치 있지만 그런 일에 손을 대는 데 관심이 없다면 프레스콧 스미스 씨에게 보내실 수 있습니다. 저는 그에게 분기기를 씻어내는 데 도움이 되는 작은 것을 보낼 것입니다.

　　물론 특허 비용은 제가 부담하겠습니다. 특허를 받아 판매에 성고하면 순이익의 ⅓을 드리겠습니다. 안부를 전합니다.

　　안녕히 계세요.
　　H. N. 알렌

Horace N. Allen (Seoul),
Letter to Clayton W. Everett (Toledo, Ohio) (Dec. 10th, 1886)

Seoul, Korea,

Dec. 10/ 86

Clayton W. Everett,

   Toledo Ohio

My dear brother,

   Much of my time is spent riding on horse back or in a chair. I have therefore considerable time for thinking aside from my professional work. I have recently been developing an idea that has long been in my mind and I now send it to you in the shape of the enclosed application for a patent on a rail way switch.

   I am not enough of a mechanic to properly work out the detail. Nor am I artist enough to express my ideas in a satisfactory way upon paper. However I send you the matter in the best shape I can put it. What I wish is that you shall get me a patent on the principle of the switch, omitting the statement of mechanical detail as much as is possible. Also if you think the apparatus to be attached to the cars and engine, is sufficiently well worked out, you may have that patented.

   If you think best you may make some changes as you think perspicuity may demand. You may have a proper drawing made if necessary. If you think the subject a worthy one but do not care to dabble in such things you may send it to Prescott Smith. I am going to send him a small thing that suggested itself in washing out the switch.

   I will of course pay costs of patenting. If you succeed in getting patent and selling it, I will give you one third of the net profits. With kind regards

Yours truly,

H. N. Allen

18861213

회의록, 한국 선교부 (미국 북장로교회) (1886년 12월 13일)

1886년 12월 13일 (월)

의장이 선교부 회의를 소집하였다.

전 회의록이 낭독되었고, 승인되었다.[135]

그런 다음 알렌 박사는 회의의 목적이 자신이 선교부로 보내는 서신을 낭독하는 것이라고 언급하였다. 우리는 박사에게 그것을 읽으라고 요청하였고, 그렇게 하였으며 발의에 의하여 서신[에 대한 논의]을 보류하였다.[136]

더 이상 상정된 안건이 없어 폐회하자는 발의가 통과되었다.

J. W. 헤론

서기

---

135) 1886년 12월 1일에 개최된 회의의 회의록을 의미한다.
136) 이 편지는 알렌 및 교신 서기인 엘러스의 추가 서명으로 회원들에게 보내졌으며, 엘러스는 교신 서기로서 그 내용을 선교본부로 보냈다. 그리고 1887년 1월 10일에 열린 회의에서 편지의 내용을 회의록에 싣기로 의결되었다(1월 10일자 회의록을 참고할 것). Horace N. Allen, Annie J. Ellers (Seoul), Letter to the Members of the Presbyterian Mission in Korea, (Dec. 13th, 1886); Annie J. Ellers (Seoul), Mission Action, (Dec. 13th, 1886)

Dec 13, 86 (Mon.)

Mission called to order by the Chairman.

Minutes of previous meeting read and approved.

Dr. Allen then stated the business of the meeting to be the reading of a communication to the Mission from himself. We asked the Dr. to read it, which was then done and after the motion the communication was laid on the table.

No further business being before the meeting a motion to adjourn had carried.

J. W. Heron
Sec.

18861213

호러스 N. 알렌(서울)이
한국 장로교회 선교부 회원에게 보낸 편지 (1886년 12월 13일)

한국 서울,
1886년 12월 13일

한국 장로교회 선교부 회원 귀중

형제들께,

방금 받은 선교본부의 편지에서 저는 언더우드 씨와 헤론 씨가 장로교회를 떠나 감리교회 선교부로 들어가려는 의도를 처음 통지 받았습니다.[137] 이렇게 언급하는 목적은 그런 조치가 필요하지 않다는 것을 보여주기 위해서입니다.

제가 설명하고 싶은 일들이 많이 있지만, 더 이상의 문제를 피하기 위하여 저는 필요 이상으로 과거에 대하여 언급하지 않을 것입니다. 과격한 말을 피하기 위하여 저는 적어 온 의견에만 국한하여 언급할 것입니다.

저는 양심적인 동기로 선교 사역에 종사하였고, 제가 한국에서 많은 호감을 받아 왔지만, 기회가 많은 그런 위치 때문에 계속 불화를 일으켜 왔다는 것을 알고 있습니다.

따라서 화목한 상태를 조성할 뿐 아니라 장로교회 및 다른 교회의 선교 사역에서 최선의 이득을 도모하기 위하여 저는 이제 내년 10월에 미국으로 떠날 확고한 결심을 선언하는 바입니다. 제가 이렇게 멀리 날짜를 잡은 것은 두 가지 이유 때문입니다.

첫째, 우리의 아기는 그때 이전에 한국인 유모로부터 이유(離乳) 시킬 수 없습니다. 둘째, 저는 병원, 학교, 궁궐 및 외국인 진료를 내 후계자인 헤론 박사에게 넘김으로써 저의 훌륭한 믿음을 가능한 한 증명하고 싶습니다. 이 결정은 자발적인 것이며, 제가 의료 선교사의 사역을 위하여 준비하느라 학교에서 6년 동안 전념케 하였던 것과 동일한 동기에서 취해진 것입니다.

저는 선교본부로부터 [현재의] 자리에 남아있으라는 강권을 받고 있지만,

---

137) Frank F. Ellinwood (Sec., BFM, PCUSA), Letter to Horace N. Allen (Seoul) (Nov. 2nd, 1886)

그 자리는 선교본부보다 제가 더 잘 이해하고 있다고 느낍니다. 그리고 저는 과거 경험에서 만일 내가 남아 있게 된다면 더 많은 불화가 발생할 것이라는 것을 느끼고 있습니다.

저는 드문 기회를 집어던지고 있다는 것을 알고 있습니다. 또한 만일 제가 선교부를 떠나 이곳에서 독자적으로 진료에 나선다면, 저는 최소한 매년 3,000 달러, 아마도 외부 진료로 그 두 배 정도는 벌 수 있을 것으로 확신하고 있습니다. 반면 미국으로 돌아가면 저는 가난의 바닥에서 시작해야 합니다. 그러나 저는 아직 후자의 행로를 선택하는 것이 옳다고 생각하며, 당연히 선교부가 고국으로 갈 경비를 지불할 것으로 생각하며 그렇게 할 것입니다.

H. N. 알렌, 의학박사

애니 엘러스
교신 서기

Horace N. Allen (Seoul), Letter to the Members of the Presbyterian Mission in Korea, (Dec. 13th, 1886)

Seoul, Korea,
Dec. 13, '86

To the Members of the Presbyterian Mission in Korea

Brethren,

In a letter from the Mission Board just at hand I receive my first intimation of the intention of Messrs Underwood and Heron to leave the Presbyterian and enter the Methodist mission. The object of these remarks is to show that such a step is not necessary.

There are many things I would like to explain, but to avoid further trouble I will not allude to the past more than is nece-ssray. And to prevent hot words I shall confine myself to written remarks.

I entered the mission work from conscientious motives, but while I have been much favored in Korea, I know that I have been the cause of constant contention because of the position my opportunities have caused me to fill.

Therefore to promote the best interests of the mission work both Presbyterian and other as well as to bring about a harmonious condition, I now declare my settled intention for leaving for America, Oct. next.

I put the date thus far ahead for two reasons.

First our infant cannot well be weaned from his Korean nurse before that time. Secondly I wish as far as is possible to service my good faith by turning over the Hospital School, Palace & Foreign work to my successor Dr. Heron. This action is taken voluntarily and from the same motives that induced me to devote six years at school in preparation for the work of a medical missionary.

I am strongly urged by the Board to stay at my post, but I feel that the position is better understood by myself than by them. And I feel sure from past experience that more trouble will arise if I remain.

I am aware that I am throwing up rare opportunities. I also know that if I should leave the mission and practise my profession independently here, I could be sure of at least ($3,000.00) three thousand dollars a year and perhaps double with outside work while by going to the U. S. I must commence in poverty at the foot of the ladder. Yet I think I am right in adopting the latter course and will do so with the understanding, of course, that the mission defray my expenses.

H. N. Allen, M. D

Annie Ellers
Cor. Sec.

애니 J. 엘러스(한국 선교부 교신 서기),
선교부 결정 (1886년 12월 13일)

한국 서울,
1886년 12월 13일

장로교회 해외선교본부 교신 총무
　엘린우드 박사 귀중

안녕하십니까,

　오늘 오후 개최된 이곳 장로교회 선교부의 회의에서 H. N. 알렌 의장은 다음과 같은 중대한 서신을 제출하였는데, 낭독 후 언더우드 목사는 그런 문제는 성급히 결정내릴 수 없으므로 보류해야 한다고 발의하였으며, 재청되고 통과되었습니다. 언더우드 목사는 의장의 요청에 따라 그 서신을 고국으로 보내야 한다고 발의하였고, 재청되고 통과되었으며 교신 서기는 사본을 만들도록 지시 받았습니다.

(중략)[138]

---

[138] 생략된 것은 다음 문건의 내용이다. Horace N. Allen, Annie J. Ellers (Seoul), Letter to the Members of the Presbyterian Mission in Korea (Dec. 13th, 1886)

Annie J. Ellers (Korea Mission, Cor. Sec.),
Mission Action (Dec. 13th, 1886)

Seoul, Korea,

Dec. 13, 1886

To the Cor. Sec. of the

Presbyterian Board of Foreign Missions -

Dr. Ellinwood

Dear Sir,

At a meeting of the Presby. Mission of this place this afternoon the following weighty communication was presented us by the President Dr. H. & Allen after the reading of the same Rev. Mr. Underwood moved that as such a matter could not be decided upon hastily it be laid on the table, the motive was seconded & carried. Rev. Mr. Underwood at the expressed desire of the chairman, moved that said communication be sent home - this motive was seconded & carried & the cor. sec. instructed to make a copy.

(Omitted)

존 W. 헤론(서울)이 프랭크 F. 엘린우드(미국 북장로교회 해외선교본부 총무)에게 보낸 편지 (1886년 12월 13일)

한국 서울,
1886년 12월 13일

친애하는 엘린우드 박사님,

(중략)

하지만 저는 박사님의 편지에 의해 놀랐으며, 감정이 상했다고 말씀드려야 겠습니다. 제가 말씀드린 이유가 답을 해야 할 가치가 없다고 여겨져서가 아니라, 알렌 박사의 이유가 맞는 것으로 여겨졌기 때문입니다.

박사님은 이 우편으로 오늘 오후 선교부 모임에서 알렌 박사가 제출한 편지의 사본을 받으실 것인데, 다른 수단이 고려될 것이라고 믿고 언더우드 씨의 동의에 의해 상정되었습니다.

(중략)

John W. Heron (Seoul),
Letter to Frank F. Ellinwood (Sec., BFM, PCUSA) (Dec. 13th, 1886)

Seoul, Korea,

December 13, 1886

Dear Dr. Ellinwood,

(Omitted)

I must however say that I was both surprised and hurt by your letter, taking as it did for granted that my reasons were not worth answering but assuming that reasons which must have been assumed as being my reasons by Dr. Allen were the true ones.

You will receive by this mail a copy of a letter presented by Dr. Allen to the mission at a meeting this afternoon, which on motion of Mr. Underwood was laid on the table, trusting that other means might be devised.

(Omitted)

호러스 N. 알렌(서울)이 프랭크 F. 엘린우드(미국 북장로교회 해외선교본부 총무)에게 보낸 편지 (1886년 12월 13일)

한국 서울,
1886년 12월 13일

F. F. 엘린우드 박사,
　　뉴욕 시 센터 가(街) 23

친애하는 박사님,

우리의 어려움에 대한 박사님의 친절한 편지를 제 시간에 받았으며, 저에 대한 박사님의 신뢰와 진솔하고 애정 어린 편지에 감사를 드립니다.

저는 그 소식을 듣고 어이없어 완전히 할 말을 잃었습니다. 언더우드 씨가 그런 의도에 과실이 있다고 생각할 수 없습니다. 그러나 그것은 저를 향한 감리교회 사람들의 행동과, 감리교회 사람들과 함께 언더우드와 헤론이 매우 큰 토지를 구입한 것을 설명해 줍니다. 밤새 앉아 그 문제를 생각하였습니다. 저의 첫 의도는 그들을 내버려 두는 것인데, 그들은 중국이 외아문에 서울을 떠날 의사가 있음을 통지하였다는 것을 알지 못하기 때문입니다. 이렇게 되면 다른 모든 비관리들은 (서울을) 떠나야 할 것인데, 신사들이 떠난 우리 선교부는 병원을 통한 정부와의 연관을 모두 버려야만 하며, 새로운 형제들과 함께 항구로 가야 할 것입니다. 박사님께서 새 의사와 교사로 활동할 두 세 명의 목사를 보내실 수 있습니다. 저는 그들의 직급을 얻어 줄 수 있으며, 우리는 입지를 마련하게 되겠지만, 다른 이들의 심한 적의(敵意)는 선교 사역을 우스 개 꺼리로 만들 것입니다.

그래서 저는 헤론에게 모든 것을 넘겨주고, 적당한 때에 새로운 선교지부를 개척하러 가기 위하여 언어 공부에 전념하려고 생각하였습니다. 그러나 스크랜턴조차 병이 심한 환자를 돌봐달라고 연락하여 저를 혼자 내버려 두지 않았기 때문에, 그렇게 할 수 없습니다.

세 번째 계획은 독자적으로 일하면서 자립하는 것이었지만, 그들은 저를 돈벌이 하는 사람으로 트집 잡음으로써 저를 불쾌하게 만들 것입니다. 슈펠트 제독, 데니 판사 그리고 포크 중위는 미국 국무부에 저를 이곳 공사관의 서기관으로 채용하라고 요청하였습니다. 그들은 자신들의 자발적인 의지로 이 일을 하였으며, 지금쯤이면 그 편지들이 고국에 틀림없이 도착하였을 것입니다.

저는 기도하면서 생각한 끝에, 아마도 제가 충분히 겸손하지 못하며, 그들에게 모든 것을 주고 정리하는 기쁜 계획을 결정하였다고 생각하였습니다. 이 결정은 지금은 생각하기 어렵고 때가 오면 더욱 어려울 것이지만, 그것은 박사님께 사역을 지켜드리고, 중상모략에서 저를 구할 것이며, 그리고 저는 다른 지역에서 여전히 박사님의 사역을 할 수 있을 것입니다.

저는 가능한 한 혜론 박사에게 제 자리를 물려줄 것입니다. 외국인들은 그를 받아들이지 않을 것이기에, 스크랜턴 박사의 욕심을 만족시키기 보다는 외부 개업 의사에게 주는 것이 더 낫다고 생각합니다.

형제들에게 보내는 제 편지 한 통을 동봉하는데, 그 편지는 [발송을] 무기 연기했던 것이었지만 서기를 통해 즉시 사본을 보내드릴 예정이오니 다른 사람들에 대하여 박사님이 결정하시는데 도움이 될 것입니다.

제가 결점이 있다는 것을 알지만, 확신하건대 박사님이 여기 계셨다면 우리의 갈등은 제가 혜론 박사를 무시하는 것에서 기인하지 않았다고 결론을 내리실 것입니다. 그와 반대로 그가 저를 인정하는 한 저는 그에게 너무 많은 것을 털어 놓았는데, 그가 그것을 저와 대적하는데 사용하였기 때문입니다. 그는 현재 엘러스 양을 너무나도 똑같은 방식으로 대하고 있으며, 혜론 부인이 이곳에 있는 한 갈등이 있을 것입니다. 심지어 언더우드 씨가 저와 식사 중에 말한 대로, 혜론 부인은 이 모든 갈등의 근본 원인으로 인식되고 있습니다. 박사님께서 저의 현명한 행로를 이해할 것으로 믿으며, 우리들의 출발을 위해 작은 준비를 시작하겠습니다. 그러는 동안 저는 박사님의 충고에 귀를 기울일 것이지만, 혜론이 단번에 무시하였던 선의로 저는 세 번이나 화해를 시도하였습니다. 그래서 우리에게 남은 유일한 길은 서로 내버려 두는 것입니다.

안녕히 계십시오.
H. N. 알렌

Horace N. Allen (Seoul),
Letter to Frank F. Ellinwood (Sec., BFM, PCUSA) (Dec. 13th, 1886)

Seoul, Korea,

Dec. 13th, 86

Dr. F. F. Ellinwood,

    23 Centre St., N. Y.

My dear Doctor,

Your kind letter concerning our difficulties, came duly to hand and I thank you for your confidence in me and your candid brotherly way of writing.

I was completely dumb-founded at the intelligence. I could not think Underwood guilty of such intentions. But it explains the actions of the Methodists towards me, as also the buying of so much property joining the Methodists by Underwood and Heron. I sat up all night over the problem. My first intention was to let them go, for they are not aware that the Chinese have notified the Foreign Office of their intention of leaving Seoul. This will take out all other non-officials, and by the gentlemen leaving our Mission they would also have to drop their connection with the Govn't through the Hospital, and go down to the Port with their new brethren. You could send out a new Dr. and a couple of preachers for teachers. I could get them rank and we would have the field but the bitter animosity of the others would make mission work a farce.

I then thought of giving Heron everything and devoting myself to the language in order to go and open a new station when advisable. But I can't do that as even Scranton has to call me in to help him with severe cases and I could not be let alone.

The third plan was to work independently and support myself, but they would make it unpleasant by cavilling at me as a money maker etc. Admiral Shufeldt, Judge Denny and Lieut. Foulk have urged the U. S. State Dept. to make me Secretary of Legation here. They did this of their own voluntary will, and the letters must be home by this time.

Yet I think after prayerful consideration, that perhaps I am not humble enough and I have decided upon the happy plan of giving them all and clearing out. It is hard now to think of and will be harder when the time comes but it will secure the work to you, save me from slander, and I may yet be of service to you in another field.

I will install Heron in my place as much as is possible. The foreigners will not have him and I think I had better give it to an outside practitioner rather than please Dr. Scranton's greediness.

I enclose a copy of my letter to the brethren, it was laid on the table but a copy will be at once forwarded to you by the Secretary to assist you in your decision concerning the other gentlemen.

I know I have faults, but if you were here you would, I am sure, conclude that our trouble did not come from my slighting Dr. Heron. On the contrary, so long as he allowed me, I confided in him too much, for he turned and used it against me. He is treating Miss Ellers in much the same way now, and as long as Mrs. Heron is here, there will be trouble. She is recognized, as even Underwood said at my table, as being at the bottom of it all. Believing that you will see the wisdom of my course, I shall begin to make minor preparations for our departure. In the meantime, I shall heed your advice, but thrice before, I made reconciliation in good faith which Heron at once disregarded. So our only course is to let each other alone.

Yours Sincerely,
H. N. Allen

호러스 N. 알렌(서울)이 프랭크 F. 엘린우드(미국 북장로교회 해외선교본부 총무)에게 보낸 편지 (1886년 12월 16일)

한국 서울,
1886년 12월 16일

F. F. 엘린우드 박사,
　뉴욕 센터 가(街) 23

친애하는 박사님,

　돌아가는 우편으로 저는 우리의 어려움에 대한 박사님의 편지에 답장을 보냈습니다. 지금 저는 기도하는 마음으로 심사숙고하고 자문을 받은 끝에 제가 제안한 계획이 박사님을 위해 유일하게 안전한 것이라는 저의 신념이 더욱 강해졌다고 말씀드리고 싶습니다. 가능한 한 조속히 그것에 대한 박사님의 승인에 대해 알려 주십시오. 제 부친이 매우 아프시고, 그것은 왕이 제가 떠나야 한다는 것을 이해하는 충분한 이유가 될 것입니다. 남자 의사 한 사람을 면밀한 지시와 함께 이곳으로 파송하여 그가 헤론 박사의 조수가 되게 하실 것을 조언 드립니다. 또한 박사님은 새로운 여의사를 파송하시는 것이 더 나을 것이며, 엘러스 양이 박사님께서 약속하신대로 2년 동안 이곳에 묶여 있었으니 우리와 함께 고향으로 돌아가 학위를 받을 수 있도록 허락하여 주십시오.

　그녀는 훌륭한 여자이며, 우리의 모든 불화에 섞이는 것을 피하였습니다. 여태껏 그녀는 눈에 띄는 성공을 거두었으며, 저와 많이 관련되어 헤론 가족에 대해 좋지 않은 감정을 갖게 되었고 이곳에 체류하는 것이 매우 껄끄럽게 될 것입니다. 박사님은 모든 면에서 더 나은 시작을 하실 것이며, 우리가 이곳을 떠나기 전에 선교부가 확고한 기반 위에 있게 되도록 최선을 다할 것입니다.

　저는 최근 행동 이후로 마음에 커다란 평안을 갖게 되었으며, 제가 옳다는 것을 알고 있습니다.

　안녕히 계십시오.
　H. N. 알렌

Horace N. Allen (Seoul),
Letter to Frank F. Ellinwood (Sec., BFM, PCUSA) (Dec. 16th, 1886)

Seoul, Korea,
Dec. 16th, 86

Dr. F. F. Ellinwood
23 Centre St., N. Y.

My dear Doctor,

By return mail I answered your letter concerning our difficulties. I wish now to say that these days of prayerful consideration and consultation only makes me firmer in my belief that the plan I propose is the only safe one for you. Please let me know as soon as possible of your acceptation of the same. My father is very ill and that will be ample reason to the King for my departure. I would advise your sending out a new male physician with careful instructions and make him Dr. Heron's assistant. You had also better send a new lady Dr. and allow Miss Ellers to go home with us and obtain her degree as she is bound to do in two years anyway by your promise to her.

She is a good girl and has avoided all mixing in our troubles. Yet as she has been eminently successful and much associated with me, she has obtained the ill will of the Herons and her stay here will be very unpleasant. You had better start all aspects and we will do our best to place the Mission on a firm footing before leaving.

I have great peace of mind since my recent action and I know I am right.

Yours Sincerely,
H. N. Allen

18861220

호러스 N. 알렌(서울)이 메저스 매켄지 앤드 컴퍼니(상하이)로 보낸 편지 (1886년 12월 20일)

한국 서울,
1886년 12월 20일

메저스 매켄지 앤드 컴퍼니,
　상하이

안녕하세요,

　나는 귀 회사의 최근 두 청구서의 액수인 132달러 28센트에 해당하는 수표를 보내드립니다. 버터 건(件)은 아직 항구에 있지만 나는 음력 한 해 내에 해결되기를 바라고 있습니다.

　안녕히 계세요.
　H. N. 알렌

Horace N. Allen (Seoul),
Letter to Messrs Mackenzie & Co. (Shanghai) (Dec. 20th, 1886)

Seoul, Korea,

Dec. 20/ 86

Messrs Mackenzie & Co.,

    Shanghai

Gentlemen,

I herewith send you cheque for the sum of one hundred thirty two dollars twenty eight cents. The am't of your two last bills. The case of butter is still at the port but I wish to settle within the old year.

Yours truly,

H. N. Allen

18861220

호러스 N. 알렌(서울)이 메저스 홀 앤드 홀츠(상하이)로 보낸 편지
(1886년 12월 20일)

한국, 서울,
1886년 12월 20일

메저스 홀 앤드 홀츠,
　　상하이

안녕하십니까,

　　나는 귀 회사에 나와 관련된 계정에 대한 지불로 176.70달러 수표를 보냅니다. 교환한 모자의 배송비 0.25달러를 청구서에 추가하고, 모자와 함께 반품한 가죽 실내화 2.50달러와 귀 회사가 너무 작다며 기꺼이 7월 7일에 교환해 준 신발의 가격인 7.00달러를 공제하였습니다. 나는 문제를 해결하기 위하여 명세서를 돌려보냅니다. 만일 내가 틀렸다면, 주문한 옷에 대하여 지불할 때 바로 잡을 것입니다.

　　안녕히 계세요.
　　H. N. 알렌

Horace N. Allen (Seoul),
Letter to Messrs Hall & Holtz (Shanghai) (Dec. 20th, 1886)

Seoul, Korea,

Dec. 20/ 86

Messrs Hall & Holtz,

Shanghai

Gentlemen,

I herewith send you cheque for dollar one hundred seventy six 70 in payment of my account with you. I have taken the liberty of adding to your bill the freight on the exchanged hat .25, also of deducting the price of the leather slippers $2.50 which I returned with the hat, and the price of some shoes $7.00 bought last spring and exchanged July 7th at the request of your own kind because they were too small. I send back statements to make matters clear. If I am wrong I will make it right when paying for the clothes I have since ordered.

Yours truly,

H. N. Allen

18861220

조지 C. 포크(서울)가 프랭크 F. 엘린우드(미국 북장로교회 해외선교본부 총무)에게 보낸 편지 (1886년 12월 20일)

한국 서울,
1886년 12월 20일

친애하는 목사님,

며칠 전 알렌 박사가, 박사님께서 의심할 여지없이 알고 계실, 장로교회 선교부의 회원인 그와 언더우드 및 헤론 씨 사이에 존재하는 견해 차이 때문에 자신이 어떤 행로를 취해야 하는지 저에게 상의하러 왔습니다. 이제 저는 알렌 박사가 선교부의 회의에서 헤론 및 언더우드 씨에게 선교지를 떠나 미국으로 돌아가겠다는 의사를 표명하였다는 것을 알고 있습니다.

저는 한국에서 알렌 박사를 처음 만났을 때부터 그를 열렬히 동경해 왔습니다. 그는 용감하고 활기차며 능숙합니다. 그의 견해는 넓고 완전히 이타적이며 거의 예외 없이 그를 아는 한국인들과 외국인들 모두의 존경과 애정을 받으며 일을 해왔습니다. 저는 다른 선교사들이 이곳에 오기 훨씬 전부터 오늘날까지 그를 잘 알 권리가 있음을 주장합니다. 저는 그의 친구이었습니다.

위와 같은 배려의 표현으로 저는 순전히 개인적인 방식으로 알렌 박사를 지지합니다. 그리고 또한 그의 업무에 큰 가치를 두고 있습니다. 이것은 개신교가 호의적으로 ___하며, (한국인들에 의하여) 저주 받은 천주교와 크게 다르다는 것을 한국인들에게 광범위하고 명확하게 비추어주는 결과를 낳았습니다. 목사님은 그가 한국을 떠날 계획에 대하여 제가 얼마나 걱정하고 있는지 이해하셔야 합니다. 저는 알렌 박사가 선교본부에 자신의 사례를 제시하는 것을 돕기 위하여 귀하께 감히 말씀드립니다. 저는 그 당시 목사님께 이렇게 한 말씀 드릴 의도를 그에게 알리지 않았습니다. 그러나 오래 전에 한 번은 다른 주제로 목사님께 편지를 쓰려는 의도를 그에게 말한 적이 있습니다.

알렌 박사는 한국에서 유일하게 진정한 힘이 된 선교사입니다. 그는 처음 왔을 때, 자신의 긴 구두를 베게 삼아 잠을 잤습니다. 모든 종류의 고된 작업을 통하여 이곳에 자신의 집을 꾸몄으며, 그리고 헤론 박사를 위한 집도 매우 완전하고 편안하게 만들어 주었고, 언더우드를 안내하는데 매우 큰 도움을 주었습니다. 다른 모든 선교사들은 그의 집에 친절하게 받아들여져 접대를 받았습니다. 당시 저는 그의 부인이 손님을 돌보느라 고된 일을 하여 병에 걸려 누운 것을 보았습니다. 박사는 자신의 일 이외에도, 한국인, 중국인 및 일본인을 대상으로 자신의 사업이 아닌, 많은 사소한 일을 하였습니다. 밤낮으로 그는 끊임없이 일을 하였고, 때때로 자신의 긴장을 못 이겼습니다. 그러나 다행히 다시 좋아졌습니다. 저와 자주 길게 이야기하는 내내, 그는 자신의 사업이 엄격히 선교부에 속한다고 누누이 이야기하였습니다.

다른 모든 사람과 마찬가지로 알렌 박사는 실수를 하며, 제 생각에 그러한 것들은 충분히 당연한데, 예리한 지성과 큰 원기와 충동성을 지난 사람에게는 특히 그렇습니다.

헤론 박사(와 언더우드 씨)가 도착한 후, 알렌 박사는 그들이 유용하게 쓰일 한국인들에게 전도하는 것을 진전시키는 계획을 시도하였고, 저와 다시 논의하였습니다. 그러나 처음부터 저는, 알렌 박사가 그들이 자신의 일을 따라잡도록 하기 위해 일을 점검하기 전까지, 그들이 이 나라에서 알렌 박사의 위상을 인정하는 것은 상상할 수 없었습니다.

그들은, 시간이 흐르면서 아마도 알렌 박사가 왕으로부터 품계를 받아 얻게 된 권위에 대한 잘못된 생각을 통하여, 알렌 박사가 그 권위를 통하여 결정적인 일을 해야 한다고 생각하는 것 같았습니다. 다른 한편으로 박사는 기독교적인 방식으로 한국인들을 위한 겸손한 일꾼이었으며, 제 생각에는 장점이 전혀 알려지지 않은 다른 사람들을 대신하여 그가 간섭하지 않기 때문에 특히 감사했습니다. 저는 한국에서 매번 외국인들의 장점과 친절함을 표현하였습니다.

그의 기록과 관련하여 그것은 틀림없이 사실입니다. 알렌 박사는 다른 회원들에게 그들에 대하여 자세히 알려야 했습니다. 그러나 여러 작은 면에서 그들 편에서 조그마한 질투의 감정이 스스로를 드러내고 있었고, 존재했어야 하는 우호적이고 은밀한 관계에 분명 도움이 되지 않았습니다. 나쁜 감정은 알렌 박사가 자신에 대한 감정이 사실임을 깨닫기 훨씬 이전에 알렌 박사에 대한 ___ 심한 말과 사소한 비판에서 확실히 시작되었습니다. 이곳에서 일하는 방식에 관한 알렌 박사와 헤론 및 언더우드 씨의 차이점은 다음과 같이 설명할 수 있습니다.

이곳에 사역 방법과 관련하여 알렌 박사와 헤론 및 언더우드 씨 사이의 차이는 다음과 같이 설명할 수 있습니다.

알렌 박사는 관리 계층에 영향을 미쳐, 왕과 양반들이 기독교에 우호적이 되도록 하려는 목표를 잡았습니다. 이곳의 사람들은 왕과 양반에 완전히 종속되어 있어, 상류층 및 영향력이 있는 한국인들 중에서 충동적인 야망에 의해 알렌 박사가 갖고 있는 위치를 가질 수 없는 헤론 및 언더우드 씨는 알렌이 갖는 기회에서 떨어져 있고, 양반과 관리를 증오하는 하층 한국인들에 대해서는, 현재 알렌 박사를 제외하고 감리교회 선교부 및 헤론 박사, 언더우드 씨가 활동하고 있습니다. 관리들이 백성을 대하는 경멸은 한국에 더 좋은 날이 올 때까지 그러한 선교사들이 그들의 백성과 하나가 될 때까지 함께 해야 합니다. 그것은 한국인들의 안목이나 정치적 당파의 입장에 따라 나쁜 면에서 선교사들에게 전가될 수 있습니다. 통치하는 관리들이 가난한 사람들을 유지하고 이용하며, 백성들을 마음대로 굴복시킬 것이기 때문이고, 둘째는 선교사들이 외교관들로부터 직접적인 도움을 받거나 기대할 수 없는 면이 있기 때문입니다.

이곳 선교사들 사이의 사소한 언쟁은 적어도 한국인들 ___ ___에 이르렀지만, ___와 표현에 대한 그들 자신의 예리한 관찰을 통해서 이었습니다. 알렌 박사는 항상 평범한 한국인들과 외국인들처럼 홀로 서 있습니다. 한국 장로교회 선교부의 위상은 무너졌고, 합리적으로 가까운 장래에 단기간 동일한 지위를 회복하지 못할 것입니다.

저는 구식의 장로교회 소년이었습니다. 저는 또한 해군 장교이었으며, 우연히 이 상태로 항해하게 되었습니다. 제가 한국에 오기 약 7년 전, 저는 모든 종류의 선교사들을 만났으며, 저의 ___와 영사 그리고 ____ 관리들 사이에서 변함없이 그들이 ____하는 것이 좋지 않다고 들었습니다. 그럼에도 불구하고 저의 오래 된 훈련 때문에 저는 항상 선교사의 역할을 보고 그들의 대의를 믿었습니다. 저는 영사와 공사들이 한국에서 마귀의 목적과 감정에 반하는 종교를 가지고 있는 자선심의 결핍과 천부적인 혐오를 통하여 선교사를 보았다고 믿었습니다. 그런 생각을 가지고 우연히 한국에서 이 공사관을 맡게 되었습니다. 이 나라는 세계에 ____하며, 고국의 선교본부를 가장 끌지만 아직 그들의 손길이 닿지 않은 나라입니다. 알렌 박사, 부인 및 아기가 서울에 도착하였습니다. 저는 지금 새로운 이곳에서 우리 정부의 외교관이 선교사와 손을 잡고, 그의 일을 효과적으로 만들기 위하여 최선을 다하고, 이곳 사람들이 기독교 문명에 대한 높은 존경을 조성하는데 있어 선교사의 도움을 받지 말아야 할 이유가 없다는 저의 믿음을 검증할 기회를 가졌습니다.

어떤 생각도 실패하였고, 한국에 관해서는 중국과 일본에서처럼 현지인, 선교사 그리고 외교관이, 저는 감리교회와 장로교회의 차이를 모르지만 저의 구세주이시기도 한 인자하신 구세주의 바로 앞에서 건전한 싸움을 ____할 수 있는 좋은 전망에 서 있다는 점을 유감스럽게 생각합니다. 저를 용서해 주십시오. 저는 목사님이 알렌 박사에게 보내신 편지에서 보인 폭넓은 정의와 이해심이 많은 진실함에 의해 그렇게 하도록 격려 받았기 때문에 솔직하게 편지를 쓰고 있습니다.

안녕히 계십시오.
조지 C. 포크

추신. 알렌 박사와 제가 알게 되었을 때 한국인과 정부의 성향은 모두 슬기로운 기독교 도입에 호의적이었습니다. 한국인들 사이에는 어떤 종교와 관련하여 깊은 종교적 감정이 자리 잡고 있지 않습니다. 유교는 이곳에서 중국에 대한 충성의 표시이며, 이를 사용한 무력과 위협에 의하여 국가를 유지합니다. 중국에 대한 두려움으로 인하여 한국 정부는 유교를 최우선으로 생각합니다. 한국의 유일한 종교이었던 불교는 유교가 설명하지 않는 사후세계를 다루고 있습니다. 불교는 유교를 응용한 ___ ___ ___ 뿐만 아니라 한국인들의 지성을 만족시키지 못하고 환영 받지도 못합니다. 학식이 있는 사람들에게, 개인으로서의 사제들처럼 그것은 농담, 사기이며, '명상에 잠기는' 삶이 아닌 한 게으른 사람의 변명일 뿐입니다. 무지한 사람에게 그것은 국가의 유교 때문에 ___입니다. 그래서 그것은 영구적으로, 그리고 마음속으로, 학식 있는 사람들은 _____ 길을 찾으려고 노력하며, 무지한 ____ 그들 마음의 진정한 느낌, 온갖 종류의 샤머니즘과 신도(神道)를 고취시킵니다.

G. C. F.

개신교는 천주교와 확연하게 구분되어 충격 없이 한국인들에게 은밀하게 소개되었으며, 교육과 함께 한국에 선뜻 달려드는 것은 후세에 중국과 일본을 부끄럽게 하는 길입니다.

George C. Foulk (Seoul),
Letter to Frank F. Ellinwood (Sec., BFM, PCUSA) (Dec. 20th, 1886)

Sŏul, Korea,

Dec. 20, 1886

My dear and Reverend Sir,

A few days ago Dr. Allen came to talk with me upon the course he should pursue in view of the differences - of which you are doubtless aware, existing between himself and Messrs Underwood and Heron, the other men members of the Presbyterian Board of Missions in Korea. I now learn that Dr. Allen has, at a meeting of the members of the board, expressed his intention of leaving the field to Messrs Heron and Underwood and returning to America.

Ever since I first met Dr. Allen in Korea, I have been an enthusiastic admirer of him. He is brave, energetic, skillful; broad in his views, throughly unselfish, and has conducted himself here in such a manner as to commend the respect and affection of almost without exception, those who know him, both Koreans and foreigners. I claim a fair right to know him well, for long before any other missionaries came here - and to this day. I have been his confidant.

With the above expression of the regard I bear for Dr. Allen in a purely personal way - and as well, with the great value I place in his work - which has resulted in shining widely & clearly to the Koreans that Protestant Christianity is, favorably ____, & vastly different, from the cursed (by the Koreans) Roman Catholicism, you must understand how much, I am concerned on his intended departure from Korea. I venture to address you in the hope of assisting Dr. Allen to present his case before the Board of Missions. I have not informed him of my intention to address you thus at the time - though once long ago I spoke to him of my intention to write to you on another subject.

Dr. Allen is the only missionary in Korea who has been a true power. He slept with his boots for his pillar when he first came. With the hardest work of all kinds he fitted up his home here, and also very completely & comfortably one for Dr. Heron & assisted very greatly as well in guarding Mr. Underwood with the exception of his. All the other missionaries were kindly received and entertained at his home. At the time I saw his wife worn down to illness by hard work in caring for her guests. The doctor with all his work with providing for the numerous neglected not a job of his work among Koreans, Chinese & Japanese. Night & day, he has been in the __, now & then giving any to the strain in him, but then fortunately growing well again. All along in his frequent & long talks with me he has dwelt upon his work as pertaining to the Mission strictly.

Like every other man Dr. Allen makes mistake, slips up occasionally, and it seems to me such are natural enough & especially so to a man with the keen intelligence and great energy and impulsiveness he has - the very qualifications to produce the most effective work.

After Dr. Heron's arrival (& Mr. Underwood) Dr. Allen tried & again discussed with me plans for advancing them into preaching with the Koreans in which they might be usefully employed. But from the first it was impossible for me to imagine their assuming the status of Dr. Allen in this country - unless Dr. Allen checked his own work to let them catch up to him.

They, in course of time & probably through a mistaken idea of the authority Dr. Allen had acquired by his decoration from the King, seemed to think Dr. Allen should do something decisive through that authority so rid them to reach his position; on the other hand - the Dr. has been the humble worker for the Koreans in Christian ways and, as I think, especially appreciated because of his non-interference on behalf of others whose merit were wholly unknown to them. I have expressed here that merit & kindness in foreigners told long time in Korean.

It is doubtless true that in regard to his accounts. Dr. Allen should have kept the other members closely informed of them. But in many little ways, the petty feelings of jealousy in their part had been showing themselves, and certainly did not conduce to the friendly & confidential intercourse which should have existed. The bad feeling began certainly in ____stic remarks & petty criticisms of Dr. Allen among the other of whom, long before Dr. Allen was aware of the feeling it true toward him.

The differences between Dr. Allen and Messrs. Heron & Underwood with regard to method of working here may be explained as follows -

Dr. Allen aimed at influencing the official class, the King & the noble favorably to Christianity. The people here are utterly subordinate to the King & nobles, Messrs. H. & U., not being able to take positions such as Dr. Allen hold among the higher Koreans & influenced by feelings of impulsive ambition, not altogether unselfish, have parted from his line of return-in-opportunity, and tend to direct their work among the people, Korean people of the lower orders - among whom only at present the members of the Methodist Mission and Dr. H. & Mr. U. - apart from Dr. Allen, may work, hate the nobles & officials. The contempt with which the people are treated by the governing officials must until better times come to Korea be shared by such missionaries as one with their people. Such missionaries, it may plainly be conferred latter up to Korean eyes or position of political partisanship - on the many side: the many side because the governing officials will maintain & use their poor to bend the people to their will, & secondly because it is the side in nothing with which the missionaries cannot get or expect the direct help they need from the foreign representatives.

The squabble here between the missionaries has reached ____, at least of the Koreans ____ ____, from talk to their by foreigners, but through their own keen observation of _____ & expressions. Dr. Allen stands alone - but as well as ever-common Koreans & foreigners. The status of the Presbyterian Board of Missions in Korea is broken, and in no reasonably near future time will in regain the position it held for a short time.

I am an old Presbyterian School boy. I was also a naval officer, and have happened to cruise about ___ this status. Some seven years before I came Korea, I have met missionaries of all kinds, and among my _____ & consular & _____ officers invariably heard them _____sed unfavorably. Nevertheless, because of my old training I suppose - I always look the missionary's part & believed in their cause. I believed that consuls & ministers ____ly viewed the missionary through their want of charitable feeling & the natural dislike they held ___ religion which operated against the devils aims & feeling in Korea. Having such thought I happened to come into charge of this legation in Korea - a country ____born to the world & most inviting to the mission Board's at home and yet untouched by them. Dr. Allen, wife & baby arrived in Sôul. I had here an opportunity of verifying my belief that there now no reason why - with a clean field, the representative of our Government should not gain hand with the missionary, do all the could to make his work effective & receive the missionary's help in establishing among the people the highest regard for the Christian civilization of his country.

Any idea has been a failure, and I am sorry beyond expression that with regard to Korea, as in China & Japan, the native, the missionary and the foreign official, stand in fine prospect of keeping up __ wholesome quarrels ____ directly in the face of the gentle Saviour, who is my savior too, though I don't know the difference believe in Methodist & a Presbyterian. Forgive me, Sir: - I write plainly because I am encouraged to do so by the broad justice and kindly true of your letter to Dr. Allen - & your _____ in ____ing addressed myself once.

Very respectfully
George C. Foulk

P. S. When Dr. Allen & I came to know the disposition of the people and government were all favorable to the discreet introduction of Christianity. Among Koreans there is no deep seated religious feeling as pertaining to any religion. Confucianism is here is a their token of loyalty to China, kept on the country by force & threats of the use of it. Fear of China makes the Korean Government keep its people first to Confucianism. Buddhism, which is the only religion the Korea ever had - _____ as a way the after life, which Confucianism does not explain_ provide. Not only is Buddhism crowded ____ life by the expressing applied Confucianism, but it fails to satisfy Korean of intelligence (and they are many) and it is not welcome to them. To the learned - like its priests as individuals - it is a joke - a fraud - promi____ only an excuse for a lazy, unless life if "contemplative"; to the ignorant, it is _____, because of the confucianism of the State. So it is that permanently - and at heart, the learned are _____ - tried seekers after a way, and the ignorant ____ for express___ of the real feeling of their heart - all sorts of superstition preaches - of Shamanism, of Shintoism - both parties observing into individually ____ manner the form of Confucianism.

G. C. F.

Protestant Christianity - made pronouncedly apart from Roman Catholicism to Koreans, and discreetly introduced - without shock & with education, _____ be jumped at by Korea is a way to put China & Japan to shame in later years.

호러스 N. 알렌(서울), [진단서] (1886년 12월 21일)

제임스 스콧 씨는 열이 나서 침대에 누워 있기에 공식 업무를 수행할 수 없습니다.

나는 얼마 동안 그에게 말라리아 퇴치를 돕기 위하여 신선한 바다 공기를 마시며 며칠 동안 제물포로 가라고 조언하였습니다. 그가 충분히 회복되는 대로 그곳에 가는 것을 조언할 수 있습니다.

H. N. 알렌, 의학박사
영국 공사관 의무관
한국 서울, 1886년 12월 21일

Horace N. Allen (Seoul), [Medical Certificate] (Dec. 21st, 1886)

James Scott is confined to his bed with fever and is unable to attend to his official duties.

I have for some time advised him to go to Chemulfoo for a few days of fresh sea air, to assist in ridding him of malaria. It will be advisable for him to go there as soon as he is sufficiently convalescent.

H. N. Allen, M. D.
H. B. M. Consular Med. Officer
Seoul, Korea, Dec. 21st, 1886

조지 W. 길모어(서울)가 프랭크 F. 엘린우드(미국 북장로교회 해외선교본부 총무)에게 보낸 편지 (1886년 12월 24일)

한국 서울,
(18)86년 12월 24일

친애하는 박사님,

저는 지금 이곳 선교계에서 발생한 불화와 관련하여 짧은 보충적인 제 견해를 적기 위해 짬을 내었습니다. 저는 알렌 박사가 다음 해 10월에 고향으로 돌아가는 것을 허락하여 달라고 요청하였다고 알고 있습니다. 알렌 박사 자신이 저에게 이것을 이야기하였고, 그는 어떤 경우에도 가는 것이라고 하였습니다. 저의 생각에 이것은 재앙이 될 것입니다. 알렌 박사는 사려 깊고 선견지명이 있는 사람입니다. 혜론 박사는 의심할 여지없이 훌륭한 의사이지만 선교부를 성공적으로 관리할 폭넓은 시야가 없습니다.

그는 의사로서 이곳의 외국인들에게 신뢰를 갖고 있지 못하고 있으며(저는 그것이 알렌이 그를 따돌려서 인지, 혹은 진료에서 유감스럽게 실수를 한 것 때문인지, 누구의 잘못인지 말씀드리지 않겠습니다.), 만일 알렌 박사가 떠나면 그는 외국인 진료를 혜론 박사에게 넘길 수 없습니다. 저는 병원에서도 마찬가지라고 [생각]합니다. 저는 한국인들이 알렌 박사에게 주었던 것과 같은 신뢰를 (적어도 오랫동안) 혜론 박사에게도 줄 것이라고 생각하지 않습니다.

(중략)

알렌 박사는 이곳에서 두각을 나타내었습니다. 질투심이 생겨났는데, 둘 다 의사라는 사실을 통해서 이었을 가능성이 높습니다. 나는 혜론 박사, 특히 혜론 부인이 지나치게 민감하며, 빛나는 것을 찾는다고 생각합니다. 아마도 알렌 박사는 혜론 박사와 언더우드 씨의 의견을 묻지 않고 너무 많은 일을 하는 경향이 있습니다.

모든 당사자는 빠르게 전정됩니다. 저는 불화가 진정될 수 있을 것으로 바라지만, 의심이 듭니다. 저는 만일 알렌 박사가 물러난다면, 장로교회 선교부와 모든 선교부가 약해지거나 물러나야 하며, 이 나라를 이교도나 가톨릭에 남겨 줄 것이라고 생각합니다.

이곳의 교사들은 편을 들지 않는 특별한 판단력을 갖고 있으며, 교사 중에 유일한 장로교회 교인으로서 저는 조심해야 합니다. 저는 알렌 박사 쪽이 가장 중요하며, 양측을 다 볼 필요가 있다는 것을 박사님께서 인식하시기를 원합니다. 박사님께 너무 많이 말씀드렸습니다. 더 이상 말씀드릴 것이 없다고 생각합니다.

(중략)

George W. Gilmore (Seoul),
Letter to Frank F. Ellinwood (Sec., BFM, PCUSA) (Dec. 24th, 1886)

Seoul, Korea,
Dec. 24/ 86

My dear Doctor,

I have now a new minutes which I can devote to writing a little supplementary to my statement in reference to the trouble here in the missionary circle. I learn that Dr. Allen has asked to be allowed to return home next October. Dr. A. has himself told me this and that he means to go in any event. Now this will in my opinion be a calamity. Dr. Allen is a politic and longheaded man. Dr. Heron may be and doubtless is a good physician but it does seem to me that he lacks the breadth of view successfully to manage the mission.

He has not the confidence of the foreigners here as a physician (I do not say whose fault it is, whether he has been kept out by Dr. A. or whether it is the result of an unfortunate mistake in practice) and if Dr. A. leaves he can not turn over foreign practice to Dr. H. I sw_____ that the same is true of the Hospital. I do not think that Koreans can come to have (at least for a long time) the same confidence in Dr. H. that they place Dr. A.

(Omitted)

Dr. Allen has gained prominence here. Jealousy may have come in, was likely to come in through the fact that both are physicians. I think that Dr. H. and expecially Mrs. H. are oversensitive and look for alights. Perhaps Dr. A. is apt to do too much without asking Dr. Heron & Mr. Underwood for an opinion.

All parties are quick tempered. I hope the quarrel can be settled but am in doubt. I think if Dr. A. withdraws, the Presbyterian Mission & all missions must in the languish or withdraw & leave the country to heathenism or Catholicism.

The teachers here have special reason for not taking sides, and I as the only Presbyterian among the teachers must be careful. I knew that Dr. A.'s side was likely to be the most weighty and I wanted you to realize that there was a necessity for looking at both sides. Having spoken so much to you. I think I had better say no more.

(Omitted)

호러스 N. 알렌(서울)이 탕샤오이(서울 주재 중국 영사)에게 보낸 편지 (1886년 12월 25일)

서울,
1886년 12월 25일

탕샤오이[唐紹儀] 님

안녕하십니까,

저는 집에서 가장 면밀하게 사실을 고려한 후 생각해낸 의학적 견해를 보내드립니다.

그것이 귀하의 요구를 충족시킬 것이라고 믿습니다.

안녕히 계세요.

H. N. 알렌

Horace N. Allen (Seoul),
Letter to Shao Y. Tang (Chinese Consul at Seoul) (Dec. 25th, 1886)

Seoul,

Dec. 25/ 86

S. Y. Tang, Esq.

My dear Sir,

I herewith send you my medical opinion formed after the most careful consideration upon the facts at home.

Trusting that it will meet your wants.

I remain Dear Sir,

Yours very truly,

H. N. Allen

18861226

호러스 N. 알렌(서울)이 하야카와 테쓰지(주한 일본 공사관)에게 보낸 편지 (1886년 12월 26일)

한국 서울,
1886년 12월 26일

하야카와 테쓰지 님,139)

안녕하십니까,

나는 중국인 슈우에 관한 진단서의 수정본과 함께 '조병(躁病)'이라는 용어와 '안정된 상태의 조병(躁病)'이라는 표현에 대한 설명을 동봉합니다.
그것들이 문제를 명확하게 할 것으로 믿습니다.

안녕히 계세요.
H. N. 알렌

---

139) 하야카와 테쓰지(早川鐵治)는 당시 주한 일본 공사관 서기생이었다.

Horace N. Allen (Seoul),
Letter to T. Hayakawa (Japanese Legation at Seoul) (Dec. 26th, 1886)

Seoul, Korea,

Dec. 26/ 86

T. Hayakawa Esq.

My dear Sir,

I enclose the corrected copy of the medical certificate concerning the Chinese Shou Wu, together with explanations relative to the term "Mania" and the expression. "A settled condition of mania".

Trusting they may make the matter clear.

I remain Dear Sir,

Yours very truly,

H. N. Allen

호러스 G. 언더우드(서울)가
한국 장로교회 선교부로 보낸 편지 (1886년 12월 26일)

첨부:

한국의 장로교회 선교부 귀중140)

이곳 선교지에서 사역자들 사이에 불화가 있어 왔고,

회원 한 명은 떠날 것을 요청하였고, 다른 두 명은 선교본부에 사직서를 제출하였으며,

개별적인 선교사로서 우리는 선교본부의 총무 및 직원들, 그리고 사실을 알고 있는 다른 사람들로부터 우리 모두가 선교지에, 그리고 같은 선교본부에 남아 있을 필요성을 촉구하는 편지를 받았으며, 나는 오래된 불화를 해결하고 가능하다면 기독교적인 방법으로 우리의 힘을 재결합하기 위하여 다음의 계획을 제출하는 바입니다.

    I. 이 목적을 위하여 소집된 특별 회의는 기도와 성경 봉독으로 개회하고, 어느 회원이건 다른 회원에 대한 불만이 있는 경우 개인적으로 그리고 단독으로 그가 그렇게 생각하는 이유를 이야기하고, 비판을 받은 회원은 그 회의에서 그 불만에 대해 충분히 납득이 가도록 설명하든지 아니면 불만을 가진 당사자에게 사과한다.

    II. 이후의 모든 사역을 위하여 다음의 계획들을 실행하되, 그것들은 단순한 제안이 아니라 선교부의 지침이 될 규칙이어야 한다.

    (a) 병원 의학교와 관련하여 교사들은 자신들이 교수회를 조직한다. 매달의 정규 회의 및 누구나 요청에 의한 특별 회의를 연다. 외국인이 관계되는 한 학교의 전체 운영권은 그들에게 있다. (한 회원으로 된 특별한 분과는 예외로) 교수회와 충분한 협의를 할 때까지 한국인이나 다른 외국인과 협정을 맺지 못한다. 학교로서 정부와의 모든 연락, 학생과 관리에 관한 규칙, 교과 과정에 관한 모든 결정, 학생의 입학 및 퇴학 등에 관한 모든 것은 교수회에서 최소한 두 명의 협의와 찬성을 얻은 후 진행된다.

    (b) 제중원과 관련하여 현재 근무하고 있는 세 명의 의사들은 동등한

---

140) 원래 언더우드의 12월 27일자 편지에 첨부되어 있는 편지이다.

권한을 가진 자문 위원회를 구성한다. 이 위원회는 매월 정기 회의나 어느 누구든 한 명의 요청으로 특별 회의를 연다. 병원과 관련된 모든 계획은 동등한 권한을 가진 위원회의 위원들에게 제출되어 최소한 두 명의 승인으로 실행된다. 정부 혹은 병원과 유사한 기관과의 모든 연락은 위원회의 허락과 그 이름으로 이루어진다. 병원에서 사용되는 약품이나 물품의 모든 구입은 위원회와 협의하여 최소한 두 명의 찬성을 받아 실행한다.

(c) 선교부에 소속된 세 명의 의사는 선교부의 의료 사업을 담당하는 상설 위원회를 구성한다. 선교부를 위한 약품의 모든 주문은 이 위원회에 제출되어 승인을 받아야 한다. 알렌 박사는 이 위원회의 회계가 될 것이다. 의료 계정이나 선교부 계정으로 청구되는 모든 경비는 항목별로 이 위원회로 제출되어 승인을 받아 지출하며, 이 위원회는 매달 마지막 날 혹은 그날이 주일이면 그 전날 정기회의를 개최하고 두 사람 이상의 발의로 특별 회의를 개최한다.

(d) 향후 두 명 이상의 회원이 참여하며 두 명이 동등한 업무를 하는 선교부의 모든 업무에는 동일한 권한이 주어진다.

이 안이나 그 수정안이 우리의 불화를 해결하는데 도움이 될 것으로 믿으며 제출합니다.

안녕히 계십시오.
H. G. 언더우드

Horace G. Underwood (Seoul),
Letter to the Presbyterian Mission to Korea) (Dec. 26th, 1886)

Enclosure:

To the Presbyterian Mission to Korea:

Whereas; There has been difficulty between the workers on the mission field here, and

Whereas; One member has asked to be relieved and two others have sent in their resignations to the Board, and

Whereas; As individual missionaries we have received letters from the secretaries and members of our Board and here who were acquainted with the facts, urging upon us the necessity of all remaining in the field and in the same Board; I beg leave to present the following plan for the settlement of the old trouble, and, if possible, a reuniting of our energies in a Christian way.

I. That, at a special meeting to be called for the purpose and to be opened with prayer and the reading of the scriptures; any member of the mission who desires may state individually and separately any cause that he may think he has for grievance against any other member, and that the member charged with aggrieving shall either explain away the grievance so the satisfaction of the mission, or apologize to the party aggrieved at this meeting.

II. That, for all future work, the following plans be carried out, and that they be not simply suggestions but rules for the guidance of the missions.

A. That in connection with the Hospital School, the teachers shall form themselves into a faculty to hold regular monthly meetings and special meetings at the call of any one member; that the entire management of the school as far as the foreigners are concerned shall be in their hands; that no arrangement with Koreans or other foreigners shall be made (except in any one member's particular department) until after full consultation with the faculty; that all communications concerning the school as a school, with the government, all rules for the guidance, of the students and officers, all decisions as to the regular courses to be taught, as the admission or dismission of the students, etc. shall be made only after consultation and approval of at least two members of the faculty.

B. That in connection with the Royal Korean Hospital, the three doctors now in attendance shall form themselves into an advisory Board with equal powers; that this advisory board shall have regular monthly meeting, or special meetings at the call of any one member; that all plans in connection with the Hospital shall be submitted to each member of this advisory Board and shall only go into effect upon the approval of at least two members; that all communications with the government or institutions similar to the Hospital shall be made only after their approval by and in the name of this Board; that all purchases of drugs and supplies for the Hospital shall only be made after consultation with the advisory Board and the approval of at least two members.

C. That the three doctors in connection with the mission shall form themselves into a Standing Committee to have charge of the medical work of the mission. That all orders for drugs for the mission shall be submitted to this Committee and subject to their approval; that Dr. H. N. Allen shall act as Treasurer of this Committee; that all accounts for running expenses which are to be charged to the Hospital account or accounts of the mission shall be presented in the form of itemized accounts to this Committee and paid on their approval, and that this Committee shall have regular monthly meetings on the last day of each month, or when this comes on a Sunday, on the day previous, and special meetings at the call of any two members.

D. That in the future in all work of the mission where two or more are engaged and do equal work, equal power shall be vested.

Trusting that this or a modification of it to suit the mission may be a help in straightening out our affairs.

I remain,

Yours in the work,
H. G. Underwood

호러스 N. 알렌(서울)이 탕샤오이(唐紹儀, 서울 주재 중국 영사)에게 보낸 편지 (1886년 12월 27일)

서울,
1886년 12월 27일

탕샤오이 님

안녕하십니까,

　나는 일본 공사관의 하야카와 씨로부터 슈우에 관한 진단서에 포함된 특정 단어와 표현에 대한 설명을 요청 받았습니다.
　나는 요청에 응하였으며, 귀하에게 보낸 것과 동일한 설명의 보도 자료 사본을 동봉합니다 ＿＿ ＿＿ ＿＿.

＿＿ ＿＿ ＿＿

　H. N. 알렌

Horace N. Allen (Seoul),
Letter to S. Y. Tang (Chinese Legation at Seoul) (Dec. 27th, 1886)

Seoul,

Dec. 27th/ 86

S. Y. Tang Esq

My dear Sir,

I have been asked by Mr. Hayakawa of the Japanese Legation for explanations of certain words and expressions contained in the Certificate concerning Shou Wu.

I have complied with the request and herewith enclose Press copies of said explanations covering the same as sent to you ___ ___ ___.

___ ____ ____

H. N. Allen

존 W. 헤론(서울)이 프랭크 F. 엘린우드(미국 북장로교회 해외선교본부 총무)에게 보낸 편지 (1886년 12월 27일)

한국 서울,
1886년 12월 27일

친애하는 엘린우드 박사님,

저는 박사님의 11월 2일자 편지에 대하여 자세히 읽고 답장할 시간이 없었으며, 그 편지는 제가 9월 17일자로 보냈던 편지에 대한 답이라고 여길 수 없습니다. 그것은 제가 이곳에서의 임무를 그만두려는 6가지 이유를 모두 무시하였으며, 제가 알렌 박사를 질투하고 공공연히 기독교인과 신사로서 어울리지 않는 감정을 들어내었다는 가정 하에 쓴 박사님의 편지 전체 내용에 기초해 볼 때, 그 이유들이 잘못되었거나 또는 생각할 가치가 없는 것으로 여겨져 있기 때문입니다.

만약 박사님이 추측하시는 것이 사실이라면, 왜 저는 기꺼이 이곳의 제 직책을 포기하고 감리교회로 가려고 했을까요? 만약 이것이 질투와 야심, 그리고 알렌 박사가 제 자신보다 더 호감을 받기 때문에 생긴 마음 때문이라면, 왕이 이미 저에게 수여한 명예와 왕이 계속해서 저에게 보여주는 호의들을 제가 기꺼이 포기할 수 있을 것 같습니까? 어떻게 한국 정부로부터 어떠한 명예도 받지 못하고 아무런 인정도 받지 못한 상태에서 사역을 하고 있는 선교부로 가겠습니까? 그리고 박사님이 언급하셨듯이, 왕이 저에게 준 모든 명예가 알렌 박사의 요청으로 받은 것이라면, 제가 이곳에서 그와 더 이상 함께 이일을 하고 싶지 않다는 것이 이상한 일이 아닙니까?

박사님의 편지를 보면 마치 서울에 있는 모든 외국인들이 알렌 박사와 저 사이의 불화를 알고 있다고 박사님이 생각하셨던 것 같습니다. 알렌 박사가 얼마나 많이 이것을 이야기하였는지 알지 못하지만, 저는 이를 부인하지는 않습니다. 저는 한동안 저에 대해 명백히 편파적인 보고들이 돌고 있었다는 것을 알고 있었으며, 박사님의 최근 몇 통의 편지를 통해 그가 박사님께 그런 정보를 주었다고 추측하게 되었습니다. 알렌 박사와 저 사이의 일들을 오랫동안 인식하고 있으셨고, 우리들 사이에 존재하였던 질투와 반감을 알고 있었던 사람들이 그 놀라움과 고통의 말을 박사님께 알렸다는 박사님의 언급은, 제

아내와 제가 언더우드 씨를 제외한 어느 누구에게도 [이러한 사실을] 말하지 않았기 때문에, 이 문제에 대한 저의 추측을 증명할 뿐입니다.

(중략)

친구들이 멀어지고 관계가 형식적으로 되는 것을 보았고, 박사님은 우리 자신들을 옹호하지 못하도록 어떤 결의안이 필요하다고 생각하실 수 있겠지만, 우리는 결코 그렇게 하지 않았습니다. 우리 집에서 함께 살고 있는 엘러스 양에게도 이 문제에 대해 언급하지 않았고, 저의 사임 편지가 보내진 이후에도 그녀의 _____에 이 문제를 언급하지 않았습니다. 이후 우리의 계획과 관련하여 그녀가 모르게 하는 것은 옳지 않다고 생각하고, 그녀에게 저는 사임하였고 제가 그렇게 한 이유들을 설명해 주었습니다. 알렌 박사가 이전에 그녀에게 모든 것을 말하였고, 이후 그의 이야기만 들어오다가 문제에 대한 제 입장을 듣게 되어 기뻤다고 그녀가 말하였을 때에도 저는 이 문제에 대하여 제 부친께 편지조차 쓴 적이 없습니다. 이런 상황에서 알렌 박사와 저 사이의 문제들의 상황을 알고 계신 것은, 박사님이 저에게 오랫동안 알고 계시다고 말씀하셨듯이, 알렌 박사로부터 아신 것이 틀림없을 것이라고 저는 판단하며, 제 사직 편지가 [박사님께] 도착하기 전에 박사님은 그 문제에 대해 이미 결정하셨기 때문에 문제를 제기하는 것입니다. 이것이 공평합니까? 저에게 _____하지 않습니까? 우리 사이의 질투와 반감에 대해 알고 있는 사람들을 통하여 전해진 고통과 놀람의 표현은 알렌 박사가 문제에 대해 이야기한 사람으로부터 왔을 수밖에 없으며, 모든 문제에는 양측의 입장이 있고 우리들 중 양측의 공정한 관점을 제시할 수 있는 사람은 거의 없기에, 이 문제에서 그들이 알렌 측을 선호하는 편견을 가졌을 상당한 가능성이 있다고 생각하지 않으십니까?

더구나 제가 제3자 앞에서 알렌 박사에게 무례하게 행동하거나 이야기하였다는 것을 알지 못하며, 새 병원과 관련하여 박사님이 언급하신 가혹한 말씀에 대해서 실수하였다고 느끼지 않습니다.

저는 식사 자리에서 우리 사이에 무엇을 말하고 들었는지 목격자로서 언더우드 씨를 남겨 두겠습니다. 저는 몇 주일 동안 외부 소식통을 통하여 알렌 박사가 새 병원과 관련하여 정부와 대화하였다는 것을 알고 있었다고 말씀드립니다. 하지만 그는 그 문제에 관하여 저에게 아무 것도 이야기 하지 않았습니다. 저는 다음날 약을 조제하기 위하여 병원에 있었으며, 그 문제를 거론하였습니다. 그것에 대해 제가 이전에 들었어야 한다고 생각한다고 말하였을 때, 자신이 갔던 곳에서 _____를 할 수 없었다고 대답하였으며, 이어 다른 사람들이 제가 전날 밤 바보짓을 했다고 말하였다고 제게 말해 주었고 이에 대해 제가 화를 내었습니다. 더욱이 그는 제가 자신을 질투한다고 말하였으며, 제가 그를 질투하게 될까 봐 조심하고 있다고 대답하였을 때 그는 자신의 생애에서 알았던 어떤 사람보다 제가 터무니없이 뻔뻔스럽고 무례한 놈이라며 사무실에서 나가라고 제게 지시하였습니다. 완전히 억제하기에는 저의 감정이 너무 강하였기 때문에 그때 저는 화가 났다는 것을 인정하지만, 스스로를 억제하기를 잘하였다고 느끼고 있습니다.

저는 저에 대한 조선 정부의 대우나 궁궐 연회에 관련하여 박사님이나 다른 어느 누구에게도 결코 불평한 적이 없습니다. 조선 정부나 왕은 조금도 저를 무시하지 않았습니다. 엘러스 양이 오고 알렌 박사가 그녀와 동행하여 궁궐에 들어가 왕비의 치료에 대하여 자문을 할 때까지, 우리는 명예와 선물 등과 관련하여 상당히 유사한 입장이었습니다. 하지만 저에게 베풀어진 직급은 제가 병원에서 훌륭하게 성실히 일을 해서 얻은 것이기에 알렌 박사에 대하여 어떠한 의무도 느끼지 못합니다. 첫 두 달 동안을 제외하고 병원이 개원한 이래 저는 힘을 다하여 일을 해왔습니다. 왕의 호의 중 얼마만큼이나 알렌 박사의 영향 때문일까요? 박사님의 정보는 오로지 알렌 박사로부터 얻은 것이기에 멀리 떨어져 있는 박사님 보다는 아마도 제가 더 나은 판단을 할 수 있을 것입니다. 우리에게 직급이 수여되었을 때, 병원과 연관된 하급 관리들은 승진되었으며 모든 하인들은 선물을 받았습니다. 이런 상황에서 왕이 저를 간과했을 가능성이 있을까요? 아닙니다. 그는 알렌과 동등한 지위를 저에게 주었으며, 여러 방법으로 그의 백성들을 위해 힘쓰는 저의 노력에 감사를 표하였습니다.

연회 초대와 관련하여, 저는 알렌 박사가 갈 예정임을 알았지만, 제가 궁궐 일과 연관된 것이 아니기에 초대 받지 않은 것에 대해 전혀 이상하다고 생각하지 않았습니다. 하지만 다른 두 번의 행사에는 그가 가고 난 몇 시간 후에 급한 연락으로 연회에 참석하였는데, 한국인 통역관과 관리는 왕이 왜 우리가 일찍 초대 받지 못하였는지 물어보았다고 말해주었습니다. 맹세코 저는 이해하지 못하였고, 이해할 수 없었다고 말씀드려야겠습니다. 그러나 비록 알렌 박사에게 보낸 초대장의 번역이 아마 부정확하였거나, 한국인들이 복수를 의미하지만 단수를 쓰기도 하기 때문에 같은 단어가 '의사' 혹은 '의사들'을 의미하였을 수가 있었더라도, 언더우드 씨와 저는 알렌 박사가 초대장에 대해 감춘 것을 비난할 생각은 전혀 없었습니다.

대중 잡지에 실린 우리 사역의 소식과 관련하여, 병원과 관련하여 쓰셨을 때 박사님은 장로교회 선교본부가 그 일을 위해 두 명을 파송하였다고 언급하는 것을 무시하셨거나 혹은 알렌 박사의 책임 하에 있다고 쓰셨거나 제게는 별 차이가 없습니다. 그러나 우리는 제가 언급되지 않는 것이 다소의 문제가 있는 것으로 여기는 미국의 제 친구들로부터 그것에 대해 항의를 받았습니다. 저는 단지 그들을 위하여, 그리고 이곳의 실제 우리의 힘이 작게 보이는 것이 제게도 좋지 않기 때문에 제안 드리는 것일 뿐입니다.

받은 직급을 언급하실 때 알렌의 것과 연관하여 저의 이름을 발표하신 것은 정당해 보이는데, 그 무렵에는 직급이 같았기 때문입니다. 그러나 그 이후 알렌 박사는 승급되었는데 추측컨대 왕비에 대한 그의 관심 때문일 것입니다. 제가 그 일을 하지 않았고 그것과 연관된 명예에 권리를 갖고 있지 않기 때문에, 이것은 정당하고 옳다고 생각합니다.

(중략)

John W. Heron (Seoul),
Letter to Frank F. Ellinwood (Sec., BFM, PCUSA) (Dec. 27th, 1886)

Seoul, Korea,

My dear Dr. Ellinwood,

I had not time last mail to take up in detail and reply to your letter of Nov. 2 which I can scarcely consider an answer to mine of Sept. 17, since it entirely ignored the six reasons I gave for wishing to resign my commission here, and assuming that they were false or not worth considering, based your entire letter upon the supposition that I was jealous of Dr. Allen and had exhibited feeling unbecoming to a Christian and a gentleman in public.

If what you assume to be the reason is the true one, why is it that I am willing to give up my position here and go to the Methodist mission? If it were jealousy and ambition and that spirit existed because Dr. Allen is more highly favored than myself, is it at all likely that I should be willing to entirely give up the honor the king has already bestowed upon me and the favors he is constantly showing, and go to a mission where not only no favors have ever been granted but where their work passes entirely without recognition from the Korean government, and if as you state, all the honors given to me by the King have been given at the request of Dr. Allen, is it not strange that I am anxious to be no longer connected with him here in this work?

From your letter it would seem as if you thought all the foreigners in Seoul knew of the trouble between Dr. Allen and me. I do not pretend to contradict this for I do not know to how many Dr. Allen has told it. I have known for some time that reports decidedly prejudicial to my reputation were being circulated, and from your last few letters I have had reason to suppose that he was giving some such information to you. Your statement that you had been aware of the condition of things, between Dr. Allen and myself for a long time and that expressions of great surprise and pain had come to you from those who had known of that jealousy and bitterness that existed between us, only proves my suspicions in regard to the matter correct, for neither my wife or I have ever spoken to any one of the trouble except to Mr. Underwood.

(Omitted)

We have seen friend after friend became distant and formal and you can imagine that it has required some resolution to keep from attempting to vindicate ourselves, but we had never done so, not even to Miss Ellers, who lives as part of our house, not even having mentioned this matter to her _____ after my letter of resignation had been sent. Then think it not quite right to keep her so in the dark concerning our plans, I told her that I had resigned and read her my reasons for doing so. When she told me that Dr. Allen had before told her all about it and she would be glad to hear my side of the question since up to that time she had only heard his, I have not even written to my father of the difficulties here. Under these circumstances the knowledge of the condition of affairs between Dr. Allen and me, which you tell me you have known for a long time, must have come from Dr. Allen, and I am judged and my <u>motives</u> called in question because long before my letter of resignation reached you, you had already decided upon the case. Is this fair? Is it not _____ing me? The expression of pain and surprise from those who had known of the jealousy and bitterness between us can only have come from some one to whom Dr. Allen had told of the troubles, and as there are two sides to every question and as very few of us can present a fair view of both sides, is it not highly probable that they too were prejudiced in favor of Dr. Allen's side of the difficulties?

Furthermore I do not know that I have ever said or done anything uncourteous to Dr. Allen in the presence of any third party, and I do not feel that I am at fault concerning the harsh words to which you refer about the new hospital.

I shall leave Mr. Underwood to relate, as an eyewitness of what passed between us at the dinner, what he said and heard. I will state that I had known from outside information for a number of weeks that Dr. Allen was in communication with the government concerning the new hospital. He had however said nothing on the subject to me. I was in the office the next day preparing some medicine and then introduced the subject, and when I said that I thought to have been told about it before, replied that he could not take ___ around __sh him everywhere he went, then told me that others said I had made an ass of myself the previous evening to which I replied angrily. He further said I was jealous of him & when I replied that I ____rily had ___ heed to be jealous of him, tolds me I was the most confoundedly impudent, insulting fellow he had ever known in his life and ordered me out of the office. I acknowledge I was angry on that occasion because nature is yet too strong in me to be entirely curbed, yet I feel I did well to hold myself in check as well as I did.

I have never made any complaint either to you or any one else concerning my treatment by the Korean Gov't or concerning the receptions at the Palace. Neither the Korean Gov't nor the King has ever slighted me in the least degree. Until Miss Ellers came and Dr. Allen escorted her to the palace and then consulted with her as to the treatment of the Queen, we had been apparently on precisely similar footing so far as honors, presents &c were concerned. But I do not feel under any obligations to Dr. Allen for the rank conferred on me as I have earned them by as good faithful work in this hospital and with the exception of the first two months have done my full half of the work ever since the opening of the Hospital. How far the favor of the King is due to Dr. Allen's influence on my behalf. I am perhaps more capable of judging than you can be at such a distance, with your information derived solely from Dr. Allen. At the time our rank was conferred upon us, every petty official connected with the hospital was promoted and every servant received a gift. Is it likely then that the King would overlook me under these circumstances? No, he gave me equal rank with

Dr. Allen and has in many ways showed his appreciation of my work for his people.

In regard to the banquet invitation, I knew that Dr. Allen was going but I did not think it at all strange that I was not invited, as I had not been connected with the palace work. When however on two different occasions we were sent for in great haste some hours after he had gone to come at once to the banquet and were told by the Korean interpreters and officials that the King had asked why we had not been invited earlier. I must confess I did not and can not quite understand, but neither Mr. Underwood nor I ever thought of accusing Dr. Allen of suppressing invitations, although it was suggested that perhaps an incorrect translation of the invitation which was sent to Dr. Allen had been made, and that the same wording might mean Dr. or Drs., since the Korean soften write singular when they mean plural.

In regard to the announcement of our work in the public prints, it makes little difference to me whether when you write an account of the hospital you neglect to state that the Presbyterian board furnishes two men for that work or whether you write of it as under the charge of Dr. Allen, but we have complaints about it from our friends in the U. S., who seem sometimes a little troubled that my work is not mentioned. I only suggested this to you for their sake and the sake of the cause as it did not seem well to me our force here seem less than it really was.

You were right in announcing my name in connection with Dr. Allen's when speaking of the rank conferred, for at that time they were just the same, but since then Dr. Allen has been promoted, I suppose because of his attention to the queen. This is just and right, as I did not do that work and have no right to the honor in connection with it.

(Omitted)

호러스 G. 언더우드(서울)가 프랭크 F. 엘린우드(미국 북장로 교회 해외선교본부 총무)에게 보낸 편지 (1886년 12월 27일)

한국 서울,
1886년 12월 27일

엘린우드 박사님,

(중략)

이제 박사님의 편지에 언급된 몇 가지 항목에 관해서입니다. 박사님께서는 알렌 박사가 저의 적(敵)이 아님을 설득하려 하셨습니다. 저는 결코 이렇게 꿈을 꾼 적이 없습니다. 알렌 박사와 저는 개인적으로 관계가 좋습니다만, 저의 편지에 언급하였듯이 우리는 함께 조화로운 사역을 할 수 없습니다. 우리가 어느 곳에서 함께 일을 하건, 우리는 어울리지 못합니다. 저는 우리가 서로 다른 선교부에 소속되어 있었다면 아주 가까운 사이이었을 것이라는 것을 알고 있으며, 9월 17일자 편지 4쪽 중간 부분에서 이것을 언급하였습니다.

이런 언급 후에 박사님께서는 '이제 문제들을 살펴봅시다.'라고 하시면서, 맨 처음 언급하신 '문제'는 헤론이나 제가 언급한 적이 없으며, 아마 알렌 박사가 제기한 것으로 추정할 수밖에 없는데, 그것은 전혀 실제로 존재하지 않는 문제입니다. 헤론 박사는 국왕이 알렌 박사에게 수여한 직급에 대해 그와 아무런 문제가 없었고, 알렌의 직급에 대해서도 질투하지 않았습니다. 그는 한 번 알렌 박사에게 자신을 궁궐에 데려가 줄 것을 부탁하였지만, 알렌 박사가 그렇게 하는 것을 거절하였고 그것으로 끝이었습니다.

박사님의 편지 2~3쪽에서 말씀하신 왕실 만찬 건에 대해, 저는 헤론 박사나 제가 왕실의 어떤 초대가 비밀로 숨겨졌다고 말하거나 암시한 적이 없다고 분명하게 말씀드립니다.

왕실에서 만찬이 열린 저녁, 러셀 박사는 저의 집에서 몇 사람들과 함께 식사를 하였는데, 모두 제가 이야기한 초대에 대해 이야기하였으며, 이튿날 아침 알렌 박사가 저에게 초대가 비밀로 감추어졌다는 말을 하였느냐고 물었을 때 저는 말문이 막혔습니다. 저는 그에게 저나 헤론 박사는 그런 말을 하지 않았으며, 사실 그런 말을 처음 암시한 사람은 바로 알렌 박사 자신이었습니다. 만일 누군가가 '혜론 박사의 왕실 초대가 비밀로 감추어졌다는 것에 대한 이 모든 이야기'를 들었다면. 이것은 혜론 박사나 저의 결론이 아니라 단지 사실을 보고 결론을 내린 외부인으로부터 들었을 것입니다.

박사님의 편지에서 다루어진 다음 문제는 3쪽 아래 부분에 있는 새 병원에 관하여, 박사님은 알렌 박사의 설명에 대해 만족하시는 것 같은데, 사실 그것은 불완전하고 윤색이 되어 있습니다. 단지 한 문제만 다루고 있어 불완전하며, 그 일과 관계없는 내용이 첨가되어 있어 윤색이 되었습니다. 알렌 박사는 박사님께 보낸 편지에서 단지 혜론 박사와 의논하지 않고 새 병원 부지를 선정한 것만을 설명하려 하였습니다. 그는 그 전후에 있었던 모든 일에 관하여 아무 말도 하고 있지 않습니다. 부지 선정을 고려하기 전에, 변화에 대하여 어떤 제안이 만들어져야 했었을 텐데, 혜론 박사는 처음부터 끝까지 한마디도 못한 채 이 일이 진행되었습니다.

이제 이 한 문제에 대한 알렌 박사의 설명에 관해서입니다. 저도 그날 저녁 식사 자리에 있었고, 이루어진 모든 일을 보았고 오고간 말을 들었습니다.

혜론 박사가 새 병원에 대하여 축하를 받았을 때, 그는 '많은 감정을' 드러내지 않았습니다. 그는 단순히 자신에게도 새 소식이라고 말함으로써 놀랍게도 그 문제에 대해 태연해 하였습니다. 알렌 박사는 그때 공개적으로 설명하면서 혜론 박사를 만날 시간이 없었다고 말하였지만, 저는 알렌 박사가 "그(혜론 박사)와 의논하기 전에는 병원 부지를 수용하지 않겠다고 결정하였다"고 말하는 것을 들었다는 사람을 만나지 못하였습니다. 혜론 박사는 물론 저와 사실상 제가 물어 본 그 어느 누구도 이 말을 듣지 못하였으며, 알렌 박사는 그런 의도대로 한 적이 없었습니다. 아마도 그는 누구도 그의 진술을 듣지 못하였으므로 그렇게 할 의무가 없다고 생각한 것 같습니다.

박사님은 또한 알렌 박사가 선교부를 떠나야 하는 동기들에 대해 말씀하셨습니다. 그것들이 박사님께 대단하게 보일지 모르지만, 우리에게는 그렇게 커 보이지 않습니다. (제가 알기에) 당시까지 가장 좋았으며, 거의 수락하기 직전까지 갔던 한 제의는 몇 달 후 별 것 아닌 것으로 판명되었고, 알렌 박사가 궁지로 몰렸을 수 있는 것이었습니다. 최근 회의에서 제출한 자신의 사임을 표명한 언급과 그것의 사본은 박사님께 보냈으며, 그는 만일 이곳에 머물러 있다면 일 년에 3,000달러를 벌 수 있다는 것을 알지만 사임한다고 말하였습니다.

그러나 이것이 일견 큰 것 같이 보이지만, 만일 그가 오늘 선교부에서 물러나면 이곳의 3,000달러는 본국에서의 2,250달러도 되지 않습니다. 박사님께서는 다음 항목들을 보시면 알렌 박사가 현재 이곳에서 받는 돈이 어느 정도 인지 알 수 있을 것입니다.

급여	1,200.00 금화
자녀 수당 (2명)	200.00
수리비	100.00
기수 임금	60.00
말 먹이	100.00
가마꾼	125.00
통역관	100.00
관세	200.00
합계	2,185.00

그리고 집 월세, 의약품, 의료 기구 설비, 제공된 사무실 가구, 사무실 난방 그리고 진료에 사용되는 적지 않은 사무실 문방구 등을 갖고 있는데, 만일 그가 선교사가 아니었다면 전부가 자기 부담이 될 것입니다.

(중략)

Horace G. Underwood (Seoul),
Letter to Frank F. Ellinwood (Sec., BFM, PCUSA) (Dec. 27th, 1886)

Seoul, Korea,
Dec. 27th, 1886

Dear Dr. Ellinwood:

(Omitted)

Now to a few of the items mentioned in your letter. You try to persuade me that Dr. Allen is no enemy of mine. Of this I had never dreamed. Dr. Allen and I are on good terms personally, but as I stated in my letter, we cannot work together in harmony. Wherever we work together we do not get along, and I know that were we in distinct missions we could be on the best terms, and this I stated to you in my letter of Sept. 17th in about the middle page 4.

After these remarks you say, "And now to come to the issues," and the very first "issue" that you mention is one that was never mentioned by Dr. Heron or I, could only have been a supposed issue brought forward by Dr. Allen and one that does not exist at all. Dr. Heron has no issue with Dr. Allen about honors conferred upon him by the King, nor is he jealous of Dr. Allen's honors. He did once ask Dr. Allen to take him to the Palace, but this Dr. Allen declined to do and that was the end of it.

About the dinner at the Palace which you speak of on the 2nd and 3rd pages of your letter, I myself can assure you that it was never said or intimated by either Dr. Heron or I that any invitation has been suppressed.

Dr. Russell dined with a few others at my house on the evening of the dinner at the Palace, all that was said about the invitation was said by me, and I was dumb-founded on the following morning when Dr. Allen asked whether I had stated that any invitation had been suppressed. I told him that I had not said it nor had Dr. Heron, and in fact the very first intimation that any one was saying such things came from Dr. Allen himself. If any one heard "all this talk about suppressing Dr Heron's invitation to the Palace," they must have heard it entirely from outsiders who simply saw the facts and drew their own and not Dr. Heron's and my conclusions.

The next issue touched upon in your letter is at the bottom of page 3 concerning the new hospital and Dr. Allen's explanation, which appears to you to be satisfactory, is in reality both lame and colored. Lame in that it deals with one single item in the charge, and colored in that it gives a tinge to things that does not belong there. Dr. Allen in his letter to you simply attempts to explain his selecting a site for a new Hospital without consulting Dr. Heron. He says nothing about all that had gone before or that came after. Before a site could be thought of, some proposal had to be made about a change and the thing was from beginning to end carried out without Dr. Heron having any voice in the matter at all.

Now about Dr. Allen's explanation of this one item. I too was at the dinner and saw and heard all that was done and said.

When Dr. Heron was congratulated on the new hospital, he did not manifest "a good deal of feeling." He was remarkably cool about the matter simply saying that it was news to him. Dr. Allen, in his attempt at a public explanation at that time, did state that he had not had time to see Dr. Heron, but I have yet to see the man who says that he heard Dr. Allen say that "he had decided not to accept the site until he could confer with him (Dr. Heron)." Dr. Heron did not hear this, neither did I nor in fact any one that I have asked, nor did Dr. Allen carry out this intention. Perhaps he thought that as no one had heard his statement he was not bound to carry it out.

You speak also of the inducements that Dr. Allen has had to leave the mission. They may seem big to you but out here they do not seem so large to us. The biggest offer that he ever had (to my knowledge) and one which he came near accepting turned out a mere bauble in a few months and would have stranded Dr. Allen. In his statement to the mission at its last meeting in which he proposes to resign and a copy of which has been sent to you, he says that he does this while knowing that he could make his $3,000.00 a year here if he stayed.

But this, while at first sight it seems so big, is not more than, if as much as he is drawing from the mission today $3,000 out here is not more than $2,250 at home, and if you will look at the following items, you will see that what Dr. Allen gets here today amounts to as much.

Salary	1,200.00 gold
Allowance, 2 children	200.00
Repairs	100.00
Soldiers wages	60.00
Horse feed and green	100.00
Chair coolies	125.00
Interpreters	100.00
Freights and Duties	200.00
In all	2,185.00

And then he had his house rent, medicine and instruments furnished, office furniture provided, office fuel and all stationary used in medical work which is no small item, and all of these would fall upon him, were he not a missionary.

(Omitted)

윌리엄 W. 록힐(미국 임시 대리공사, 서울)의 조선 국왕의 칙령 번역문
(1886년 12월 29일)

첫 번째 문건의 사본

조선 국왕의 칙령 번역문

칙령

미국인 의학박사 알렌은 한결같은 성실함과 자비로 병든 사람들을 구원하였다. 이애 우리는 그에게 (통정대부의 칭호와 함께) 당상관의 벼슬을 수여하여 격려하고 칭찬하는 바이다.

병술(1886) 음력 5월 2일(6월 3일)

나는 위의 글이 한국어 원본의 올바른 번역문임을 보증합니다.

미 합중국 공사관
서울, 1886년 12월 29일
W. W. 록힐
임시 대리 공사

두 번째 문건의 사본

조선 국왕의 칙령 번역문

칙령,

통정대부인 미국인 의학 박사 알렌은 선행에 대한 열성으로 존경을 받을 큰 가치가 있다.

따라서 우리는 그에게 가선대부의 칭호와 함께 2품의 직위를 수여한다.

병술 (1886) 음력 9월 28일 (10월 25일)

나는 위의 글이 한글 원본의 올바른 번역문임을 보증합니다.

미 합중국 공사관
서울, 1886년 12월 29일
W. W. 록힐
임시 대리 공사

William W. Rockhill (U. S. *Charge d'Affairs ad interim* to Korea), Translation of a Decree of His Majesty the King of Chosen (Korea) (Dec. 29th, 1886)

Copy of 1st

Translation of a Decree of His Majesty the King of Chosen (Korea)

A Decree -

The American Doctor of Medicine, Allen, has shown steadfast diligence and benevolence, giving succor to sick people. We therefore confer upon him the rank of a Tang Shang, as a mark of encouragement and praise, (with the title of Tung Cheng tai-pu.)

Pieungsul (1886) 5th Moon
2nd day (June 3rd)

I certify that the above is a correct translation of the original Korean text.

Legation of the United States

Soul December 29th 1886

W. W. Rockhill

Charge d'Affairs ad interim

Copy of 2nd

Translation of a Decree of His Majesty the King of Chosen

A Decree -

The Tung Chong Tai-pu, the American Doctor of Medicine, Allen, by his great zeal in good works, is highly deserving of tokens of great consideration.

We, therefore confer upon him the rank of the second degree(with the title of) ka-son Tai-pu.

Pieungsul (1886) 9th Moon

28th day (Oct. 25th)

I certify that the above is a correct translation of the original Korean text.

Legation of the United States

Soul December 29/ 86

W. W. Rockhill

Charge d'Affairs ad interim

호러스 N. 알렌(서울)이 프랭크 F. 엘린우드(미국 북장로교회 해외선교본부 총무)에게 보낸 편지 (1886년 12월 29일)

한국 서울,
1886년 12월 29일

존경하는 엘린우드 박사님,

조선에 자유를 부여하는 협상이 끝나 이곳의 정치적 상황이 더 나아졌다는 소식을 전할 수 있게 되어 기쁩니다. 중국과 러시아는 조선의 내정에 간섭하지 않겠다는 협약을 맺었습니다. 그 결과 영국은 거문도를 포기해야만 할 것이며, 조선은 중립 지역이 될 것입니다. 진보 사상들이 자라고 그들과 연관되어 있는 중국, 몽골 그리고 티베트 인들에게 영향을 미치는 사절들이 되기를 간절히 바랍니다.

지금 큰 문제는 해외 원조에 관한 것입니다. 러시아는 훈련 교관들을 제공하기를 원하고 있으며, 앞서 언급한 조약에 관한 러시아의 행동은 조선인들을 달래고 회유하려는 눈속임일 수도 있습니다. 데니 판사는 만족을 주는 데 실패하였을 뿐만 아니라, 유력한 증거가 있는 심각한 여러 문제들로 기소된 상태입니다. 두 건은 그가 한국에 해준 조언과 달리 러시아를 도운 것과 관련이 있습니다. 다른 하나는 자신의 이익을 위하여 아메리칸 트레이딩 컴퍼니에 손해를 주려 시도한 것이었습니다. 이것은 비밀인데, 그 판사가 저에게 매우 친절하기 때문에 저는 그것에 대해 가능한 적게 말씀드리려 합니다. 저는 그가 중국의 지원 하에 오지 않고 정부의 협조와 호의를 얻었다면, 그는 더욱 성공적이었을 것인데 그가 앞으로 많은 날 겪을 문제를 만들었기 때문입니다.

신임 미국 대리공사 록힐이 북경에서 왔는데, 그는 뛰어난 중국학 학자로 잘 알려져 있고 환영 받고 있습니다. 왕과 개화파는 포크 씨가 조선 군대를 맡도록 압력을 가하고 있습니다. 그는 미국 국무부가 84년의 반란을 일어나게 한 사건들과 관련된 사적 편지를 공표하였기 때문에 불쾌하게 느끼고 있습니다. 그는 왕비와 민 씨 집안에 대하여 다소 솔직하게 말하였으며, 동부에서 간행되는 신문에 실렸고 조선인들이 읽었기 때문에 그는 자신을 향한 정서적 반감을 불러 일으켜 질지도 모른다고 걱정하며, 그럴 경우 그는 아마 떠날 것이고 선교부는 그들의 강력한 공식적인 지원을 잃게 될 것입니다.

에디슨 전기회사가 이곳에 들어왔습니다. 맥케이 씨가 책임자인데, 우리와 함께 머물고 있습니다. 왕대비의 80세 생신 잔치가 조만간 열릴 것이며, 아마도 다음 편지의 한 부분(그 행사의 묘사를 의미합니다.)이 될 것입니다. 록힐 씨에게 저에게 훈장을 수여하는 칙령의 공식 번역을 의뢰하였습니다. 번역본이 입수되는 대로 사본을 보내드리겠습니다.

저는 내년 가을에 이곳을 떠날 것에 대하여 충분히 따져보고 있으며, 박사님께서 제 행로의 현명함을 아시게 될 것이라 믿습니다. 이 사람들과 계속해서 지내는 것은 지극히 무모한 일이며, 두 사람 모두를 떠나게 하는 것도 어리석은 일일 것입니다. 그들의 행동은 제가 할 수 있는 범위를 넘어선 것으로 보이며, 더 많은 시간이 사역보다는 그들에게 헌신하는데 쓰일 것입니다. 헤론 박사는 병원에서 저를 가능한 한 불쾌하게 만들지만, 저는 그 문제들을 다시 거론하지 않을 것입니다. 제가 그에게 보낸 편지를 박사님께 보냈다는 사실을 박사님으로부터 알게 된 후에, 저는 그가 저에게 보낸 편지 모두를 살펴보았지만 박사님이 그것들을 보고 싶어 하지 않으신다면 그것들로 인해 박사님을 난처하게 하지 않을 것입니다. 저의 편지들은 (내용이) 비교적 과격하지 않게 보일 것이라고 생각합니다. 저는 언더우드 씨와 (헤론 박사의) 지난 번 행동에 대해 말씀 드려야겠습니다. 그(언더우드 씨)가 자신의 성탄절 만찬 준비에 열중해 있었기 때문에 알렌 부인은 그를 대신하여 고아원에서 가르쳤으며, 그는 결코 나타나지 않았습니다. 엘러스 양도 그녀의 병원 업무가 허락하는 한 가르쳤습니다. 두 숙녀는 언더우드 씨에게 고아원 소년들에게 행복한 성탄절을 만들어 주고 싶다고 말하였습니다. 알렌 부인은 각 아이를 위한 사탕과 과일 주머니를 만들었지만, 엘러스 양이 감리교회 사람들로부터 언더우드와 헤론이 고아원에 제공한 성탄절 식사로 멋진 시간을 가졌다는 것을 듣기 전까지 아무 것도 듣지 못하였습니다. 이 두 사람은 최근에도 외국식 저녁 식사로 사람들을 대접하였습니다. 우리는 결코 한 번에 6명 이상을 손님으로 맞아 본 적이 없었으며, 조용한 행사이었습니다. 언더우드 씨는 데니 부인이 마련한 저녁 만찬에서 춤을 추었고 신년 전야에 그녀 집에서 열린 무도회에 초대받자 이에 응하였으며, 엘러스 양도 초대받았지만 거절하였습니다. 언더우드는 저를 싫어할 이유가 없지만, 그가 그런 행동을 하였기에 저는 완전히 자유롭게 그것을 폭로할 수 있습니다. 아이의 세례를 그에게 맡기지 않아 저를 좋아하지 않는다는 것을 알지만, 당시 그를 저의 목사로 여겨 논의하러 갔을 때 저를 괴롭혔다는 것을 알면서 어떻게 제가 그에게 부탁할 수 있겠습니까.

(우리는 언더우드 씨에게 물어보지 않고 한국인들에게 결코 식사를 대접하지 않았으며, 몇 번은 헤론 박사에게 물었지만 그는 대개 거절하였다는 것을 말씀드려야 하는데 잊었습니다.)

박사님이 제안하신 것처럼 길모어 씨(교사)와 몇 번 상담을 하였습니다. 그는 처음에 헤론의 집에서 지냈으며, 우리의 불화를 알게 되었는데, 저의 설명을 통해 다른 면도 있었다는 것을 알고 그의 생각을 고쳤습니다. 그는 [불화를 이해하는데] 도움이 되는 사실을 알게 되어 기뻐하였지만, 제 자신이 그들로부터 너무 거리를 두고 있었기에, 그는 이것을 어떻게 설명해야 할지 어쩔 줄 몰라 했습니다. 저는 그에게 선택된 친구인 다른 사람들에 대하여 편견을 갖고 싶다는 생각을 그에게 주지 않기를 바라는 마음 때문이라고 그에게 이야기해 주었습니다. 그는 저의 연락에 더 신속하게 대답했어야 하였지만, 헤론 부부는 그가 그렇게 하지 않는 것이 더 나을 것이라고 설득하였다고 저에게 말하였습니다. 그는 또 헤론은 고집이 쎈 것을 제외하고 ___하며, 언더우드가 그들을 대변하였지만 모든 일의 배후에 헤론 부인이 있다고 생각한다고 말하였습니다.

안녕히 계십시오.
H. N. 알렌

Horace N. Allen (Seoul),
Letter to Frank F. Ellinwood (Sec., BFM, PCUSA) (Dec. 29th, 1886)

Seoul, Korea,
Dec. 29th, 1886

Dr. F. F. Ellinwood
   23 Centre St., N. Y.

My dear Doctor,

I am glad to be able to inform you that the political prospect in Korea is far better by the termination of the negotiations granting liberty to Korea. China and Russia have ratified a treaty agreeing to abstain from interfering in Korean affairs. England will thus have to relinquish Port Hamilton and Korea will become a neutral zone. It is sincerely to be hoped that the progressive ideas will grow and increase, so leavening this people that they may become ambassadors to the Chinese, Mongols and Tibetans with whom they are connected.

The great trouble now is in regard to Foreign assistance. The Russians want to supply the drill instructors and it is possible that Russia's action in regard to the above treaty may be but a blind to pacify and conciliate the Koreans. Judge Denny not only has failed to give satisfaction but several serious charges are brought against him with strong evidence. Two are in regard to his aiding Russia, contrary to advice he had given the Koreans. The other was his attempt to injure the American Trading Co. in the interests of himself. This is private, I say as little as possible about it, for the Judge is very kind to me, and I think had he not come under Chinese support and had obtained the sympathy and cooperation of the Govn't, he would have been far more successful, as it is he has laid up trouble for many days to come.

The new U. S. *Charge d'Affairs*, W. W. Rockhill, is from Pekin, a good Chinese scholar, well posted and well liked. The King and progressive party are pressing Foulk to take charge of the Korean army. He feels badly because the State Dept. published his private letter relating the events leading up to the

Emuete of '84. As he speaks rather plainly about the Queen and the Mins, and as it has been republished in Eastern papers and read by Koreans, he fears it may stir up a spirit antagonistic to himself, in which case he will probably leave, and Missions will lose their strongest official support.

The Edison Electric Light has arrived. Mr. McKay, who is in charge, is stopping with us. The Queen Dowager's 80th birthday is soon to be celebrated and will probably form part of my next letter (the description of the ceremony, I mean.) I am having Mr. Rockhill make a certified translation of the decrees giving me decorations. I send you copies when at hand.

I am fully calculating upon leaving here next fall and trust you will see the wisdom of my course. It is utterly useless for me to attempt to continue with these people and it would be folly for you to let them both go. Their conduct is and has been seen such that they have gone beyond my reach and more of my time would be devoted to them than to the work. Dr. Heron makes it as unpleasant for me at the Hospital as possible, but I won't open upon their subject again. I looked up all of his letters to me, after learning from you that he had sent mine, but I will not trouble you with them unless you express a desire to see them. I think mine will appear mild in comparison. I must tell you of Mr. Underwood's (and Dr. Heron's) last action. Mrs. Allen taught for him in the orphanage till he (Mr. U.) became so engrossed in preparations for his Christmas dinner, that he was never on hand. Miss Ellers also taught as long as her hospital duties would allow. Both ladies had expressed to Mr. U. a desire to help in making 'Xmas happy for the boys. Mrs. Allen had made bags of candy and fruit for each one, but nothing was said till Miss Ellers was informed by the Methodists of the nice time they had had at the Orphanage 'Xmas dinner, which had been furnished by Underwood and Heron. Both of them have also been giving large foreign dinners lately. We never had more than six at a time and then it was but a quiet affair. Mr. Underwood danced at Mrs. Denny's dinner and has accepted an invitation to a dance at her house on New Year's eve, to which Miss Ellers was invited, but declined. Underwood has no cause against me, but as he has taken the action he has, I am at full liberty to expose him. I know he didn't like my action in not having him baptize my baby, but how could I have him, knowing that he used a matter against me when I had gone to him to consult about telling him at the time that I came to him as my pastor.

(I forgot to say that we have never given a dinner to Koreans without asking Mr. U. and several times asked Dr. Heron, but he usually declined.)

I have had some consultation with Mr. Gilmore (teacher) as you suggested. He said that from the first he spent in the Heron's house, our trouble had been forced upon him, that he had made up his mind from my conduct that there was another side, and he was glad to get a little light on it, but that I had held myself so aloof from them that he was at a loss to account for it. I told him in that respect was due to my desire not to give him the idea that I wished to prejudice him against the others who seemed to be chosen friends. He told me that he should have called more promptly in answer to my calls but the Herons had persuaded him he had better not. He also said that he thought Heron was not mean(?) aside from stubborn, but that Mrs. Heron was at the bottom of the whole thing while Mr. U. did the talking for them.

Yours very truly,
H. N. Allen

19080000

호러스 N. 알렌, 한국의 풍물. 단편 및 일화 모음.
선교사 및 외교관 (뉴욕: 플레밍 H. 레벨 컴퍼니, 1908),
77, 204~205, 206~207쪽

77쪽

최초의 개종자

내가 부상자들의 진료에 나의 시간을 빼앗기고 있던 초기에 나의 사무실을 돌보았던 노인은, 만일 내가 언어 학습을 위한 시간이 있었다면 나의 어학 선생이 되었을 것이다. 그는 학자이었고 한문을 읽을 수 있었다. 나의 책상에는 많은 책들 중에 한문으로 된 신약성경이 있었는데, 그 노인은 시간을 때우기 위하여 그 무거운 것을 손에 들고 읽기 시작하였다. 그는 그 책에 너무도 관심을 갖게 되었고, 내가 임무를 마치고 떠날 때 그것을 훔쳤다. 하지만 그것이 그가 기독교로 개종하게 된 수단이었고, 이상한 점은 내가 장로교회 사람이고 그 책이 장로교회 출판사에서 출판되었음에도 불구하고 한국 최초의 개신교 신자로서 감리교회 사람을 만들었다는 것이다.

이것은 영국 교회의 신자인 래브라[141]의 그렌펠 박사[142]의 경우와 비슷한데, 그는 회중교회의 한 목사의 호의를 통하여 이전에 감리교회 목사가 착용하던 한 쌍의 의족(義足)을 선물로 받아 어느 천주교인 환자에게 달아주었던 일과 유사하다. 하지만 이 경우에는 내가 생각한 것보다 더 당황할 만한 이유가 있는 것 같다.

204~205쪽

한 예술가의 죽음

1886년 초봄에 샌프란시스코에서 온 한 예술가가 전문적인 추구를 위하여 서울에 왔다. 나는 어느 날 그곳에 거주하고 있는 몇몇 외국인들을 예방 접종하기 위하여 갔을 때 우연히 그를 만나게 되었다. 그는 내가 그에게 예방 접종을 하는 것을 거부하였고, 이 야만적인 관습에 대하여 자신이 생각하고 있

---

141) 북아메리카의 허드슨 만과 대서양 사이에 있는 반도이다.
142) 조지 그렌펠(George Grenfell, 1849~1906)은 영국 침례교의 목사이며, 아프리카 선교의 개척자이다. 주로 콩고 일대를 탐사하였으며, 벨기에 국왕의 요청을 받아 콩고와 앙골라의 국경을 조정하였다.

는 것을 꽤 많은 강의를 하였다.

그는 한옥의 일부분을 사용하였는데, 종이 칸막이로 분리된 옆방에 천연두에 걸린 아이가 누워 있는 줄도 몰랐다. 그가 나에게 강의를 한 며칠 후에 나는 그의 병상으로 왕진 요청을 받았고 그가 병에 걸려 있는 것을 발견하였는데, 그것의 가장 나쁜 형태를 취하였고 고령인 그가 살아날 가망이 거의 없었다. 그는 자기 이론에 대한 순교자가 되었다.

내가 이것을 언급하는 것은, 샌프란시스코의 신문 최근호에 이 다정한 사람의 슬픈 최후에 대한 기사가 상당하게 실렸기 때문이다.

206~207쪽
콜레라

한국에서는 콜레라, 장티푸스, 그리고 발진티푸스와 같은 병들이 풍토병인 것 같으며, 그것들이 유행할 때의 피해는 가장 오싹하다. 많은 선교사들이 발진티푸스에 걸렸으며 대부분은 치명적이었다.

1886년 여름에 콜레라가 매우 심하게 유행하였는데, 당시에는 얕은 도랑에 묻기 위하여 3구, 심지어 5구의 시신을 들것 하나로 운반하는 것을 보는 것이 드문 일이 아니었다. 장례 절차는 전혀 문제가 되지 않았다. 필연적으로 급하게 매장을 해야 했기에 곧 오는 비는 부분적으로 부패된 유해에서 흙을 씻어 내었다. 그것은 소름끼치는 광경이었다.

프랑스 신부들은 그때 많은 양의 예방약을 가져다가 그들의 신자들을 위해 사용하여 분명한 성공을 거둠으로써 나를 크게 도와주었다. 여기서도 죽을 사람은 내가 도착하기 전에 그렇게 되었고, 다른 사람들은 회복되었다. 어떤 경우에는 발병 후에 너무 빨리 사망하여 내가 그들에게 도착할 수 있을 때까지 나의 진료가 필요 없었다.

정부 관리들은 나를 도와주었으며, 끓인 물의 사용과 관계된 지시를 내렸고 석회를 무료로 배급하여 하수도 안팎과 집 아래에 사용할 석회도 무료로 제공하였다.

Horace N. Allen, *Things Korean*. A Collection of Sketches and Anecdotes Missionary and Diplomatic (New York: Fleming H. Revell Company, 1908), pp. 77, 204~205, 206~207

p. 74

First Convert. - The old man who cared for my office in the early days when my time was taken up with the wounded, was supposed to be my teacher had I had time for study of the language. He was a scholar and could read the Chinese text. I had on my desk, among other books, a copy of the New Testament in Chinese which this old man began to read as a means of passing the time that hung heavy on his hands. He became so interested in the book that on leaving my service he stole it. It was the means, however, of his conversion to Christianity and the strange thing about it was that though I was a Presbyterian and the book had been published on a Presbyterian press, it made a Methodist of this, the first Protestant convert in Korea.

It was like the case related by Dr. Grenfell, of Labrador, himself of the Church of England, who received through the kindness of a Congregational minister, the present of a pair of cork legs formerly worn by a Methodist clergyman, which legs Dr. Grenfell attached to a Catholic patient. There would seem to be more reason for straying in this case, however, than in the one that occurred to me.

pp. 204~205

An Artist's Death. - In the early spring of 1886, an artist from San Francisco came to Seoul on a professional quest. I chanced to meet him one day when on a vaccinating tour among the few foreigners then residing there. He declined to allow me to vaccinate him and delivered quite a lecture to me upon what he considered this barbarous custom.

He took part of a Korean house and did not know that in the room next to him, separated by a paper partition, lay a child suffering with smallpox. A few days after he had lectured me I was called to his bedside and found him down with the disease, which assumed its worst form and at his advanced age left him little chance of life. He died a martyr to his theories.

I mention this since a recent number of a San Francisco journal contained quite an account of this amiable man and his sad end.

pp. 206~207

Cholera. - Such diseases as cholera, typhoid and typhus seem to be endemic in Korea and their ravages in times of epidemic are most alarming. A number of missionaries have had typhus, most of the cases proving fatal.

In the summer of 1886 we had a very severe epidemic of cholera, when it was not uncommon to see three and even five bodies being carried out on a stretcher for burial in a shallow trench; funerals proper being quite out of the question. Burial was necessarily such a hasty matter that the subsequent rains soon washed the earth from the partially decomposed remains. It was a grewsome sight.

The French fathers assisted me greatly at this time by taking quantities of preventive medicine which they used with their people with apparent success. Here again it happened that those who were to die did so before I could reach them, while the others recovered. In some cases death followed so quickly after the onset that the patient had no need of my services by the time I could reach him.

The government officials assisted, and issued instructions regarding the use of boiled water, while they also provided free supplies of lime to be used in and about the drains and under the houses.

1886년 1월 19일   알렌, 왕을 위하여 난로, 램프 등을 주문함

코스트 신부의 요청으로 천주교 신자를 진료함

22일   코스트 신부의 요청으로 진통 중인 산모를 진료함

26일   주한 외교사절에 천연두 유행에 대한 편지를 보냄

26~27일   제물포에서 일부 중국인 밀수업자들이 세관을 습격함

30일   한국 선교부, 1886~87년도 예산을 승인함

한국 선교부, 고아원 개원에 대한 결의를 선교본부로 보내기로 의결함

2월 1일   한성주보에 제중원 관련 기사가 실림

6일   노비 제도가 폐지됨

10일   알렌, 헤론, 언더우드, 조지 C. 포크 대리 공사에게 고아원 설립 계획안을 제출하며 한국 정부에 알려줄 것을 요청함

11일   김윤식 외아문 독판에게 의학 교육의 필요성을 제기하는 편지를 보냄

14일   김윤식, 고아원과 관련한 포크 대리 공사의 외교분서에 대한 답신을 보냄

16일   포크, 고아원과 관련한 김윤식의 답신을 한국 선교부에 알림

20일   포크, 국무부 장관에게 제중원 의학교 설립 및 고아원 설립에 대하여 보고함

3월 15일   맥시밀리언 토블스가 천연두에 걸려 사망함

29일   제중원 의학교가 개교함

데니 판사가 도착함

4월	일	의학교의 임시 규칙이 있었음
		의학교의 일반 계획이 있었음
4월	2일	감리교회의 아펜젤러, 매클레이에게 여의사의 즉각적인 파송을 요청함
	4일	헤론, 언더우드, 의학교의 개교 경위에 대한 해명을 요구함
	8일	알렌, 메리 스크랜턴에게 감리교회의 여병원 설립 요청이 한국 정부에 제출되어 호의적인 반응을 받았다고 알림
	9일	김윤식 외아문 독판에게 여병원 설립의 필요성을 제기하는 편지를 보냄
	10일	헤론, 언더우드, 여병원 설립과 관련한 경위에 대한 해명을 요구하고 더 이상 감리교회를 돕지 않기로 의결함
		메리 스크랜턴에게 위의 사실을 알림
	12일	선교본부에 여병원과 관련된 경과를 보고함
	25일	첫 개신교 세례가 거행됨
5월	9일	개신교와 가톨릭의 차이를 왕의 통역에게 설명함
	11일	고아원이 개원함
	22일	일본에 콜레라가 유행하고 있으니 위생 규칙을 준수할 것을 권고하는 회람을 돌림
6월		제중원 일차년도 보고서가 발간됨
	3일	포크, 국무부 장관에게 제중원의 성과에 대하여 보고함
	8일	신임 주한 미국 공사 윌리엄 H. 파커가 도착함
	14일	고종, 알렌과 헤론에게 당상 품계를 수여함
	22일	둘째 아들 모리스가 태어남
7월	2일	콜레라가 유행하고 있음을 주한 외국 사절들에게 알림
	4일	애니 J. 엘러스가 제물포에 도착함
	18일	한국에서 최초로 노춘경이 세례를 받음
	29일	일본의 초야심분[朝野新聞]에 제중원 의학교에 관한 기사가 실림
8월	14일	제중원의 확장 이전을 건의함
	15일	엘러스가 민비를 처음으로 진료함

1. 공문서 Official Documents

구한국 외교문서 미안(美案), 미원안(美原案) [*Diplomatic Documents of Korea with United States*]

승정원일기 [*The Diaries of the Royal Secretariat*]

총관래신(總關來申)

Despatches from U. S. Ministers to Korea, 1883~1905 [RG 59]

2. 교회 해외선교본부 관련 문서

Annual Report of the Board of Foreign Mission of the Presbyterian Church in the U. S. A. Presented to the General Assembly

Annual Report of the Woman's Foreign Missionary Society of the Presbyterian Church

Korea. *Presbyterian Church in the U. S. A., Board of Foreign Missions, Correspondence and Reports, 1833~1911*

Minutes [of Executive Committee, PCUSA], 1837~1919

Missionary Correspondence of the Board of Missions of the Methodist Episcopal Church 1840~1912

Presbyterian Church in the U. S. A. Board of Foreign Missions. Secretaries' files, 1829~95

Secretary's Book, Korea Mission (PCUSA)

3. 선교 관련 잡지

The Foreign Missionary

Woman's Work for Woman and Our Mission Field

4. 신문 및 잡지 Newspapers and Magazines

한성주보 (서울)

Herald and Tribune (Jonesborough, TN.)

The Abbot Courant (Andover, Mass.)

The Japan Directory for the Year 1886 (Yokohama, Jan., 1886)

The Japan Weekly Mail (Yokohama)

The Medical Missionary Record (New York)

The Medical Record (New York)

5. 개인 자료 Personal Documents

한국 사료 총서 제28. 데니문서 (서울: 대한민국 문교부 국사편찬위원회, 1981)
The Diary of Gertrude H. Denny

Diary of Dr. Horace N. Allen, No. 1 (1883~1886), New York Public Library

Horace N. Allen Papers, 1883~1923, The New York Public Library

Horace N. Allen, John W. Heron. *First Annual Report of the Korean Government Hospital, Seoul, for the Year Ending April 10th, 1886* (Yokohama: R. Meiklejohn & Co., 1886)

Horace N. Allen, *Things Korean.* A Collection of Sketches and Anecdotes Missionary and Diplomatic (New York: Fleming H. Revell Company, 1908)

Samuel Hawley (Ed.), *America's Man in Korea. The Private Letters of George C. Foulk, 1884~1887* (New York, Lexington Books, 2008)

* 쪽수 뒤의 f는 사진이나 그림을 나타낸다.

Messrs Hall and Holtz	698
Messrs Kelly & Walsh	244, 430, 624
Messrs Mackenzie & Co.	104, 428, 626, 630, 632, 680, 700, 725
Messrs Taplin, Rice & Co.	15, 18, 118, 370
Messrs Watson & Co.	617
Min, Yong Ik	59, 65, 72
mint	193
Morse, James R.	275, 277, 438, 508, 537, 539

O

orphanage	38, 78, 114, 155, 304, 523

P

Parker, William H.	391, 392, 474, 475, 519
pearl	275, 277
pediculi	353
Port Hamilton	516
Porter, James B.	233

R

rail way switch	708
register of deaths	465
Rhus toxicodendron	575

S

School Department	182
School of Chemistry and Medicine	183
School of Medicine	182, 197
School of Medicine and Chemistry	122
Scientific School	182
Scott, James	689, 737
Scranton, Mary F.	206, 210, 220, 223, 230, 235

Scranton, William B.	110, 116
Shanghai & Hongkong Bank Co.	21, 102, 160, 457
skate	700
small-pox	49
Smith, Driesbach	92, 178, 180
Smiths Cash Store	702
stove	12
Sturge, E. S.	7, 34
Sung, Nai Yung	5
Sutton, G.	25, 124, 370, 413, 454, 510
syphilis	355

T

tape-worm	353
Taubles, Maximillian	148, 151, 158
Teruhiko Yuki	49
Tokay Wine	569

V

Variola	353

W

woman's hospital	210, 221, 223, 235, 240

상우(尙友) 박형우(朴瀅雨) | 편역자

연세대학교 의과대학을 졸업하고, 모교에서 인체해부학(발생학)을 전공하여 1985년 의학박사의 학위를 취득하였다. 1992년 4월부터 2년 6개월 동안 미국 워싱턴 주 시애틀의 워싱턴 대학교 소아과학교실(Dr. Thomas H. Shepard)에서 발생학과 기형학 분야의 연수를 받았고, 관련 외국 전문 학술지에 다수의 연구 논문을 발표하고 귀국하였다.

1996년 2월 연세대학교 의과대학에 신설된 의사학과의 초대 과장을 겸임하며 한국의 서양의학 도입사 및 북한 의학사에 대하여 연구하였다. 1999년 11월에는 재개관한 연세대학교 의과대학 동은의학박물관의 관장에 임명되어 한국의 서양의학과 관련된 주요 자료의 수집에 노력하였다. 2009년 4월 대한의사학회 회장을 역임하였다.

최근에는 한국의 초기 의료선교의 역사에 대한 연구를 진행하여, 알렌, 헤론, 언더우드 및 에비슨의 내한 과정에 관한 논문을 발표하였다. 이를 바탕으로 주로 초기 의료 선교사들과 관련된 다수의 자료집을 발간하였으며, 2021년 8월 정년 후에는 상우연구소 소장으로 연구를 계속하고 있다.

박형우는 이러한 초기 선교사들에 대한 연구 업적으로 2017년 1월 연세대학교 의과대학 총동창회의 해정상을 수상하였고, 2018년 9월 남대문 교회가 수여하는 제1회 알렌 기념상을 수상하였다.